Erfassung und maschinelle Verarbeitung von Bilddaten

Grundlagen und Anwendungen

Herausgegeben von H. Kazmierczak

Mit Beiträgen von
B. Bargel, M. Bohner, J. Bretschi, R. H. Dittel,
H. Engel, J. Gredel, W. Henning, H. Ischen,
H. Kazmierczak, W. Kestner, A. Kießling,
G. Konecny, M. König, T. Kreifelts, K. Lütjen,
E. Mühlenfeld, P. Pirsch, H. Platzer,
W. Rattei, H.-E. Reinfelder, F. Röcker,
H. Rupp, R. Schärf, F. Schlude, M. Sties,
M. Tasto, K. Vorgrimler, H. Wasmund,
G. Woetzel

Springer-Verlag Wien GmbH

Dr.-Ing. Helmut Kazmierczak

Direktor des Forschungsinstitutes für Informationsverarbeitung und Mustererkennung (FIM/FGAN e.V.), Karlsruhe
Honorarprofessor an der Universität Karlsruhe, Bundesrepublik Deutschland

Ursprünglich erschienen bei Springer-Verlag/Wien 1980
Softcover reprint of the hardcover 1st edition 1980

Vertriebsrechte für die sozialistischen Länder:
Akademie-Verlag Berlin

Mit 236 Abbildungen

ISBN 978-3-7091-2256-3 ISBN 978-3-7091-2255-6 (eBook)
DOI 10.1007/978-3-7091-2255-6

CIP-Kurztitelaufnahme der Deutschen Bibliothek

Erfassung und maschinelle Verarbeitung von Bilddaten : Grundlagen u. Anwendungen / Hrsg.: H. Kazmierczak. Autoren: B. Bargel ... –
Wien : Springer, 1980.
ISBN 978-3-7091-2256-3

NE: Kazmierczak, Helmut [Hrsg.]; Bargel, Bernhard [Mitarb.]

Vorwort

Das vorliegende Buch beschreibt die mit der automatischen, halbautomatischen und interaktiven Auswertung von Bilddaten im Zusammenhang stehenden Probleme. Behandelt werden Sensortechnik, Grundlagen, Verarbeitungsmethoden, Auswerteverfahren, Prozessorsysteme und Anwendungen. Es wurde angestrebt, die wesentlichen Gesichtspunkte der Thematik, die heute unter den Begriffen Schriftzeichenerkennung, Bildverarbeitung, Mustererkennung, Computervision, Szeneninterpretation, Zellanalyse, Fernerkundung, zerstörungsfreies Prüfen, sehender Industrieroboter usw. verstanden wird, in komprimierter Form darzustellen.

Die Realisierung eines allgemeinen technischen Erkennungssystems, das die Leistungsfähigkeit des menschlichen Sehsystems besitzt, erscheint auf absehbare Zeit nicht möglich. In speziellen Anwendungsfällen kann jedoch bereits heute ein Automat für einfache Seh- und Erkennungsvorgänge den Menschen in Ausdauer, Zuverlässigkeit und Geschwindigkeit übertreffen. In der nächsten Zeit werden die Bauelementekosten für Speicher und Prozessoren weiter sinken, die Personalkosten dagegen stetig ansteigen, so daß bildgestützte automatische Verfahren zunehmend kostengünstiger als manuelle Verfahren werden. Die Automatisierung der Bilddatenauswertung wird daher vermutlich in naher Zukunft auf sehr vielen Anwendungsgebieten stattfinden, wodurch eine Humanisierung des Arbeitsplatzes einerseits und eine Erweiterung der Kommunikationsmöglichkeiten andererseits bewirkt werden. Das Buch soll dem betreffenden Interessentenkreis den Entwicklungsstand und die zukünftigen Möglichkeiten der maschinellen Bildauswertung vermitteln.

Zur Erzielung größerer Erfolge auf diesem Forschungsgebiet ist wegen des großen Schwierigkeitsgrades der Problemerfassung und Problemlösung eine interdisziplinäre Zusammenarbeit zwischen den Nutzern und den Technischen Informatikern, welche die mathematisch-theoretischen, elektrotechnischen und programmier- und System-technischen Grundlagen bereitstellen, unbedingt erforderlich. Die Aufgabe der Nutzer besteht in der Spezifizierung konkreter anwendungsorientierter Aufgabenstellungen, der Bereitstellung realer Bilddaten und Referenzdaten und der Ergebnisbewertung. Das Buch ist so konzipiert, daß die interessierten Nachrichtentechniker, Informatiker und Nutzer der verschiedenen Fachrichtungen unter Berücksichtigung der Grenzgebiete gleichermaßen angesprochen werden.

Das Gebiet der Bildauswertung kann wegen der begrenzten Möglichkeiten im Rahmen eines Buchbandes nicht vollständig dargestellt werden. Die Auswahl des

Stoffes, der aus der heutigen Sicht für das Gebiet typisch erscheint, wurde auf der Grundlage langjähriger Erfahrung vorgenommen und stützt sich auf die Ergebnisse vieler Kollegen und Mitarbeiter. Die Stoffauswahl wurde unter anderem durch das Arbeitsgebiet des Forschungsinstitutes FIM(FGAN) beeinflußt, dessen Forschungsaktivität auf dem Gebiet der graphischen Datenverarbeitung und Bildauswertung bis in das Jahr 1965, damals noch an der Universität Karlsruhe, zurückgeht. Ich möchte an dieser Stelle meinen sehr verehrten Lehrer, Herrn Prof. Karl Steinbuch, nennen, unter dessen Anleitung an der Universität Karlsruhe bereits 1959 Untersuchungen zur automatischen Schriftzeichenerkennung begonnen wurden.

An der Fertigstellung des Buchmanuskriptes haben neben Mitarbeitern des FIM auch Experten anderer Forschungseinrichtungen mitgewirkt. Allen Autoren sei für ihre Mitarbeit an diesem Buche vielmals gedankt.

Karlsruhe, im März 1980

H. Kazmierczak
Herausgeber

Inhaltsverzeichnis

Autorenverzeichnis

Bargel, B., Forschungsinstitut für Informationsverarbeitung und Mustererkennung (FGAN e. V.), Breslauer Straße 48, D-7500 Karlsruhe 1.

Bohner, M., Dr., Forschungsinstitut für Informationsverarbeitung und Mustererkennung (FGAN e. V.), Breslauer Straße 48, D-7500 Karlsruhe 1.

Bretschi, J., Dr., Fraunhofer-Institut für Informations- und Datenverarbeitung, Sebastian-Kneipp-Straße 12—14, D-7500 Karlsruhe 1.

Dittel, R. H., Deutsche Forschungs- und Versuchsanstalt für Luft- und Raumfahrt e. V., D-8031 Oberpfaffenhofen.

Engel, H., Deutsche Forschungs- und Versuchsanstalt für Luft- und Raumfahrt e. V,, D-8031 Oberpfaffenhofen.

Gredel, J., Deutsche Forschungs- und Versuchsanstalt für Luft- und Raumfahrt e. V., D-8031 Oberpfaffenhofen.

Henning, W., Institut für Mathematische Maschinen und Datenverarbeitung (III), Universität Erlangen—Nürnberg, Martensstraße 3, D-8520 Erlangen.

Ischen, H., Forschungsinstitut für Informationsverarbeitung und Mustererkennung (FGAN e. V.), Breslauer Straße 48, D-7500 Karlsruhe 1.

Kazmierczak, H., Prof. Dr., Forschungsinstitut für Informationsverarbeitung und Mustererkennung (FGAN e. V.), Breslauer Straße 48, D-7500 Karlsruhe 1.

Kestner, W., Dr., Forschungsinstitut für Informationsverarbeitung und Mustererkennung (FGAN e. V.), Breslauer Straße 48, D-7500 Karlsruhe 1.

Kiessling, A., Dr., Dr.-Ing. Walter Klaschka KG, Industrieelektronik, D-7531 Lehningen.

Konecny, G., Prof. Dr., Lehrstuhl und Institut für Photogrammetrie und Ingenieurvermessung, Technische Universität Hannover, Nienburger Straße 1 D-3000 Hannover 1.

König, M., Dr., Fraunhofer-Institut für Informations- und Datenverarbeitung, Sebastian-Kneipp-Straße 12—14, D-7500 Karlsruhe 1.

Kreifelts, T., Dr., Gesellschaft für Mathematik und Datenverarbeitung mbH, Schloß Birlinghoven, D-5205 St. Augustin 1.

Lütjen, K., Forschungsinstitut für Informationsverarbeitung und Mustererkennung (FGAN e. V.), Breslauer Straße 48, D-7500 Karlsruhe 1.

Mühlenfeld, E., Prof. Dr., Lehrstuhl für Regeltechnik und Elektronik, Technische Universität Clausthal, Leibnizstraße 28, D-3392 Clausthal-Zellerfeld.

Pirsch, P., Dr., Lehrstuhl für Theoretische Nachrichtentechnik und Informationsverarbeitung, Technische Universität Hannover, Callinstraße 32, D-3000 Hannover 1.

Platzer, H., Institut für Nachrichtentechnik, Technische Universität München, Arcisstraße 21, D-8000 München.

Rattei, W., Deutsche Forschungs- und Versuchsanstalt für Luft- und Raumfahrt e. V., D-8031, Oberpfaffenhofen.

Reinfelder, H.-E., Dr., Siemens AG, Bereich Medizinische Technik, Postfach 3260, D-8520 Erlangen.

Röcker, F., Dr., Gebr. Heller, Maschinenfabrik GmbH, Neuffener Straße 54, D-7440 Nürtingen.

Rupp, H., Systan, Erlenweg 5, D-6101 Brensbach.

Schärf, R., Forschungsinstitut für Informationsverarbeitung und Mustererkennung (FGAN e. V.), Breslauer Straße 48, D-7500 Karlsruhe 1.

Schlude, F., Dr., Deutsche Forschungs- und Versuchsanstalt für Luft- und Raumfahrt e. V., D-8031 Oberpfaffenhofen.

Sties, M., Dr., Forschungsinstitut für Informationsverarbeitung und Mustererkennung (FGAN e. V.), Breslauer Straße 48, D-7500 Karlsruhe.

Tasto, M., Dr., TE KA DE Felten & Guilleaume, Fernmeldeanlagen GmbH, Thurn- und Taxis-Straße 10, D-8500 Nürnberg 1.

Vorgrimler, K., Dr., Union Rheinische Braunkohlen Kraftstoff AG, Postfach 8, D-5047 Wesseling.

Wasmund, H., Ernst Leitz Wetzlar GmbH, Postfach 2020, D-6330 Wetzlar 1.

Woetzel, G., Gesellschaft für Mathematik und Datenverarbeitung mbH, Schloß Birlinghoven, D-5205 St. Augustin 1.

1. Bedeutung der automatischen Bildauswertung

Von H. KAZMIERCZAK

Die modernen Bilddatenerfassungsgeräte, die heute in der Forschung, in der Industrie und Wirtschaft, in der öffentlichen Verwaltung und auf dem militärischen Gebiet eingesetzt werden, liefern so große Datenmengen, daß die visuell-manuelle Auswertung durch den Menschen mit der Erzeugung der Bilddaten nicht mehr Schritt halten kann. Mit bestimmten diskreten Sensoranordnungen, kontinuierlichen Sensorflächen oder einzelnen Sensoren mit entsprechend wirkendem Abtastprogramm können zwei- oder mehrdimensionale Signalfelder im elektromagnetischen Energiebereich (Wärme, IR, sichtbar, UV, Röntgen) oder im mechanisch-akustischen Energiebereich (Schall, Ultraschall) erzeugt werden. Bei linearer Bildauflösung bis zu 10000 Bildpunkten, einer Bildpunktabtastgeschwindigkeit von mehr als 10 MHz und mehrkanaligem Signalanfall können die Signalfelder eine extrem große Bildinformation darstellen. Die folgenden Beispiele verdeutlichen den enormen Bilddatenanfall. Jährlich entstehen z. B. viele Millionen Sensorsignalfelder von Blasen- und Funkenkammer-Meßstrecken in der Kernphysik, Mikroskopaufnahmen von Abstrichen, Blutzellen, Chromosomen und Neuronen in der Biologie und Biomedizin, Röntgenaufnahmen in der Medizin, Luftbilder und Satellitenbilddaten von der Erdoberfläche und über die Wolkenbedeckung bei der Erderkundung und der militärischen Aufklärung. Um einen höheren Grad der Automatisierung auf den genannten Gebieten zu erreichen und um dadurch Fortschritte in der Wissenschaft und bei der Nutzung zu erzielen, ist neben anderen Maßnahmen die Anwendung maschineller Verfahren zur Bildauswertung erforderlich.

Bis heute sind jedoch trotz erheblicher Anstrengungen in Forschung und Entwicklung erst wenige vollautomatische Auswertesysteme, wie z. B. für die Schriftzeichenerkennung, im operationellen Einsatz. Durch die hervorragenden Leistungen des menschlichen Sehsystems lassen sich die Forscher immer wieder verleiten, die Schwierigkeiten bei der Realisierung technischer Erkennungssysteme zu unterschätzen. Es wird heute vermutet, daß die Lösung des Erkennungsproblems weniger in der Methode als vielmehr im logischen Verknüpfungs-, Rechen- und Speicheraufwand liegt [71]. Die Fortschritte auf dem Gebiet der Höchstintegration elektronischer digitaler Schaltkreise und Speicher werden auch der automatischen Bildauswertung positive Impulse geben. Das vorliegende Buch faßt die bisher erzielten wichtigsten Ergebnisse der Bilddatenerfassung, Verarbeitung und Auswertung zusammen.

1.1. Aufgaben und Probleme

Unter Bildauswertung versteht man entweder die Lokalisierung einzelner Objekte im Bild und deren Ausmessung, die Zuordnung von Bedeutungsklassen zu Bildobjekten, oder die Interpretation und Beschreiben des Gesamtbildes hinsichtlich seiner Dichte-, Textur- oder Objektstruktur. Man kann im einzelnen folgende Aufgaben der Bildauswertung unterscheiden:

A. Detektion von Bildänderungen eines Bildpaares (Erkennung und Lokalisierung)

B. Extraktion von Objekt-Erkennungsmerkmalen auf der Grundlage charakteristischer
   Kontraste (z. B. Grauwerte, Farbwerte, multispektrale und mehrkanalige Bildintensitäten)
   Texturelemente
   Formelemente
   Bildkontext-Zusammenhänge

C. Detektion eines vorgegebenen Objekts (Erkennung und Lokalisierung)

D. Verfolgung eines entdeckten oder eingewiesenen Objekts in einer Bildfolge (Wiederauffinden eines bekannten Objekts)

E. Identifizierung eines Objekts anhand gegebener Merkmale (Erkennung eines speziellen Objekts einer Objektklasse)

F. Verifizierung der vorgegebenen Objektklasse eines Objekts (z. B. Unterschriftsprüfung, Sprechererkennung)

G. Separierung und Extraktion einzelner Objekte aus dem Verbund des Bildes

H. Metrische und topologische Auswertung separierter Objekte hinsichtlich Kontrast, Textur, Form und Kontext

I. Klassifizierung nicht separierter oder separierter Objekte durch Objekt-Erkennungsmerkmale (Zuordnung einer gegebenen Bedeutungsklasse zum Objekt, „kontrollierte" Klassifikation)

J. Klassenermittlung aus der Verteilung von Erkennungsmerkmalen (Klassenbildung bei nicht spezifizierten Objektklassen durch Ähnlichkeitsannahmen, „unkontrollierte" Klassifikation)

K. Bildszenenanalyse und Bildinterpretation (allgemeine Bildbeschreibung)

Die zur Lösung der aufgezählten Auswerteaufgaben erforderlichen Verfahren der Bildverarbeitung werden zweckmäßig durch spezielle Hard- und Softwaresysteme (optisch oder elektrisch, analog, digital oder hybrid) realisiert. Meistens werden heute jedoch noch konventionelle Digitalrechner zur Bildverarbeitung eingesetzt. Dabei muß man für Nutz- und Simulationsläufe voraussetzen, daß die Bildauswerteaufgabe nicht zu komplex ist, so daß die Rechenzeit die Sekundengrenze für Echtzeitanwendungen bzw. die Stundengrenze für Simulationen nicht überschreitet. Daher können mit modernen konventionellen Rechnern, die typisch z. B. 1 Million Instruktionen in der Sekunde (1 MIPS) leisten, nur Bildauswerteprobleme behandelt werden, die nicht mehr als 10^6 Operationen für eine Echtzeitanwendung oder $4 \cdot 10^9$ Operationen für eine Simulation erfordern.

Am rechenintensivsten ist die Matrixverarbeitung, welche auch als Bildvorverarbeitung bezeichnet wird. Die Matrixverarbeitung ist die Vorstufe der Bildauswertung für die Aufgaben A bis K. Bei einer Bildmatrixgröße von z. B. 1000×1000 Bildpunkten kann für Echtzeitprobleme nur noch etwa 1 Operation je Bildpunkt bei Anwendung eines konventionellen Rechners zugelassen werden. Dieses Beispiel demonstriert die Bedeutung spezieller Verarbeitungsstrukturen für die Bildauswertung bzw. die Anwendung aufwandsreduzierender Eingriffe zur Vereinfachung des Bildauswerteproblems.

Wesentlich geringere Anforderungen bezüglich der Rechenzeit werden an die Listenverarbeitung gestellt, welche sich i. allg. an die Matrixverarbeitung anschließt. Bei der Listenverarbeitung kann der Zugriff zur Bildmatrix weitgehend entfallen, da die Bilddaten in dieser Verarbeitungsstufe bereits als speichereffektiv codierte Bildkonturen oder Erkennungsmerkmale vorliegen. Daher ist die zu verarbeitende Datenmenge verglichen mit der des ursprünglichen Bildes erheblich geringer, so daß die Behandlung der Aufgaben H und I und eingeschränkt auch J mit konventionellen Rechnern möglich wird. Die Einstellphase für die kontrollierte Klassifizierung I, die auch Lern- oder Trainingsphase genannt wird und mit einem repräsentativen Objektmuster-Trainingssatz durchgeführt werden muß, braucht i. allg. nicht in Echtzeit zu erfolgen.

Die allgemeinere Aufgabe K der Bildszenenanalyse erfordert sowohl eine umfangreiche Matrix- als auch Listenverarbeitung. Besonders für die Bildinterpretation ist eine Unterstützung der Bilddatenverarbeitung durch assoziatives Speichern und Suchen zweckmäßig, wofür ebenfalls spezielle Verarbeitungsstrukturen entwickelt werden müssen. Da eine vollautomatische Bildauswertung für viele Anwendungsprobleme wegen des großen Rechenaufwandes beim heutigen Entwicklungsstand noch nicht möglich ist, werden häufig halbmaschinelle Verfahren mit interaktiver, manuell-visueller Bediener-Unterstützung für die Bildauswertung konzipiert.

1.2. Historische Entwicklung

Die beiden am längsten bekannten Operationen zur maschinellen Bildverarbeitung sind die inkohärent-optische Korrelation zweier Bilder und die kohärent-optische lineare Bildtransformation durch ein Beugungsbild. Im Jahre 1882 hat Kirchhoff das Huyghens-Fresnel-Prinzip als exaktes Integral der Wellengleichung formuliert. Die ersten manuell-visuell eingesetzten Geräte arbeiteten nach dem inkohärentoptisch-analogen Prinzip, wie z. B. der 1901 von Pulfrich angegebene Stereo-Komparator für die fotogrammetrische Bildauswertung. Als erste Anwendung der elektronischen Bildverarbeitung kann die Umsetzung eines gedruckten Textes in akustische Signale angesehen werden. Im Jahre 1912 hat F. D'Albe [55] sein erstes Optophone-Gerät konstruiert, welches einem Blinden das Lesen von bis zu 3 Druckschriftzeichen in der Sekunde ermöglichte. Voraussetzung war, daß der Blinde die Tonfrequenzfolgen erlernt hatte, die bei der horizontalen Abtastung der Zeichen von 5 Selen-Fotoelementen nach opto-akustischer Wandlung entstanden. Von R. E. Naumburg [55] stammt der Visagraph (1928 bis 1932), welcher durch magnetisch bewegte Taststifte gedruckten optischen Text in taktile Information umsetzen konnte. Das erste analog-optische Verfahren zur maschinellen Schriftzeichenerkennung ist 1929 von G. Tauschek [56] vorgeschlagen worden.

Die ersten elektronischen Lesemaschinen, die auch zur Anwendung kamen, wurden 1950 bis 1955 unabhängig voneinander von D. H. Shepard [57] und E. Rabinow [58] entwickelt. Bereits um 1955 sind Digitalrechner, wie z. B. von

O. G. Selfridge [59, 60, 61], zur Mustererkennung und adaptiven Klassifikation eingesetzt worden. Zwischen 1960 und 1965 wurden von IBM und Control Data Corp. die ersten hochauflösenden Grauwert-Filmabtaster betrieben. Um die gleiche Zeit wurden Arbeiten auf dem Gebiet der Codierung und Redundanzreduktion von Videosignalen mit Digitalrechnern durchgeführt [62]. Weiter wurden Programmiersprachen [63] für die parallele Musterverarbeitung auf Digitalrechnern simuliert. 1963 ist mit der Realisierung des ILLIAC III begonnen worden, dem ersten Entwurf eines Spezialrechners für die Binärmusterverarbeitung [64] (z. B. für die Detektion von Blasenkammerspuren). Eine digitale Bildverbesserung wurde bei Raumsondenaufnahmen von Planeten [65] und eine digitale Bilddifferenzdetektion bei medizinischen Röntgenaufnahmen [66] angewandt. Die erste Tagung, welche die Forscher auf dem Gebiet der digitalen Bildverarbeitung zusammenbrachte, wurde 1967 in Washington, D. C. veranstaltet [43, 67].

Einhergehend mit der ständigen Verbesserung der kohärent strahlenden Laserlichtquelle wurde auch der kohärent-optische Analogprozessor soweit entwickelt, daß er für spezielle Korrelationsaufgaben in der Praxis eingesetzt werden konnte, wie z. B. bei der RADAR-Aufklärung [68]. Gleichzeitig wurden auch spezielle elektronische Bildauswertegeräte für kartographische und biomedizinische Anwendungen entwickelt [69]. Seit 1970 sind sehr umfangreiche Grundlagenuntersuchungen auf dem Gebiet der digitalen Bildverarbeitung durchgeführt worden. Diese Entwicklung wurde unterstützt durch die Verbesserung der Rechenleistung und die Kostensenkung bei digitalen Rechnern und Speichern und durch das aufkommende und steigende Angebot von bildverarbeitender Rechnerperipherie. In der zweiten Hälfte des Jahrzehntes konnten erste Erfolge bezüglich der kohärentoptisch-digitalen Schnittstelle für hybride Bildprozessoren erzielt werden [70]. In diese Zeit fallen auch die ersten einfachen Anwendungen mit digitaler Bildauswertung auf den Gebieten der Biomedizin, der Kartographie, der Material-Qualitätskontrolle und der Produktionsautomatisierung.

1.3. Überblick

Die künftigen Anwendungsmöglichkeiten der automatischen Bildverarbeitung können in 5 Anwendungsgebiete mit jeweils mehreren Aufgabenbereichen eingeteilt werden:

biomedizinische Anwendungen
(Tomographie, Röntgenbildanalyse, Chromosomenanalyse, Zellkernanalyse, Szintigrammanalyse, Thermographie, Ultraschallbilder, spezielle Aufnahmetechniken, eindimensionale Vorgänge)

Erdfernerkundung
(Fotogrammetrie, Landwirtschaft, Forstwirtschaft, Meteorologie, Wasserwirtschaft, Ökologie, Geologie, Meereskunde, Spezialgebiete)

industrielle Anwendungen
(Automation der Fertigung, Qualitätskontrolle, Materialtransport, Überwachung)

militärische Anwendungen
(Aufklärung und Überwachung, Waffenlenkung, Navigation, Kartographie, Meteorologie, Rüstungsindustrie, Sicherheit, Fernsteuerung)

Spezialanwendungen
(wissenschaftliche Anwendungen, Anwendungen im häuslichen (persönlichen) Bereich, Verkehrskontrolle, Analyse von Fingerabdrücken, Datenbanksystem mit Hilfe der Bildverarbeitung)

In den folgenden Abschnitten werden der Entwicklungsstand der Erfassung und Verarbeitung von Bilddaten dargestellt und eine Übersicht der wichtigsten Anwendungen der maschinellen Bildauswertung gegeben. Zunächst werden im zweiten Abschnitt die grundlegenden und eingesetzten Methoden und Verfahren und die Hilfsmittel der Bildverarbeitung vorgestellt. Um in Zukunft weitere Anwendungen zu erschließen, sind Verbesserungen der Methoden auf allen Teilgebieten erforderlich. Besondere Bedeutung kommt dabei der Merkmalsextraktion zu. Eine wesentliche Steigerung der Leistungsfähigkeit gegenüber den bekannten Methoden wird jedoch nur mit einer leistungsfähigeren Hardware zu erreichen sein.

Daher werden im dritten Abschnitt spezielle Prozessorstrukturen behandelt, welche besonders für die rechenintensive Bildvorverarbeitung geeignet sind. Man schätzt, daß zur Realisierung typischer Probleme der Bildauswertung Rechenleistungen von etwa 10^6 MIPS und Arbeits-Speicherkapazitäten von etwa 10^9 bit bei wahlfreiem Zugriff von 10 ns und Bildspeicherkapazitäten von etwa 10^{12} bit bei einer Bildzugriffszeit um 1 s benötigt werden. In engem Zusammenhang mit der Entwicklung einer speziellen Bildverarbeitungs-Technologie steht die Programmierung paralleler Prozessorstrukturen und die Entwicklung allgemeiner Bildverarbeitungssprachen. Mit solchen Sprachen wird eine schnelle und kostengünstige Anpassung eines Verarbeitungssystems an neue Situationen und Aufgaben sowohl bei der Entwicklung als auch bei der Anwendung erreicht.

Im vierten Abschnitt werden einige ausgewählte Anwendungsbeispiele aus Wirtschaft, Industrie und Forschung dargestellt. Die maschinelle Bildauswertung wird in naher Zukunft wegen der zunehmenden Inanspruchnahme von Dienstleistung im Gesundheitswesen eine große Bedeutung als Diagnose-Hilfe erlangen. Erste Anwendungen auf biomedizinischem Gebiet werden im fünften Abschnitt behandelt. Im letzten Abschnitt wird die Gewinnung und Auswertung von Geodaten beschrieben. Dieses Anwendungsgebiet erfordert wegen der ständig steigenden Belastung der Umwelt und der dadurch notwendig werdenden laufenden Überwachung in besonderem Maße maschinelle Auswerteverfahren. Auf dem Gebiet der Erdfernerkundung kommen vorwiegend spezielle Großsysteme für die Datenerfassung und Auswertung zur Anwendung. Wegen der erforderlichen Bildvergleiche ist auch die Einrichtung von Datenbanken für große Mengen von Bild- und Klassifizierungsdaten von großer Bedeutung.

Aus der umfangreichen Spezialliteratur werden nur die für die einzelnen Unterabschnitte relevanten und neueren wissenschaftlichen Aufsätze ausgewählt, die nach jeder Unterabschnittsfolge zitiert werden. Die historisch bedeutsame und die vertiefende und ergänzende allgemeine Literatur über automatische Bildverarbeitung und Mustererkennung ist im folgenden Abschnitt 1.4. zusammengestellt.

1.4. Literatur

[1] The Journal of the Pattern Recognition Society. New York: Pergamon Press. (Erscheint seit 1968.)
[2] Computer Graphics and Image Processing. New York: Academic Press. (Erscheint seit 1972.)
[3] Schürmann, J.: Polynomklassifikatoren für die Zeichenerkennung. München: R. Oldenbourg 1977.
[4] Pavlidis, T.: Structural Pattern Recognition. Berlin—Heidelberg—New York: Springer 1977.
[5] Fu, K. S.: Syntactic Pattern Recognition, Applications. Berlin—Heidelberg—New York: Springer 1977.
[6] Rosenfeld, A.: Digital Picture Analysis. (Topics in Applied Physics, Vol. 11.) Berlin—Heidelberg—New York: Springer 1976.
[7] 3rd International Joint Conference on Pattern Recognition, November 8—11, 1976, Coronado, California. IEEE catalog No. 76CH1140-3C.
[8] LARS Symposium Proceedings: Machine Processing of Remotely Sensed Data, Purdue University, 1976.
[9] Rosenfeld, A., Kak, C.: Computer Science and Applied Mathematics, Digital Picture Processing. New York: Academic Press 1976.
[10] Peipmann, R.: Erkennung von Strukturen und Mustern. Berlin—New York: W. de Gruyter 1976.
[11] Fu, K. S. (ed.): Communication and Cybernetics, Vol. 10, Pattern Recognition. Berlin—Heidelberg—New York: Springer 1975.
[12] Huang, T. S.: Picture Processing and Digital Filtering. (Topics in Applied Physics, Vol. 6.) Berlin—Heidelberg—New York: Springer 1975.
[13] 2nd International Joint Conference on Pattern Recognition, August 13—15, 1974, Copenhagen, Denmark. IEEE catalog No. 74CH0885-4C.
[14] Fu, K. S.: Syntactic Methods in Pattern Recognition. New York: Academic Press 1974.
[15] Niemann, H.: Methoden zur Mustererkennung. Frankfurt: Akadem. Verlagsgesellschaft 1974.
[16] Schneider, S.: Luftbild und Luftbildinterpretation. (Lehrbuch der Allgemeinen Geographie, Band XI.) Berlin—New York: W. de Gruyter 1974.
[17] Kazmierczak, H.: Automatische Zeichenerkennung. In: Taschenbuch der Informatik, Band 3 (Steinbuch, K., Weber, W., Hrsg.), S. 219—269. Berlin—Heidelberg—New York: Springer 1974.
[18] Sklansky, J. (Hrsg.): Pattern Recognition: Introduction and Foundations. Stroudsburg, Pa.: Dowden, Hutchinson & Ross 1973.
[19] Chen, C. H.: Statistical Pattern Recognition. Rochelle Park: Hayden 1973.
[20] Uhr, L.: Pattern Recognition, Learning and Thought. Englewood Cliffs: Prentice-Hall 1973.
[21] Ullmann, J. R.: Pattern Recognition Techniques. London: Butterworth 1973.
[22] Nake, F., Rosenfeld, A. (Hrsg.): Graphic Languages. Amsterdam: North Holland 1972.
[23] Watanabe, S. (Hrsg.): Frontiers of Pattern Recognition. New York: Academic Press 1972.
[24] Andrews, H. C.: Introduction to Mathematical Techniques in Pattern Recognition. New York: J. Wiley 1972.
[25] Fukunaga, K.: Introduction to Statistical Pattern Recognition. New York: Academic Press 1972.
[26] Patrick, E. A.: Fundamentals of Pattern Recognition. Englewood Cliffs: Prentice-Hall 1972.
[27] Fu, K. S. (Hrsg.): Pattern Recognition and Machine Learning. New York: Plenum Press 1972.
[28] Meisel, W. S.: Computer Oriented Approaches to Pattern Recognition. New York: Academic Press 1972.

[29] Händler, W., Weizenbaum, J.: Display Use for Man-Machine Dialog. München: C. Hanser 1972.
[30] Evans, T. G. (Hrsg.): Artificial Intelligence. AGARD Conference Proceedings No. 94 to 71, London, 1971.
[31] Grüsser, O.-J., Klinke, R.: Zeichenerkennung durch biologische und technische Systeme. Berlin—Heidelberg—New York: Springer 1971.
[32] Gierloff-Emden, H. G., Schroeder-Lanz, H.: Luftbildauswertung, Teil II. Mannheim: Bibliographisches Institut 1970.
[33] Mendel, J. M., Fu, K. S. (Hrsg.): Adaptive, Learning, and Pattern Recognition Systems. New York: Academic Press 1970.
[34] Bongard, N.: Pattern Recognition. New York: Spartan Books 1970. (Russ. Originalausgabe 1967.)
[35] Kaneff, S. (Hrsg.): Picture Language Machines. New York: Academic Press 1970.
[36] Andrew, H. C.: Computer Techniques in Image Processing. New York: Academic Press 1970.
[37] Meyer-Brötz, G., Schürmann, J.: Methoden der automatischen Zeichenerkennung. München: R. Oldenbourg 1970.
[38] Shulman, A. R.: Optical Data Processing. New York: J. Wiley 1970.
[39] Grasselli, A. (Hrsg.): Automatic Interpretation and Classification of Images. New York: Academic Press 1969.
[40] Rosenfeld, A.: Picture Processing by Computer. New York: Academic Press 1969.
[41] Watanabe, S. (Hrsg.): Methodologies of Pattern Recognition. New York: Academic Press 1969.
[42] Gunzenhäuser, R. (Hrsg.): Nicht-numerische Informationsverarbeitung. Wien—New York: Springer 1968.
[43] Cheng, G. C., et al. (Hrsg.): Pictorial Pattern Recognition. Washington: Thomson Book Comp. 1968.
[44] Kovalewsky, V. A. (Hrsg.): Character Readers and Pattern Recognition. New York: Spartan Books 1968.
[45] Fu, K. S.: Sequential Methods in Pattern Recognition and Machine Learning. New York: Academic Press 1968.
[46] Becker, P. W.: Recognition of Patterns. København: Polyteknisk Forlag 1968. 3. Aufl.: Wien—New York: Springer 1978.
[47] Kanal, L. N.: Pattern Recognition. Washington: Thomson Books Comp. 1968.
[48] Arkadjew, A. G., Braverman, E. M.: Teaching Computers to Recognize Patterns. London: Academic Press 1967. — Zeichenerkennung und maschinelles Lernen. München: R. Oldenbourg 1966.
[49] Uhr, L.: Pattern Recognition. New York: J. Wiley 1966.
[50] Sebestyen, G.: Decision Making Processes in Pattern Recognition. New York: Macmillan 1962.
[51] Steinbuch, K., Kazmierczak, H.: Grundlagen und Anwendungen der automatischen Zeichenerkennung. (Jahrbuch des elektr. Fernmeldewesens, 1960/61.) Bad Windsheim/Mittelfr.: Verlag für Wissenschaft u. Leben G. Heidecker 1962.
[52] Fischer, G. L., et al.: Optical Charakter Recognition. Washington: Spartan Books 1962. Special Issue on Sensory Information Processing, IRE Trans. **IT-8** (1962).
[53] Kazmierczak, H.: Entwicklungsstand der Blindenleit- und Lesegeräte in USA. Umschau **61**, 566—569 (1961).
[54] Chow, C. K.: An Optimum Character Recognition System Using Decision Function. IRE Trans. **EC-6**, 247—254 (1957).
[55] Cooper, F. S.: Research on Reading Machines for the Blind. In: Blindness. Princeton: Princeton University Press 1950.
[56] Tauschek, G.: Vorrichtung zur Steuerung von Maschinen durch strahlende Energie. DRP 66247, Kl. 43a, Gr. 4103 vom 7. Mai 1929.
[57] Shepard, D. H., Heasly, C. C., JR.: Photoelectric Reader Feeds Business Machines. Electronics **28**, 134—138 (1955).
[58] Stevens, M. E.: Automatic Character Recognition, A State-of-the-art Report. National Bureau of Standards, Techn. Note 112, Mai 1961, U.S. Dept. of Commerce.

[59] Selfridge, O. G.: Pattern Recognition and Modern Computers. Proc. WJCC 1955, 91–93.

[60] Dineen, G. P.: Programming Pattern Recognition. Proc. WJCC **1955**, 94–100.

[61] Selfridge, O. G., Neisser, V.: Pattern Recognition by Machine. Sci. Amer. August 1960.

[62] Schreiber, W. F., Picture Coding. Proc. IEEE **55**, 320–330 (1967).

[63] Narashimhan, R.: Labeling Schemata and Syntactic Description of Pictures. Information and Control **1964**, 151–179.

[64] McCormick, B. H.: The Illinois Pattern Recognition Computer ILLIAC III. IEEE Trans. **EC-12**, 791–819 (1963).

[65] Nathan, R.: Picture Enhancement for the Moon, Mars and Man, in [43], S. 239–266.

[66] Pfeiler, M.: Lineare Systeme zur Übertragung zeitabhängiger Ortsfunktionen und Bilder. NTZ **21**, 97–108 (1968).

[67] Kazmierczak, H., Holdermann, F.: The Karlsruhe System for Automatic Photointerpretation, in [43], 45–61.

[68] Harger, R. O.: Synthetic Aperture Radar Systems. Theory and Design. New York: Academic Press 1970.

[69] Meyer, W.: Advances in Biomedical Computer Applications. Annals New York Academy Science **128**, Art. 3, 31. Januar 1966.

[70] Lipson, S. G., Nisenson, P.: Imaging Characteristics of the ITEK PROM. Appl. Optics **13**, 2052–2060 (1974).

[71] Bohner, M., Foith, J., et al.: Langzeitprognose zur Musterverarbeitung und Mustererkennung. (Teilgebiete: Bildverarbeitung, Zeichen- und Mustererkennung.) Forschungsberichte aus der Wehrtechnik BMVg-FBWT 75-19 und 19a.

[72] Casasent, D.: Optical Data Processing — Applications. (Topics in Applied Physics, Vol. 23.) Berlin–Heidelberg–New York: Springer 1978.

[73] Hanson, A. R., Riseman, E. M.: Computer Vision Systems. New York: Academic Press 1978.

[74] Klinger, A., Fu, K. S., Kunii, T. L.: Data Structures, Computer Graphics and Pattern Recognition. New York: Academic Press 1977.

[75] Pieper, E.: Einführung in die Programmierung paralleler Prozesse. München: R. Oldenbourg 1977.

[76] Gonzalez, R. C., Wintz, P.: Digital Image Processing. London: Addison-Wesley 1977.

[77] Schmidt, R. F., Thews, G.: Physiologie des Menschen. Berlin–Heidelberg–New York: Springer 1977.

[78] Chen, C. H.: Pattern Recognition and Artificial Intelligence. New York: Academic Press 1976.

[79] Metzger, W.: Gesetze des Sehens. Frankfurt: Waldemar Kramer 1953.

[80] Burckhardt, C. W.: Industrial Robots. Basel: Birkhäuser 1974.

[81] Gips, J.: Shape Grammars and Their Uses. Basel: Birkhäuser 1975.

[82] Negoita, C. V., Ralescu, D. A.: Applications of Fuzzy Sets to Systems Analysis. Basel: Birkhäuser 1976.

[83] Stiny, G.: Pictorial and Formal Aspects of Shape and Shape Grammars. Basel: Birkhäuser 1976.

[84] Kanade, T.: Computer Recognition of Human Faces. Basel: Birkhäuser 1977.

[85] Rao, N. K. R.: Orthogonal Transforms for Digital Image Processing. Berlin–Heidelberg–New York: Springer 1975.

[86] Pratt, W. K.: Digital Image Processing. New York–Chichester–Brisbane–Toronto: J. Wiley 1978.

[87] Hanson, A. R., Riseman, E. M.: Computer Vision Systems. New York–San Francisco–London: Academic Press 1978.

[88] Foith, V. P. (Hrsg.): Angewandte Szenenanalyse. (Informatik-Fachberichte 20.) Berlin–Heidelberg–New York: Springer 1979.

[89] Stucki, P. (Hrsg.): Advances in Digital Image Processing. New York–London: Plenum Press 1979.

2. Allgemeine Methoden und Verfahren

Während auf dem Hardware-Gebiet der Bildverarbeitung bei den Teilsystemen, wie z. B. Bildabtastern, Spezialprozessoren oder Bildausgabegeräten, bereits eine erste Standardisierung beobachtet werden kann, läßt sich eine solche auf dem Gebiet der Software und der Verarbeitungsmethoden noch nicht feststellen. Jede Forschergruppe entwickelt heute noch ihr eigenes Softwarepaket, welches meist speziell auf die zur Verfügung stehende Hardware-Konfiguration zugeschnitten ist. Es ist jedoch zu erwarten, daß in Zukunft bestimmte Datenstrukturen und Bildverarbeitungssprachen für Gruppen von Anwendungen entstehen, wie z. B. für einfache industrielle Qualitätskontrollen oder für einfache Erdfernerkundungsprobleme. Die Standardisierung wird sich dabei besonders auf die ersten Stufen der Bildverarbeitung erstrecken. Folgende Stufen sind zu unterscheiden:

Bildmatrix-Vorverarbeitung	(Formatierung, Bildaufbereitung, lokale Operationen, Bildkorrelation)
Bildmatrix-Verarbeitung	(Merkmalextraktion, regionale Operationen)
Listenverarbeitung	(globale Operationen, Interrelationen)
Bildinterpretation	(syntaktische und semantische Beschreibung, Kontext)

Abgesehen von Spezialanwendungen werden komplexere Aufgaben der Bildauswertung zweckmäßig mit digitalen Verarbeitungsmethoden realisiert. In den folgenden Unterabschnitten werden ausschließlich digitale Methoden und Verfahren beschrieben. Zunächst werden in 2.1. die Grundlagen der digitalen Bildverarbeitung behandelt. Weiter werden in 2.2. Bildcodierungsmethoden, die für eine effektive Bildspeicherung und Bildübertragung von Bedeutung sind, und in 2.3. einige spezielle Verfahren zur Bildauswertung dargestellt.

2.1. Grundlagen der digitalen Bildverarbeitung

Ein Bild wird physikalisch i. allg. durch eine zeitliche und örtliche, zweidimensionale, kontinuierliche Verteilung von Signalintensitäten $I(x, y, t)$ eines Kanals λ dargestellt. Zur digitalen Verarbeitung wird das quasistationäre Bild $I(x, y)$ eines Kanals zunächst diskret abgetastet und in diskrete Signale umgewandelt. Die nach Fläche und Amplitude quantisierten Bildsignale $I(x, y)$ lassen sich zu einer Bildmatrix $\boldsymbol{I}$ zusammenstellen. Die Umwandlung des Signalfeldes $I(x, y)$ in die Bildmatrix $\boldsymbol{I}$ mit mn Bildpunktelementen (pixel = picture element) und l Intensitäten (Grau-, Farb-, Sättigungs- bzw. Intensitätswert) erfolgt durch Signalwandlung mit geeigneten Sensoren und durch Analog-Digital-Umsetzung der elektrischen Signale (vgl. 2.2.1.).

2.1.1. Begriffe und Definitionen

Von H. Kazmierczak

Das diskrete, durch eine Intensitätsmatrix $\boldsymbol{I} = (i_{xy})$ bzw. $\boldsymbol{I} = (i_{yx})$ ausgedrückte Bildfeld kann als Rasterbild beschrieben werden. Für zwei natürliche Zahlen n,m wird ein zweidimensionales Raster R^{nm} nach (2.1-1) definiert. Ein $r \in R^{nm}$ heißt Rasterpunkt. Man kann sich ein Raster als eine Menge von diskreten Koordinaten oder als Indexmenge einer (n,m)-Matrix vorstellen. Ein Rasterbild B bezüglich eines Rasters R^{nm} ist die Abbildung 2.1-1. Das Rasterbild ist ein Modell für das z. B. von einem Filmabtaster (scanner) erzeugte quantisierte und codierte Ausgangssignal. Ein zeilenweises Abtastverfahren mit z. B. m diskreten Sprüngen in n Zeilen definiert ein Raster R^{nm} und ordnet jedem Rasterpunkt $r \in R^{nm}$ die gemessene Intensität $B(r)$ zu.

$$B\colon\ R^{nm} \to I = \{0, 1, \ldots, l-1\} \quad \text{mit} \quad R^{nm} := \{(i, j) \mid 1 \leqq i \leqq n,\ 1 \leqq j \leqq m\}. \tag{2.1-1}$$

Um die physikalisch vorliegende Bildfunktion möglichst genau durch eine bildcodierte Darstellung reproduzieren zu können, ist ein möglichst großer Quantisierungsgrad erforderlich. Der Quantisierungsgrad wird jedoch bei zu realisierenden Systemen entweder durch Aufwandsbetrachtungen (Speicherkapazität, Verarbeitungszeit) oder durch Störquellen des Sensor-Wandler-Systems (Empfindlichkeit und Rauschen) begrenzt. Oder er wird durch Abschätzungen der für die Auswertung gerade noch erforderlichen Auflösung festgelegt (Qualitätsforderung des Empfängers). Bei direkter Verarbeitung eines physikalisch vorliegenden Bildes bestimmt das angewandte Verarbeitungssystem die Größe der Auflösung.

Die Grenze der Amplitudenquantisierung folgt aus dem Störabstand von maximal darstellbarer Signalleistung P_{S} zu vorgegebener Störleistung P_{N} (2.1-2). Bei einem bildabtastenden Sensorsystem wird auch die Flächenauflösung durch einen Störabstand, nämlich durch die Ablenk- zu Störspannung bezüglich des abtastenden Strahles, begrenzt. Wenn die Ablenkstabilisierung die Flächenauflösung nicht begrenzt bzw. kein bildabtastendes System vorliegt, wird die Flächenquantisierung durch die Systemapertur D (z. B. Antennenlänge, Linsendurchmesser, Strahldurchmesser), die Wellenlänge λ der zur Bilderfassung angewandten physikalischen Strahlung und durch den Abstand Aperturort zu Bildort d bestimmt. Dabei kann durch optimale Wahl der Systemparameter bzw. durch Signalverarbeitung die minimale Auflösung von $\lambda/2$ nicht unterschritten werden.

$$l = \sqrt{\frac{P_{\mathrm{S}} + P_{\mathrm{N}}}{P_{\mathrm{N}}}} \quad \text{und} \quad \Delta x = \frac{|x_{\max} - x_{\min}|}{m} = \frac{\lambda d}{D} \quad \text{mit} \quad D : d = 1 : 0{,}5. \tag{2.1-2}$$

Bilddarstellung

Eine Bilddarstellung in Matrixform ist sehr speicheraufwendig und bedeutet eine rechenintensive Bildverarbeitung. Typische Bildformate bestehen aus $N = 1000^2$ bis 8000^2 Bildpunkten bei 8 bit codierter Bildintensität. In Sonderfällen linien- oder flächenhafter Bildinformation und nach einer durchgeführten Bildvorverarbeitung oder Merkmalsextraktion werden die Matrixelemente i_{xy} zweckmäßiger durch spezielle Codierungselemente f_i ersetzt. Diese Codierungselemente haben die Bedeutung von Strukturelementen, wie z. B. Strich-, Kanten- oder Formelemente. Zusätzlich zum Strukturelement kann noch eine Positions-, Verknüpfungs- und Bezugsangabe treten, wie z. B. Formelement oben rechts im umschreibenden Rechteck eines Schriftzeichens. Bei fehlender Strukturangabe muß die strukturelle Eigenschaft bei festgelegtem Abtastprogramm der Merkmalermittlung durch die Reihenfolge der Elemente f_i ausgedrückt oder allgemein durch eine Beschreibung dargestellt werden. Anstelle der Bildmatrix oder des daraus abgeleiteten Intensitäts-Spaltenvektors $\boldsymbol{i} = (i_z)^T$ bei linearer Speicherung und entsprechender Änderung der Indizierung (2.1-3)

$$\boldsymbol{i} = (i_1, i_2, \ldots, i_N)^T \quad \text{mit} \quad N = mn \quad \text{und} \quad i_z \in \{i^{(0)}, i^{(1)}, \ldots, i^{(l-1)}\} \tag{2.1-3}$$

können die folgenden speziellen Bildcodierungen treten:

Merkmalvektor (parallel angebotene Elemente): $\boldsymbol{f} = (f_1, f_2, \ldots, f_n)$ mit $n \ll N$,

seriell angebotene Elemente eines Merkmalvektors: $f = \langle f_1, f_2, \ldots, f_{n'}\rangle$ mit $n' \leqq n$,

Merkmalfolge bei fest vorgegebenem Abtastprogramm: $f = \langle g_1, g_2, \ldots, g_{n'}\rangle$ mit $g_i \in \{f_1, f_2, \ldots, f_n\}$ und i. allg. $n' > n$,

Merkmalmenge: $f = \{f_1, f_2, \ldots, f_n\}$ mit $n \ll N$,

Merkmalnetz: $f = f_1 \begin{smallmatrix} \diagup f_4 \diagdown \\ \diagdown f_3 \diagup \end{smallmatrix} f_3 \overset{\diagup f_1 \diagdown}{\overline{\hphantom{xxx}}} f_4.$ (2.1-4)

Kettencodierung. Bei linienhafter Bildinformation können z. B. die Linien nach Quantisierung mit einem Raster durch eine binäre Bildmatrix $\boldsymbol{I}$ mit $i_{xy} \in \{0, 1\}$ oder speichereffektiver durch Vektorfolgen K_i mit den Elementen k_j und je einem Anfangspunkt (x_i, y_i) approximiert werden (Redundanz-Reduktion). Ein häufig benutztes Codierschema für die Vektoren ist der Kettencode [30, 39]. Bei der 8-Punkte-Kette werden nur die nächsten 8 Nachbarbildelemente (p, q) eines Bezugspunktes (r, s) zur Kettenbildung zugelassen und mit 3 bit codiert (Abb. 2.1-1).

$$K_i = \langle x_i, y_i, z_i, k_1, k_2, \ldots, k_{N_i}\rangle, \tag{2.1-5}$$

$$\text{4-Pkt-Kette:} \quad |r - p| + |s - q| = 1 \quad \text{und} \quad k_j \in \{0, 1, 2, 3\}, \tag{2.1-6}$$

$$\text{8-Pkt-Kette:} \quad \max(|r - p|, |s - q|) = 1 \quad \text{und} \quad k_j \in \{0, 1, \ldots, 7\},$$

$$\text{16-Pkt-Kette:} \quad \max(|r - p|, |s - q|) = 2 \quad \text{und} \quad k_j \in \{0, 1, 2, \ldots, 15\}.$$

Bei flächenhafter Bildkonturinformation kann die Codierung der Konturlinien ebenfalls zweckmäßiger sein als eine Bilddarstellung durch eine binäre Bildmatrix. Flächenhafte Konturlinienbilder entstehen z. B. durch Bildbinärisierung oder durch punktweise Klassifizierung von Bildintensitäten und Zusam-

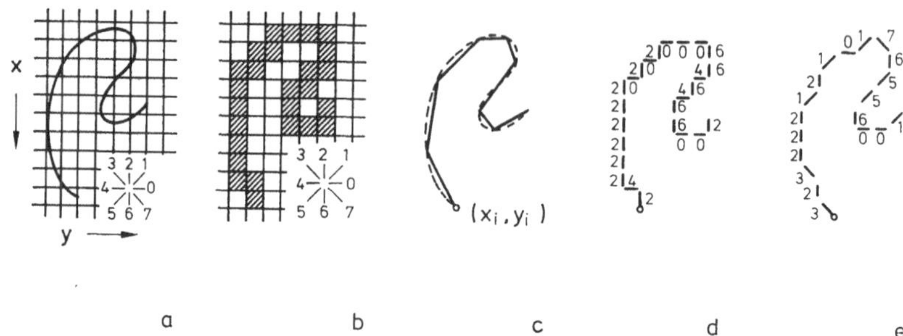

Abb. 2.1-1. Digitale Darstellung einer Linie. *a* Hilfsraster zur Darstellung einer Linie; *b* Linienapproximation durch markierte Rasterelemente, *c* durch einen Polygonzug, *d* durch 4-Punkte- und *e* durch 8-Punkte-Kettencodierung

menfassung zu Bildbereichen $A, B, \ldots, Z$ (Abb. 2.1-2). Bei flächenhafter Bildinformation ist jedoch zu beachten, daß äußere und innere Konturen unterschieden werden müssen. Für die einfache Bildsynthese aus den Konturlinien und zur Konturkennzeichnung (innere oder äußere Kontur) wird den konturerzeugenden Vektoren z. B. bei vorgegebenem festem Umlaufsinn eine äußere und innere Seite $z \in \{0, 1\}$ zugeordnet. Diese Information z_i muß zusätzlich zum Startpunkt x_i, y_i und den Kettenelementen k_j abgespeichert werden (2.1-5).

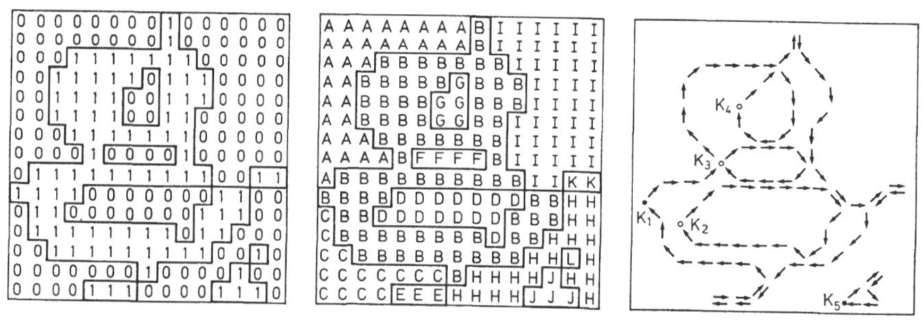

Abb. 2.1-2. Digitale Darstellung einer Fläche. *a* Binärisierte Bildmatrix; *b* klassifizierte Bildmatrix; *c* Konturdarstellung in 8-Punkte-Kettencodierung

Für die speichereffektive Darstellung eines kettencodierten Bildes im Rechner sind wegen der unterschiedlichen Längen N_i der Ketten K_i außer den Kettenelementen k_j noch Steuerparameter erforderlich. Die Steuerparameter können z. B. durch das für die Darstellung nicht benötigte vorangestellte Kettenpaar 04 angezeigt werden (0401, 0402, … 0407 bzw. 0405 NAME usw.). Steuerparameter sind für die Kennzeichnung eines Kettenendes, für die Kettenanfangskoordinaten und für die Namensgebung einer Kette erforderlich. Die Anfangskoordinaten können entfallen, wenn der Startpunkt der nächsten Kette durch eine fiktive „unsichtbare" Kette bestimmt wird. Die fiktive Kette benötigt zwei weitere Steuerparameter für „Darstellung aus-" und „Darstellung eingeschaltet". Damit kann die Menge aller Ketten bzw. Konturen bzw. die linienhafte Bildinformation als ein String gespeichert werden.

Skelettliniencodierung. Eine Binärbilddarstellung durch eine Merkmalmenge, bei der die Anordnung der Elemente $\mathbf{s}_j$ für die Konstruktion der linienhaften Bildinformation irrelevant ist, wird z. B. durch eine Skelettliniencodierung S_i repräsentiert [32]. Die Skelettdarstellung S_i besteht aus einer Menge von Skelettpunkten mit den Koordinaten x, y und dem Radius r (Redundanz-Reduktion). Der Zusammenhang zwischen der Konturlinie und den durch die Daten $\mathbf{s}_j = (x_j, y_j, r_j)$ eines Skelettpunktes dargestellten Teilflächen (Kreisflächen mit Radius r) ist allerdings nicht so anschaulich wie bei der Kettencodierung:

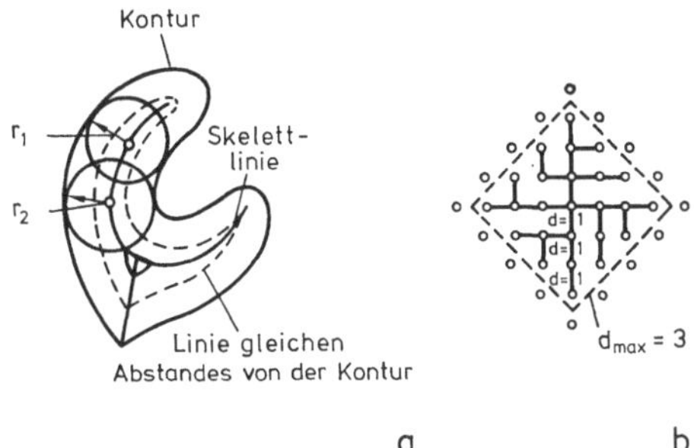

Abb. 2.1-3. Flächendarstellung durch eine Skelettlinie. *a* Skelettlinienerzeugung; *b* Kreisdarstellung bei nichteuklidischer Abstandsdefinition

$$S_i = \{\mathbf{s}_1, \mathbf{s}_2, \ldots, \mathbf{s}_{N_i}\} \text{ mit Abstandsdefinition } d = |x_1 - x_2| + |y_1 - y_2|. \tag{2.1-7}$$

In Abb. 2.1-3a werden z. B. eine Skelettliniendarstellung einer Fläche und das Prinzip der Skeletterzeugung gezeigt. Von der Kontur aus werden ins Flächeninnere geschlossene Linien bzw. Wellenfronten konstruiert, die von der Kontur einen konstanten Abstand haben. Die Skelettlinie ist die Menge aller Punkte, die eine Abschnürung oder Unstetigkeit einer inneren Wellenfrontlinie bilden. Jeder Punkt der Skelettlinie hat einen bestimmten Abstand von der Kontur. Daher läßt sich eine Fläche durch die parametrischen Angaben über den Konturabstand aus den Punkten der Skelettlinie rekonstruieren. Die Kontur ist die umhüllende aller Kreise, deren Mittelpunkte auf der Skelettlinie liegen und deren Radien gleich den betreffenden Konturabständen sind.

Bei Anwendung eines Digitalrechners kann eine Metrik, die nicht auf einem Euklidischen Abstand wie in Abb. 2.1-3a beruht, zweckmäßiger sein. Abb. 2.1-3b zeigt eine spezielle Metrik für den Abstand zweier Punkte P_1 und P_2. Dargestellt ist ein Flächenbereich, dessen Rasterelemente vom mittleren Element gemäß der Abstandsdefinition (2.1-7) einen maximalen Abstand von $d = 3$ besitzen.

Um die Skelettlinie des in Abb. 2.1-2a gezeigten Binärbildes konstruieren zu können, müssen zunächst die inneren Wellenfronten der Kontur gebildet werden. Die richtungsquantisierte Wellenfront wird so gezogen, daß bei Anwendung eines Verbindungsschemas, welches sich auf die 8 nächsten Nachbarbildelemente bezieht, der kleinstmögliche Umfang entsteht (Abb. 2.1-4a). Die abgeschnürten bzw. übrigbleibenden inneren Rasterelemente bilden die Skelettlinienpunkte

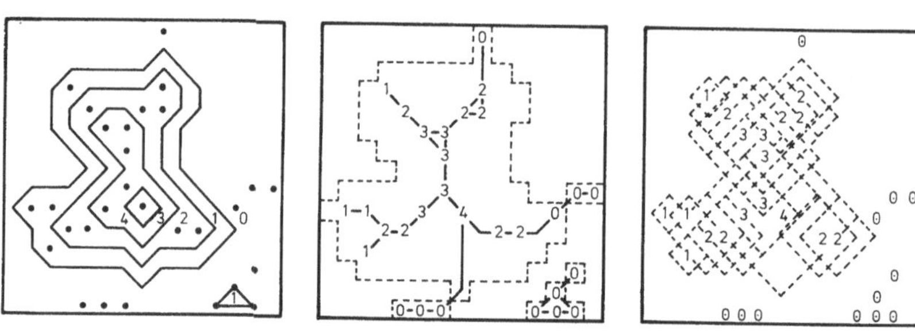

a b c

Abb. 2.1-4. Darstellung eines Binärbildes. *a* Innere Wellenfronten der Kontur; *b* Abstandsskelett zur Kontur; *c* Konturerzeugung aus dem Abstandsskelett

(Abb. 2.1-4b), die wegen der Quantisierung nicht notwendigerweise zusammenhängen müssen. Es läßt sich leicht zeigen (Abb. 2.1-4c), daß die Rücktransformation der Abstandsskelettlinie wieder die ursprüngliche vorgelegte Flächenstruktur liefert. Die Skelettdarstellung hat gegenüber der speichereffektiveren Kettendarstellung den Vorteil, einen besseren Relativlagenbezug zwischen vorgegebenen Rasterelementen und vorliegenden codierten Flächen zu ermöglichen.

Spaltenverknüpfungscodierung. Musterdarstellungen, die z. B. in einer fortgeschrittenen Verarbeitungsphase bei der Bildverarbeitung auftreten, unterscheiden sich von den vorangegangenen redundanzreduzierenden Bildcodierungen durch einen reduzierten Bildinformationsgehalt. Das bedeutet, daß zwar eine eindeutige Transformation des Originalbildes in die reduzierte Darstellung exi-

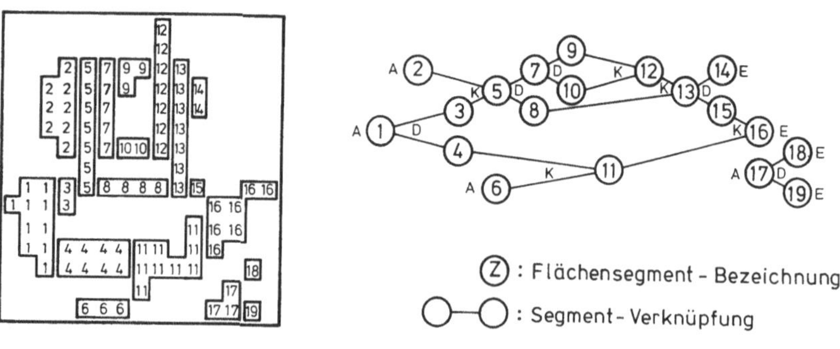

a b

Abb. 2.1-5. Spaltenverknüpfungscodierung eines binären Musters. *a* Segmentierung und Kennzeichnung der Segmente; *b* reduzierte Darstellung in Form eines Verknüpfungsschemas der Segmente *Z* (*A* Anfang, *E* Ende, *D* Divergenz, *K* Konvergenz)

stiert, eine Rekonstruktion des Originals aus der reduzierten Darstellung jedoch nicht mehr möglich ist. Als einfaches Beispiel sei das in Abb. 2.1-5a dargestellte Zeichenmuster mit spaltenweise segmentierten und gekennzeichneten Teilflächen betrachtet. Wenn z. B. bei der spaltenweisen Abtastung von oben nach unten ein Segment erscheint, sich verzweigt oder Segmente sich vereinigen, werden eine oder mehrere neue Segmentnummern Z für die folgenden neuen Zeichenteilflächen eingeführt.

Die Abb. 2.1-5b zeigt dasselbe Zeichenmuster in reduzierter Darstellung, bei der auf den genauen Verlauf der Segment-Konturlinien verzichtet und nur das Verknüpfungsschema der Segmente erfaßt wird. Jedes Segment kann als Zustand eines Graphen, jede gemeinsame Grenzlinie bzw. Berührungslinie zweier Segmente als ungerichteter Zustandsübergang angesehen werden. Für die Segmentzerlegung sind z. B. noch folgende ergänzende Angaben des Graphen zweckmäßig: (*A*) Ver-

Tabelle 2.1-1. *Automatentafel für das Verknüpfungsschema des nach Abb. 2.1-5 segmentierten Zeichens*

Verknüpfung	Segment-Nr. Z																		
	1	2	3	4	5	6	7	8	9	10	11	12	13	14	15	16	17	18	19
L			1	1			5	5	7	7				13	13			17	17
KO					2						4	9	12			15			
KU					3						6	10	8			11			
R		5	5	11		11		13	12	12	16	13			16				
DO	3				7		9						14				18		
DU	4				8		10						15				19		
spezieller Zustand	*A*	*A*				*A*								*E*		*E*	*A*	*E*	*E*

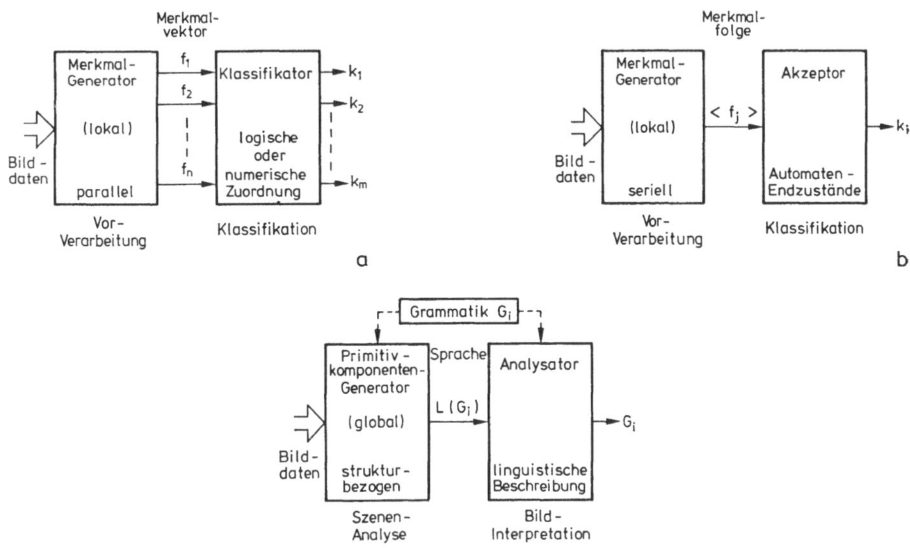

Abb. 2.1-6. Schema der Bildauswertung. *a* Parallele, *b* serielle Objektklassifikation; *c* Bildinterpretation

knüpfung nur nach rechts, (*E*) nur nach links, (*D*) Zweifachverknüpfung nach rechts und (*K*) nach links. Bei den Zweifachverknüpfungen kann (*O*) oberer und (*U*) unterer Ast unterschieden werden. Mit Verknüpfung (*R*) nach rechts, (*L*) nach links und den Angaben (*DO*), (*DU*), (*KO*) und (*KU*) läßt sich das Verknüpfungsschema in Form einer Automatentafel darstellen (Tab. 2.1-1).

Bildverarbeitung

Das allgemeine Prinzip der Bildverarbeitung und Bildauswertung ist in Abb. 2.1-6 dargestellt. Das Ziel der Vorverarbeitung nach der Bildabtastung besteht darin, die Matrixdarstellung unter Informationsreduktion in eine Merkmalliste der Form (2.1-4) zu transformieren. An die Bildvorverarbeitung schließen sich die Klassifikation und Bildinterpretation an.

Bildvorverarbeitung. Die in den einzelnen Phasen der Vorverarbeitung auftretenden Transformationen können zweckmäßig nach der Größe des operationellen Einzugsbereiches der Bildelemente (lokal—regional—global) und der Art der angewandten Datenstrukturen Matrix → Matrix, Matrix → Liste, Liste → Matrix und Liste → Liste gegliedert werden. Abbildungen von Matrizen auf Matrizen kommen z. B. in der ersten Verarbeitungsphase bei der lokalen Bildvorverarbeitung (Abb. 2.1-7) vor, bei der eine bestimmte Nachbarschaftsoperation je Bildpunkt ausgeführt wird. Die Umgebung der Bildpunkte wird dabei durch eine relative Indexsteuerung und Vorgabe einer Untermatrixgröße spezifiziert. Bei der allgemeinen regionalen Bildverarbeitung mit nicht lokal definierbarem

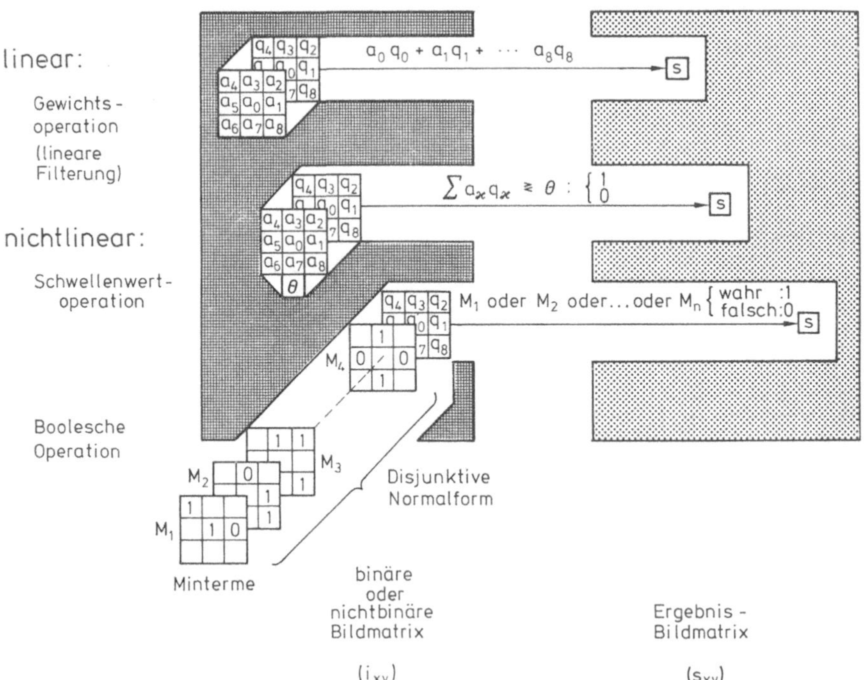

Abb. 2.1-7. Schematische Darstellung von lokalen bildverarbeitenden Operationen

Operationsbereich ist die Bildelemente-Auswahl mit einer oder mehreren binären Masken vorzunehmen, die auf variable Positionen angewandt werden können. Wenn sich eine bildverarbeitende Operation auf Bildelemente erstreckt, die nicht benachbart sind, sondern eine beliebige Position innerhalb der Bildmatrix einnehmen, nennt man sie global.

In der zweiten Verarbeitungsphase der globalen Verarbeitung findet i. allg. ein Übergang von Matrizen auf Listen statt, die eine objektbezogene und für die folgenden Schritte verarbeitungsgemäßere Darstellung erlauben. Unter einer Liste soll eine Folge von Elementen, den Listenelementen, verstanden werden,

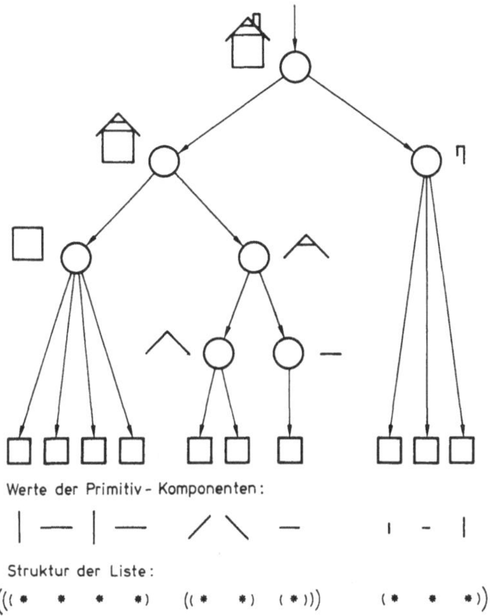

Abb. 2.1-8. Syntaxanalyse einer Bildszene mit Beschreibung der in einem Rechner abbildbaren Datenstruktur eines hierachisch strukturierten Ausdruckes [46, 47]

wobei jedes Listenelement selbst wieder eine Liste sein kann. Im allgemeinen Sinn kann also eine Liste eine hierarchische Struktur haben, die z. B. durch Klammerausdrücke (vgl. Abb. 2.1-8) beschrieben werden kann. Der prinzipielle Unterschied zwischen Listen und Feldern (Matrizen) besteht darin, daß alle Feldelemente gleichstrukturiert sind und daher parallel verarbeitet werden können, während Listenelemente unterschiedliche Strukturen besitzen dürfen, weshalb hier die sequentielle Verarbeitung überwiegt, obgleich partiell eine Parallelverarbeitung kompatibler Elemente möglich ist.

Auch innerhalb der lokalen Verarbeitung treten Listen auf, jedoch im wesentlichen aus Gründen der besseren Speicherplatzausnutzung, wie z. B. bei der Behandlung linienhafter Muster. Eine Rücktransformation Liste → Matrix vor Durchführung weiterer lokaler Operationen kann aus folgenden Gründen zweckmäßig sein: Das Einfügen oder Eliminieren von Bildelementen erfordert eine Umstrukturierung der Liste, oder Nachbarschaftsbeziehungen können nicht mehr durch eine Adressenrechnung (Indizes), sondern allein durch Suchvorgänge erkannt werden.

Da Listen gewissermaßen zwei Arten von Informationen enthalten, nämlich die Struktur und die Werte der nicht weiter zerlegbaren Listenelemente, stellen sie eine geeignete Beschreibung der Bilder für die globale Verarbeitungsphase dar. Die globale Verarbeitung bezieht sich nicht mehr auf einzelne Bildelemente, sondern erstreckt sich auf deren Zusammenfassung zu Teilobjekten und auf wiederum deren Zusammenfassung zu Objekten usw. Die Beziehungen der einzelnen Bildkomponenten untereinander, wie z. B. „bildet Teil von", „liegt neben", schlägt sich in der Struktur der Liste nieder, während die Werte der Primitiv-Komponenten, wie z. B. Grauwert, Länge, Krümmungsradius usw., die Werte der oben genannten atomaren Listenelemente sind. Die Beziehungen zwischen Komponenten verschiedener Niveaus und die Werte der Primitivkomponenten können formal gleich behandelt werden.

Die Darstellungsart einer Liste, die direkt den hierarchischen Aufbau einer Bildszene oder Teilszene widerspiegeln kann, entspricht ihrer Syntaxanalyse, was anhand des abstrakten Beispiels in Abb. 2.1-8 veranschaulicht wird. Jeder Knoten des Baumes repräsentiert eine Komponente. Die Verbindungsknoten (Knoten mit wegführenden vertikalen Kanten) repräsentieren sogenannte Metakomponenten und die Endknoten (Knoten ohne wegführende vertikale Kanten) Primitivkomponenten. In einem Verbindungsknoten werden die jeweils untergeordneten Komponenten zusammengefaßt. Jede Komponente ist interpretierbar als ein geordnetes Paar: (Name, Attribut).

Eine Zusammenfassung in einem Verbindungsknoten entsteht dadurch, daß die Namen von Komponenten, und damit indirekt auch deren Attribute, der übergeordneten Komponente als Attribut zugewiesen werden. Also besteht das Attribut einer Metakomponente aus der Menge der Namen der ihr unmittelbar untergeordneten Komponenten, während das Attribut einer Primitivkomponente kein Name, sondern ein Wert ist.

Bildauswertung. Die bisher am häufigsten angewandten Methoden der Bilderkennung basieren auf dem Klassifikator-Modell (Mustererkennung, Objektklassifizierung). Die Bilddaten werden durch Merkmalextraktion auf einen Merkmalsatz f bzw. Merkmalvektor $\boldsymbol{f}$ reduziert. Die Menge derartiger Merkmalvektoren kann in einem n-dimensionalen Merkmalraum dargestellt werden. Die Erkennung erfolgt z. B. dadurch, daß ein definierter Unterraum, und damit die in ihn fallenden Vektoren, einer bestimmten Klasse k aus einer endlichen Menge von Klassen zugeordnet wird (Abb. 2.1-9). Das Problem der numerischen Klassifikation besteht darin, aus den Bilddaten geeignete Merkmale zu extrahieren und eine kompakte Darstellung der Merkmalvektoren der gleichen Klasse bei gleichzeitig großem Abstand zu allen anderen Klassen zu erreichen. Charakteristisch für die numerische Klassifikation ist die parallele Verarbeitung der Merkmale. Daraus folgt, daß ihre Anwendung auf solche Bilder beschränkt ist, bei denen die inneren strukturellen Zusammenhänge wie z. B. die Beziehungen von Teilbildern und Merkmalen untereinander ohne Bedeutung sind. Dies trifft z. B. bei alphanumerischen Zeichen in erster Näherung zu, wo die strukturellen Beziehungen der Erkennungsmerkmale eines zentrierten Zeichens unberücksichtigt bleiben bzw. durch die Detektionslage im Zentrierfenster erfaßt werden.

Das numerische Klassifikations-Verfahren ist nicht auf Bilder anwendbar, bei denen die Bedeutung außer in den Einzelmerkmalen besonders in der Gesamtstruktur enthalten ist. Die Bildinterpretation erfordert eine Beschreibung, die dem Aufbau der Bilder hinsichtlich ihrer Komponenten, ihrer Struktur (Syntax) und ihrer Bedeutung (Semantik) Rechnung trägt. Eine derartige Beschreibung liefert notwendigerweise eine hierarchische Datenstruktur. Die Verarbeitung der Bilder (Analyse oder Synthese) kann mittels einer geeigneten Steuerung, einer Grammatik, sequentiell im Hinblick auf die Datenstruktur erfolgen [1—10].

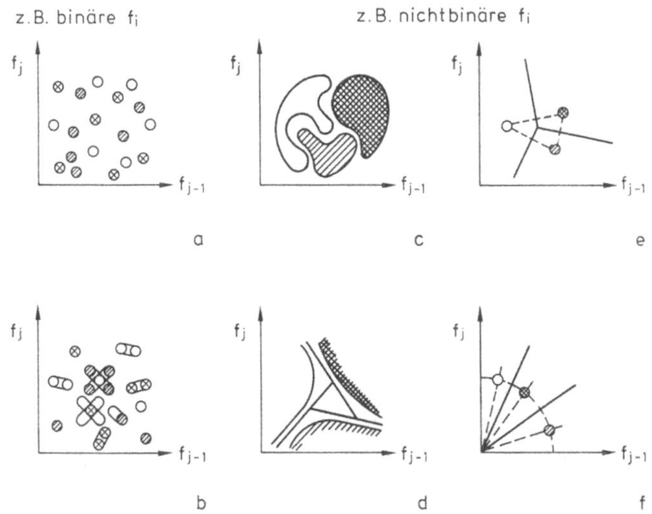

Abb. 2.1-9. Geometrische Darstellung der numerischen Klassifikation. *a* Exakter oder *b* teilweiser Deckungsvergleich (z. B. Minterme oder minimisierte Terme); *c* nichtlineare Bereichszuordnung oder *d* lineare Separierung; Repräsentantenzuordnung durch *e* kleinsten Euklidischen Abstand oder *f* Winkelabstand (Korrelation)

Die formalen Sprachen [44] kennen einen „Meta-Beschreibungs-Formalismus", eine Grammatik. Die Grammatik enthält ein Vokabular, das in die Menge der Terminal-Symbole Σ (im Sinne der Bilder nicht weiter zu analysierende Merkmale oder Primitiv-Komponenten) und in die Menge der Metasymbole Φ (höhere Strukturen, die aus niedrigeren Strukturen und/oder Primitivkomponenten aufgebaut sind) zerfällt. Weiterhin macht die Grammatik durch die Menge von Regeln R Aussagen, in welcher Weise aus jedem Metasymbol andere Metasymbole und schließlich Terminalsymbole abgeleitet (zerlegt) werden. Das ausgezeichnete Symbol S, das in Φ enthalten ist, gilt dabei als Startsymbol

$$L(G) \text{ mit } G = (\Phi, \Sigma, R, S). \tag{2.1-8}$$

Die Sprache, die durch G erzeugt wird, bezeichnet man als $L(G)$. Ein Satz aus $L(G)$ enthält folglich nur Terminalsymbole. Ist die die Sprache erzeugende Grammatik eindeutig, so läßt sich jedem Satz aus $L(G)$ genau ein Syntaxbaum zuordnen, der den syntaktischen Aufbau des Satzes wiedergibt. Demnach kann ein Satz aus $L(G)$ dazu dienen, ein Bild bezüglich seiner Primitivkomponenten und seiner hierarchischen Struktur eindeutig zu beschreiben. Wichtig in diesem Zusammenhang ist aber, daß eine Sprache durch verschiedene Grammatiken erzeugt werden kann, d. h., daß mehrere bezüglich ihrer Primitivkomponenten identische Bilder auf verschiedene Arten konstruiert bzw. analysiert werden können, womit i. allg. auch verschiedene Bedeutungen verbunden sind. Hieraus folgt, daß die vorgesehene Bedeutung einer Klasse von Bildern die anzuwendende Grammatik G_i bestimmt.

Der so definierte Formalismus beschränkt sich auf die Syntaxbeschreibung. Im Hinblick auf die Bildverarbeitung erweist sich jedoch die Notwendigkeit, auch den semantischen Teil in den Formalismus aufzunehmen, also eine Sprache $L(G, I)$ zu definieren, in der G die Syntax und I die Semantik (Interpretation) beschreibt. Das wird realisiert, indem jeder Syntaxregel genau eine Interpretationsregel zugeordnet wird, durch die den Symbolen aus $\Phi \cup \Sigma$ Interpretationssymbole (z. B. Werte) zugewiesen werden

$$L\big(G(\Phi, \Sigma, R, S), I(R)\big). \tag{2.1-9}$$

Zur Illustration möge das folgende Beispiel [1] dienen, das Bilder behandelt, die aus einer Geraden und/oder einem Kreis bestehen. G beschreibt in diesem Fall die Topologie und I die Geometrie der Bilder. Die Syntaxregeln R mit den Metasymbolen Φ, Terminalsymbolen Σ und dem Startsymbol S lauten

$$\begin{aligned} R = \{&\text{SZENE} \to \text{FIGUR1}, && \text{mit } \Phi = \{\text{SZENE, FIGUR1, FIGUR2}\}\\ &\text{SZENE} \to \text{FIGUR2}, && \\ &\text{SZENE} \to \text{FIGUR1 und FIGUR2}, && \Sigma = \{\text{gerade, kreis, und}\}\\ &\text{FIGUR1} \to \text{gerade}, && \\ &\text{FIGUR2} \to \text{kreis}\} && \text{und } S = \text{SZENE}. \end{aligned} \tag{2.1-10}$$

Betrachtet man zunächst nur die Syntax, so generiert G die Sprache

$$L(G) = \{\text{gerade, kreis, gerade und kreis}\}. \tag{2.1-11}$$

Die zu R korrespondierenden Semantikregeln sind

$$\begin{aligned} I(R) = \big\{&\text{GEOMETRIE} := \text{ENDPUNKTE},\\ &\text{GEOMETRIE} := \text{ZENTRUMRADIUS},\\ &\text{GEOMETRIE} := \text{schnitt(ENDPUNKTE,ZENTRUMRADIUS)},\\ &\text{ENDPUNKTE} := \big((x_1, y_1), (x_2, y_2)\big),\\ &\text{ZENTRUMRADIUS} := \big((x, y), r\big)\big\}. \end{aligned} \tag{2.1–12}$$

Gemäß 2.1-10 und 2.1-12 entsprechen „FIGUR1" und „ENDPUNKTE" einander. „ENDPUNKTE" kann als Variablenname aufgefaßt werden, dem aufgrund der 4. Zeile von (2.1-12) zwei Paare von Koordinatenwerten, die zu dem Terminalsymbol „gerade" gehören, zugewiesen werden. Analoge Verhältnisse bestehen zwischen „FIGUR2", „ZENTRUMRADIUS", „kreis" und „$\big((x, y), r\big)$". Der letzte Ausdruck gibt die Kreismittelpunktskoordinaten und den Kreisradius an. Der Zerlegung von „SZENE" in „FIGUR1 und FIGUR2" entspricht in der Semantikbeschreibung einer Funktion „schnitt", die die Schnittpunkte, falls vorhanden, von „FIGUR1 und FIGUR2" berechnet.

Ein Beispiel für eine linguistische Klassifikation bei Anwendung einer speziellen regulären Grammatik zeigt Abb. 2.1-10. Die Interpretation der möglichen Folgen von Primitivkomponenten bzw. Merkmalen (Strings) erfolgt durch zwei

Klassen k_i und k_j, die als Terminalsymbole i und j ausgedrückt sind und z. B. je einen Endzustand des durch die Produktionsregel R gegebenen Graphen darstellen.

Die bisher definierte Grammatik bezeichnet man als String-Grammatik. Charakteristisch für sie ist die Form der Ableitungen $\varphi\alpha\psi \to \varphi\beta\psi$. Die Einbettung von β in den Reststring $\varphi\alpha\psi - \alpha$ ist dabei aufgrund der Eindimensionalität der

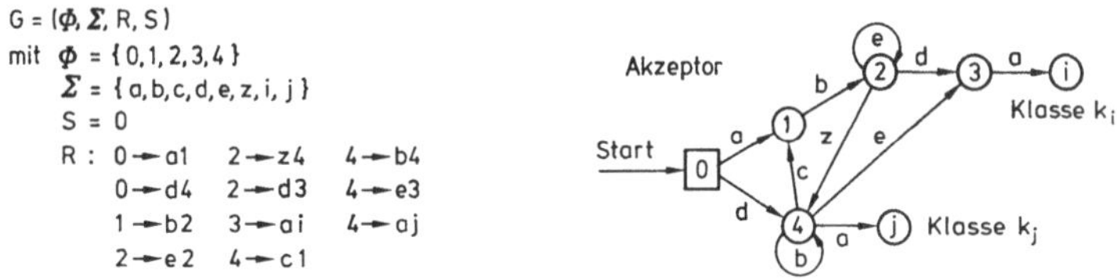

Abb. 2.1-10. Klassifikationsbeispiel bei Anwendung einer regulären Grammatik (endlicher Automat)

Listenstruktur eindeutig bestimmt. Die Bildverarbeitung befaßt sich im allgemeinen jedoch mit mehrdimensionalen Objekten, und es ist erwünscht und in einigen Fällen sogar notwendig, diese Eigenschaft auch dem Beschreibungsschema zuzuordnen. In dem Beispiel (2.1-10) konnten die in der Bildebene zweidimensionalen Figuren durch eine lineare Struktur beschrieben werden. Dies trifft allerdings nicht für beliebige mehrdimensionale Anordnungen zu. Für letztere sind anstelle von Ketten Netze erforderlich, deren Knoten (die Terminal- bzw. Metasymbole) mehrfach miteinander verbunden sind. Eine Grammatik, die derartige Netzstrukturen generiert, nennt man Web-Grammatik [2, 6].

Der Formalismus der String-Grammatiken ist für die Erzeugung von Netzen nicht ohne weiteres zu übernehmen, da wegen der Mehrdimensionalität die Ein-

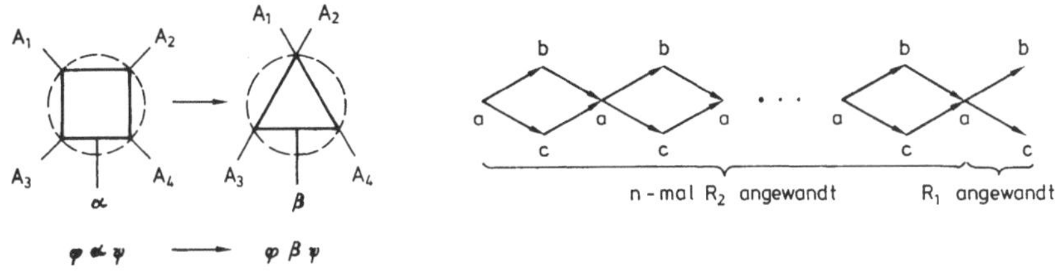

Abb. 2.1-11. Netzgrammatik [2]. *a* Einbettungsregel; *b* Beispiel für die Synthese von Netzen

bettung nicht eindeutig ist. Das Einsetzen von β in das Restnetz $\varphi\alpha\psi - \alpha$ kann z. B. mehr oder weniger Verbindungen erfordern, als durch das Entfernen von α gelöst wurden. Weiter ist die Lage von β nicht eindeutig. Daher muß die Einbettung E, die die Korrespondenz zwischen den Knoten des Restnetzes und denen von β angibt, explizit spezifiziert werden (Abb. 2.1-11a)

$$\varphi\alpha\psi \to \varphi\beta\psi;\ E. \qquad (2.1\text{-}13)$$

Dem von der String-Grammatik bekannten Startsymbol entspricht bei den Web-Grammatiken eine Menge von Anfangsnetzen. Im folgenden sei ein einfaches Beispiel für eine Web-Grammatik aufgeführt [2]. Die Semantik wird in diesem Beispiel nicht behandelt. Die Einbettung ist hier nichtformal angeschrieben und für die beiden Regeln aus R gleich. Die Sprache, die G erzeugt, ist die Menge aller Netze, deren Form in Abb. 2.1-11b dargestellt ist.

$$G = (\Sigma, \Phi, R, S), \tag{2.1-14}$$

$\Sigma = \{a, b, c\}$,
$\Phi = \{A\}$,
$R = \{R_1, R_2\}$,
$S = \{\cdot A\}$.

$R_1)\ \cdot A \to a \begin{smallmatrix} \nearrow b \\ \searrow c \end{smallmatrix}$; $E = \{$alle Verbindungen, die ursprünglich auf A weisen, weisen nach Ausführen der Regel auf $a\}$,

$R_2)\ \cdot A \to a \begin{smallmatrix} & b & \\ \nearrow & & \searrow \\ & & A \\ \searrow & & \nearrow \\ & c & \end{smallmatrix}$; $E = \{$wie in $R_1\}$.

Die wesentlichen Punkte des aufgestellten Formalismus lauten zusammengefaßt:

A. Man definiert die Primitivkomponenten einer Klasse von Bildern.

B. Man stellt eine Grammatik auf, die die Struktur und Semantik dieser Klasse von Bildern beschreibt.

C. Man zerlegt ein vorgelegtes Bild (generiert ein gewünschtes Bild) durch Anwendung der Regeln der Grammatik und erhält eine hierarchische Datenstruktur, die das individuelle Bild beschreibt.

Betont sei, daß in der angegebenen Methode das Erkennungsproblem der Primitivkomponenten als gelöst angenommen wird. In günstigen Fällen, z. B. wenn die Bilder modellhafte Objekte enthalten, oder nach entsprechender Bildvorverarbeitung, können die Primitivkomponenten analog zu der lexikographischen Analyse bei der Kompilation von Programmiersprachen durch Abtasten lokalisiert und durch Vergleich mit Prototypen oder allgemeiner durch numerische Klassifikation identifiziert werden.

2.1.2. Digitalisierung, Filmaufzeichnung und Sichtanzeige

Von H. Kazmierczak und R. Schärf

Zur Eingabe von Bildinformation in digitale Verarbeitungssysteme sind Geräte zur Digitalisierung der Bildinformationen erforderlich. Für die Ausgabe und Darstellung gespeicherter und verarbeiteter Bildinformation dienen Sichtgeräte oder Filmaufzeichnungsgeräte. Die Geräte zur Bildeinausgabe müssen im wesentlichen zwei Funktionen ausüben: Die Bildpunktadressierung und die Energiewandlung

(Strahlungsenergie in elektrische Energie und umgekehrt). Im folgenden werden die wichtigsten Wandler- und Ablenkerprinzipien und einige Systemaspekte der Bildeinausgabe dargestellt.

Optomechanischer Ablenker

Das in Abb. 2.1-12 dargestellte optomechanische Ablenkerprinzip [11] ist sowohl zur Abtastung von Farbbildern als auch zur Ausgabe von Farbbildinformation auf Film geeignet. In beiden Fällen wird die Ablenkung mechanisch

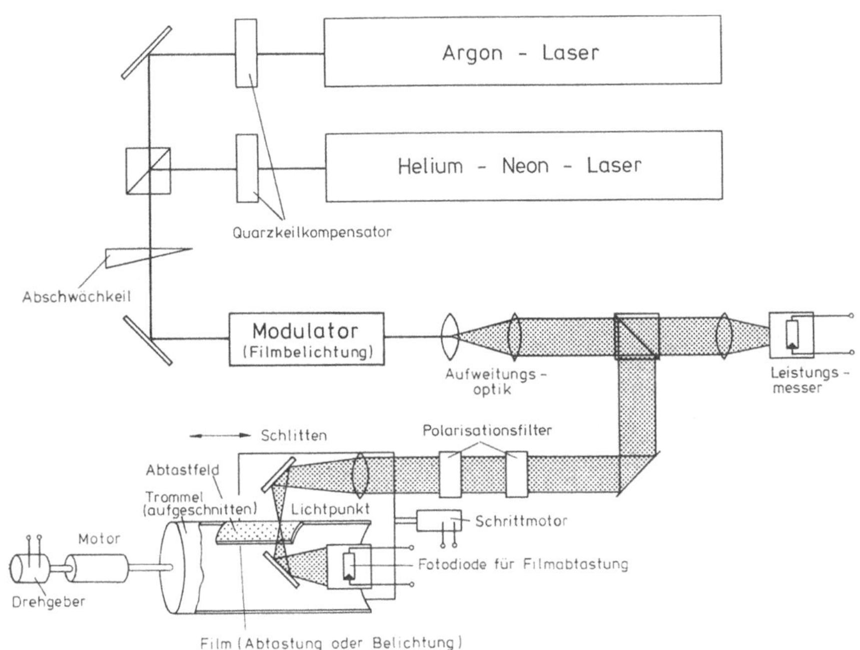

Abb. 2.1-12. Optomechanischer Ablenker [11]

durchgeführt. Eine rotierende Trommel dient als Bildträger und bewegt das Bild unter einem feststehenden Laser-Lichtstrahl mit konstanter Drehgeschwindigkeit (kontinuierliche Bewegung). Dadurch kann jeweils eine Zeile des Bildes abgetastet werden. Die Verschiebung des Lichtstrahls von Zeile zu Zeile wird mit einem Schlitten durchgeführt, der durch einen Schrittmotor bewegt wird. Durch die Takte eines inkrementalen Drehgebers, der mit der Trommel rotiert, wird jede Bildzeile in diskrete Punkte aufgelöst.

Das angegebene Prinzip sieht zur Erfassung von Farbinformation (vgl. 2.1.3) eine sequentielle Abtastung mit den drei Farbkomponenten blau, grün und rot vor, die z. B. von einem Argon-Laser (457,8 nm und 520,8 nm) und Helium-Neon-Laser (632,8 nm) erzeugt werden. Bei der Bildabtastung dient eine Silizium-Diode zur opto-elektrischen Wandlung der Bildinformation. Bei der Wiedergabe von Bildinformation wird farblichtempfindlicher fotografischer Film zur Bildaufzeichnung benutzt. Zur Aufzeichnung der Bildinformation wird die Strahlintensität durch einen elektro-optischen Wandler moduliert (z. B. Pockelszelle, akusto-optischer Modulator). Mit optomechanischen Ablenkgeräten werden in Verbindung mit einzelnen Fotodioden oder Diodenmatrizen hohe Auflösungen (bis zu 1 μm Punktabstand), große Rasterformate (typisch 10000 Bildpunkte/Zeile) und variable Bildformate erzielt. Die Bildrasterung ist weitgehend verzerrungsfrei. Die Bildpunktabtastgeschwindigkeit wird bei Off-line-Anschluß an Magnetbandgeräten durch die maximale Übertragungsrate von typisch 100 K Byte/s begrenzt.

Akusto-optischer Modulator und Ablenker

Durch Einstrahlung einer akustischen Welle hoher Frequenz (typisch 150 bis 300 MHz) in einen geeigneten Kristall wird der Brechungsindex des Kristalls für durchtretendes Licht periodisch verändert. Der Kristall nimmt dadurch die

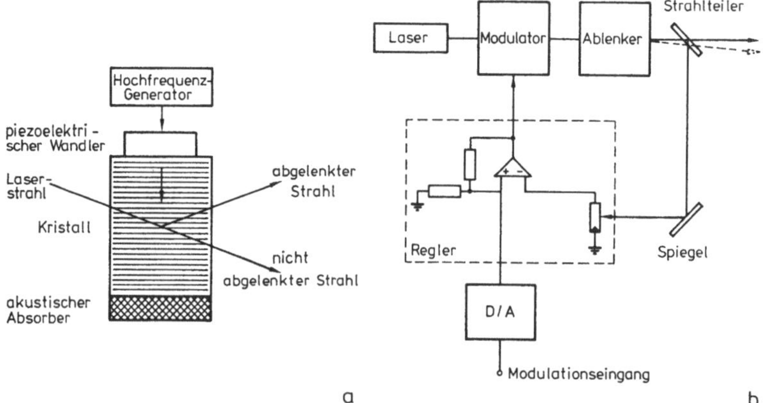

Abb. 2.1-13. Akusto-optische Lichtmodulation und Lichtablenkung. *a* Modulator- bzw. Ablenksystem; *b* Prinzip der Lichtintensitätsregelung

Eigenschaft eines räumlichen Beugungsgitters an. Durch Einstrahlung des Lichts unter einem bestimmten Winkel wird durch Reflexion an den Gitterebenen die Beugung des Lichts in die 1. Ordnung wesentlich verstärkt (Bragg-Bedingung). In dieser Betriebsart arbeiten alle akusto-optischen Modulatoren und Ablenker. Abb. 2.1-13a zeigt schematisch eine akusto-optische Zelle.

Das Prinzip läßt sich entweder für die Intensitätsmodulation oder für die Ablenkung eines Lichtstrahls ausnutzen. Durch Modulation der Amplitude der Ultraschallwelle kann der Wirkungsgrad des Gitters und damit die Intensität des abgelenkten Strahls moduliert werden. Der nicht abgelenkte Strahl wird gegenphasig moduliert. Eine Ablenkung des Lichtstrahls mit veränderlichem Ablenkwinkel wird erreicht, wenn die Gitterkonstante des Kristalls geändert wird. Dies ist durch Änderung der Ultraschallfrequenz möglich.

Da die Bragg-Bedingung bei gegebenem Einfallswinkel des Strahls nur bei einer Schallfrequenz optimal erfüllt ist, entstehen richtungsabhängige Lichtintensitätsschwankungen. Diese können durch äußere Beschaltung und Einfügen eines Modulators für die Lichtintensität in den Strahlengang nach Abb. 2.1-13b ausgeregelt werden. Bei Anwendung des Geräts als Abtaster liegt der Signaleingang (Sollwert) an konstantem Potential. Bei Bildsichtanwendung wird das Bildsignal auf den Modulatoreingang gegeben, um den Lichtstrahl in seiner Intensität entsprechend zu modulieren. Hierbei übernimmt der Regelkreis zusätzlich die Linearisierung der Modulatorkennlinie.

Elektro-optischer Modulator

Elektro-optische Modulatoren [12] beruhen auf dem Pockels-Effekt in anisotropen Kristallen. Anisotropie bedeutet, daß der Brechungsindex in den zueinander senkrecht stehenden Hauptachsen x, y des Kristalls unterschiedlich groß

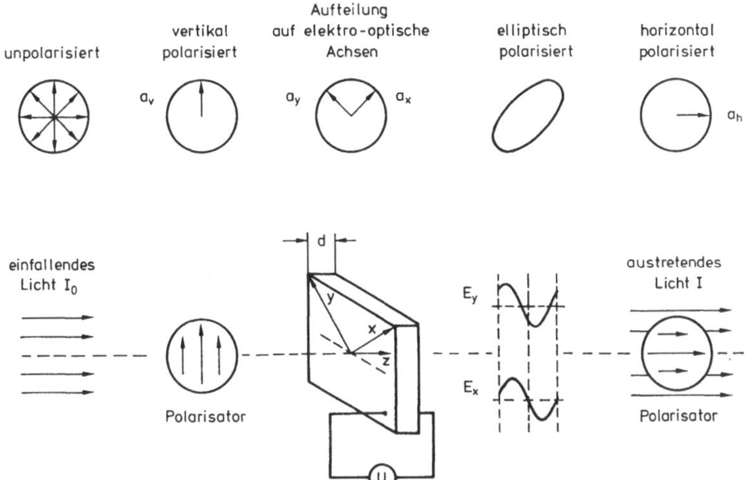

Abb. 2.1-14. Prinzip des elektro-optischen Modulators [48]

ist (Doppelbrechung). Neben natürlicher Anisotropie (Kalkspat) gibt es elektrisch induzierte Anisotropie durch Anlegen eines elektrischen Feldes z. B. senkrecht zu den Hauptachsen des Kristalls in Richtung der z-Achse (longitudinaler Effekt). Die Brechungsindexdifferenz ist proportional zur angelegten Feldstärke E (Abb. 2.1-14).

$$a_i = \frac{1}{2}\sqrt{2}\, a_v \exp\left[j\omega\left(t - \frac{n_i z}{v_c}\right)\right] \quad \text{für} \quad i = x \text{ bzw. } y,$$

$$\Delta n = n_x - n_y, \quad \Delta n = c_p E = c_p \frac{U}{d} \quad \text{für} \quad z = d. \tag{2.1-15}$$

Fällt polarisiertes Licht in z-Richtung auf einen solchen Kristall, so wird es im Kristall in zwei senkrechte Schwingungskomponenten a_i parallel zu den Hauptachsen x, y zerlegt, die den Kristall entsprechend Δn mit unterschiedlichen Phasengeschwindigkeiten $v_n = v_c/n$ durchdringen. Nach Durchlaufen der Kristalldicke d erhalten die beiden Polarisationsanteile des Lichtes einen Phasenunterschied $\Delta\varphi$ (Abb. 2.1-14)

$$\exp(-j\,\Delta\varphi) = \exp\left(-j\,\frac{2\pi}{\lambda}\, d\,\Delta n\right) \quad \text{bzw.} \quad \Delta\varphi = c_p k U. \tag{2.1-16}$$

Nach Austritt aus dem Kristall ist das Licht elliptisch polarisiert. Mit einem nachgeschalteten Polarisator (Abb. 2.1-14) kann eine Intensitätsmodulation des Lichtes erzielt werden

$$I = I_0 \sin^2 \frac{\Delta\varphi}{2} \quad \text{mit} \quad a_h = \frac{1}{2}\sqrt{2}\,(a_x - a_y),$$

$$I = |a_h|^2 \quad \text{und} \quad I_0 = |a_v|^2 = a_v^2. \qquad (2.1\text{-}17)$$

Außer dem beschriebenen longitudinalen Effekt sind auch transversale elektro-optische Effekte zur elektrisch induzierten Anisotropie bekannt. Ein transversaler Effekt wird z. B. bei der Kerr-Zelle ausgenutzt, bei der das angelegte Feld senkrecht zur Fortpflanzungsrichtung des Lichtes steht. Die Brechungsindexdifferenz Δn ist nach (2.1-18) dem Quadrat der elektrischen Feldstärke proportional. Die Ausnutzung des Kerr-Effekts ist wegen der sehr hohen erforderlichen Spannungen (einige kV) für Modulatoren ungebräuchlich, findet aber bei dem unten beschriebenen elektro-optischen Ablenker Anwendung.

$$\Delta n = c_K E^2. \qquad (2.1\text{-}18)$$

Elektro-optischer Ablenker

Das elektro-optische Ablenkprinzip [13] arbeitet mit polarisiertem monochromatischem Laserlicht. Eine Ablenkstufe besteht aus einer Nitrobenzol-Kerrzelle als Polarisationsschalter und einem doppelbrechenden Kalkspatprisma (Abb. 2.1-15a). Die Kerrzelle wird unter Anwendung einer Vorspannung (Empfindlichkeitssteigerung bei quadratischer Kennlinie) so angesteuert, daß die Polarisationsrichtung des eintretenden Laserstrahls entweder unverändert bleibt oder um 90° gedreht wird (Abb. 2.1-15b). Das nachgeschaltete Prisma lenkt den Strahl entsprechend der Polarisationsrichtung entweder in die ordentliche oder in die außerordentliche Richtung ab.

Der Ablenkwinkel ist von der Geometrie des Prismas abhängig (Digitales Ablenkprinzip). Werden ld n Bausteine hintereinandergeschaltet, so können

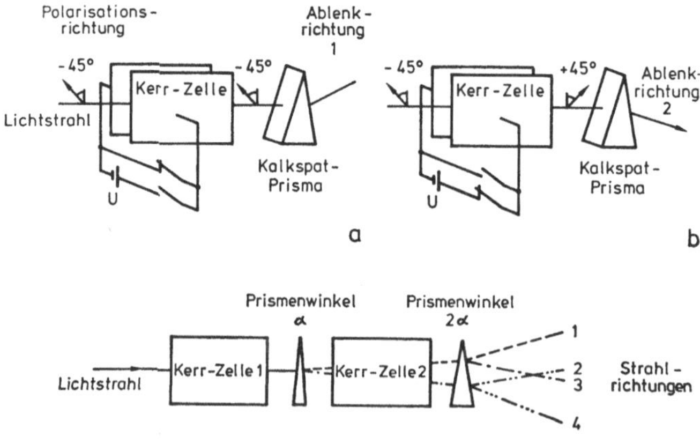

Abb. 2.1-15. Prinzip der elektro-optischen Lichtablenkung [13]. *a* Inaktive und *b* aktive Ablenkerstufe; *c* Hintereinanderschaltung zweier Ablenkerstufen

winkelmäßig n äquidistante Strahlrichtungen erzeugt werden, wenn von Stufe zu Stufe der Prismenwinkel verdoppelt wird. Abb. 2.1-15c zeigt schematisch die Wirkung zweier hintereinandergeschalteter Stufen. Eine zweidimensionale Ablenkung mit n^2 Winkelrichtungen ist durch Kombination von Ablenkerzellen mit zueinander senkrecht stehenden Prismen möglich.

Eine nachgeschaltete Abbildungsoptik transformiert die äquidistanten Richtungen in ein orthogonales Punktraster. Bis zu 2000×2000 Bildpunkte sind mit hoher Frequenz ansteuerbar (typisch z. B. 1 MHz). Problematisch sind die notwendigen hohen Spannungen zum Schalten der Kerrzellen und die aufgrund von Fertigungstoleranzen entstehenden Restlichtintensitäten an unerwünschten Rasterpositionen (Geisterpunkte). Der Vorteil der Lichtablenker als Sichtgeräte besteht in der Großbilddarstellung und Überlagerung grafischer Information auf hochaufgelöste projizierte Bildinformation.

Fotodiodenanordnung

Die Quantisierung in diskrete Bildpunkte ist bei linearen oder matrixförmigen Sensor-Anordnungen durch die flächenhafte Verteilung der diskreten Wandlerelemente gegeben. Bei linearen Wandleranordnungen ist eine zusätzliche Ablenkung (meist mechanisch) in Richtung senkrecht zur Wandlerzeile notwendig. Die Lichtwandlung kann z. B. durch Fotodioden erfolgen, auf welche die Bildinformation optisch abgebildet wird.

Abb. 2.1-16 zeigt eine Fotodiodenzeile, die durch Ansteuerung mit einem digitalen Schieberegister sequentiell ausgelesen wird. Durch Verschiebung eines „1"-Signals in einem Schieberegister werden nacheinander Tore zur Aufladung der jeweiligen Fotodiodenkapazität geöffnet. Die beleuchteten Fotodioden entladen die Sperrschichtkapazitäten entsprechend der Bildinformation. Der auf eine gemeinsame Leitung fließende Aufladestrom ist dem aktuellen Ladezustand der Fotodiodenkapazität und damit der Bildinformation proportional. Die zeitintegrierende Wirkung und die dadurch erzielte Empfindlichkeitssteigerung der Fotowandlung wird durch die Kondensatorwirkung der Diodensperrschicht erzielt. Dieses Prinzip ist von der Vidikon-Kameraröhre her bekannt. Wenn die Fotodioden zweidimensional angeordnet werden, wird die Wandlermatrix zweckmäßig zeilenweise parallel betrieben.

Geeigneter für den Aufbau größerer Sensormatrizen sind CCD-Wandlerelemente (Charge-Coupled-Devices) [14]. Man erreicht hier kleinere Elementabstände (typisch 2 μm). Zweidimensionale Anordnungen mit ca. 500×500 Elementen, die anstelle von Vidikons eingesetzt werden können, sind heute technisch

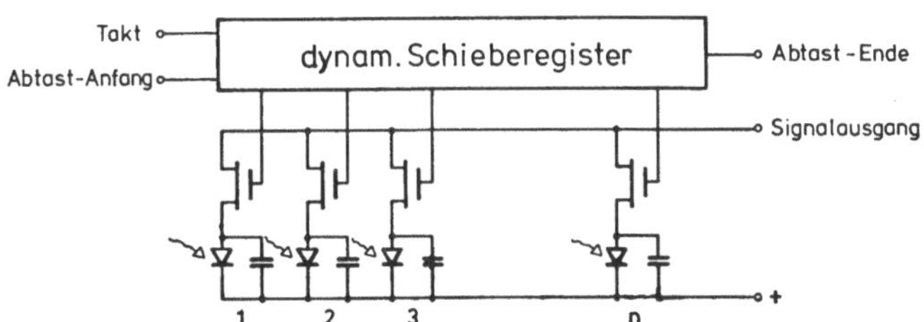

Abb. 2.1-16. Fotodiodenzeile mit Ansteuerung

realisierbar. Die in einer Sensorschicht durch die optischen Bildinformationen aufgebauten Ladungen werden in einer Anordnung dicht benachbarter MOS-Kondensatoren gespeichert [15] (Abb. 2.1-17a). Dies geschieht durch Minoritätsträger, die sich an der Oberfläche der unter der Elektrode vorhandenen Verarmungszone befinden. Zum Transport dieser Ladungen sind drei Elektroden

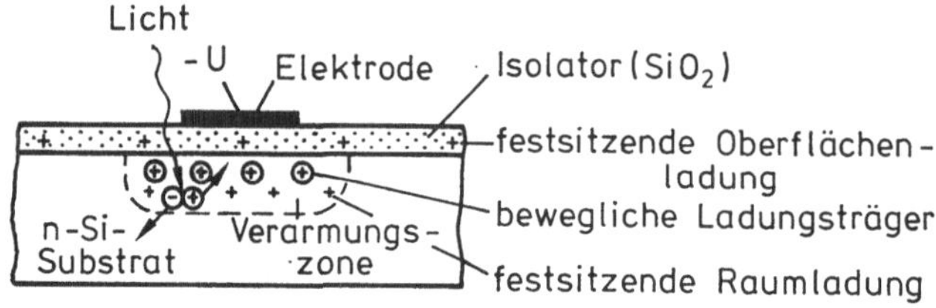

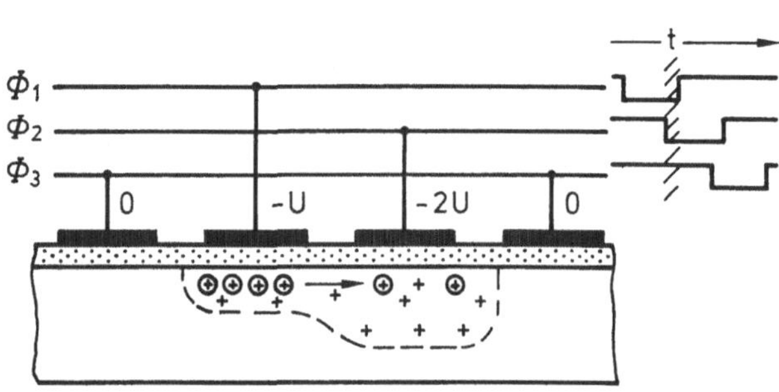

Abb. 2.1-17. CCD-Element. *a* Prinzip der Lichtwandlung; *b* Drei-Phasen-CCD, Prinzip des Ladungstransportes [15]

erforderlich, die durch geeignete Taktspannungen gespeist werden und folgende Aufgaben erfüllen: Eine Elektrode mit Potential —U gibt die Ladung ab, eine Elektrode übernimmt die Ladung (Potential —2U) und eine Elektrode verhindert das Zurückfließen der Ladung (Potential 0). Abb. 2.1-17b zeigt das Transportschema eines solchen Dreiphasen-CCD. Durch eingebaute Potentialschwellen zwischen den Elektroden ist die Herstellung von Zweiphasen-CCD möglich.

Kathodenstrahl-Bildeinausgabe

Bildeinausgabesysteme mit einer Kathodenstrahlröhre sind die am längsten eingesetzten Geräte mit wahlfreiem Zugriff zum Bildpunkt. Abb. 2.1-18a zeigt die schematische Darstellung eines computergesteuerten Lichtpunktabtasters (flying, jumping spot). Wird die Kathodenstrahlröhre für die Ausgabe von Bildinformation als Filmrecorder eingesetzt, so ist zusätzlich zur Erzeugung des Bildpunktrasters eine Intensitätsmodulation (Gitterspannung) erforderlich. Neben der indirekten Filmbelichtung durch die Kathodolumineszenz ist auch eine direkte Filmschwärzung durch den Elektronenstrahl möglich. Da der Phosphor mit seiner

Abklingzeit entfällt, ist die erzielbare Abtastgeschwindigkeit höher. Von Nachteil ist jedoch das Bereitstellen einer Vakuumschleuse für den Film.

Die Betriebsweise einer Kathodenstrahlröhre als Bildsichtgerät unterscheidet sich von der eines Filmrecorders nur durch die visuelle Bildauswertung (menschliches Auge anstelle des lichtempfindlichen Films). Da bei der Darstellung der

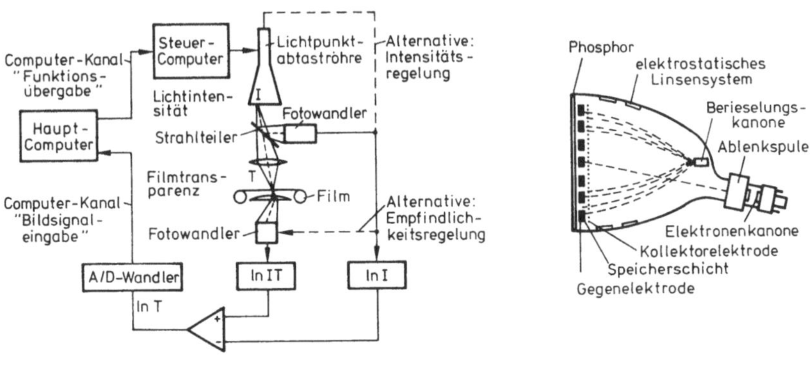

Abb. 2.1-18. Bildabtastung und Wiedergabe mit der Kathodenstrahlröhre. *a* Prinzip des Lichtpunktabtasters [16]; *b* Prinzip der Bildspeicherröhre [17]

Bildinformation auf dem Phosphorschirm die Leuchtstärke des angeregten Phosphors je nach Kristallart zeitlich unterschiedlich (Bruchteile von µs bis einige ms) abklingt, ist es erforderlich, die Ausgabe der Bildinformation auf dem Phosphorschirm periodisch zu wiederholen (refreshment). Wenn der Zugriff zu einem Pufferspeicher für die Bildwiederholung fehlt, muß der Zentralprozessor mit der periodischen Bildausgabe belastet oder eine Bildspeicherröhre (direct view storage tube) eingesetzt werden, deren Aufbau in Abb. 2.1-18b dargestellt ist [17].

Durch ein elektrostatisches Linsensystem wird erreicht, daß Elektronen geringer Geschwindigkeit senkrecht auf eine Speicherschicht auftreten, die dadurch Sekundärelektronen emittiert. Durch die Elektronenberieselung wird das Speicherschichtpotential wegen des Sekundärelektronenfaktors $\delta_{SE} < 1$ bis auf Kathodenpotential abgesenkt. In diesem Zustand gelangen keine Berieselungselektronen mehr auf die Speicherschicht, sondern treten durch die gitterförmig aufgebaute Schicht hindurch, wo sie im Hochspannungsfeld zum Schirm beschleunigt werden. Dadurch entsteht die maximale Schirmleuchtdichte. Wird ein positiver Spannungsimpuls so lange an die Gegenelektrode gelegt, bis der beschriebene Sättigungszustand erreicht ist, bewirkt der Impulsabfall wegen der dadurch gegenüber der Berieselungskathode negativen Aufladung, daß keine Elektronen durch das Speichergitter gelangen. Dadurch ist die Phosphor-Speicherschicht-Anordnung lichtmäßig gelöscht. Mit Hilfe der zweiten Elektronenkanone, die schnelle Elektronen emittiert und wegen $\delta_{SE} > 1$ die Speicherschicht positiv auflädt, kann der Schirm an den entsprechenden Stellen hellgeschrieben werden.

Dialog-Einausgabegeräte (terminals) haben für die interaktive Bildverarbeitung eine große Bedeutung. Sie ermöglichen mehreren Benutzern einen scheinbar direkten und gleichzeitigen Zugriff zu einem Digitalrechner. Bedienungselemente, wie z. B. Rollkugel, Lichtgriffel, programmierbare Tastatur und Taste für manuelle Programmunterbrechung (Interrupt) zusammen mit einer entsprechenden Bedienungssoftware, sind Voraussetzung für die interaktive Manipulation der im Digitalrechner abgespeicherten und auf einem Sichtgerät dargestellten Bildinformation. Abb. 2.1-19 zeigt den Aufbau und die Struktur eines visuell-manuellen Dialog-Einausgabegerätes.

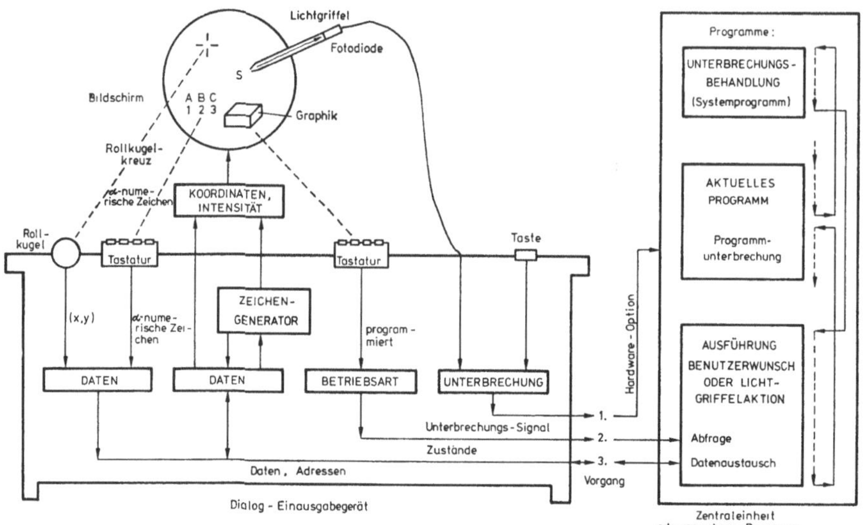

Abb. 2.1-19. Visuell-manuelles Dialog-Einausgabegerät

Dissector-Bildabtastsystem

In Abb. 2.1-20 ist der Anschluß eines Abtastsystems für transparenten Farbfilm an eine zentrale Prozessoreinheit (CPU) dargestellt. Der Bildabtaster ist mit einer Dissector-Röhre ausgestattet. Das abzutastende Bild wird auf eine Fotokathode projiziert, die es in ein Elektronenbild wandelt. Das Elektronenbild wird elektronenoptisch auf einer Lochblende abgebildet, wobei es durch Ablenkspulen in horizontaler und vertikaler Richtung in Stufen rasterförmig abgelenkt werden kann. Die Lochblende bewirkt, daß nur die Elektronen des adressierten Bildpunktes zur Anode gelangen. Zur Verbesserung der Empfindlichkeit wird der Elektronenstrom durch Sekundärelektronenvervielfacher (SEV) verstärkt.

Durch Auswahl von Farbfiltern (blau, grün, rot) ist eine Farbabtastung möglich. Eine Steuereinheit dient zur Einstellung dieser und anderer Funktionen. Eingestellt werden kann z. B. der Bildbereich durch Angabe von Eckpunktkoordinaten, die Bildpunktintegrationszeit (Rauschunterdrückung) in Verbindung mit der Grautonauflösung (6 bit oder 8 bit), die Rastergröße (z. B. 256^2 bis 2048^2 Bildpunkte), der Gradationsbereich (erfaßbare Filmdichte) und die Gradationskurve (linear-logarithmisch).

Die genannten Funktionen können vom Digitalrechner ausgewählt werden. Die Kommunikation zwischen Digitalrechner und Steuereinheit des Abtasters geschieht dadurch, daß zunächst von der CPU als aktivem Teil (master) Steuerungsinformation, wie Funktionsbits und Speicheradressen, über die Datenleitung zur DMA (Direct Memory Access) als passivem Teil (slave) übertragen werden. Durch ein Initialisierungsbit wird die Regie für den Abtastbetrieb (Dateneingabe in den Arbeitsspeicher ASP) an die DMA übergeben. Danach ist

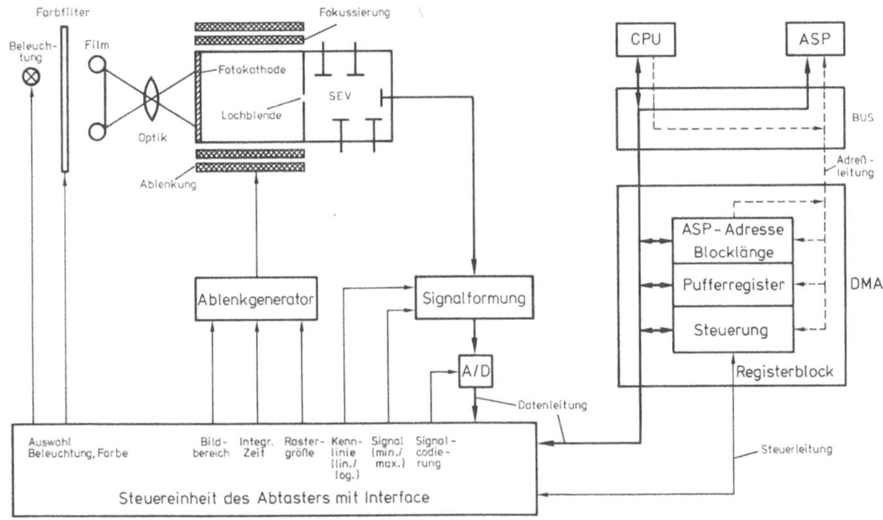

Abb. 2.1-20. Dissector-Bildabtastsystem mit Rechneranschluß

die CPU frei für andere Aufgaben, während die Abtastersteuerung und der Datentransport der Abtastinformation über den BUS zum ASP (slave) von der DMA-Kontrolleinheit (master) überwacht wird.

Fernseh-Bildeinausgabesysteme

Mit dem Vidikon ist eine sehr schnelle Abtastung z. B. auch bewegter Szenen möglich (ca. 40 ms/frame). Schwierig ist hier die Anpassung der Abtastfrequenz (10 MHz) an die Arbeitsfrequenz der Rechnereingabe. Typische Leistungen sind z. B. 2 Mbit/s beim Selektorkanal und 20 Mbit/s beim Rechnerbus. Die zu übertragende Datenrate beträgt bei Anwendung einer Fernsehkameraröhre für die Farbbildeingabe bei 8 bit Intensitätsdarstellung 3×80 Mbit/s. Zur Anpassung der unterschiedlichen Datenraten ist daher ein Datenpuffer erforderlich.

Eingesetzt werden Rechnersysteme mit TV-Kamera, TV-Monitor und Massenspeicher als Puffer für die Kanal- bzw. Busanpassung und als Bildwiederholspeicher für die zyklische Bildausgabe über den TV-Monitor. Der Massenspeicher ist z. B. als MOS-Halbleiterspeicher (16 Kbit/chip) oder als Festkopfplattenspeicher realisiert. Bei Anwendung eines Plattenspeichers ist nur ein Halbleiter-Pufferspeicher kleiner Kapazität erforderlich, mit dem z. B. eine Bildzeile zwischengespeichert wird. Zur Frequenzanpassung sind aber auch analoge Speicher zur Aufnahme des Vidikonsignals möglich, welche mit der Frequenz des Rechnerkanals gelesen werden können.

Bei der Abtastung unbewegter oder nur langsam bewegter Szenen mit dem Vidikon kann auf den aufwendigen Pufferspeicher zur Frequenzanpassung an den Rechnerkanal verzichtet und ein Sampling-Verfahren angewandt werden. Von der Bildinformation, die das Vidikon je Halbbild liefert, wird nicht die gesamte Datenmenge, sondern nur ein Teil übertragen. Zweckmäßig wird von jeder Bildzeile nur die Intensität eines Bildpunktes einer ausgewählten Bildspalte selektiert. Für das erste und zweite Halbbild einer Bildfolge werden von jeder Bildzeile nur der erste Bildpunkt (1. Spalte), für das dritte und vierte Halbbild jeweils der zweite Bildpunkt (2. Spalte) übertragen usw., so daß ein stationäres Fernsehbild von 833×625 Bildpunkten (TV-Europanorm) nach einer Bildfolge von 833 Vollbildern erzeugt und übertragen wird. Die Reduktion der Übertragungsfrequenz gegenüber der Vidikonfrequenz beträgt damit 1:833.

Eine weitere Möglichkeit der Frequenzanpassung bietet die Slow-Scan-Kamera. Das höherohmige Target dieser Kamera ermöglicht eine längere Speicherzeit des Bildes, so daß die Abtastfrequenz verringert werden kann. Die Reduktion der Übertragungsfrequenz liegt in der Größenordnung 1:10.

2.1.3. *Sichtdarstellung von Bildern*

Von H. Kazmierczak und K. Lütjen

Zur interaktiven Verarbeitung werden die digitalisierten Bilder auf einer Kathodenstrahlröhre oder einem Fernsehmonitor sichtbar gemacht. Die Bilddarstellung erfolgt i. allg. nicht direkt, sondern entsprechend Abb. 2.1-21a mittelbar über einen Zuordner, welcher jedem gespeicherten Grauwert bei der Ausgabe einen für die Bildwiedergabe geeigneten Grauwert zuweist. Wird die Zuordnung der Grauwerte entsprechend der auszuführenden Aufgabe gewählt, kann der menschliche Beobachter das Bild meistens besser visuell auswerten als bei unmittelbarer Wiedergabe ohne Zuordner.

Grauwertdarstellung

Die Geräte zur Bilddigitalisierung liefern meistens amplitudenquantisierte Bilder mit bis zu 256 Grauwerten. Bei der mittelbaren Darstellung werden aus Aufwandsgründen Gruppen von Grauwerten zusammengestellt und einem neuen Grauwert tabellarisch zugeordnet (Abb. 2.1-21b). Beispielsweise kann man die

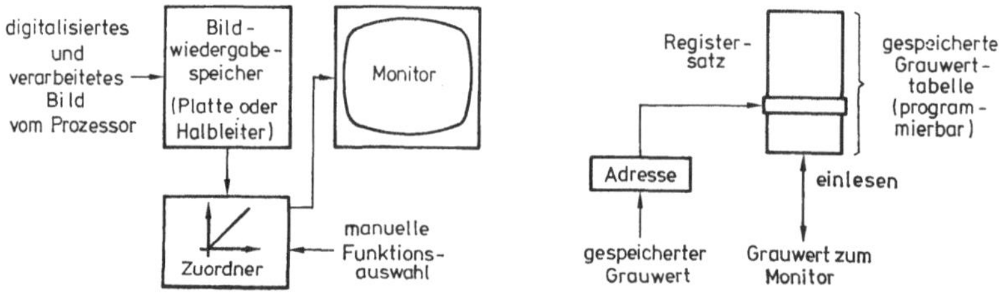

Abb. 2.1-21. Sichtdarstellung von Bildern. *a* Mittelbare Bilddarstellung über einen Zuordner; *b* Realisierung des Zuordners

256 Grauwerte in 64 Gruppen zu je 4 benachbarten Amplitudenwerten einteilen. Die Zuordnungstabelle mit den frei wählbaren Grauwerten für die Darstellung auf dem Monitor umfaßt in diesem Fall 64 Eintragungen. Eine Zuordnungstabelle wird zweckmäßig als Kennlinie dargestellt. Besondere Bedeutung für die Bilddarstellung haben die in Abb. 2.1-22 gezeigten Kennlinien.

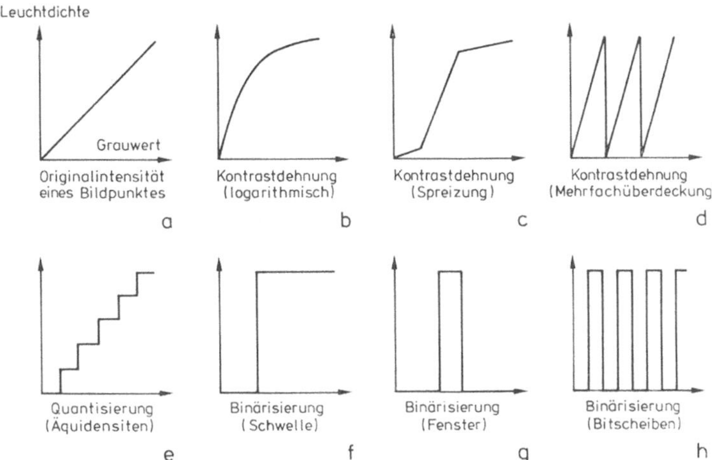

Abb. 2.1-22. Beispiele typischer Zuordnerfunktionen für die Sichtdarstellung von Grauwertbildern

Äquidensitenbildung. Die unmittelbare Darstellung eines in 256 Grauwerten digitalisierten Bildes ohne Zuordner entspricht einer Bilddarstellung mit linearer Kennlinie. Jede mittelbare Darstellung über einen Zuordner mit nichtlinearer Kennlinie bedeutet einen Informationsverlust. Dieser Informationsverlust wird jedoch in Kauf genommen, wenn daraus darstellungstechnische Vorteile resultieren.

Abb. 2.1-23. Visuelle Bewertung der Bildintensitäten. *a* Äquidensitendarstellung; *b* Fensterbinärisierung eines Grauwertbildes

Eine Bildquantisierung mit einer Kennlinie nach Abb. 2.1-22e und einer Stufenzahl erheblich kleiner als 256, bei welcher die Quantisierungssprünge vom Auge wahrgenommen werden, wird als Äquidensitendarstellung bezeichnet. Der Vorteil einer Äquidensitendarstellung (Abb. 2.1-23a) liegt in der besseren überschlägigen densitometrischen Beurteilung eines Bildes (quick look) im Vergleich zur direkten Grauwertdarstellung mit linearer Kennlinie (Digitalisierung in 256 Amplitudenstufen).

Eine exakte densitometrische Auswertung eines Bildes ist nur durch einen numerischen Listenausdruck möglich. Wegen der Menge der darzustellenden Daten ist diese Methode jedoch auf kleinere Bildausschnitte beschränkt. Die Überschaubarkeit bildähnlich matrixförmig gedruckter numerischer Bilddaten wird erheblich verbessert, wenn zusätzlich im gleichen Format dichteähnliche Bildmuster gedruckt werden. Dichteunterschiede in Listenausdrucken können durch ausgewählte alphanumerische Zeichen mit unterschiedlicher Flächenbedeckung oder durch mehrmaliges Übereinanderdrucken unterschiedlicher Zeichen realisiert werden (Abb. 2.1-24).

Binärisierung. Ein Spezialfall der Amplitudenquantisierung ist die Bildbinärisierung. Im engeren Sinne versteht man hierunter die Aufteilung der Grauwerte in zwei Amplitudenintervalle, wobei z. B. das Intervall mit den kleineren Grauwerten hell und das andere dunkel codiert wird (Schwellwertbinärisierung). Eine Bildbinärisierung im weiteren Sinne ist jede Sichtdarstellung, die nur zwei unterschiedliche Grauwerte auf dem Bildschirm wiedergibt. Abb. 2.1-23b entsteht dadurch, daß zwei Grauwertschwellen anstelle einer geeignet ausgewählt werden.

Abb. 2.1-24. Darstellung eines Bildausschnittes durch einen Dichteausdruck zur Unterstützung der Auswertung eines numerischen Listenausdruckes

Nur die innerhalb des Grauwertfensters liegenden Grauwerte werden mit maximaler Intensität wiedergegeben. Die Zuordner-Kennlinien zur Schwellwert- und Fensterbinärisierung sind in Abb. 2.1-22f und g dargestellt. Unter bestimmten Voraussetzungen kann man mit diesen Binärisierungsverfahren eine Extraktion von Objektflächen aus dem Bild erzielen.

Ein weiteres Binärisierungsverfahren ist die Bilddarstellung durch Bitscheiben (bit-slicing). Grundlage des Verfahrens sind die PCM-codierten Grauwerte. Eine ausgewählte Bitposition bestimmt dabei, ob ein Bildpunkt in der Sichtdarstellung hell oder dunkel wiedergegeben wird (Abb. 2.1-22h). Die Kennlinien in der Abb. 2.1-25, welche die Bitscheibendarstellung illustrieren, unterscheiden sich durch die verschiedenen, ausgewählten Bitpositionen, wobei das Grautonbild in 8 bit codiert gespeichert vorliegt. Je nach Bitposition werden bestimmte Bildstrukturen sichtbar. Die unteren Bitpositionen repräsentieren i. allg. den Rausch-

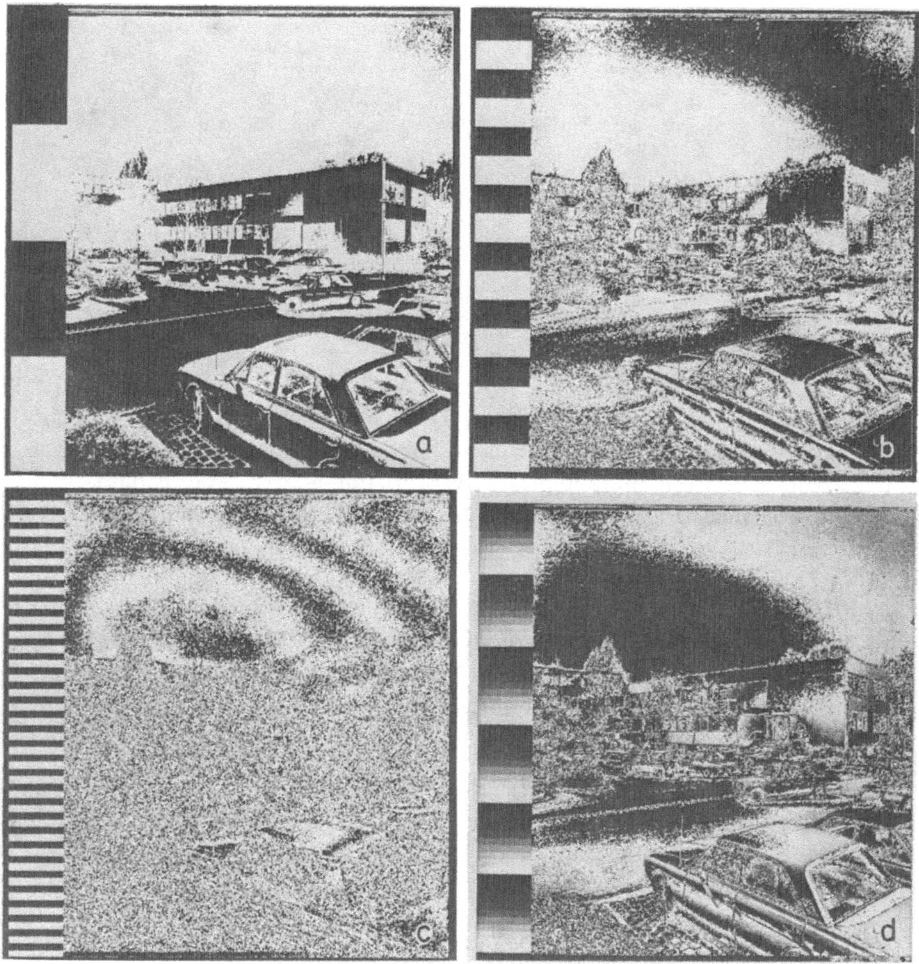

Abb. 2.1-25. Bitscheiben-Binärisierung (Bit 8 repräsentiert die geringste Bildinformation) mit *a* Bit 2, *b* Bit 4, *c* Bit 6 und *d* Kontrastdehnung mit 6-facher Überdeckung

anteil des Bildes. Damit kann z. B. die Güte der Amplitudenauflösung eines Bildabtasters getestet werden. Die Bitscheibendarstellung erlaubt wie die Verfahren der Kontrastdehnung nach Abb. 2.1-22d eine Mehrfachüberdeckung des Bildamplitudenbereichs unter Verstärkung der Bildstrukturen.

Flächenquantisierung. Neben der Amplitudenquantisierung ist bei der digitalen Bildverarbeitung die Flächenquantisierung zu berücksichtigen. Die in Abb. 2.1-23 und 25 wiedergegebenen Bilder besitzen eine Auflösung von 512×512 Bild-

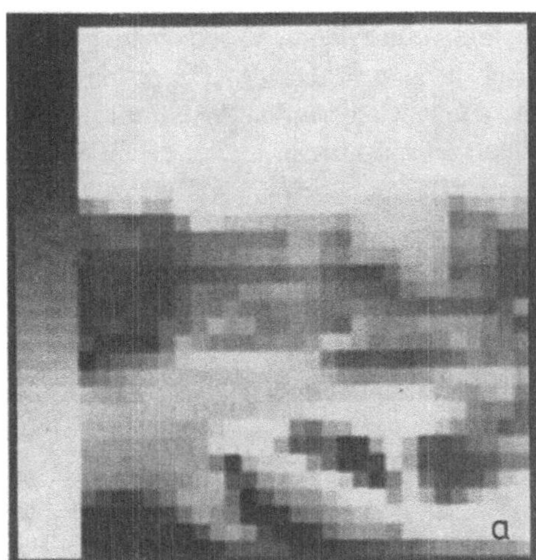

Abb. 2.1-26. Grobrasterung eines 256×256 Bildes in 32×32 Rasterelemente. *a* vor und *b* nach Tiefpaßfilterung

punkten. Die Flächenquantisierung ist in der Bilddarstellung visuell nicht sichtbar. Reduziert man die Bildauflösung auf 32×32 Bildpunkte, so erhält man Abb. 2.1-26a mit 1024 Bildpunkt-Grauwerten, die je mit 6 bit codiert sind. Abb. 2.1-26b demonstriert, daß der Informationsgehalt des Bildes nicht so gering ist, wie der visuelle Betrachter feststellt. Die grobe Rasterstruktur mit den abrupten Grauwertübergängen zwischen den 1024 Rasterelementen überdeckt die im Bild noch vorhandene Information. Abb. 2.1-26b wurde durch Integration bzw. Tiefpaßfilterung aus Abb. 2.1-26a gewonnen. Beide Bilder haben also bezüglich der entsprechenden Bandbreite der Bildfrequenzen einen gleichen Informationsgehalt, obwohl der Bildeindruck unterschiedlich ist.

Farbwertdarstellung

Moderne Bilderfassungssysteme liefern Sensordaten von einer Szene i. allg. über mehr als einen Kanal an. Die Kanäle unterscheiden sich z. B. durch das darstellende spektrale Band, durch den darstellenden Spektralbereich (UV, sichtbar, IR, Wärme, Mikrowellen), oder durch die darstellende physikalische Eigenschaft (z. B. elektromagnetisch, akustisch). Die Bildinformation eines jeden Kanals kann als Grauwertbild, die von z. B. je 3 Kanälen als Farbbild dargestellt werden. Besondere verfahrensmäßige Probleme entstehen jedoch, wenn die multispektrale oder mehrkanalige Bildinformation simultan unter Berücksichtigung aller Kanäle verarbeitet und dargestellt werden soll. Im folgenden wird als Beispiel die Behandlung von Farbbildinformation beschrieben.

Farbpyramide und Farbdreieck. Farben werden üblicherweise in Bildaufnahme- und Bildwiedergabegeräten durch Selektieren bzw. Mischen von Primärfarben (rot, grün und blau) bestimmt bzw. dargestellt. Abb. 2.1-27a zeigt die Farbpyramide, in der alle durch 3 Primärfarben darstellbaren Farben liegen. Die Farbpyramide wird von den Primärfarben aufgespannt. Für eine bestimmte Helligkeit ist in die Farbpyramide ein Farbdreieck RGB eingezeichnet. Es wird in Abb. 2.1-27b in Normdarstellung [18] wiedergegeben, wobei die eingetragenen Primärfarben z. B. die eines Laserstrahl-Abtast- bzw. Aufzeichnungsgerätes sind. Außen auf den Dreiecksseiten sind die gesättigten Farben angeordnet. In der Mitte liegt der Weißpunkt als farbloser Punkt. Der Gesamtbereich der sichtbaren Farben wird von den Spektralfarbzügen und den Purpurgeraden aller Farbdreiecke begrenzt. Jeder darstellbare Farbwert $F(R, G, B)$ entsteht durch Mischen der drei Primärfarben $\boldsymbol{R}$, $\boldsymbol{G}$, $\boldsymbol{B}$ mit ihren Farbanteilen R, G, B und liegt innerhalb des Farbdreiecks. Es sind also nicht alle sichtbaren Farben durch drei reelle Primärfarbanteile R, G, B darstellbar.

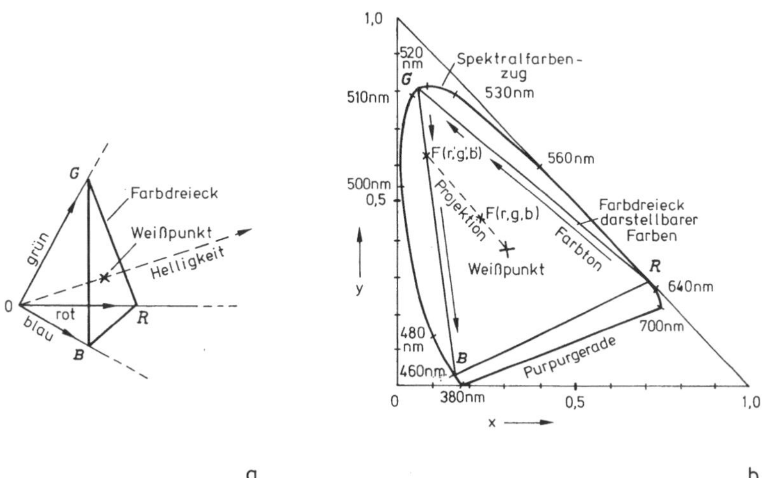

Abb. 2.1-27. Farbwertcodierung und Farbparameter. *a* Farbpyramide mit Primärfarben; *b* Farbdreieck mit Farbwerten und Zuordnung von Farbton und Farbsättigung

Farbcodierung. Der Farbwert F kann sowohl durch die zur Mischung dienenden Primärfarbanteile R, G, B als auch durch die Parameter Farbhelligkeit H, Farbsättigung S und Farbton T beschrieben werden. Als Grundlage für die Umrechnung der Farbdarstellungen soll hier die niedere Farbmetrik [18] dienen. Gegenüber der höheren Farbmetrik ist die niedere mathematisch klarer begründet und hängt nicht so stark von dem individuellen, subjektiven Farbeindruck ab.

Die Farbhelligkeit Y ist die Summe der drei Primärfarbanteile (2.1-19). Um Farbton T und Farbsättigung S zu bestimmen, werden die Primärfarbanteile mit der Helligkeit normiert. Man kann dann im Farbdreieck mit der Helligkeit Eins rechnen.

$$Y = R + G + B,$$
$$r = \frac{R}{Y}, \quad g = \frac{G}{Y}, \quad b = \frac{B}{Y}. \tag{2.1-19}$$

Der Farbton T wird als die Spektralfarbe festgelegt, aus der man durch Weißmischung den Farbwert F erhält. Der Anteil der Weißzumischung wird durch die Farbsättigung S beschrieben. Allen Grautönen sowie Schwarz und Weiß wird die Farbsättigung $S = 0$ zugeordnet, den gesättigten Farben $S = 1$. Bei Farbsättigung $S = 0$ sind alle Primärfarben anteilig gleich, bei $S = 1$ i. allg. nur zwei der drei Primärfarben vorhanden (Abb. 2.1-27b).

Zur Berechnung des Weißanteils W eines Farbwertes bestimmt man die am schwächsten vertretene Primärfarbe m (2.1.-20). m Einheiten der drei Farbauszüge r, g, b werden zum Weißanteil W zusammengefaßt. Die Farbsättigung ergibt sich damit als

$$S = 1 - W = 1 - 3m \tag{2.1-20}$$
$$\text{mit} \quad W = 3m \quad \text{und} \quad m = \min(r, g, b).$$

Subtrahiert man von den Farbauszügen den Weißanteil und normiert diesen Farbwert mit der Sättigung, so erhält man den Farbton T in der Primärfarbdarstellung

$$T = (r', g', b') \tag{2.1-21}$$
$$\text{mit} \quad r' = (r - m)/S, \quad g' = (g - m)/S, \quad b' = (b - m)/S.$$

Der Farbton kann z. B. als Skalar durch die Position auf den Seiten des Farbdreiecks ausgedrückt werden. Der Farbe rot wird willkürlich der Wert Null zugewiesen, und der Rand des Farbdreiecks wird von rot über grün und blau mit steigendem Farbtonwert durchlaufen.

Farbneutrale Bildverarbeitung

Werden bei der digitalen Farbbildmanipulation die drei Farbauszüge rot, grün und blau unabhängig voneinander verarbeitet, erhält man meistens Farbverfälschungen. Besonders störend sind die starken Farbänderungen, die durch Übersteuerung eines Farbauszuges bei der Bildverarbeitung entstehen. Soll z. B. die Helligkeit eines bestimmten Bildpunktes verdoppelt werden, so kann es vorkommen, daß zwar die Grün- und Blauanteile verdoppelt werden, der Rotanteil jedoch wegen Übersteuerung begrenzt wird. Damit wird der ursprüngliche Farbwert, wenn rot dominierend war, nach weiß verschoben.

Farbänderungen können vermieden werden, wenn anstelle der Primärfarbauszüge die nach Helligkeit, Farbton und Farbsättigung codierten Teilbilder verarbeitet werden. Die Mehrzahl der Bildverarbeitungsalgorithmen verändert die Bildhelligkeit (vgl. z. B. Konturverschärfung in 2.1.4.). Bei der farbneutralen Farbbildverarbeitung nach Abb. 2.1-28 wird, nachdem das Bild $F(R, G, B)$ in $F(Y, S, T)$ transformiert worden ist, nur noch der Helligkeitsauszug dem Verarbeitungsalgorithmus unterzogen. Anschließend wird das Bild wieder mit den ursprünglichen Sättigungs- und Farbtonkomponenten in die Primärfarbdarstellung entsprechend (2.1-19, 20, 21) zurücktransformiert. Nach dem gleichen Prinzip lassen sich auch Algorithmen implementieren, die nur die Farbsättigung oder nur den Farbton beeinflussen sollen.

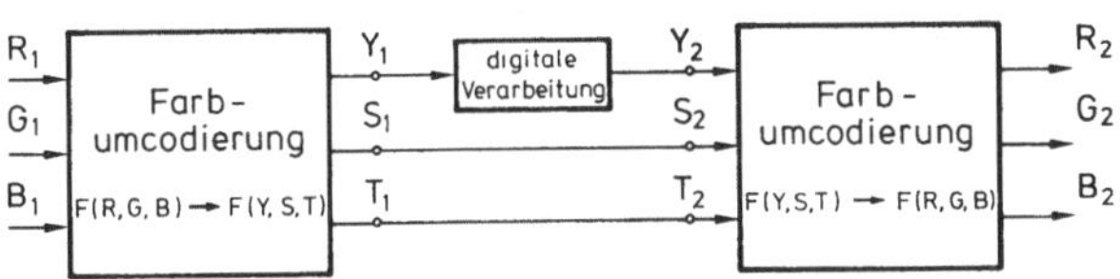

Abb. 2.1-28. Farbneutrale Bildverarbeitung

Pseudofarbdarstellung

Durch die Pseudofarbdarstellung werden Grauwertbilder in Farben wiedergegeben, um abgebildete Objekte durch Farben besser voneinander abzusetzen. Sie ist nicht mit der Falschfarbendarstellung zu verwechseln, welche Farbbilder in andere Farben umsetzt (z. B. Transformation einer IR-Szene in den sichtbaren Farbbereich). Die Pseudo- und Falsch-Farbdarstellung nutzt das gute Farbunterscheidungsvermögen des menschlichen Auges. Es ist aber zu beachten, daß das Farbempfinden von Mensch zu Mensch verschieden ist.

Grauwert-Zuordnung. In Abb. 2.1-29 sind zwei mögliche Verfahren der Pseudofarb-Grauwert-Zuordnungen dargestellt. Die Farbwert-Zuordnung kann auf der Grundlage der Primärfarben rot, grün und blau oder der Parameter Farbhelligkeit, Farbsättigung und Farbton erfolgen. In Abb. 2.1-29a werden die Pseudofarben durch Zuordnungen der Primärfarben gebildet. Diese sind auf der Ordinate aufgetragen, während die Abszisse den Helligkeitsbereich des Eingangsbildes ausgehend vom Grauwert Null bis zum maximalen Wert abbildet. Mit Rücksicht auf eine gezielte Veränderung von Helligkeit und Sättigung ist die Zuordnung der Pseudofarbwerte durch die Parameter Farbhelligkeit, Farbsättigung und Farbton günstiger (Abb. 2.1-29b).

Das Bildrauschen kann bei der Pseudofarb-Grauwert-Zuordnung Schwierigkeiten bereiten. Wenn jeder Grauwert vom anderen in der Farbe getrennt ist, ergibt der kleinste durch Rauschen auftretende Fehler schon einen Farbwechsel. Dieser Effekt ist durch die Wahl der Farbfolge beeinflußbar.

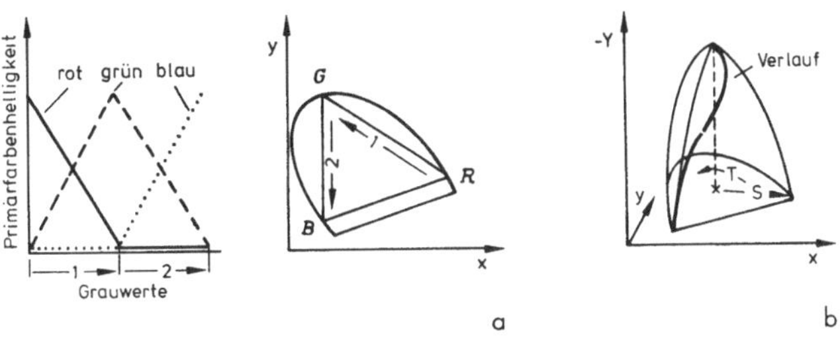

Abb. 2.1-29. Pseudofarb-Grauwert-Zuordnung. *a* durch die Primärfarbanteile *R*, *G*, *B* und *b* durch die Parameter Helligkeit *Y*, Sättigung *S* und Farbton *T*

Besonders interessante Anwendungsfälle der Pseudofarbdarstellung ergeben sich, wenn farbpsychologische Effekte ausgenutzt werden. So kann man z. B. Grauwertbilder, die Objekttemperaturen wiedergeben, in der Weise codieren, daß kalte Objektteile blau, warme rot und heiße gelb dargestellt werden.

Bildfrequenz-Zuordnung und Überlagerung von Grauwertbildern. Die Pseudofarb-Bildfrequenzzuordnung gibt mit den drei Primärfarbkanälen Frequenzauszüge des Eingangsbildes wieder. Zur Pseudofarbdarstellung kann man z. B. das Ergebnis einer Tiefpaß-, Bandpaß- und Hochpaßfilterung überlagern. Die Filterung erfolgt im Ortsfrequenzbereich, in dem die Bildfrequenzen zweidimensional angeordnet sind. Um die Aussteuerung der einzelnen Farbkomponenten gleichmäßig zu gestalten, findet nach der Filterung z. B. eine Histogrammlinearisierung statt. Die Pseudofarb-Bildfrequenz-Zuordnung bietet ähnliche Möglichkeiten wie die Kontrastverschärfung. Sie erlaubt aber nicht nur die Konturen (Hochpaßfilter) anzuheben, sondern kann auch ausgedehnte Objekte hervorheben, wobei ein entsprechend gewähltes Bandpaßfilter den Größenbereich bestimmt.

Von größerer Bedeutung als die Grauwert- und Bildfrequenz-Zuordnung ist die Überlagerung von Grauwertbildern und die Zuordnung der bis zu dreikanaligen Bildinformation zu einer Pseudofarbe. Die pseudofarbcodierte Bildüberlagerung wird besonders zur Bildkontrolle und Beurteilung von Bildparametern nach erfolgter Bildverarbeitung eingesetzt. Beispielsweise kann man durch Pseudofarbcodierung leicht die Deckungsgleichheit zweier lageverschobener oder verzerrter Grauwertbilder überprüfen oder das Originalbild mit zwei Teilergebnisbildern nach Durchführung einer Bildoperation im flächenhaften Zusammenhang interpretieren.

Interaktive Manipulation

Die Sichtdarstellung von Schirmbildern eines an einem Digitalrechner angeschlossenen Displaygerätes (vgl. 2.1.2.) kann von einem Rechnerprogramm gesteuert werden, welches eine interaktive Eingriffsmöglichkeit des Bildbetrachters zuläßt. Abb. 2.1-30 zeigt die Struktur eines Farbdisplays. Der Displaybenutzer steuert das Programm über Funktionstasten, mit denen er z. B. bestimmte Teile des Bildspeichers laden, die Farbauswahl bestimmen und die Zu-

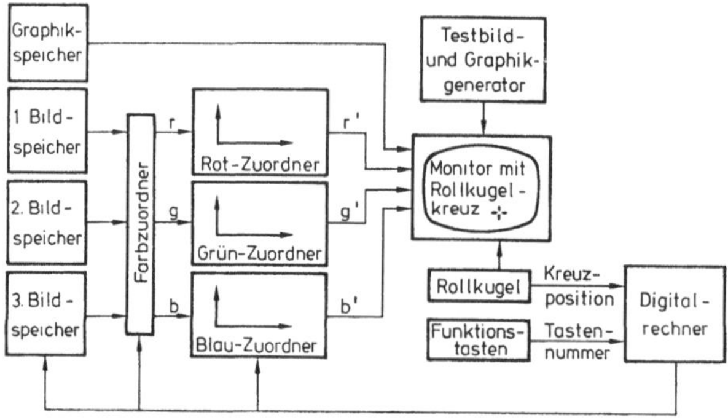

Abb. 2.1-30. Schematischer Aufbau eines an einem Digitalrechner angeschlossenen Farbdisplays

ordner setzen kann. Mit einer Marke, die durch eine Rollkugel auf dem Bildschirm positioniert wird, kann der Benutzer Bildorte markieren und Kennlinien einstellen.

Im Zuordnerspeicher erfolgt die Umsetzung der im Bildspeicher abgelegten Grauwertdaten in die wiederzugebenden Grau- bzw. Farbwerte. Der Farbmonitor gibt schließlich das Farb- oder Grautonbild aus. Diesem Bild kann man noch eine weiße Maske, das sogenannte Graphikbild, überlagern. Sie ist in einem zusätzlichen Bildspeicher (1 bit/Kanal) abgespeichert und kann entweder vom Benutzer oder durch spezielle Zeichengeneratoren generiert werden, die funktionell per Hand oder Rechnerprogramm einstellbar sind.

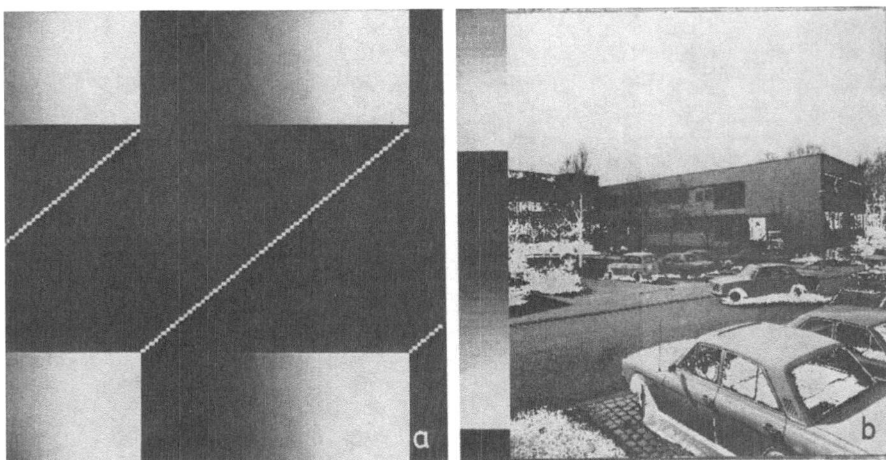

Abb. 2.1-31. Interaktive Manipulation zur Bild-Sichtdarstellung. *a* Kennlinieneinstellung am Bildschirm mittels Rollkugel; *b* visuelle Kontrolle des betreffenden Bildkanals

Die Anwendungsmöglichkeit des Displays sei am Beispiel eines Rechnerprogramms zur interaktiven Grauwertmanipulation demonstriert. Das Programm errechnet z. B. in Abhängigkeit der eingegebenen Koordinaten einer Rollkugelmarke, welche die Kennlinienmodifizierung eines funktionell ausgewählten Kennlinientyps bestimmen, die Zuordnungstabelle und überträgt diese an das Displaygerät. Je nach Kennlinientyp werden die Rollkugelkoordinaten x und y als spezielle Kennlinienparameter interpretiert. Die Parameter können sehr einfach durch Verschiebung der Rollkugelmarke über den Bildschirm kennlinienbezogen variiert werden. Bei geknickter Kennlinie, welche eine Kontrastdehnung nach Abb. 2.1-22b approximiert, wird die Rollkugelmarke z. B. als Knickpunktlage und bei Fensterbinärisierung (Abb. 2.1-22g) als Fensterbreite und Fensterposition interpretiert.

Abb. 2.1-31 zeigt, wie sich dem Displaybetrachter eine Kennlinienmanipulation darbietet. Zu beachten ist, daß die Bilddaten in den Bildspeichern durch die interaktiv ausgewählten Darstellungsarten nicht verändert werden. Im Falle einer gewünschten interaktiven Bildverarbeitung aufgrund eines erzielten Darstellungsergebnisses ist es daher erforderlich, die Bilddaten nachträglich im Digitalrechner entsprechend der eingestellten Hardwarefunktionen durch Software zu verarbeiten.

2.1.4. Punktbezogene und lokale Bildverarbeitung

Von H. Kazmierczak und R. Schärf

Viele Anwendungen zeigen, daß im wesentlichen zwei Arten der Operandenauswahl bei der Bildverarbeitung von Bedeutung sind, nämlich einmal die mehrschichtig punktbezogene Verknüpfung der Bildelemente eines jeweiligen Bezugspunktes in mehreren Bildebenen ohne Einbeziehung der Nachbarelemente (Abb. 2.1-32b) und zum anderen die einschichtig lokale Verknüpfung der Bild-

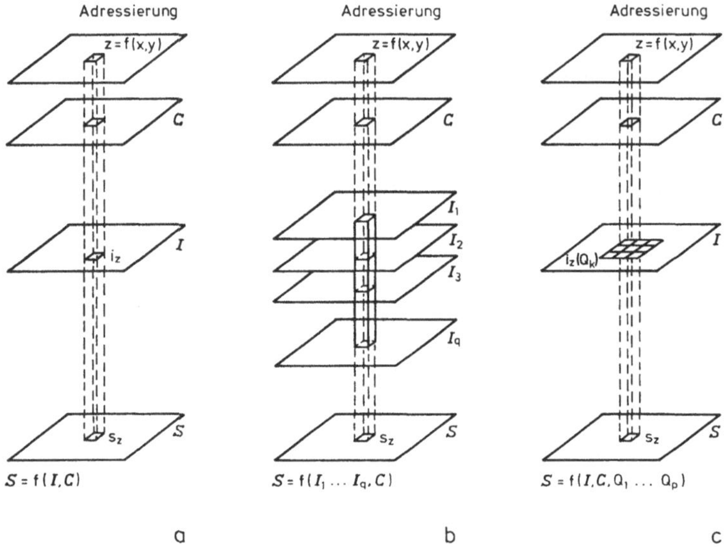

Abb. 2.1-32. Schematische Darstellung der Bildoperationen. *a* Einschichtig punktbezogen; b mehrschichtig punktbezogen; *c* einschichtig lokal

elemente, wobei der Nachbarschaftszugriff je Bezugspunkt auf eine einzige Bildmatrix beschränkt bleibt (Abb. 2.1-32c). Sonderfälle sind die spezielle einschichtige punktbezogene Operation (Abb. 2.1-32a) und die allgemeine mehrschichtige lokale Operation. Eine Bildgrundoperation $\boldsymbol{S}$ besteht entsprechend der Bildmatrixgröße aus $N = mn$ Verarbeitungsschritten $s_z = s_{xy}$, die parallel oder sequentiell ausgeführt werden können.

Die lokale Operation mit dem Operator f und dem Parametersatz Q wird auf die Argumentmatrix $\boldsymbol{I}$ mit ihren durch Q spezifizierten Bildelementen (Operanden) ausgeübt. Eine Auswahlmatrix $\boldsymbol{C}$ (Kontextmatrix) kann die Operation f und den Parametersatz Q positionsabhängig beeinflussen. Bei vertikaler punktbezogener Bildoperation bezeichnen die $\boldsymbol{I}_k$ die Bildebenen, deren Bildpunkte durch die Operation f in den einzelnen Verarbeitungsschritten verknüpft werden. Die Auswahlmatrix $\boldsymbol{C}$ hat bezüglich Operator und Bildebene die gleiche Steuerfunktion wie bei der lokalen Verarbeitung. Bei sequentieller Verarbeitung können die Größen $\boldsymbol{I}$, $\boldsymbol{C}$ und Q zur Berechnung von $\boldsymbol{S}$ noch vom Ergebnis der vorangegangenen

Verarbeitungsschritte abhängen. Die Vorverarbeitung eines Bildes besteht im allgemeinen aus einer Folge unterschiedlicher Grundoperationen $\boldsymbol{S} = f(\boldsymbol{I}, \boldsymbol{C}, Q)$, welche als Bildprozedur aufgefaßt werden kann.

Parallele und sequentielle, homogene und inhomogene Bildoperation

Eine Bildoperation $\boldsymbol{S} = f(\boldsymbol{I}, Q)$ ist homogen, wenn Funktion f und Parameter Q bzw. $\boldsymbol{I}_k$ über die gesamte Bildmatrixadressierung gleich sind, d. h., wenn sie nicht durch eine Auswahlmatrix $\boldsymbol{C}$ positionsabhängig gesteuert werden. Parallel

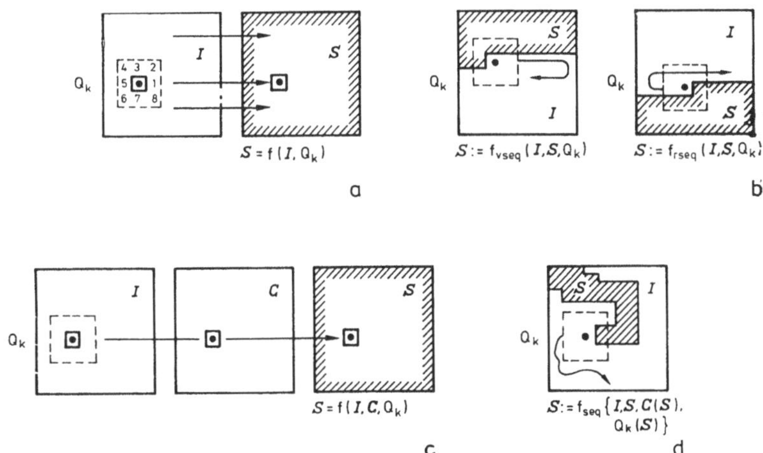

Abb. 2.1-33. Schematische Darstellung lokaler bildverarbeitender Operationen. *a* Homogen parallel; *b* homogen sequentiell; *c* inhomogen parallel; *d* inhomogen sequentiell

läuft eine Operation dann ab, wenn sie in jedem Bildpunkt der Argumentbildmatrix $\boldsymbol{I}$ gleichzeitig durchgeführt wird und die Ergebnisse in der Ergebnismatrix $\boldsymbol{S}$ parallel abgespeichert werden (Abb. 2.1-33a). Solche Operationen können analog mit optischen Bildprozessoren oder digital mit Parallelprozessoren (z. B. ILLIAC III [21]) implementiert oder auf einem seriell arbeitenden digitalen Rechenautomaten simuliert werden.

Bei sequentiellen Operationen werden die Bildpunkte der Matrix $\boldsymbol{I}$ nicht gleichzeitig, sondern zeitlich sequentiell nach einer vorgebbaren Reihenfolge abgearbeitet, z. B. „vorwärtssequentiell" oder „rückwärtssequentiell" (Abb. 2.1-33b). Nach jedem Verarbeitungsschritt wird das Operationsergebnis wieder in die Argumentbildmatrix eingesetzt und diese damit bei lokalen Operationen für nachfolgende Verarbeitungsschritte verändert (vgl. z. B. Abstandstransformation 2.3.6.). Die Implementierung bestimmter Bildvorverarbeitungsprobleme durch sequentielle Operationen $\boldsymbol{S} := f_{\text{seq}}(\boldsymbol{I}, \boldsymbol{S}, Q)$ kann einen erheblichen Rechenzeitgewinn bei Nutzläufen auf einem Allzweck-Digitalrechner ergeben. Für eine Bildmatrix der Größe $N = m^2$ sind z. B. zur Durchführung der Abstandstransformation nur zwei sequentielle Grundoperationen mit je N Verarbeitungsschritten, jedoch entsprechend zur maximalen Objektgröße im Bild bis zu m parallele Grundoperationen $\boldsymbol{S} = f(\boldsymbol{I}, Q)$ erforderlich, die bei Simulation der Parallelverarbeitung mN Verarbeitungsschritte bedeuten.

Abb. 2.1-33c zeigt schematisch das Prinzip einer parallelen inhomogenen

Operation, welche im Gegensatz zur parallelen homogenen Operation nicht mit optischen Prozessoren, aber mit digitalen Parallelprozessoren durchgeführt oder mit seriell arbeitenden digitalen Rechnern simuliert werden kann. Die Beeinflussung der Auswahlmatrix $\boldsymbol{C}$ bei einer sequentiellen inhomogenen Operation $\boldsymbol{S} := f_{\text{seq}}[\boldsymbol{I}, \boldsymbol{S}, \boldsymbol{C}(\boldsymbol{S}), Q(\boldsymbol{S})]$ durch die Ergebnisse der vorhergehenden Verarbeitungsschritte bewirkt, daß die Reihenfolge der Verarbeitungspositionen von der Bildinformation abhängt (Abb. 2.1-33d). Weiterhin ist auch Q und damit die Auswahl der Nachbarpunkte bei lokalen Operationen durch die Vorergebnisse beeinflußbar. Verfahren zur Konturverfolgung (s. 2.3.7.) sind Beispiele für die Anwendung sequentiell gesteuerter inhomogener Bildoperationen.

Grundoperationen und Prozeduren

Im folgenden werden einige Operationen beschrieben, die hauptsächlich für binäre linienhafte Bilder von Bedeutung sind und ursprünglich für die Verarbeitung von Blasenkammer-Aufnahmen [20, 21] entwickelt wurden. Die zweischichtigen punktbezogenen Operationen $\boldsymbol{S} = f(\boldsymbol{I}_1, \boldsymbol{I}_2)$ umfassen z. B. logische Operationen wie $\boldsymbol{I}_1 \wedge \boldsymbol{I}_2$, $\boldsymbol{I}_1 \vee \boldsymbol{I}_2$, $\boldsymbol{I}_1 \wedge \neg \boldsymbol{I}_2$, $(\boldsymbol{I}_1 \wedge \boldsymbol{I}_2) \wedge (\boldsymbol{I}_1 \vee \boldsymbol{I}_2)$ usw. einschließlich der einschichtigen Setzoperationen $\boldsymbol{S} = \boldsymbol{0}$, $\boldsymbol{S} = \boldsymbol{1}$, $\boldsymbol{S} = \boldsymbol{I}$ und $\boldsymbol{S} = \neg \boldsymbol{I}$. Beispiele für lokale einschichtige logische Operationen sind:

$$\begin{aligned}
&\boldsymbol{S} = \text{CMARK}(\boldsymbol{I}, \boldsymbol{C}, Q) && \text{mit lokaler Pixel-Auswahl } Q\text{: } q_0, q_1, \ldots, q_8 \\
&\boldsymbol{S} = \text{CHAIN}(\boldsymbol{I}, \boldsymbol{C}, Q) && \text{und Kontextmatrix } \boldsymbol{C}\text{: Binärmatrix,} \\
&\boldsymbol{S} = \text{TRANSFORM}(\boldsymbol{I}, \boldsymbol{C}, Q, \text{BFUNKTION}); \\
&\text{BFUNKTION: } \vee (q_0 \wedge q_1 \wedge \cdots \wedge q_8) \text{ (Disjunktive Normalform).}
\end{aligned} \tag{2.1-22}$$

CMARK bestimmt für jeden binären Bildpunkt mit $i_{xy} = 1$ und $c_{xy} = 1$ die durch die Parameter Q angegebenen markierten Nachbarelemente von i_{xy} und markiert die hierzu korrespondierenden Elemente $s_{xy}\colon = 1$ in $\boldsymbol{S}$. Die restlichen Elemente werden zu $s_{xy}\colon = 0$ gesetzt. Für die Spezifizierung der z. B. 3×3 lokalen Nachbarelemente durch die $q_0, q_1, \ldots, q_8$ kann man das Codierschema nach Abb. 2.1-33a anwenden. CHAIN ist eine Operation zur Kettenbildung, wobei die Ausgangspunkte der Ketten aus den zu $c_{xy} = 1$ korrespondierenden Elementen in $\boldsymbol{I}$ mit $i_{xy} = 1$ gebildet werden. Die Kettenglieder werden durch die angrenzenden mit Q angegebenen Nachbarn gebildet, bis keine markierten Nachbarn in $\boldsymbol{I}$ mehr vorhanden sind. Die zu den Kettengliedern korrespondierenden Elemente in $\boldsymbol{S}$ werden markiert, die restlichen zu Null gesetzt. TRANSFORM ist eine Operation, welche für die Elemente in $\boldsymbol{I}$, die mit den Elementen $c_{xy} = 1$ korrespondieren, die BFUNKTION berechnet. Für BFUNKTION $= 1$ werden die zu $c_{xy} = 1$ korrespondierenden Elemente in $\boldsymbol{S}$ markiert, die restlichen zu Null gesetzt. Das Argument einer Funktion kann selbst wieder eine Funktion sein, wie z. B. die Schwellwertoperation (2.1-23) zeigt. Die zu $i_{xy} = 1$ korrespondierenden Elemente in $\boldsymbol{S}$ werden markiert, wenn gleichzeitig FUNCTION die Schwellwertbedingung lokal erfüllt. Die restlichen Elemente werden zu Null gesetzt.

$$\begin{aligned}
\boldsymbol{S} = \text{THRESHOLD (FUNKTION/OPERATOR/ZAHL)} \\
\text{mit FUNKTION: MARK, CMARK, CHAIN,} \\
\text{OPERATOR: } =, \leqq, \geqq, <, >, \\
\text{ZAHL: Positive ganze Zahl.}
\end{aligned} \tag{2.1-23}$$

Neben den aufgeführten Grundoperationen können z. B. Bildelement(READ, WRITE)-, Verbindungs(CONNECT)-, Boolesche-, listende (LIST) und Ein-Ausgabe(INPUT(I), OUTPUT(I))-Operationen als Makroinstruktionen gebildet werden. Mit Hilfe dieser Grundoperationen lassen sich z. B. Bildprozeduren zum Eliminieren kleinerer Fehlstellen, Unterbrechungen oder Flecken, zur Verdünnung von Linien und zur Kennzeichnung von Zeichensegmenten formulieren. Die Prozedur LIST leitet bereits die globale Nachverarbeitung ein.

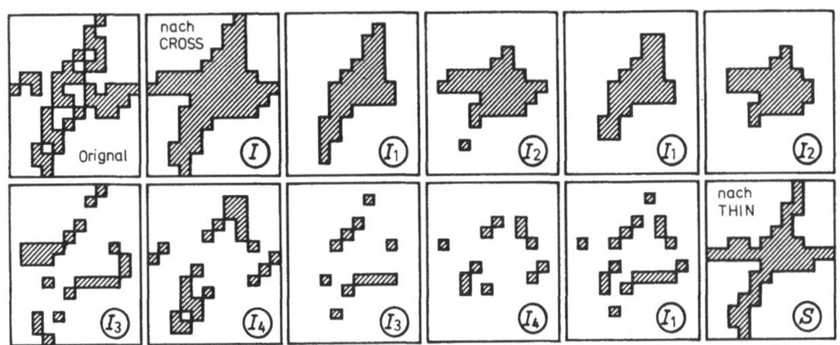

Abb. 2.1-34. Beispiel für die Linienverdünnung mit den Bildprozeduren CROSS und THIN (negierte binäre Variable in 2.1-24 und 25 sind durch Überstreichung gekennzeichnet; der störende Bildrandeinfluß ist z. T. eliminiert)

Als Beispiel sei hier die Bildprozedur THIN [21] behandelt (Abb. 2.1-34). Die Ausführung der Prozedur THIN (2.1-25) auf Binärmuster wird zweckmäßig durch eine fehlstellenauffüllende Prozedur CROSS (2.1-24) eingeleitet. Die Prozedur THIN wird iterativ angewandt, bis Stabilität eingetreten ist, d. h., bis sich keine Veränderung der Bildmatrizen $\boldsymbol{I}$ und $\boldsymbol{S}$ mehr ergibt. Dabei sollen die strukturellen Eigenschaften des Eingangszeichens $\boldsymbol{I}$ im Ergebnis $\boldsymbol{S}$ erhalten bleiben, d. h., bei einelementiger Liniendicke des Endzustands soll die Liniensyntax nicht verändert werden.

'PICTURE' 'PROCEDURE' CROSS ($\boldsymbol{I},\boldsymbol{S}$); (2.1-24)
'PICTURE' $\boldsymbol{I},\boldsymbol{S}$;
'BEGIN' $\boldsymbol{S}:=\bar{\boldsymbol{I}}$;
$\boldsymbol{S}$:=TRANSFORM $(\boldsymbol{I},\boldsymbol{S};\ (1\wedge 5)\vee(2\wedge 6)\vee(3\wedge 7)\vee(4\wedge 8))$;
$\boldsymbol{S}:=\boldsymbol{S}+\boldsymbol{I}$;
'END'

'PICTURE' 'PROCEDURE' THIN ($\boldsymbol{I},\boldsymbol{S}$); (2.1-25)
'PICTURE' $\boldsymbol{I},\boldsymbol{S}$;
'BEGIN' 'PICTURE' $\boldsymbol{I}_1, \boldsymbol{I}_2, \boldsymbol{I}_3, \boldsymbol{I}_4$;
$\boldsymbol{I}_1$:=TRANSFORM ($\boldsymbol{I},\boldsymbol{I};\ 3\wedge 7$);
$\boldsymbol{I}_2$:=TRANSFORM ($\boldsymbol{I},\boldsymbol{I};\ 1\wedge 5$);
$\boldsymbol{I}_1$:=TRANSFORM ($\boldsymbol{I}_1, \boldsymbol{I}_1;\ 1\vee 5$);
$\boldsymbol{I}_2$:=TRANSFORM ($\boldsymbol{I}_2, \boldsymbol{I}_2;\ 3\vee 7$);
$\boldsymbol{I}_3$:=TRANSFORM $(\boldsymbol{I},\boldsymbol{I};\ (3\wedge\bar{7})\vee(\bar{3}\wedge 7))$;
$\boldsymbol{I}_4$:=TRANSFORM $(\boldsymbol{I},\boldsymbol{I};\ (1\wedge\bar{5})\vee(\bar{1}\wedge 5))$;

$\boldsymbol{I}_3$:=TRANSFORM ($\boldsymbol{I}_1$,$\boldsymbol{I}_3$; 3V7);
$\boldsymbol{I}_4$:=TRANSFORM ($\boldsymbol{I}_2$, $\boldsymbol{I}_4$; 1V5);
$\boldsymbol{I}_1$:=$\boldsymbol{I}_3 \vee \boldsymbol{I}_4$;
$\boldsymbol{S}$:=$\boldsymbol{I} \wedge \bar{\boldsymbol{I}}_1$;

'END'

Punktbezogene Bildverbesserung

Beispiele für eine rein bildpunktbezogene Bildverbesserung [23] durch Anpassung des Intensitäts-Dynamikbereiches eines Bildes an den Darstellungsbereich des Bildausgabegerätes und an das menschliche Sehsystem zeigen die Zuordnerfunktionen der Abb. 2.1-22. Eine allgemein anwendbare Methode ist die Linearisierung der Summenhäufigkeitsverteilung. Hierzu wird zunächst global das Histogramm der relativen Intensitätshäufigkeit h_p eines Bildes und deren kumulative Häufigkeitsverteilung H_p bestimmt (Abb. 2.1-35a und b). Durch Einteilen der Ordinatenachse des Diagramms in l äquidistante Abschnitte und Pro-

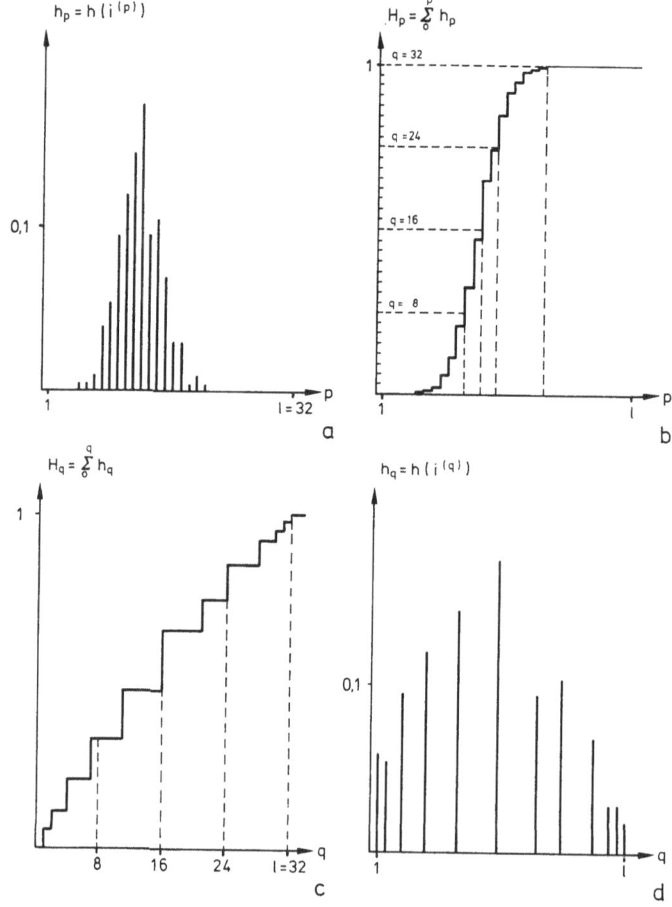

Abb. 2.1-35. Histogrammlinearisierung. *a* Histogramm; *b* kumulative Häufigkeit; *c* Häufigkeitsverteilung aus b) linearisiert; *d* Ergebnishistogramm

jektion dieser Abschnittsmarken auf die Verteilungskurve H_p werden die neuen Abszissenwerte q mit $0 \leqq q \leqq 1$ für die linearisierte Häufigkeitsverteilung H_q ermittelt (Abb. 2.1-35c). Die Grauwert-Umcodierung bewirkt, daß unter Ausnutzung des gesamten Dynamikbereichs einerseits Nachbargrauwerte $i^{(p)}$, die im Originalbild geringe Häufigkeiten aufweisen, zusammengefaßt und andererseits Intensitätswerte mit großer Häufigkeit stärker unterschieden werden (Abb. 2.1-35d).

Ein weiteres Beispiel punktbezogener Bildverbesserung ist die Bildstapelung. Sie wird angewandt, wenn die Bildinformation durch stochastische Störgrößen stark verrauscht ist, die Szene aber z. B. zeitlich seriell mit einer TV-Kamera oder einem FLIR (s. 6.2.1.) mehrmals abgetastet werden kann. Eine Mittelung der Bildinformationen in jeweils einer Punktposition des Bildstapels führt zur Unterdrückung des Rauschanteils. Um zu vermeiden, daß der Bildspeicher mit der Kapazität von 8 bit/Bildelement in Abhängigkeit der Stapeltiefe τ um zusätzlich (ld τ)/Bildelement vergrößert werden muß, kann die Mittelung (2.1-26) oder die Gewichtung (2.1-27) angewandt werden. Dabei bedeuten $I_\nu^{(s)}$ das ν-te gestapelte Bild, $I_\nu^{(a)}$ das zuletzt empfangene aktuelle Bild, σ_ν^2 die dabei erreichbare Streuung der Bildgrauwerte bei statistischer Unabhängigkeit der Störungen und σ^2 die entsprechende Streuung beim Einzelbild:

$$I_\nu^{(s)} = \frac{\nu - 1}{\nu} I_{\nu-1}^{(s)} + \frac{1}{\nu} I_\nu^{(a)} \quad \text{mit} \quad \sigma_\nu^2 = \frac{1}{\nu} \sigma^2, \qquad (2.1\text{-}26)$$

$$I_\nu^{(s)} = a I_{\nu-1}^{(s)} + (1 - a) I_\nu^{(a)} \quad \text{mit} \quad \sigma_\nu^2 = g \frac{2a^{(2\nu-1)} - a + 1}{a + 1} \sigma^2 \quad \text{und} \quad 0 \leqq a \leqq 1. \qquad (2.1\text{-}27)$$

Lokale Bildvorverarbeitung

Zur nichtpunktbezogenen Bildverbesserung und Merkmalsextraktion werden z. Zt. vorwiegend lokale Bildoperationen eingesetzt. Im Falle homogener linearer Operationen bedeutet die lokale Verarbeitung eine Faltung der Bildinformation $I(x, y)$ mit der Gewichtsinformation $A(x, y)$ im Bildortsbereich x, y (2.1-28). Die Durchführung der entsprechenden Filteroperation im Bildfrequenzbereich f_x, f_y bzw. u, v erfordert eine Fourier-Transformation Fou der Funktionen I und A und eine Rücktransformation Fou^{-1}. Bei kleiner lokaler Gewichtsmaske A sind Faltungsoperationen (2.1-29) hinsichtlich der Rechenzeit effektiver als Filteroperationen nach (2.1-28), insbesondere dann, wenn Parallelprozessoren zur Verfügung stehen,

$$S = A * I = Fou^{-1} [Fou(A) \cdot Fou(I)]. \qquad (2.1\text{-}28)$$

Zur einfachen Formulierung der lokalen Grauwert-Bildverarbeitung wird die bei der Binärmusterverarbeitung eingeführte Schreibweise für eine Grundoperation entsprechend erweitert. Anstelle der logischen Verknüpfung der Nachbarelemente $q_\varkappa \in \{0, 1\}$ des jeweiligen Bildbezugspunktes tritt eine arithmetische Operation mit den Nachbargrauwerten $q_\varkappa \in \{0, 1, \ldots, l - 1\}$. Die im folgenden beschriebenen Beispiele können durch lineare (2.1-29) oder nichtlineare Operatoren (2.1-30) ausgedrückt werden. Dabei bedeuten die Spezifizierungen für $\varkappa$ die lokalen Positionen m Mitte, o oben, u unten, r rechts und l links.

$$\boldsymbol{S} = \text{TRANSFORM}(\boldsymbol{I},\text{FILTER}) \text{ mit FILTER: } \sum a_\varkappa q_\varkappa \tag{2.1-29}$$

$$\boldsymbol{S} = \text{TRANSFORM}(\boldsymbol{I},\text{ARITHMETIK}) \tag{2.1-30}$$

$$\text{mit ARITHMETIK: } f(q_\varkappa) \text{ und z. B. } \varkappa = \begin{Bmatrix} \text{ooll,ool,oo,oor,oorr,} \\ \text{ol, ol, o, or, orr,} \\ \text{ll, l, m, r, rr,} \\ \text{ull, ul, u, ur, urr,} \\ \text{uull,uul,uu,uur,uurr} \end{Bmatrix}$$

für eine lokale 5×5-Untermatrix.

Skalare Differenzbildung. Die Extraktion von Kontrastinformation aus einem Bild, wie z. B. Konturen, kann durch Differenzbildung 1. und 2. Ordnung erfolgen. Als Operatoren eignen sich die Punktdifferenz (2.1-31), die Balkendifferenz (2.1-32) mit Unterdrückung des hochfrequenten Bildrauschanteils durch Glättung und der genäherte Laplace-Operator $\nabla^2 I(x, y)$, welcher durch Reihenentwicklung der Funktion I und Abbruch nach den Gliedern 3. Ordnung entsteht (2.1-33). Die lokalen Operatoren sind für eine lokale 3 × 3-Untermatrix formuliert. Je nach aufzulösender Bildkontrastinformation können die Untermatrizen auch größer ausgelegt werden. Eine modifizierte Laplace-Operation mit berücksichtigter Störungsunterdrückung stellt (2.1-34) dar:

$$\boldsymbol{S} = \frac{1}{2} \text{TRANSFORM}\,(\boldsymbol{I}, |q_\text{l} - q_\text{r}| + |q_\text{o} - q_\text{u}|), \tag{2.1-31}$$

$$\boldsymbol{S} = \frac{1}{6} \text{TRANSFORM}\,\big(\boldsymbol{I}, |(q_\text{ol} + q_\text{l} + q_\text{ul}) - (q_\text{or} + q_\text{r} + q_\text{ur})| + |(q_\text{ol} + q_\text{o} + q_\text{or}) - (q_\text{ul} + q_\text{u} + q_\text{ur})|\big), \tag{2.1-32}$$

$$\boldsymbol{S} = \text{TRANSFORM}\,(\boldsymbol{I}, q_\text{l} + q_\text{o} + q_\text{r} + q_\text{u} - 4q_\text{m}), \tag{2.1-33}$$

$$\boldsymbol{S} = \text{TRANSFORM}\,(\boldsymbol{I}_1, \boldsymbol{C}, q_\text{ll} + q_\text{oo} + q_\text{rr} + q_\text{uu} - 4q_\text{m}), \tag{2.1-34}$$

$$\boldsymbol{I}_1 = \frac{1}{5} \text{TRANSFORM}\,(\boldsymbol{I}, \boldsymbol{C}, q_\text{l} + q_\text{o} + q_\text{r} + q_\text{u} + q_\text{m})$$

$$\text{mit } \boldsymbol{C} = (c_{xy}) \text{ und } c_{xy} = \frac{1}{4}\,[1 + (-1)^x]\,[1 + (-1)^y].$$

Die Konturdarstellung eines Bildes durch Differenzierung ist in Abb. 3.1-4 dargestellt. Mit einer Bilddifferenzierung 2. Ordnung [23] läßt sich eine Bildverbesserung erreichen. Die Subtraktion des Laplace-Operators (Abb. 2.1-36d) vom Eingangsbild (Abb. 2.1-36a) entsprechend (2.1-35) führt zu einer Konturverschärfung des Bildes nach dem Prinzip der Machschen Streifen (Abb. 2.1-36e), das als Phänomen beim menschlichen Auge bekannt ist. Im Gegensatz zur reinen Hochpaßfilterung bleiben die tiefen Bildfrequenzen unverändert, während die hohen Frequenzen verstärkt werden:

$$\boldsymbol{S} = \text{TRANSFORM}\,[\boldsymbol{I}, q_\text{m} - \beta(q_\text{l} + q_\text{o} + q_\text{r} + q_\text{u} - 4q_\text{m})]. \tag{2.1-35}$$

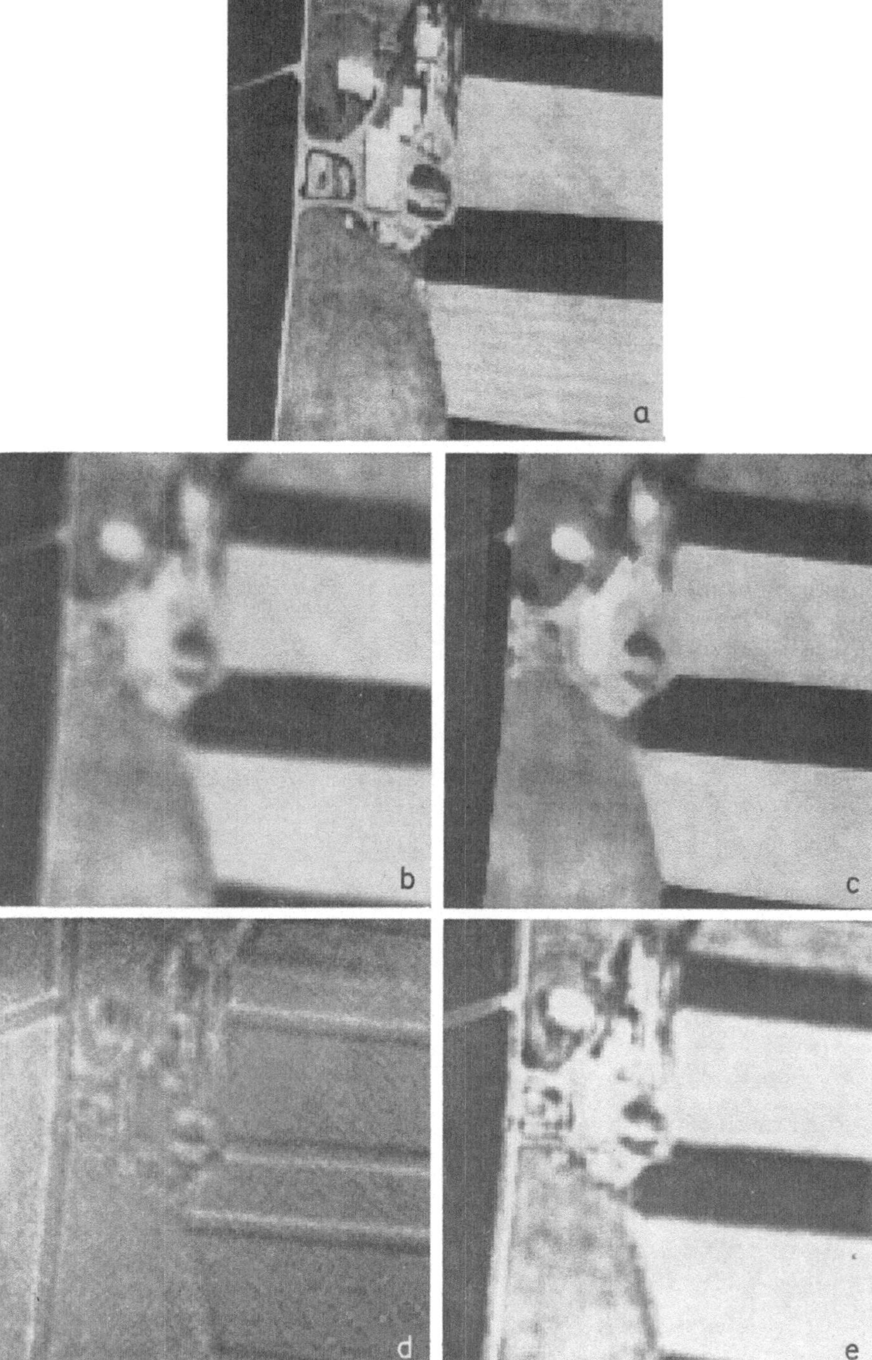

Abb. 2.1-36. Ergebnisse lokaler Bildverarbeitung. *a* Originalbild; *b* Tiefpaß- und *c* Median-Filterung des Originals; *d* Bildung der Differenz 2. Ordnung von Bild *b* und *e* Konturverschärfung durch geeignete Überlagerung von Bild *b* und *d*

Gradientenbildung. Wird der Grauwert $i(x, y)$ eines Bildes als Fläche aufgefaßt, kann jedem Bildpunkt (x, y) ein Gradient zugeordnet werden, dessen Betrag die partielle Änderung der Grauwertinformation und dessen Richtung, projiziert in die Bildebene, die Kontrast-Änderungsrichtung angibt. Die Ermittlung von Richtung und Betrag des Gradienten hat Bedeutung für Verfolgungsstrategien zur Konturlinienextraktion (s. 2.3.7.). Die Gradientenermittlung wird

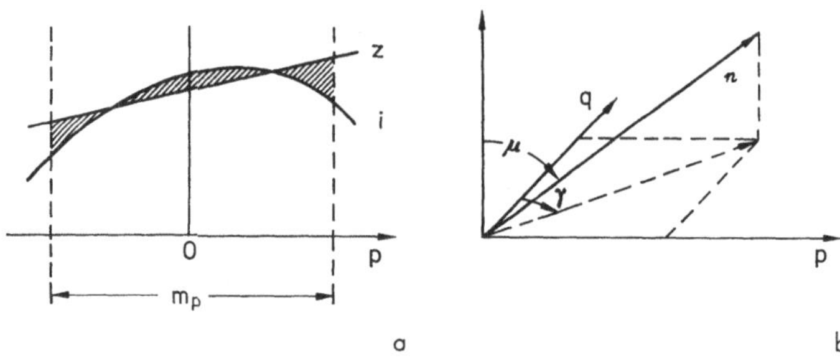

Abb. 2.1-37. Ebenenapproximation. *a* Prinzip; *b* Gradientenauswertung

zweckmäßig mit einer Störungsunterdrückung kombiniert. Die Methode der Ebenenapproximation [24] beruht auf einem Vergleich zwischen den Grauwerten i_{pq} in einem lokalen $m_p \times n_q$-Bildbereich mit einer Ebene $z = f(p, q)$. Die Neigung e, f und der mittlere Abstand g der Ebene werden so verändert, daß die Minimumforderung (2.1-36) erfüllt wird (Abb. 2.1-37a):

$$\sum\sum (i_{pq} - z)^2 = \text{Min.} \quad \text{mit} \quad z = ep + fq + g$$

$$\text{bzw.} \quad en_q \sum p^2 = \sum \sum p i_{pq} \quad \text{wegen} \sum p = \sum q = \sum \sum pq = 0 \qquad (2.1\text{-}36)$$

$$f m_p \sum q^2 = \sum \sum q i_{pq},$$

$$g m_p n_q = \sum \sum i_{pq} \quad \text{bzw.} \quad g = \bar{i}_{pq}.$$

Aus $F(p, q, z)$ wird der Ebenennormalenvektor $\boldsymbol{n}$ berechnet, der durch die beiden Winkel γ und μ bestimmt wird (Abb. 2.1-37b). Der Winkel γ entspricht der Richtung des Kontrastgradienten, während μ ein Maß für den Betrag darstellt:

$$\boldsymbol{n} = \frac{\operatorname{grad} F}{|\operatorname{grad} F|} \quad \text{mit} \quad \frac{e}{f} = \tan\gamma \quad \text{und} \quad \frac{1}{\sqrt{1 + e^2 + f^2}} = \cos\mu. \qquad (2.1\text{-}37)$$

Zur Ermittlung der Koeffizienten e und f lassen sich nach (2.1-36) homogene lokale lineare Operatoren anwenden. Die entsprechenden Ergebnisfelder $\boldsymbol{E}$ und $\boldsymbol{F}$ zur Gradientenberechnung γ, μ lauten z. B. bei einer 3×3-Untermatrix mit $m_p = n_q = 3$

$$\boldsymbol{E} = \frac{1}{m_p^2 - 1} \text{TRANSFORM} (\boldsymbol{I}_1, -q_{\text{ol}} - q_{\text{o}} - q_{\text{or}} + q_{\text{ul}} + q_{\text{u}} + q_{\text{ur}}), \qquad (2.1\text{-}38)$$

$$\boldsymbol{F} = \frac{1}{n_q^2 - 1} \text{TRANSFORM} (\boldsymbol{I}_1, -q_{\text{ol}} - q_{\text{l}} - q_{\text{ul}} + q_{\text{or}} + q_{\text{r}} + q_{\text{ur}})$$

$$\text{mit} \quad \boldsymbol{I}_1 = \frac{12}{m_p n_q}.$$

Eine phasendiskriminierende Methode [25, 26] zur Gradientenbildung kann mit einem Flying-spot-Abtaster realisiert werden, dessen Lichtfleck in jeder Abtastposition der Bildebene auf einer Kreisbahn rotiert (Abb. 2.1-38a). Lokale Intensitätsunterschiede werden als zeitlich schwankende sinusähnliche Signale erfaßt (Abb. 2.1-38b) und können nach Amplitude und Phasenlage ausgewertet werden. Die Amplitudendifferenz $s_{\max} - s_{\min}$ entspricht dem Betrag, der Phasenwinkel φ der Richtung des Kontrastgradienten bzw. der Konturrichtung $(\varphi + 90°)$. Zur Unterdrückung geringer Rauschamplituden wird die Auswertung auf Signale beschränkt, deren Amplitudendifferenz einen Mindestwert überschreitet $(s_{\max} - s_{\min} > s_{\text{Schwelle}})$. Die Methode kann auch als homogene lokale Bildoperation in Software realisiert werden (Abb. 2.1-39).

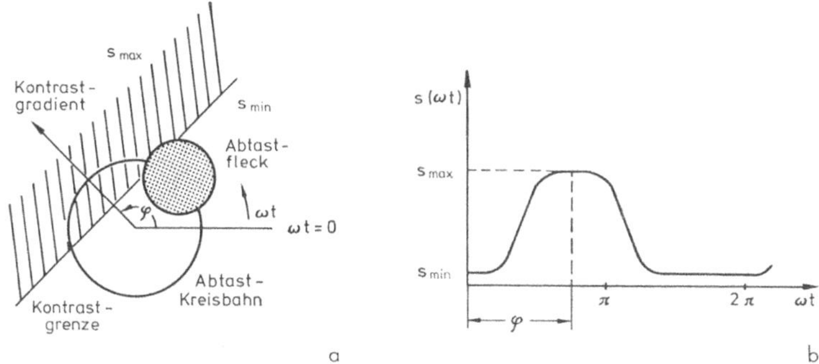

Abb. 2.1-38. Phasendiskriminierendes Verfahren. *a* Prinzip der Abtastung; *b* Signalauswertung

Spezielle Filteroperationen. Lineare und nichtlineare Filteroperationen lassen sich zur Verbesserung des Signal-Rauschverhältnisses oder zur Kompensation systembedingter Fehler einsetzen. Ein linearer Operator ist das Tiefpaßfilter (2.1-39), welches zur Beseitigung kleiner lokaler Störungen benutzt werden kann

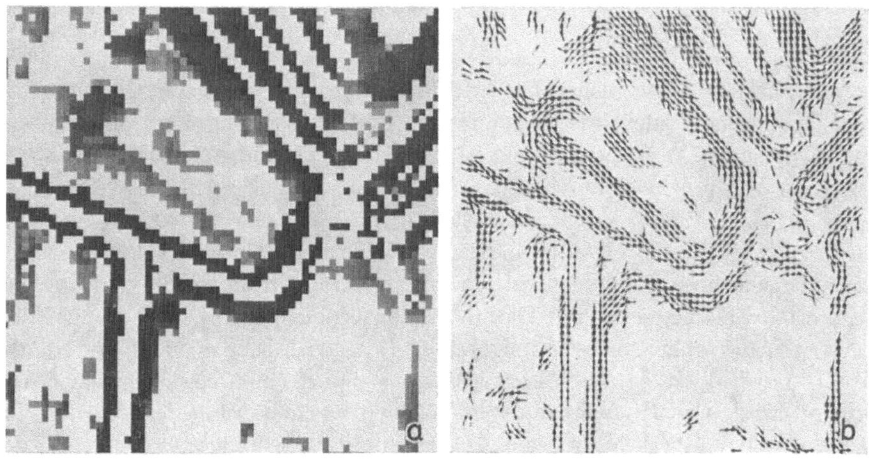

Abb. 2.1-39. Ergebnis der Gradientenbildung von einem Luftbildausschnitt. *a* Beträge der Kontrastgradienten; *b* Konturrichtungen

(Abb. 2.1-36b). Der Nachteil des einfachen Tiefpasses, daß die Kanten von Bildobjekten unscharf werden, wird beim nichtlinearen Medianfilter vermieden (Abb. 2.1-36c). Zur Median-Filterung sortiert man die lokalen Grauwerte nach ihrer Amplitude und wählt den mittleren Grauwert der Sortierfolge als Ergebnis der lokalen Operation aus.

$$\boldsymbol{S}_{\mathrm{T}} = \frac{1}{m_p n_q} \, \mathrm{TRANSFORM} \, (\boldsymbol{I}, \sum q_\varkappa). \qquad (2.1\text{-}39)$$

Die operationelle Verknüpfung einer Tiefpaßfilterung mit der Eingangsbildinformation nach Abb. 2.1-40 ergibt ähnlich wie bei der Konturverschärfung

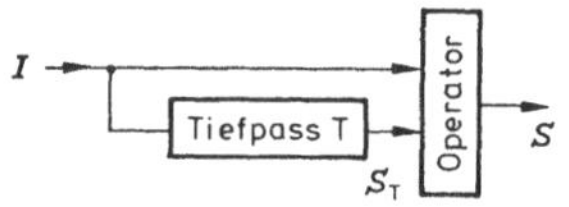

Abb. 2.1-40. Zusammengesetzte lokale Bildoperation mit einem Tiefpaßfilter

mit dem Laplace-Operator andere für die Anwendung interessante Operatoren. Die subtraktive Verknüpfung bildet ein Hochpaßfilter (2.1-40). Eine zusätzliche Schwellenwertoperation (2.1-41) führt zu einer lokal-adaptiven Binärisierung des Eingangsbildes. Bei einfach strukturierten Grauwertbildern ist damit eine Objektseparierung möglich (Abb. 2.3-7). Eine Quotientenbildung zwischen Eingangsbild und dem Ergebnis der Tiefpaßfilterung ist zur Helligkeitskorrektur von Bildszenen mit lokal uneinheitlicher Beleuchtung geeignet. Die Intensität des Bildes besteht aus zwei multiplikativ verknüpften Signalkomponenten, dem Reflexionsvermögen der Objekte und der Lichtstärke der Beleuchtung. Örtliche Beleuchtungsschwankungen werden bei der Tiefpaßfilterung erfaßt und durch die Quotientenbildung eliminiert (2.1-42).

$$\boldsymbol{S}_{\mathrm{H}} = \boldsymbol{I} - \boldsymbol{S}_{\mathrm{T}}, \qquad (2.1\text{-}40)$$

$$\boldsymbol{S} = \mathrm{THRESHOLD} \, (\boldsymbol{I} - \boldsymbol{S}_{\mathrm{T}} / > 0), \qquad (2.1\text{-}41)$$

$$\boldsymbol{S}_{\mathrm{A}} = \frac{\boldsymbol{I}}{\boldsymbol{S}_{\mathrm{T}}}. \qquad (2.1\text{-}42)$$

Detektionsfilter. Die bisher beschriebenen Beispiele lokaler Bildvorverarbeitungs-Operationen liefern als Ergebnis eine Bildkonturierung oder Bildverbesserung. Eine andere Aufgabenstellung ist das Auffinden und Lokalisieren von vorgegebenen Mustern in einem Bild $i(x, y)$. Die zu entdeckenden Muster $m_\nu(x, y)$, welche als ein Satz von Vergleichsmasken $a_\nu(x, y)$ bzw. als Detektions-Filtersatz vorliegen, können z. B. Kanten-, Struktur-, Formelemente oder Objekte sein. Eine mögliche lineare Filteroperation zur Musterdetektion ist die Faltung mit einem ortsunabhängigen Filter. Das Detektionsproblem besteht darin, das Filter $a(x, y)$ bei Anwesenheit eines Störsignalfeldes $r(x, y)$ im Bild so zu entwerfen, daß das Ergebnisfeld $s(x, y)$ am Filterausgang bezüglich einer vorgegebenen Größe optimiert wird. Das Ergebnis einer homogenen linearen Filterung wird bei Annahme additiver Überlagerung von Muster und Störsignalfeld:

$$s(x, y) = a(x, y) * i(x, y) \quad \text{mit} \quad i(x, y) = m(x, y) + r(x, y). \qquad (2.1\text{-}43)$$

Als Optimierungskriterium soll das Verhältnis $g(x, y)$ der auf den Bildpunkt (x, y) bezogenen Signalleistung zu Störleistung dienen. Zur Berechnung der Leistungen sind die Fourier-Transformierten (2.1-44) erforderlich (s. 3.1.1.):

$$A(u, v) = Fou\, a(x, y), \quad M(u, v) = Fou\, m(x, y), \quad R(u, v) = Fou\, r(x, y). \tag{2.1-44}$$

Die spektrale Leistungsdichte $|I(u, v)|^2$ eines Bildes $i(x, y)$ ist gleich der Fourier-Transformierten seiner Autokorrelationsfunktion K_{ii}.

$$K_{ii}(x, y) = i(x, y) \circledast i(x, y) = Fou^{-1}[I(u, v)\, I^*(u, v)] = Fou^{-1}\, |I(u, v)|^2. \tag{2.1-45}$$

Um das Leistungsverhältnis $g(x, y)$ berechnen zu können, muß der Erwartungswert $E\,|r|^2$ der Störleistung bekannt sein. Im einfachsten Fall wird angenommen, daß die Bildinformation aus zu detektierendem Muster und weißem Rauschfeld mit der Leistungsdichte R_0 besteht und die Ergodenhypothese gilt:

$$\begin{gathered} K_{rr}(0, 0) = \iint\limits_{-\infty}^{+\infty} |r(x, y)|^2\, dx\, dy = c_1 E\, |r|^2 = \iint\limits_{-\infty}^{+\infty} |R(u, v)|^2\, du\, dv \\ \text{bzw.} \quad c_1 E\, |r|^2 = R_0^2\, \Delta u\, \Delta v \quad \text{mit} \quad R_0^2 = |R(0, 0)|^2. \end{gathered} \tag{2.1-46}$$

Das Filterergebnis $s(x, y)$ hat einen Nutzsignalanteil $s_{\mathrm{n}}(x, y)$ und einen Rauschanteil $s_{\mathrm{r}}(x, y)$:

$$s = s_{\mathrm{n}} + s_{\mathrm{r}} \quad \text{mit} \quad s_{\mathrm{n}} = a * m = Fou^{-1}(AM) \quad \text{und} \quad s_{\mathrm{r}} = a * r = Fou^{-1}(AR). \tag{2.1-47}$$

Der Erwartungswert des Rauschanteils der Filter-Signalleistung wird entsprechend (2.1-46)

$$cE\, |s_{\mathrm{r}}|^2 = \iint\limits_{-\infty}^{+\infty} |AR|^2\, du\, dv = R_0^2 \int\limits_{\Delta u} \int\limits_{\Delta v} |A|^2\, du\, dv. \tag{2.1-48}$$

Der Nutzanteil der Filter-Signalleistung je Feldpunkt ist gleich dem Quadrat des Filter-Nutzsignals. Unter Berücksichtigung der Cauchy-Schwarz-Ungleichung ergibt sich

$$\begin{aligned} |s_{\mathrm{n}}|^2 &= |Fou^{-1}(AM)|^2 = \left| \int\limits_{\Delta u} \int\limits_{\Delta v} AM \exp\,[2\pi j(ux + vy)]\, du\, dv \right|^2 \\ &\leqq \int\limits_{\Delta u} \int\limits_{\Delta v} |A|^2\, du\, dv \int\limits_{\Delta u} \int\limits_{\Delta v} |M|^2\, du\, dv. \end{aligned} \tag{2.1-49}$$

Mit (2.1-48 und 49) wird das Verhältnis von Filternutz- zu Rauschsignal je Bildpunkt

$$g(x, y) = \frac{|s_{\mathrm{n}}|^2}{E\, |s_{\mathrm{r}}|^2} \leqq g_{\max} = \frac{c}{R_0^2} \iint |M|^2\, du\, dv. \tag{2.1-50}$$

Aus der Bedingung, daß das Nutz-Signalfeld des homogenen linearen Filters an der Stelle x_0, y_0 den maximal möglichen Wert $g_{\max}$ annehmen soll, läßt sich die Filtermaske $a(x, y)$ berechnen:

$$\begin{gathered} g(x_0, y_0) = g_{\max} \quad \text{für} \quad A_{\mathrm{opt}} = M^* \exp\,[-2\pi j(ux_0 + vy_0)] \\ \text{bzw.} \quad a_{\mathrm{opt}}^{(F)}(x, y) = Fou^{-1} A_{\mathrm{opt}}(u, v) = m^*(-[x - x_0], -[y - y_0]). \end{gathered} \tag{2.1-51}$$

Die Faltungsoperation $*$ von (2.1-52) mit dem Optimalfilter $a_{\text{opt}}^{(F)}$ wird nach (3.1-12) zweckmäßiger durch die Korrelation $\circledast$ beschrieben. Die Maske des Optimalfilters ist damit identisch mit dem zu detektierenden Muster $m(x, y)$. Die Detektion des im Bild $i(x, y)$ gesuchten Musters $m(x, y)$ wird durch ein Maximum des Filtersignals $s(x, y)$ an der Stelle $x = x_0$, $y = y_0$ angezeigt:

$$\begin{aligned} s(x, y) &= m^*(-[x - x_0], -[y - y_0]) * i(x, y) \\ &= m([x - x_0], [y - y_0]) \circledast i(x, y). \end{aligned} \tag{2.1-52}$$

Die Detektion gerichteter Bildobjektkanten läßt sich z. B. durch Korrelation der differenzierten Bildinformation mit den in Abb. 2.1-41 gezeigten Masken für

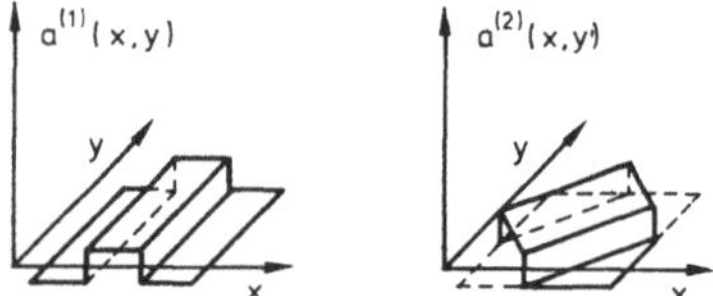

Abb. 2.1-41. Kontur-Filtermasken unterschiedlicher Richtung für die Objektkanten-Detektion

unterschiedliche Kantenorientierungen durchführen (2.1-53). Durch Maximumbestimmung der überschwelligen Korrelationskoeffizienten $\boldsymbol{K}_{ia}^{(\nu)}$ wird ein Kantenelement der Richtung ν ermittelt.

$$\begin{aligned} \boldsymbol{K}_{ia}^{(\nu)} &= \text{TRANSFORM}\left(\boldsymbol{I}, \sum_{\varkappa} a_{\varkappa} \frac{q_{\varkappa}}{\sqrt{\overline{q^2} - \bar{q}^2}}\right), \\ \boldsymbol{C}^{(\nu)} &= \text{THRESHOLD}\,(\boldsymbol{K}_{ia}^{(\nu)}/\geqq \theta^{(\nu)}), \\ \boldsymbol{S}^{(\nu)} &= \text{RELMAX}\,(\boldsymbol{K}_{ia}^{(\nu)}, \boldsymbol{C}) \quad \text{mit} \quad s_{x_0,y_0}^{(\nu)} = \text{localmax}\, s_{xy}^{(\nu)}. \end{aligned} \tag{2.1-53}$$

2.1.5. Lineare und nichtlineare Bildtransformation

Von H. Kazmierczak

Eine Sonderstellung der Abbildungen $F(\boldsymbol{I})$ nehmen diejenigen zweidimensionalen linearen Transformationen ein, welche eindeutig umkehrbar sind und keine Informationsreduktion bewirken [39]. Lineare Bildtransformationen nach (2.1-54) lassen sich mathematisch einfach behandeln. Der lineare Operator a_{uvxy}, der auch Kern genannt wird, ist eine Funktion der Zeilenparameter x, u und Spaltenparameter v, y von Bildmatrix $\boldsymbol{I}$ und abgebildeter Matrix $\boldsymbol{F}$. Mit dem Bildvektor $\boldsymbol{i}$ und der Transformationsmatrix $\boldsymbol{A}$ kann der abgebildete Vektor $\boldsymbol{f}$

als Matrizenprodukt dargestellt werden:

$$F = (f_{uv}) \text{ mit } f_{uv} = \sum_{x=0}^{m-1} \sum_{y=0}^{n-1} a_{uvxy} i_{xy},$$

$$f = (f_w)^T \text{ mit } f_w = \sum_{z=0}^{mn-1} a_{wz} i_z \quad \text{für} \quad z = nx + y \quad \text{und} \quad w = nu + v \quad (2.1\text{-}54)$$

$$\text{bzw.} \quad f = Ai \quad \text{mit} \quad A = (a_{wz}) = (a_{uv;xy}).$$

Die Implementierung der linearen Abbildung (2.1-54) mit komplexem Operator A erfordert bei reeller Bildmatrix I mit $N = mn$ Bildpunkten $2N^2$ Multiplikationen. Als Ergebnis erhält man aus der Bildmatrix I mit den N diskreten Intensitäten i_{xy} die Abbildung F mit ebenfalls N diskreten Bildelementen, deren Intensitätswerte f_{uv} jedoch i. allg. komplex und quasi nichtdiskret sind. Eine andere Darstellungsart von (2.1-54) ist die hybride Summen-Vektor-Form (2.1-55) mit dem Spaltenvektor A_z der Transformationsmatrix:

$$f_w = \sum_z a_{wz} i_z \quad \text{bzw.} \quad f = \sum A_z i_z. \quad (2.1\text{-}55)$$

Die Elemente von F mit ihren Intensitäten f_{uv} können entsprechend der gewählten speziellen Transformation A spezifische bildbeschreibende Eigenschaften besitzen. In diesem Fall bewirkt die Bildtransformation eine Bildanalyse mit dem Ergebnis einer Merkmalsextraktion. Typischer für eine Merkmalsextraktion sind jedoch die nicht umkehrbaren, nichtlinearen Transformationen. Bei einer anderen Anwendung der linearen Transformation kann z. B. eine Bildkompression durch eine nichtlineare u,v-abhängige Codierung der f_{uv} erzielt werden. Die Rücktransformation bzw. Bildsynthese entspricht dann einer Bildapproximation. Eine weitere Anwendung hat die Reduktion des Rechenaufwandes bei bestimmten Bildoperationen wie die Faltung und Korrelation zum Ziel.

Spezielle Transformationskerne

Im Falle einer quadratischen A-Matrix und existierender Kehrmatrix A^{-1} wird die lineare Transformation A eindeutig umkehrbar, d. h., es existiert die Rücktransformation (2.1-56). Die Rücktransformation läßt sich besonders einfach für komplexe hermitesche (unitäre) und reelle orthogonale Transformationsmatrizen bilden. Für diese Spezialfälle wird die Rücktransformation durch die transponierte, konjugiert komplexe Transformationsmatrix dargestellt, da die Matrizenmultiplikation mit A die Einheitsmatrix 1 ergibt:

$$\begin{aligned} i = A^{-1}f \quad \text{bzw.} \quad i &= A^{*T}f \quad \text{für} \quad AA^{*T} = 1 \\ \text{bzw.} \quad i &= A^{T}f \quad \text{für} \quad AA^{T} = 1. \end{aligned} \quad (2.1\text{-}56)$$

Für unitäre bzw. orthogonale Transformationen existiert folgende Invariante

$$\begin{aligned} i^{*T}i = f^{*T}AA^{*T}f = f^{*T}f \quad &\text{bzw.} \quad i^{T}i = f^{T}f \\ \text{oder} \quad \sum_z i_z^* i_z = \sum_w f_w^* f_w \quad &\text{bzw.} \quad \sum_z i_z^2 = \sum_w f_w^2. \end{aligned} \quad (2.1\text{-}57)$$

Verschiebungsinvarianter Kern. Die bisher betrachteten allgemeinen linearen Transformationen und ihre Operatoren $(a_{wz}) = (a_{uv;xy})$ sind bezüglich der x,y-Bildkoordinaten nicht invariant (inhomogene Operation). Der Operator $\boldsymbol{A}$ ist jedoch unabhängig von den x,y-Koordinaten (translationsinvariant bzw. homogen), wenn er speziell eine Funktion der Verschiebung $u - x$, $v - y$ bezüglich der u,v-Koordinaten der linearen Abbildung ist wie die Faltung (2.1-58) und die Korrelation (2.1-59):

$$a_{uvxy} = h_{(u-x) \bmod m, (v-y) \bmod n}, \tag{2.1-58}$$

$$a_{uvxy} = k_{(x-u) \bmod m, (y-v) \bmod n}. \tag{2.1-59}$$

Die Faltungsmatrix $\boldsymbol{H} = (h_{xy})$ und die Korrelationsmatrix $\boldsymbol{K} = (k_{xy})$ haben dasselbe Format wie die Bildmatrix $\boldsymbol{I}$. Der Faltungs- bzw. Korrelationsoperator $\boldsymbol{A}$ mit N^2 Elementen kann aus der $\boldsymbol{H}$- bzw. $\boldsymbol{K}$-Matrix mit $N = mn$ Elementen durch

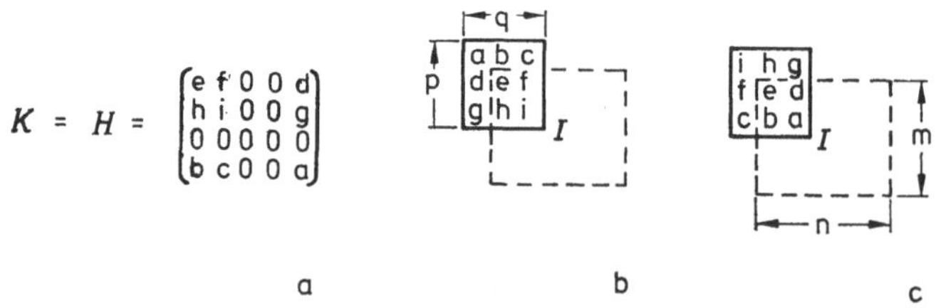

Abb. 2.1-42. Darstellung einer homogenen linearen Operation. *a* Korrelations- bzw. Faltungsmatrix im Format der Bildmatrix mit *b* entsprechender $p \times q$-Korrelations- und *c* Faltungs-Gewichtsmaske, welche zur Ausführung der Operation über die Bildmatrix verschoben wird

entsprechende Umstellung nach (2.1-59) gebildet werden (Abb. 2.1-42 u. 43). Dabei enthält die nullte Operatorzeile $w = 0$ die Elemente $a_{00xy} = k_{xy}$. Der Faltungsoperator $\boldsymbol{A}_{\mathrm{H}}$ ergibt sich aus $\boldsymbol{A}_{\mathrm{K}}$ durch Matrixtransponierung. Bei der digitalen Bildverarbeitung interessiert im allgemeinen nur das Korrelations- bzw. Faltungsergebnis über den $(m - p + 1) \times (n - q + 1)$ großen Unterbereich der Bildmatrix, welcher frei von Randeinflüssen ist. Im Beispiel bildet dieser Unterbereich eine 2×3-Matrix, deren entsprechender Operator in Abb. 2.1-43 durch (◀) gekennzeichnet ist.

Separierbarer Kern und Basissystem. Eine besondere Bedeutung für die digitale Bildverarbeitung haben diejenigen linearen Transformationen, deren Kern sich in ein Produkt $\boldsymbol{A} = \boldsymbol{B} \cdot \boldsymbol{C}$ bzw. $a_{uv;xy} = b_{ux} c_{vy}$ zerlegen läßt. Die Zeilenmatrix $\boldsymbol{B} = (b_{ux})$ besteht in diesem Spezialfall aus Elementen, welche nur von den Zeilenkoordinaten x bzw. u abhängen. Entsprechend hat die Spaltenmatrix $\boldsymbol{C} = (c_{vy})$ nur spaltenabhängige Elemente. Die durch $(\cdot)$ symbolisierte arithmetische Faktorisierung einer Matrix $\boldsymbol{A}$ sei am Beispiel einer 4×4-Matrix demonstriert.

$$\begin{pmatrix} b_{00}c_{00} & b_{00}c_{01} & b_{01}c_{00} & b_{01}c_{01} \\ b_{00}c_{10} & b_{00}c_{11} & b_{01}c_{10} & b_{01}c_{11} \\ b_{10}c_{00} & b_{10}c_{01} & b_{11}c_{00} & b_{11}c_{01} \\ b_{10}c_{10} & b_{10}c_{11} & b_{11}c_{10} & b_{11}c_{11} \end{pmatrix} = \begin{pmatrix} b_{00} \cdot \begin{pmatrix} c_{00} & c_{01} \\ c_{10} & c_{11} \end{pmatrix} & b_{01} \cdot \begin{pmatrix} c_{00} & c_{01} \\ c_{10} & c_{11} \end{pmatrix} \\ b_{10} \cdot \begin{pmatrix} c_{00} & c_{01} \\ c_{10} & c_{11} \end{pmatrix} & b_{11} \cdot \begin{pmatrix} c_{00} & c_{01} \\ c_{10} & c_{11} \end{pmatrix} \end{pmatrix} = \begin{pmatrix} b_{00} & b_{01} \\ b_{10} & b_{11} \end{pmatrix} \cdot \begin{pmatrix} c_{00} & c_{01} \\ c_{10} & c_{11} \end{pmatrix} \tag{2.1-60}$$

Bei separierbarem Kern läßt sich die lineare Transformation (2.1-54) als Matrizenprodukt mit den Operationsmatrizen $\boldsymbol{B}$ und $\boldsymbol{C}$ und der Bildmatrix $\boldsymbol{I}$ darstellen (2.1-61). Die Matrix $\boldsymbol{B} = (b_{ux})$ steht für die Durchführung der Bildoperation in Spaltenrichtung ($\boldsymbol{B}$ wird kurz Zeilenmatrix genannt). Entsprechend ist $\boldsymbol{C} = (c_{vy})$ der Operator für die Zeilenrichtung (Spaltenmatrix $\boldsymbol{C}$). Die Operatoren

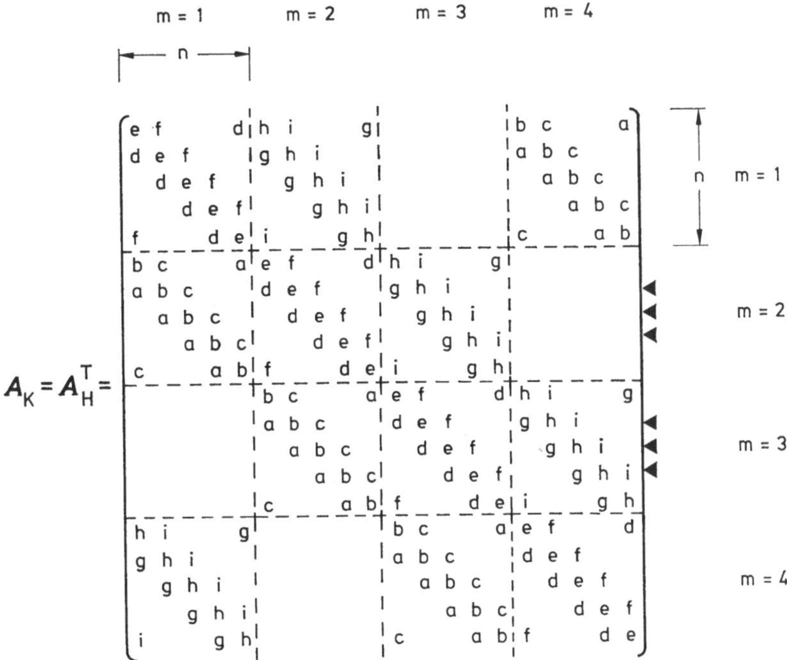

Abb. 2.1-43. Korrelationsoperator für das in Abb. 2.1-42 dargestellte Beispiel

$\boldsymbol{C}$ und $\boldsymbol{B}$ werden nacheinander angewandt und bilden die Matrix $\boldsymbol{I}$ in die Matrix $\boldsymbol{F}$ ab. Während bei nichtseparierbarem Kern für jeden der $N = n^2$ Bildpunkte des $\mathfrak{f}$-Spaltenvektors N Multiplikationen erforderlich sind, benötigt man bei zerlegbarem Kern nur $2n \ll N$ Multiplikationen für jeden der n^2 Bildpunkte der $\boldsymbol{F}$-Matrix.

$$f_{uv} = \sum_y c_{vy} \sum_x b_{ux} i_{xy} = \sum_y f_{uy} c_{yv} \quad \text{mit} \quad f_{uy} = \sum_x b_{ux} i_{xy}$$

$$\text{bzw.} \quad (f_{uv}) = (f_{uy})\,(c_{yv}) \quad \text{mit} \quad (f_{uy}) = (b_{ux})\,(i_{xy}) \tag{2.1-61}$$

$$\text{bzw.} \quad (f_{uv}) = (b_{ux})\,(i_{xy})\,(c_{yv}) \quad \text{oder} \quad \boldsymbol{F} = \boldsymbol{BIC}^T.$$

Auch bei separierbarem Kern ist entsprechend zu (2.1-55) eine hybride Summen-Vektor-Form (2.1-62) formulierbar. Aus den Spaltenvektoren $\boldsymbol{B}_x$ der Zeilenmatrix $\boldsymbol{B}$ und den Zeilenvektoren $\boldsymbol{C}_y^T$ der transponierten Spaltenmatrix $\boldsymbol{C}^T$ kann durch Bildung äußerer Vektorprodukte ein Basissystem aus N Basismatrizen vom Format der Bildmatrix $\boldsymbol{I}$ gebildet werden:

$$f_{uv} = \sum_x \sum_y b_{ux} c_{yv} i_{xy} \quad \text{bzw.} \quad \boldsymbol{F} = \sum_x \sum_y \boldsymbol{B}_x \boldsymbol{C}_y^T i_{xy}$$

$$\text{mit} \quad \boldsymbol{B}_x \boldsymbol{C}_y^T = \begin{pmatrix} b_{0x} \\ \vdots \\ b_{nx} \end{pmatrix} (c_{y0} \ldots c_{yn}) = \begin{pmatrix} b_{0x}c_{y0} \ldots b_{0x}c_{yn} \\ \vdots \\ b_{nx}c_{y0} \ldots b_{nx}c_{yn} \end{pmatrix}. \tag{2.1-62}$$

Rücktransformation. Wenn die Kehrmatrizen $\boldsymbol{B}^{-1}$ und $\boldsymbol{C}^{-1}$ der Zeilen- und Spaltenmatrix existieren, läßt sich die Rücktransformation $\boldsymbol{I} = I(\boldsymbol{F})$ nach (2.1-63) entweder in Matrix- oder Hybrid-Form anschreiben:

$$\boldsymbol{F} = \boldsymbol{B}\boldsymbol{I}\boldsymbol{C}^T \quad \text{bzw.} \quad \boldsymbol{F}^T = \boldsymbol{C}\boldsymbol{I}^T\boldsymbol{B}^T,$$

$$\boldsymbol{I} = \boldsymbol{B}^{-1}\boldsymbol{F}(\boldsymbol{C}^{-1})^T \quad \text{bzw.} \quad \boldsymbol{I} = \sum_u \sum_v \boldsymbol{B}_u^{-1}(\boldsymbol{C}_v^{-1})^T f_{uv}. \tag{2.1-63}$$

Für unitäre bzw. orthogonale Transformationsmatrizen vereinfacht sich die Rücktransformation (2.1-63) wegen (2.1-56) entsprechend

$$\boldsymbol{I} = \boldsymbol{B}^{*T}\boldsymbol{F}\boldsymbol{C}^* \quad \text{bzw.} \quad \boldsymbol{I} = \boldsymbol{B}^T\boldsymbol{F}\boldsymbol{C}. \tag{2.1-64}$$

Lineare Bildtransformationen $\boldsymbol{F} = F(\boldsymbol{I})$, welche bei Umkehrbarkeit eine zu $\boldsymbol{I}$ äquivalente Bildbeschreibung darstellen, ermöglichen nach (2.1-62 u. 63) eine Zerlegung der $\boldsymbol{F}$- bzw. $\boldsymbol{I}$-Matrix in Basiskomponenten $\boldsymbol{F}_{xy}$ bzw. $\boldsymbol{I}_{uv}$

$$\boldsymbol{F}_{xy} = \boldsymbol{B}_x\boldsymbol{C}_y^T \quad \text{und} \quad \boldsymbol{I}_{uv} = \boldsymbol{B}_u^{-1}(\boldsymbol{C}_v^{-1})^T \quad \text{bzw.} \quad \boldsymbol{I}_{uv} = \boldsymbol{B}_u^{*T}\boldsymbol{C}_v^* \text{ oder } \boldsymbol{I}_{uv} = \boldsymbol{B}_u^T\boldsymbol{C}_v. \tag{2.1-65}$$

Diskrete Fourier-Transformation

Im folgenden werden einige spezielle lineare separierbare Transformationen mit bestimmten Eigenschaften beschrieben. Die bekannteste ist die diskrete Fourier-Transformation DFT (2.1-66). Die Indizes u, v der zweidimensionalen Transformation können als Ortsfrequenzen interpretiert werden. Für $n \to \infty$ geht die diskrete Transformation in die kontinuierliche Fouriertransformation (3.1-2 u. 15) über. Der Kern der zweidimensionalen Fourier-Transformation läßt sich in zwei symmetrische und gleiche Zeilen- und Spaltenmatrizen zerlegen:

$$f_{uv}^{DFT} = \sum_{x=0}^{n-1} \sum_{y=0}^{n-1} i_{xy} \exp\left[-\frac{2\pi j}{n}(ux + vy)\right] \text{ mit } j^2 = -1,$$

$$b_{ux}^{DFT} = w^{ux} \quad \text{und} \quad c_{vy}^{DFT} = w^{vy} \quad \text{mit} \quad w = \exp\left(-\frac{2\pi j}{n}\right), \tag{2.1-66}$$

$$\boldsymbol{DFT} = \boldsymbol{B}^{DFT} = \boldsymbol{C}^{DFT} = \boldsymbol{DFT}^T = \boldsymbol{W}.$$

Spezielle Eigenschaften. Wegen des separierbaren Kernes kann die zweidimensionale DFT_{xy} sequentiell aus zwei eindimensionalen DFT_y und DFT_x in Zeilen- und Spaltenrichtung gebildet werden (2.1-68). Die Komponenten $a_{uv;xy}$ des Basissystems $\boldsymbol{F}_{xy}$ sind komplex. Sie lassen sich in reelle Cosinus- und imaginäre

Sinus-Anteile zerlegen (2.1-67):

$$a_{uv;xy}^{DFT} = \cos\left[\frac{2\pi}{n}(ux+vy)\right] - j\sin\left[\frac{2\pi}{n}(ux+vy)\right]. \tag{2.1-67}$$

Der Kern der Rücktransformation DFT_{xy}^{-1} kann einfach als konjugiert komplexe Funktion mit dem Faktor $1/n^2$ dargestellt werden (2.1-68). Die Real- und Imaginärkomponenten des $\boldsymbol{F}_{xy}$- bzw. $\boldsymbol{I}_{uv}$-Basissystems sind daher bis auf einen Faktor in der Form gleich:

$$\begin{gathered}\boldsymbol{DFT}^{-1} = \frac{1}{n}\boldsymbol{DFT}^* \quad \text{wegen} \quad \boldsymbol{DFT}\,\boldsymbol{DFT}^* = n\cdot\boldsymbol{1}\\ \text{und} \quad \boldsymbol{F} = \boldsymbol{DFT}\,\boldsymbol{I}\,\boldsymbol{DFT} \quad \text{bzw.} \quad \boldsymbol{I} = \frac{1}{n^2}\boldsymbol{DFT}^*\,\boldsymbol{F}\,\boldsymbol{DFT}^*.\end{gathered} \tag{2.1-68}$$

Wegen der Periodizität der Basiskomponenten und wegen $\exp(2\pi j) = 1$ gilt (2.1-69). Damit kann die eindimensionale Transformationsmatrix $\boldsymbol{DFT}$ von (2.1-66) in eine einfachere Exponentialform gebracht werden, wie das Beispiel für $n = 8$ (2.1-70) zeigt.

$$w^{\delta+\frac{1}{2}n} = -w^\delta, \quad w^{\delta+n} = w^\delta, \quad w^{-\delta} = (w^*)^\delta. \tag{2.1-69}$$

$$\boldsymbol{DFT}^{(8)} = \begin{pmatrix} w^0 & w^0 & w^0 & w^0 & w^0 & w^0 & w^0 & w^0\\ w^0 & w^1 & w^2 & w^3 & w^4 & w^5 & w^6 & w^7\\ w^0 & w^2 & w^4 & w^6 & w^8 & w^{10} & w^{12} & w^{14}\\ w^0 & w^3 & w^6 & w^9 & w^{12} & w^{15} & w^{18} & w^{21}\\ w^0 & w^4 & w^8 & w^{12} & w^{16} & w^{20} & w^{24} & w^{28}\\ w^0 & w^5 & w^{10} & w^{15} & w^{20} & w^{25} & w^{30} & w^{35}\\ w^0 & w^6 & w^{12} & w^{18} & w^{24} & w^{30} & w^{36} & w^{42}\\ w^0 & w^7 & w^{14} & w^{21} & w^{28} & w^{35} & w^{42} & w^{49} \end{pmatrix}$$

$$= \begin{pmatrix} 1 & 1 & 1 & 1 & 1 & 1 & 1 & 1\\ 1 & w & w^2 & w^3 & -1 & -w & -w^2 & -w^3\\ 1 & w^2 & -1 & -w^2 & 1 & w^2 & -1 & -w^2\\ 1 & w^3 & -w^2 & w & -1 & -w^3 & w^2 & -w\\ 1 & -1 & 1 & -1 & 1 & -1 & 1 & -1\\ 1 & -w & w^2 & -w^3 & -1 & w & -w^2 & w^3\\ 1 & -w^2 & -1 & w^2 & 1 & -w^2 & -1 & w^2\\ 1 & -w^3 & -w^2 & -w & -1 & w^3 & w^2 & w \end{pmatrix} \tag{2.1-70}$$

Indirekte Korrelation und Faltung. Eine wichtige Anwendung der Fouriertransformation ist die schnelle Berechnung der Korrelation und Faltung eines Bildes $\boldsymbol{I}$ mit der Matrix $\boldsymbol{K}$ bzw. $\boldsymbol{H}$ nach dem Faltungssatz (2.1-28) bei größerer $\boldsymbol{K}$- bzw. $\boldsymbol{H}$-Maske ($4\sqrt{n} \leqq q \leqq n$). Nach (2.1-54 u. 58) ergibt sich die Faltung von $\boldsymbol{H}$ und $\boldsymbol{I}$ zu

$$f_{\xi\eta}^{(\boldsymbol{H}*\boldsymbol{I})} = \sum_{x=0}^{n-1}\sum_{y=0}^{n-1} h_{\xi-x,\eta-y}\, i_{xy}. \tag{2.1-71}$$

Die zweidimensionale diskrete Fouriertransformierte von (2.1-71) wird

$$f_{uv}^{(H*I)} = \sum_{\xi=0}^{n-1} \sum_{\eta=0}^{n-1} b_{u\xi} c_{v\eta} f_{\xi\eta}^{(H*I)} = \sum_x \sum_y \sum_\xi \sum_\eta b_{u\xi} c_{v\eta} h_{\xi-x,\eta-y} i_{xy}. \qquad (2.1\text{-}72)$$

Mit Hilfe der DFT_{xy} können h_{xy} und i_{xy} zunächst in den Ortsfrequenzbereich u, v transformiert werden. Nachdem die Transformierten $f_{uv}^{(H)}$ und $f_{uv}^{(I)}$ miteinander multipliziert worden sind, kann das Produkt durch DFT_{xy}^{-1} in den Ortsbereich zurücktransformiert werden. Es ist eine Eigenschaft der DFT_{xy}, daß das Ergebnis identisch mit der Faltung (2.1-71) ist:

$$\begin{gathered} f_{uv}^{(H)} = \sum_{x'} \sum_{y'} b_{ux'} c_{vy'} h_{x'y'} \quad \text{und} \quad f_{uv}^{(I)} = \sum_x \sum_y b_{ux} c_{vy} i_{xy}, \\ f_{uv}^{(H)} f_{uv}^{(I)} = \sum_x \sum_y \sum_{x'} \sum_{y'} b_{ux} b_{ux'} c_{vy} c_{vy'} h_{x'y'} i_{xy}. \end{gathered} \qquad (2.1\text{-}73)$$

Der Faltungssatz der zweidimensionalen diskreten Fourier-Transformation und die zu fordernde Identitätsbedingung bezüglich der Elemente der Fourier-Transformation wegen (2.1-72 u. 73) lauten

$$\begin{gathered} f_{uv}^{(H*I)} = f_{uv}^{(H)} f_{uv}^{(I)} \quad \text{bzw.} \quad b_{u\xi} c_{v\eta} \equiv b_{ux} b_{u(\xi-x)} c_{vy} c_{v(\eta-y)} \\ w^{u\xi} w^{v\eta} \equiv w^{ux} w^{u(\xi-x)} w^{vy} w^{v(\eta-y)}. \end{gathered} \qquad (2.1\text{-}74)$$

Schnelle Fourier-Transformation

Einen größeren Rechenzeitgewinn für die Bildkorrelation oder Faltung erhält man bei Anwendung eines speziellen Algorithmus zur Berechnung der beiden diskreten eindimensionalen Fourier-Transformationen DFT_x und DFT_y. Wegen der verkürzten Transformationszeit, bedingt durch die geringere erforderliche Anzahl von Operationen (Multiplikationen und Additionen) wird dieser Algorithmus schnelle Fourier-Transformation (*FFT*) genannt.

FFT-Algorithmus. Zur Ableitung der *FFT* für $n = 2^\gamma$ mit positiv ganzzahligem γ werden die Elemente einer Spalte $\boldsymbol{I}_y$ der Bildmatrix in zwei Teilspalten $\boldsymbol{I}_y^{(2\beta)}$ und $\boldsymbol{I}_y^{(2\beta+1)}$ mit gerader und ungerader Zeilennummer x gegliedert. Anstelle von x wird eine neue Laufvariable β eingeführt [41]:

$$\begin{gathered} \boldsymbol{I}_y^{(1)} = \begin{pmatrix} \boldsymbol{I}_y^{(2\beta)} \\ \boldsymbol{I}_y^{(2\beta+1)} \end{pmatrix} = (i_{0y}, i_{2y}, \ldots, i_{(2\beta),y}, i_{1y}, i_{3y} \ldots i_{(2\beta+1),y})^T \\ \text{für } \beta = 0, 1, \ldots, \frac{n}{2} - 1. \end{gathered} \qquad (2.1\text{-}75)$$

Mit der Laufvariablen β kann die DFT_x sowohl für die Bildspalte $\boldsymbol{I}_y$ mit n Elementen als auch für die beiden Teilspalten $\boldsymbol{I}_y^{(2\beta)}$ und $\boldsymbol{I}_y^{(2\beta+1)}$ mit je $n/2$ Elementen entsprechend (2.1-61) formuliert werden.

$$f_{uy} = \sum_{x=0}^{n-1} b_{ux} i_{xy} = \sum_{\beta=0}^{\frac{n}{2}-1} (b_{u,2\beta} i_{2\beta,y} + b_{u,2\beta+1} i_{2\beta+1,y}) \quad \text{für} \quad u = 0, 1, \ldots, n-1$$

$$\text{bzw.} \quad f_{uy}^{(2\beta)} = \sum_{\beta=0}^{\frac{n}{2}-1} b_{u,2\beta} i_{2\beta,y} \quad \text{und} \quad f_{uy}^{(2\beta+1)} = \sum_{\beta=0}^{\frac{n}{2}-1} b_{u,2\beta} i_{2\beta+1,y} \quad \text{für} \quad u = 0, 1, \ldots, \frac{n}{2} - 1. \qquad (2.1\text{-}76)$$

Wegen (2.1-66 u. 69) gilt

$$b_{u,2\beta+1} = w^{u(2\beta+1)} = w^u w^{u(2\beta)} = w^u b_{u,2\beta} \quad \text{und} \quad w^{u+\frac{n}{2}} = -w^u. \qquad (2.1\text{-}77)$$

Aus (2.1-76 u. 77) folgt, daß man die DFT_x einer Bildspalte einfach aus den beiden $DFT_x^{(2\beta)}$ und $DFT_x^{(2\beta+1)}$ der gerad- bzw. ungeradzahligen Teilspalte berechnen kann. Für die erste Hälfte der Spaltenelemente f_{uy} sind $n/2$ Multiplikationen und Additionen, für die zweite Hälfte nur $n/2$ Additionen erforderlich

$$\begin{aligned} f_{uy} &= f_{uy}^{(2\beta)} + w^u f_{uy}^{(2\beta+1)} \quad \text{für} \quad u = 0, 1, \ldots, \frac{n}{2} - 1, \\ f_{u+\frac{n}{2},y} &= f_{uy}^{(2\beta)} - w^u f_{uy}^{(2\beta+1)}. \end{aligned} \qquad (2.1\text{-}78)$$

Wenn die $f_{uy}^{(2\beta)}$ und $f_{uy}^{(2\beta+1)}$ bereits als Ergebnis vorliegen, läßt sich f_{uy} aus beiden mit w^u berechnen. Dabei wird ein Rechenschema nach Abb. 2.1-44 (Beispiel für $n = 8$) angewandt. Aus dem Rechenschema ist ersichtlich, daß sich die DFT_x einer Bildspalte aus n Elementen auf zwei Transformationen von je $n/2$ Elementen reduzieren läßt. Diese lassen sich wieder in je zwei Transformationen von je $n/4$ Elementen aufteilen usw. Für $n = 2^\gamma$ läßt sich die DFT_x durch $\gamma - 1$ derartiger Reduktionen bis auf $n/2$ Transformationen von je 2 Elementen der

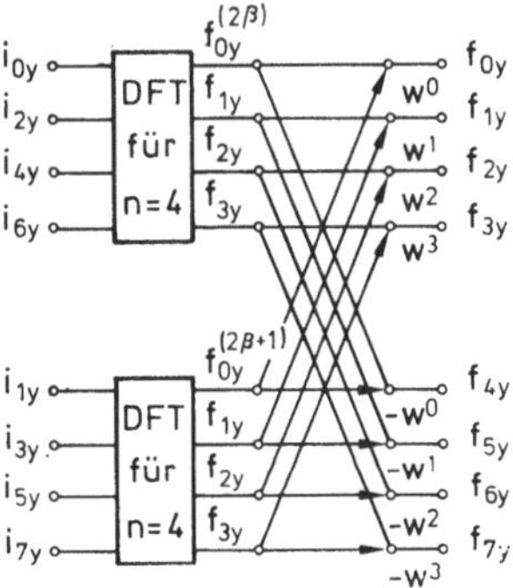

Abb. 2.1-44. Signalflußdiagramm einer DFT für $n = 8$ (Pfeil: Multiplikation mit w^u bzw. $-w^u$; Knoten: Addition)

$x_2\ x_1\ x_0$	$\tilde{x}_2\ \tilde{x}_1\ \tilde{x}_0$
0 0 0	0 0 0
0 0 1	1 0 0
0 1 0	0 1 0
0 1 1	1 1 0
1 0 0	0 0 1
1 0 1	1 0 1
1 1 0	0 1 1
1 1 1	1 1 1

a

b

Abb. 2.1-45. FFT für $n = 8$. a Umordnungsschema einer Bildspalte; b vollständige Signalflußdiagramm

Bildspalte zurückführen (FFT-Algorithmus nach [41]). Entsprechendes gilt für die Transformation DFT_y.

Werden alle komplexen Multiplikationen in Abb. 2.1-44 durch Pfeile und alle komplexen Additionen durch Knoten gekennzeichnet, erhält man den Graphen in Abb. 2.1-45a. Der Graph zeigt, daß die Elemente der Bildspalte $\boldsymbol{I}_y$ für die FFT-Berechnung nicht mehr ihre natürliche Reihenfolge besitzen dürfen. Bei $\gamma - 1$ Schritten der Separierung in jeweils gerad- und ungeradzahlige Elemente entsteht ein Ordnungsschema, welches folgendermaßen beschrieben werden kann: Man nehme die Laufvariable x des Bildelementes i_{xy} und bilde die entsprechende Dualzahl nach (2.1-79). Wird die Folge der Binärziffern x_ν umgekehrt und aus der entsprechenden Dualzahl wieder eine Dezimalzahl $\tilde{x}$ gebildet, so stellt $\tilde{x}(x)$ die für die FFT erforderliche modifizierte Laufzahl der Bildspalte $\boldsymbol{I}_y^{(\gamma-1)}$ dar (Abb. 2.1-45b):

$$\begin{aligned} x &= x_{\gamma-1} \cdot 2^{\gamma-1} + x_{\gamma-2} \cdot 2^{\gamma-2} + \cdots + x_0 \cdot 2^0, \\ \tilde{x} &= x_0 \cdot 2^{\gamma-1} + x_1 \cdot 2^{\gamma-2} + \cdots + x_{\gamma-1} \cdot 2^0. \end{aligned} \tag{2.1-79}$$

Faktorisierung der Transformationsmatrix. Die FFT-Berechnung nach (2.1-78) basiert auf der Zerlegbarkeit der Transformationsmatrix $\boldsymbol{W}$ in ein Matrizenprodukt aus γ Selektormatrizen $\boldsymbol{E}^{(\nu)}$ und $\gamma - 1$ Diagonal-Gewichtsmatrizen $\boldsymbol{D}^{(\nu)}$. Wegen der verschiedenen Möglichkeiten der Faktorisierung von $\boldsymbol{W}$ lassen sich auch unterschiedliche Algorithmen für eine schnelle Fourier-Transformation angeben [40]. Wenn $\boldsymbol{I}^{(1)}$ eine Bildmatrix mit Elementen darstellt, deren Laufvariablen x innerhalb jeder Bildspalte nach (2.1-75) vertauscht sind (gerad-, ungeradzahlig), kann man $\boldsymbol{W}$ zweckmäßig in entsprechende Teilmatrizen $\boldsymbol{W}_{ij}^{(1)}$ zerlegen, nachdem man auch $\boldsymbol{W}$ entsprechend in $\boldsymbol{W}^{(1)}$ umsortiert hat (2.1-80). Abb. 2.1-46 zeigt diesen Vorgang am Beispiel $n = 8$ von (2.1-70) [40]:

$$DFT_x\colon\ (f_{uy}) = \boldsymbol{W}\boldsymbol{I} = \boldsymbol{W}^{(1)}\boldsymbol{I}^{(1)} = \begin{pmatrix} \boldsymbol{W}_{00}^{(1)} & \boldsymbol{W}_{01}^{(1)} \\ \boldsymbol{W}_{10}^{(1)} & \boldsymbol{W}_{11}^{(1)} \end{pmatrix} \begin{pmatrix} \boldsymbol{I}^{(2\beta)} \\ \boldsymbol{I}^{(2\beta+1)} \end{pmatrix}. \tag{2.1-80}$$

Wie am Beispiel von Abb. 2.1-46 gezeigt, läßt sich $\boldsymbol{W}^{(1)}$ nach (2.1-81) in 3 Matrizen $\boldsymbol{E}^{(1)}$, $\boldsymbol{D}^{(1)}$ und $\boldsymbol{W}_1$ faktorisieren. Die Selektormatrix $\boldsymbol{E}^{(1)}$ besteht je Zeile aus nur zwei von Null verschiedenen Elementen 1 oder -1, welche jeweils die beiden zu addierenden oder subtrahierenden Elemente der $\boldsymbol{W}_1$-Matrix bestimmen. Die Gewichtsmatrix $\boldsymbol{D}^{(1)}$ ist eine Diagonalmatrix und enthält die komplexen Faktoren, mit denen das entsprechende zweite Glied der Summe oder Differenz zu multiplizieren ist:

$$\begin{aligned} \boldsymbol{W}^{(1)} &= \begin{pmatrix} \boldsymbol{W}_{00}^{(1)} & \boldsymbol{W}_D^{(1)}\,\boldsymbol{W}_{00}^{(1)} \\ \boldsymbol{W}_{00}^{(1)} & -\boldsymbol{W}_D^{(1)}\,\boldsymbol{W}_{00}^{(1)} \end{pmatrix} = \begin{pmatrix} 1 & \boldsymbol{W}_D^{(1)} \\ 1 & -\boldsymbol{W}_D^{(1)} \end{pmatrix} \begin{pmatrix} \boldsymbol{W}_{00}^{(1)} & \\ & \boldsymbol{W}_{00}^{(1)} \end{pmatrix} \\ &= \begin{pmatrix} 1 & 1 \\ 1 & -1 \end{pmatrix} \begin{pmatrix} 1 & \\ & \boldsymbol{W}_D^{(1)} \end{pmatrix} \begin{pmatrix} \boldsymbol{W}_{00}^{(1)} & \\ & \boldsymbol{W}_{00}^{(1)} \end{pmatrix} = \boldsymbol{E}^{(1)}\boldsymbol{D}^{(1)}\boldsymbol{W}_1 \end{aligned} \tag{2.1-81}$$

$$\text{mit}\quad \boldsymbol{W}_D^{(1+ld\nu)} = \begin{pmatrix} (w^\nu)^0 & & & \\ & (w^\nu)^1 & & \\ & & \ddots & \\ & & & (w^\nu)^{\frac{n}{2\nu}-1} \end{pmatrix}.$$

Durch fortgesetzte Umsortierung der Bildspalten $\boldsymbol{I}$ in $\boldsymbol{I}^{(1)}, \boldsymbol{I}^{(2)}, \ldots \boldsymbol{I}^{(\gamma-1)}$ kann eine vollständige Faktorisierung in $\boldsymbol{E}^{(\nu)}$- und $\boldsymbol{D}^{(\nu)}$-Matrizen erreicht werden, deren Form aus dem Beispiel der Abb. 2.1-46 ersichtlich ist:

$$(f_{uy})^{(FFT)} = \boldsymbol{E}^{(1)}\boldsymbol{D}^{(1)}\boldsymbol{E}^{(2)}\boldsymbol{D}^{(2)} \ldots \boldsymbol{E}^{(\nu)}\boldsymbol{D}^{(\nu)} \ldots \boldsymbol{E}^{(\gamma-1)}\boldsymbol{D}^{(\gamma-1)}\boldsymbol{E}^{(\gamma)}\boldsymbol{I}^{(\gamma-1)}. \qquad (2.1\text{-}82)$$

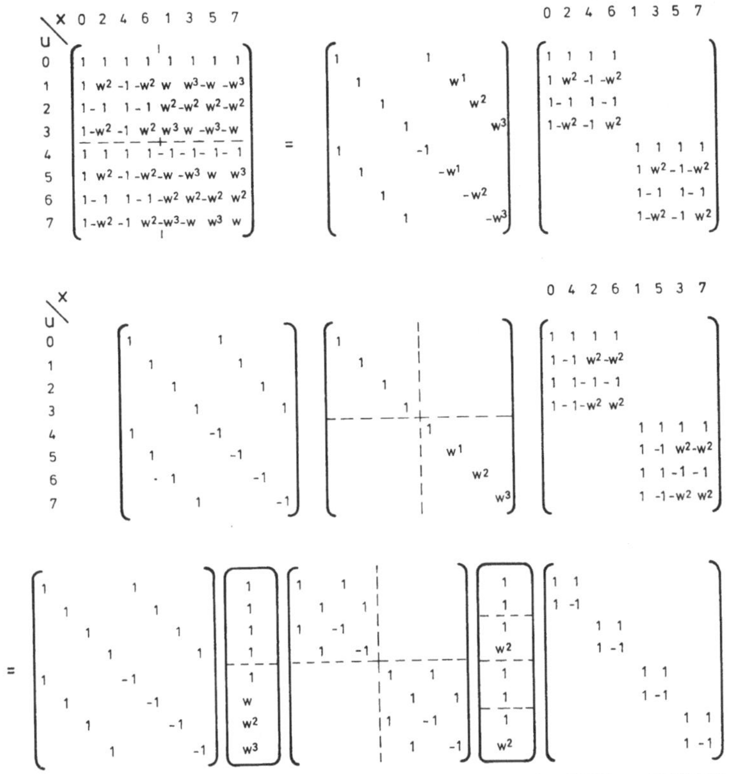

Abb. 2.1-46. Faktorisierung der *FFT*-Transformationsmatrix $\boldsymbol{W}^{(1)} = \boldsymbol{E}^{(1)}\boldsymbol{D}^{(1)}\boldsymbol{W}_1$ bzw. $\boldsymbol{W}^{(2)} = \boldsymbol{E}^{(1)}\boldsymbol{D}^{(1)}\boldsymbol{E}^{(2)}\boldsymbol{D}^{(2)}\boldsymbol{E}^{(3)}$ mit $\boldsymbol{W}_2 = \boldsymbol{E}^{(3)}$ am Beispiel $n = 8$ (Gewichts-Diagonalmatrizen sind abkürzend durch vollständige Matrixumrandung gekennzeichnet)

Die für die schnelle Fourier-Transformation erforderlichen Additionen und Multiplikationen sind in Tab. 2.1-2 zusammengestellt. Das Verhältnis von reeller Additions- zu Multiplikationszeit $R_a : R_m$ ist mit $1:3$ angesetzt, was für viele Digitalrechner zutrifft. Die Faltungsoperation mit der *FFT* wird bereits für $4\sqrt{\gamma} \leqq q \leqq n$ rechenzeiteffektiver. Bei einem Bildformat von $N = 256^2$ mit $n = 256$ bzw. $\gamma = \operatorname{ld} n = 8$ ist z. B. die Faltung durch lokale Bildoperation bis zur Maskengröße von etwa $q < 10$ gegenüber der FFT und bis zu $q < 64$ gegenüber der *DFT* schneller.

Spezielle lineare Transformationen

Die Vorteile der Fourier-Transformation (2.1-66) sind das von der Bildinformation unabhängige Basissystem zur Merkmalsextraktion (Spektralanalyse) und die Möglichkeit der indirekten Berechnung der Faltung nach (2.1-74). Von

Nachteil ist, daß der Kern der Fourier-Transformation komplex ist, die schnelle Berechnung der Abbildung $F(\boldsymbol{I})$ u. a. komplexe Multiplikationen erfordert und die Konvergenz der Reihenentwicklung von $\boldsymbol{I}$ nach den Basiskomponenten gering ist. Neben der Fourier-Transformation sind daher eine größere Anzahl anderer spezieller linearer und umkehrbarer Transformationen entwickelt worden, welche diese Nachteile vermeiden und dabei andere spezielle Eigenschaften besitzen [42, 43].

Tabelle 2.1-2. *Rechenzeitvergleich für Faltung* $DFT_{uv}[(DFT_{xy}\boldsymbol{H})\times(DFT_{xy}\boldsymbol{I})]$ *mit FFT und lokaler Operation* $\boldsymbol{H} * \boldsymbol{I}$ *mit* $q \times q$ *Untermatrix* (R_a: *Operationszeit für reelle Addition*)

Operation	Additionen	Multiplikationen	Operationszeit
FFT_x	$n^2K_a \operatorname{ld} n$	$\frac{1}{2} n^2(\operatorname{ld} n - 1)K_m$	$(9 \operatorname{ld} n - 7)\, n^2R_a \approx 9R_an^2 \operatorname{ld} n$
Faltung $\boldsymbol{H} * \boldsymbol{I}$	$(q^2 - 1)\, n^2R_a$	$q^2n^2R_m$	$(4q^2 - 1)\, n^2R_a \approx 4R_an^2q^2$
$DFT_{xy}\boldsymbol{H}$	$2n^2K_a \operatorname{ld} n$	$n^2(\operatorname{ld} n - 1)\, K_m$	$\approx 18R_an^2 \operatorname{ld} n$ } $\approx 54R_an^2 \operatorname{ld} n$
$DFT_{xy}\boldsymbol{I}$	$2n^2K_a \operatorname{ld} n$	$n^2(\operatorname{ld} n - 1)\, K_m$	$\approx 18R_an^2 \operatorname{ld} n$
$(DFT_{xy}\boldsymbol{H})\,(DFT_{xy}\boldsymbol{I})$	0	n^2K_m	$14R_an^2$
$DFT_{uv}[(DFT_{xy}\boldsymbol{H})$ $\times(DFT_{xy}\boldsymbol{I})]$	$2n^2K_a \operatorname{ld} n$	$n^2(\operatorname{ld} n - 1)\, K_m$	$\approx 18R_an^2 \operatorname{ld} n$
reelle Addition R_a	R_a	0	
reelle Multiplikation R_m	0	$3R_a$	
komplexe Addition K_a	$2R_a$	0	
kompl. Multiplikation K_m	$2R_a$	$4R_m = 12R_a$	

Die Kosinus-Transformation hat z. B. einen reellen separierbaren Kern. Die Abbildung durch die Kosinus-Transformation läßt sich mittels der *DFT* berechnen. Die Hadamard-Transformation besitzt einen reellen Kern mit den Elementen $+1$ und -1, so daß eine sehr schnelle Berechnung der Abbildung ohne Multiplikation realisierbar ist. Die Eigenvektortransformation (Karhunen-Loève) erzeugt eine Abbildung, deren Elemente unkorreliert sind. Das Basissystem dieser Transformation $F(\boldsymbol{I})$ ist jedoch abhängig von der Bildinformation $\boldsymbol{I}$. Allen genannten speziellen Transformationen gemeinsam ist, daß durch sie die Faltungsoperation nicht indirekt berechnet werden kann, da die Bedingung (2.1-74) nicht erfüllt ist.

Kosinus- und Sinustransformation. Bei der Kosinustransformation nimmt man eine Spiegelung der Bildfunktion i_{xy} an den Achsen $x = -1/2$ und $y = -1/2$ vor, wodurch eine reelle symmetrische Funktion $\tilde{i}_{xy}$ bezüglich des Koordinatenursprunges $(-1/2, -1/2)$ entsteht. Die Kosinustransformation f_{uv}^{COS} ist bis auf den Normierungsfaktor $1/2n$ identisch mit der *DFT* im $2n \times 2n$-Raster eines verschobenen Koordinatensystems $(x + 1/2,\ y + 1/2)$:

$$2n(f_{uv}^{COS}) = \tilde{\boldsymbol{F}} = \boldsymbol{DFT}\,\tilde{\boldsymbol{I}}\,\boldsymbol{DFT} \quad \text{bzw.} \quad \tilde{\boldsymbol{I}} = \frac{1}{2n}\,\boldsymbol{DFT}^*\,\frac{1}{2n}\,\tilde{\boldsymbol{F}}\,\boldsymbol{DFT}^*$$

$$f_{uv}^{COS} = \frac{1}{2n} \sum_{x=-n}^{n-1} \sum_{y=-n}^{n-1} \tilde{i}_{xy} \exp\left\{-\frac{2\pi j}{2n}\left[u\left(x+\frac{1}{2}\right)+v\left(y+\frac{1}{2}\right)\right]\right\} \quad (2.1\text{-}83)$$

$$= \frac{2}{n} \sum_{x=0}^{n-1} \sum_{y=0}^{n-1} i_{xy} \cos\left[\frac{\pi}{n} u \left(x+\frac{1}{2}\right)\right] \cos\left[\frac{\pi}{n} v \left(y+\frac{1}{2}\right)\right].$$

Die Rücktransformation wird entsprechend

$$i_{xy} = \frac{2}{n} \sum_{u=0}^{n-1} \sum_{v=0}^{n-1} f_{uv}^{COS} \cos\left[\frac{\pi}{n} x \left(u+\frac{1}{2}\right)\right] \cos\left[\frac{\pi}{n} y \left(v+\frac{1}{2}\right)\right]. \quad (2.1\text{-}84)$$

Die Kosinustransformation f_{uv}^{COS} kann auch durch eine *DFT* im $2n \times 2n$-Raster über eine mit Nullelementen erweiterte i_{xy}-Matrix gewonnen werden

$$f_{uv}^{COS} = \frac{2}{n} \operatorname{Re}\left\{\exp\left[-\frac{\pi j}{2n}(u+v)\right] \sum_{x=0}^{2n-1} \sum_{y=0}^{2n-1} i'_{xy} \exp\left[-\frac{2\pi j}{2n}(ux+vy)\right]\right\}$$

$$\text{mit} \quad \boldsymbol{I}' = \begin{pmatrix} \boldsymbol{I} & 0 \\ 0 & 0 \end{pmatrix}. \quad (2.1\text{-}85)$$

Eine andere lineare Transformation mit reellem Kern ist die Sinustransformation, welche sich ebenfalls durch eine *DFT* bilden läßt

$$f_{uv}^{SIN} = \frac{2}{n+1} \sum_{x=0}^{n-1} \sum_{y=0}^{n-1} i_{xy} \sin\left[\frac{\pi}{n+1}(u+1)(x+1)\right] \sin\left[\frac{\pi}{n+1}(v+1)(y+1)\right]. \quad (2.1\text{-}86)$$

Hadamardtransformation. Die Hadamardtransformation läßt sich für den Fall $n = 2^\gamma$ mit $\gamma = 0, 1, 2, \ldots$ einfach formulieren (2.1-87). Entsprechend zu (2.1-79) sind die x_ν, y_ν, u_ν und v_ν die Binärziffern (Bit-Zustände) der Dualzahlen, welche mit den Dezimalzahlen x, y, u und v korrespondieren. Der Kern der Transformationsmatrix ist in eine Zeilen- und Spaltenmatrix separierbar, welche gleich aufgebaut und symmetrisch sind:

$$f_{uv}^{DHT} = \frac{1}{n} \sum_{x=0}^{n-1} \sum_{y=0}^{n-1} (-1)^{\alpha(u,v,x,y)} i_{xy} \quad \text{mit} \quad \alpha(u,v,x,y) = \sum_{\nu=0}^{\gamma-1} (u_\nu x_\nu + v_\nu y_\nu) \quad (2.1\text{-}87)$$

$$\text{und} \quad (-1)^{\alpha(u,v,x,y)} = (-1)^{\sum_\nu u_\nu x_\nu} \cdot (-1)^{\sum_\nu v_\nu y_\nu}$$

$$\text{und} \quad \boldsymbol{DHT} = \boldsymbol{DHT}^T = \frac{1}{\sqrt{n}} \begin{pmatrix} 1 & 1 & 1 & 1 & \ldots \\ 1 & -1 & 1 & -1 & \ldots \\ 1 & 1 & -1 & -1 & \ldots \\ 1 & -1 & -1 & 1 & \ldots \\ \vdots & \vdots & \vdots & \vdots & \end{pmatrix}.$$

Es ist leicht zu verifizieren, daß sich die Hadamard-Matrix $\boldsymbol{DHT}_{2n}$ der Dimension $2n$ nach (2.1-88) aus 4 Hadamard-Matrizen $\boldsymbol{DHT}_n$ der Dimension n zusammensetzt. Für $u_\gamma = x_\gamma = 1$ ergibt sich ein negatives Vorzeichen für die entsprechende Hadamard-Matrix $\boldsymbol{DHT}_n$. Aus dieser Beziehung läßt sich auch ableiten, daß Kehrmatrix und Matrix von $\boldsymbol{DHT}$ identisch sind. Dabei ist immer ein positiv ganzzahliges γ vorausgesetzt:

$$\boldsymbol{DHT}_{2n} = \frac{1}{\sqrt{2}}\begin{pmatrix}\boldsymbol{DHT}_n & \boldsymbol{DHT}_n\\ \boldsymbol{DHT}_n & -\boldsymbol{DHT}_n\end{pmatrix}$$

$$\text{und } \boldsymbol{DHT}_{2n}^2 = \boldsymbol{DHT}_{2n}\,\boldsymbol{DHT}_{2n} = \begin{pmatrix}\boldsymbol{DHT}_n^2 & 0\\ 0 & \boldsymbol{DHT}_n^2\end{pmatrix} \qquad (2.1\text{-}88)$$

$$\text{mit } \boldsymbol{DHT}_2^2 = \frac{1}{2}\begin{pmatrix}1 & 1\\ 1 & -1\end{pmatrix}\begin{pmatrix}1 & 1\\ 1 & -1\end{pmatrix} = \begin{pmatrix}1 & 0\\ 0 & 1\end{pmatrix},$$

$$\text{so daß } \boldsymbol{DHT}^2 = \mathbf{1} \quad \text{bzw.} \quad \boldsymbol{DHT} = \boldsymbol{DHT}^{-1}.$$

Mit der Hadamard-Transformation verwandt sind noch die Haar- und Slant-Transformation [42, 43], welche spezielle Leistungskonzentrationen bewirken. Eine Faltung nach (2.1-74) läßt sich mit diesen Transformationen nicht erreichen. Wie (2.1-89) zeigt, kann die Bedingung (2.1-74) mit der Hadamard-Transformation z. B. nicht erfüllt werden:

$$\sum_\nu u_\nu \xi_\nu - \sum_\nu u_\nu x_\nu \neq \sum_\nu u_\nu (\xi - x)_\nu . \qquad (2.1\text{-}89)$$

Eigenvektortransformation. Damit die abgebildeten Elemente f_w einer Folge von Bildern unkorreliert werden, muß die Kovarianzmatrix $\boldsymbol{K}^{(w)}$ der Bildelemente eine Diagonalmatrix bilden. Durch geeignete Wahl der Kernmatrix $\boldsymbol{A}$, die aus der Kovarianzmatrix $\boldsymbol{K}^{(z)}$ der Bildinformation $\boldsymbol{I}$ abzuleiten ist, läßt sich diese Abbildungsart erzielen:

$$E(\boldsymbol{f}\boldsymbol{f}^T) = \boldsymbol{K}^{(w)} = E[\boldsymbol{A}(\boldsymbol{i}\boldsymbol{i}^T)\,\boldsymbol{A}^T] = \boldsymbol{A}\boldsymbol{K}^{(z)}\boldsymbol{A}^T \quad \text{mit} \quad \boldsymbol{K}^{(z)} = E(\boldsymbol{i}\boldsymbol{i}^T) \quad \text{und} \quad \boldsymbol{f} = \boldsymbol{A}\boldsymbol{i}. \qquad (2.1\text{-}90)$$

Die Kernmatrix $\boldsymbol{A}$ kann durch Lösen eines Eigenwertproblems bestimmt werden. Das lineare homogene Gleichungssystem für die a_{wz} hat nur dann eine nicht triviale Lösung, wenn die Determinante des Gleichungssystems gleich Null gesetzt wird:

$$\boldsymbol{K}^{(z)}\boldsymbol{A}_w^T = \lambda_w \boldsymbol{A}_w^T \quad \text{oder} \quad \boldsymbol{K}^{(z)} - \lambda\mathbf{1} = \mathbf{0}$$

$$\text{bzw. } |\boldsymbol{K}^{(z)} - \lambda\mathbf{1}| = 0 = (\lambda - \lambda_1)(\lambda - \lambda_2)\ldots(\lambda - \lambda_N). \qquad (2.1\text{-}91)$$

Aus (2.1-90 u. 91) ergibt sich die gemäß Definition symmetrische Kovarianz $\boldsymbol{K}^{(w)}$ aus den Zeilenvektoren $\boldsymbol{A}_w$ des Transformationskernes $\boldsymbol{A}$ und den Eigenwerten λ_w (2.1-92). Wegen der reellen positiv definiten Kovarianzmatrix $\boldsymbol{K}^{(z)}$ existieren N reelle positive Eigenwerte λ_w:

$$\boldsymbol{K}^{(w)} = \boldsymbol{A}\boldsymbol{K}^{(z)}\boldsymbol{A}^T = \boldsymbol{A}(\lambda_1\boldsymbol{A}_1^T, \lambda_2\boldsymbol{A}_2^T, \ldots, \lambda_N\boldsymbol{A}_N^T)$$

$$= \begin{pmatrix}\lambda_1\boldsymbol{A}_1\boldsymbol{A}_1^T & \lambda_2\boldsymbol{A}_1\boldsymbol{A}_2^T & \ldots & \lambda_N\boldsymbol{A}_1\boldsymbol{A}_N^T\\ \vdots & \vdots & & \vdots\\ \lambda_1\boldsymbol{A}_N\boldsymbol{A}_1^T & \lambda_2\boldsymbol{A}_N\boldsymbol{A}_2^T & \ldots & \lambda_N\boldsymbol{A}_N\boldsymbol{A}_N^T\end{pmatrix} = \begin{pmatrix}\lambda_1 & & & \\ & \lambda_2 & & \\ & & \ddots & \\ & & & \lambda_N\end{pmatrix} = \Lambda. \qquad (2.1\text{-}92)$$

Wegen der Symmetrie von $\boldsymbol{K}^w$ und $\lambda_k \neq \lambda_l$ für $k \neq l$ im allgemeinen Fall muß die Orthogonalitäts-Bedingung (2.1-93) gelten. Der Filtersatz von n Eigenvektoren $\boldsymbol{A}_w$ bestimmt sich aus (2.1-91), wenn die Normierungs-Bedingung (2.1-93) beachtet wird. Wegen der Orthonormalitätsbedingung ergibt sich die Kehrmatrix von $\boldsymbol{A}$ als Transponierte, wodurch die Rücktransformation (2.1-105) einfach realisiert werden kann. Weiter existiert nach (2.1-57) folgende Invariante

$$\text{Spur}\,\boldsymbol{K}^{(z)} = E(\boldsymbol{i}^T\boldsymbol{i}) = E(|\boldsymbol{i}|^2) = E(\boldsymbol{f}^T\boldsymbol{f}) = E(|\boldsymbol{f}|^2) = \text{Spur}\,\boldsymbol{K}^{(w)} = \sum_w \lambda_w \tag{2.1-93}$$

wegen $\boldsymbol{A}\boldsymbol{A}^T = \boldsymbol{1}$ (Orthonormalität) bzw. $\boldsymbol{A}^{-1} = \boldsymbol{A}^T$.

Singulärwert-Transformation (SVD). In Anlehnung an die Eigenwert-Transformation werden bei der Singulärwert-Zerlegung (Singular Value Decomposition) einer Matrix die Eigenwerte von den Bildmatrix-Produkten $\boldsymbol{I}\boldsymbol{I}^T$ und $\boldsymbol{I}^T\boldsymbol{I}$ gebildet, um mit ihnen die Zeilen- und Spaltenmatrix $\boldsymbol{B}$ und $\boldsymbol{C}$ eines separierbaren Transformationskernes zu bestimmen:

$$(f_{uv}^{SVD}) = \boldsymbol{F} = \boldsymbol{B}\boldsymbol{I}\boldsymbol{C}^T \quad \text{mit} \quad \boldsymbol{B}(\boldsymbol{I}\boldsymbol{I}^T)\,\boldsymbol{B}^T = \Lambda \quad \text{bzw.} \quad \boldsymbol{B}\boldsymbol{B}^T = \boldsymbol{1} \quad \text{und} \quad \boldsymbol{C}(\boldsymbol{I}^T\boldsymbol{I})\,\boldsymbol{C}^T = \Lambda$$
$$\text{bzw.} \quad \boldsymbol{C}\boldsymbol{C}^T = \boldsymbol{1}, \quad \text{so daß } \boldsymbol{I} = \boldsymbol{B}^T\boldsymbol{F}\boldsymbol{C}. \tag{2.1-94}$$

Mit der Rücktransformation (2.1-64) für orthogonale Transformationsmatrizen $\boldsymbol{B}$ und $\boldsymbol{C}$ wird aus (2.1-94)

$$\begin{aligned} \boldsymbol{B}(\boldsymbol{B}^T\boldsymbol{F}\boldsymbol{C})\,(\boldsymbol{C}^T\boldsymbol{F}^T\boldsymbol{B})\,\boldsymbol{B}^T &= \boldsymbol{F}\boldsymbol{F}^T = \Lambda \\ \text{und} \quad \boldsymbol{C}(\boldsymbol{C}^T\boldsymbol{F}^T\boldsymbol{B})\,(\boldsymbol{B}^T\boldsymbol{F}\boldsymbol{C})\,\boldsymbol{C}^T &= \boldsymbol{F}^T\boldsymbol{F} = \Lambda. \end{aligned} \tag{2.1-95}$$

Aus (2.1-95) folgt, daß die Abbildung $\boldsymbol{F}$ symmetrisch bzw. eine Diagonalmatrix sein muß. Die Abbildung von $N = n^2$ Bildelementen mit der SVD-Transformation ergibt nur n Diagonalelemente, welche Singulärwerte genannt und gleich der Wurzel aus den Eigenwerten von Λ sind. Zeilen- und Spaltenmatrix der SVD-Transformation sind wie der Transformationskern der Eigenvektor-Transformation abhängig von der Bildinformation.

$$\boldsymbol{F} = \boldsymbol{F}^T \quad \text{und} \quad \boldsymbol{F}^2 = \Lambda \quad \text{bzw.} \quad \boldsymbol{F} = \Lambda^{\frac{1}{2}} \tag{2.1-96}$$

Die hybride Summen-Vektor-Darstellung der Abbildung $\boldsymbol{F}$ wird

$$\boldsymbol{I} = \sum_u \sum_v \boldsymbol{B}_u^{-1}(\boldsymbol{C}_v^{-1})^T f_{uv} = \sum_{u=0}^{n-1} \boldsymbol{B}_u^T \boldsymbol{C}_u f_{uu}^{SVD} \quad \text{mit} \quad f_{uu}^{SVD} = \sqrt{\lambda_u}. \tag{2.1-97}$$

Eine spezielle Eigenschaft der SVD-Transformation ist die Darstellbarkeit einer Kehrmatrix in Summenform. Die Kehrmatrix der Bildinformation $\boldsymbol{I}$ von (2.1-94) wird z. B.

$$\boldsymbol{I}^{-1} = \boldsymbol{C}^T\boldsymbol{F}^{-1}\boldsymbol{B} \quad \text{mit} \quad \boldsymbol{F}^{-1}\Lambda^{\frac{1}{2}} = \boldsymbol{1} \quad \text{bzw.} \quad \boldsymbol{F}^{-1} = \Lambda^{-\frac{1}{2}}. \tag{2.1-98}$$

Die hybride Form der Kehrmatrix von $\boldsymbol{I}$ wird entsprechend (2.1-97)

$$\boldsymbol{I} = \sum_{u=0}^{n-1} \sqrt{\lambda_u} \cdot \boldsymbol{B}_u^T \boldsymbol{C}_u \quad \text{und} \quad \boldsymbol{I}^{-1} = \sum_{u=0}^{n-1} \frac{1}{\sqrt{\lambda_u}} \cdot \boldsymbol{C}_u^T \boldsymbol{B}_u. \tag{2.1-99}$$

Spezielle nichtlineare Transformationen

Die beschriebenen linearen Transformationen $\boldsymbol{f} = \boldsymbol{Ai}$ bzw. $\boldsymbol{F} = \boldsymbol{BIC}^T$ können Ausgangspunkt einer Merkmalsextraktion $(\tilde{f}_{uv})$ eines Bildes (i_{xy}) sein. Voraussetzung für eine Merkmalsextraktion ist, daß die Abbildung $(i_{xy}) \rightarrow (\tilde{f}_{uv})$ gegenüber der Eingangsbildinformation wenigstens translationsinvariant (Merkmalrelevanz) und die Merkmalanzahl N' klein verglichen mit der Bildpunktanzahl N wird (Merkmalreduktion). Die geforderte Informationsreduktion kann nur mit nichtlinearen Transformationen erzielt werden.

Fourier-Leistungsspektrum. Die Translation $(x - \Delta x) \bmod m$ und $(y - \Delta y) \bmod n$ soll als Ringverschiebung in Spalten- und Zeilenrichtung erfolgen. Bei Bildtranslation und Fourier-Transformation wird die Abbildung $\boldsymbol{F}_\Delta$ eine Funktion der Verschiebung Δx, Δy, wobei $(\cdot)$ eine arithmetische Produktbildung bedeutet:

$$\begin{aligned} \boldsymbol{F}_\Delta &= \boldsymbol{W}(i_{x-\Delta x, y-\Delta y})\,\boldsymbol{W} = (w^{u(x'+\Delta x)})\,(i_{x'y'})\,(w^{(y'+\Delta y)v}) \\ &= (w^{u\Delta x}) \cdot \boldsymbol{WIW} \cdot (w^{v\Delta y}) = (w^{u\Delta x + v\Delta y}) \cdot \boldsymbol{F}. \end{aligned} \tag{2.1-100}$$

Das Leistungsspektrum $\tilde{\boldsymbol{F}} = \boldsymbol{F} \cdot \boldsymbol{F}^*$ stellt eine translationsinvariante quadratische Transformation eines Bildes $\boldsymbol{I}$ dar und kann daher bei geeigneter Bildinformation zur Merkmalsbildung dienen:

$$\tilde{\boldsymbol{F}} = \boldsymbol{F}_\Delta \cdot \boldsymbol{F}_\Delta^* = ([ww^*]^{u\Delta x + v\Delta y}) \cdot \boldsymbol{F} \cdot \boldsymbol{F}^* = \boldsymbol{F} \cdot \boldsymbol{F}^* \quad \text{wegen } ww^* = 1. \tag{2.1-101}$$

Schnelle absolute Hadamardtransformation. Aus (2.1-87) läßt sich entsprechend zur *FFT* (2.1-82) eine schnelle Hadamard-Transformation *FHT* ableiten. Bei der *FHT* kann die Umsortierung der Bildmatrixelemente und die Multiplikation mit den Gewichts-Diagonalmatrizen entfallen. Da die Hadamard-Transformationsmatrix (2.1-87) und die $E^{(\nu)}$-Matrizen (Abb. 2.1-46) symmetrisch sind, können zwei *FHT*-Transformationen formuliert werden:

$$\begin{aligned} (f_{uy})^{(FHT)} &= \boldsymbol{FHT\,I} = \boldsymbol{E}^{(1)}\boldsymbol{E}^{(2)} \cdots \boldsymbol{E}^{(\gamma)}\boldsymbol{I} \\ &= (\boldsymbol{E}^{(\gamma)T}\,\boldsymbol{E}^{(\gamma-1)T} \cdots \boldsymbol{E}^{(1)T})^T\,\boldsymbol{I} = \boldsymbol{E}^{(\gamma)}\,\boldsymbol{E}^{(\gamma-1)} \cdots \boldsymbol{E}^{(1)}\boldsymbol{I}. \end{aligned} \tag{2.1-102}$$

Die schnelle absolute Hadamard-Transformation nach (2.1-103) ist gegenüber Bildverschiebungen invariant. Das Zeichen $|\ldots|$ bedeutet eine Betragsbildung über die Elemente der entsprechenden Matrizenprodukte:

$$|\boldsymbol{FHT\,I}| = |\boldsymbol{E}^{(\gamma)}\,|\boldsymbol{E}^{(\gamma-1)} \ldots |\boldsymbol{E}^{(1)}\boldsymbol{I}| \ldots||. \tag{2.1-103}$$

Die Translationsinvarianz sei an einem Beispiel für $m = 8$ und $n = 1$ mit einer Bild- bzw. Ergebnisspalte $\boldsymbol{I}_0$ bzw. $\boldsymbol{F}_0$ demonstriert (2.1-104). Die Laufzahlen a, b, c bzw. p, q, r entsprechen den Bitzuständen x_2, x_1, x_0 bzw. u_2, u_1, u_0 von x bzw. u nach (2.1-79).

$$\begin{aligned} f_{pqr}^{|FHT|_8} = {} & |||i_{abc} + (-1)^p\,i_{\bar{a}bc}| + (-1)^q|\,i_{a\bar{b}c} + (-1)^p\,i_{\bar{a}\bar{b}c}|| \\ & + (-1)^r||i_{ab\bar{c}} + (-1)^p\,i_{\bar{a}b\bar{c}}| + (-1)^q|\,i_{a\bar{b}\bar{c}} + (-1)^p\,i_{\bar{a}\bar{b}\bar{c}}|||. \end{aligned} \tag{2.1-104}$$

Bei einer Bildspaltenverschiebung um ein Bildelement kann sich die Laufzahl abc in $ab\bar{c}$, $a\bar{b}\bar{c}$ oder $\bar{a}\bar{b}\bar{c}$ ändern, wodurch bestimmte Summen bzw. Differenzen von Bildelementpaaren ausgetauscht werden. Um für alle pqr die ursprünglichen f_{pqr}-Werte zu erhalten, müssen alle Differenzen durch Betragsbildung gegen

Vertauschung ihrer Operanden invariant gemacht werden. Zu beachten ist, daß neben der Translationsinvarianz noch Invarianzen bezüglich bestimmter Mustersymmetrien auftreten.

Teillineare Eigenvektortransformation. Die Eigenvektortransformation (2.1-91) läßt sich zur Merkmalreduktion ($N' < N$) einsetzen. Das Filtersystem $\boldsymbol{A} = (\boldsymbol{A}_w)$ wird zweckmäßig nach Eigenwerten $\lambda_1 > \lambda_2 > \cdots > \lambda_N$ geordnet, wodurch der

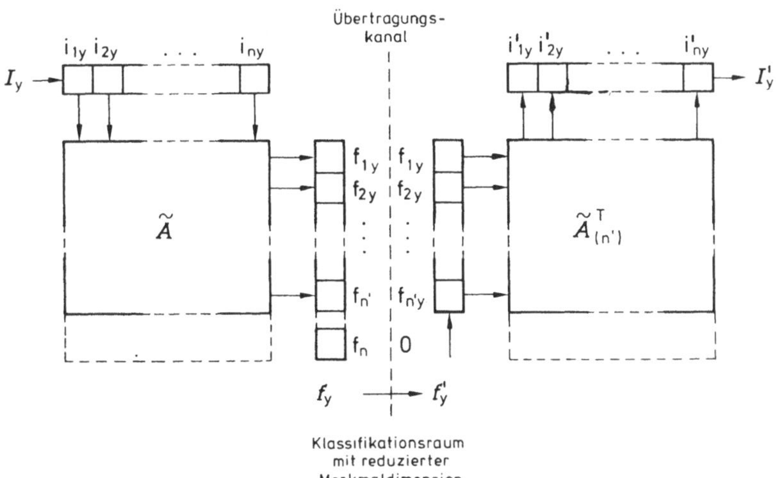

Abb. 2.1-47. Darstellung der teillinearen Eigenvektortransformation am Beispiel einer Bildspalte

Transformationskern $\tilde{\boldsymbol{A}}$ entsteht. Die Eigenwerte λ_w erlauben abhängig von der Bildinformation $\boldsymbol{i}$ entsprechend ihrer Größe gegebenenfalls eine Einteilung der Filter $\tilde{\boldsymbol{A}}_w$ bzw. der abgebildeten Elemente f_w^{EIG} in relevante und irrelevante Einheiten, für die $1 \leqq w \leqq N'$ bzw. $N' + 1 \leqq w \leqq N$ gilt, wenn nur die ersten N' Filter zur Anwendung kommen. Diese teillineare Transformation mit dem Kern $\tilde{\boldsymbol{A}}_{(N')}$ hat einen nichtlinearen Charakter mit entsprechender Informationsreduktion. Es gibt kein anderes teillineares Transformationssystem, welches einen kleineren quadratischen Fehler bezüglich der Abbildung bzw. Bild-Rücktransformation bewirkt. Wenn die Bildinformation $\boldsymbol{i}$ durch ein Teilfiltersystem $\tilde{\boldsymbol{A}}_{(N')}$ bzw. $\tilde{\boldsymbol{A}}^T_{(N')}$ mit $N' < N$ nach Abb. 2.1-47 transformiert und rücktransformiert wird, ergibt sich ein Bildfehler

$$\begin{aligned} &\boldsymbol{i} - \boldsymbol{i}' \quad \text{mit} \quad \boldsymbol{i} = \tilde{\boldsymbol{A}}^T \boldsymbol{f} \quad \text{bzw.} \quad (f_w^{\mathrm{EIG}}) = \boldsymbol{f} = \tilde{\boldsymbol{A}} \boldsymbol{i} \\ \text{und} \quad &\boldsymbol{i}' = \tilde{\boldsymbol{A}}^T_{(N')} \boldsymbol{f} \quad \text{mit} \quad \tilde{\boldsymbol{A}}^T_{(N')} = (\tilde{\boldsymbol{A}}_1, \tilde{\boldsymbol{A}}_2, \ldots, \tilde{\boldsymbol{A}}_{N'}, \boldsymbol{0}, \ldots \boldsymbol{0}). \end{aligned} \tag{2.1-105}$$

Der Gesamtbildfehler als Summe der Abweichungsquadrate der Bildintensitäten zwischen Originalbild und angenähertem Bild wird gleich der Summe der nicht benutzten Eigenwerte

$$\begin{aligned} \sum_z (i_z - i'_z)^2 &= |\boldsymbol{i} - \boldsymbol{i}'|^2 = |(\tilde{\boldsymbol{A}}^T - \tilde{\boldsymbol{A}}^T_{(N')}) \boldsymbol{f}|^2 \\ &= \boldsymbol{f}^T (\tilde{\boldsymbol{A}} - \tilde{\boldsymbol{A}}_{(N')}) (\tilde{\boldsymbol{A}}^T - \tilde{\boldsymbol{A}}^T_{(N')}) \boldsymbol{f} = \boldsymbol{f}^T \begin{pmatrix} 0 & 0 \\ 0 & 1 \end{pmatrix} \boldsymbol{f} = \sum_{w=N'+1}^{N} \lambda_w. \end{aligned} \tag{2.1-106}$$

2.1.6. Globale Bildverarbeitung

Von M. Sties

Die globale Bildverarbeitung hat das Ziel, Eigenschaften und Beschreibungen ganzer Objekte oder größerer Bildbereiche und ihre Interrelationen zu ermitteln und darzustellen. Dabei wird vorausgesetzt, daß die interessierenden Objekte durch geeignete Vorverarbeitungsverfahren aus dem irrelevanten Hintergrund herausgelöst, z. B. als zusammenhängende Objektkonturen oder Objektflächen, vorliegen.

Anwendung der Ketten- und Skelettcodierung

Die Kettencodierung (2.1-5) kann zur Berechnung metrischer Eigenschaften, wie Länge einer Kontur, Inhalt einer Fläche (Abb. 2.1-48b) oder Lage des Schwerpunktes, benutzt werden. Eine vollständige Beschreibung der entwickelten Algorithmen findet man in [29, 30]. Zur Berechnung des Flächeninhaltes (2.1-107) einer durch Kettencodierung dargestellten geschlossenen Kontur $\langle a_j \rangle$ wird die in Abb. 2.1-48a gezeigte Komponentendarstellung verwendet. Dabei ist y_0 beliebig (z. B. gleich 0) und die Rasterweite gleich 1 angenommen. Die Beziehung (2.1-107) läßt sich leicht aus der allgemein bekannten Flächenintegrationsformel für diskrete Funktionen herleiten. Jedes Kettenelement k_i, das eine Horizontalkomponente $a_{ix} = 1$ ausweist, trägt einen Flächenanteil bei, dessen Inhalt durch Multiplikation mit den entsprechenden Ordinatenwerten errechnet wird. Der Ordinatenwert wird, vom beliebigen Anfangswert y_0 ausgehend, inkremental durch Addition aller Vertikalkomponenten $a_{iy} = 1$ der Kettenelemente berechnet. Der Flächenanteil, den die diagonal gerichteten Elemente k_i mit $i \in \{1, 3, 5, 7\}$ beitragen, wird durch Addition einer halben Vertikalkomponente berücksichtigt. Bei einer Umrundung der Fläche im Uhrzeigersinn ergibt sich nach (2.1-107) ein positiver Flächeninhalt durch eine vorzeichenrichtige Addition der unter dem oberen Teil der Kontur liegenden Flächenanteile (Abb. 2.1-48c):

$$F = \sum_{j=1}^{N} F_j \quad \text{mit} \quad F_j = a_{jx}\left(y_{j-1} + \frac{1}{2}\, a_{jy}\right) \quad \text{und} \quad y_j = y_{j-1} + a_{jy}. \qquad (2.1\text{-}107)$$

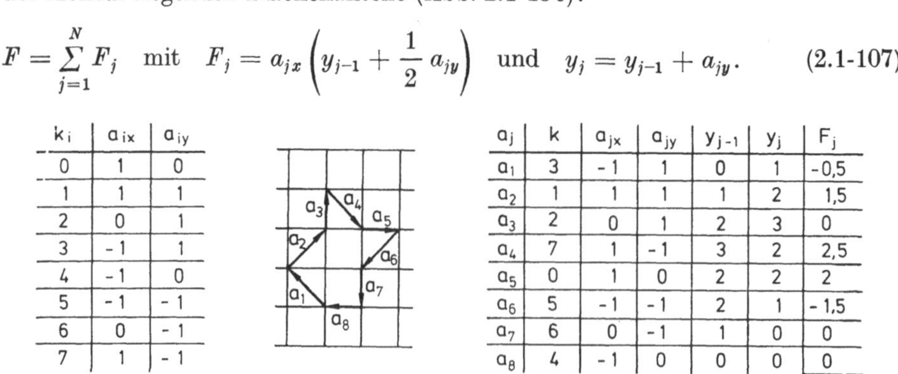

k_i	a_{ix}	a_{iy}
0	1	0
1	1	1
2	0	1
3	-1	1
4	-1	0
5	-1	-1
6	0	-1
7	1	-1

a_j	k	a_{jx}	a_{jy}	y_{j-1}	y_j	F_j
a_1	3	-1	1	0	1	-0,5
a_2	1	1	1	1	2	1,5
a_3	2	0	1	2	3	0
a_4	7	1	-1	3	2	2,5
a_5	0	1	0	2	2	2
a_6	5	-1	-1	2	1	-1,5
a_7	6	0	-1	1	0	0
a_8	4	-1	0	0	0	0
						F = 4

a b c

Abb. 2.1-48. Berechnung des Flächeninhaltes bei kettencodierter Kontur. *a* Kettenelemente k_i mit x, y-Komponenten; *b* Flächenbeispiel; *c* Rechenschema

Durch Skelettcodierung (2.1-7) kann man sehr leicht jene Flächen ermitteln, deren Länge/Breite-Verhältnis einen bestimmten Grenzwert übersteigt [31]. Das Länge/Breite-Verhältnis ist für viele Zwecke ein charakteristischer Flächenformparameter (z. B. zur Unterscheidung von Wasserflächen in Flußanteile und Seeanteile). Aus der Menge aller Skelettpunkte der betrachteten Fläche werden die Skelettpunkte bestimmt, deren Abstandswert r kleiner oder gleich einem problem- und maßstabsabhängigen Grenzwert $r_{\max}$ ist. Diese Skelettpunkte teilt man in

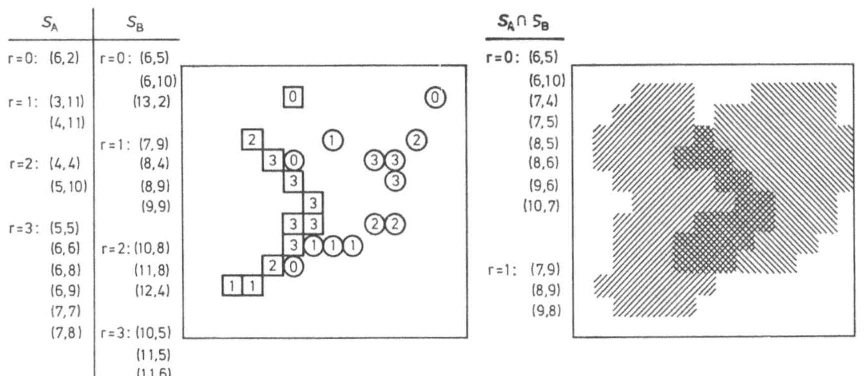

Abb. 2.1-49. Bestimmung der gemeinsamen Fläche zweier in Skelettpunktdarstellung gegebener Flächen S_A und S_B

Untermengen ein, derart, daß alle Skelettpunkte einer Untermenge einander benachbart sind. Die Nachbarschaft zwischen einem Skelettpunkt s_i und s_j ist dann gegeben, wenn s_j nur einen Rasterpunkt von s_i entfernt ist [32]. Die Zahl der Skelettpunkte jeder Untermenge ist ein Maß für das Länge/Breite-Verhältnis jedes Flächenbereiches, der durch die betreffenden Skelettpunkte dargestellt ist.

Die Skelettpunktdarstellung von Objektflächen ist auch für die Durchführung topologischer und mengentheoretischer Operationen zweckmäßig [32]. Abb. 2.1-49 zeigt die Bestimmung des gemeinsamen Flächenteils $S_A \cap S_B$ zweier sich teilweise überdeckender Flächen S_A und S_B.

Szenenanalyse

Als Szenenanalyse wird sowohl die Aufstellung detaillierter Beschreibungen der in der Szene vorhandenen Objekte als auch die Suche nach vorgebbaren Objekten in der Szene anhand solcher Beschreibungen bezeichnet [33—38]. Die Beschreibung ist meist listenförmig organisiert und bezieht sich in der Regel auf einzelne Objektteile, deren metrische und topologische Eigenschaften und Beziehungen zueinander (Lagerelationen) angegeben werden. Durch die Erfassung topologischer Beziehungen zwischen den Elementen wird das Ganze (die Szene) als Zusammensetzung aus Teilen (Elementen) beschrieben. Als Elemente werden die Schnittpunkte p_i der Linien, die Linienabschnitte bzw. Verbindungen v_j zwischen den Schnittpunkten und die Flächenabschnitte f_k, die durch einfach geschlossene Linien eingegrenzt werden, definiert.

Topologische Beziehungen. Topologische Beziehungen sind invariant gegen lineare Transformationen wie Skalierung, Translation, Rotation usw. In Anlehnung an die Theorie der ebenen Graphen werden die topologischen Beziehungen zwischen den Elementen durch die Inzidenzrelation beschrieben. Es existiert die Inzidenzrelation zwischen Punkt und Verbindung (ein Punkt p_i ist inzident mit einer Verbindung v_j) und zwischen Verbindung und Fläche (eine Verbindung v_j ist inzident mit einer Fläche f_k). Wenn man den Verbindungen einen (beliebigen)

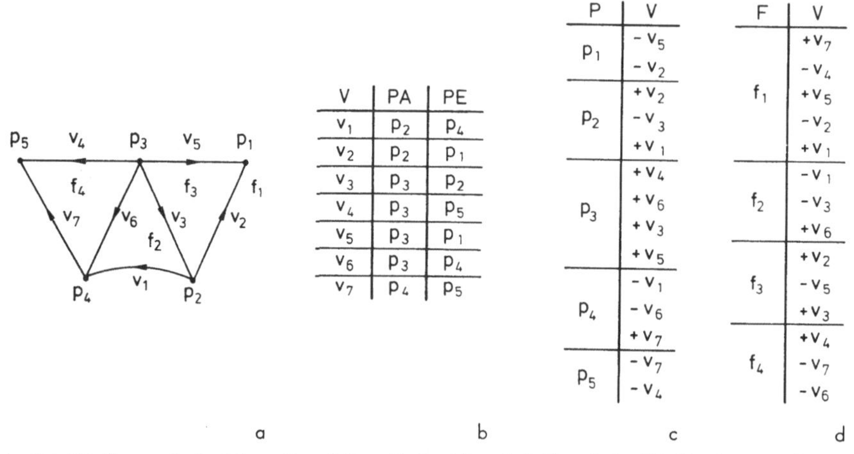

V	PA	PE
v1	p2	p4
v2	p2	p1
v3	p3	p2
v4	p3	p5
v5	p3	p1
v6	p3	p4
v7	p4	p5

P	V
p1	- v5
	- v2
p2	+ v2
	- v3
	+ v1
p3	+ v4
	+ v6
	+ v3
	+ v5
p4	- v1
	- v6
	+ v7
p5	- v7
	- v4

F	V
f1	+ v7
	- v4
	+ v5
	- v2
	+ v1
f2	- v1
	- v3
	+ v6
f3	+ v2
	- v5
	+ v3
f4	+ v4
	- v7
	- v6

Abb. 2.1-50. Szenenbeispiel. *a* Graphik mit Inzidenztabellen *b* der Verbindungen $V = \{v_j\}$ (Tabelle bereits sortiert), *c* der Punkte $P = \{p_i\}$ und *d* der Flächen $F = \{f_k\}$

Richtungssinn gibt, kann man den mit der Verbindung inzidenten Anfangspunkt und Endpunkt bzw. die mit der Verbindung linksinzidente und rechtsinzidente Fläche unterscheiden.

Alle Inzidenzrelationen werden in 3 Inzidenztabellen zusammengestellt. Abb. 2.1-50 zeigt als Beispiel ein einfaches Objekt und seine Inzidenztabellen. Die Objektdaten seien zunächst durch eine unsortierte Tabelle der Verbindungen (Abb. 2.1-50b) mit den Koordinatenpaaren von Anfangs(PA)- und Endpunkt(PE) gegeben. Daraus werden alle Inzidenztabellen abgeleitet. In der Punktinzidenztabelle (Abb. 2.1-50c) sind zu jedem Punkt alle mit ihm inzidenten Verbindungen in mathematisch positivem Umlaufsinn sortiert angegeben. Dabei werden auf den Punkt zeigende Verbindungen mit einem Minuszeichen und vom Punkt zeigende Verbindungen mit einem Pluszeichen gekennzeichnet. Man findet einen geschlossenen Rand einer Fläche, indem man, von einer Verbindung v_i ausgehend, über den Gegenpunkt in der Inzidenztabelle der Punkte den zyklischen Vorgänger der Verbindung v_i sucht. Beispiel aus Abb. 2.1-50c: $-v_1, (p_4/p_2), \; -v_3, (p_2/p_3), +v_6, (p_3/p_4), -v_1$; (vgl. Abb. 2.1-50d). Alle Flächenränder in der Flächeninzidenztabelle (Abb. 2.1-50d) werden in mathematisch positivem Sinn durchlaufen. Die Übereinstimmung bzw. Nichtübereinstimmung des Umlaufsinns mit der Richtung der jeweiligen Verbindung wird durch Pluszeichen bzw. Minuszeichen gekennzeichnet.

Für die nachfolgend zu erläuternde Szeneninterpretation ist es zweckmäßig, die Information der 3 Inzidenztabellen zu einer komprimierten Inzidenztabelle mit den Nachbarverbindungen VN und den Nachbarflächen FN zusammenzufassen (Abb. 2.1-51). Nachbarverbindungen einer Verbindung können aus Spalte V der Inzidenztabelle der Punkte als zyklische Vorgänger- bzw. Nachfolgeverbindungen ermittelt werden. Beispiel aus Abb. 2.1-50c: Verbindung v_4 und v_3 sind Nachbarverbindungen der Verbindung v_6 bezüglich Punkt p_3. Die komprimierte Inzidenztabelle weist 4 Spalten für die Nachbarverbindungen VN und 2 Spalten für die mit der Verbindung inzidenten Flächen FN auf.

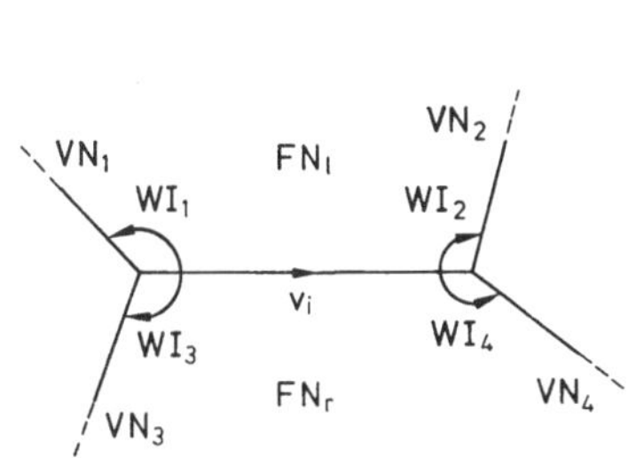

a

V	Nachbarverbindungen				Nachbarflächen	
V	VN_1	VN_2	VN_3	VN_4	FN_l	FN_r
v_1	$+v_2$	$+v_7$	$-v_3$	$-v_6$	f_1	f_2
v_2	$-v_3$	$-v_5$	$+v_1$	$-v_5$	f_3	f_1
v_3	$+v_5$	$+v_2$	$+v_6$	$+v_1$	f_3	f_2
v_4	$+v_6$	$-v_7$	$+v_5$	$-v_7$	f_4	f_1
v_5	$+v_4$	$-v_2$	$+v_3$	$-v_2$	f_1	f_3
v_6	$+v_3$	$-v_1$	$+v_4$	$+v_7$	f_2	f_4
v_7	$-v_1$	$-v_4$	$-v_6$	$-v_4$	f_1	f_4

b

Abb. 2.1-51. Komprimierte Inzidenztabelle für die Szeneninterpretation. *a* Nachbarschaften einer Verbindung; *b* komprimierte Inzidenztabelle des Objektes von Abb. 2.1-50a

Metrische Eigenschaften. Die Beschreibung einer Szene durch die genannten topologischen Beziehungen erlaubt noch eine Vielfalt an Formvariationen. Zur Unterscheidung von Formvariationen sind metrische Eigenschaften erforderlich. Für jede Verbindung einer Szene werden z. B. Form FO und Länge LG ermittelt und der komprimierten Inzidenztabelle angefügt (Abb. 2.1-52a). Weiter werden für jede Verbindung die 4 Winkel errechnet und gespeichert (Spalten WI_1 bis WI_4), welche die 4 Nachbarverbindungen mit ihr bilden (Abb. 2.1-51a). Für jede Fläche einer Szene werden noch zwei weitere metrische Eigenschaften explizit angegeben: Die Form der Fläche und die Länge des Umfangs (Abb. 2.1-51b). Die so entstandene Beschreibungstabelle einer Szene besteht also aus drei Teilen: Zwei größere Teile mit Angaben über topologische Beziehungen zwischen einzelnen

V			Winkel in °					
	FO	LG	WI_1	WI_2	WI_3	WI_4	LR_l	LR_r
v_1	gekrümmt	305	274	265	35	38	0,19	0,32
v_2	gerade	325	52	65	274	295	0,35	0,21
v_3	gerade	330	63	52	52	35	0,35	0,34
v_4	gerade	320	65	58	180	302	0,32	0,20
v_5	gerade	285	180	295	63	65	0,18	0,30
v_6	gerade	325	52	38	65	57	0,34	0,33
v_7	gerade	345	265	302	57	58	0,22	0,35

a

F	Form	Umfang
f_1	Trapez	1580
f_2	Dreieck	960
f_3	Dreieck	940
f_4	Dreieck	990

b

Abb. 2.1-52. Tabelle der metrischen Eigenschaften *a* der Verbindungen und *b* der Flächen des Objektes von Abb. 2.1-50a (LR_l bzw. LR_r gleich LG bezogen auf linken bzw. rechten Nachbarflächenumfang)

Verbindungen und zwischen Verbindungen und Flächen (Abb. 2.1-51b) und Angaben über metrische Eigenschaften der Verbindungen (Abb. 2.1-52a). Ein dritter kleinerer Teil umfaßt metrische Angaben über die Flächen (Abb. 2.1-52b).

Interpretation. Die Interpretation einer unbekannten Szene erfolgt durch schrittweisen Vergleich der Beschreibungstabelle eines bekannten Objektmodells (oder mehrerer) mit der Beschreibungstabelle der Szene. Der Vergleich betrifft die Verbindungen des Modells und der Szene. Die Übereinstimmung (Identität oder Ähnlichkeit) zweier Verbindungen wird durch den gewichteten Vergleich ihrer in den Beschreibungstabellen verzeichneten Eigenschaften sowie der Eigenschaften der mit ihnen inzidenten Flächen ermittelt. Die Zusammenfassung aller (lokalen) Verbindungsübereinstimmungen liefert das (globale) Interpretationsergebnis für die Szene.

Abb. 2.1-53 zeigt eine zu interpretierende Szene und das Modell. Es sei die Frage zu beantworten, ob dieses Modell in der Szene enthalten ist. Der Vergleich der Beschreibungstabellen beginnt mit der Suche nach einer Anfangsübereinstimmung einer Modellverbindung mit einer Szenenverbindung. Dazu wählt man z. B. sowohl für das Modell als auch für die Szene die Innenverbindungen VI aus. Es ergibt sich für das Modell $VI_M = \{v_3, v_6\}$ und für die Szene $VI_S = \{v_{13}, v_{14}, v_{16}, v_{18}, v_{20}, v_{21}, v_{24}, v_{25}\}$.

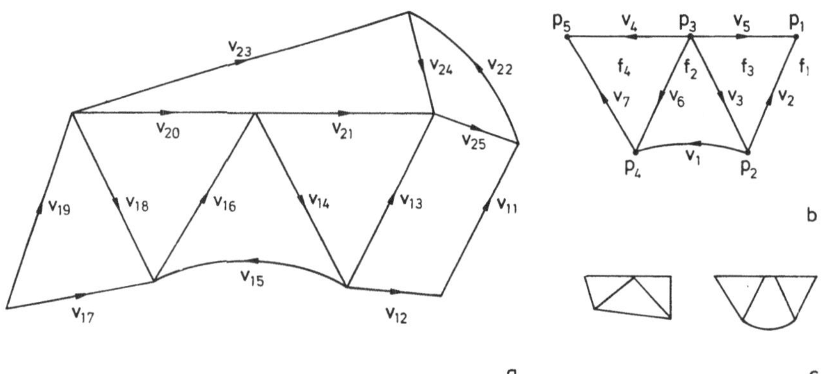

Abb. 2.1-53. Zur Erläuterung der Interpretation. *a* Unbekannte Szene; *b* Objektmodell; *c* Modellbeispiele für topologische und allgemeine Ähnlichkeit mit Teilen der Szene

Der Vergleich der Innenverbindungen des Modells und der Szene des betrachteten Beispiels möge eine erste Anfangsübereinstimmung zwischen der Modellverbindung v_3 und der Szenenverbindung v_{14} ergeben. Nun werden die Nachbarverbindungen dieser Verbindungen auf Übereinstimmung geprüft. Es ergibt sich sofort, daß die Modellverbindungen v_5, v_2, v_6, v_1 in dieser Reihenfolge mit den Szenenverbindungen v_{21}, v_{13}, $-v_{16}$, v_{15} übereinstimmen (das Minuszeichen kennzeichnet die Übereinstimmung in Gegenrichtung zum Richtungssinn der Verbindung v_{16}). Davon ausgehend werden erneut die Nachbarverbindungsvergleiche aufgerufen, bis alle Modellverbindungen verarbeitet sind. Es ergeben sich Übereinstimmungen zwischen den Modellverbindungen v_4 und v_7 mit den Szenenverbindungen $-v_{20}$ und $-v_{18}$.

Je nach dem Grad der Übereinstimmung zwischen den Verbindungen kann man die Identität und die Ähnlichkeit zwischen Modell und Szenenteil unterscheiden. Dabei kann der Begriff der Ähnlichkeit weiter abgeschwächt werden in geometrische Ähnlichkeit mit struktureller Identität (Abweichungen metrischer Eigenschaften, aber identische topologische Beziehungen) und allgemeine Ähnlichkeit (Abweichungen metrischer Eigenschaften und topologischer Beziehungen) (Abb. 2.1-53c).

2.1.7. Automatische Mustererkennung

Von H. Kazmierczak

Aufgabe der automatischen Mustererkennung ist die Klassifizierung von Merkmalsätzen oder Merkmalfolgen, die aus einem Muster durch Bildvorverarbeitung und Merkmalsextraktion gewonnen werden. Durch die Klassifizierung werden den Mustern Bedeutungsklassen $k \in \{k_1, k_2, \ldots, k_m\}$ zugewiesen. Die Zuordnung der Klasse zu einem Muster erfolgt durch eine Entscheidung $e \in \{e_0, e_1, e_2, \ldots, e_m\}$, wobei e_i die Entscheidung zugunsten der Musterklasse k_i bedeuten soll. Die Muster sollen im folgenden durch Merkmalsätze $\boldsymbol{f} = (f_1, f_2, \ldots, f_n)^T$ repräsentiert werden, welche sich im n-dimensionalen Merkmalraum als Vektoren darstellen lassen (Abb. 2.1-54a).

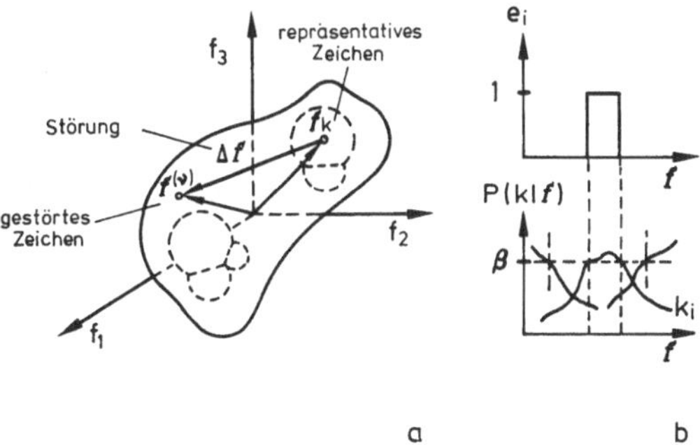

Abb. 2.1-54. Musterklassifizierung. *a* Darstellung eines Merkmalsatzes $\boldsymbol{f}$ im n-dimensionalen Merkmalraum $f_1, f_2, \ldots, f_n$; *b* Entscheidung e_k über die Zugehörigkeit eines Musters $\boldsymbol{f}$ zur Klasse k

Die Klasse k_j eines Musters $\boldsymbol{f}^{(\nu)}$ ist durch den Mustererzeugungsprozeß gegeben. Es sei angenommen, daß durch diesen Prozeß eine repräsentative Menge von Mustern $\boldsymbol{f}^{(\nu)}$ mit $\nu \in \{1, 2, \ldots, N\}$ bezüglich aller Klassen erzeugt werden kann. Im deterministischen Fall ist ein bestimmtes erzeugtes Muster $\boldsymbol{f}^{(\nu)}$ eindeutig einer bestimmten Klasse zugeordnet, so daß die Entscheidungsregel für die Muster trivial wird (Abb. 2.1-55a). Wegen der i. allg. gestörten Mustererzeugung und unvollständigen Musterbeschreibung durch zu wenige oder untypische Merkmale muß in praktischen Anwendungsfällen berücksichtigt werden, daß ein und derselbe Merkmalsatz $\boldsymbol{f}^{(\nu)}$ durch unterschiedliche Klassenanweisungen erzeugt worden sein kann.

Die Entscheidungstheorie liefert bestimmte Regeln, um die einem technischen Erkennungssystem angebotenen Merkmalsätze $\boldsymbol{f}$ optimal zu klassifizieren. Bei der Klassifizierung sind die drei Fälle (e_i, k_i), (e_i, k_j) und (e_0, k_j) zu unterscheiden, welche für Erkennung (Zuordnung der Erzeugerklasse), Fehler (Substitution einer Fremdklasse) und Rückweisung (keine Klassenzuordnung) stehen. Der Betrieb eines Klassifikators, welcher bei vorgegebener konstanter Rückweisungswahrscheinlichkeit die Fehlerwahrscheinlichkeit der Musterklassifizierung zu einem Minimum macht, wird optimale Klassifikation genannt.

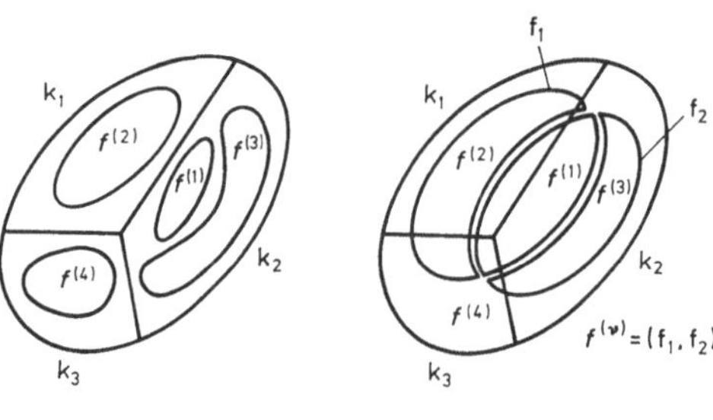

Abb. 2.1-55. Mengendarstellung der Mustererzeugung und Musterklassifikation bei binären Merkmalen f_1 und f_2. *a* Deterministisches Modell; *b* Wahrscheinlichkeitsmodell

Statistische Entscheidungstheorie

Die Statistik der Zeichenerzeugung im nicht deterministischen Fall ist durch die bedingte Wahrscheinlichkeitsdichte der Mustererzeugung $p(\boldsymbol{f}|k) \neq p(\boldsymbol{f})$ und die Klassenauftrittswahrscheinlichkeit $P(k)$ charakterisiert (Abb. 2.1-55b). Die Wahrscheinlichkeitsdichte $p(\boldsymbol{f} \mid k)$ für das Muster kann allgemein nach (2.1-108) in die Wahrscheinlichkeitsdichte seiner Merkmale zerlegt werden:

$$p(\boldsymbol{f} \mid k) = p(f_1 \mid k)\, p(f_2 \mid f_1, k) \ldots p(f_n \mid f_1, f_2, \ldots, f_{n-1}, k). \qquad (2.1\text{-}108)$$

Die Zuordnung der Muster $\boldsymbol{f}$ zu einer Klasse oder die Entscheidung $P(e \mid \boldsymbol{f})$ ist auf der Grundlage der bedingten Zuordnungswahrscheinlichkeit $P(k \mid \boldsymbol{f})$ vorzunehmen (Statistik der Musterklassifizierung). Wie aus Abb. 2.1-55b zu entnehmen ist, gilt (2.1-109). Daraus folgt z. B., daß bei vorliegendem zu klassifizierendem $\boldsymbol{f}$ auf der Grundlage aller $P(k_j \mid \boldsymbol{f})$ eine Entscheidung getroffen werden kann, wenn die Statistik der Zeichenerzeugung $P(k)$ und $p(\boldsymbol{f} \mid k)$ bekannt ist. Die Wahrscheinlichkeitsdichte $p(\boldsymbol{f})$ für das Auftreten des Musters $\boldsymbol{f}$ ist für die Entscheidung e_i irrelevant, da sie von der Klasse unabhängig ist. Für den Entwurf eines optimalen Klassifikators ist die Statistik der Zeichenerzeugung an einer möglichst repräsentativen Stichprobe zu messen:

$$p(k, \boldsymbol{f}) = P(k)\, p(\boldsymbol{f} \mid k) = p(\boldsymbol{f})\, P(k \mid \boldsymbol{f})$$

$$\text{bzw.} \quad P(k \mid \boldsymbol{f}) = cP(k)\, p(\boldsymbol{f} \mid k) \quad \text{mit} \quad \frac{1}{c} = p(\boldsymbol{f}), \qquad (2.1\text{-}109)$$

$$\sum_k P(k) = \int_{\text{alle } \nu} p(\boldsymbol{f} \mid k)\, \mathrm{d}\boldsymbol{f} = \int_{\text{alle } \nu} p(\boldsymbol{f})\, \mathrm{d}\boldsymbol{f} = \sum_k P(k \mid \boldsymbol{f}) = \sum_k \int_{\text{alle } \nu} p(k, \boldsymbol{f})\, \mathrm{d}\boldsymbol{f} = 1.$$

Erwartungswerte und Kosten der Erkennung. Aus dem statistischen Modell der Musterklassifizierung der Abb. 2.1-56 können die Wahrscheinlichkeiten für Erkennung p_e, Rückweisung p_r und Substitutionsfehler p_s als Erwartungswerte der getroffenen Entscheidungen über alle betreffenden Muster und Klassen abgeleitet werden. Dazu wird die Wahrscheinlichkeitsdichte $p(e_i, \boldsymbol{f}, k_j)$ für das Erzeugen eines zur Klasse k_j gehörenden Musters $\boldsymbol{f}$ und für das Zuordnen dieses Musters

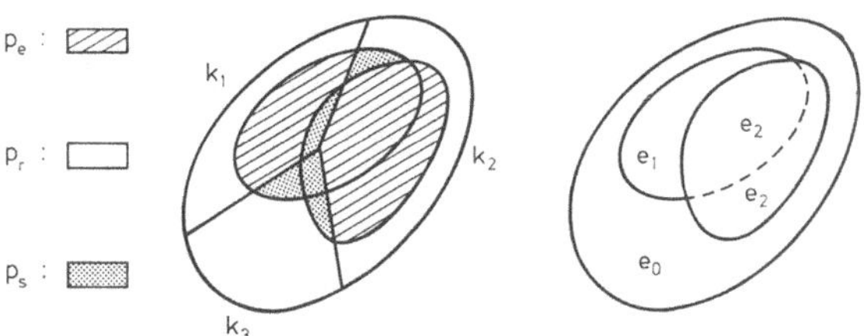

Abb. 2.1-56. Statistisches Modell der Musterklassifizierung (p_e Erkennungs-; p_r Rückweisungs-; p_s Fehlerwahrscheinlichkeit)

zur Klasse k_i entsprechend zerlegt, wobei zu beachten ist, daß k_j unabhängig von den anderen Größen ist und $\boldsymbol{f}$ von k_j und e_i von $\boldsymbol{f}$ abhängt.

$$p_e = \sum_j \int p(e_j, k_j, \boldsymbol{f})\, d\boldsymbol{f} = \sum_{j-1}^{m} \int P(k_j)\, p(\boldsymbol{f} \mid k_j)\, P(e_j \mid \boldsymbol{f})\, d\boldsymbol{f},$$

$$p_r = \sum_{j=1}^{m} \int P(k_j)\, p(\boldsymbol{f} \mid k_j)\, P(e_0 \mid \boldsymbol{f})\, d\boldsymbol{f} \quad \text{und} \quad p_s = 1 - p_e - p_r. \tag{2.1-110}$$

Um eine optimale Klassifizierung bezüglich der Erkennung p_e vornehmen zu können, müssen Annahmen über die entstehenden Kosten $C(e, k)$ gemacht werden. Für die Mustererkennung sind folgende Kostenansätze zweckmäßig

$$C(e_i, k_j) = \begin{cases} C \geqq C_0 & \text{für } i \neq j \text{ (Substitution)}, \\ C_0 \geqq 0 & \text{für } i = 0 \text{ (Rückweisung)}, \\ 0 & \text{für } i = j \text{ (Erkennung)}. \end{cases} \tag{2.1-111}$$

Der Klassifikator ist so zu optimieren, daß das Risiko R bzw. der Erwartungswert der Kosten $E[C(e, k)]$ ein Minimum wird, welches identisch ist mit einer Minimisierung der Fehlerwahrscheinlichkeit p_s bei konstantem p_r:

$$R = E[C(e, k)] = \sum_{i=0}^{m} \sum_{j=1}^{m} \int C(e_i, k_j)\, p(e_i, k_j, \boldsymbol{f})\, d\boldsymbol{f} = \text{Min.},$$

$$R = C p_s + C_0 p_r = C(1 - p_e - \beta p_r) \quad \text{mit} \quad \beta = \frac{C - C_0}{C} \tag{2.1-112}$$

$$\text{und} \quad 0 \leqq \beta \leqq 1 \quad \text{und} \quad p_s = \frac{1}{C} R - \frac{C_0}{C} p_r = \text{Min.} \quad \text{für} \quad p_r = \text{const.}$$

Aus (2.1-109, 110 u. 112) folgt (2.1-113) für den Erwartungswert der Kosten, welcher zu einem Minimum zu machen ist

$$R = C\left(1 - \sum_j^{m} \int p(k_j, \boldsymbol{f})\, [P(e_j \mid \boldsymbol{f}) + \beta P(e_0 \mid \boldsymbol{f})]\, d\boldsymbol{f}\right) = \text{Min.} \quad \text{mit} \quad \sum_{i=0}^{m} P(e_i \mid \boldsymbol{f}) = 1. \tag{2.1-113}$$

Entscheidungsregel nach Bayes. Die optimale Entscheidung $P(e_i \mid \boldsymbol{f})$ kann aus (2.1-113) bestimmt werden. Damit R ein Minimum wird, muß die Entscheidung e_i nach (2.1-114) so gewählt werden, daß die $P(e_j \mid \boldsymbol{f})$ binär 0 für $j \neq i$ und 1 für $j = i$ bei Erkennung bzw. 0 für alle j und $P(e_0 \mid \boldsymbol{f}) = 1$ für die Rückweisung werden. Man kann die Entscheidung zugunsten der Klasse i als Entscheidungsvektor $\boldsymbol{e}_i$ mit den binären Elementen $P(e_j \mid \boldsymbol{f})$ darstellen (Abb. 2.1-54b):

$$\left.\begin{array}{lll} P(e_i \mid \boldsymbol{f}) = 1, & \text{wenn} & P(k_i)\, p(\boldsymbol{f} \mid k_i) \geqq P(k_j)\, p(\boldsymbol{f} \mid k_j) \\ & \text{bzw.} & P(k_i \mid \boldsymbol{f}) \geqq P(k_j \mid \boldsymbol{f}) \\ & \text{und} & P(k_i)\, p(\boldsymbol{f} \mid k_i) \geqq \beta \sum\limits_j P(k_j)\, p(\boldsymbol{f} \mid k_j) \\ & \text{bzw.} & P(k_i \mid \boldsymbol{f}) \geqq \beta \end{array}\right\} \text{für } j \neq i \qquad (2.1\text{-}114)$$

$$P(e_0 \mid \boldsymbol{f}) = 1, \quad \text{wenn } P(k_i \mid \boldsymbol{f}) < \beta \quad \text{für alle } i = 1, 2, \ldots, m.$$

Die allgemeine Struktur des durch (2.1-114) bestimmten optimalen Klassifikators zeigt Abb. 2.1-57. Anstelle der Produkte $P(k_j)\, p(\boldsymbol{f} \mid k_j)$ bzw. der Zuordnungswahrscheinlichkeit $P(k_j \mid \boldsymbol{f})$ können beliebige Unterscheidungsfunktionen $d_j(\boldsymbol{f})$ zur Maximumdetektion nach (2.1-115) für die Klassenzuordnung e_i eines Musters $\boldsymbol{f}$ gewählt werden, die monotone Funktionen dieser Größen sind (z. B. eine additive Konstante oder der Logarithmus)

$$\begin{array}{ll} e_i \text{ für } \max\limits_{j=i} d_j & \text{mit } \; d_j = a(\boldsymbol{f}) + b(\boldsymbol{f}) \cdot F_{\text{monoton}}[P(k_j \mid \boldsymbol{f})] \\ & \text{und } \; d_0 = a(\boldsymbol{f}) + b(\boldsymbol{f}) \cdot F_{\text{monoton}}(\beta). \end{array} \qquad (2.1\text{-}115)$$

Eine andere Darstellungsart der optimalen Klassifikation ohne Berücksichtigung der Rückweisung zeigt Abb. 2.1-58. Durch die m kartesischen Koordinaten $P(k_j \mid \boldsymbol{f})$ kann ein m-dimensionaler Entscheidungsraum aufgespannt werden. Aufgrund der Statistik der Zeichenerzeugung wird ein vorgegebener Mustervektor $\boldsymbol{f}$ aus dem Merkmalraum in den Unterscheidungsvektor $\boldsymbol{d}(\boldsymbol{f}) = (d_1, d_2, \ldots, d_m)^T$ des Entscheidungsraumes abgebildet. Wegen der Beziehung

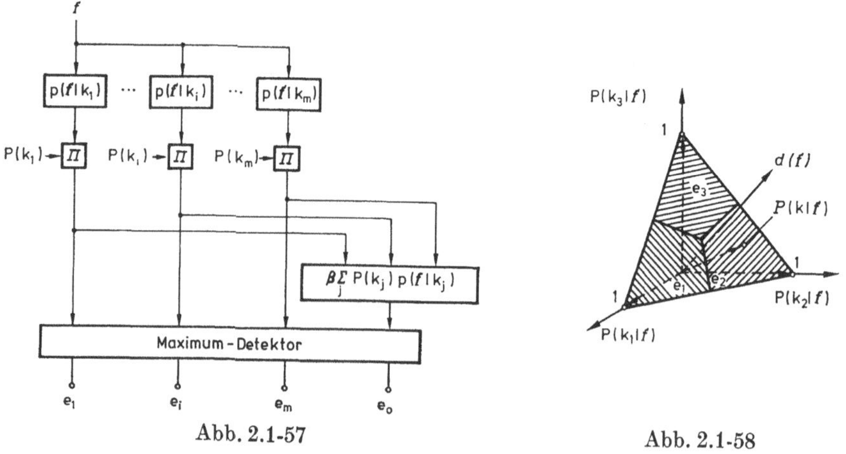

Abb. 2.1-57 Abb. 2.1-58

Abb. 2.1-57. Struktur des optimalen Klassifikators

Abb. 2.1-58. Abbildung eines Musters $\boldsymbol{f}$ in einen Unterscheidungsvektor $\boldsymbol{d}(\boldsymbol{f})$ im m-dimensionalen Entscheidungsraum

$\sum P(k_j | \boldsymbol{f}) = 1$ bestimmen die Elemente des Entscheidungsvektors $P(k_j | \boldsymbol{f})$ eine Entscheidungsebene, welche die Koordinaten in den eindeutigen Entscheidungspunkten $P(k_j | \boldsymbol{f}) = 1$ für eindeutige Zeichenzuordnung zur Klasse k_j schneidet. Diese Punkte werden auch durch die speziellen Entscheidungsvektoren $\boldsymbol{e}_i$ spezifiziert. Die Ebenen der Mittelsenkrechten dieser Punkte schneiden die Entscheidungsebene in Geraden, welche Zonen gleicher Klassenentscheidung e_i für die nicht deterministische Mustererkennung festlegen. Damit bestimmt die Zone,

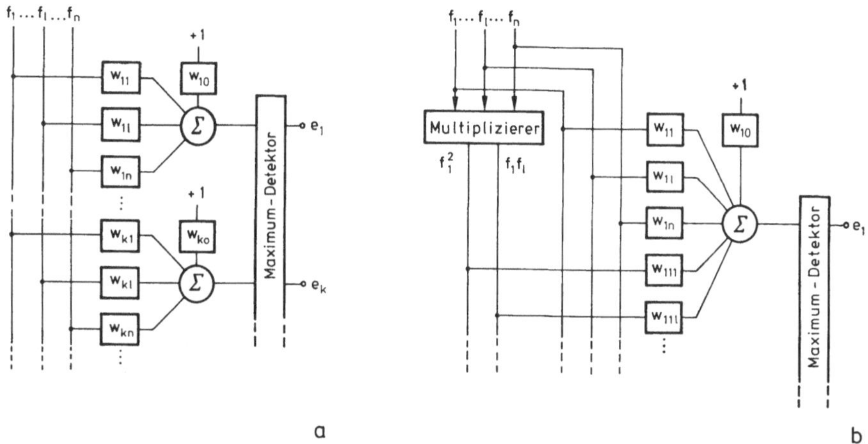

Abb. 2.1-59. Spezielle Klassifikatoren. *a* Lineare Struktur; *b* quadratische Struktur

in die der Unterscheidungsvektor $\boldsymbol{d}(\boldsymbol{f})$ eines zu klassifizierenden Musters $\boldsymbol{f}$ fällt, die Entscheidung über die Klassenzuordnung von $\boldsymbol{f}$. Eine andere Interpretation der optimalen Klassifikation ist die, daß der kürzeste Abstand von $\boldsymbol{d}(\boldsymbol{f})$ zu einem Entscheidungsvektor $\boldsymbol{e}_i$ die Klassenzuordnung bestimmt.

Spezielle Entscheidungsregeln und einfache Klassifikatorstrukturen. Auf der Grundlage des beschriebenen Entscheidungsmodells läßt sich nun die erforderliche spezielle Klassifikatorstruktur für die optimale Entscheidung entwerfen, wenn die Statistik der Zeichenerzeugung in Form einer bestimmten Wahrscheinlichkeitsverteilung vorliegt. Wegen des geringen Rechenaufwandes ist für technische Erkennungssysteme besonders die in Abb. 2.1-59a dargestellte lineare Klassifikatorstruktur von Bedeutung. Der Unterscheidungs-Spaltenvektor $\boldsymbol{d}(\boldsymbol{f})$ läßt sich bei linearer Klassifikatorstruktur als Produkt einer Gewichtsmatrix $\boldsymbol{w}$ mit dem um das Element 1 erweiterten Merkmal-Spaltenvektor $\boldsymbol{g}$ des zu klassifizierenden Musters ausdrücken:

$$\boldsymbol{d} = \boldsymbol{W}\boldsymbol{g} \quad \text{mit} \quad \boldsymbol{W} = \begin{pmatrix} w_{10} & w_{11} & \cdots & w_{1n} \\ w_{20} & w_{21} & \cdots & w_{2n} \\ \vdots & \vdots & & \vdots \\ w_{m0} & w_{m1} & \cdots & w_{mn} \end{pmatrix} \quad \text{und } \boldsymbol{g}^T = (1, \boldsymbol{f}^T). \qquad (2.1\text{-}116)$$

Im Falle statistisch unabhängiger binärer Merkmale wird der optimale Klassifikator linear. Aus (2.1-108) folgt wegen der statistischen Unabhängigkeit

(2.1-117), wobei als monotone Funktion in (2.1-115) der Logarithmus gewählt wird:

$$p(\boldsymbol{f} \mid k) = p(f_1 \mid k)\, p(f_2 \mid k) \ldots p(f_n \mid k)$$
$$\text{und } d_k = \log [P(k)\, p(\boldsymbol{f} \mid k)] = \log P(k) + \sum_l \log p(f_l \mid k). \quad (2.1\text{-}117)$$

Aus dem Vergleich von linear angesetztem Unterscheidungsvektor $\boldsymbol{d}(\boldsymbol{f})$ und (2.1-117) folgen die Parameter w_{kl} der linearen Struktur

$$d_k = w_{k0} + w_{k1} f_1 + w_{k2} f_2 + \cdots + w_{kn} f_n$$
$$\text{mit } w_{k0} = \log P(k) + \sum_l \log p(f_l = 0 \mid k) \text{ und } w_{kl} = \log \frac{p(f_l = 1 \mid k)}{p(f_l = 0 \mid k)}. \quad (2.1\text{-}118)$$

Wenn die der Mustererzeugung zugrunde liegende Statistik eine n-dimensionale Normalverteilung (2.1-119) darstellt, wird die Struktur des optimalen Klassifikators quadratisch (Abb. 2.1-59b). Die statistischen Parameter der Mustererzeugung bei Normalverteilung sind die Klassenrepräsentanten oder Prototypen $\boldsymbol{f}_k$ und die klassenabhängigen Kovarianzmatrizen $\boldsymbol{K}_k$:

$$p(\boldsymbol{f} \mid k) = (2\pi)^{-\frac{n}{2}} |\boldsymbol{K}_k|^{-\frac{1}{2}} \exp\left[-\frac{1}{2} (\boldsymbol{f} - \boldsymbol{f}_k)^T \boldsymbol{K}_k^{-1} (\boldsymbol{f} - \boldsymbol{f}_k)\right] \quad (2.1\text{-}119)$$
$$\text{mit } \boldsymbol{f}_k = (f_{k1}, f_{k2}, \ldots, f_{kn}) = E(\boldsymbol{f} \mid k) \text{ und } \boldsymbol{K}_k = E[(\boldsymbol{f} - \boldsymbol{f}_k)(\boldsymbol{f} - \boldsymbol{f}_k)^T] = \boldsymbol{K}_k^T.$$

Der Unterscheidungsvektor $\boldsymbol{d}$ nach (2.1-116) ist bei quadratischer Klassifikatorstruktur entsprechend zu erweitern

$$\boldsymbol{d} = \boldsymbol{W} \boldsymbol{g} \text{ mit } \boldsymbol{g}^T = (1, f_1, \ldots, f_l, \ldots, f_n, f_1 f_1, f_1 f_2, \ldots, f_l f_{l'}, \ldots, f_n f_n)$$
$$\text{bzw. } d_k = w_{k0} + \sum_{l=1}^{n} w_{kl} f_l + \sum_{l=1}^{n} \sum_{l'=l+1}^{n} w_{kl'l} f_{l'} f_l + \sum_{l=1}^{n} w_{kll} f_l^2. \quad (2.1\text{-}120)$$

Die Parametermatrix $\boldsymbol{W}$ des quadratischen Klassifikators ergibt sich wieder aus den Parametern der Mustererzeugungs-Statistik. Dabei werden die Elemente d_k des Entscheidungsvektors wie folgt gewählt

$$\begin{aligned} d_k &= \ln [P(k)\, p(\boldsymbol{f} \mid k)] + \frac{n}{2} \ln (2\pi) \\ &= \ln P(k) - \frac{1}{2} \ln |\boldsymbol{K}_k| - \frac{1}{2} (\boldsymbol{f}^T \boldsymbol{K}_k^{-1} \boldsymbol{f} - 2 \boldsymbol{f}_k^T \boldsymbol{K}_k^{-1} \boldsymbol{f} + \boldsymbol{f}_k^T \boldsymbol{K}_k^{-1} \boldsymbol{f}_k). \end{aligned} \quad (2.1\text{-}121)$$

Aus (2.1-121) folgen die Parameter des quadratischen Klassifikators w_{k0}, w_{kl}, $w_{kl'l}$, und w_{kll}:

$$\begin{aligned} w_{k0} &= \ln P(k) - \frac{1}{2} \ln |\boldsymbol{K}_k| - \frac{1}{2} \sum_l \sum_{l'} K_{l'l}^{(-1)} f_{kl'} f_{kl}, \\ w_{kl} &= \sum_{l'} K_{l'l}^{(-1)} f_{kl'}, \quad w_{kl'l} = -K_{l'l}^{(-1)}, \quad w_{kll} = -\frac{1}{2} K_{ll}^{(-1)}. \end{aligned} \quad (2.1\text{-}122)$$

Im Falle klassenunabhängiger Kovarianzmatrix $\boldsymbol{K}_k = \boldsymbol{K}$ wird die Klassifikatorstruktur linear, da der Unterscheidungsvektor um die klassenunabhängigen

Summanden mit den Faktoren $f_{kl'}f_{kl}$ erweitert werden kann.

$$\begin{aligned} d_k &= \ln [P(k)\, p(\boldsymbol{f} \mid k)] + \frac{n}{2} \ln (2\pi) + \frac{1}{2} \ln |\boldsymbol{K}| + \frac{1}{2} \boldsymbol{f}^T \boldsymbol{K}^{-1} \boldsymbol{f} \\ &= \ln P(k) - \frac{1}{2} \boldsymbol{f}_k^T \boldsymbol{K}^{-1} \boldsymbol{f}_k + \boldsymbol{f}_k^T \boldsymbol{K}^{-1} \boldsymbol{f}. \end{aligned} \tag{2.1-123}$$

Aus (2.1-123) folgen die Parameter des linearen Klassifikators w_{k0} und w_{kl}:

$$w_{k0} = \ln P(k) - \frac{1}{2} \sum_l \sum_{l'} K_{l'l}^{(-1)} f_{kl'} f_{kl} \quad \text{und} \quad w_{kl} = \sum_{l'} K_{l'l}^{(-1)} f_{kl'}. \tag{2.1-124}$$

Klassifikatorentwurf bei Vorgabe der Struktur

Im allgemeinen Fall wird für die Statistik der Mustererzeugung weder statistische Unabhängigkeit noch eine Normalverteilung vorausgesetzt werden können. Aus Aufwandsgründen soll jedoch der Klassifikator durch eine lineare oder quadratische Struktur approximiert werden. Die Aufgabenstellung besteht dann darin, die Fehlerwahrscheinlichkeit unter der Nebenbedingung der vorgegebenen Klassifikatorstruktur zu einem Minimum zu machen. Ein Kriterium für die Suboptimierung ist die Minimisierung des Abstandserwartungswertes (2.1-125) im Entscheidungsraum:

$$E[|\boldsymbol{e} - \boldsymbol{d}(\boldsymbol{f})|^2] = \sum_i \int |\boldsymbol{e}_i - \boldsymbol{d}|^2\, p(k_i, \boldsymbol{f})\, \mathrm{d}\boldsymbol{f} = \int F(\boldsymbol{f}, d_1, d_2, \ldots, d_m)\, \mathrm{d}\boldsymbol{f} = \text{Min}. \tag{2.1-125}$$

Um zu zeigen, daß die Minimisierung des mittleren Abweichungsquadrates zwischen allen Unterscheidungsvektoren $\boldsymbol{d}(\boldsymbol{f})$ und Entscheidungsvektoren $\boldsymbol{e}$ ein geeignetes Kriterium ist, wird zunächst die Funktion $\boldsymbol{d}(\boldsymbol{f})$ gesucht (Variationsaufgabe), die die Zielgrößen $\boldsymbol{e}_i$ approximiert. Bei allgemeiner Zielsuche ohne Vorgabe der Klassifikatorstruktur muß als Ergebnis $\boldsymbol{d}(\boldsymbol{f})$ identisch mit der Zuordnungswahrscheinlichkeit werden, damit die Brauchbarkeit der Bedingung (2.1-126) anstelle der optimalen Klassifizierungsbedingung (2.1-115) sichergestellt ist:

$$e_i \quad \text{für} \quad \max_{j=i} d_j \quad \text{mit} \quad E[|\boldsymbol{e} - \boldsymbol{d}(\boldsymbol{f})|^2] = \text{Min}. \tag{2.1-126}$$

Zur Lösung der Variationsaufgabe ist F partiell nach den Elementen d_j des Unterscheidungsvektors zu differenzieren und gleich Null zu setzen. Wie gefordert ergibt sich $\boldsymbol{d}(\boldsymbol{f})$ als Zuordnungswahrscheinlichkeit $\boldsymbol{P}(k_j \mid \boldsymbol{f})$, welche nach (2.1-114) die Grundlage der optimalen Klassifizierung darstellt:

$$\frac{\partial F}{\partial d_j} = 0 \text{ mit } F(\boldsymbol{f}, d_1, d_2, \ldots, d_m) = \sum_i \sum_j (\delta_{ij} - d_j)^2\, p(\boldsymbol{f})\, P(k_i \mid \boldsymbol{f}) \tag{2.1-127}$$

$$\text{und} \quad \sum_i (d_j - \delta_{ij})\, P(k_i \mid \boldsymbol{f}) = 0 \quad \text{bzw.} \quad d_j = d_j \sum_i P(k_i \mid \boldsymbol{f}) = P(k_j \mid \boldsymbol{f}).$$

Daher läßt sich (2.1-126) bei Vorgabe einer Klassifikatorstruktur durch (2.1-116 bzw. 120) zur Ermittlung der Strukturparameter benutzen. Nach Substitution des Unterscheidungsvektors $\boldsymbol{d}$ durch den Approximationsansatz $\boldsymbol{Wg}$ in (2.1-126) ist eine Extremwertaufgabe zu lösen, die den Abstandserwartungswert zum Minimum macht (2.1-128):

$$\sigma^2 = E(|\boldsymbol{e} - \boldsymbol{W}\boldsymbol{g}|^2) = \text{Min.}$$

$$\text{bzw.} \quad \frac{\partial \sigma^2}{\partial w_{\varkappa\lambda}} = \frac{\partial}{\partial w_{\varkappa\lambda}} \int \sum_i \sum_j \Big(\delta_{ij} - \sum_l w_{jl} g_l\Big)^2 p(k_i, \boldsymbol{f})\, d\boldsymbol{f} = 0. \tag{2.1-128}$$

Wenn m die Anzahl der Klassen und $n^{(g)}$ die Anzahl der Komponenten des Merkmalansatzes $\boldsymbol{g}$ sind, gibt (2.1-128) $mn^{(g)}$ Bestimmungsgleichungen für die Ermittlung der Strukturparameter w_{kl}. Für den linearen Strukturansatz wird

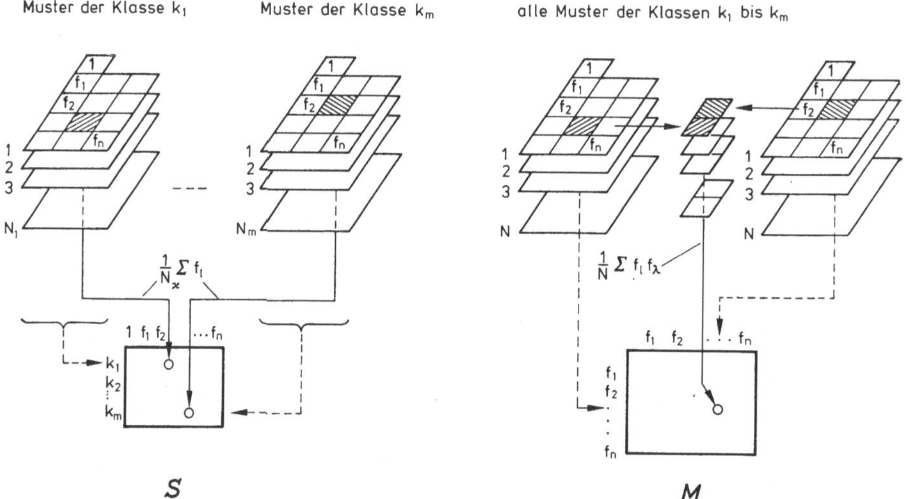

Abb. 2.1-60. Schematische Darstellung der Erzeugung von Streumatrix $\boldsymbol{S}$ und Momentenmatrix $\boldsymbol{M}$ aus der Musterstichprobe $\boldsymbol{f}^{(1)}, \boldsymbol{f}^{(2)}, \ldots, \boldsymbol{f}^{(N)}$ (linearer Ansatz)

$n^{(g)} = n + 1$, wenn n die Anzahl der Merkmale f_l bedeutet. Für eine quadratische Struktur wird $n^{(g)} = \frac{1}{2}(n + 1)(n + 2)$ und für eine Struktur vom Grade r wird $n^{(g)} = \binom{n+r}{r}$. Wie man sieht, wächst der Klassifikatoraufwand mit der r-ten Potenz, wenn nicht versucht wird, irrelevante Merkmalkombinationen fortzulassen. Durch die Art der Merkmalextraktion sind häufig bestimmte Merkmalkombinationen a priori als korreliert bekannt. Die Bestimmungsgleichung für den Klassifikationsparameter $w_{\varkappa\lambda}$ wird

$$\int \sum_i \Big(\sum_l w_{\varkappa l} g_l - \delta_{i\varkappa}\Big) g_\lambda p(k_i, \boldsymbol{f})\, d\boldsymbol{f} = 0$$

$$\text{bzw.} \quad \sum_l w_{\varkappa l} \sum_i \int g_l g_\lambda p(k_i, \boldsymbol{f})\, d\boldsymbol{f} = \int g_\lambda p(k_\varkappa, \boldsymbol{f})\, d\boldsymbol{f}. \tag{2.1-129}$$

Auf der linken Seite von (2.1-129) erstreckt sich der Erwartungswert des Produktes zweier g-Komponenten über alle Muster ν unabhängig von den Klassen k_i, während sich auf der rechten Seite der Erwartungswert einer g-Komponente nur auf die Muster $\nu_\varkappa$ der betreffenden Klasse $\varkappa$ bezieht:

$$\sum_l w_{\varkappa l} E(g_l g_\lambda) = E(g_\lambda \mid k_\varkappa) = E_\varkappa(g_\lambda)$$
$$\text{bzw.} \sum_l w_{\varkappa l} m_{l\lambda} = s_{\varkappa\lambda} \text{ mit } m_{l\lambda} = E(g_l g_\lambda) \text{ und } s_{\varkappa\lambda} = E_\varkappa(g_\lambda). \quad (2.1\text{-}130)$$

Da die Elemente $s_{\varkappa\lambda}$ und $m_{l\lambda}$ die Eigenschaft einer Streuung bzw. eines Momentes besitzen und (2.1-130) $mn^{(g)}$ Bestimmungsgleichungen repräsentiert, schreibt man (2.1-130) zweckmäßig in Matrizenform mit der Gewichtsmatrix $\boldsymbol{W}$, der Momentenmatrix $\boldsymbol{M}$ und der Streumatrix $\boldsymbol{S}$. Die gesuchte Parametermatrix $\boldsymbol{W}$ des Klassifikators, die für den Strukturansatz $\boldsymbol{g} = g(\boldsymbol{f})$ bei vorliegender gemessener Mustererzeugungsstatistik $\boldsymbol{S}$ und $\boldsymbol{M}$ bezüglich des Abstandserwartungswertes optimiert wird, ergibt sich aus (2.1-131). Abb. 2.1-60 zeigt schematisch die Erfassung der Statistik der Mustererzeugung bei linearem Klassifikatoransatz.

$$(w_{\varkappa l})\,(m_{l\lambda}) = (s_{\varkappa\lambda}) \quad \text{bzw.} \quad \boldsymbol{WM} = \boldsymbol{S} \quad \text{und} \quad \boldsymbol{W} = \boldsymbol{SM}^{-1}. \quad (2.1\text{-}131)$$

Zur Auflösung von (2.1-131) nach $\boldsymbol{W}$ kann der Gauß-Jordan-Algorithmus benutzt werden [45]. Um den Rechenprozeß der Kehrmatrixbildung effektiv zu machen, wird er so gesteuert, daß die zu minimisierende Streuung σ^2 in möglichst wenigen Rechenschritten den minimalen Wert der Reststreuung σ_{R}^2 annimmt. Die Reststreuung kann als Gütemaß für die erzielte Erkennung bei Vorgabe der Klassifikatorstruktur dienen. Die Wahl einer Struktur des nächst höheren Grades bzw. bestimmter ausgewählter zusätzlicher Merkmalkombinationen ist immer zweckmäßig, wenn der Wert der Reststreuung dadurch weiter reduziert werden kann. Die Reststreuung läßt sich aus der Momenten- und Streumatrix nach (2.1-132) berechnen:

$$\text{Spur } E(\boldsymbol{ee}^T) = \sum_i p(k_i) = 1, \quad (2.1\text{-}132)$$
$$E(\boldsymbol{ed}^T) = E(\boldsymbol{eg}^T)\,\boldsymbol{W}^T = \boldsymbol{SW}^T \quad \text{mit} \quad \boldsymbol{d} = \boldsymbol{Wg} \quad \text{und} \quad \boldsymbol{S} = E(\boldsymbol{eg}^T),$$
$$E(\boldsymbol{de}^T) = \boldsymbol{WS}^T = \boldsymbol{SM}^{-1}\boldsymbol{S}^T \quad \text{mit} \quad \boldsymbol{W} = \boldsymbol{SM}^{-1},$$
$$E(\boldsymbol{dd}^T) = \boldsymbol{W}E(\boldsymbol{gg}^T)\,\boldsymbol{W}^T = \boldsymbol{WMW}^T = \boldsymbol{SW}^T \quad \text{mit} \quad \boldsymbol{M} = E(\boldsymbol{gg}^T),$$
$$\sigma_{\mathrm{R}}^2 = 1 - \text{Spur } \boldsymbol{SM}^{-1}\boldsymbol{S}^T.$$

2.1.8. Literatur

[1] Miller, W. F., Shaw, A. C.: Linguistic Methods in Picture Processing — a Survey. Proc. AFIPS 1968 FJCC, **33**, I, Washington 1969.

[2] Pfaltz, J. L., Rosenfeld, A.: Web Grammars. Technical Report 69—84, January 1969, University of Maryland, Computer Science Center.

[3] Ledley, R. S., Ruddle, F. H.: Chromosome Analysis by Computer. Scientific American, April 1966.

[4] Shaw, A. C.: A Formal Picture Description Scheme as a Basis for Picture Processing Systems. Inf. Contr. **14**, 1 (1969).

[5] Shaw, A. C.: Parsing of Graph-Representable Pictures. J. Assoc. Comput. Mach. **17**, 3 (1970).

[6] Montanari, G. U.: Separable Graphs, Planar Graphs and Web Grammars. Technical Report 69—96, August 1969, University of Maryland, Computer Science Center.

[7] KIRSCH, R. A.: Computer interpretation of english text and picture patterns. IEEE Trans. on Electronic Computers **EC-13** (1964).

[8] GUZMÁN, A.: Some Aspects of Pattern Recognition by Computer. MS Thesis, MIT, Cambridge, Mass., 1967.

[9] GUZMÁN, A.: Scene Analysis Using the Concept of a Model AFCRL-67-0133. Computer Corporation of America, Cambridge, Mass., 1967.

[10] EVANS, T. G.: A Description — Controlled Pattern Analyser. Proc. of the IFIP Congress, Edinburgh, 1968.

[11] SCHÄRF, R.: Mechanischer Laser-Abtaster und Filmrecorder für die off-line Farbbildeinausgabe. 4. Internationaler Kongreß für Reprographie und Information, Hannover 1975.

[12] HUBER, A.: Elektrooptische Bauelemente zur hybriden Bildverarbeitung. FIM/FGAN-Bericht Nr. 19, Karlsruhe, Juni 1974.

[13] MEYER, H., et al.: Large Screen Information Display by Means of Digital Laser Beam Deflection. Proceedings of the Electro-Optics 71 International Conference, Brighton, 1971.

[14] BOYLE, W. S., SMITH, G. E.: Charge-Coupled Semiconductor Devices. Bell System tech. J. **49**, 587ff. (1970).

[15] MAUTHE, M., PFLEIDERER, H.-J.: Eindimensionale CCD-Bildsensoren: Funktionsweise, Aufbau und mögliche Zielwerte. 4. Int. Kongreß für Reprographie und Information, Hannover 1975.

[16] KAZMIERCZAK, H.: Automatische Zeichenerkennung. In: Taschenbuch der Informatik, Band 3 (STEINBUCH, K., WEBER, W., Hrsg.), S. 219ff. Berlin—Heidelberg—New York: Springer 1974.

[17] KAZMIERCZAK, H.: Wandler in der EDV-Technik. In: Taschenbuch der Informatik, Band 1 (STEINBUCH, K., WEBER, W., Hrsg.), S. 346ff. Berlin—Heidelberg—New York: Springer 1974.

[18] MATOSSI, F.: Bergmann-Schaefer, Lehrbuch der Experimentalphysik, Band 3: Optik, 5. Aufl., S. 426—436. Berlin—New York: Walter de Gruyter 1972.

[19] KAZMIERCZAK, H.: Image Processing and Pattern Recognition. IFIP-Kongreß, Edinburgh 1968.

[20] KAZMIERCZAK, H., HOLDERMANN, F., HARTENSTEIN, R.: Verarbeitung, Erkennung und Erzeugung von Zeichenmustern. In: Nicht-numerische Informationsverarbeitung (GUNZENHÄUSER, R., Hrsg.), S. 400ff. Wien—New York: Springer 1968.

[21] NARASIMHAN, R.: Labeling Schemata and Syntactic Descriptions of Pictures. Information and Control **7**, 151—179 (1964).

[22] ANDREWS, H. C.: Digital Image Restoration: A Survey. IEEE Computer Group News **1974**, 36—45.

[23] HOLDERMANN, F.: Methoden zur Bildverbesserung. Bildmessung und Luftbildwesen **1976**, 53—61.

[24] HOLDERMANN, F., KAZMIERCZAK, H.: Preprocessing of Grey-Scale-Pictures. Computer Graphics and Image Processing **1**, 66—79 (1972).

[25] KAZMIERCZAK, H., HOLDERMANN, F.: The Karlsruhe System for Automatic Photointerpretation. In: Pictural Pattern Recognition, 45—61. Washington: Thompson Book Co. 1968.

[26] SCHÄRF, R.: Erzeugung linienhafter Bildmuster aus Grautonbildern mit Hilfe der Kontrastgradienten. BMVg-DOKZENT FBWT 73—10 (1973).

[27] ROSENFELD, A., PFALTZ, J. L.: Sequential Operations in Digital Picture Processing. J. ACM B **1966**, 471—494.

[28] WEDLICH, G.: Serienreifes Gerät zur lokaladaptiven Videosignalverarbeitung. IITB-Mitteilungen, 1977.

[29] FREEMAN, H.: On the Encoding of Arbitrary Geometric Configurations. IRE Trans. on Electr. Comp. **EC-10** (1961).

[30] FREEMAN, H.: Computer Processing of Linedrawing Images. Computing Surveys **6** (1974).

[31] ROSENFELD, A., PFALTZ, J. L.: Sequential Operations in Digital Picture Processing. J. ACM **13** (1966).

[32] Pfaltz, J. L., Rosenfeld, A.: Computer Representation of Planar Regions by their Skeletons. Com. of the ACM **10** (1967).

[33] Falk, G.: Scene Analysis Based on Imperfect Edge Data. Proc. of the Conf. on Artificial Intelligence, London, 1971.

[34] Sties, M.: Zur Beschreibung und Klassifizierung von Linienstrukturen. Dissertation, Universität Karlsruhe, 1973.

[35] Bajscy, R., Liebermann, L.: Computer Description of Real Outdoor Scenes. Proc. of the 2nd Int. J. Conf. on Pattern Recognition, Copenhagen, 1974.

[36] Morofsky, E., Wong, A.: Isolating and Identifying Objects in Line Drawings. Proc. of the 4th Int. J. Conf. on Artificial Intelligence, Tbilisi, 1975.

[37] Tenenbaum, J., Weyl, S.: A Region-Analysis Subsystem for Interactive Scene Analysis. Proc. of the 4th Int. J. Conf. on Artificial Intelligence, Tbilisi, 1975.

[38] Bertelsmeier, R., Radig, B.: Kontextunterstützte Analyse von Szenen mit bewegten Objekten. Informatik-Fachbericht No. 8, Digitale Bildverarbeitung. Berlin—Heidelberg—New York: Springer 1977.

[39] Simon, J. C., Rosenfeld, A.: Digital Image Processing and Analysis. Leyden: Noordhoff 1977.

[40] Kazmierczak, H., Röcker, F.: Digitale Korrelation zweidimensionaler Datenstrukturen auf der Grundlage der schnellen Fouriertransformation. BMVg-DOKZENT FBWT 72-1 (1972).

[41] Cooley, J. W., Tukey, J. W.: An Algorithm for the Machine Calculation of Complex Fourier Series. Math. of Comput. **19**, 297—301 (1965).

[42] Andrews, H. C.: Computer Techniques in Image Processing. New York: Academic Press 1970.

[43] Pratt, W. K., Welch, L. R., Chen, W. H.: Slant Transform Image Coding. IEEE Trans. Comm. **COM-22**, 1075—1093 (1974).

[44] Hopcroft, J. E., Ullmann, J. D.: Formal Languages and Their Relation to Automata. Reading, Mass.: Addison-Wesley 1969.

[45] Meyer-Brötz, G., Schürmann, J.: Methoden der automatischen Zeichenerkennung. München: R. Oldenbourg 1970.

[46] Fink, B.: Untersuchungen über eine Programmiersprache für die Verarbeitung matrixförmiger und hierarchischer Datenstrukturen. FIM/FGAN-Bericht Nr. 3, Karlsruhe, Februar 1973.

[47] Fink, B.: Überlegungen zu einer Programmiersprache für die automatische Bildverarbeitung. FIM/FGAN-Bericht Nr. 5, Karlsruhe, September 1973.

[48] Huber, A.: Elektro-optische Beuelemente zur hybriden Bildverarbeitung. FIM/FGAN-Bericht Nr. 19, Karlsruhe, Juni 1974.

2.2. Bildcodierung

Von P. Pirsch

Die Überführung eines Bildes in eine neue Signalform bzw. in eine digitale Darstellung wird als Codierung bezeichnet. Zur Behandlung der Bildcodierung, welche für die Bildübertragung von großer Bedeutung ist, wird ein digitales Nachrichtenübertragungssystem nach Abb. 2.2-1 zugrunde gelegt. Das kontinuierliche oder diskrete Ausgangssignal einer beliebigen Bildquelle wird einem Quellencoder zugeführt. Der Quellencoder wandelt das Signal in eine Folge digitaler Symbole um, mit dem Ziel, die Bildsignale durch eine möglichst geringe Anzahl digitaler Symbole zu beschreiben, um so eine wirtschaftliche Ausnutzung von Übertragungskanälen bzw. Speichermedien zu erzielen. Ohne wesentliche Einschränkungen kann vorausgesetzt werden, daß der Quellencoder Binärsymbole liefert. Im Anschluß an den Quellencoder wird der digitale Nachrichtenfluß durch

Kanalcodierung und Modulation an die gegebenen Eigenschaften des Kanals, wie z. B. Bandbreite und Störungen, angepaßt. Die Modulation der digitalen Symbole ist erforderlich, da im allgemeinen nur analoge Kanäle vorhanden sind. Es sei kurz erwähnt, daß auch ein Speichermedium, wie z. B. ein Magnetband, als ein Kanal betrachtet werden kann. Beim Empfang werden die umgekehrten Operationen, wie Demodulation, Kanaldecodierung mit Fehlererkennung bzw. Fehlerkorrektur und Quellendecodierung, durchgeführt.

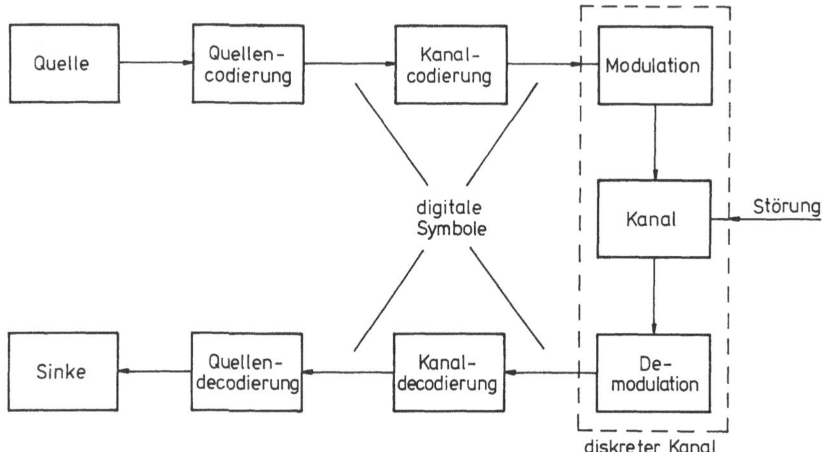

Abb. 2.2-1. Blockschaltbild eines digitalen Nachrichtenübertragungssystems

Nachfolgend werden Quellencodierungsverfahren zur effektiven digitalen Darstellung von Bildinformationen beschrieben, welche möglichst sämtliche redundante und irrelevante Information eliminieren sollen. Eine Information ist dann redundant, wenn sie durch bestimmte statistische Eigenschaften des Signals, ausgehend von der nichtredundanten Information, vollständig rekonstruiert werden kann. Eine Information ist für den Empfänger (Nachrichtensinke) dann irrelevant und kann entfernt werden (Informationsreduktion), wenn er sie nicht wahrnehmen kann bzw. wenn er nicht daran interessiert ist. Die Irrelevanzreduktion stellt im Gegensatz zur Redundanzreduktion einen irreversiblen Prozeß dar.

Die Redundanzreduktion kann mathematisch mit den Methoden der Informationstheorie [13] untersucht werden. Es werden hierbei Verfahren angestrebt, die eine weitgehende Annäherung der mittleren Übertragungsrate an den Informationsgehalt der Quelle liefern. Dies wird mit Hilfe von Optimalcodes [15] erreicht. Häufig ist hierbei eine Zusammenfassung der Abtastwerte erforderlich. Dies führt dann zu Blockcodes, Lauflängencodes und Bit-plane-Codes. In vielen Fällen werden vor der Optimalcodierung die statistischen Bindungen zu vorher übertragenen Abtastwerten reduziert. Dies ist möglich mit Hilfe von linearen Prädiktoren, Prewhitening-Filtern und linearen Transformationen.

Die Irrelevanzreduktion wird meist als subjektiv angepaßte Quantisierung durchgeführt. Bei allen vorgeschlagenen Verfahren tritt hierbei eine Kombination von Redundanz- und Irrelevanzreduktion auf. Prädiktive Verfahren mit einer zusätzlichen Quantisierung werden als Differenz-Pulscodemodulation (DPCM) [30] bezeichnet. Eine besonders einfach zu realisierende Variante der DPCM stellt die Deltamodulation [31] dar. Bei den Transformationsverfahren wird eine Blockquantisierung [56] angewandt, mit der die Irrelevanzreduktion eines Bildausschnittes beeinflußt wird. Die größte Reduktion der Übertragungsrate bei einem gegebenen Fehlermaß ist bei Verwendung von adaptiven Quantisierern möglich. Die Effektivität der verschiedenen Codierungsverfahren kann mathematisch mit Hilfe der Rate-Distortion-Theorie [58] untersucht werden.

2.2.1. Bildsignal und Bildinformation

Zum besseren Verständnis der verschiedenen Codierungsverfahren werden zunächst die Eigenschaften des menschlichen Auges als Empfänger behandelt. Anschließend erfolgt eine Beschreibung der Überführung der analogen kontinuierlichen Bildinformation in eine Menge von diskreten binären Informationselementen. Dieser Digitalisierungsprozeß stellt bereits eine Quellencodierung dar, die als Pulscodemodulation (PCM) bezeichnet wird. Weiter wird angegeben, wie der Informationsgehalt von diskreten Quellen ermittelt werden kann.

Eigenschaften des Empfängers

Anforderungen an den Abtaster, Übertragungseinrichtung und Wiedergabeeinrichtung werden im wesentlichen von den Qualitätsforderungen des Empfängers festgelegt. Da in den meisten Fällen der Mensch als Empfänger in Betracht kommt, richtet sich deshalb im allgemeinen der Systemaufbau nach den Eigenschaften des menschlichen Auges [1, 2]. Die Lichtempfindungen „Helligkeit“ und „Farbigkeit“ hängen im wesentlichen von der spektralen Verteilung ab (2.1-19). Durch Versuchsreihen mit mehreren Personen wurde eine spektrale Gewichtsfunktion $v(\lambda)$ (Abb. 2.2-2) ermittelt, welche die Berechnung eines Helligkeitswertes (Luminanz Y) aus einer gegebenen spektralen Farbreizfunktion $s(\lambda)$ erlaubt. Für das Farbensehen führte die Normung der C.I.E. (Commision Internationale de L'Eclairage) auf Normfarbwerte R, G, B, die mit Hilfe der Normspektralwertkurven $\bar{r}$, $\bar{g}$, $\bar{b}$ (Abb. 2.2-2) ermittelt werden. In der Fernsehtechnik

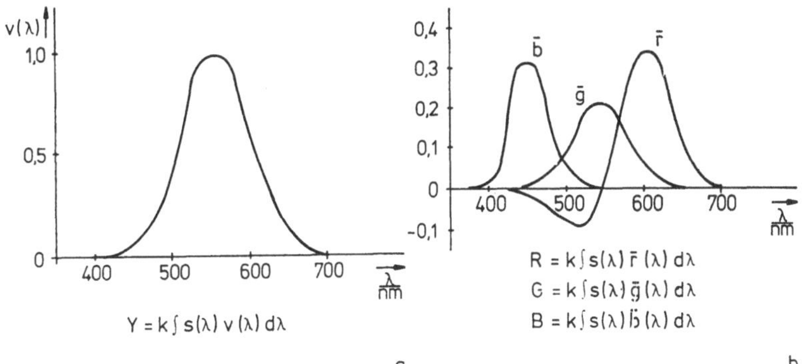

Abb. 2.2-2. Spektrale Gewichtsfunktionen des Normalbeobachters nach dem Colorimetrischen System 1931 CIE. *a* Spektrale Hellempfindlichkeitsfunktion; *b* Spektralwertfunktionen der spektralen Primärvalenzen R, G, B (700,0 nm, 546,1 nm, 435,8 nm)

werden Farbsignale verwendet, die von den Farbwerten des Normalbeobachters nach Abb. 2.2-2 abweichen. Die R,G,B-Signale werden hierbei durch eine lineare Transformation an die Farbwerte des Wiedergabegerätes angepaßt.

Die Überführung der Vielfalt von spektralen Verteilungen der Farbreize in 3 Farbsignale stellt eine enorme Irrelevanzreduktion dar. Soll nur eine Helligkeitsinformation übertragen werden, so ist nur ein Luminanzsignal erforderlich. Für die Anforderungen an die Abtaster wesentlich ist das Auflösungsvermögen des Auges für die Luminanz Y und die Farbwerte R, G, B. Durch Messungen mit räumlich sinusförmigen Luminanzverteilungen wurde festgestellt, daß die größte Kontrastempfindlichkeit bei ca. 3 Perioden/Grad liegt, und daß oberhalb 60 Perioden/Grad die Kontrastempfindlichkeit vernachlässigbar klein ist. Entsprechende Untersuchungen für gesättigte Farben ergaben, daß ungefähr oberhalb 24 Perioden/Grad keine Farbauflösung mehr vorhanden ist, sondern nur noch das zugehörige Luminanzsignal wahrgenommen wird. Aus diesem Grunde wird bei den meisten Systemen nicht mit R,G,B-Signalen, sondern mit einem Luminanzsignal Y und zwei Chrominanzsignalen C_1, C_2 gearbeitet. Diese Signale stellen eine Linearkombination von R,G,B-Signalen dar und können über eine Matrixoperation berechnet werden (2.2-1). In der europäischen Fernsehnorm werden die Chrominanzsignale $R-Y$ und $B-Y$ mit ungefähr 1/4 der Auflösung des Luminanzsignals Y verwendet.

$$(Y, C_1, C_2)^T = \boldsymbol{A}(R, G, B)^T \tag{2.2-1}$$

Die für die Betrachtung von Szenen erforderliche zeitliche Auflösung wird durch die kritische Flimmerfrequenz festgelegt. Diese ist eine Bildwiederholfrequenz, bei der das auftretende Flimmern gerade nicht mehr wahrgenommen wird. Die kritische Flimmerfrequenz hängt von den Helligkeitskontrasten ab. Sie beträgt ungefähr 45 bis 55 Hz.

In allen Fällen, in denen nicht der Mensch, sondern eine Maschine als Empfänger verwendet wird, muß man Abtaster und Wiedergabegerät an die entsprechenden spektralen Empfindlichkeiten und Auflösungseigenschaften der Maschine als Empfänger anpassen.

Digitalisierung von Bildsignalen

Der erste Schritt einer digitalen Codierung ist im allgemeinen die Überführung der kontinuierlichen Bildsignale $s(x, y)$ in zeit- und amplitudendiskrete Abtastwerte $s(x_i, y_i)$ bzw. $r(x_i, y_i)$. Werden den diskreten Amplitudenwerten $r(x_i, y_i)$ binäre Codeworte u_{ij} zugeordnet, dann wird dies als Pulscodemodulation (PCM) bezeichnet. Eine prinzipielle Darstellung für die PCM-Codierung von Einzelbildvorlagen ist in Abb. 2.2-3 gegeben.

Signalabtastung. Das Abtasttheorem für zweidimensionale Signale besagt, daß nur dann eine verzerrungsfreie Rekonstruktion mit einer Diracblende $\delta(x, y)$ abgetasteter Bilder möglich ist, wenn für die Stützstellenweiten $\Delta x < 1/2f_x$ bzw. $\Delta y < 1/2f_y$ gilt, wobei f_x bzw. f_y die maximal auftretenden Ortsfrequenzen in x- bzw. y-Richtung sind und außerdem auf der Wiedergabeseite ein zweidimensionales Tiefpaßfilter mit rechteckförmiger Durchlaßcharakteristik und den Bandgrenzen $W_x = f_x$ und $W_y = f_y$ verwendet wird. Kann sich jeder Amplitudenwert

$s(x, y)$ noch mit einer maximalen Frequenz f_t zeitlich ändern, so muß das gesamte Bild fortlaufend innerhalb des Zeitabtastrasters $\Delta t < 1/2f_t$ abgetastet werden, und man erhält dann Bildsequenzen. Damit bei einem vorgegebenen Abtastraster Δx, Δy, Δt keine Abtastfehler (aliasing) erzeugt werden, muß durch eine Filterung gewährleistet werden, daß die Bandbreitenbedingungen eingehalten werden. Eine solche dreidimensionale Filterung kann im allgemeinen nur unvollständig durchgeführt werden.

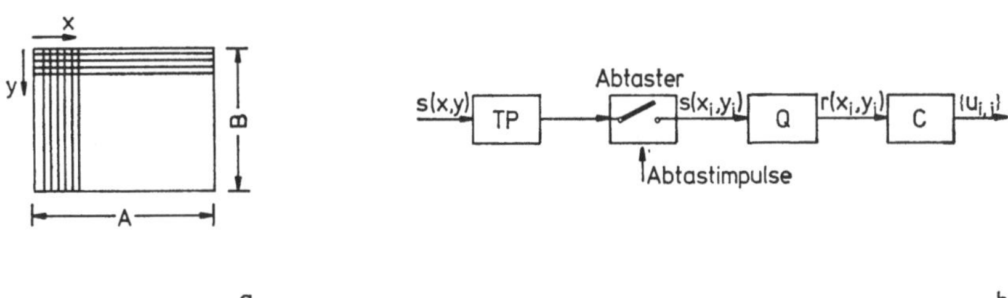

Abb. 2.2-3. Modell der Bildcodierung. *a* Bildvorlage; *b* Digitalisierung von Bildvorlagen (*TP* Zweidimensionaler Tiefpaß; *Q* Quantisierer; *C* Coder)

In vielen Fällen, z. B. in der Fernsehtechnik, wird anstatt des dreidimensionalen Signals $s(x, y, t)$ ein durch zeilenweises Abtasten gewonnenes eindimensionales Signal $s_z(t)$ für die Übertragung verwendet. Dieses Videosignal hat die Bandbreite W_z, wobei f_z die Zeilenabtastfrequenz und η der Quotient aus Rücklaufzeit und aktiver Abtastzeit der Zeile ist:

$$W_z = W_x A f_z (1 + \eta). \tag{2.2-2}$$

Die Zeilenabtastfrequenz f_z ist so zu wählen, daß für eine gegebene Bildhöhe B und eine Rasterweite Δy die Bedingung für Δt eingehalten wird. Bei dieser zeilenweisen Abtastung tritt in der Praxis eine unterschiedliche Filterung in x- und y-Richtung auf, die bei kritischen Bildvorlagen zu Störmustern führen kann. Da anstatt mit der theoretisch erforderlichen Dirac-Blende $\delta(x, y)$ mit Blendendurchmessern in der Größenordnung der Stützstellenweiten gearbeitet wird, tritt eine Tiefpaßfilterung durch die Art der Blende auf [6, 7, 8]. Im Anschluß an die zeilenweise Abtastung erfolgt eine Tiefpaßfilterung und zeitliche Abtastung des Videosignals. Die Filterung des Videosignals beeinflußt im wesentlichen die zur x-Richtung gehörenden Ortsfrequenzen. Auf der Empfangsseite wirken neben einem Videofilter auch die Farbpunktgröße des Wiedergabegerätes und der Frequenzgang des Auges als Tiefpaßfilter.

Amplitudenquantisierung. Durch die Abtastung erhält man für einzelne Bildvorlagen einen diskreten abzählbaren Definitionsbereich, jedoch ist der Wertebereich noch immer kontinuierlich. Mit Hilfe experimenteller Untersuchungen kann gezeigt werden, daß ein diskreter Wertebereich möglich ist. Die klassische Untersuchung hierzu führte für das Luminanzsignal zum Weber-Fechnerschen Gesetz [1]. Wird ein Beobachtungsfeld in zwei Teile geteilt, und der eine Teil hat die Luminanz Y, so muß in dem anderen Teil die Luminanz um den Wert ΔY erhöht werden, damit die beiden Teile voneinander unterschieden werden können. Es gilt dabei näherungsweise (2.2-3). Entsprechend wurde, basierend auf den

Untersuchungen in [3, 4], eine ähnliche Beziehung für Farbdifferenzen abgeleitet (2.2-4), wobei U^*, V^* und W^* durch lineare und nichtlineare Beziehungen aus R, G, B berechnet werden [1].

$$\frac{\Delta Y}{Y} = k \quad \text{mit} \quad k \approx 0{,}02, \tag{2.2-3}$$

$$\Delta E = [(\Delta U^*)^2 + (\Delta V^*)^2 + (\Delta W^*)^2]^{\frac{1}{2}}. \tag{2.2-4}$$

Ein diskreter Wertebereich ist also erlaubt, da Helligkeits- bzw. Farbänderungen erst nach dem Überschreiten einer gewissen Schwelle wahrnehmbar sind. Sollen für den Wertebereich des Luminanzsignals Y bzw. der Farbsignale R, G, B möglichst wenige Stufen verwendet werden, so ist eine nichtäquidistante Aufteilung erforderlich.

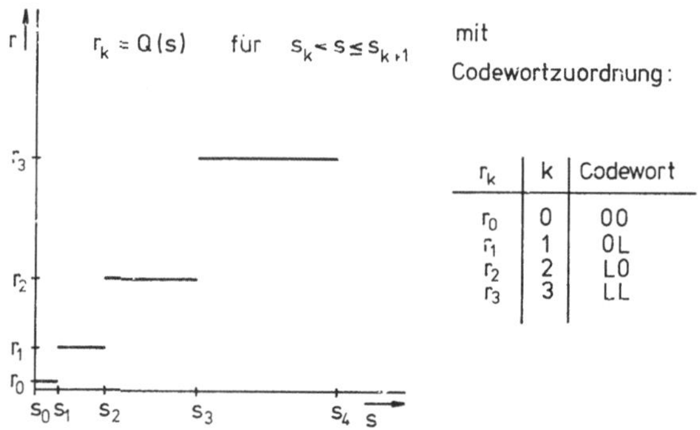

Abb. 2.2-4. Darstellung einer Quantisiererfunktion und Codewortzuordnung für 2 bit

Diskrete Signale. Die Überführung des kontinuierlichen in einen diskreten Wertebereich wird durch eine Quantisierungsfunktion beschrieben. (Abb. 2.2-4). Dies bedeutet, daß jedem Funktionswert s ein Repräsentativwert r_k zugeordnet wird, wenn $s_k < s \leqq s_{k+1}$ ist, wobei die s_k die sogenannten Entscheidungsschwellen sind. Die Schreibweise ist so gewählt, daß der fortlaufende Index mit k und die Gesamtanzahl der Repräsentativwerte mit K gekennzeichnet ist. Die Anzahl $K = 2^m$ wird meist so gewählt, daß sie ganzzahligen Potenzen von 2 entspricht. Die Abb. 2.2-4 zeigt eine nichtäquidistante Verteilung der Repräsentativwerte, die auch dadurch erzielt wird, daß die Videosignale zuerst nichtlinear vorverzerrt werden (Kompressor) und danach einem äquidistanten Quantisierer zugeführt werden (Abb. 2.2-5). Auf der Wiedergabeseite muß die nichtlineare Vorverzerrung durch einen Expander wieder rückgängig gemacht werden. Dieses Prinzip wird z. B. auch bei der homomorphen Bildfilterung angewandt (z. B. Abbildung eines

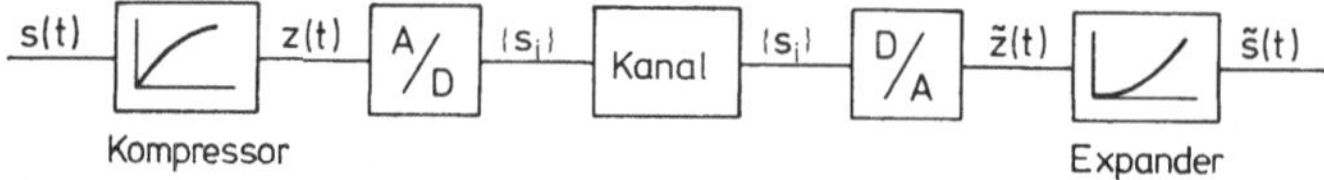

Abb. 2.2-5. Übertragungssystem mit Kompressor und Expander (A/D-Wandler aus Abtaster, äquidistantem Quantisierer und Codewortzuordner; D/A-Wandler, inverse Funktion des A/D)

Systems mit multiplikativen Komponenten auf ein lineares System durch eine logarithmische Kennlinie).

Als Kompressorfunktion wird in der Fernsehtechnik die γ-Vorverzerrungsfunktion (2.2-5) verwendet, welche die nichtlinearen Eigenschaften der Fernsehbildröhre kompensiert. Um keinen Unterschied zwischen analog und digital übertragenen Farbfernsehbildern wahrnehmen zu können, sind bei fast allen Bildvorlagen mit Ausnahme ganz spezieller Testvorlagen $K = 256$ Stufen ausreichend.

$$z(t) = [s(t)]^{\frac{1}{\gamma}} \quad \text{mit} \quad \gamma = 2{,}2 \cdots 2{,}8. \tag{2.2-5}$$

Durch Verwendung von Kompressorfunktionen, die den subjektiven Eigenschaften (2.2-3 u. 4) angepaßt sind, kann die gleiche Qualität mit ungefähr $K = 128$ Stufen für das Luminanzsignal bzw. für die Chrominanzsignale erreicht werden. Eine Untersuchung für die Ermittlung subjektiv optimaler Kompressorfunktionen für das Luminanzsignal wird in [9] durchgeführt. Die aus (2.2-3) abgeleitete Kompressorfunktion wird durch (2.2-6) dargestellt, wobei c das Kontrastverhältnis ist und außerdem $0 \leqq s(t) \leqq 1$ gelten muß. Für die Chrominanzsignale wird in [10] aus (2.2-4) ein nichtgleichförmiger zweidimensionaler Quantisierer ermittelt.

$$z(t) = \frac{\ln [1 + (c - 1)\, s(t)]}{\ln c}. \tag{2.2-6}$$

Quantisierungsfehler. Der beschriebene Digitalisierungsvorgang bewirkt für jeden Abtastwert s_i einen Quantisierungsfehler q_i (2.2-7). Dieser Fehler ist durch eine Funktion $d(q_i)$ subjektiv zu gewichten, welche die Wahrnehmungseigenschaften des Auges beschreibt. Unterhalb einer Schwelle liefert diese Funktion den Wert 0, d. h., ein Fehler unterhalb der Schwelle wird nicht wahrgenommen. Allerdings wird die Schwelle entscheidend von der Umgebung beeinflußt. Die niedrigste Schwelle tritt in Gebieten mit geringen räumlichen Luminanz- und Chrominanzänderungen auf. Wie in Abb. 2.1-23 und 2.1-26 dargestellt, führt eine zu grobe Quantisierung in diesen Gebieten zur Wahrnehmung von Konturlinien (contouring).

$$q_i = Q(s_i) - s_i = r_i - s_i. \tag{2.2-7}$$

Eine mathematische Beschreibung der subjektiven Fehlerfunktion ist kaum möglich, deshalb wird häufig für die analytische Behandlung von Codierungsverfahren ein MSE-Fehlerkriterium (MSE = Mean Square Error) (2.2-8) verwendet [21]. Der Vorteil eines solchen Fehlerkriteriums ist, daß es die Ermittlung eines durch die Quantisierung verursachten Signal-Rausch-Leistungsverhältnisses erlaubt. In diesem Falle werden Quantisierungsfehler wie durch Rauschen verursachte Fehler bei einer Analogübertragung behandelt. Ein MSE-Fehlerkriterium ist mathematisch sehr gut handhabbar, es stellt allerdings keine sehr gute Approximation der subjektiven Fehlerfunktion dar. Eine bessere Approximation wurde z. B. durch Verwendung eines gewichteten MSE-Kriteriums [34, 36] bzw. durch Benutzung von Zentralmomenten der Potenz 4 erzielt [37]. Eine noch bessere Anpassung an die Wahrnehmungseigenschaften von Quantisierungsfehlern wird durch die Benutzung von visuellen Modellen erreicht. In [11] wird ein Modell für

Luminanzsignale angegeben, das auch den Einfluß von bewegten Bildteilen berücksichtigt. Ein anderes Modell [12] dient der Beschreibung der Farbwahrnehmungseigenschaften.

$$D = E[d(r - s)] = \int (r - s)^2 \, p(s) \, \mathrm{d}s. \tag{2.2-8}$$

Informationsgehalt von diskreten Quellen

Nach der Digitalisierung steht jedem Abtastwert des Signals ein Alphabet $\{a_0, a_1, \ldots, a_k, \ldots, a_{K-1}\}$ von insgesamt K Symbolen zur Verfügung. Es sei angenommen, daß es möglich ist, für die Symbole a_k eine zugehörige Wahrscheinlichkeit $P(a_k)$ anzugeben. Alphabet und zugehöriges Wahrscheinlichkeitsfeld bilden

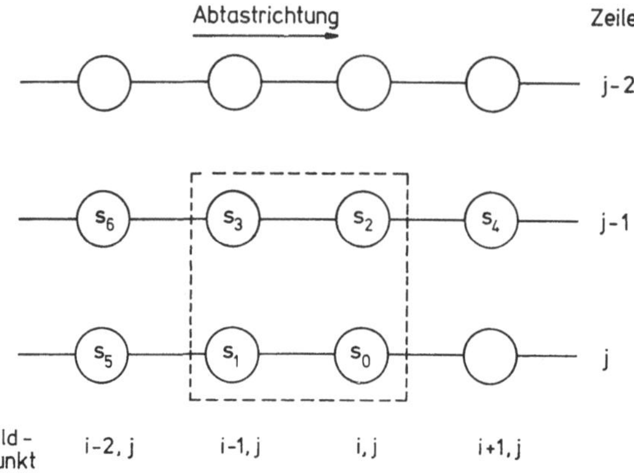

Abb. 2.2-6. Abtastwerte für ein zweidimensionales Markoff-Modell (s_0 Momentaner Bildpunkt; s_1, s_2, s_3 Vorher übertragene Bildpunkte für ein Markoff-Modell 3. Ordnung)

ein Ensemble, das nachfolgend mit U_0 bezeichnet wird. Bei der Ermittlung des mittleren Informationsgehaltes je Abtastwert einer Quelle muß man zwischen gedächtnislosen und gedächtnisbehafteten Quellen unterscheiden. Eine gedächtnislose Quelle liegt dann vor, wenn die Wahrscheinlichkeiten $P(a_k)$ der Symbole a_k unabhängig von vorher übertragenen Abtastwerten sind. Entsprechend sind bei einer gedächtnisbehafteten Quelle die Wahrscheinlichkeiten der Symbole abhängig von der Vergangenheit. Der mittlere Informationsgehalt je Abtastwert einer gedächtnislosen Quelle ist durch die Entropie $H(U_0)$ (2.2-9) gegeben [13, 14]. Nachfolgend wird immer eine Basis von 2 für den Logarithmus angenommen, so daß man die Entropie in bit/Symbol erhält. Die maximale Entropie tritt bei Gleichwahrscheinlichkeit aller Symbole a_k auf, und diese wird als Entscheidungsgehalt $H_0 = \mathrm{ld}\, K$ bezeichnet.

$$H(U_0) = -\sum_{k=0}^{K-1} P(a_k) \,\mathrm{ld}\, P(a_k) = -\sum_{u_0} P(u_0) \,\mathrm{ld}\, P(u_0). \tag{2.2-9}$$

Für die statistische Analyse von Bildquellen ist das Modell der gedächtnislosen Quelle nicht ausreichend. Für Bildquellen gilt, daß eine statistische Abhängigkeit zwischen dem momentanen Bildpunkt und einer begrenzten Anzahl N vorher übertragener Bildpunkte vorhanden ist. Somit muß eine Markoff-Quelle

N-ter Ordnung zur Beschreibung verwendet werden. Die Werte der Bildpunkte $s_1, \ldots, s_N$, die nach Abb. 2.2-6 sowohl der aktuellen als auch vorangegangenen Zeilen entnommen sein können, kennzeichnen einen Zustand z_j der Markoff-Quelle. Die statistischen Eigenschaften des Bildes können vollständig durch das Verbundensemble $U_0, U_1, \ldots, U_N$ beschrieben werden. Das Alphabet dieses Verbundensembles besteht aus allen Kombinationen der Symbole a_k der Abtastwerte $s_0, s_1, \ldots, s_N$.

Der mittlere Informationsgehalt je Abtastwert einer Markoff-Quelle N-ter Ordnung (2.2-10) ist durch die bedingte Entropie $H(U_0 \mid U_1, \ldots, U_N)$ gegeben [14], wobei u_i ein beliebiges Symbol aus dem Wertevorrat $a_0, \ldots, a_{K-1}$ des Ensembles U_i repräsentiert und $P(u_0 \mid u_1, \ldots, u_N)$ die bedingte Wahrscheinlichkeit ist, daß auf die Abtastwertfolge $u_1, \ldots, u_N$ der Abtastwert u_0 folgt. Für den Sonderfall statistisch unabhängiger Abtastwerte geht (2.2-10) in (2.2-9) über.

$$H(U_0 \mid U_1, \ldots, U_N) = -\sum_{u_0} \cdots \sum_{u_N} P(u_0, u_1, \ldots, u_N) \,\mathrm{ld}\, P(u_0 \mid u_1, \ldots, u_N). \tag{2.2-10}$$

Als Redundanz R der Quelle wird die Differenz vom Entscheidungsgehalt und dem mittleren Informationsgehalt bezeichnet (2.2-11). Ein Quellensignal ist redundanzfrei codiert, wenn jeder Abtastwert u_0 entsprechend seinem Informationsgehalt codiert ist. Der redundanzfreie Nachrichtenfluß enthält dann statistisch unabhängige, gleichwahrscheinliche binäre Codesymbole.

$$R = H_0 - H(U_0 \mid U_1, \ldots, U_N). \tag{2.2-11}$$

Bei entsprechendem Aufwand ist eine Optimalcodierung möglich, deren mittlere Codewortlänge $\bar{n}$ dem mittleren Informationsgehalt zustrebt, wenn für die einzelnen Codewortlängen (2.2-12) gilt. Diese sogenannten Optimalcodes müssen stets der Statistik der Quelle angepaßt werden. Ein Algorithmus zur Berechnung von Codes minimaler Redundanz wird in [15, 14] angegeben. Tab. 2.2-1 zeigt ein einfaches Beispiel einer Optimalcodierung nach Huffman für eine

Tabelle 2.2-1. *Beispiel einer Optimalcodierung nach Huffman für eine gedächtnislose Quelle*

a_i	$P(a_i)$	redundanter Code	Optimal-code
a_0	0,500	OO	O
a_1	0,250	OL	LO
a_2	0,125	LO	LLO
a_3	0,125	LL	LLL

gedächtnislose Quelle. Das wesentliche Merkmal einer Optimalcodierung ist, daß die häufigen Symbole durch kurze Codeworte und die seltenen Symbole durch lange Codeworte dargestellt werden.

$$\bar{n} = H(U_0 \mid U_1, \ldots, U_N) \quad \text{wenn} \quad n_{CW}(u_0 \mid u_1, \ldots, u_N) = \mathrm{ld}\, \frac{1}{P(u_0 \mid u_1, \ldots, u_N)} \tag{2.2-12}$$

Da die Codewortlängen nur ganze Zahlen sein können, sind im allgemeinen im Mittel etwas mehr als H bit/Symbol nötig. Werden mehrere Abtastwerte zu einem Block zusammengefaßt und wird der ganze Block durch ein Codewort dargestellt, so ist es möglich, die mittlere Codewortlänge je Abtastwert beliebig an die Entropie anzunähern.

Bei Farbbildern werden ständig 3 parallele Signale (R, G, B oder aber Y, C_1, C_2) übertragen. Es sind deshalb bei der Übertragung von Farbinformationen nicht nur die statistischen Bindungen zu vorher übertragenen Abtastwerten, sondern auch zwischen den Signalkomponenten zu berücksichtigen. Um keine zu komplizierten Darstellungen zu erhalten, wird nur der Informationsgehalt einer dreidimensionalen gedächtnislosen Videoquelle angegeben. Den 3 Videosignalen sei ein Verbundensemble U, V, W zugeordnet, wobei U, V und W die Ensemble der einzelnen Signale sind. Mit Hilfe der Kettenregel (2.1-108) für die Wahrscheinlichkeiten erhält man den mittleren Informationsgehalt des Verbundensembles für statistisch abhängige Signale

$$H(U, V, W) = H(U) + H(V \mid U) + H(W \mid U, V) \leqq H(U) + H(V) + H(W). \tag{2.2-13}$$

2.2.2. *Redundanzreduzierende Codierungen*

Für Farbbilder müssen parallel 3 Signale übertragen werden. Es bestehen nun statistische Bindungen zwischen diesen Signalen und zu vorher übertragenen Abtastwerten dieser Signale. Eine redundanzreduzierende Codierung mit einer mittleren Codewortlänge, die dem mittleren Informationsgehalt nach (2.2-10) bzw. (2.2-13) zustrebt, ist mit Hilfe einer Huffman-Codierung möglich, die ständig an den Zustand der vergangenen Abtastwerte bzw. der anderen Signalwerte angepaßt wird. Aufgrund der sehr großen Anzahl der möglichen Zustände ist allerdings die Realisierung eines solchen Verfahrens sehr aufwendig. Es ist deshalb naheliegend, daß vor der Huffman-Codierung eine Transformation der Signale sinnvoll ist, bei der die vorher genannten statistischen Bindungen reduziert werden.

Statistische Abhängigkeit zwischen den Videosignalen

Es sei $\boldsymbol{u} = (u_1, u_2, \ldots, u_n)^T$ ein n-dimensionales stochastisches Signal, wobei die Elemente u_i entweder die Komponenten eines Farbvideosignals oder aber eine zeitliche Folge eines Videosignals darstellen. Bei Gaußschen Prozessen sind statistisch unabhängige Variable (2.2-14) gleichzeitig dekorreliert [16]. Somit erfüllt eine Lineartransformation, welche dekorrelierte Ausgangsvariable liefert, bei diesen Prozessen die Forderung der statistischen Unabhängigkeit. Zwei Variable u_i und u_j werden als dekorreliert bezeichnet, wenn (2.2-15) gilt, welches auf eine Kovarianzmatrix in Diagonalform führt. Eine Transformation, die dieses liefert, wird als Eigenvektortransformation oder auch als Karhunen-Loève-Transformation bezeichnet (2.1-91).

$$p(u_i u_j) = p(u_i)\, p(u_j) \quad \text{für} \quad i \neq j, \tag{2.2-14}$$

$$E(u_i u_j) = E(u_i)\, E(u_j) \quad \text{für} \quad i \neq j. \tag{2.2-15}$$

Die Kovarianzmatrix $\boldsymbol{K} = \Lambda_u$ des Vektorsignals $\boldsymbol{u}$ führt bei einer Lineartransformation $\boldsymbol{v} = \boldsymbol{A}\boldsymbol{u}$ auf eine Kovarianzmatrix Λ_v (2.2-16). Werden als Spalten von $\boldsymbol{A}^T$ die n normierten Eigenvektoren von Λ_u verwendet, so erhält man eine Überführung auf Diagonalform [18]. Die Diagonalelemente von Λ_v sind dann die Eigenwerte. Die beschriebene Transformation führt zwar nur bei Gaußschen Prozessen auf statistische Unabhängigkeit, jedoch erhält man auch bei den anderen Prozessen eine erhebliche Verminderung der statistischen Bindungen.

$$\begin{aligned} \Lambda_u &= E\{[\boldsymbol{u} - E(\boldsymbol{u})]\,[\boldsymbol{u} - E(\boldsymbol{u})]^T\} = E(\boldsymbol{u}\boldsymbol{u}^T) - E(\boldsymbol{u})\,E(\boldsymbol{u}^T), \\ \Lambda_v &= \boldsymbol{A}\Lambda_u\boldsymbol{A}^T \quad \text{für} \quad \boldsymbol{v} = \boldsymbol{A}\boldsymbol{u}. \end{aligned} \tag{2.2-16}$$

Die Karhunen-Loève-Transformation für R,G,B-Videosignale und der Vergleich mit anderen Signaltransformationen [20] zeigt, daß die R,G,B-Videosignale stark korreliert sind, während die NTSC-Videosignale Y, I, Q weitgehend dekorreliert sind. Durch Entropiemessungen [24, 37] wurde bestätigt, daß Videosysteme mit einem Luminanzsignal Y und zwei Chrominanzsignalen C_1, C_2 geringe statistische Bindungen aufweisen. Da die Karhunen-Loève-Transformation keinen erheblichen Vorteil gegenüber den kompatiblen Videosystemen darstellt, wird im folgenden von den Signalen Y, $R-Y$, $B-Y$ ausgegangen.

Statistische Abhängigkeit zwischen den Abtastwerten

Dekorrelierte Abtastwerte können auch mit einem einfacher zu realisierenden prädiktiven System nach Abb. 2.2-7 erzielt werden. Aufgrund der Korrelation zwischen den Abtastwerten ist es möglich, für einen aktuellen Signalwert s_0 einen Prädiktionswert $\hat{s}_0$ durch vorher übertragene Signalwerte $s_1, s_2, \ldots, s_N$ zu ermitteln. Der Index $1, 2, \ldots, N$ kennzeichnet die relative Lage der Abtastwerte zum aktuellen Abtastwert (vgl. Abb. 2.2-6). Es wird nur der Prädiktionsfehler $e_0 = s_0 - \hat{s}_0$ codiert und übertragen. Der Empfänger kann die Signalwerte durch Prädiktion aufgrund der vorher übertragenen Signalwerte und durch Empfang des Prädiktionsfehlers eindeutig rekonstruieren. Ein linearer Prädiktor, welcher den mittleren quadratischen Prädiktionsfehler minimiert, erzeugt Folgen von dekorrelierten Prädiktionsfehlern [21]. Es sei zunächst angenommen, daß es sich um einen stationären Prozeß mit dem Mittelwert $E(s) = \bar{s} = 0$ handelt. Der Schätzwert $\hat{s}_0$ eines linearen Prädiktors kann als Skalarprodukt eines Koeffizientenvektors $\boldsymbol{a} = (a_1, a_2, \ldots, a_N)^T$ und eines Signalvektors $\boldsymbol{s} = (s_1, s_2, \ldots, s_N)^T$

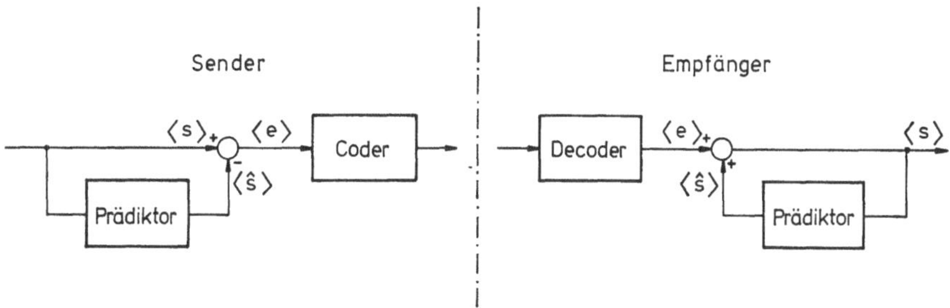

Abb. 2.2-7. Prädiktives System mit einer Codierung mit variablen Codewortlängen (z. B. Huffman-Codierung)

dargestellt werden:

$$\hat{s}_0 = \sum_{i=1}^{N} a_i s_i = \boldsymbol{a}^T \mathbf{s} \quad \text{und} \quad e_0 = s_0 - \boldsymbol{a}^T \mathbf{s}. \tag{2.2-17}$$

Für den mittleren quadratischen Fehler gilt (2.2-18), wobei $\Lambda_s = E(\mathbf{s}\mathbf{s}^T)$ eine Kovarianzmatrix der zu berücksichtigenden Abtastwerte darstellt und $\boldsymbol{\varrho} = E(s_0 \mathbf{s})$ ein Vektor der Kovarianzen zwischen aktuellen und den vorherigen Abtastwerten ist. Werden die partiellen Ableitungen nach den Koeffizienten gleich Null gesetzt, erhält man eine notwendige Bedingung für das Minimum, aus welcher der optimale Koeffizientensatz $\boldsymbol{a}_{\text{opt}}$ und der minimale Erwartungswert $E(e_0^2)_{\min}$ folgt

$$\begin{gathered} E(e_0^2) = E(s_0^2) - 2\boldsymbol{a}^T \boldsymbol{\varrho} + \boldsymbol{a}^T \Lambda_s \boldsymbol{a} \geqq E(s_0^2) - \boldsymbol{\varrho}^T \Lambda_s^{-1} \boldsymbol{\varrho}, \\ \left[\frac{\partial E(e_0^2)}{\partial a_i}\right] = -2[E(e_0 s_i)] = -2(\boldsymbol{\varrho} - \Lambda_s \boldsymbol{a}) = \mathbf{0} \quad \text{bzw.} \quad \boldsymbol{a}_{\text{opt}} = \Lambda_s^{-1} \boldsymbol{\varrho}. \end{gathered} \tag{2.2-18}$$

Der aktuelle Prädiktionsfehler e_0 und ein vorher übertragener Prädiktionsfehler e_k sind dekorreliert, wenn (2.2-19) gilt. Da e_k eine Linearkombination von früheren Abtastwerten darstellt, kann anstatt (2.2-19) die Beziehung (2.2-20) angewandt werden. Diese wird nach (2.2-18) von allen Signalwerten s_i ($i = 1, \ldots, N$), die bei dem Prädiktionsalgorithmus berücksichtigt werden, erfüllt. Demnach ist die Anzahl N der Abtastwerte zur Vorhersage so groß zu wählen, daß auch für alle weiteren Abtastwerte (2.2-20) erfüllt ist.

Wegen $\bar{s} = 0$ gilt $\bar{e} = 0$ und somit

$$E(e_0 e_k) = \bar{e}_0 \bar{e}_k = 0 \quad \text{für alle} \quad k > 0, \tag{2.2-19}$$

$$E(e_0 s_k) = 0 \quad \text{für alle} \quad k > 0. \tag{2.2-20}$$

Für Videosignale mit einem Mittelwert $\bar{s} \neq 0$ muß dem Vorhersagewert eine additive Konstante a_0 zugefügt werden [17]:

$$\hat{s}_0 = a_0 + \boldsymbol{a}^T \mathbf{s} \quad \text{mit} \quad a_0 = E(s)\left(1 - \sum_{i=1}^{N} a_i\right). \tag{2.2-21}$$

Bei Anwendung der Approximation (2.2-22) erhält man dekorrelierte Prädiktionsfehler [19], wenn die 3 in Abb. 2.2-6 dargestellten Abtastwerte für die Vorhersage verwendet werden. Die Prädiktionskoeffizienten für diesen Fall lauten

$$\begin{gathered} a_j = \frac{E(s_0 s_j) - \bar{s}^2}{E(s_0^2) - \bar{s}^2} \quad \text{für} \quad j = 1, 2 \quad \text{und} \quad a_3 = -a_j \quad \text{für} \quad j = 3, \\ E(s_0 s_i) = [E(s_0^2) - \bar{s}^2] \exp\left(-\alpha\, |x_i - x_0| - \beta\, |y_i - y_0|\right) + \bar{s}^2. \end{gathered} \tag{2.2-22}$$

Untersuchungen [22] an realen Bildsignalen von Prädiktoren mit bis zu 22 Prädiktionskoeffizienten haben ergeben, daß der wesentliche Prädiktionsgewinn bereits bei Verwendung der vorher genannten 3 Bildpunkte auftritt. Bei Bildsignalen ist Dekorrelation nicht mit statistischer Unabhängigkeit gleichzusetzen. Somit sind lineare Prädiktoren möglich, die eine kleinere Entropie $H(E)$ der Prädiktionsfehler ergeben als Prädiktoren, die dekorrelierte Vorhersagefehler liefern [37]. Die Effektivität von prädiktiven Systemen bei Fernsehsignalen kann durch einen Vergleich von Tab. 2.2-2 und Tab. 2.2-3 belegt werden. Die Entropie der Prädiktionsfehler ist ungefähr die Hälfte der Entropie der PCM-Signale.

Tabelle 2.2-2. *Entropie der Farbfernsehsignale in bit/Abtastwert (Mittelwerte von 6 Testbildern* [37] *bei einer Abtastfrequenz von* 10 MHz *für das Luminanzsignal und* 2 MHz *für die Chrominanzsignale und einer* PCM-*Quantisierung mit 256 Stufen)*

Videosignal	$H(S_0)$	$H(S_0 \mid S_1)$	$H(S_0 \mid S_2)$
Y	7,34	4,66	4,85
$R-Y$	5,57	3,76	2,96
$B-Y$	5,24	3,75	2,93

Tabelle 2.2-3. *Vergleich von Prädiktoren für Farbfernsehsignale (Abtastwerte s_0, s_1, s_2, s_3 nach Abb. 2.2-6)*

Videosignal	Prädiktor a_1	a_2	a_3	Entropie $H(E)$	$\frac{E(e^2) - \bar{e}^2}{E(s^2) - \bar{s}^2}$	Kriterium
Y	$\frac{7}{8}$	$\frac{3}{4}$	$-\frac{5}{8}$	4,30	0,0149	minimale Varianz
R−Y	$\frac{5}{8}$	$\frac{7}{8}$	$-\frac{1}{2}$	2,87	0,0278	
B−Y	$\frac{3}{8}$	$\frac{7}{8}$	$-\frac{1}{4}$	2,46	0,0279	
Y	$\frac{7}{8}$	$\frac{5}{8}$	$-\frac{1}{2}$	4,29	0,0152	minimale Entropie
$R-Y$	$\frac{3}{8}$	$\frac{7}{8}$	$-\frac{1}{4}$	2,82	0,0297	
$B-Y$	$\frac{3}{8}$	$\frac{7}{8}$	$-\frac{1}{4}$	2,46	0,0279	

Mit Hilfe einer Huffman-Codierung kann die mittlere Codewortlänge an die Entropie angenähert werden. Der wesentliche Vorteil der prädiktiven Systeme ist, daß nur ein Huffman-Code erforderlich ist, während bei Anwendung des Modells der Markoff-Quelle zur Erreichung der bedingten Entropie nach (2.2-10) der Code an jeden Zustand der N vorherigen Abtastwerte angepaßt werden muß. Dies sind bei 8-bit-PCM-Signalen bei Berücksichtigung nur eines vorherigen Abtastwertes bereits 256 mögliche Zustände.

Codierung von Schwarzweiß-Faksimilebildern

Eine besondere Form der Codierung ist für zweiwertige Schwarzweiß-Faksimilesignale erforderlich. Hierbei handelt es sich um zweistufige Videosignale, die durch zeilenweises Abtasten von Schriftseiten oder technischen Zeichnungen gewonnen werden. Die Digitalisierung dieses Signals führt auf eine Binärfolge mit 1 bit/Bildpunkt, wobei das Codewort O für weiß und das Codewort L für schwarz stehen kann. Die Effektivität einer Quellencodierung kann in diesem Falle dadurch erhöht werden, daß zu Gruppen zusammengefaßte Bildpunkte codiert werden. Als besonders zweckmäßig hat sich hierbei die Verwendung von Lauflängen (Run) erwiesen. Die Lauflänge gibt die Zahl gleicher aufeinanderfolgender Bildpunkte an.

Da dem Empfänger bekannt ist, daß sich weiße und schwarze Lauflängen abwechseln, können unterschiedliche Codetabellen für beide Lauflängenarten verwendet werden. Aufgrund der Wahrscheinlichkeitsverteilungen für die Lauflängen kann jeweils ein Huffman-Code für weiße und schwarze Lauflängen ermittelt werden. Eine wesentliche Vereinfachung bei nur geringer Einbuße an Reduktionsgewinn läßt sich erreichen, wenn man nur die kurzen sehr häufigen Lauflängen mit einem Huffman-Code codiert und für die langen seltenen Lauflängen eine feste Codewortlänge überträgt. Ein solcher Code wird als abgebrochener Huffman-Code bezeichnet [25].

Andere effektive Codierungsvorschläge gehen davon aus, daß die ganz kurzen Lauflängen mit einigen Basisworten und die längeren Lauflängen durch Aneinanderreihen mehrerer Basisworte codiert werden [27, 26]. Die Lauflängencodierungen erlauben je nach Vorlage Reduktionsfaktoren der mittleren Übertragungsrate von ungefähr 4 bis 16.

Die vorher erläuterte Lauflängencodierung (run-length-coding) eliminiert die Redundanz nicht vollständig. Da sie nur in Abtastrichtung wirkt, spricht man auch von eindimensionaler Codierung. Eine weitere Reduktion kann mit Hilfe von zweidimensionalen Codierungen durch zusätzliche Ausnutzung der statistischen Abhängigkeiten zwischen benachbarten Abtastzeilen erreicht werden [28, 29].

2.2.3. Irrelevanz- und redundanzreduzierende Codierung

Eine optimale Codierung liegt dann vor, wenn Quellenstatistik und subjektives Fehlerkriterium so angepaßt sind, daß eine größtmögliche Entropiereduktion bei vernachlässigbarer Verfälschung möglich ist. Da von hochfrequenten Farbdetails subjektiv z. B. nur die Luminanzdetails wahrgenommen werden, darf die Bandbreite der Chrominanzsignale auf ungefähr 1/4 der Luminanzbandbreite reduziert werden. Die Transformation von R, G, B nach Y, C_1, C_2 führt auf eine Redundanzreduktion, während die zusätzliche Bandbegrenzung der Chrominanzsignale eine Irrelevanzreduktion darstellt.

DPCM-Verfahren

Bekanntlich ist die Schwelle zur Wahrnehmung von Quantisierungsfehlern in detailreichen Gebieten eines Bildes und an Kanten erheblich höher als in ebenen Bereichen. Dies bedeutet, daß ein PCM-Coder möglich ist, dessen Stufenweite und damit auch die Anzahl der Repräsentativwerte in Abhängigkeit des Umfeldes verändert wird. Ein solches von der Umgebung gesteuertes System führt zu unterschiedlichen Codewortlängen. Mit Hilfe eines DPCM-Verfahrens (DPCM = Differenz-Pulscodemodulation) ist es möglich, den vorher beschriebenen Steuerungsmechanismus des Quantisierers bei konstanten Codewortlängen zu erzielen.

In Abb. 2.2-8 ist der prinzipielle Aufbau eines DPCM-Systems gezeigt. Bei dieser Art von Coder wird ein Prädiktionswert des aktuellen Abtastwertes mit Hilfe decodierter vorher übertragener Abtastwerte ermittelt. Die Differenz zwischen dem aktuellen und dem vorhergesagten Abtastwert wird dann quantisiert, codiert und übertragen. Der Empfänger ist in der Lage, den Abtastwert bis auf den Quantisierungsfehler eindeutig zu rekonstruieren. Sehr wesentlich für die analytische Berechnung eines DPCM-Systems ist die Wahl des Fehlerkriteriums. Eine formelmäßige Beschreibung eines subjektiven Fehlermaßes ist nicht möglich, deshalb werden meist Näherungen wie das Kriterium „mittlerer Fehler n-ter Potenz" genommen [21, 22, 37].

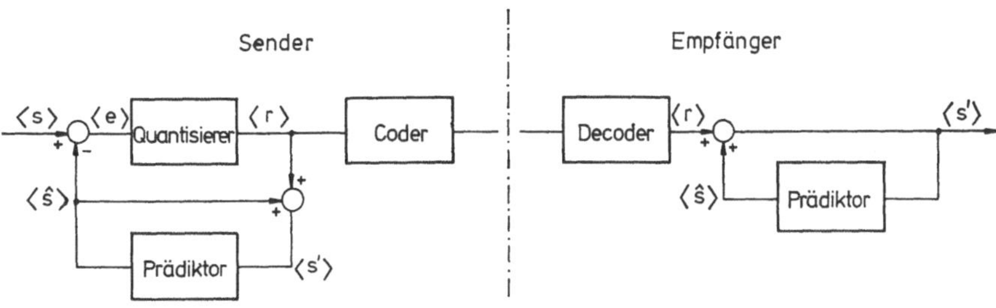

Abb. 2.2-8. DPCM-System

In letzter Zeit wurde auch der Entwurf von Quantisierern mit Hilfe von durch subjektive Tests gewonnenen Wahrnehmbarkeitsfunktionen des Quantisierungsrauschens an Kanten durchgeführt [34, 35, 36]. Im folgenden wird gezeigt, wie sich ein Prädiktor und ein Quantisierer für ein gegebenes Fehlerkriterium ermitteln lassen.

Optimierung des Prädiktors. Es sei vorausgesetzt, daß der Prädiktionsalgorithmus unabhängig vom Quantisierer gewonnen werden kann. Diese Voraussetzung ist erfüllt, wenn der Quantisierer nicht die Wahrscheinlichkeitsverteilung des Prädiktionsfehlersignals e ändert. Es könnten somit die Ergebnisse von 2.2.2. übernommen werden. Die prinzipielle Aufgabe eines Prädiktors bei einem DPCM-System besteht jedoch nicht nur in der Erzeugung dekorrelierter Abtastwerte. Durch die erzeugten Prädiktionsfehler wird auch die Größe der Quantisierungsfehler gesteuert. Es wird daher gefordert, daß in Gebieten mit äußerst geringem Detailkontrast der Quantisierer keine zusätzlichen Fehler erzeugt. In den meisten Fällen wird die Bedingung $e = s_0 - \hat{s}_0 = 0$ gewählt, wenn $s_0 = s_i$ für $i = 1, \ldots, N$ gilt. Mit (2.2-17) folgt daraus (2.2-23). Für Prädiktoren, welche (2.2-23) erfüllen, gilt außerdem $E(e) = \bar{e} = 0$.

$$\sum_{i=1}^{N} a_i = 1. \tag{2.2-23}$$

An einen optimalen Prädiktor wird die Forderung gestellt, daß die Prädiktionsfehler so kompakt wie möglich um den Mittelwert auftreten. Man kann auch sagen, daß die Wahrscheinlichkeit für große Vorhersagefehler möglichst klein wird. Dies wird durch Minimierung der Zentralmomente gerader Potenz n geschehen:

$$\mu_n = E[(e - \bar{e})^n] = \text{Min}. \tag{2.2-24}$$

Eigentlich müßte zur Einhaltung der Forderung eine möglichst hohe Potenz n genommen werden, jedoch haben Untersuchungen [37] ergeben, daß mit Minimierung der Varianz ($n = 2$) gleichzeitig auch höhere Zentralmomente ihrem Minimum zustreben. Somit können die Koeffizienten a_i mit Hilfe eines linearen Gleichungssystems bestimmt werden, welches unter der Nebenbedingung (2.2-23) die Varianz der Prädiktionsfehler minimiert. Werden die Prädiktionskoeffizienten a_i auf eine Stellenlänge von 3 bit und weniger gerundet, so gehen die Ergebnisse nach (2.2-18) und (2.2-25) ineinander über.

$$\sum_{i=1}^{N} a_i(E[s_i s_1] - E[s_i s_l]) = E[s_0 s_1] - E[s_0 s_l], \qquad l = 2, \ldots, N. \tag{2.2-25}$$

Optimierung des Quantisierers. Im allgemeinen fällt großer Detailkontrast und großer Prädiktionsfehler zusammen. Andererseits treten in ebenen Gebieten kleine Prädiktionsfehler auf. Ein Prädiktionsfehlerbild stellt daher ungefähr ein Maß des Detailkontrastes dar. Entsprechend der subjektiven Wahrnehmungseigenschaften ist es somit möglich, die Größe des Quantisierungsfehlers in Abhängigkeit des Prädiktionsfehlers zu steuern. Man erhält einen Quantisierer der angestrebten Art, wenn er nach dem Kriterium „minimaler mittlerer Quantisierungsfehler n-ter Potenz" entworfen wird, wobei n eine gerade Zahl sein soll. Zur Ableitung der Entwurfsbedingungen sei vorläufig e als kontinuierliche Variable angenommen. Für die Entscheidungsschwellen gelte $e_1 < e_2 < \cdots < e_{K+1}$. Die Quantisiererfunktion kann durch $Q(e) = r_k$ für $e_k < e \leqq e_{k+1}$ beschrieben werden. Der Quantisierungsfehler ist die Differenz $e - r_k$. Der mittlere Quantisierungsfehler n-ter Potenz

$$D = \sum_{k=1}^{K} \int_{e_k}^{e_{k+1}} (e - r_k)^n \, p(e) \, de \tag{2.2-26}$$

ist ein geeignetes Fehlermaß für den Quantisierer, wobei $p(e)$ die Wahrscheinlichkeitsdichte von e ist. Ein optimaler Entwurf im Sinne des vorgegebenen Gütekriteriums liegt dann vor, wenn für eine gegebene Anzahl K der Quantisierungsstufen die Repräsentativwerte r_k und die Entscheidungsschwellen e_k so gewählt werden, daß das Fehlermaß D ein Minimum wird. Notwendige Bedingungen für das Minimum erhält man [32, 33], wenn die partiellen Ableitungen von D nach den r_k und nach den veränderbaren e_k gleich Null gesetzt werden (2.2-27):

$$\int_{e_k}^{e_{k+1}} (e - r_k)^{n-1} \, p(e) \, de = 0 \quad \text{für} \quad k = 1, \ldots, K$$
$$\text{und} \quad e_k = \frac{r_{k-1} + r_k}{2} \quad \text{für} \quad k = 2, \ldots, K. \tag{2.2-27}$$

Im allgemeinen geht man bei den DPCM-Systemen von PCM-Eingangssignalen aus. Man erhält dann ganzzahlige Prädiktionsfehler e, z. B. bei 8-bit-PCM einen ganzzahligen Wertebereich von $[-255, +255]$. Mit Hilfe der Theorie der Distributionen kann für ganzzahlige Prädiktionsfehler (2.2-28) abgeleitet werden, wobei $P(e)$ die Wahrscheinlichkeit von e ist und INT eine Funktion repräsentiert, deren Funktionswert die nächst niedere ganze Zahl des Argumentes mit Ausnahme ganzzahliger negativer Zahlen ist:

$$\sum_{e_k < e \leqq e_{k+1}} (e - r_k)^{n-1} P(e) = 0 \quad \text{für} \quad k = 1, \ldots, K$$
$$\text{und} \quad e_k = INT\left[\frac{r_{k-1} + r_k}{2}\right] \quad \text{für} \quad k = 2, \ldots, K. \tag{2.2-28}$$

Zur Erzielung einer hohen Qualität von Farbbildern sind näherungsweise folgende Stufenzahlen erforderlich [37]: Für Y sind $K = 20$, für $R-Y$ sind $K = 12$ und für $B-Y$ sind $K = 10$ Quantisierungsstufen vorzusehen. Für eine Potenz $n = 4$ erhält man die beste Annäherung an die subjektiven Wahrnehmungseigenschaften, jedoch ist der Quantisierer auch in diesem Falle zu fein bei kleinen Prädiktionsfehlern und zu grob bei großen Prädiktionsfehlern. Der Entwurf eines Quantisierers mit möglichst wenigen Stufen ohne wahrnehmbare Quantisierungsfehler kann somit letztlich nur durch subjektive Tests erfolgen.

Subjektiv optimierte Quantisierer. Bei den DPCM-Verfahren treten durch die zusätzliche Quantisierung spezielle Fehler auf, die bei zu grober Quantisierung sichtbar werden. Sehr große Prädiktionsfehler sind bei natürlichen Bildvorlagen selten. Daher werden für diese Werte keine Repräsentativwerte zur Verfügung gestellt. An sehr abrupten Kanten können daher die Prädiktionsfehler nur über mehrere Abtasttakte abgebaut werden, und man erhält ein Abflachen der Kante („slope overload“). Aufgrund des Rauschens der Bildquelle werden vertikale Kanten derartig verarbeitet, daß sie in verschiedenen Bildern einer Sequenz geringfügig gegeneinander versetzt erscheinen. Dieser Effekt wird als „edge busyness“ bezeichnet. „Granular noise“ entsteht in ebenen Gebieten durch ein Oszillieren zwischen den kleinsten Stufen des Quantisierers. Ein optimaler Quantisierer für die Übertragung von Bildsequenzen liegt dann vor, wenn bei Verwendung von möglichst wenig Repräsentativwerten die vorher beschriebenen Fehler unter normalen Beobachtungsbedingungen nicht wahrnehmbar sind [34, 35, 36].

Um bei den folgenden Erläuterungen zur Ermittlung von Quantisierern für das Luminanzsignal [38] eine eindeutige Kennzeichnung der Prädiktionsfehler zu erhalten, wird die Schreibweise geringfügig geändert. Die Entscheidungsschwellen des Quantisierers werden mit e_k bezeichnet, und e_{s_i} gibt an, daß es sich um den zum Abtastwert s_i gehörenden Prädiktionsfehler handelt. Zum Entwurf von Quantisierern ist eine Funktion $q_{\max}(e_{s_0})$ erforderlich, welche den Zusammenhang zwischen aktuellem Prädiktionsfehler e_{s_0} und zugehörigem, gerade nicht mehr wahrnehmbarem Quantisierungsfehler $q_{\max}$ beschreibt. Für einen speziellen Wert $|e_{s_0}| = T$ kann der Funktionswert $q_{\max}$ wie folgt ermittelt werden. Für die Untersuchungen wird ein Quantisierer eines DPCM-Systems verwendet, der für $|e_{s_0}| \geqq T$ gleichabständig mit der Stufenweite $2q_v + 1$ quantisiert und für $|e_{s_0}| < T$ keine Quantisierungsfehler erzeugt. Durch subjektiven Vergleich einer mit einem solchen DPCM-System verarbeiteten Bildvorlage mit einem 8-bit-PCM-Bild kann bei Variation von q_v festgestellt werden, bei welchen Quantisierungsfehlern $q_v \leqq q_{\max}$ kein Unterschied wahrnehmbar ist. $q_{\max}$ gibt somit den maximal zulässigen Quantisierungsfehler an.

Die so ermittelte Grenzkurve der erlaubten Quantisierungsfehler hängt von dem verwendeten Bildmaterial ab. In Abb. 2.2-9 ist diese Funktion für eine kritische Bildvorlage dargestellt. Die Repräsentativwerte r_k und die Entscheidungsschwellen e_k sind so zu ermitteln, daß in jedem Quantisierungsintervall $q = |e_{s_0} - r_k| \leqq q_{\max}(e_{s_0})$ bleibt. Die Quantisierungsfehler $|e_{s_0} - r_k|$ haben ihr Maximum an den Entscheidungsschwellen und sind ganzzahlig. Für die in [38] vorgeschlagenen Repräsentativwerte sind die möglichen Quantisierungsfehler in Abb. 2.2-9 durch Punkte gekennzeichnet. Durch subjektive Tests kann belegt werden, daß für natürliche Bildvorlagen mindestens die inneren 21 Stufen eines solchen Quantisierers (Abb. 2.2-9) benötigt werden, während für spezielle Auflösungstestbilder bis zu 31 Stufen erforderlich sind.

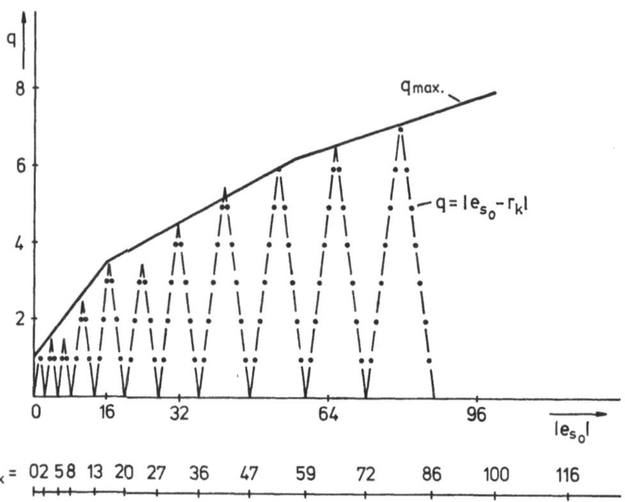

Abb. 2.2-9. Maximal zulässiger Quantisierungsfehler $q_{\max}$ in Abhängigkeit des Prädiktionsfehlers des momentanen Bildpunktes für Fernsehluminanzsignale [38] und Quantisierungsfehler $|e_{s_0} - r_k|$ für die angegebenen Repräsentativwerte r_k

Gesteuerte Quantisierer. Der gerade nicht mehr wahrnehmbare Quantisierungsfehler eines aktuellen Bildpunktes wird von den Signalwerten der Umgebung beeinflußt. Bei großen Amplitudenänderungen der Umgebung sind größere Quantisierungsfehler erlaubt als in ebenen Gebieten. In Bereichen mit viel Bilddetail werden also Quantisierungsfehler verdeckt. Dieser Zusammenhang wird auch als Maskierungseffekt der umgebenden Bildinformation bezeichnet. Der aktuelle und die umgebenden Bildpunkte stellen somit einen Zustand dar, der zur Steuerung des Quantisierers verwendet werden kann [39, 40]. Bei den vorher beschriebenen DPCM-Verfahren war der aktuelle Prädiktionsfehler steuernde Größe des Quantisierungsfehlers. Aus den umgebenden Bildpunkten kann eine zusätzliche Steuergröße z abgeleitet werden, die angibt, ob in der Umgebung geringer oder großer Detailkontrast vorherrscht, d. h. kleine oder große Amplitudenänderungen vorliegen. Für ein zu realisierendes DPCM-System werden möglichst einfache Steuerfunktionen (2.2-29) angestrebt. In [38, 41] werden vorgeschlagen:

$$z = |s_1 - s_4| \quad \text{bzw.} \quad z = \max\{|e_{s_1}|, |e_{s_2}|, |e_{s_3}|, |e_{s_4}|\}. \tag{2.2-29}$$

Eine Funktion $q_{max}(z)$, die den maximal zulässigen Quantisierungsfehler q_{max} als Funktion des Steuersignals z beschreibt, kann mit Hilfe eines subjektiven Vergleichstests, ähnlich wie er für den Prädiktionsfehler e_{s_0} beschrieben wurde, ermittelt werden (Abb. 2.2-10). Der jeweils größere Wert von $q_{max}(z)$ und $q_{max}(e_{s_0})$ stellt den maximal erlaubten Quantisierungsfehler für einen Prädiktionsfehler e_{s_0} dar. Für eine effektive Quantisierersteuerung werden nur 3 Schwellenwerte von $q_{max}(z)$ berücksichtigt. Diese 3 Schwellenwerte werden so gelegt, daß aus den für

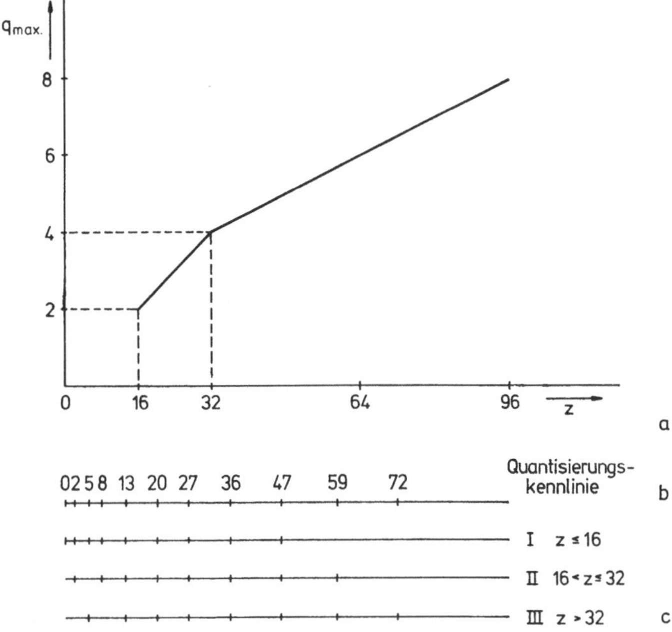

Abb. 2.2-10. Gesteuerter Quantisierer. *a* Maximal zulässiger Quantisierungsfehler q_{max} in Abhängigkeit der Steuergröße $z = \max\{|e_{s_1}|, |e_{s_2}|, |e_{s_3}|, |e_{s_4}|\}$ für Fernsehluminanzsignale [38]; *b* Repräsentativwerte eines Quantisierers mit 21 Stufen; *c* Repräsentativwerte eines gesteuerten Quantisierers mit 3 Kennlinien und jeweils 16 Stufen

natürliche Bildvorlagen notwendigen 21 Repräsentativwerten jeweils 16 ausgewählt werden, und zwar derart, daß der entstehende Quantisierungsfehler kleiner oder gleich dem zulässigen Quantisierungsfehler nach Abb. 2.2-9 und Abb. 2.2-10a ist. Durch Statistikmessungen kann belegt werden, daß die Entfernung der Repräsentativwerte für große Prädiktionsfehler in Kennlinie I und II (Abb. 2.2-10c) des gesteuerten Quantisierers erlaubt ist, da diese Werte bei kleinem Steuersignal z (Bildbereiche mit wenig Detailkontrast) nicht auftreten.

Die Übertragungsrate von Fernsehluminanzsignalen kann folglich von 8 bit/Abtastwert bei PCM auf 4 bit/Abtastwert bei einem DPCM-System mit gesteuertem Quantisierer reduziert werden, ohne daß bei den üblichen Testbildern Unterschiede wahrnehmbar sind. Eine nachgeschaltete Huffman-Codierung führt auf eine mittlere Übertragungsrate von ungefähr 3 bit/Abtastwert. Möglichkeiten zur Verbesserung einer DPCM-Codierung aufgrund der Kenntnis des festgelegten Aussteuerbereiches des Videosignals sind in [42, 43] angegeben.

Interframe-Codierung. Die bisher behandelten Beispiele zur Bildcodierung waren sogenannte Intraframe-Codierungen. Sie eliminieren die im Einzelbild vorhandene Redundanz und Irrelevanz. Im Fall von Fernsehsignalen, die eine Bildfolge darstellen, kann die Wirksamkeit der Quellencodierung durch Ausnutzung der von Bild zu Bild vorhandenen Redundanz mit Hilfe sogenannter Interframe-Codierungen noch erhöht werden [46, 47]. Diese Redundanzreduktion kann mit Hilfe eines Prädiktors erreicht werden, der zur Vorhersage Abtastwerte des vorangegangenen Bildes verwendet. Für Bildbereiche, die sich von Bild zu Bild nur geringfügig ändern, ist eine Prädiktion mit dem örtlich gleichen Bildpunkt des vorangegangenen Vollbildes am günstigsten. Sequenzen von Fernsehbildern bestehen häufig aus einem großen Bereich von nicht geändertem Hintergrund und einem kleineren Bereich, in dem sich die Amplitudenwerte von Bild zu Bild ändern. In diesen Fällen ist es sinnvoll, Bild zu Bild Differenzen als Prädiktionsfehler zu übertragen.

Für ein solches Interframeverfahren ist auf der Sende- und der Empfangsseite jeweils ein Vollbildspeicher erforderlich, in dem alle PCM-Codeworte des letzten Vollbildes gespeichert sind. Mit Hilfe eines Änderungsdetektors wird das Bild in geänderte und nichtgeänderte Bildbereiche segmentiert. Für die nichtgeänderten Bildbereiche wird keine Information übertragen. Der Prädiktionsfehler (Bild zu Bild Differenz) für die geänderten Bereiche wird quantisiert und übertragen. Der neue Abtastwert wird durch Addition des übertragenen Differenzsignals zum gespeicherten Abtastwert ermittelt. Die Methode der Segmentierung und Übertragung der geänderten Bildinformation wird als „Conditional Replenishment" [44] bezeichnet. Damit der Empfänger die gesendete Differenz an der richtigen Stelle des Bildes einfügen kann, ist vorweg ein Adreßcodewort zu senden. Um den Adressenaufwand zu verringern, wird für zusammenhängende Gruppen von geänderten Bildpunkten (Cluster) nur ein Adreßcodewort und ein Schlußzeichen übertragen. (Cluster-Coding [45]). Bei dem beschriebenen Verfahren treten nichtgleichförmige Datenflüsse auf, die durch einen Pufferspeicher ausgeglichen werden müssen. Kombinierte Intra-Interframe-Verfahren werden in [46—49] angegeben. Mit Hilfe von Interframecodierungsverfahren ist bei Bildtelefonsignalen eine Reduktion der Datenraten um den Faktor 8 gegenüber einer PCM-Übertragung möglich. Sind bei heftiger Bewegung Verzerrungen zulässig, so können erheblich höhere Reduktionsfaktoren erreicht werden.

Transformationsmethoden

Die Datenreduktion eines Bildes erfordert eine Darstellung durch dekorrelierte Daten. Dies kann neben prädiktiven Verfahren durch eine reversible lineare Transformation (vgl. 2.1.5) erreicht werden. Die transformierten Daten eines Bildausschnittes können danach entsprechend ihrem Einfluß auf die subjektive Bildqualität quantisiert und entsprechend ihrem Informationsgehalt codiert werden. Das Prinzip einer solchen Transformationsmethode ist in Abb. 2.2-11 dargestellt. Gesucht ist eine lineare Transformation $\boldsymbol{A}$ des Feldes $\boldsymbol{i}$ in ein Feld $\boldsymbol{f}$ mit dekorrelierten Elementen. Aus (2.1-92) folgt die Karhunen-Loève-Transformation für eindimensionale Zahlenfelder $\boldsymbol{i}$, welche diese Forderung erfüllt. Die Ermittlung der Eigenwerte und Eigenvektoren von Matrizen hoher Ordnung ist sehr aufwendig. Es wird deshalb eine Reduzierung der Ordnung der Transformationsmatrizen angestrebt. Liegt Stationarität der Bildsignale in x- und y-Richtung vor, so ist es möglich, eine Transformation nach (2.1-61) zu verwenden, deren Transformationskern a_{uvxy} in ein Produkt $b_{ux}c_{vy}$ separierbar ist (2.1-60).

Das Prinzip der Transformationsmethoden kann somit wie folgt beschrieben werden. Das Zahlenfeld $\boldsymbol{I}$ eines Bildausschnittes wird unter Verwendung von Basisbildern $\boldsymbol{B}_x\boldsymbol{C}_y^T$ nach (2.1-62) in eine gleich große Anzahl von Gewichtskoeffizienten $\boldsymbol{F}$ überführt. Dieses neue Zahlenfeld $\boldsymbol{F}$ wird übertragen, und auf der Empfängerseite wird durch die gewichtete Summe von Basisbildern $\boldsymbol{B}_u^{-1}(\boldsymbol{C}_v^{-1})^T$

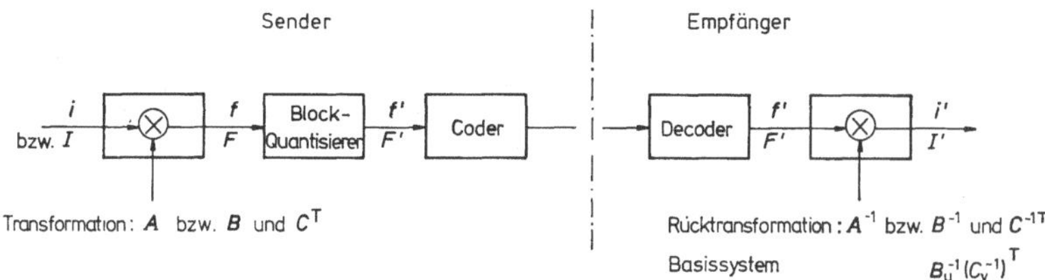

Abb. 2.2-11. Blockdiagramm eines linearen Transformations-Codierungssystems (Transformationsmatrizen $\boldsymbol{A}$, $\boldsymbol{B}$, $\boldsymbol{C}$)

der ursprüngliche Bildausschnitt rekonstruiert (2.1-63). Bestehen die Transformationsmatrizen aus den Eigenvektoren der Kovarianzmatrizen, so ergeben sich dekorrelierte Koeffizienten f_{uv}. Dadurch sind auch die statistischen Bindungen erheblich gemindert, und es ist nach Quantisierung der Koeffizienten f_{uv} eine separate Huffman-Codierung für jeden Koeffizienten möglich.

Approximation dekorrelierter Basis-Koeffizienten. Ein Nachteil der bisher beschriebenen Karhunen-Loève-Transformation ist das aufwendige Verfahren zur Ermittlung der Transformationsmatrizen und die große Anzahl von Multiplikationen bei der Berechnung von $\boldsymbol{F}$. Es sind deshalb mehrere Approximationen vorgeschlagen worden, die weniger Rechenoperationen erfordern [52, 53, 50, 54]. Zur Beschreibung der Bildstatistiken wird häufig das Modell eines separierbaren stationären Prozesses angenommen. Für einen solchen Prozeß erhält man Kovarianzmatrizen in Toeplitz-Form. Bei Toeplitz-Matrizen wird für große n die Karhunen-Loève-Transformation asymptotisch durch die diskrete Fourier-Transformation (2.1-66) angenähert [55].

Die Berechnung der Koeffizienten f_{uv} erfordert eine komplexe Arithmetik. Allerdings ist es nicht erforderlich, n^2 komplexe Koeffizienten zu übertragen. Für reelle Zahlenfelder $\boldsymbol{F}$ brauchen wegen (2.2-30) nur n^2 reelle Zahlen übertragen zu werden. Die Fourier-Transformation erfordert keine Anpassung an die statistischen Eigenschaften. Allerdings wird bei den üblichen Blockgrößen ($n \approx 8$ bis 16) die Diagonalisierung der Kovarianzmatrix nur angenähert. Für solche Blockgrößen stellt die diskrete Kosinustransformation (2.1-83) eine bessere Approximation der Karhunen-Loève-Transformation dar [54].

$$f_{n-u,n-v}^{DFT} = f_{u,v}^{*DFT}. \qquad (2.2\text{-}30)$$

Die beiden zuletzt genannten Transformationsverfahren erlauben schnelle Rechenalgorithmen (2.1-82 u. 85) (schnelle Fourier-Transformation [60]). Jedoch sind trotzdem erhebliche Rechenzeiten für die Durchführung der Multiplikationen erforderlich. Es wurden daher weitere Verfahren, wie die Slant-, Haar- und Hadamard-Transformation, vorgeschlagen, die eine weitere Reduktion der Rechenzeiten erlauben. Eine anschauliche Darstellung der Basismatrizen für $N = 8$ ist in Abb. 2.2-12 gegeben.

Quantisierung der Basis-Koeffizienten. Alle Transformationsverfahren führen in ihrem 1. Schritt zu einem Zahlenfeld von Koeffizienten, die zu Basisbildern mit verschiedenen Ortsfrequenzen gehören. Die Physiologie des Auges ist derartig, daß die Schwelle der Kontrastwahrnehmung bei hohen Ortsfrequenzen höher ist als bei niedrigen Ortsfrequenzen [2, 5]. Die statistischen Eigenschaften der Bildsignale sind nun wiederum so, daß die Varianz σ^2 der Koeffizienten für Basisbilder mit hochfrequentem Detail erheblich niedriger ist als für Basisbilder mit niederfrequentem Detail. Eine Quantisiererstrategie, bei der die Anzahl der Repräsentativwerte für jeden Koeffizienten proportional zu der Varianz der Koeffizienten gewählt wird, entspricht somit in etwa den subjektiven Wahrnehmungseigenschaften [51, 56]. Für eine vorgegebene Stufenzahl werden die Repräsentativwerte der einzelnen Koeffizienten meist nach dem Verfahren von Max [32] ermittelt (siehe Optimierung des Quantisierers bei den DPCM-Verfahren.) Eine weitere Methode ist die sogenannte Blockquantisierung [57]. Bei diesem Verfahren wird

Abb. 2.2-12. Zweidimensionale Hadamard-Walsh-Basismatrizen $\boldsymbol{B}_x\boldsymbol{C}_y^T$ für $n = 8$

die Bitaufteilung auf die Koeffizienten so gewählt, daß der Gesamtfehler des Blockes minimal wird.

Die Bitzuordnung für jeden Koeffizienten kann auch mit den Methoden der Rate-Distortion-Theorie [61] ermittelt werden. Die Anzahl der Bits für jeden Koeffizienten f_{uv} ist hierbei gegeben durch (2.2-31), wobei $V_F(u, v)$ die Varianz σ^2 der Transformationskoeffizienten und D proportional zum mittleren quadrati-

Tabelle 2.2-4. *Typische Bitzuordnung für die Transformationskoeffizienten bei einer Blockgröße von 16 × 16 und einer mittleren Übertragungsrate von 1,5 bit/Abtastwert* [53]

$m(u, v)$	0					v ⟶										15
0	8	8	8	7	7	7	5	5	4	4	4	4	4	4	4	4
	8	8	7	5	5	5	3	3	3	3	3	3	2	2	2	2
	8	7	6	4	4	4	3	3	2	2	2	2	2	2	2	2
	7	5	4	3	2	2	2	2	0	0	0	0	0	0	0	0
	7	5	4	2	2	2	2	2	0	0	0	0	0	0	0	0
u	7	5	4	2	2	2	2	2	0	0	0	0	0	0	0	0
↓	5	3	3	2	2	2	0	0	0	0	0	0	0	0	0	0
	5	3	3	2	2	2	0	0	0	0	0	0	0	0	0	0
	4	3	2	0	0	0	0	0	0	0	0	0	0	0	0	0
	4	3	2	0	0	0	0	0	0	0	0	0	0	0	0	0
	4	3	2	0	0	0	0	0	0	0	0	0	0	0	0	0
	4	3	2	0	0	0	0	0	0	0	0	0	0	0	0	0
	4	2	2	0	0	0	0	0	0	0	0	0	0	0	0	0
	4	2	2	0	0	0	0	0	0	0	0	0	0	0	0	0
	4	2	2	0	0	0	0	0	0	0	0	0	0	0	0	0
15	4	2	2	0	0	0	0	0	0	0	0	0	0	0	0	0

schen Quantisierungsfehler ist. Die Gesamtzahl der Bits für einen Bildausschnitt wird durch Summierung aller $m(u, v)$ ermittelt. Sofern die Varianz der Koeffizienten unterhalb einer speziellen Schwelle liegt, wird keine Information übertragen. Eine typische Bitzuordnung für einen Block von $n = 16$ ist in Tab. 2.2-4 gezeigt.

$$m(u, v) = \log [V_F(u, v)] - \log [D]. \qquad (2.2\text{-}31)$$

Die Transformationsverfahren reduzieren die Bitrate von 8 bit/Abtastwert auf ca. 3 bis 1 bit/Abtastwert je nach Qualitätsanspruch.

Effektivität von Codierungsverfahren

Eine Bildquelle ist im allgemeinen kontinuierlich bezüglich der Farbreizfunktionen und der räumlichen und zeitlichen Argumente. In einem Quellencoder werden diese Signale diskretisiert und in eine Folge digitaler Symbole umgewandelt. Nur diese digitalen Symbole stehen dem Empfänger bei einer fehlerfreien Übertragung zur Verfügung, und diese Symbole werden in einem Quellencoder wieder in ein kontinuierliches Bild überführt. Das Ziel einer optimalen Quellencodierung ist es, eine größtmögliche Reduktion der Übertragungsrate zu einer gegebenen Nachrichtenquelle zu erreichen, ohne daß die Grenze der vom Empfänger zulässigen Verfälschung überschritten wird.

Die Rate-Distortion-Function gibt für eine gegebene Verfälschung die untere Grenze der Übertragungsrate an. Die Definition dieser Funktion sei anhand des Beispiels einer diskreten Quelle erläutert. Das Eingangssignal des Quellencoders werde durch das Ensemble U, das Ausgangssignal des Quellencoders durch das Ensemble V beschrieben und $P(v \mid u)$ gebe an, mit welcher Wahrscheinlichkeit ein Quellensymbol u als ein Symbol v wiedergegeben wird. Die Funktion, welche die Verzerrung zwischen den Symbolen u und v beschreibt sei $d(u, v)$. Für die mittlere Verfälschung je Quellensymbol gilt somit

$$D = E[d(u, v)] = \sum_u \sum_v P(u)\, P(v \mid u)\, d(u, v). \qquad (2.2\text{-}32)$$

Der Transinformationsgehalt $T(U, V) = H(V) - H(V \mid U)$ gibt die erforderliche mittlere Übertragungsrate an [14]. Die Rate-Distortion-Function $R(D^*)$ ist nun die untere Grenze des Transinformationsgehaltes je Symbol für alle mittleren Verzerrungen D, die kleiner oder gleich einer vorgegebenen Schwelle D^* sind

$$R(D^*) = \inf_{D \leq D^*} [T(U, V)]. \qquad (2.2\text{-}33)$$

Der Verlauf einer Rate-Distortion-Function hat den Charakter einer reziproken Funktion. Mit Vergrößerung des erlaubten Fehlermaßes D^* nimmt auch die untere Grenze der Übertragungsrate ab. Für die am meisten benutzten Gütekriterien, wie mittlerer, quadratischer Fehler und mit der Frequenz gewichtete mittlere Fehler, ist die Rate-Distortion-Function für diskrete und kontinuierliche Quellen ermittelt worden [58, 59]. Für vorgegebene Gütekriterien kann somit die Effektivität der einzelnen Codierungsverfahren durch Vergleich mit $R(D^*)$ ermittelt werden. Jedoch sind auch der Rate-Distortion-Theorie gewisse Grenzen gesetzt, da sie eine statistische Beschreibung der Fehlermaße erfordert.

Übertragungsfehler

Die theoretischen Möglichkeiten einer Redundanzreduktion wurden im vorstehenden analysiert. Einige Berechnungsmethoden für die Irrelevanzreduktion durch Quantisierung der Signale wurden angegeben. In den einzelnen Abschnitten sind Anwendungsmöglichkeiten der Fernseh- und Faksimiletechnik kurz beschrieben. Die Darstellung der Codierungsverfahren ist nicht umfassend. Es sei nur kurz erwähnt, daß eine Hybridcodierung möglich ist, die Prädiktions- und Transformationsverfahren zusammen verwendet [62]. Soll ein Bild nur durch wenige Amplitudenwerte dargestellt werden, so sind auch Konturcodierungsverfahren [63] möglich. Bei natürlichen farbigen Bildvorlagen sind die Farben meist flächenhaft vorhanden, und Luminanz- und Chrominanzänderungen treten im allgemeinen zusammen auf. Diese Tatsache wird bei dem Plateau-Codierungsverfahren [64] berücksichtigt.

Je mehr ein Codierungsverfahren die Redundanz und Irrelevanz reduziert, um so empfindlicher wird es gegen Übertragungsfehler. Die Auswirkungen eines Übertragungsfehlers auf das rekonstruierte Bild sind bei den einzelnen Verfahren sehr unterschiedlich. Am einfachsten sind die Verhältnisse bei einer PCM-Codierung. Es sei u ein gesendetes m-stelliges Codewort. Aufgrund eines Bitfehlers an der l-ten Stelle wird das Codewort u' empfangen. Bei der Wiedergabe wird somit ein Fehler der Größe $|\Delta s|$ (2.2-34) verursacht. Die Fehleramplitude hängt also davon ab, welche Bitebene gestört wurde.

$$|\Delta s| = |s_{u'} - s_u| = 2^{l-1}. \tag{2.2-34}$$

Etwas anders sind die Fehlereinflüsse bei den DPCM-Verfahren, da Prädiktoren und zusätzliche Quantisierer verwendet werden. Ein fehlerhaftes Codewort erzeugt einen Fehler, der von der Differenz der Repräsentativwerte abhängt. Die Fehleramplitude des Prädiktionsfehlers beträgt

$$|\Delta e| = |r_{u'} - r_u|. \tag{2.2-35}$$

Abb. 2.2-13. Der Einfluß von Übertragungsfehlern bei einem 3-bit-DPCM-System und einer Bitfehlerwahrscheinlichkeit von 10^{-2} bei einem Prädiktionsalgorithmus

$$\hat{s} = \frac{7}{8} s_1 + \frac{3}{4} s_2 - \frac{5}{8} s_3.$$

Für den zum verfälschten Codewort zugehörigen Abtastwert gilt $\Delta s = \Delta e$. Außerdem erhält man über den Prädiktor eine Fehlerfortpflanzung auf die Umgebung des Bildpunktes. Für eine relativ hohe Bitfehlerwahrscheinlichkeit von 10^{-2} ist in Abb. 2.2-13 ein typisches Fehlermuster gezeigt. Ein schneller Abbau des Fehlers wird erreicht, wenn die Summe der Prädiktionskoeffizienten und der Betrag jedes Prädiktionskoeffizienten kleiner als eins sind [65]. Die Fehleramplitude hängt von dem gewählten Code ab. Als günstig hat sich hier ein Sign-Magnitude-Code erwiesen [65].

Bei den Transformationsverfahren wird der ganze Block verfälscht. Aufgrund der Eigenschaften des Empfängers werden vor allem Bitfehler von Koeffizienten wahrgenommen, die zu niederfrequenten Basisbildern gehören.

Bisher wurden konstante Codewortlängen bzw. Blocklängen vorausgesetzt. Bei Verwendung von unterschiedlich langen Codewortlängen, wie z. B. beim Huffman-Code, ist es möglich, daß ein Bitfehler die gesamte nachfolgende Decodierung verfälscht. Letztlich ist es also erforderlich, eine Kanalcodierung anzuwenden, bei der durch ein spezielles Hinzufügen von Redundanz auf der Empfängerseite eine Fehlererkennung bzw. auch Fehlerkorrektur möglich ist. Solche Codierungsverfahren sind von PETERSON [66] und von GALLAGER [14] zusammengestellt worden.

2.2.4. Literatur

[1] WYSZECKI, G., STILES, W. S.: Color Science. New York: J. Wiley 1967.

[2] CORNSWEET, T. M.: Visual Perception. New York: Academic Press 1971.

[3] MACADAM, D. L.: Specification of Small Chromaticity Differences. J. Opt. Soc. Am. **33**, 18—33 (1943).

[4] BROWN, W. R. J., MACADAM, D. L.: Visual Sensitivities to Combined Chromaticity and Luminance Differences. J. Opt. Soc. Am. **39**, 808—834 (1949).

[5] DAVIDSON, M. L.: Perturbation Approach to Spatial Brightness Interaction in Human Vision. J. Opt. Soc. Am. **58**, 1300—1309 (1968).

[6] ARP, F.: Eine verallgemeinerte Theorie der Bildabtastung, Teil 1. AEÜ **23**, 187—200 (1969).

[7] THEILE, R.: Fernsehtechnik, Band 1. Berlin—Heidelberg—New York: Springer 1973.

[8] PEARSON, D. E.: Transmission and Display of Pictorial Information. London: Pentech Press 1975.

[9] KRETZ, F.: Subjectively Optimal Quantization of Pictures. IEEE Trans. Comm. **COM-23**, 1288—1292 (1975).

[10] STENGER, L.: Quantization of TV Chrominance Signals Considering the Visibility of Small Color Differences. IEEE Trans. Comm. **COM-25**, 1393—1406 (1977).

[11] BUDRIKIS, Z. L.: Model Approximations to Visual Spatio-Temporal Sine-Wave Threshold Data. Bell System Techn. J. **52**, 1643—1667 (1973).

[12] FREI, W.: A Quantitative Model of Color Vision. USCEE Report 540, 69—83 (1974).

[13] SHANNON, C. E., WEAVER, W.: The Mathematical Theory of Communication. Urbana: University of Illinois Press 1964.

[14] GALLAGER, R. G.: Information Theory and Reliable Communication. New York: J. Wiley 1968.

[15] HUFFMAN, D. A.: A Method for the Construction of Minimum Redundancy Codes. Proc. IRE **40**, 1098—1101 (1952).

[16] DAVENPORT, W. B., ROOT, W. L.: Random Signals and Noise. New York: McGraw-Hill 1968.

[17] PAPOULIS, A.: Probability, Random Variables and Stochastic Processes. New York: McGraw-Hill 1971.

[18] GUILLEMIN, E. A.: Mathematische Methoden des Ingenieurs. München: R. Oldenbourg 1966.

[19] ROSENFELD, A., KAK, A. C.: Digital Picture Processing. New York: Academic Press 1976.

[20] PRATT, W. K.: Spatial Transform Coding of Color Images. IEEE Trans. Comm. **COM-19**, 980—992 (1971).

[21] O'NEAL, J. B.: Predictive Quantizing Systems. Bell Syst. Techn. J. **45**, 689—721 (1966).

[22] HABIBI, A.: Comparison of n-th Order DPCM Encoder with Linear Transformations and Block Quantization Techniques. IEEE Trans. **COM-19**, 948—856 (1971).

[23] FREI, W., JAEGER, P. A.: Some Basic Considerations for the Source Coding of Color Pictures. Proc. Int. Cof. Commun., Seattle, Wash., Juni 1973, S. 48.26—48.30.

[24] RUBINSTEIN, C. B., LIMB, J. O.: Statistical Dependence Between Components of a Differentially Quantized Color Signal. IEEE Trans. Comm. **COM-20**, 890—899 (1972).

[25] PREUSS, D.: Ein Beitrag zur Quellencodierung von zweistufigen Faksimilesignalen. Dissertation, TU Hannover, 1976.

[26] Musmann, H. G., Preuss, D.: A Redundancy Reducing Facsimile Coding Scheme. NTZ **26**, 91–94 (1973).
[27] Meyr, H., Rodolsky, H. G., Schaerer, F., Huang, T. S.: Optimum Run-length Codes. IEEE Trans. Comm. **COM-22**, 826–835 (1974).
[28] Preuss, D.: Two-dimensional Facsimile Source Encoding Based on a Markov Model. NTZ **28**, 358–363 (1975).
[29] Weber, D. R.: An Adaptive Run Length Encoding Algorithm. Intern. Conf. on Communications, San Francisco, 1975, S. 7/4–7/7.
[30] Cutler, C. C.: Differential Quantization of Communication Signals. US Patent Nr. 2605361, Juli 1952.
[31] De Jager, F.: Delta Modulation, a Method of PCM Transmission Using the 1-unit Code. Philips Res. Rep. **7**, 442–466 (1952).
[32] Max, J.: Quantization for Minimum Distortion. IEEE Trans. **IT-6**, 7–12 (1960).
[33] Sharma, D. K.: Predictive Encoding of Digitized TV Pictures. Ph. D. Dissertation, California Institute of Technology, Pasadena, 1975.
[34] Candy, J. C., Bosworth, R. H.: Methods for Designing Differential Quantizers Based on Subjective Evaluations of Edge Busyness. Bell Syst. Techn. J. **51**, 1495 bis 1516 (1972).
[35] Thoma, W.: Optimizing the DPCM for Video Signals Using a Model of the Human Visual System. Int. Zürich Seminar on Dig. Comm., Zürich, 1974.
[36] Netravali, A. N., Rubinstein, C. B.: Quantization of Color Signals Based on Subjective Criteria. Int. Conf. Comm., San Francisco, Juni 1975.
[37] Pirsch, P., Stenger, L.: Statistical Analysis and Coding of Color Video Signals. Acta Electronica **19**, 277–287 (1976).
[38] Erdmann, W. D.: Ein an die Wahrnehmbarkeitseigenschaften des menschlichen Auges angepaßter, gesteuerter Quantisierer für Bildsignale. Dissertation, TU Hannover, 1977.
[39] Musmann, H. G.: Source Encoding with Fixed Word Length and Synchronous Bit Rate. Record of the National Telecommunications Conference, Houston, Texas, Dezember 1972, S. 27E-1–27E-6.
[40] Cohen, F.: A Switched Quantizer for Nonlinear Coding of Video Signals. NTZ **25**, 554–559 (1972).
[41] Kummerow, Th.: Ein DPCM-System mit zweidimensionalem Prädiktor und gesteuertem Quantisierer. NTG-Tagung Signalverarbeitung, Erlangen 1973, S. 425–439.
[42] Musmann, H. G.: Codierung von Videosignalen. NTZ **24**, 114–116 (1971).
[43] Bostelmann, G.: A Simple High Quality DPCM-Codec for Video Telephony Using 8 Mbit per Second. NTZ **27**, 115–117 (1974).
[44] Mounts, F. W.: Video Encoding System with Conditional Picture-Element Replenishment. Bell Syst. Techn. J. **48**, 2545–2554 (1969).
[45] Candy, J. C., Franke, M. A., Haskell, B. G., Mounts, F. W.: Transmitting Television as Clusters of Frame-to-Frame Differences. Bell Syst. Tech. J. **50**, 1889–1918 (1971).
[46] Wendt, H.: Interframe-Codierung für Videosignale. Internationale Elektr. Rundschau **1973**, 2–7.
[47] Limb, J. O., Pease, R. F. W., Walsh, K. A.: Combining Intraframe and Frame-to-Frame Coding for Television. Bell Syst. Techn. J. **53**, 1137–1174 (1974).
[48] Bostelmann, G.: Ein Beitrag zur digitalen Codierung von Bildfernsprechsignalen. Dissertation, TU Hannover, 1977.
[49] Burgmeier, J.: Dreidimensionale DPCM mit Entropiecodierung und adaptivem Filter. NTZ **30**, 251–254 (1977).
[50] Huang, T. S.: Picture Processing and Digital Filtering. Berlin—Heidelberg—New York: Springer 1975.
[51] Wintz, P. A.: Transform Picture Coding. Proc. IEEE **60**, 809–820 (1972).
[52] Pratt, W. K., Kane, J., Andrews, H. C.: Hadamard Transform Image Coding. Proc. IEEE **57**, 58–68 (1969).
[53] Pratt, W. K., Welch, L. R., Chen, W.: Slant Transform for Image Coding. IEEE Trans. Comm. **COM-22**, 1075–1093 (1974).

[54] AHMED, N., NATARAJAN, T., RAO, K. R.: Discrete Cosine Transform. IEEE Trans. Comp. **C-23**, 90–93 (1974).
[55] GRENANDER, V., SZEGÖ, G.: Toeplitz Forms and their Applications. New York: Springer 1969.
[56] HUANG, J. J. Y., SCHULTHEISS, P. M.: Block Quantization of Correlated Gaussian Random Variables. IEEE Trans. **CS-11**, 289–296 (1963).
[57] TASTO, M., WINTZ, P. A.: Image Coding by Adaptive Block Quantization. IEEE Trans. Comm. **COM-19**, 957–971 (1971).
[58] BERGER, T.: Rate Distortion Theory. Englewood Cliffs, N. J.: Prentice-Hall 1971.
[59] MANNOS, J. L., SAKRISON, D. J.: The Effects of a Visual Fidelity Criterion on the Encoding of Images. IEEE Trans. **IT-20**, 525–536 (1974).
[60] AHMED, N., RAO, K. R.: Orthogonal Transform for Digital Signal Processing. Berlin–Heidelberg–New York: Springer 1975.
[61] PEARL, J., ANDREWS, H. C., PRATT, W. K.: Performance Measures for Transform Data Coding. IEEE Trans. Comm. **COM-20**, 411–415 (1972).
[62] HABIBI, A.: Hybrid Coding of Pictorial Data. IEEE Trans. Comm. **COM-22**, 614–624 (1974).
[63] WINTZ, P. A., WILKINS, L. C.: Studies on Data Compression, Part I: Picture Coding by Contours. Technical Report No. TR-EE70-17, Purdue University Scholl of Engineering, Lafayette, Indiana, September 1970.
[64] LIMB, J. O., RUBINSTEIN, C. B.: Plateau Coding of the Chrominance Component of Color Picture Signals. IEEE Trans. Comm. **COM-22**, 812–820 (1974).
[65] LIPPMANN, R.: Influence of Channel Errors on DPCM Picture Coding. Acta Electronica **19**, 289–294 (1976).
[66] PETERSON, W. W., WELDON, E. J.: Error-Correcting-Codes. Cambridge, Mass.: MIT Press 1972.
[67] Bildquelle: R. Lippmann, DFVLR Braunschweig.

2.3. Verfahren zur Bildauswertung

In diesem Abschnitt werden einige grundlegende anwendungsbezogene Verfahren der Matrix- und Listenverarbeitung beschrieben, welche sich auf verschiedenen Anwendungsgebieten einsetzen lassen. Bei jeder Bilddatenerfassung treten z. B. systematische oder objektbezogene Abbildungsfehler auf. Durch eine entsprechende Bildverarbeitung können diese Fehler eliminiert oder reduziert werden. Eine andere typische Aufgabe der Bildauswertung ist z. B. die Detektion von Bildobjekten, die sich gegenüber einem Referenzbild geändert haben. Bei einem anderen Problem kann sich ein gesuchtes Bildobjekt und unter Umständen auch die Bildszene in der Ansicht laufend verändern, wobei das vorgegebene Objekt in Bildfolgen zu ermitteln und zu verfolgen ist (tracking).

Eine weitere typische Aufgabe der Bildauswertung ist die punktbezogene Zuordnung von Bewertungsklassen zum Bildinhalt. Als Klassifikationsmerkmale dienen z. B. die Intensitäten von verschiedenen Spektralkanälen eines Bildes. Als Ergebnis erhält man eine Multispektralanalyse des Bildes mit Aussagen über die prozentuale Verteilung der Bewertungsklassen im Bild. Eine weitere Klassifikationsaufgabe ist die Texturanalyse, bei der eine regionale Zuordnung von Bewertungsklassen zum Bildinhalt vorgenommen wird.

Nur wenige spezielle Objekte eines Bildes lassen sich i. allg. bereits eindeutig durch punkt- oder flächenbezogene Multispektral- und Textur-Merkmale ohne Berücksichtigung von Form-Merkmalen bestimmen. Eine weitere Aufgabe besteht daher darin, Objekte aus dem Bildverband zu extrahieren. Eine noch verhältnismäßig einfache Aufgabe ist die automatische Extraktion von Linienmustern aus z. B. bereits interpretierten kartografischen Bilddaten. Eine besonders schwierige Aufgabe, für die erst einige Lösungsansätze vorliegen, ist die Extraktion von Objektkonturen und Objektflächen aus nicht interpretierten Luftbilddaten.

2.3.1. Bildrekonstruktion und Restaurierung

Von H. KAZMIERCZAK

Bei der Erfassung und Aufzeichnung von Bildern $i(x, y)$ entstehen i. allg. Bildverzerrungen $f(x, y)$ durch punkt- und flächenbezogene Abbildungsfehler. Die punktbezogene Bildverschlechterung wird durch Empfindlichkeitsschwankungen der Sensoren und durch nichtlineare Sensorkennlinien verursacht. Bei einer punktbezogenen Bildverschlechterung werden nur die Grauwerte der Abbildung beeinflußt (Kontrastverschlechterung). Die flächenbezogene Bildverschlechterung entsteht dagegen z. B. durch eine Bewegung des abzubildenden Objektes oder des Abbildungssystems, durch ein den Strahlengang beeinflussendes streuendes oder brechendes Medium und durch die endliche Apertur des Abbildungssystems. Die flächenbezogenen Abbildungsfehler erzeugen eine Bildpunktverschiebung und Bildverschmierung (Bildverzeichnung, Bildunschärfe). Neben den beiden systembedingten Abbildungsfehlern ist zusätzlich noch die punktbezogene Bildverschlechterung durch Rauschen $r(x, y)$ zu berücksichtigen. Weiter sind auch chromatische und zeitliche Bildabweichungen möglich.

Im Falle einer rein punktbezogenen Bildverschlechterung und bei stationärer Szene kann das Rauschen durch zeitliche Mittelung (2.3-1) reduziert werden (s. Bildstapelung 2.1.4). Flächenhafte Empfindlichkeitsschwankungen $a(x, y)$ der

$$f(x, y, t) = i(x, y) + r(x, y, t) \quad \text{mit} \quad i(x, y) = \overline{f(x, y, t)}^{\,t} \quad \text{für} \quad \overline{r(x, y, t)}^{\,t} = 0 \tag{2.3-1}$$

Sensoren lassen sich einfach mit einem Korrekturfeld $m(x, y)$ beheben (2.3-2). Bei nichtlinearen punktuellen Störungen kann eine Bildentzerrung durch entsprechende Kennlinienverbiegung durchgeführt oder eine subjektive Bildverbesserung durch Kontrastanhebung oder Pseudofarbgebung versucht werden (s. 2.1.3. und 2.1.4.).

$$f(x, y) = a(x, y)\, i(x, y) \quad \text{und} \quad i(x, y) = m(x, y)\, f(x, y) \quad \text{für} \quad m(x, y) = a^{-1}(x, y) \tag{2.3-2}$$

Eine flächenbezogene Bildverschlechterung läßt sich bei linearem Abbildungssystem durch (2.3-3) ausdrücken. Im Falle eines verschiebungsinvarianten Kernes a wird die Bildverschlechterung durch die Faltungsoperation mit der Impulsantwort oder Punktverschmierungsfunktion $a(x, y)$ dargestellt.

$$f(x, y) = \iint_{-\infty}^{+\infty} a(x, y, x', y')\, i(x', y')\, dx'\, dy' + r(x, y)$$
$$\text{bzw.} \quad f(x, y) = a(x, y) * i(x, y) + r(x, y) \quad \text{für} \quad a(x - x', y - y'). \tag{2.3-3}$$

Inverses Filter

Wenn die lineare Abbildung nach (2.3-3) umkehrbar ist (s. 2.1.5), läßt sich bei Abwesenheit von Rauschen das Originalbild durch ein Rekonstruktionsfilter $m(x, y)$ wiederherstellen. Das Rekonstruktionsfilter kann für den Fall der Verschiebungsinvarianz als inverses Filter aus der Punktverschmierung $a(x, y)$ nach (2.3-4) gewonnen werden:

$$F(u, v) = Fou[f(x, y)] = A(u, v)\, I(u, v),$$

$$I(u, v) = M(u, v)\, F(u, v) \quad \text{für} \quad M(u, v) = \frac{1}{A(u, v)} = \frac{A^*(u, v)}{|A(u, v)|^2} \qquad (2.3\text{-}4)$$

$$\text{bzw.} \quad i(x, y) = m(x, y) * f(x, y) \quad \text{mit} \quad m(x, y) = Fou^{-1}[A^{-1}(u, v)].$$

Eine vollständige Bildrekonstruktion gelingt nicht, wenn das Übertragungsmaß $A(u, v) = Fou[a(x, y)]$ des Abbildungssystems Nullstellen besitzt und Rauschen vorhanden ist. Um zu verhindern, daß das Rauschen durch die Inversfilterung verstärkt wird, muß das Inversfilter für alle Ortsfrequenzen, die größer als ein bestimmter Grenzwert u_0, v_0 sind, auf einen konstanten Wert M_0 begrenzt werden:

$$M = \begin{cases} M_0 - \left(M_0 - \dfrac{1}{\tilde{A}(u, v)}\right) & \text{für } u, v \leqq u_0, v_0 \\ M_0 & \text{für } u, v > u_0, v_0 \end{cases}$$

$$\text{mit } \tilde{A}(u, v) = \begin{cases} A(u, v) & \text{für } |A| \geqq A_{\min}, \\ M_0^{-1} & \text{für } |A| < A_{\min}, \end{cases} \qquad (2.3\text{-}5)$$

$$\text{und } 0 \leqq M_0 \leqq 1.$$

Durch Anwendung eines modifizierten Inversfilters M nach (2.3-5) kann aus der Abbildung f nicht mehr das Originalbild i rekonstruiert, jedoch bei geeigneter Wahl von u_0, v_0 und M_0 ein restauriertes Bild $\hat{i}$ gewonnen werden.

$$\hat{i}(x, y) = M_0 f(x, y) - m'(x, y) * f(x, y)$$

$$\text{mit } M'(u, v) = M_0 - M(u, v) = Fou[m'(x, y)]. \qquad (2.3\text{-}6)$$

Mittlere quadratische Bildabweichung. Die Abweichung des restaurierten Bildes vom Original kann z. B. durch den Erwartungswert vgl. (2.1-48) der quadratischen Bilddifferenz (2.3-7) ausgedrückt werden, welcher zu einem Minimum zu machen ist. Für die Bildrestaurierung können andere Optimierungskriterien, wie z. B. die Forderung, daß der Betrag der Bilddifferenz an keiner Stelle einen vorgegebenen Wert überschreitet, zweckmäßiger sein. Hierfür sind jedoch keine Lösungen bekannt.

$$cE\, |\hat{i} - i|^2 = \iint |\hat{I} - I|^2 \, du\, dv$$

$$\text{mit} \quad \hat{I} - I = Fou(\hat{i} - i) = \iint |I(MA - 1) + MR|^2 \, du\, dv \qquad (2.3\text{-}7)$$

$$\text{mit} \quad \hat{I} = MF = M(AI + R).$$

Im Falle des Rekonstruktionsfilters nach (2.3-5) und einer speziellen Spektralverteilung von Bild- und Punktverschmierungsfunktion ($I = 0$ für $u, v > u_0, v_0$ und $A \neq 0$ für $u, v \leqq u_0, v_0$) wird das mittlere Abweichungsquadrat

$$cE\,|\hat{i} - i|^2 = \iint |I(MA - 1) + MR|^2\,du\,dv = \iint |M|^2\,|R|^2\,du\,dv. \tag{2.3-8}$$

Laplace-Operator. Wenn die Punktverschmierung $a(x, y)$ durch eine Gauß-Funktion angenähert werden kann, stellt die Methode der Konturverschärfung mit dem Laplace-Operator (Machsches Gesetz, s. 2.1.4.) eine erste Näherung für die Bildrestaurierung dar. Die Bildunschärfe bei Faltung mit der Gauß-Funktion und die Bildrekonstruktion werden

$$\begin{aligned} f(x, y) &= \frac{1}{\alpha} \exp\left[-\frac{\pi}{\alpha}(x^2 + y^2)\right] * i(x, y) \text{ bzw.} \\ I(u, v) &= \exp\left[+\alpha\pi(u^2 + v^2)\right] F(u, v). \end{aligned} \tag{2.3-9}$$

Wenn man das Rekonstruktionsfilter $M(u, v)$ durch eine Reihenentwicklung bis zu den Gliedern zweiter Potenz annähert, kann die Bildrestauration durch lokale Bildverarbeitung mit dem Laplace-Operator erfolgen. Die Konstante β bestimmt sich aus der Impulsbreite σ^2 (Streuung) der als Gauß-Funktion angenommenen Bildpunktunschärfe:

$$\hat{I}(u, v) = [1 + \alpha\pi(u^2 + v^2)]\,F(u, v) = F(u, v) - \beta(-4\pi^2u^2 - 4\pi^2v^2)\,F(u, v),$$

$$\hat{i}(x, y) = f(x, y) - \beta\,\nabla^2 f(x, y) \quad \text{mit} \quad \beta = \frac{\alpha}{4\pi} = \frac{\sigma^2}{2}. \tag{2.3-10}$$

Restaurierungsfilter

Wegen der Empfindlichkeit des inversen Filters gegenüber Rauschen und fehlerhafter Nachbildung der Punktverschmierung $a(x, y)$ beim Filterentwurf versucht man, bessere Methoden der Bildrestaurierung zu finden. Abb. 2.3-1 zeigt z. B. die Anwendung eines inversen Filters und seine Nachteile.

Korrelation mit Bildpunktunschärfe. Unter bestimmter Voraussetzung läßt sich eine Bildrestaurierung auch durch Korrelation der Abbildung $f(x, y)$ mit der Punktverschmierung $a(x, y)$ erzielen (2.3-11). Bedingung für ein gutes Restaurierungsergebnis ist, daß die Autokorrelationsfunktion der Punktverschmierung in ihrer Impulsbreite vergleichbar mit dem aufzulösenden Bildpunktdurchmesser wird (Approximation einer δ-Funktion). Diese Bedingung ist z. B. für eine Zufallsverteilung von Strahlungsquellen (s. Röntgentomosynthese [6]) oder bei Abbildung einer Punktstreuquelle als linear frequenzmoduliertes Signal (s. SLAR mit synthetischer Apertur 6.3.2.) erfüllt. Die Bildrestaurierung auf der Grundlage der linearen Optimalfilterung (matched filter) ist verhältnismäßig unempfindlicher gegenüber Störungen.

$$\hat{i} = (a * a) \circledast i \quad \text{bzw.} \quad \hat{I} = A^* \cdot A \cdot I \quad \text{mit} \quad M(u, v) = A^*(u, v). \tag{2.3-11}$$

Wiener-Filter. Ein Filter, welches die Bildinformation statistisch nach dem Prinzip der geringsten quadratischen Abweichung (2.3-7) restauriert, ist das Wiener-Filter. Es kann gezeigt werden [5], daß zur Minimierung die Bedingung

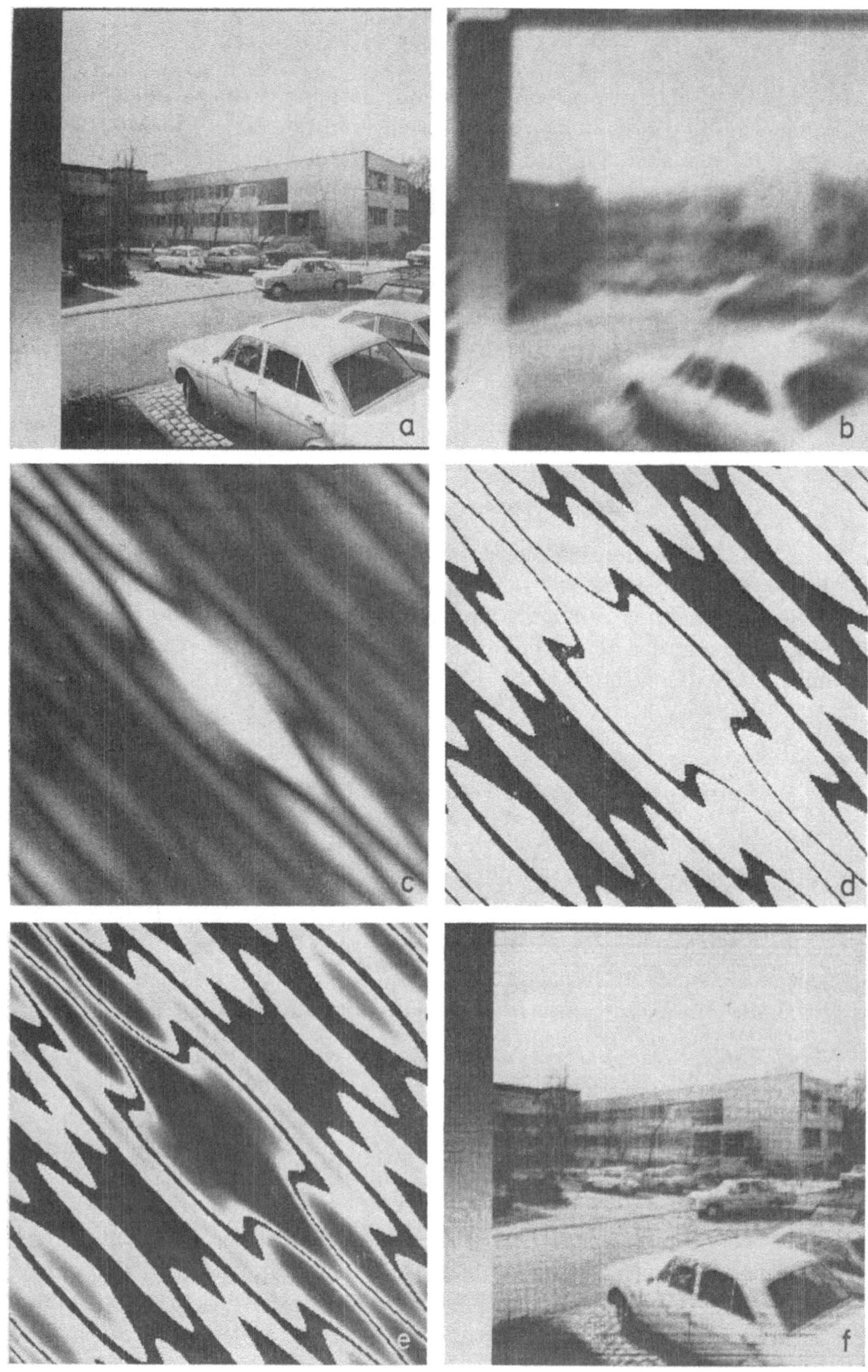

Abb. 2.3-1. Bildrestaurierung. *a* Originalbild; *b* Bild mit Bewegungsunschärfe bevorzugt in Richtung der Diagonalen; *c* Leistungsspektrum der Bildunschärfe; *d* Begrenzungsmuster des Leistungsspektrums geringer Intensität; *e* Leistungsspektrum des Restaurierungsfilters (Inverses Filter mit Intensitätsbegrenzung und Nullsetzen); *f* restauriertes Bild

(2.3-12) erfüllt sein muß:

$$cE\,|\hat{i} - i|^2 = \text{Min.} \quad \text{oder} \quad E[f(\hat{i} - i)] = 0 \quad \text{bzw.} \quad E(f\hat{i}) = E(fi). \qquad (2.3\text{-}12)$$

Aus (2.3-12) läßt sich nach [5] das Restaurationsfilter $M(u, v)$ ableiten

$$\iint F^*\hat{I}\,du\,dv = \iint F^*I\,du\,dv \quad \text{bzw.} \quad F^*MF = F^*I. \qquad (2.3\text{-}13)$$

Es wird nun angenommen, daß Bildinformation I und Rauschen R durch homogene statistische Felder dargestellt werden, die miteinander unkorreliert sind,

$$f = a * i + r \quad \text{und} \quad \hat{i} = m * f \quad \text{bzw.}$$

$$F^*F = (A^*I^* + R)\,(AI + R) = |A|^2\,|I|^2 + |R|^2 \quad \text{und} \quad F^*I = A^*\,|I|^2$$

$$\text{für} \quad IR^* = I^*R = Fou(i \circledast r) = 0. \qquad (2.3\text{-}14)$$

Aus (2.3-13 u. 14) folgt das Wiener-Filter, welches außer von der Punktverschmierung noch vom Rausch- und Bildspektrum abhängt (2.3-15). Wenn weißes Rauschen vorliegt, ist die spektrale Leistungsdichte $|R|^2 = R_{00}^2$ konstant und kann z. B. nach (2.1-46) bei Abwesenheit der Bildinformation $i = 0$ berechnet werden. Bei Anwendung des Wiener-Filters zur Bildrestauration wird der Quotient $|R|^2/|I|^2$ oft durch eine geeignet gewählte Konstante angenähert

$$M = \frac{F^*I}{|F|^2} = \frac{A^*|I|^2|}{A|^2\,|I|^2 + |R|^2} = \frac{A^*}{|A|^2 + \dfrac{|R|^2}{|I|^2}}. \qquad (2.3\text{-}15)$$

Das Wiener-Filter ist gegenüber Rauschen unempfindlicher als das inverse Filter. Das angewandte Optimierungskriterium bietet jedoch keine allgemeine Gewähr für eine zufriedenstellende Bildrestaurierung. Für praktische Anwendungen ist daher eine sukzessive Vorgehensweise mit partieller Bildrestaurierung und Sichtkontrolle der Bildverbesserung oft zweckmäßiger.

Pseudoinverses Filter. In [22, 23] sind die Anwendung der SVD-Transformation und eine iterative recheneffektive Methode zur Bildrestaurierung für allgemeine lineare Bildunschärfen beschrieben. Das Problem der Bildrestaurierung nach (2.3-3) lautet in Matrixschreibweise

$$\boldsymbol{f} = \boldsymbol{A}\boldsymbol{i} + \boldsymbol{r} \quad \text{und} \quad \hat{\boldsymbol{i}} = \boldsymbol{M}\boldsymbol{f} = \boldsymbol{i} + \boldsymbol{A}^{-1}\boldsymbol{r} \quad \text{mit} \quad \boldsymbol{M} = \boldsymbol{A}^{-1}. \qquad (2.3\text{-}16)$$

Der Nachteil der inversen Filterung besteht darin, daß das Rauschglied $\boldsymbol{A}^{-1}\boldsymbol{R}$ bei der Bildrestaurierung oft größer wird als das Originalbild $\boldsymbol{i}$ und damit die Bildinformation zerstört. Daher entwickelt man die Punktverschmierung $\boldsymbol{A}$ mit Hilfe der SVD-Transformation (2.1-99) in eine Summe von Basiskomponenten, indem man die Singulärwerte bestimmt (2.3-17). Ein weiterer Vorteil dieser Methode ist die Existenz zumindest einer Pseudoinversen $\boldsymbol{M}$ im Falle einer nicht umkehrbaren Punktverschmierungsmatrix $\boldsymbol{A}$

$$\boldsymbol{M} = \sum_{u=0}^{n-1} \frac{1}{\sqrt{\lambda_u}}\,\boldsymbol{C}_u^T\boldsymbol{B}_u \quad \text{für} \quad \boldsymbol{B}(\boldsymbol{A}\boldsymbol{A}^T)\,\boldsymbol{B}^T = \boldsymbol{C}(\boldsymbol{A}^T\boldsymbol{A})\,\boldsymbol{C}^T = \Lambda. \qquad (2.3\text{-}17)$$

Mit der Pseudoinversen $\boldsymbol{M}$ ergibt sich eine Bildrestaurierung nach (2.3-18), wobei das erste Glied Summanden vergleichbarer Größe darstellt. Die Summanden des zweiten Gliedes wachsen bei geordneten Eigenwerten $\lambda_u \leqq \lambda_{u-1}$ entsprechend $(\lambda_u)^{-\frac{1}{2}}$ an. Mit größer werdendem u wird also der Grad der Bildrestaurierung verbessert, während das Signal-Rausch-Verhältnis ständig abnimmt. Um eine gute Qualität der Bildrestaurierung zu erreichen, muß man also die Summierung spätestens dann abbrechen, wenn der Rauschanteil in seiner Größe vergleichbar mit der Bildinformation wird.

$$\hat{\boldsymbol{i}} = \boldsymbol{M}\boldsymbol{f} = \sum_{u=0}^{n-1} \frac{1}{\sqrt{\lambda_u}}\, \boldsymbol{C}_u^T \boldsymbol{B}_u (\boldsymbol{A}\boldsymbol{i}) + \sum_{u=0}^{n-1} \frac{1}{\sqrt{\lambda_u}}\, \boldsymbol{C}_u^T \boldsymbol{B}_u \boldsymbol{r}. \qquad (2.3\text{-}18)$$

Bestimmung der Bildunschärfe. Bisher wurde vorausgesetzt, daß die Punktverschmierungsfunktion $a(x, y)$ bekannt ist. Für systembedingte Abbildungsfehler läßt sich $a(x, y)$ leicht aus den Parametern des abbildenden Systems herleiten. Resultiert die Bildunschärfe jedoch von einer Objektbewegung, so liegt i. allg. keine apriori Kenntnis der Funktion $a(x, y)$ vor. In diesem Fall muß versucht werden, die Bildpunktverschmierung aus dem zu restaurierenden Bild zu entnehmen. Zur Abschätzung der Ursache der Bildunschärfe, welches wegen des Rauschens und etwaiger Nichtlinearitäten sehr problematisch ist, können Punkte, Linien und Kanten im Bild und bekannte Objektformen dienen. Eine zur y-Achse parallele Kante i_K bei $x = 0$ bildet sich z. B. als f_K ab (2.3-19), wobei eine verschiebungsinvariante Bildunschärfe angenommen sei.

$$f_K(x, y) = a(x, y) * i_K(x, y) \quad \text{bzw.} \quad F(u, v) = A(u, v)\, \frac{\delta(v)}{2\pi j u}. \qquad (2.3\text{-}19)$$

Die Bildpunktunschärfe $A(u, 0)$ läßt sich nach Differentiation der Abbildung $f(x, y)$ entsprechend (3.1-14) als Fourier-Transformierte darstellen (2.3-20). Um $A(u, v)$ vollständig ermitteln zu können, sind also Kanten unterschiedlicher Richtungen im Bild erforderlich.

$$s(x) = \frac{\partial f_K(x, y)}{\partial x} = Fou^{-1}\left[2\pi j u A(u, v)\, \frac{\delta(v)}{2\pi j u}\right] = a(x, y) * \delta(x) = \int a(x, y)\, \mathrm{d}y$$

$$s(x) = \int A(u, 0) \exp(2\pi j u x)\, du \quad \text{bzw.} \quad A(u, 0) = Fou\ s(x). \qquad (2.3\text{-}20)$$

Einfacher ist eine Fragestellung, bei der nicht die genaue Bildunschärfe ermittelt, sondern nur der Typ der Bildunschärfe bestimmt werden soll. Ein Beispiel hierfür ist die Entscheidung zwischen translatorischer, gerichteter, gleichförmiger Bewegungsunschärfe und ungerichteter Defokussierung. Da einer solchen Bewegungsunschärfe $a(x, y)$ ein Rechteckimpulsblatt entspricht, ist das Amplitudenspektrum des Bildes mit einer sinc-Funktion nach (3.1-47) in Bewegungsrichtung multipliziert.

2.3.2. Objektermittlung aus der Bilddifferenz

Von B. Bargel und H. Kazmierczak

Zeitliche Veränderungen in Bildpaaren der gleichen Bildszene können durch Bilddifferenzbildung mit speziellen Prozessoren in Echtzeit entdeckt werden. Der Vergleich zwischen einem Referenzbild und einem zeitversetzten korrespondierenden Missionsbild läßt sich in der Regionalplanung zur Bestimmung neuer Straßenverläufe, Wohngebiete usw. anwenden. Weitere Anwendungsgebiete sind die Medizin und die Aufklärung. Ausgewertet werden dabei Film- und Scanneraufzeichnungen im sichtbaren bis thermischen Spektralbereich, Radar- und

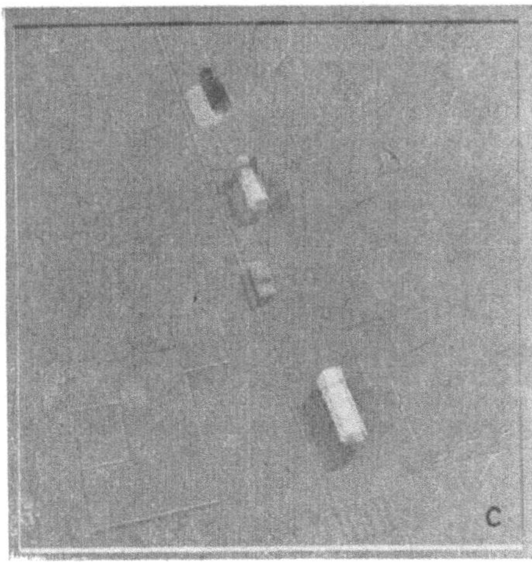

Abb. 2.3-2. Prinzip der Objektentdeckung durch Differenzbildung. *a* Referenzbild (R); *b* Missionsbild (M); *c* Bilddifferenz (D) zwischen Referenz und Mission nach Zentrierung und Bildüberlagerung

Röntgenbilder. Diese liefern mit ihrer relativ hohen Auflösung eine Fülle an Bildinformation, von der jedoch nur ein sehr geringer Teil für die Aufgabenstellung relevant ist. Die systematische Auswertung eines Bildpaares durch einen Interpreten ist daher sehr zeitraubend und bei geforderter schneller Erfassung von Veränderungen rein visuell nicht durchführbar.

Bei den Bildauswerteverfahren können zwei Automatisierungsgrade unterschieden werden. Im ersten Fall wird nur die Aufmerksamkeit eines Schirmbildbetrachters auf die Bildbereiche konzentriert, in denen eine Bildänderung möglicherweise stattgefunden hat (screening and cueing). Die Detektion und Interpretation bleiben dem Beobachter überlassen. Im zweiten Fall wird das Verfahren zur Datenreduktion und zur Objekterkennung eingesetzt, indem beispielsweise nur die Veränderungen erfaßt werden und gleichzeitig eine Klassifikation nach Größe und Form der veränderten Objekte erfolgt.

Objekte in Grauwertbildern

Den Grundgedanken des Bilddifferenzverfahrens zeigt Abb. 2.3-2 am Beispiel einer Modellaufnahme eines Siedlungsgebietes (gleicher Sensor und gleiche Aufnahmebedingung). Zwischen dem Referenzbild (R) und dem Missionsbild (M) soll sich dabei lediglich die Situation auf der Straße geändert haben. Diese Veränderungen werden im Differenzbild (D) in schwarz und weiß wiedergegeben, wodurch z. B. die Fahrzeuge und ihre Schatten gegenüber der in grau dargestellten unveränderten Umgebung hervorgehoben werden. In der Realität stimmen jedoch Referenz- und Missionsbild auch in den Bereichen ohne Objektveränderungen nicht vollständig überein. Wegen Veränderung der Aufnahmeorientierung und der Beleuchtung werden identische Objekte in beiden Bildern i. allg. geometrisch und radiometrisch unterschiedlich wiedergegeben. Das Problem der automatischen Ermittlung tatsächlicher Veränderungen liegt daher weniger in der Erzeugung des Differenzbildes als in der Anpassung von Referenz- und Missionsbild.

Geometrische Bildentzerrung. Bei der geometrischen Anpassung (Bildregistrierung) ist i. allg. eine nichtlineare Entzerrung durchzuführen. In selteneren Fällen genügt eine rein rechnerische Korrektur von z. B. Translationen und Rotationen oder von projektiven Verzerrungen. Die Anpassung des Missionsbildes ist in Abb. 2.3-3 schematisch dargestellt. Für jeden Koordinatenpunkt des entzerrten Missionsbildes (E) ist der jeweilige Grauwert des Missionsbildes (M) zu übernehmen. Nach [1] kann für die Korrekturrechnung ein zweidimensionales Korrekturpolynom der Ordnung k angesetzt werden (2.3-21):

$$x' = \sum_{i=0}^{k} \sum_{j=0}^{k-i} a_{ij} x^i y^j, \qquad y' = \sum_{i=0}^{k} \sum_{j=0}^{k-i} b_{ij} x^i y^j. \tag{2.3-21}$$

Die Ordnung des Korrekturpolynoms und die Werte der Koeffizienten a_{ij} bzw. b_{ij} können sich aus der Kenntnis des jeweiligen Systemfehlers ergeben. Andererseits lassen sich diese Werte auch durch interaktive Extraktion signifikanter Objektpunkte und ihrer Koordinaten bestimmen, d. h. aus den konjugierten Punktepaaren (x_l, y_l) und (x_l', y_l') im Referenz- bzw. Missionsbild bei Vorgabe der Ordnung k berechnen. Eine automatische Selektion konjugierter Punktepaare ist durch Korrelation kleiner Flächenbereiche des Referenz- und Missionsbildes und Lokalisierung des Korrelationsmaximums möglich.

Zur Bestimmung der Koeffizienten a_{ij} und b_{ij} der Korrekturpolynome werden die x'- und y'-Koordinaten der m ausgewählten Objektpunkte im Missionsbild zweckmäßig zu zwei Zeilenvektoren $\boldsymbol{X}'$ und $\boldsymbol{Y}'$ und die n gemischten Koordinatenprodukte $x^i y^j$ der m konjugierten Objektpunkte im Referenzbild zu einer Matrix $\boldsymbol{Z}$ zusammengefaßt:

$$\boldsymbol{X}' = (x_1', x_2', \ldots, x_m') \quad \text{und} \quad \boldsymbol{Y}' = (y_1', y_2', \ldots, y_m'),$$
$$\boldsymbol{Z} = (\boldsymbol{z}_1^T, \boldsymbol{z}_2^T, \ldots, \boldsymbol{z}_m^T) \text{ mit } m \geqq n = \frac{1}{2}(k+1)(k+2). \tag{2.3-22}$$

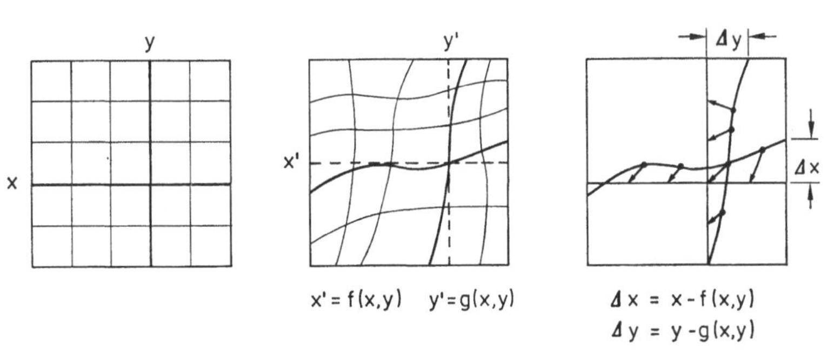

Abb. 2.3-3. Prinzip der geometrischen Entzerrung zweier Bilder (Bildregistrierung). *a* Referenzbild-Koordinatengitter; *b* Missionsbild-Koordinatengitter; *c* Rektifizierung des Missionsbildes (M) mit resultierendem entzerrtem Missionsbild (E)

Die Koeffizienten a_{ij} und b_{ij} können entsprechend den Spaltenvektoren $\boldsymbol{z}_l^T$ der $\boldsymbol{Z}$-Matrix als Zeilenvektoren $\boldsymbol{A}$ und $\boldsymbol{B}$ geschrieben werden.

$$\begin{aligned} \boldsymbol{z}_l &= (1, \ x_l, \ y_l, \ x_l^2, x_l y_l, \ y_l^2, \ldots, x_l^k, \ldots, y_l^k), \\ \boldsymbol{A} &= (a_{00}, a_{10}, a_{01}, a_{20}, \ a_{11}, a_{02}, \ldots, a_{k0}, \ldots, a_{0k}), \\ \boldsymbol{B} &= (b_{00}, b_{10}, b_{01}, b_{20}, \ b_{11}, b_{02}, \ldots, b_{k0}, \ldots, b_{0k}). \end{aligned} \tag{2.3-23}$$

Das zweidimensionale Korrekturpolynom k-ter Ordnung nach (2.3-21) für m Punktepaare, welches bezüglich der Koeffizienten je ein System m linearer Gleichungen darstellt, kann damit als Matrizengleichung (2.3-24) formuliert werden. Wenn die Anzahl der Punktepaare gleich der durch die Ordnung k bestimmten Anzahl der gemischten Produkte $x^i y^j$ ist, lassen sich die Koeffizienten a_{ij} und b_{ij} eindeutig bestimmen:

$$\boldsymbol{X}' = \boldsymbol{AZ} \quad \text{und} \quad \boldsymbol{Y}' = \boldsymbol{BZ} \tag{2.3-24}$$
$$\text{mit } \boldsymbol{A} = \boldsymbol{X}'\boldsymbol{Z}^{-1} \quad \text{und} \quad \boldsymbol{B} = \boldsymbol{Y}'\boldsymbol{Z}^{-1} \quad \text{für} \quad m = n.$$

Im allgemeinen Fall sind die beiden linearen Gleichungssysteme (2.3-24) mit $m > n$ überbestimmt und die $n \times m$-Matrix $\boldsymbol{Z}$ ist nicht quadratisch. Durch Ausgleichsrechnung mit der Forderung, daß die Summe der Quadrate der Koordinatenabweichungen zu einem Minimum wird, lassen sich die Koeffizienten auch für den Fall $m > n$ bestimmen. Formal bedeutet dieser Lösungsansatz, daß die Matrix $\boldsymbol{Z}$ durch die Multiplikation $\boldsymbol{Z}\boldsymbol{Z}^T$ quadratisch gemacht und die Inversion über dieses Matrizenprodukt ausgeführt wird:

$$\begin{gathered} \boldsymbol{X}'\boldsymbol{Z}^T = \boldsymbol{A}\boldsymbol{Z}\boldsymbol{Z}^T \quad \text{und} \quad \boldsymbol{Y}'\boldsymbol{Z}^T = \boldsymbol{B}\boldsymbol{Z}\boldsymbol{Z}^T \\ \text{mit } \boldsymbol{A} = \boldsymbol{X}'\boldsymbol{Z}^T(\boldsymbol{Z}\boldsymbol{Z}^T)^{-1} \quad \text{und} \quad \boldsymbol{B} = \boldsymbol{Y}'\boldsymbol{Z}^T(\boldsymbol{Z}\boldsymbol{Z}^T)^{-1} \quad \text{für } m > n. \end{gathered} \tag{2.3-25}$$

Das nach (2.3-25) ermittelte Korrekturpolynom liefert die Basis für die Korrektur des gesamten Missionsbildes. Die allgemeine Anwendung der Lösung wird durch den Aufwand der erforderlichen Korrelations- und Korrekturrechnung

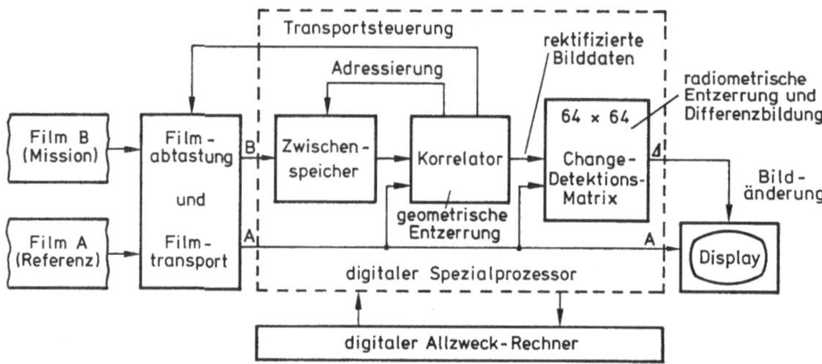

Abb. 2.3-4. System zur Entdeckung und Anzeige von Bilddifferenzen (nach [1]) unter Berücksichtigung geometrischer und radiometrischer Bildverzerrungen

und durch die zur Verfügung stehende Rechnerkapazität eingeschränkt. Die Ordnung k der Korrekturpolynome liegt daher i. allg. bei 5 oder darunter. Zudem wird für die Anpassung häufig ein grobmaschiges Koordinatengitter gewählt und für die dazwischen liegenden Bildpunkte eine Interpolation durchgeführt. Da die nach (2.3-21) berechneten Positionen im verzerrten Missionsbild i. allg. nicht mit einzelnen Bildelementen korrespondieren (x', y' sind keine Integergrößen), erfordert die Bestimmung des zu übernehmenden Grauwertes eine weitere Interpolation über benachbarte Bildelemente. Ein Beispiel für die operationelle Anwendung von Korrekturpolynomen 3. oder 5. Ordnung zur Bildregistrierung ist die gegenseitige Anpassung der einzelnen Kanäle des multispektralen Scanners im Erderkundungssatelliten LANDSAT [2].

Automatische Bildrektifizierung. Ein weiteres Verfahren zur schnellen (on line) Bildanpassung, Entdeckung und Anzeige von Bildänderungen für z. B. auf Filmstreifen aufgezeichnete Radardaten zeigt Abb. 2.3-4 [1]. Bei diesem System werden Korrelationsrechnungen nach (2.1-53) über Bildunterbereiche durchgeführt, welche schrittweise längs mehr oder weniger paralleler Spuren in Richtung des Filmtransportes verschoben werden (Abb. 2.3-5a). Bei jedem Vorwärtsschritt eines einzelnen Unterbereichs wird durch Interpolation die Lage des Korrelationsmaximums bestimmt und ein synthetisches Teilbild von konjugierten Punkten aus dem Filmstreifen B berechnet. Das Interpolationsverfahren ist in Abb. 2.3-5b skizziert. Da aus Kontinuitätsgründen die Lage des Korrelationsmaximums aus den vorangegangenen Ergebnissen relativ genau abgeschätzt werden kann, genügt es, die Korrelationsrechnungen für jeden Bildunterbereich z. B. in nur 9 Verschiebelagen durchzuführen. Da die berechneten konjugierten Punkte i. allg. nicht mit den Abtastpositionen im Film B übereinstimmen, wird der Intensitätswert für diese Punkte wie beim vorher beschriebenen Anpassungsverfahren aus den Intensitätswerten der vier benachbarten Abtastpositionen berechnet. Für Bereiche ohne Signatur oder mit überwiegend parallelen Strukturen, für die kein eindeutiges ausgeprägtes Korrelationsmaximum ermittelt werden kann, dienen die benachbarten Bildunterbereiche zur Interpolation konjugierter Objektlagen (Verknüpfung über die benachbarten Spuren).

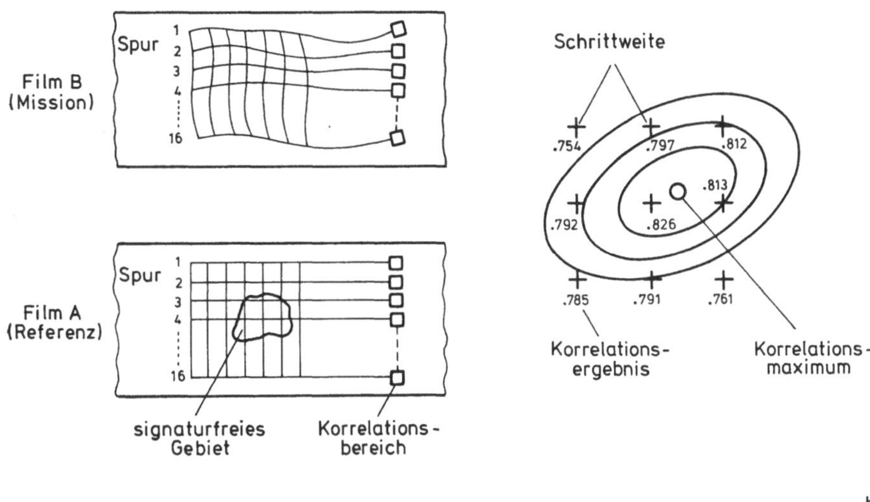

Abb. 2.3-5. Prinzip der geometrischen Bildentzerrung. *a* Streifenkorrelation; *b* Interpolation des Korrelationsmaximums

Radiometrische Bildanpassung und Bilddifferenzentdeckung. Nach der geometrischen Anpassung der Bildpaare oder Filmstreifen ist es i. allg. notwendig, Unterschiede in der Grauwertcharakteristik der Bilder auszugleichen. Hier bietet sich ein relativ einfaches Verfahren an [1], bei dem für jeden Bildpunkt der Logarithmus des Grauwertes i_E im korrigierten Missionsbild gegenüber dem des Grauwertes i_R im Referenzbild aufgetragen wird (Abb. 2.3-6a). Die Abweichung der Punkteverteilung von der Diagonalen ist ein Maß für die Unterschiede in der Intensitätswiedergabe und im Kontrast der zu vergleichenden Bilder.

Durch Annäherung dieser Verteilung an die Diagonale (Berechnung des minimalen Abstandsquadrates) lassen sich die Korrekturwerte für die Grauwerte des Missionsbildes ermitteln. Dieses Korrekturverfahren setzt voraus, daß die Abweichungen in den Grauwerten von Referenz- und Missionsbild sich relativ gleichmäßig über den gesamten Bildbereich verteilen. Sind die Unterschiede in der Intensitätswiedergabe oder im Kontrast jedoch stark vom Bildort abhängig, so ist dieses Ausgleichsverfahren partiell für einzelne Bildbereiche B_i (Abb. 2.3-6b) durchzuführen.

Tatsächliche Bildänderungen in den Bildpaaren treten nach der radiometrischen Anpassung als starke Abweichungen von der Diagonalen auf (Abb. 2.3-6c). Hierbei kann die Lage der Abweichungen bereits zu einer Grobklassifikation der Veränderungen herangezogen werden. Ein derartiges Klassifikationsschema ist in Abb. 2.3-6d für Bildänderungen auf Radarbildpaaren dargestellt.

Kontrastreiche Objekte mit ausgeprägten Konturen

Soll beim Vergleich von allgemeinen Grauwertbildern der Anteil falsch angezeigter Änderungen gering gehalten werden, so sind hohe Anforderungen an die geometrische und radiometrische Übereinstimmung der Bildpaare zu stellen. Die aufwendige Korrelationsberechnung zur geometrischen Korrektur des Missionsbildes kann entfallen, wenn anstelle eines punktweisen Bildvergleichs ein Vergleich einzelner vorher ermittelter Strukturelemente vorgenommen wird. Dieses Verfahren ist besonders dann geeignet, wenn man Objekte erfassen möchte, welche sich von ihrer Umgebung relativ stark abheben und deren Konturen sich daher leicht durch Bildvorverarbeitungsverfahren aus den Originaldaten extrahieren

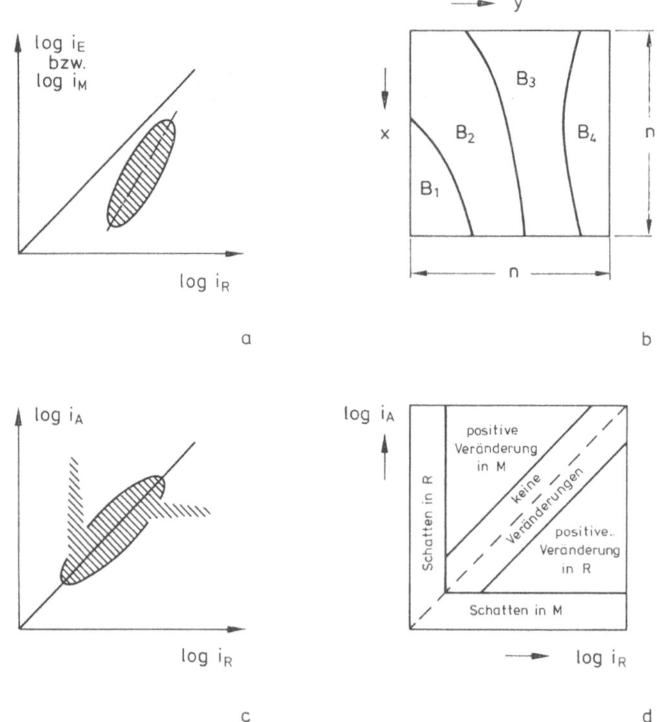

Abb. 2.3-6. Prinzip der radiometrischen Anpassung des Missionsbildes M an das Referenzbild R. *a* Grauwertvergleich zwischen entzerrtem Missionsbild E und Referenzbild R; *b* Bildsegmentierung in Bildbereiche B_i mit gleichen Grauwert- und Kontrastverhältnissen; *c* Darstellung der radiometrischen Bildänderung durch Grauwertvergleich zwischen radiometrisch angepaßtem Missionsbild A und Referenzbild R; *d* Klassifikationsschema für Bildänderungen im Missionsbild M und Referenzbild R

lassen. Eine Vorverarbeitungseinheit nach [4] liefert z. B. drei verschiedene Datensätze. Der erste enthält aus den Grauwertgradienten gewonnene geradlinige Konturlinien (Kanten). Der zweite umfaßt kleine Bereiche (Flecken), die wesentlich heller oder dunkler als ihre Umgebung sind. Der dritte Datensatz liefert schließlich statistische Parameter, die zur Texturbewertung herangezogen werden. Die Anpassung zwischen Referenz- und Missionsbild, welche wegen der anschließenden objektbezogenen Auswertung nicht so exakt sein muß wie bei der punktuellen Differenzbildung, wird über die Konturinformation durchgeführt.

Bei Objekten, die sich gegenüber dem Hintergrund kontrastreich abheben (z. B. bei Auswertung von Radarbildern), läßt sich der Vergleich von Referenz- und Missionsbild weiter vereinfachen. Durch Schwellenwertoperationen können z. B. entsprechend Abb. 2.3-7 von beiden Ausgangsbildern jeweils zwei Binär-

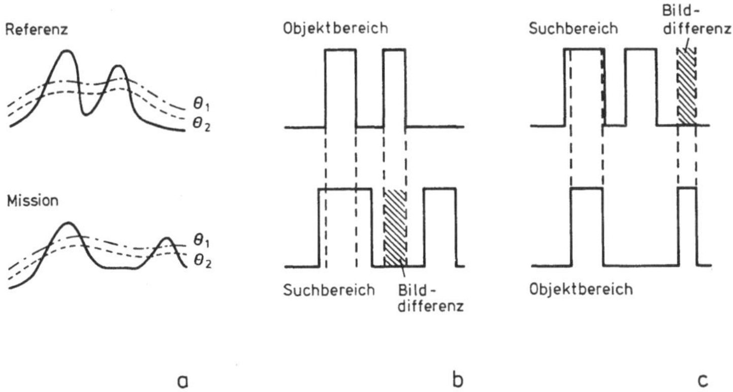

Abb. 2.3-7. Prinzip der Bilddifferenzentdeckung auf der Grundlage binärisierter Bilder. *a* Binärisierung des Bildsignals durch zwei unterschiedliche, lokaladaptierte Schwellwerte und Bestimmung der *b* negativen und *c* positiven Bildänderung aus Vergleich von Objekt- und Suchbereich

bilder erzeugt werden. Zur Binärisierung wird das Verhältnis des Grauwertes eines jeden Punktes zum mittleren Grauwert seiner Umgebung berechnet und mit zwei Schwellenwerten θ_1 und θ_2 verglichen. Größere Bildbereiche, bei denen das Grauwertverhältnis die obere Schwelle θ_1 überschreitet, werden als Objektflächen gekennzeichnet, nach denen im Partnerbild gesucht werden muß. Bildbereiche im Partnerbild, bei denen das Grauwertverhältnis die untere Schwelle θ_2 überschreitet, kennzeichnen den Objektsuchbereich im Partnerbild.

Das Arbeiten mit zwei unterschiedlichen Schwellen zeigt folgende Vorteile. Die höhere Schwelle, welche die Objekte definiert, schränkt die Suche nach Bildänderungen auf einzelne Bildbereiche ein und dient damit der Reduktion der Verarbeitungszeit. Die niedrigere Schwelle sorgt dafür, daß im Partnerbild bei vorhandenem Objekt und geringfügigen Anpassungsfehlern keine Bilddifferenzen erzeugt werden (Reduktion der Detektionsfehler). Die Anpassung von Referenz- und Missionsbild kann objektbezogen durch Vergleich der mit der niederen Schwelle binärisierten Bilder erfolgen.

2.3.3. Objektermittlung in Bildfolgen

Von M. Bohner

Bei der automatischen Objektermittlung aus Bildfolgen wird die zeitlich nacheinander anfallende Bildinformation nach Objekten mit bestimmten Eigenschaften abgesucht. Hierbei kann sich sowohl der die Bildinformation liefernde Sensor (z. B. Fernsehkamera, Wärmebildkamera, multispektraler Abtaster, Mikrowellenempfänger) als auch das gesuchte Objekt relativ zu anderen Objekten in der Szene bewegen. Nach erfolgreicher Objektdetektion wird aus der Lage des Objektes im Bildausschnitt die Position des Objektes oder des Sensors bestimmt.

Eine solche Auswertung von Bildfolgen kann zur Lösung einer Vielzahl von Aufgaben verwendet werden:

Ansteuerung von ruhenden oder bewegten Objekten (Ergreifen von Werkstücken, Positionierung von Schweißautomaten, Steuerung von Fertigungsautomaten),

Erkennung von bewegten Objekten (Verfolgung von Kraftfahrzeugen bei der Verkehrsüberwachung, automatische Überwachung des Transportes von gefährlichen Gütern, Registrierung der Wolkenbewegung zur Windfeldanalyse),

Navigation (Lagebestimmung für bemannte und unbemannte Luft- und Raumfahrzeuge).

Auswertung von Objektkontrasten

Die einfachsten Verfahren zur Auswertung von Bildfolgen stützen sich ausschließlich auf eine direkte Bewertung des Kontrastes der gesuchten Objekte. Eine solche Auswertung des Objektkontrastes ist hierbei nur dann erfolgreich anwendbar, wenn sich die Objekte infolge ihrer Helligkeit stark von der Umgebung unterscheiden und wenn sich nur wenige Objekte im Erfassungsbereich des Sensors befinden (Flugzeuge gegen Himmel, Schiffe gegen Meeresoberfläche, Landfahrzeuge mit heißem Motor in Wärmebildaufnahmen).

Die vom Sensor gelieferten Bildsignale können zunächst mit Methoden der Bildvorverarbeitung aufbereitet werden. Bei einem speziellen Verfahren wird für jeden Bildpunkt aus seinem Grauwert und den Grauwerten einer Umgebungsfläche ein Auffälligkeitswert berechnet und dem Bildpunkt zugewiesen. Durch Summation dieser Werte innerhalb eines Fensters, dessen Größe in Abhängigkeit von der Objektgröße zu Beginn der Verarbeitung vom Operateur festgelegt werden kann, ergibt sich für jede Position des Fensters eine Maßzahl, das sogenannte Auffälligkeitsmaß. Die Verarbeitungsvorschrift zur Berechnung des Auffälligkeitsmaßes ist dabei so festzulegen, daß dieses Maß für die aufzufindenden Objekte möglichst große, für die Störobjekte jedoch möglichst kleine Werte annimmt [7].

Nach der Aufbereitung der Sensorsignale erfolgt meist eine Gewichtung der Bildinformation. Diese Gewichtung wird dann erforderlich, wenn sich mehrere Objekte im Bildfeld befinden und Fremdobjekte auch in der aufbereiteten Information höhere Kontrastwerte als das gesuchte Objekt aufweisen. Zu Beginn der Auswertung (Zeitpunkt t_0) wird hierbei das gewünschte Objekt innerhalb des Bildes von einem Operateur ausgewählt und markiert. Zu einem späteren Zeitpunkt $t = t_n$ werden die Grauwerte im Bild mit einer Bewertungsfunktion multipliziert, wobei das Zentrum (z. B. der Maximalwert) der Bewertungsfunktion mit einer geschätzten Position des gesuchten Objektes zusammenfällt. Als einfacher Schätzwert kann dabei die Position des Objektes zum Zeitpunkt $t = t_{n-1}$ verwendet werden, oder es wird mit Hilfe von Vorhersagemethoden aus der Bewegung des Objektes in der Vergangenheit die ungefähre Position des Objektes zum Zeitpunkt $t = t_n$ vorausberechnet [10, 11]. Einfach zu realisierende Bewertungsfunktionen sind z. B. rechteckige oder dreieckige Funktionen (Abb. 2.3-8).

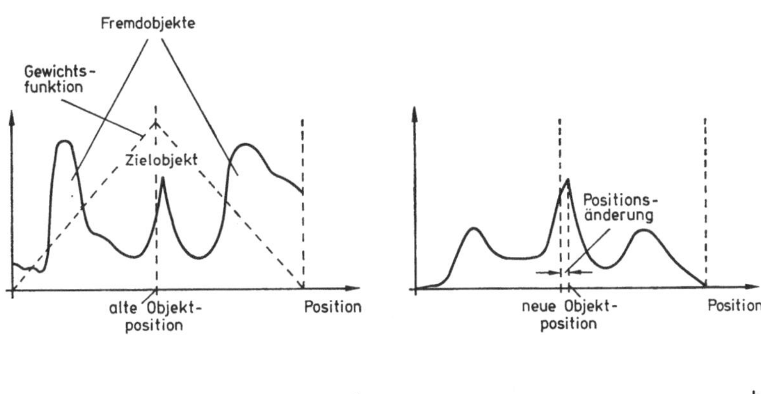

Abb. 2.3-8. Sensorsignal mit Zielobjekt; *a* vor der Gewichtung und *b* nach der Gewichtung

Objektdetektion. Nach Aufbereitung und Gewichtung der Bildsignale wird die Position des Objektes bestimmt. Im einfachsten Fall wird der Lage des Maximalwertes in der aufbereiteten Grauwertinformation die Objektposition zugewiesen. Der Vorteil liegt in der einfachen Realisierung, nachteilig erweist sich die große Störanfälligkeit, wenn einzelne hohe Grauwerte von Fremdobjekten im Bildfeld auftreten. Daher wird diese Methode meist nur zur Detektion punktförmiger Objekte angewendet. Weniger störanfällig erweisen sich folgende Entscheidungskriterien:

Ermittlung mehrerer möglicher Objektpositionen (Detektion von Nebenmaxima) und Auswahl der Position mit dem geringsten Abstand zur vorhergesagten Objektposition.

Bestimmung des Schwerpunktes eines Bildausschnittes in der gewichteten Grauwertinformation, wobei die Position des Schwerpunktes die Lage des Objektes anzeigt.

Nach diesen Auswerteprinzipien werden heute von vielen Herstellerfirmen Geräte zur Ansteuerung und Verfolgung von Objekten kommerziell angeboten [13—15].

Eine weitere Möglichkeit der direkten Kontrastauswertung stellt die Objektdetektion mit Hilfe von Objektmerkmalen dar. Hierzu wird das vorverarbeitete Grauwertbild mit einem Schwellwert in ein Binärbild überführt, und für jede der so erzeugten Flächen werden einfache Merkmale (z. B. Größe, Form) berechnet. Durch Auswertung dieser Merkmale (Klassifikation) können Störobjekte ausgeschieden werden, wobei das Bewegungsverhalten des gesuchten Objektes als Zusatzinformation berücksichtigt werden kann.

Änderungsanalyse. Zur Detektion und Verfolgung bewegter Objekte kann auch die Änderungsanalyse in Bildfolgen angewendet werden (s. 2.1.4. und 2.3.2.). Eine Bildanpassung kann bei speziellen Anwendungen z. B. entfallen, wenn der Sensor fest aufgebaut ist und die von Bild zu Bild auftretenden Grauwertschwankungen vernachlässigt werden können. Die eigentliche Änderungsanalyse erfolgt durch einfache Differenzbildung oder durch Berechnung statistischer Parameter.

In [8] wird ein Verfahren zur Unterschiedsdetektion beschrieben, bei dem Unterschiede in aufeinanderfolgenden Bildern über statistische Parameter festgestellt werden. Hierzu werden für jeden Bildpunkt des aktuellen und des gespeicherten Bildes der Grauwertmittelwert $\bar{i}$ und die Varianz σ^2 der Grauwerte innerhalb einer bestimmten Umgebung des jeweiligen Bildpunktes (z. B. Untermatrix mit 5×5 Elementen) bestimmt. Zur weiteren Auswertung werden Mittelwert und Varianz anschließend zu einer Zahl z verknüpft

$$z = \frac{\left[\dfrac{\sigma_s^2 + \sigma_a^2}{2} + \left(\dfrac{\bar{i}_s - \bar{i}_a}{2}\right)^2\right]^2}{\sigma_s^2 \sigma_a^2}. \tag{2.3-26}$$

Hierbei bedeuten die Indizes s und a das gespeicherte und das aktuelle Bild. In Bildbereichen mit stationären Objekten stimmen Mittelwert und Varianz im aktuellen gespeicherten Bild ungefähr überein, und die Bewertungszahl wird näherungsweise $z = 1$. In Bildbereichen mit bewegten Objekten weichen Mittelwert und Varianz in beiden Bildern voneinander ab, wobei mit zunehmenden Unterschieden der beiden Größen die Bewertungszahl z wächst. Durch Schwellwertbildung kann über die Zahl z entschieden werden, ob ein Bildpunkt einem bewegten Objekt oder einem stationären Objekt angehört.

Objektkorrelation

Bei der Auswertung von Bildfolgen mit Hilfe der Korrelation wird die aktuelle Bildinformation mit gespeicherter Information über das gesuchte Objekt verglichen. Der jeweils berechnete Korrelationskoeffizient zwischen aktueller und

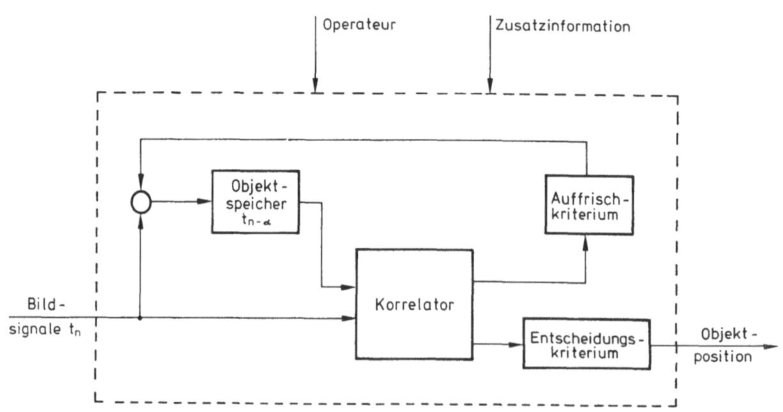

Abb. 2.3-9. Prinzip der Bildauswertung durch Korrelation zur Verfolgung von bewegten Objekten

gespeicherter Bildinformation ist ein Maß für die Übereinstimmung zweier Bildausschnitte. Bei der Navigation wird die Information über die gesuchten Objekte fest vorgegeben und ändert sich während der Auswertung nicht, während bei der Verfolgung von bewegten Objekten die Objektinformation während der Verfolgung nach bestimmten Zeitabschnitten wieder aus der aktuellen Szene gewonnen wird. Zu Beginn der Auswertung wird das zu verfolgende Objekt von einem Operateur ausgewählt und markiert und anschließend in einen Objektspeicher übertragen. Abb. 2.3-9 zeigt das Prinzip der Bildauswertung mit Hilfe der Korrelation für die Verfolgung von bewegten Objekten.

Korrelationskoeffizient. In einem Objektspeicher ist die Bildinformation über das Objekt gespeichert, wobei die Information zum Zeitpunkt $t_{n-\alpha}$ übernommen wurde. Der Objektspeicher enthält dabei im allgemeinen nur einen kleinen Ausschnitt der angebotenen Bildinformation. Zum Zeitpunkt t_n wird der Inhalt des Objektspeichers mit dem aktuellen Bild korreliert, d. h., das Objekt wird in einem bestimmten Erwartungsbereich über das aktuelle Bild verschoben, und in jeder Position wird der Korrelationskoeffizient k nach Gleichung (2.3-27) bestimmt

$$k = \frac{\sum\limits_i (b_i - \bar{b})(o_i - \bar{o})}{\sqrt{\sum\limits_i (b_i - \bar{b})^2 \sum\limits_i (o_i - \bar{o})^2}} = \frac{\overline{bo} - \bar{b}\bar{o}}{\sqrt{\left(\overline{b^2} - \bar{b}^2\right)\left(\overline{o^2} - \bar{o}^2\right)}}. \quad (2.3\text{-}27)$$

Hierbei stellen b_i und o_i die Grauwerte des aktuellen Bildes und des gespeicherten Objektes, $\bar{b}$ und $\bar{o}$ die arithmetischen Mittelwerte sämtlicher Grauwerte innerhalb der jeweiligen Bildausschnitte dar. Sind das gespeicherte Objekt und ein entsprechender Ausschnitt der aktuellen Bildinformation in einer bestimmten Überlagerungsposition identisch, erreicht der Korrelationskoeffizient den Wert $k = 1$ (Autokorrelation). Bei statistisch unabhängiger Verteilung der Grauwerte in beiden Bildern wird $k = 0$.

Der Verlauf der Korrelationskoeffizienten bei einer Verschiebung des gespeicherten Objektes gegenüber der aktuellen Bildinformation ist stark von der flächenhaften Auflösung der Szene und der Größe des gespeicherten Objektes abhängig. Bei grober Auflösung und kleinem Objekt entsteht bei der Autokorrelation (Abb. 2.3-10a) ein nadelförmiges Maximum bei der gesuchten Objektposition. Dieses Maximum ist jedoch verschwunden, wenn sich das Objekt in der aktuellen Szene gegenüber dem gespeicherten Bild geringfügig verändert hat (Abb. 2.3-10b). Bei feiner Auflösung ist das Maximum bei der Autokorrelation weniger stark ausgeprägt (Abb. 2.3-10c), während Veränderungen des Objektes einen geringen Einfluß auf den Verlauf des Korrelationsgebirges ausüben (Abb. 2.3-10d). Die Abhängigkeit der Korrelationswerte von flächenhafter Auflösung Grauwertauflösung, Größe des Teilbildspeichers und von Objektveränderungen sind in [9] für einen Fahrzeugtyp dargestellt.

Entscheidungs- und Auffrischkriterium. Mit Hilfe eines Entscheidungskriteriums wird nach der Bestimmung der Korrelationswerte innerhalb eines Erwartungsbereiches die wahrscheinlichste Position des gesuchten Objektes ermittelt. Die Maximumdetektion, d. h. die Position des Objektes ist durch das

Maximum der Korrelationswerte gegeben, ist ein häufig angewendetes Verfahren. Prinzipiell sind sämtliche bei der Auswertung der Bildkontraste beschriebenen Verfahren anwendbar, wenn die zweidimensional angeordneten Korrelationswerte als auszuwertendes „Grauwertbild" aufgefaßt werden.

Während der Verfolgung kann sich das gesuchte Objekt in seiner Ansicht verändern, so daß der Objektspeicher innerhalb bestimmter Zeitabstände aufgefrischt werden muß. Beim Auffrischen kann dabei die alte Information des Objektspeichers mit einem Ausschnitt aus der aktuellen Bildinformation überschrieben werden, oder die aktuelle Bildinformation des Ausschnittes wird der alten Information überlagert. Die Lage des Ausschnittes innerhalb des Bildes wird dabei durch die gefundene Position des Objektes bestimmt, während die Auffrischrate über ein Auffrischkriterium, das den Verlauf der Korrelationskoeffizienten auswertet, gesteuert wird.

Bei Anwendung eines der möglichen Auffrischkriterien wird dabei der Objektspeicher mit jedem Folgebild aufgefrischt, solange das Maximum der Korrelationskoeffizienten einen Schwellwert k_s übersteigt, solange also das Objekt mit großer Wahrscheinlichkeit gefunden werden konnte. Fällt das Korrelations-

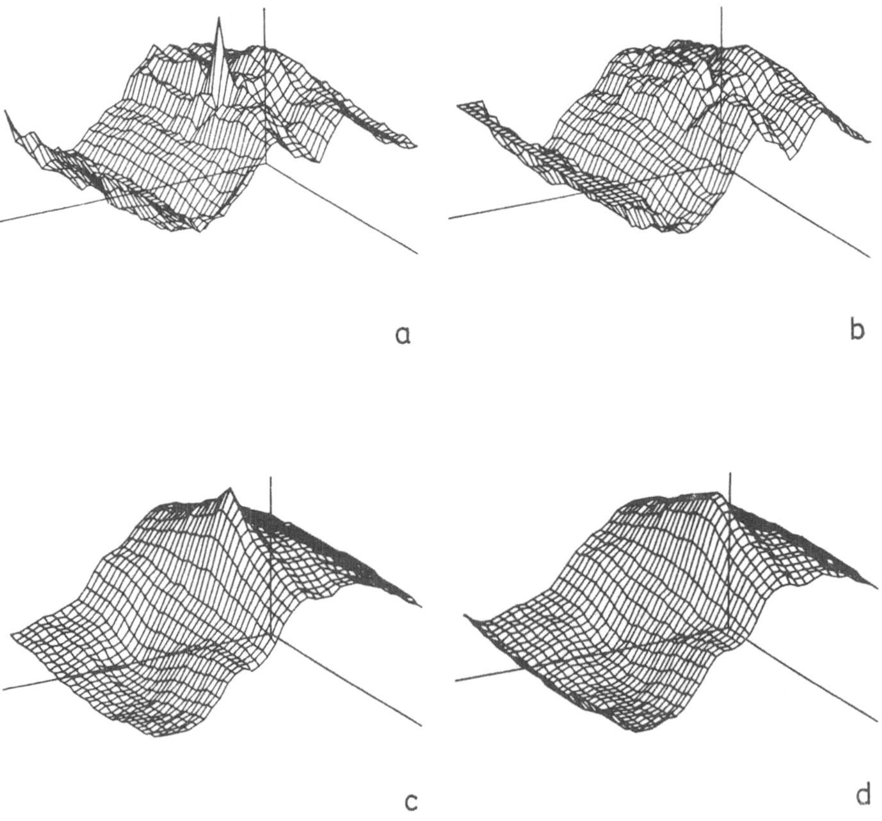

Abb. 2.3-10. Korrelationskoeffizienten bei Translation zwischen gespeichertem Objekt und aktuellem Bild (Korrelationsfunktion). *a* Autokorrelation und *b* Kreuzkorrelation bei grober bzw. *c* Autokorrelation und *d* Kreuzkorrelation bei feiner Objektauflösung

maximum in einer Bildfolge plötzlich stark ab (unter den Wert k_s), so liegt meist die Ursache hierfür nicht in einer abrupten Veränderung des Objektes, sondern in einer Störung. Eine solche Störung wird deshalb bei Anwendung dieses Kriteriums nicht in den Speicher übernommen.

Teilobjekt- und Hintergrundkorrelation. Die Korrelation berücksichtigt die Struktur der gesuchten Objekte und der Hintergrundinformation und führt deshalb im Vergleich zur reinen Kontrastauswertung zu wesentlich verbesserten Ergebnissen, wobei die schaltungstechnische Realisierung der Korrelationsfunktion heute mit wenigen integrierten Halbleiterbausteinen ermöglicht werden

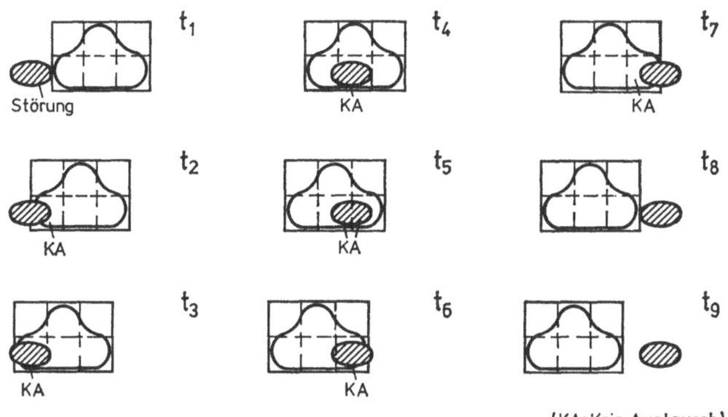

Abb. 2.3-11. Prinzip der Teilobjektkorrelation (Vordergrundstörung)

kann. Nachteilig ist, daß das System bei einer teilweisen Verdeckung des Objektes durch Vordergrund das Objekt verlieren kann. Ist das Objekt einmal verloren, kann es meist nicht mehr automatisch wiedergefunden werden, da im Objektspeicher die Information über das gesuchte Objekt überschrieben wurde.

Diese Schwierigkeiten können z. B. mit einer Teilobjektkorrelation (Abb. 2.3-11) oder Hintergrundkorrelation (Abb. 2.3-12) überwunden werden. Bei der Teilobjektkorrelation wird der Objektspeicher in mehrere Bereiche, die Teilobjekte darstellen, unterteilt. Die Teilbereiche und deren Kombination werden mit dem aktuellen Bild korreliert, und die erzielten Korrelationskoeffizienten werden getrennt ausgewertet. Dadurch wird es möglich, Störungen in Teilbereichen zu erkennen, so daß die Übernahme solcher Störungen in den Objektspeicher verhindert werden kann. In einer Weiterführung dieses Prinzips wird die systematische Bildaufteilung vermieden. Durch Gradienten- und Differenzbildauswertung werden Masken erzeugt, die näherungsweise das zu verfolgende Objekt bzw. Hinter- und Vordergrundstörungen darstellen. Korrelation und Referenzaustausch werden anschließend über die Masken gesteuert (Maskenkorrelation).

Bei der Hintergrundkorrelation wird Information über die Bewegung des gesuchten Objektes ausgewertet. Vor dem bewegten Objekt wird in einer Szene ein Bildausschnitt (Hintergrund) in einen besonderen Bildspeicher übertragen. In den Folgebildern wird an der festen Position x_3 (Abb. 2.3-12) der Korrelationskoeffizient zwischen Bildausschnitt und aktuellem Bild berechnet. Bewegt sich das Objekt durch den vorgegebenen Bildausschnitt, so sinkt der Korrelationskoeffizient zunächst, steigt jedoch dann wieder ungefähr auf den ursprünglichen Wert an. Durch Auswertung dieses Verlaufes der Korrelationswerte kann schließlich die Lage des Objektes bestimmt werden.

Kombination von Auswerteverfahren. Die Auswerteverfahren durch Kontrast, Bewegung und Korrelation ermöglichen die Detektion von Objekten unter Voraussetzungen, die in vielen praktisch wichtigen Anwendungen erfüllt werden können. Wie am Beispiel der Korrelation mit der Beschreibung der auftretenden Vordergrundprobleme erwähnt wurde, gibt es jedoch für all diese Verfahren be-

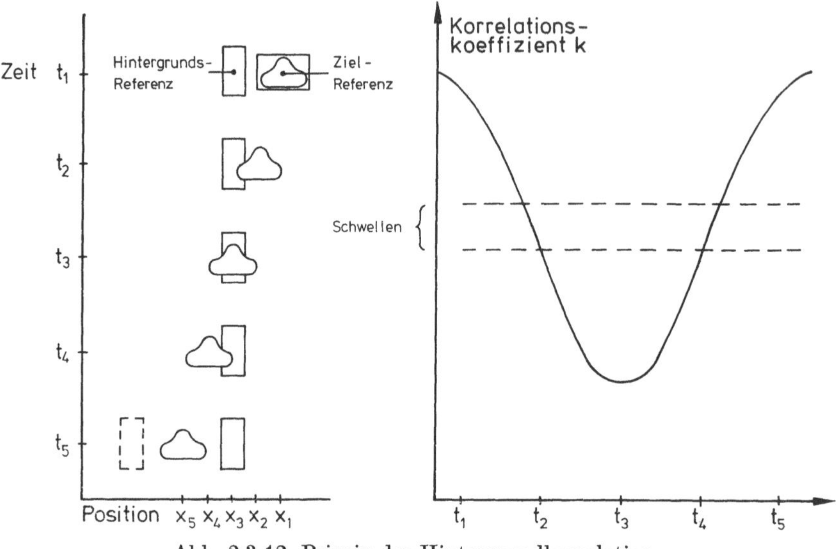

Abb. 2.3-12. Prinzip der Hintergrundkorrelation

stimmte Randbedingungen, unter denen das gesuchte Objekt nicht gefunden werden kann. Da diese Randbedingungen vom jeweiligen Verfahren abhängig sind, werden sämtliche Auswerteverfahren nur in wenigen Ausnahmefällen gleichzeitig versagen. Durch eine Kombination mehrerer Verfahren bei gleichzeitiger Auswertung multispektraler Bilddaten kann somit eine beträchtliche Erhöhung der Auswertesicherheit erzielt werden.

Auswertung durch Objektmodelle

Bei den bisher beschriebenen Verfahren erfolgt die Detektion der Objekte über ausgewählte Objekteigenschaften, wobei die Beschreibung der Objekteigenschaften sehr unvollständig ist. Eine Erkennungssicherheit, mit der der Mensch in komplexen Szenen Objekte auffindet, kann erst dann erreicht werden, wenn es gelingt, diese Objekte in ihren Eigenschaften vollständig zu beschreiben. Eine solche vollständige Beschreibung eines Objektes ist häufig nicht bekannt oder erfordert einen hohen Speicher- und Auswerteaufwand und kann daher derzeit nur zur Detektion einfacher Objekte verwendet werden.

Nachfolgend wird ein Simulationssystem beschrieben, bei dem die vom Sensor aufgenommene Szene mit einem Modell des gesuchten Objektes verglichen wird.

Ausgangspunkt ist ein in seiner räumlichen Struktur vollständig beschriebenes Modell, gespeichert als dreidimensionale Datenstruktur des Zielobjektes. Diese gespeicherten Modelle lassen sich durch Vorgabe von Projektionsparametern beliebig im Raum manipulieren (Drehung, Verschiebung, Größenänderung), d. h., ein Modell kann sich zum Vergleich mit dem Objekt jeder geänderten Lage- und Größensituation anpassen. Nach der Projektion in die Ebene und der Entfernung von verdeckten Kanten wird von den noch sichtbaren Modellkanten eine Koordinatenliste der Punkte entlang der Kanten generiert (Punktliste).

Dem System wird die aktuelle Bildszene mit Zielobjekt und Umgebung über einen Sensor als zweidimensionales Grauwertbild angeboten. Mit den bekannten Verfahren der Bildvorverarbeitung (Ebenenapproximation, Konturverfolgung) lassen sich aus dem Grauwertbild ein differenziertes Grauwertbild und ein Konturlinienbild erstellen. Durch Vergleich zwischen Modellkanten und differenziertem Grauwertbild bzw. Konturlinienbild wird eine Maßzahl für die Güte der Übereinstimmung zwischen Modell und Objekt bestimmt.

Die eigentliche Verfolgung des Objektes wird von einer vorgegebenen Ausgangsposition aus, die als Startposition vom Operateur interaktiv festgelegt werden kann, vorgenommen. Hierbei wird das Modell innerhalb eines Erwartungsbereiches inkrementweise verändert (Translation, Rotation, Skalierung) und für jede neue Modellsituation mit dem aktuellen Zielobjekt verglichen. Die Position des Objektes in der Bildszene läßt sich durch Auswerten der Ergebnisse, die durch die einzelnen Vergleiche ermittelt wurden, bestimmen. Diese Position ist Startpunkt für die weitere Auswertung bei sich ändernder Objektlage.

Ein solches Auswertesystem wurde bisher für einfache Körper simuliert [12], wobei Lage und Orientierung der Körper mit großer Genauigkeit bestimmt werden konnten. Für praktische Anwendungen ist heute noch der große Verarbeitungsaufwand von Nachteil.

2.3.4. Multispektralanalyse

Von R. H. Dittel

Jeder Körper reflektiert auffallende und emittiert eigene elektromagnetische Strahlung. Das Strahlungsverhalten realer Körper und Oberflächen (Objekte) wird beeinflußt durch die individuellen Emissions- und Absorptionseigenschaften des erfaßten Objekts als Folge des physikalischen und chemischen Körperzustands, durch die spektrale Intensitätsverteilung der Beleuchtungsquelle, durch die Strahlungsbeeinflussung aus der Umgebung des Objekts, durch die Wechselwirkung mit der Atmosphäre auf dem Weg von der Objektoberfläche zum Sensor und durch die wellenlängenabhängigen optischen Eigenschaften des Sensorsystems.

Der Grundgedanke der Multispektralanalyse besteht darin, ein unbekanntes Objekt bezüglich seines spektralen Verhaltens zu vermessen und durch Vergleich mit den Spektraleigenschaften bekannter Objekte seine Identität und seinen Zustand festzustellen (Klassifikation). Für eine Objektklassifikation ist es ausreichend, die gemittelte Strahlungsintensität nur in bestimmten Bereichen

(Spektralkanälen) des Gesamtspektrums bei vorgegebener Sensorbandbreite zu bestimmen.

Für die bildhafte Datenerfassung verwendet man Zeilenabtaster (Multispektralscanner, s. 6.2.). Hierbei wird die aufzunehmende Szene streifenweise in mehreren Spektralkanälen abgetastet (Spektralauszüge). Die Kanäle sind so zu wählen, daß die einzelnen Sensoren für möglichst viele Objekttypen linear unabhängige Intensitätswerte liefern. Weiter ist die Bandbreite eines Sensors so auszulegen, daß weder die schmalbandigen Verhaltensweisen eines Objekts verlorengehen, noch die natürlichen statistischen Schwankungen des spektralen Intensitätsverhaltens übermäßig bewertet werden. Bei Scannern (Zeilenabtastern) sind anders als beim Film die Bildelemente der einzelnen Kanäle weitgehend deckungsgleich, so daß die Zuordnung der Strahlungsintensitäten zu den Auflösungszellen der Objekte eindeutig möglich ist. Bei unterschiedlichen Flughöhen ist zu beachten, daß sich das Spektralverhalten eines Objektes ändert.

Für die Datenauswertung ist es nicht notwendig, die Absolutbeträge der pro Auflösungszelle erfaßten Strahlungsenergie zu kennen, sondern es genügen die Relativbeträge, bezogen auf eine geeichte Referenzstrahlungsquelle. Für die bildhafte Darstellung der einzelnen Spektralauszüge haben sich 32 Graustufen als ausreichend erwiesen. Für Aufgaben der erdwissenschaftlichen Fernerkundung genügen zur Objektklassifikation bereits 64 bis 128 Intensitätsstufungen bei einer vorausgesetzten Sensorbandbreite von 0,1 μm im sichtbaren Bereich des elektromagnetischen Spektrums und einer Mindestzahl von vier bis fünf Spektralkanälen. Im Rahmen der Mikrowellenradiometrie haben sich bei einer Empfängerfrequenz von 32 GHz und einer Bandbreite von 600 MHz noch 10 bit als nutzbringend erwiesen.

Beschreibende und analytische Statistik

Die beschreibende Statistik untersucht das Intensitätsverhalten einer oder mehrerer Spektralkanäle für eine Gesamtszene oder einen Szenenausschnitt (z. B. ein Objekt). Zur Veranschaulichung des spektralen Verhaltens ausgewählter Bildelemente bedient man sich der entsprechenden Häufigkeitsverteilungen (Histogramme) oder eines Merkmalraums, dessen Dimension der Anzahl der zur Darstellung verwendeten Spektralkanäle entspricht (Abb. 2.3-13). Bringt man die Intensitätswerte eines Bildelementes als Koordinatenpunkte in einen solchen Merkmalsraum ein, so kommt es zur Ausbildung von Ereignispopulationen (Cluster).

Bei der quantitativ bewertenden Histogrammanalyse werden die Eigenschaften der Objektdaten von den einzelnen Spektralkanälen unabhängig voneinander untersucht. Zur Anwendung kommen statistische Parameter wie Mittelwert $\bar{u}$, Summenhäufigkeit $H(u)$, Varianz σ^2 bzw. Standardabweichung σ, Momente höherer Ordnung Z_r und die Grenzen der Reichweite der Intensitätswerte $|u_{\max} - u_{\min}|$. Zur Bestimmung der Abweichung einer Häufigkeitsverteilung von der Normalverteilung bzw. anderer Referenzverteilungen dienen der χ^2- bzw. Kolmogorow-Smirnow-Test (s. 2.3.7.).

Um auch das Verhalten aller Spektralkanäle im Zusammenhang und in gegenseitiger Abhängigkeit bewerten zu können, ist die Histogrammanalyse durch eine

Kovarianz- und Korrelationsanalyse je zweier Kanäle i und j zu erweitern. Die Kovarianzkoeffizienten K_{ij} nach (2.3-28) stellen eine maßstabsabhängige Meßgröße dar. Die Elimination des Maßstabseinflusses geschieht durch Division der Kovarianzkoeffizienten K_{ij} durch die entsprechenden Werte der Standardabweichungen σ. Die sich dabei ergebenden Größen k_{ij} sind die Elemente der Korrelationsmatrix, deren geometrische Interpretation Abb. 2.1-9f darstellt. Der Wert eines Korrelationskoeffizienten liegt zwischen -1 und $+1$, wobei positives Vorzeichen gleichsinnige Abhängigkeit und ein hoher Absolutbetrag auch hohe lineare Abhängigkeit bedeutet.

$$K_{ij} = E[(u_i - \bar{u})(u_j - \bar{u})] \quad \text{und} \quad k_{ij} = \frac{K_{ij}}{\sqrt{V_i V_j}} \quad \text{mit } V_\gamma = K_{\gamma\gamma} = \sigma_\gamma^2. \qquad (2.3\text{-}28)$$

Die analytische Statistik untersucht und vermindert den Einfluß statistisch auftretender Datenfehler und prüft den Informationsbeitrag einzelner Spektralkanäle sowie ihr Verhalten aufgrund ursächlicher Zusammenhänge als Funktion des Objektzustandes. Aufgabe z. B. der Hauptkomponentenanalyse ist die Selektion nichtkorrelierter Informationen einzelner Spektralkanäle. Durch deren Selektion wird i. allg. auch eine Verminderung des Einflusses statistischer Datenfehler auf die Objektmerkmalseigenschaften herbeigeführt. Ziel der Faktorenanalyse ist demgegenüber die Bestimmung derjenigen Spektralkanäle, die einen ursächlichen Zusammenhang zwischen Spektralverhalten eines Objektes und deren physikalischem Zustand repräsentieren.

Histogramm-, Kovarianz-, Korrelations- und Regressions-Analyse. Ein Histogramm dient entweder zur Verbesserung der Bildqualität in einem Spektralkanal (s. 2.1.3.) oder liefert Hinweise auf die Verwendbarkeit einer Datenmenge für weiterführende Aufgaben (z. B. Klassifikation) sowie zur Beurteilung von Umwelt- und Sensoreinflüssen auf das Datenverhalten. Die Häufigkeitsverteilung stellt zumeist eine mäßig links- oder rechtsschiefe Verteilung mit statistisch auftretenden Besetzungslücken und Nebenmaxima bzw. -minima in den Verteilungsflanken dar (Abb. 2.3-17). Die Ursache dieses von der erwarteten symmetrischen Normalverteilung abweichenden Verhaltens ist nicht notwendigerweise, wie z. B. bei zwei- oder mehrgipfeligen Verteilungen, auf unsachgemäße Auswahl der Bildelemente von z. B. inhomogenstrukturierten Objekten zurückzuführen, sondern entspricht i. allg. dem charakteristischen Strahlungsverhalten von Objekten.

Kovarianz- und Korrelationsmatrizen können sowohl zur Analyse des Spektralverhaltens einzelner homogener Objekte als auch von vollständigen heterogenen Landschaften herangezogen werden. Die Kovarianzmatrix ist geeignet zur idealisierten Beschreibung des spektralen Streuverhaltens von Objekten (Cluster-Größe und Orientierung) und zur Verbesserung der Unterscheidbarkeit von in einer Landschaft vorliegenden Klassen (Hauptkomponentenanalyse und Klassifikation). Dagegen kann die Korrelation auch bei homogenen Oberflächen angewandt werden, um ursächliche Objektzusammenhänge im Spektralverhalten festzustellen (Faktorenanalyse). Ein hoher Korrelationswert drückt zumeist einen hohen Grad kausalen Zusammenhangs der betrachteten Spektralkanäle aus. Die ermittelten Korrelationswerte sind auf Signifikanz und Scheinkorrelation (z. B. zu große Sensorbreite, Entlaubung, parallele Pflanzenteile) zu prüfen.

Weiter sind Fehler durch falsche Auswahl von Bildelementen zu vermeiden (z. B. Mischklassensimulation, Ort- und Zeitmischung).

Während die Korrelationsanalyse nur feststellen kann, ob und in welchem Maße ein linearer Zusammenhang zwischen einzelnen Variablen besteht, kann mit Hilfe der Regressionsanalyse (vgl. 2.1.7.) eine quantitative Beschreibung des funktionalen Zusammenhangs zwischen statistisch abhängigen Variablen vorgenommen werden. Die Festlegung der gewünschten Funktion erfolgt durch den Auswertenden. Nach durchgeführter Regressionsanalyse ist daher eine Überprüfung der Fehlerrate mit Hilfe eines Signifikanztests (z. B. Reststreuung) erforderlich. Im Rahmen der multispektralen Bilddatenanalyse hat sich die Ermittlung einer Funktion ersten, zweiten oder dritten Grades als ausreichend erwiesen.

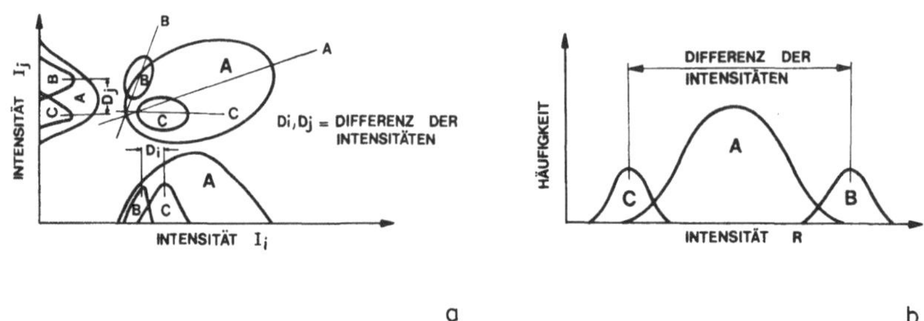

Abb. 2.3-13. Spektrales Verhalten einer Gesamtszene A mit den Objekten B und C bezüglich der Kanäle i und j; a ohne Ratiobildung (D_i, D_j Intensitätsdifferenzen) und b nach Ratiobildung

Ratioverfahren. Zur einfachen multispektralen Bilddatenanalyse (Kontrasterhöhung) haben sich einige Verfahren herausgebildet, durch die ohne aufwendigen Programmier- und Rechenaufwand (wie z. B. Regressionsanalyse) geeignete Bildunterlagen für die anwenderbezogene Interpretation hergestellt werden können. Diese Algorithmen beinhalten im wesentlichen Operationen der vier Grundrechnungsarten mit den gewichteten Intensitäten von meistens je zwei Spektralkanälen. Dabei wird die erforderliche Wichtung und Kanalkombination zur Hervorhebung bestimmter Objekte i. allg. heuristisch bestimmt. Zusätzlich können Bildüberlagerungs- und Pseudofarb-Techniken angewandt werden.

Abb. 2.3-13a zeigt z. B. die Intensitätsverteilung zweier Spektralkanäle einer Bildszene. Das Spektralverhalten des Gesamtbildes wird durch die Regressionsfunktion A beschrieben. Die Objekte B und C sind durch ihren Grauwert weder im Spektralkanal 1 noch 2 signifikant zu unterscheiden. Eine bildhafte Trennung mittels Bilddatenanalyse kann durch Darstellung des Verhältnisses R nach (2.3-29) erreicht werden, da sich für die unterschiedlichen Objekte die Ratiowerte $R_B > R_A > R_C$ ergeben. Die Intensitätsverteilung des erzeugten manipulierten Bildes wird in Abb. 2.3-13b wiedergegeben.

Atmosphärische Erscheinungen wie z. B. Dunst oder leichter Nebel oder Schattenwirkungen verursachen Abschirmeffekte, die meist zu einer Minderung des Grauwertkontrastes eines Spektralkanals führen, so daß in der bildhaften

Darstellung kleine Grauwertunterschiede von Objekten nicht mehr wahrnehmbar sind. Die Beseitigung des linear wirkenden Effektes der Kontrastminderung kann ebenfalls durch Bildung des Intensitäts-Verhältnisses (2.3-29) erfolgen. Der Ratiowert wird gleich dem Quotienten der Strahlungsintensitäten I_0 ohne atmosphärische Abschirmung. Das so erzeugte Bild ist wesentlich kontrastreicher, vorausgesetzt, die Szene ist nicht von vornherein bezüglich ihrer Spektralintensitäten linear gekoppelt.

$$R = \frac{I_j}{I_i} = \frac{I_{j0}}{I_{i0}} \quad \text{mit} \quad I = \beta I_0 \quad \text{und} \quad 0 < \beta < 1. \tag{2.3-29}$$

Mitunter ändert sich das spektrale Intensitätsverhalten bestimmter Objekte gleichgerichtet und verhältnismäßig stark beim Übergang zu einem anderen Spektralkanal, während innerhalb eines Spektralkanals diese Objekte wegen zu geringer Grauwertdifferenz nicht eindeutig unterscheidbar sind. In einem solchen Fall kann eine Kontrasterhöhung R_1 durch eine gewichtete oder ungewichtete Differenzbildung der spektralen Intensitäten zweier, nicht notwendigerweise benachbarter Spektralkanäle i und j (und normierender Division durch deren Summe) hergestellt werden (2.3-30). Eine Ratiobildung R_2 läßt sich auch zur kontrastreichen Absetzung von Flächen und Punktobjekten anwenden, wobei jedoch der mittlere Grauwert I_{i0} einer Objektklasse im entsprechenden Spektralbereich bekannt sein muß und nicht zu starken Schwankungen unterliegen darf (2.3–30).

$$R_1 = \frac{I_i - I_j}{I_i + I_j}, \qquad R_2 = \frac{I_j}{I_i - I_{i0}}. \tag{2.3-30}$$

Hauptkomponenten-Analyse. Die Eigenschaften eines Clusters im Merkmalraum, das die spektralen Eigenschaften einer Szene darstellt, wird durch die Mittelwerte der spektralen Intensitäten und die Kovarianzmatrix beschrieben. Dadurch ist sowohl die Position des Cluster-Zentrums als auch Richtung und Ausdehnung der Datenpopulation festgelegt. Eine Drehung der Datenpopulation in der Weise, daß die Hauptachsen (Vorzugsausdehnungsrichtungen) des Szenen-Clusters und die Koordinatenachsen des Merkmalraums parallel zueinander zu liegen kommen, ergibt i. allg. eine Vereinfachung der Unterscheidbarkeit einzelner Objektklassen und ihrer quantitativen Merkmaleigenschaften. Eine besondere Eigenschaft der Hauptkomponenten-Analyse ist, daß alle vorliegenden Spektralkanäle berücksichtigt werden und keine Information durch willkürliche Auswahl einzelner Merkmale bei der Erstellung eines neuen Datensatzes für die Weiterverarbeitung verlorengeht.

Die Hauptachsen der Datenpopulation werden aus der Kovarianzmatrix $\boldsymbol{K} = (K_{ij})$ durch eine Eigenvektortransformation entsprechend (2.1-91) bestimmt, wobei hier die Spektralkanäle die Merkmale darstellen und die Erwartungswerte über die Bildelemente einer Szene erstreckt werden. Die durch die lineare Transformation erzeugten Koordinatenachsen des Szenen-Clusters, die sich im ursprünglichen System durch die Eigenvektoren abbilden, werden in der Rangordnung fallender Eigenwerte λ, d. h. abnehmender Varianz, sortiert. Dies entspricht einer Indizierung der synthetischen Kanäle (Hauptachsen) nach den

Kriterien der Merkmalzuverlässigkeit. Eine solche Zuordnung zwischen Index und Vertrauenswürdigkeit bestand für die ursprünglichen Spektralkanäle nicht. Unter der Voraussetzung, daß die multispektralen Ausgangsdaten redundant sind, ist es unzweckmäßig, alle synthetischen Kanäle, die den Zustand der Ausgangsdaten unter dem Einfluß statistischer Fehler wiederherstellen, für die anschließende Bildanalyse zu verwenden. Die Elimination der mit den Eigenwerten niederer Varianz verknüpften Kanäle bedeutet i. allg. eine wesentliche Verminderung des Einflusses statistischer Fehler auf die Dateneigenschaften. Damit wird eine Datenreduktion erzielt, ohne daß die wesentliche Objektinformation verloren geht. Ein Beispiel für die Eigenvektortransformation 11-kanaliger multispektraler Luftbilddaten zeigt Abb. 2.3-14.

Der Erfolg einer Hauptkomponenten-Analyse wird durch die Anzahl der Objektklassen im Verhältnis zur Menge unabhängiger Spektralkanäle und durch die Unkorreliertheit der Störungen bestimmt. Ist die Anzahl der Klassen wesentlich größer als die Anzahl der Spektralkanäle, dann kann eine Objektverdeckung eintreten und damit eine Erkennbarkeit spektral dicht nebeneinander liegender Klassen bei der Projektion auf die Hauptachsen nicht mehr gewährleistet sein. Tritt ein Fehler in mehreren Spektralkanälen korreliert oder in einem Spektralkanal mit einer gewissen Systematik auf, z. B. verursacht durch zeitweises Ausfallen des Sensorsignals, so geht er als scheinbar wesentliche Information bei der Festlegung der Rangordnung in die Eigenschaften der neuen Merkmale ein.

Eine Analyse der bildhaften Darstellung von Merkmalen niederer Varianz vermittelt, scheinbar in Widerspruch zu den bisherigen Ausführungen, Aufschlüsse zu selten auftretenden Objekten, die bis auf Abweichungen in einem oder zwei Spektralkanälen mit dem Spektralverhalten eines zweiten, häufig auftretenden Objekttyps übereinstimmen. Wegen des hohen Identitätsgrades und der Seltenheit des Auftretens werden die Bildelemente des ersten Typs als mit statistischen Fehlern behaftete Elemente des zweiten Objekttyps gewertet. Sie treten deshalb durch Grauwertabsetzung in der bildhaften Darstellung der Merkmale des synthetischen Kanals niederer Varianz hervor. Ein solches Verhalten kann sich bei Objekten einstellen, für die durch Tarnung eine weitgehende Angleichung des Spektralverhaltens an natürliche Objekte beabsichtigt wird.

Faktorenanalyse. Eine Wertung des Korrelationsverhaltens verschiedener Objekte zeigt, daß mit steigender Zahl der Spektralkanäle ein zunehmender Anteil eine hohe lineare Abhängigkeit seines Intensitätsverhaltens aufweist. Das bedeutet, daß ein Objektmerkmal gegenüber einem anderen keinen zusätzlichen Informationsbeitrag liefert und somit für eine nutzerbezogene Aufgabenstellung überflüssig ist. Für die Entscheidung, welcher der beiden hochkorrelierten Spektralkanäle vernachlässigt werden kann, bedarf es einer Wertung des Korrelationsgrades dieser beiden Merkmale mit denen aller anderen Spektralkanäle; denn erst dadurch wird sichergestellt, daß wirklich diejenigen erkannt werden, die auch zur überwiegenden Menge der Restmerkmale eine hohe lineare Abhängigkeit aufweisen. Eine solche Aussage kann nur durch Analyse aller in einer Korrelationsmatrix enthaltenen Merkmalkombinationen erfolgen.

Das entsprechende mathematische Verfahren, das eine solche Auflösung der gegenseitigen Abhängigkeit erlaubt, bezeichnet man als Faktorenanalyse. Die

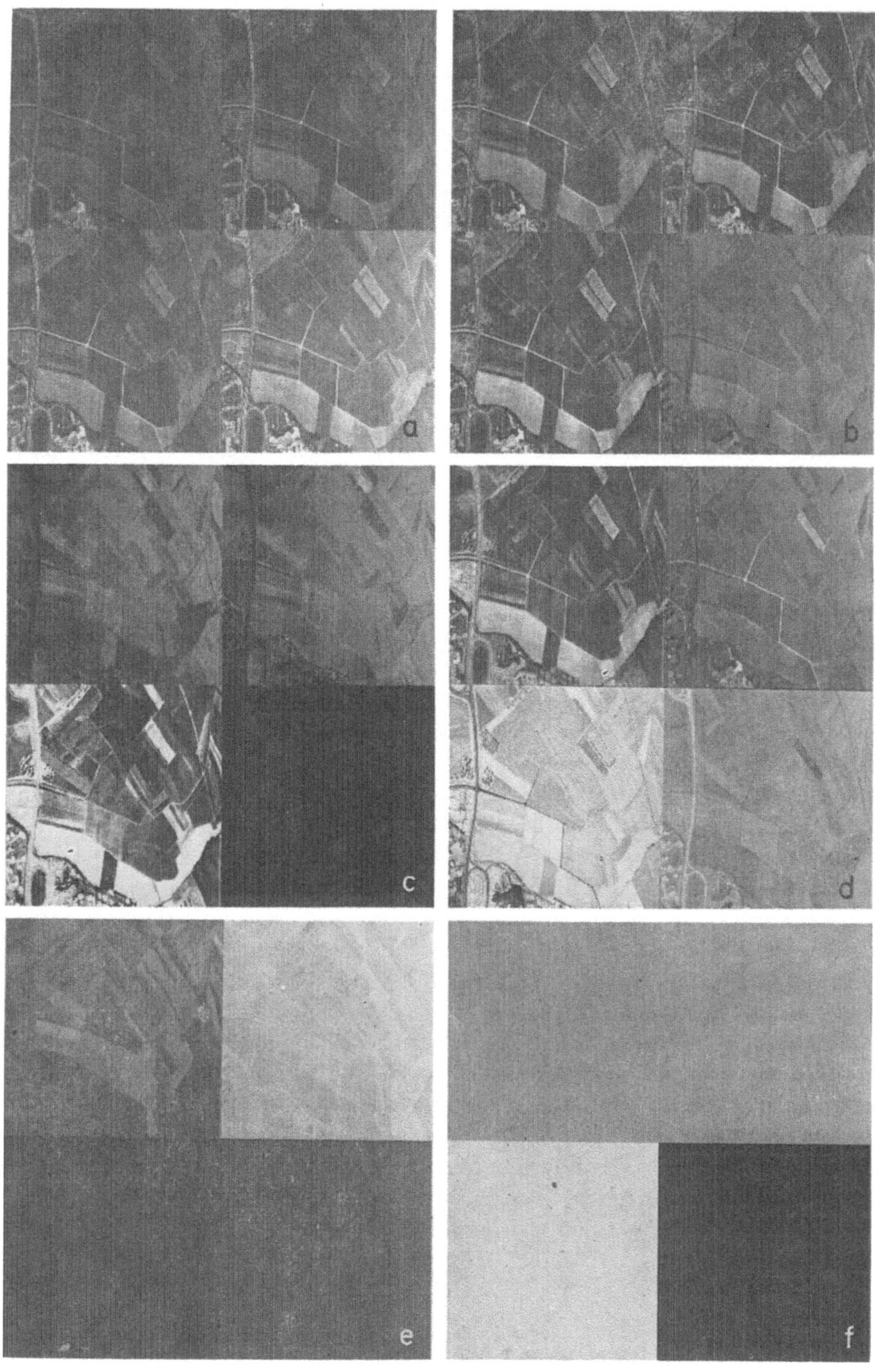

Abb. 2.3-14. Reduktion der Spektralkanäle durch Eigenvektortransformation (Hauptkomponentenanalyse) [57]. *a* bis *c* Multispektrales Luftbild von einem 11-Kanal-Scanner (FMP/BMFT); *d* bis *f* Bilddarstellung mit synthetischen Kanälen (Varianzen der 11 Kanäle bezogen auf 1000: 723; 169; 86; 13; 3; 2; 1; 0; 0; 0; 0)

Zielsetzung der Faktoranalyse besteht darin, die Anzahl der Objektmerkmale nach Bestimmung ihrer Informationsbeiträge zu minimieren. Weiter werden durch die quantitative Wertung der als Faktoren bezeichneten Wichtungsgrößen einzelner Merkmale vorher verborgene Informationsstrukturen offengelegt. Die Faktorenanalyse selbst wird nicht durch einen einheitlichen Algorithmus repräsentiert. Sie umfaßt vielmehr verschiedene mathematische Verfahren mit der Zielsetzung, die Korrelationsbeziehungen in möglichst einfache Strukturen aufzulösen.

Kontrollierte Klassifikation

Objekte einer Bildszene lassen sich aufgrund ihres multispektralen Intensitätsverhaltens allein oder unter Zuhilfenahme ihrer geometrischen Textur (s. 2.3.5.) und evtl. anderer Merkmale (z. B. Form, Kontur) erkennen und klassifizieren. Der punktbezogene Charakter der Auswerteoperationen (s. 2.1.4.) im Falle der multispektralen Bilddatenanalyse erlaubt eine weitgehende Automatisierung des Klassifikationsvorganges wenigstens insoweit, als damit die Auffindung von Bildelementen bestimmter spektraler Eigenschaften erreicht wird. Inwieweit dabei gleichzeitig ein den Nutzerforderungen brauchbares Klassifikationsergebnis erzielt wird, hängt von der speziellen Aufgabenstellung ab.

Für die Klassifikation multispektraler Bilddaten bieten sich zwei unterschiedliche Verfahren an. Beim ersten Verfahren wird das spektrale Verhalten einzelner aufzufindender Objektklassen durch statistische Analyse ausgewählter Bildelemente, die das entsprechende Objekt charakteristisch repräsentieren, quantitativ beschrieben. Die Identifikation eines Objekts erfolgt durch Vergleich der multispektralen Bildelementmerkmale mit den Eigenschaften der vorgegebenen Klassen nach deterministischen oder probabilistischen Methoden (s. 2.1.7.). Dieses Verfahren bezeichnet man als kontrollierte Klassifikation (supervised classification). Beim zweiten Verfahren sind weder die Anzahl noch die Eigenschaften der in einer Szene enthaltenen Klassen bekannt. Eine unter diesen Voraussetzungen angewandte Methode bewertet die multispektralen Merkmale der einzelnen Bildelemente und faßt gleichartige bei Erfüllung bestimmter Identitätskriterien zu einer Klasse zusammen. Dieses Verfahren bezeichnet man als unkontrollierte Klassifikation (unsupervised classification).

Ein kontrollierter Klassifikator kann z. B. durch Ermittlung der klassenbezogenen Merkmalstatistik oder durch Vorgabe der Klassifikatorstruktur (Regressionsanalyse) nach den in 2.1.7. beschriebenen Methoden entworfen werden (Abb. 2.3-15). Die kontrollierte Klassifikation besteht aus folgenden Arbeitsschritten:

Adaptionsphase:

1. Auswahl relevanter Bildelemente, welche die Objekteigenschaften einer Klasse repräsentativ wiedergeben (Abb. 2.3-15a, b, c).
2. Beschreibung des spektralen Verhaltens der einzelnen Klassen mit Hilfe statistischer Kenngrößen oder Durchführung einer Regressionsanalyse.
3. Prüfung der Signifikanz der Eigenschaften und der Unterscheidbarkeit der einzelnen Klassen.

Klassifikationsphase:

4. Durchführung der Klassifikation eventuell unter Anwendung eines Vorselektionsverfahrens zur Feststellung der von einem Bildelement am wahrscheinlichsten repräsentierten Klasse (Abb. 2.3-15d).

Wegen des probabilistischen Verhaltens der Objektmerkmale überlappen und durchdringen sich die Objekt-Cluster im Merkmalraum (Abb. 2.3-13a). Dies ist darauf zurückzuführen, daß erstens die einzelnen Objekte in einigen Spektralkanälen gleiches statistisches Intensitätsverhalten aufweisen und damit zu einem Bildelementvorrat gehören, der für mehrere Klassen charakteristisch ist. Hier liegt eine naturbedingte Ursache vor. Zweitens ergeben sich bei der Auswahl der Bildelemente von Prototypobjekten bereits aufgrund des beschränkten Auflösungsvermögens Mischklassen von verschiedenen geometrisch nebeneinander

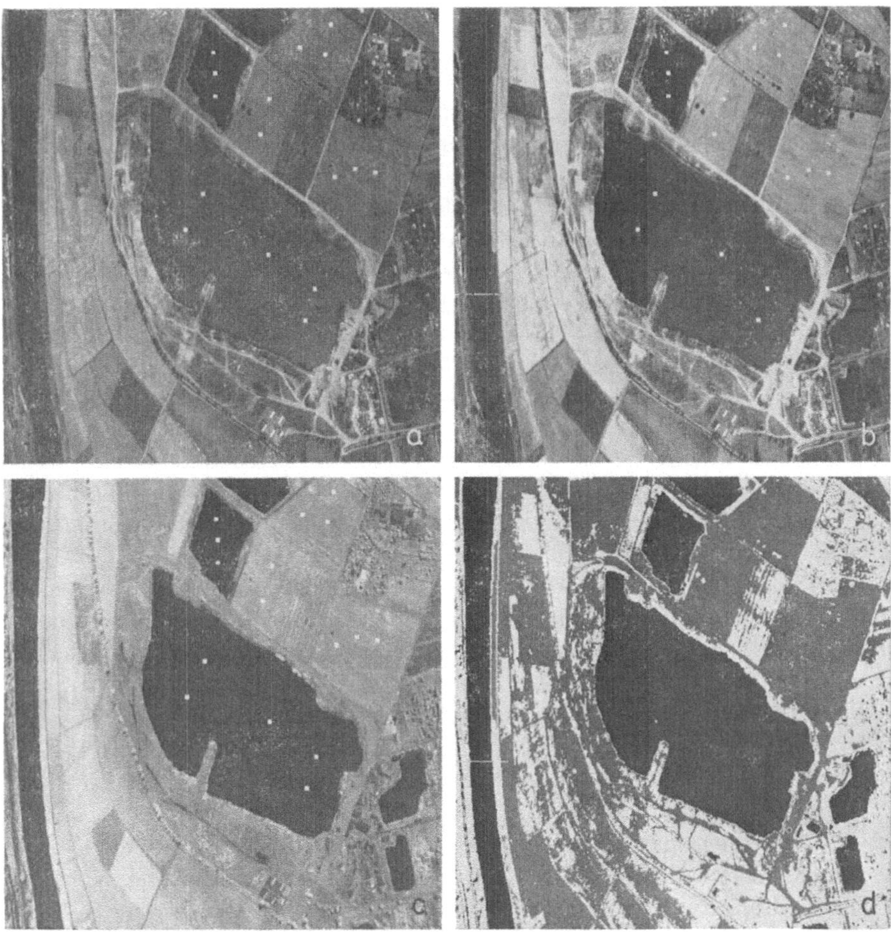

Abb. 2.3-15. Beispiel für eine kontrollierte Objektklassifizierung (punktbezogene Multispektralanalyse durch lineare Regression) [58]. *a* bis *c* Spektralkanäle mit interaktiv ausgewählten Trainings-Objektflächen; *d* Klassifikationsergebnis (Objektklassen in schwarz und grau, Rückweisungsklasse in weiß)

liegenden Objekten. Diese Erscheinung ist sensorabhängig und variiert mit der Struktur der aufgenommenen Bildszene. Drittens wird durch die Idealisierung der wirklichen Intensitätsverteilung auf Normalverteilung eine Dichtefunktion geschaffen, deren Wert asymptotisch gegen Null geht bei unendlicher Entfernung vom Cluster-Zentrum, und damit zwangsweise eine wenn auch geringe Überlappung und Durchdringung der einzelnen Klassen bewirkt.

Aufgrund der Clusterdurchdringung ergeben sich Klassifikationsfehler, die es zu minimisieren gilt. Bei der ersten Clusterbeeinflussung wird eine Fehlerreduktion durch Elimination derjenigen Spektralbereiche erzielt, die gleichartiges Spektralverhalten ausweisen. Bei der zweiten Art wird dieses durch Elimination derjenigen Bildelemente in der Mustermenge erzielt, die stark ausgeprägtes Mischklassenverhalten aufweisen. Bei der dritten Beeinflussungsart besteht die Maßnahme in der Vorgabe eines Schwellenwertes für die Bildung einer Rückweisungsklasse (Abb. 2.3-15d).

Unkontrollierte Klassifikation

Die unkontrollierte Klassifikation setzt keine Kenntnisse über Existenz, Anzahl und Eigenschaften von unterscheidbaren Objektklassen in einer Bildszene voraus. Ihre Aufgabe besteht darin, Objekte mit äquivalenten Merkmalen aufzufinden und sie aufgrund ihrer Ähnlichkeit oder Unähnlichkeit zu ordnen. Der Unterschied zur kontrollierten Klassifikation besteht darin, daß hier jedes Bildelement einem Cluster (Klasse) zugeordnet wird. Die Zuordnung erfolgt lediglich aufgrund der Merkmale und eines Bewertungskriteriums für die Unähnlichkeit bezüglich der Eigenschaften eines Clusters. Zur Bestimmung der Unähnlichkeit kann ein Distanzwert dienen, der aus den Merkmalen des zu prüfenden Bildelementes (spektrale Intensitäten) und des Vergleichs-Clusters abgeleitet wird.

Die Durchführung der unkontrollierten Klassifikation verlangt die Vorgabe eines Distanzschwellenwertes d_θ. Die Merkmale des ersten untersuchten Bildelementes legen die Eigenschaften des ersten Clusters im Merkmalraum fest. Jedes der nachfolgenden Objekte, das vom Zentrum eines Clusters (a) einen Abstand $d_a \leqq d_\theta$ aufweist, wird als ein diesem Cluster äquivalentes Objekt betrachtet. Ist $d_a > d_\theta$, dann wird das klassifizierte Bildelement als Kernelement zum Aufbau eines neuen Clusters herangezogen. Die Wahl eines geeigneten Distanzmaßes wird von der Aufgabenstellung und den erwarteten Eigenschaften der zu klassifizierenden Szene bestimmt.

Durch die Anwendung eines einfachen Unähnlichkeitsmaßes ergeben sich i. allg. Fehler bei der Clusterzuordnung. Die entstehenden Cluster weisen jedoch untereinander ein hohes Maß an Gemeinsamkeit auf. Durch Vereinigung dieser Individual-Cluster nach Abschluß der ersten Phase der Cluster-Analyse werden Klassen mit gegeneinander abgrenzbaren Eigenschaften gebildet und dadurch die durch außergewöhnliche Streuung der Merkmalwerte und durch Vernachlässigung des Kovarianzverhaltens verursachten Fehlzuordnungen auf die Clustereigenschaften weitgehend eliminiert (Abb. 2.3-16a). Auch ein nachträgliches Zerlegen der bereits gebildeten Klassen kann zweckmäßig sein. In weiteren Analyseläufen kann solange abwechselndes Zerlegen und Vereinigen von Clustern erfolgen, bis ein szenen- und verfahrensbedingter Endzustand erreicht wird.

Distanzmaße. Für die Clusterbildung multispektraler Daten haben sich neben der Euklid-Distanz andere Distanzmaße bewährt (2.3-31). Das L_r-Distanzmaß führt durch geeignete Wahl des positiv ganzzahligen Wertes $r > 2$ dazu, daß die Zentren neuer Cluster nicht in unmittelbarer Nähe eines der bereits existierenden Cluster (a) angesiedelt werden. Damit wird erreicht, daß mit Fehlern behaftete Bildelemente gegenüber Clustern natürlicher Objekte signifikant abgesetzt im Merkmalraum auftreten. Die L_r-Distanzen sind invariant bezüglich Translation, nicht jedoch gegenüber orthogonalen linearen Transformationen (ausgenommen für Euklid-Distanz mit $r = 2$) und Änderungen der Maßstabsskalierung. Dieses Distanzmaß bewertet nur die Eigenschaften individueller Objekte, nicht die Globaleigenschaften der Bilddatenmenge der zu klassifizierenden Szene.

$$d_{\mathrm{a}}^{(L)} = \sqrt[r]{\sum_{i=1}^{s} |I_i - I_i^{(\mathrm{a})}|^r}, \qquad \text{(2.3-31)}$$

$$d_{\mathrm{a}}^{(M)} = (\boldsymbol{I} - \boldsymbol{I}_{\mathrm{a}})^T \boldsymbol{K}^{-1} (\boldsymbol{I} - \boldsymbol{I}_{\mathrm{a}}) \quad \text{mit} \quad \boldsymbol{I}_{\mathrm{a}} = I_1^{(\mathrm{a})}, I_2^{(\mathrm{a})}, \ldots, I_s^{(\mathrm{a})}).$$

Die Mahalanobis-Distanz $d^{(M)}$ nach (2.3-31) wird mit dem Spaltenvektor der Abweichung $\boldsymbol{I} - \boldsymbol{I}_{\mathrm{a}}$ aller s Merkmale des neuen Objekts vom Zentrum des Clusters (a) und der Kovarianzmatrix der Gesamtszene $\boldsymbol{K}$ gebildet. Die Einbeziehung der Kovarianzmatrix in das Distanzmaß ist gleichbedeutend mit einer Berücksichtigung der Globaleigenschaften der Gesamtszene in dem Sinne, daß durch geeignete Wichtung der einzelnen Spektralbereiche die in der Szene vorhandenen Cluster optimal gegeneinander abgesetzt werden. Dieses Distanzmaß ist sowohl skaleninvariant als auch invariant gegenüber Translation und linearen Transformationen.

Cluster-Äquivalenz. Die Festlegung des Distanzschwellenwertes d_θ ist von der Aufgabenstellung abhängig und bei Unkenntnis der Objekt- und Szeneneigenschaften zunächst mit einer gewissen Willkür behaftet (Abb. 2.3-16a). Daher ist eine Untersuchung der Cluster auf Äquivalenz ihrer Eigenschaften vor der Vereinigung zu Klassen erforderlich. Als Gradmesser der Verschiedenheit der einzelnen

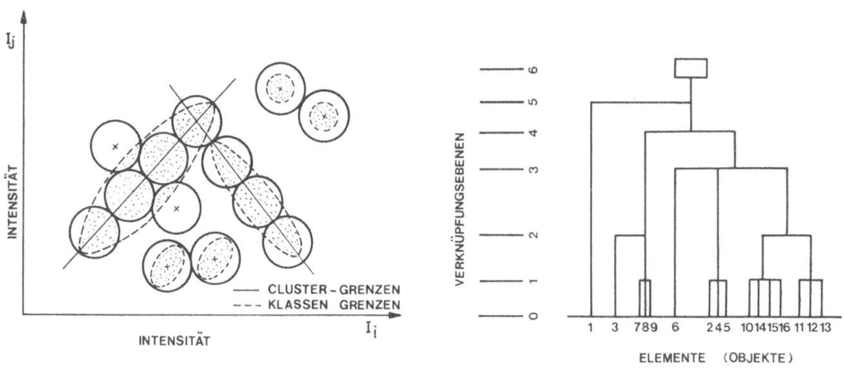

Abb. 2.3-16. Unkontrollierte Klassifikation. *a* Cluster-Analyse; *b* hierarchische Gruppenbildung durch ein Dendrogramm

Cluster kann die Divergenz sowohl bezüglich der Abweichungen der Merkmalmittelwerte als auch der Unterschiede im Varianzverhalten der einzelnen Cluster herangezogen werden (2.3-32).

Die Divergenz der Mittelwerte U_{M} wird durch den Abstandsvektor der Mittelwertkoordinaten der beiden Vergleichs-Cluster $\boldsymbol{I}_{\mathrm{a}} - \boldsymbol{I}_{\mathrm{b}}$ und deren Kovarianzmatrizen $\boldsymbol{K}_{\mathrm{a}}$ und $\boldsymbol{K}_{\mathrm{b}}$ dargestellt. Wesentlich an dieser Beziehung ist die Tatsache, daß nicht allein der geometrische Abstand der Zentren, sondern auch die Eigenschaften der beiden Kovarianzmatrizen berücksichtigt werden. Die Divergenz der Mittelwerte entspricht damit der Summendifferenz der Mahalanobis-Abstände.

Die Divergenz der Kovarianzmatrizen kann durch U_{K} nach (2.3-32) gebildet werden. Sind die Eigenschaften der beiden Kovarianzmatrizen identisch, dann wird $U_{\mathrm{K}} = 0$. Je mehr die durch die Kovarianzmatrizen beschriebenen Eigenschaften der Cluster voneinander abweichen, desto größer wird der Wert der Divergenz U_{K} sein. Für den Sonderfall gleicher Kovarianzmatrizen zweier Cluster entspricht der Divergenzwert U_{M} dem Mahalanobis-Abstand der beiden Cluster-Zentren.

$$U_{\mathrm{M}} = \frac{1}{2}\,(\boldsymbol{I}_{\mathrm{a}} - \boldsymbol{I}_{\mathrm{b}})^{T}\,(\boldsymbol{K}_{\mathrm{a}}^{-1} + \boldsymbol{K}_{\mathrm{b}}^{-1})\,(\boldsymbol{I}_{\mathrm{a}} - \boldsymbol{I}_{\mathrm{b}}),$$

$$U_{\mathrm{K}} = \mathrm{Spur}\left(\frac{1}{2}\,\boldsymbol{K}_{\mathrm{a}}\boldsymbol{K}_{\mathrm{b}}^{-1} + \frac{1}{2}\,\boldsymbol{K}_{\mathrm{a}}^{-1}\boldsymbol{K}_{\mathrm{b}} - \mathbf{1}\right). \tag{2.3-32}$$

Die Entscheidung über die Äquivalenz der Clustereigenschaften und damit zur Vereinigung entsprechender Cluster zu Klassen kann durch Wertung der beiden Einzeldivergenzen U_{M} bzw. U_{K} oder der Gesamtdivergenz $U = U_{\mathrm{M}} + U_{\mathrm{K}}$ erfolgen. Als Entscheidungskriterium wird ein Divergenzschwellenwert U_{θ} herangezogen. Ist $U \leqq U_{\theta}$, dann ist die Vereinigung zweier Cluster zu einer Klasse zulässig, ansonsten wird sie abgelehnt. Bei Unkenntnis der Dateneigenschaften empfiehlt sich die Ermittlung entsprechender Divergenz-Schwellenwerte aus einer Vergleichsszene mit bekannten Klasseneigenschaften.

Hierarchische Klassifikation. Durch hierarchische Klassifikation kann eine Aussage zum Clusterverhalten einer kontrolliert oder unkontrolliert klassifizierten Bildelementemenge gewonnen werden. Bei der Bilddatenanalyse kann man entweder von den Eigenschaften einzelner Bildelemente ausgehen, diese aufgrund der Ähnlichkeitskriterien zu Objektgruppen zusammenfassen und diese Gruppen in Ebenen zunehmender Unähnlichkeit hierarchisch gliedern (agglomerative Strukturierung), oder man geht von der Gesamtmenge der einer Klasse angehörenden Bildelemente aus und teilt diese bei der Stufe größter Unähnlichkeit beginnend in hierarchische Gruppen, Untergruppen, Unter-Untergruppen usw. auf (divisive Strukturierung). Zur Erzielung einer hierarchischen Struktur sind bei agglomerativer Vorgehensweise folgende Arbeitsschritte erforderlich:

1. Wertfreie Indizierung der hierarchisch zu gliedernden Bildelemente,
2. Alternativentscheidung: Verwendung der Original- oder der normierten Daten,
3. Alternativentscheidung: Festlegung des Verfahrens zur Berechnung der Distanzwerte,

4. Ermittlung der Distanzwerte,
5. Rundung der Distanzwerte zur Vermeidung unnötiger Gruppierungsgenauigkeiten,
6. Sortierung der Bildelemente in der Reihenfolge aufsteigender Distanzwerte,
7. Bildung hierarchischer Gruppen. Hierbei werden Bildelemente mit großer Ähnlichkeit ihrer Eigenschaften durch Vorgabe eines Distanzschwellenwertes für die Merkmale zu Gruppen zusammengefaßt und diese Gruppen hierarchisch gegliedert. Das Ergebnis läßt sich anschaulich mit Hilfe eines Dendrogramms darstellen (Abb. 2.3-16b).
8. Festlegung der Knoten- und Linienstruktur des Dendrogramms einschließlich der Verknüpfungsebenen und der Bildelementzuordnungen,
9. Auswertung und Interpretation der Hierarchiestruktur und deren Ursache aufgrund der Objekteigenschaften.

Literatur zur Thematik der Multispektralanalyse siehe [50—56].

2.3.5. Texturanalyse

Von B. Bargel und H. Kazmierczak

Flächenhafte Objekte in nicht gestellten Bildszenen werden nur selten durch einen konstanten und typischen Grauwert ihrer Sensordaten dargestellt. Dies gilt besonders für Flächen in Luftbildern, welche sich aus vielen Einzelobjekten einer oder mehr als einer Klasse zusammensetzen und ein bestimmtes Gebiet repräsentieren. Abbildung 2.3-17 zeigt z. B. die inhomogene Grauwertverteilung für Siedlungen, Waldgebiete und Felder, die insbesondere in den vergrößerten Ausschnitten deutlich sichtbar ist. Die flächenhafte Verteilung der Grauwerte mit ihren Regelmäßigkeiten und gegenseitigen Abhängigkeiten innerhalb begrenzter Bildbereiche wird als Textur bezeichnet. Sie weist unterschiedliche Erscheinungsformen auf und kann somit zur Charakterisierung und Klassifizierung einzelner Objektgebiete ausgenutzt werden [16].

Die Texturanalyse hat, verglichen mit der multispektralen Objektklassifikation, den Vorteil, unabhängiger gegenüber den Schwankungen in der Objektwiedergabe zu sein, welche durch unterschiedliche Beleuchtung (Sonnenstand, Wolken), Blickwinkel, Neigung und Inhomogenität des Terrains verursacht werden. Die Texturanalyse läßt sich prinzipiell nicht punktbezogen bezüglich der Bilddaten durchführen, sondern erfordert die zahlenmäßige Erfassung und Beschreibung der Grauwertstatistik in einzelnen Bildausschnitten. Diese können bei beliebiger Form und Größe entweder die zu klassifizierenden Bildbereiche ganz erfassen oder als quadratische Ausschnitte von beispielsweise 8×8, 16×16, 64×64 Bildelementen die Bereiche im festen Raster (überlappend oder nicht überlappend) überdecken.

Die Bildausschnitte können bezüglich ihrer Grauwerte entweder direkt oder nach erfolgter Bildvorverarbeitung statistisch ausgewertet werden. Bei der direkten Auswertung verwendet man wegen des Rechenaufwandes Statistiken 1. oder 2. Ordnung (z. B. die bedingte Häufigkeit oder Produkthäufigkeit zweier

Grauwerte), welche keine oder nur einfache Orts- und Richtungsabhängigkeiten der Grauwerte berücksichtigen. Als Vorverarbeitung sind systematische und inhomogene lokale Operationen (Gradienten-, Konturlinienermittlung) und bestimmte Orthogonaltransformationen (Fourier-Transformation, Autokorrelation oder Leistungsspektrum) zweckmäßig. Im folgenden werden einige typische Texturanalyseverfahren erläutert.

Statistische Auswertung der Originalgrauwerte

Das einfachste Verfahren zur Unterscheidung von Texturen ist die nachbarschaftsunabhängige Auswertung der relativen Häufigkeit $h(i)$ der Grauwerte i im zu analysierenden Bildausschnitt. In Abb. 2.3-17 b bis d sind diese Verteilungen in Form von Histogrammen den entsprechenden Bildausschnitten überlagert.

Abb. 2.3-17. Texturunterschiede einer Landschaft. *a* Luftbild (panchromatisch) und Ausschnitte mit eingeblendetem zugehörigem Grauwerthistogramm der Objektklassen *b* Siedlung, *c* Wald und *d* Feld

Um einen kleineren Satz typischer Texturmerkmale zu erhalten, wird die Häufigkeitsverteilung durch ihre Zentralmomente Z_r charakterisiert:

$$Z_r = \sum_i (i - \bar{i})^r \, h(i) \quad \text{mit} \quad \bar{i} = \sum_i i h(i). \tag{2.3-33}$$

Als Texturmerkmale können z. B. der Mittelwert $\bar{i}$, die Varianz Z_2 und die Schiefe Z_3 der Grauwertverteilung eines Bildausschnittes vorgegebener Größe dienen. Von Nachteil ist, daß diese Merkmale eine starke Abhängigkeit von nicht objektbezogenen Einflüssen, wie z. B. Beleuchtung der Szene, Belichtung und Schwärzungskurve des Filmes, Justage und Kennlinie des Scanners zeigen. Ein Vergleich der Merkmalwerte aus unterschiedlichen Aufnahmeserien ist daher erst nach einer Datenkalibrierung zulässig. Nachteilig ist weiter, daß die aus der Grauwertverteilung gewonnenen Merkmale im allgemeinen keine Struktureigenschaften erfassen und daher nur ergänzend zusammen mit den im folgenden beschriebenen Texturmerkmalen für eine Klassifizierung anwendbar sind.

Verlaufsstatistik. Um die Struktureigenschaft vorgegebener Bildausschnitte zu erfassen, ist eine statistische Auswertung der Grauwertabhängigkeit benachbarter Bildelemente erforderlich. Als einfach zu realisierendes Verfahren bietet sich eine Auswertung der Grauwert-Verlaufsstatistik über Bildelemente längs vorgegebener Linien an [17]. Diese Linien überdecken in einem vorgegebenen Abstand d und unter einem bestimmten Winkel α den gesamten auszuwertenden Bildbereich (Abb. 2.3-18a). Verschiedene Texturen werden durch unterschiedliche Periodizität und Verlaufslänge von Grauwertplateaus und Grauwertübergängen längs der Linien dargestellt (Abb. 2.3-18b u. c).

Teilt man den gesamten Grauwertbereich in einzelne Abschnitte i, so lassen sich die Amplituden und Grauwertschwankungen längs der Linien durch statistische Zahlenwerte erfassen. Bestimmt wird z. B. die Verlaufslänge durch die Anzahl j zusammenhängender Bildelemente, deren Grauwerte in die gleichen vorgegebenen Grauwertabschnitte fallen. Dies ergibt, angewandt auf alle Linien des Bildbereichs, eine Verlaufslängenmatrix $\boldsymbol{n}$ mit den Elementen $n(i, j)$, welche zur Texturanalyse weiter verarbeitet werden. Die Elemente der Matrix repräsentieren die Anzahl der Linienlängen j in den Grauwertbereichen i. Aus der Verlaufsstatistik lassen sich typische Texturmerkmale wie z. B. die Verlaufsstücke-

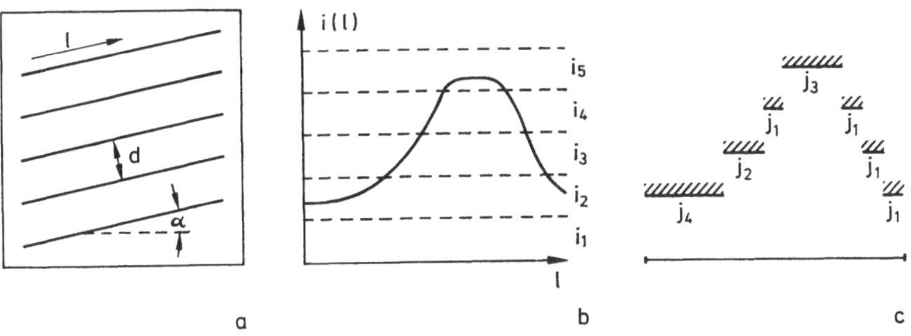

Abb. 2.3-18. Statistische Auswertung des Grauwertverlaufs längs vorgegebener Linien. *a* Überdeckung des Auswertebereichs durch Linienscharen (α, d); *b* Segmentierung des Grauwertverlaufs längs einer einzelnen Linie; *c* zur Erläuterung der Verlaufslängenmatrix $\boldsymbol{n}$ mit den Elementen $n\ (i, j)$

lung VS, Verlaufslängenbetonung VL, Grauwert-Abschnittszuteilung AZ und die Längenzuteilung LZ ableiten, welche im folgenden erläutert werden.

In Bildbereichen mit starker Strukturierung und hohen Kontrasten ist die Amplitude der Grauwertverläufe längs der Linien starken Schwankungen unterworfen. Durch die Einteilung in einzelne Grauwertabschnitte werden diese Verläufe sehr stark zerstückelt, es tritt damit eine große Anzahl kurzer Linienlängen in einzelnen Abschnitten auf. Ein homogener Bildbereich liefert dagegen bei gleicher Abschnittseinteilung wenige lange Folgen zusammenhängender Bildelemente. Die Verlaufsstückelung VS (2.3-34) als Summe der $n(i, j)$ über alle Abschnitte i und alle Längen j und die Normierung auf die Anzahl N aller ausgewerteten Bildpunkte liefert somit ein Merkmal zur Unterscheidung verschieden texturierter Gebiete. Die Verlaufsstückelung VS ist umgekehrt proportional zur mittleren Verlaufslänge. Sie eignet sich damit insbesondere zur Unterscheidung stark strukturierter Gebiete:

$$\begin{gathered} VS = N^{-1} \sum_i \sum_j n(i, j) \quad \text{und} \quad N^{-1} \leqq VS \leqq 1 \\ \text{mit} \quad N = \sum_i \sum_j j n(i, j). \end{gathered} \tag{2.3-34}$$

Durch die Gewichtung mit dem Quadrat der Verlaufslänge in (2.3-35) wird dagegen die jeweilige Anzahl zusammenhängender Bildelemente eines Grauwertabschnittes in die Bewertung einbezogen. Die Verlaufslängenbetonung VL liefert somit ein geeignetes Merkmal zur Texturanalyse von Gebieten mit einem erhöhten Anteil nicht texturierter homogener Teilbereiche:

$$VL = N^{-1} \sum_i \sum_j j^2 n(i, j) \quad \text{und} \quad 1 \leqq VL \leqq N. \tag{2.3-35}$$

Ein weiteres aus der Verlaufslängenstatistik abgeleitetes Texturkriterium liefert eine Aussage darüber, wie oft das gleiche Grauwertplateau innerhalb des auszuwertenden Gebietes auftritt. Hierzu wird nach (2.3-36) für jeden Grauwertabschnitt i über alle auftretenden Verlaufslängen summiert und dieser Wert durch Quadrierung hervorgehoben. Je stärker sich die Verlaufslängen auf einzelne Grauwertabschnitte konzentrieren, desto höhere Werte ergeben sich für die Abschnittszuteilung AZ. Dieses Merkmal hebt damit Texturen hervor, bei denen in den auszuwertenden Gebieten vermehrt abgegrenzte Teilbereiche mit gleichem Grauwert auftreten, wobei die Teilbereichsgröße selbst nicht bewertet wird:

$$AZ = N^{-1} \sum_i \left\{ \sum_j n(i, j) \right\}^2 \quad \text{und} \quad N^{-1} \leqq AZ \leqq N/2. \tag{2.3-36}$$

Eine Bewertung typischer Teilbereichsgrößen liefert die Längenzuteilung LZ (2.3-37). Hierbei wird zuerst über die Grauwertstufen summiert und dieses Ergebnis quadriert. Durch dieses Merkmal werden homogene Teilbereiche der gleichen Größe zusammengefaßt, auch wenn sie sich in ihren Grauwerten unterscheiden. Die Texturanalyse bezieht sich in diesem Fall vorrangig auf Formkriterien und ist gegenüber Grauwertschwankungen, hervorgerufen z. B. durch unterschiedliche Beleuchtung, relativ unempfindlich.

$$LZ = N^{-1} \sum_j \left\{ \sum_i n(i, j) \right\}^2 \quad \text{und} \quad N^{-1} \leqq LZ \leqq N. \tag{2.3-37}$$

Das wesentliche Problem der Verlaufsstatistik liegt in der geeigneten Wahl der Grauwertabschnitte. Eine zu feine Unterteilung liefert eine sehr starke Stückelung und kann dadurch texturtypische Verlaufslängen zerstören. Bei einer zu groben Unterteilung werden dagegen charakteristische Grauwertfrequenzen nicht erfaßt. Weiter liefern Grauwertverläufe im Übergangsbereich zweier Grauwertabschnitte häufig Fehlinformationen.

Abhängigkeitsstatistik. Ein weiteres einfaches Verfahren zur Texturanalyse, welches die Abhängigkeit benachbarter Bildelemente bilateral berücksichtigt, ist die statistische Auswertung der Grauwerte von Bildelementepaaren. Hierzu wird entsprechend Abb. 2.3-19a innerhalb des auszuwertenden Bildbereichs die Häufig-

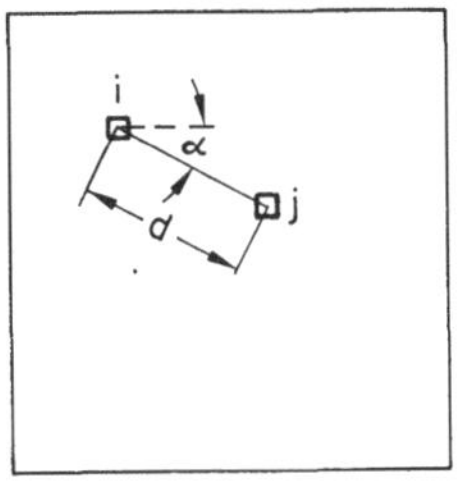

0	0	1	1	3
0	0	1	2	3
0	1	2	2	3
1	1	2	3	2
2	3	2	1	0

$$\frac{1}{40}\begin{pmatrix} 6 & 2 & 1 & 0 \\ 2 & 4 & 3 & 2 \\ 1 & 3 & 6 & 2 \\ 0 & 2 & 2 & 4 \end{pmatrix}$$

a b c

Abb. 2.3-19. Statistische Auswertung der bilateralen Grauwertabhängigkeit. *a* Durch Abstand d und Winkel α fest zugeordnetes Bildelementepaar; *b* Beispiel eines 5×5 Bildausschnittes mit Grauwerten $i \in \{0, 1, 2, 3\}$ mit *c* zugehöriger Abhängigkeitsmatrix für $d = 1$ und $\alpha = 90°$

keit der Elementepaare ermittelt, welche bei fester flächenhafter Zuordnung durch Abstand d und Winkel α die Grauwerte i und j besitzen. Für verschiedene Abstände und Winkel ergeben sich Matrizen, deren Zeilen und Spalten die Grauwerte der Bildelementepaare und deren Elemente $h_{d\alpha}(i, j)$ die relative Häufigkeit der Grauwertkombination i, j repräsentieren. Als Beispiel ist in Abb. 2.3-19b und 2.3-19c ein Bildausschnitt von 5×5 Elementen mit Grauwerten zwischen 0 und 3 sowie die Abhängigkeitsmatrix für den Abstand $d = 1$ und den Winkel $\alpha = 90°$ (bzw. 270°) wiedergegeben.

Die Auswertung der Abhängigkeitsmatrizen $\boldsymbol{h}_{d\alpha}$ ergibt Texturmerkmale, welche bestimmte Textureigenschaften wie Homogenität, Kontrast und Struktur darstellen können. Oft sind jedoch die Beziehungen zwischen Textureigenschaften und einzelnen Merkmalen aus den $\boldsymbol{h}_{d\alpha}$-Matrizen nur schwer herzuleiten. Einige Beispiele für die Auswertemöglichkeiten der Abhängigkeitsmatrizen sind in (2.3-38) zusammengestellt (Abb. 2.3-20), weitere finden sich in [18, 19].

Kontrast: $$KT = \sum_i \sum_j (i - j)^2 \, h(i, j) \quad \text{und} \quad 0 \leqq KT \leqq (N - 1)^2,$$

Homogenität: $$HG = \sum_i \sum_j h(i, j)^2 \quad \text{und} \quad N^{-2} \leqq HG \leqq 1,$$

Entropie: $$EN = -\sum_i \sum_j h(i, j) \log \{h(i, j)\} \quad \text{und} \quad 0 \leqq EN \leqq \log N^2,$$

Korrelation: $KR = \sigma_i^{-1}\sigma_j^{-1} \sum_i \sum_j (i - \bar{i})\,(j - \bar{j})\,h(i, j)$ und $-1 \leqq KR \leqq 1$

mit $i = 1, 2, \ldots, N, \qquad j = 1, 2, \ldots, N,$

$$\bar{i} = \sum_i \sum_j i h(i, j), \qquad \bar{j} = \sum_i \sum_j j h(i, j),$$

$$\sigma_i^2 = \sum_i \sum_j (i - \bar{i})^2\, h(i, j), \qquad \sigma_j^2 = \sum_i \sum_j (j - \bar{j})^2\, h(i, j). \tag{2.3-38}$$

Die Auswertung kombinatorischer und bedingter Abhängigkeiten zwischen einzelnen Bildelementen erfordert einen sehr großen Prüfungsaufwand bezüglich der Art und Anzahl möglicher Verknüpfungen. Die Forderung nach angemessenem Rechenaufwand schränkt daher die anwendbaren Verfahren stark ein.

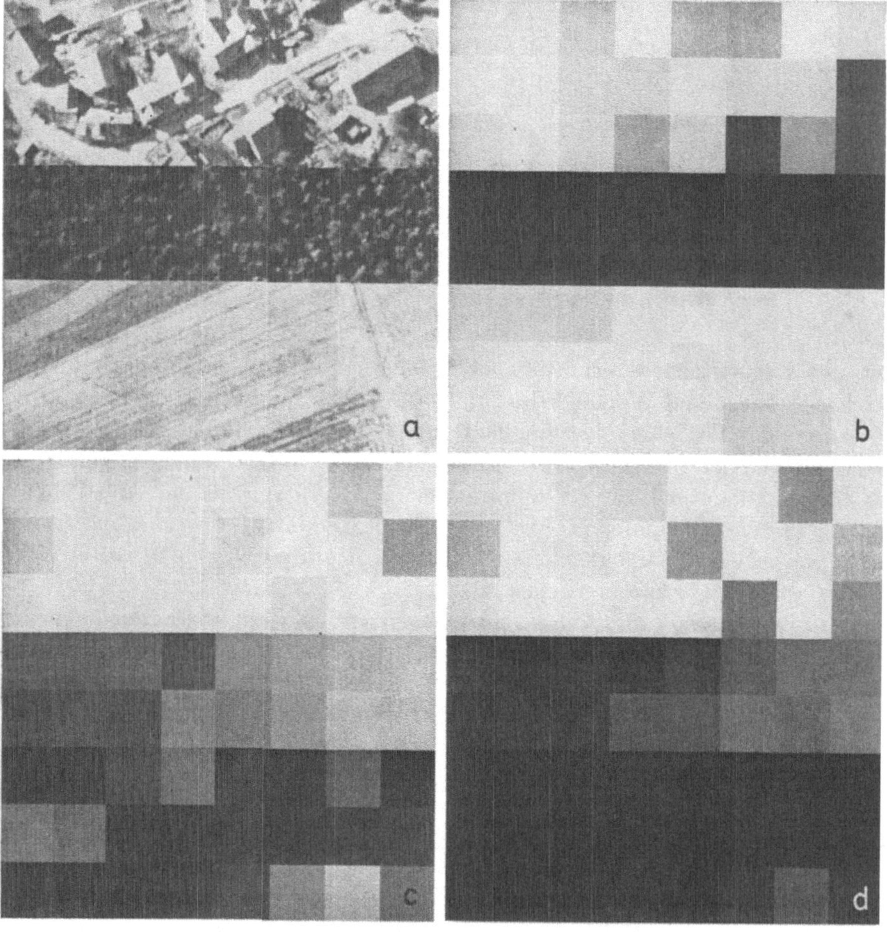

Abb. 2.3-20. Texturanalyse durch Abhängigkeitsstatistik. *a* Montiertes Bild aus den Objektklassen Siedlung, Wald und Feld; Grauwertwiedergabe der Merkmalswerte *b* Korrelation, *c* Kontrast und *d* Entropie aus der $\boldsymbol{h}_{1,0}$-Matrix

Statistische Auswertung nach Bildvorverarbeitung

Die statistische Auswertung zur Texturanalyse, welche die Grauwertabhängigkeit benachbarter Bildelemente berücksichtigt, ist sehr rechenintensiv. Es kann daher zweckmäßiger sein, das Originalbild zunächst durch eine texturerhaltende einfache Bildoperation in ein für die Texturanalyse besser aufbereitetes Bild umzusetzen. Da einerseits die Textur im wesentlichen durch die Verteilung der relativen Extremwerte der Grauwertinformation bestimmt wird, andererseits die Berücksichtigung von Grauwerten einen hohen Rechenaufwand bedeutet, ist grundsätzlich eine texturerhaltende Bildbinärisierung als Bildvorverarbeitung zweckmäßig. Bei feinstrukturierten Texturen kommen für die Vorverarbeitung der Original-Grauwerte z. B. eine Gradientenermittlung, bei gröberen Strukturen eine Konturlinienfilterung, eine Erzeugung des Fourier-Spektrums oder eine lokal adaptierte Bildbinärisierung in Betracht, bevor eine anschließende texturbezogene statistische Auswertung der erzeugten Merkmale vorgenommen wird.

Gradienten- und Konturlinien-Statistik. Nach 2.1.4. erzeugte Gradientenbilder lassen sich z. B. bezüglich Betrag und Richtung statistisch auswerten, wodurch Aussagen über Kontrast- und Homogenitätseigenschaften eines Bildausschnittes und über Struktur und Orientierung seiner Textur gewonnen werden. Voraussetzung für die Anwendbarkeit eines Gradientenverfahrens zur Texturanalyse ist die Wahl eines geeigneten Berechnungsrasters, welches auf die zu ermittelnde Struktur angepaßt sein muß. Da die Gradienten nur das lokale Grauwertverhalten in der unmittelbaren Nachbarschaft einzelner Bildelemente wiedergeben, sind sie für die Unterscheidung großflächiger Strukturen weniger geeignet.

Die Ermittlung großflächiger Strukturzusammenhänge aus Bildern kann z. B. durch statistische Auswertung von Objektkonturen (s. 2.3.7.) erfolgen. Für eine Texturanalyse bietet sich eine statistische Auswertung von Längen, Richtungen und Formen der Linien an (Abb. 2.3-21).

Auswertung des Leistungsspektrums. Integraltransformationen, welche bestimmte Struktureigenschaften lageunabhängig bestimmen und deren Häufigkeit darstellen, können zur Texturanalyse eingesetzt werden. Besonders geeignet ist das Leistungsspektrum (2.1-101) (Abb. 2.3-21). Bei dieser Darstellung des Leistungsspektrums $|F(u, v)|^2$ liegen die Ortsfrequenzen $u = v = 0$ (Gleichanteil) im Bildmittelpunkt. Die höheren Ortsfrequenzen sind in entsprechendem Abstand vom Mittelpunkt dargestellt.

Von wesentlichem Einfluß auf die aus den Fourier-Spektren gewonnenen Texturmerkmale ist die geeignete Wahl von Radius und Winkel der einzelnen Frequenz-Auswertebereiche. Hinzu kommt bei der diskreten Fourier-Transformation der Einfluß der (willkürlich gewählten) Bildbereichsgrenzen. Unterschiedliche Grauwertverteilungen an den gegenüberliegenden Grenzen der Auswertebereiche (Bildränder) erzeugen störende Frequenzanteile im Fourier-Spektrum. Durch Multiplikation des Ausschnitts mit einer Gewichtsfunktion lassen sich diese Störungen reduzieren [20].

Verwendung finden z. B. die Hamming- und die Von-Hann-Funktion, deren Gleichungen für einen Ausschnitt von 256×256 Bildelementen in (2.3-39) wiedergegeben sind. Abbildungen 2.3-22a u. b zeigen eine dreidimensionale Darstellung

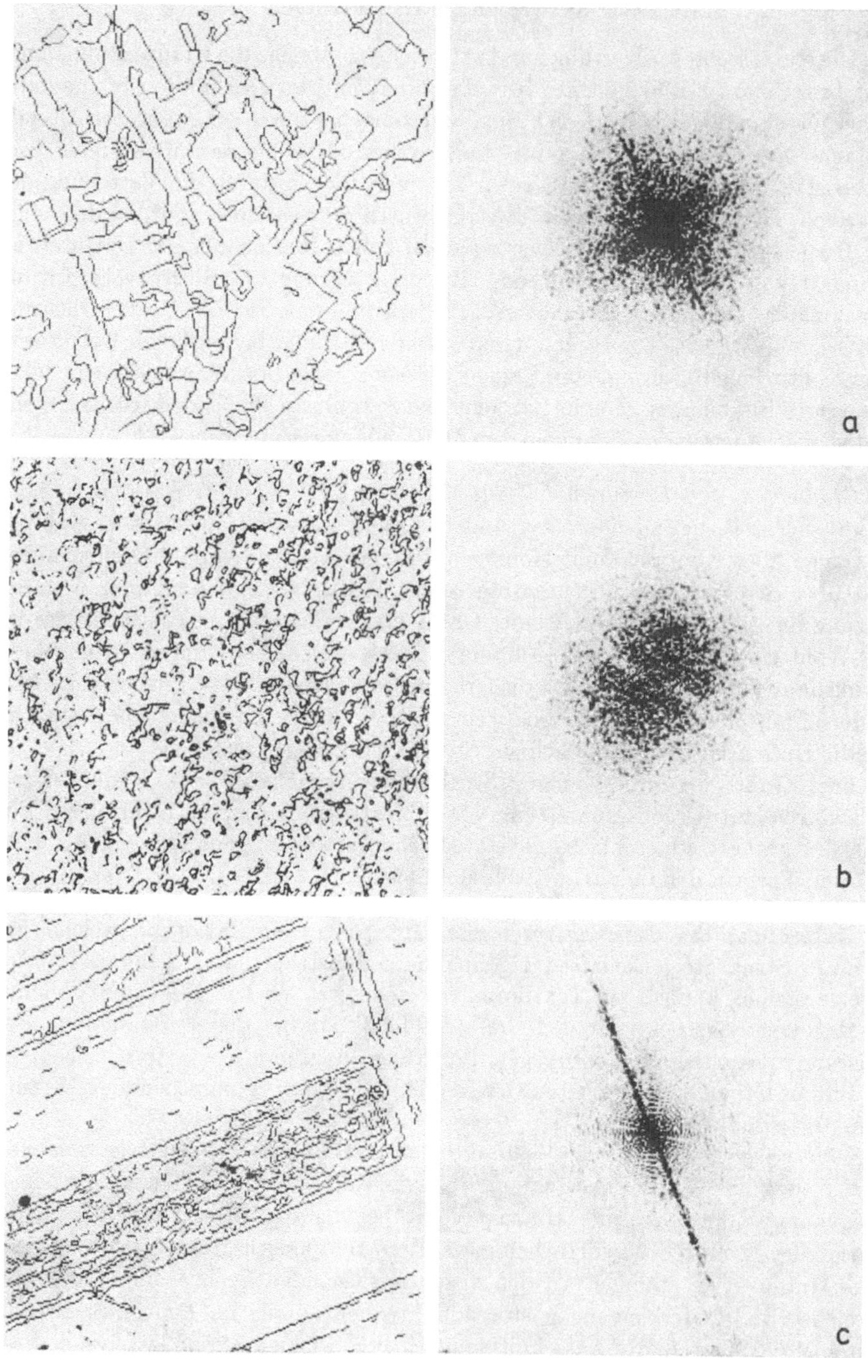

Abb. 2.3-21. Konturbilder und Fourier-Leistungsspektren der Texturklassen *a* Siedlung, *b* Wald und *c* Feld (vgl. Abb. 2.3-17 *b, c, d*)

dieser Gewichtsfunktionen. Die Auswirkung der Gewichtung wird am Beispiel der Hamming-Funktion verdeutlicht. Hierzu ist in Abb. 2.3-22c das Fourier-Leistungsspektrum des ungewichteten Bildbereichs von Abb. 2.3-17b als Grauwertbild dargestellt. Die Intensitätsunterschiede an den gegenüberliegenden Bildrändern von Abb. 2.3-17a erzeugen im Spektrum starke Störanteile längs der

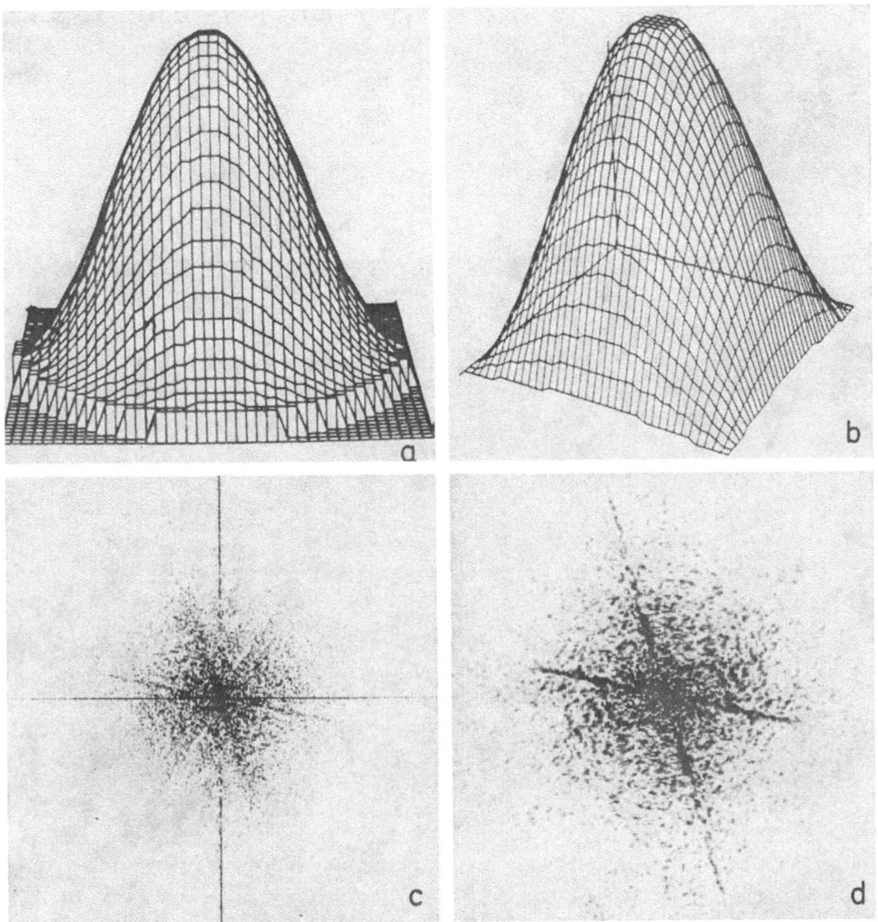

Abb. 2.3-22. Störunterdrückung im Fourier-Spektrum durch Gewichtsfunktionen. *a* Dreidimensionale Darstellung der Hamming- und *b* Von-Hann-Funktion; *c* Leistungsspektren des ungewichteten und *d* mit der Hamming-Funktion gewichteten Bildbereichs von Abb. 2.3-17 *b*

horizontalen und vertikalen Achse. Durch die Gewichtung des Ausgangsbildes mit $g(x, y)$ werden diese Störanteile nahezu vollständig unterdrückt (Abb. 2.3-22d). Hierbei ist zu beachten, daß das Leistungsspektrum jetzt die Faltung der Fourier-Transformierten der Gewichtsfunktion und des Bildbereichs wiedergibt. Die durch die Gewichtsfunktion verursachte Störung ist jedoch im allgemeinen geringer als die der Bildberandung.

$$\text{Hamming-Funktion:}\quad g(x, y) = \begin{cases} 0{,}54 + 0{,}46 \cos \dfrac{\pi r}{127} & \text{für } r \leqq 127, \\ 0 & \text{für } r > 127 \end{cases}$$

$$\text{mit } r = \sqrt{(x - 127)^2 + (y - 127)^2}; \tag{2.3-39}$$

$$\text{Von-Hann-Funktion:}\quad g(x, y) = \sin \frac{\pi x}{255} \sin \frac{\pi y}{255}$$

$$\text{für } 0 \leqq x \leqq 255 \text{ und } 0 \leqq y \leqq 255.$$

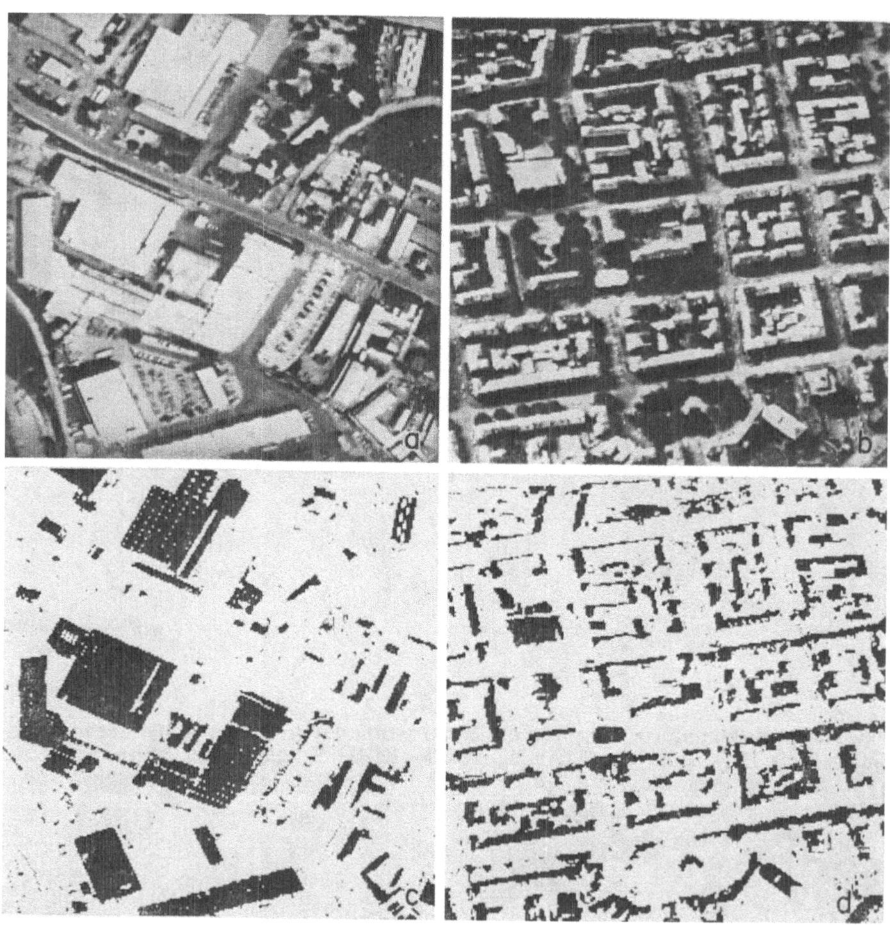

Abb. 2.3-23. Bewertung von Einzelobjekten in Luftbilddaten (Thermischer Kanal). *a* Objektklasse Industrieanlagen; *b* Objektklasse Wohnblockbebauung; *c* Extraktion der Einzelobjekte von *a* durch Schwellwertoperation (minimaler Trägheitsradius $j_2 = 11{,}4$ bis 12,0 für signifikante Objekte); *d* Extraktion der Einzelobjekte von *b* ($j_2 = 1{,}2 \cdots 5{,}7$)

Statistische Auswertung von Formkriterien. Bei Luftbildern mit einer im Verhältnis des zu bewertenden Bildbereichs hohen Auflösung werden Texturen häufig durch die Anzahl und Form von Einzelobjekten bestimmt. Abbildungen 2.3-23a u. b zeigen Beispiele aus der Siedlungsanalyse. Dargestellt sind 2 Bildausschnitte mit Industrieanlagen bzw. Wohnblockbebauung. Texturmerkmale, welche aus der Grauwert-Abhängigkeits- oder Gradienten-Statistik gewonnen werden, liefern im allgemeinen keine ausreichenden Unterscheidungskriterien für die genannten Bebauungstypen. Vielmehr müssen hier die Fabrikhallen und Wohnblöcke mit ihrer spezifischen Größe und Form zur Charakterisierung der Textur herangezogen werden.

Einzelobjekte lassen sich durch Binärisierungsverfahren aus einem Grauwertbild extrahieren. Abbildungen 2.3-23c und d zeigen das Ergebnis einer Schwellenwertoperation, angewandt auf die Bildausschnitte der Abb. 2.3-23a und b. Die Binärinformation kann durch objektorientierte Bildverarbeitungsverfahren weiter aufbereitet oder bereits in diesem Stadium nach Formkriterien statistisch ausgewertet werden. Einfache Formkriterien sind z. B. die Größe und der Umfang der ermittelten Objektflächen. Zur Texturklassifizierung der einzelnen Bildbereiche dienen Histogramme dieser Formkriterien. Zusätzlich kann noch bewertet werden, ob die einzelnen Flächen bestimmter Größe kompakt, gestreckt oder zerklüftet sind. Die typischen Formen der Einzelobjekte lassen sich jedoch genauer über Flächenmomente zweiten Grades erfassen. Charakteristische Größen sind z. B. die Hauptträgheitsmomente J_1, J_2 bezüglich der jeweiligen Flächenschwerpunkte x_s, y_s. Nach (2.3-40) berechnen sich J_1, J_2 aus den axialen Trägheitsmomenten J_x, J_y und dem Zentrifugalmoment J_{xy} [21]. Diese Größen sind stets positiv und haben die Dimension Länge (Rastereinheiten RE) hoch vier. Die Objektfläche F setzt sich hierbei aus n Flächenelementen ΔF (der Größe 1 RE^2) mit den Mittelpunkten x_i, y_i zusammen. Aus den Momenten J_1, J_2 lassen sich die Hauptträgheitsradien j_1, j_2 herleiten, welche für die Texturanalyse handlichere Zahlenwerte liefern. Bei den Objektflächen in den Abb. 2.3-23c und d liegen beispielsweise die Werte für J_1, J_2 im Bereich von $10^2 \cdots 10^6$ RE^4 und für j_1, j_2 im Bereich von 10^{-1} bis 10^2 RE:

$$J_{1,2} = \frac{J_x + J_y}{2} \pm \sqrt{\frac{(J_x + J_y)^2}{4} + J_{xy}^2} \quad \text{bzw.} \quad j_{1,2} = +\sqrt{\frac{J_{1,2}}{F}}$$

$$\text{mit } J_x = \Delta F \sum_i (y_i - y_s)^2, \; J_y = \Delta F \sum_i (x_i - x_s)^2, \; J_{xy} = \Delta F \sum_i (x_i - x_s)(y_i - y_s)$$

$$\text{und } y_s = \frac{1}{n} \sum_i y_i, \qquad x_s = \frac{1}{n} \sum_i x_i. \tag{2.3-40}$$

Als Formkriterium bietet sich das Verhältnis von minimalem und maximalem Trägheitsradius für eine statistische Auswertung an. Darüber hinaus können die Trägheitsradien in Verbindung mit den Flächengrößen genutzt werden, indem beispielsweise in den Flächenhistogrammen die jeweilige Fläche mit ihrem minimalen Hauptträgheitsradius gewichtet wird.

2.3.6. *Extraktion von Linienmustern aus Binärbildern*

Von T. Kreifelts und G. Woetzel

Eine wesentliche Aufgabe der automatischen Kartographie ist die computergerechte Erfassung linienartiger Strukturen, die zum Aufbau kartographischer und flächenbezogener Planungssysteme gebraucht werden. Beispiele hierfür sind Höhenlinien-, Gewässer- und Flächennutzungskarten [31]. Gegenwärtig wird die Erfassung solcher Karten fast ausschließlich mit manuellen Digitalisiergeräten betrieben. Dazu müssen die in der Karte enthaltenen Linien mit einem handgeführten Stift oder Fadenkreuz nachgefahren werden. Dieser Prozeß ist vor allem bei dicht besetzten Karten mit unregelmäßigen Linien sehr arbeitsaufwendig und fehleranfällig.

Automatische Digitalisierverfahren sollen zu einer Beschleunigung und einer Herabsetzung der Fehlerquote führen. Aufgabe solcher Verfahren ist es, die als grafische Information in einer Karte enthaltenen Linien zu erkennen und ihren Verlauf in ein rechnergestütztes Informationssystem einzubringen. Die Linien werden in solchen Systemen in Form von Koordinatenfolgen benötigt, was sich einmal aus den weiteren Anwendungen und zum anderen aus dem Speicherbedarf ergibt. Die Erfassung von Linienmustern als digitale Bilder ist für die hier erwähnten Anwendungen ungeeignet. Ein automatisches Erfassungsverfahren muß in der Lage sein, aus einer grafischen Vorlage die Objekte „Linie" und „Knoten" (= Linienschnittpunkt) aufzufinden und deren Koordinaten mit definierter Genauigkeit zu speichern.

Die mit den erkannten Linien zusammenhängenden Attribute wie Höhenangaben, Flußnamen oder Nutzungsarten können mit interaktiven Methoden in ein System eingegeben und mit der maschinell erfaßten Linienstruktur verknüpft werden (s. auch 6.4.3.).

Zur koordinatenweisen Erfassung von Linienmustern sind direkte Methoden (z. B. mit gesteuertem Laserstrahl [24, 30]) und Extraktionsmethoden nach rastermäßiger Bildabtastung [26, 38, 40] (Trommelscanner, Flatbedscanner [Tischabtaster] mit Sensor-Array [25, 43]) zu unterscheiden. Die Probleme der Linienextraktion interpretierter Bilddaten liegen im wesentlichen bei der Logik der Linienverfolgung: Automatisches Auffinden von Linienanfängen, Vermeidung des mehrfachen Verfolgens einer Linie, automatische Umwandlung von Linienschnittpunkten (Knoten). Bei dem Rasterscan-Verfahren kommt noch das

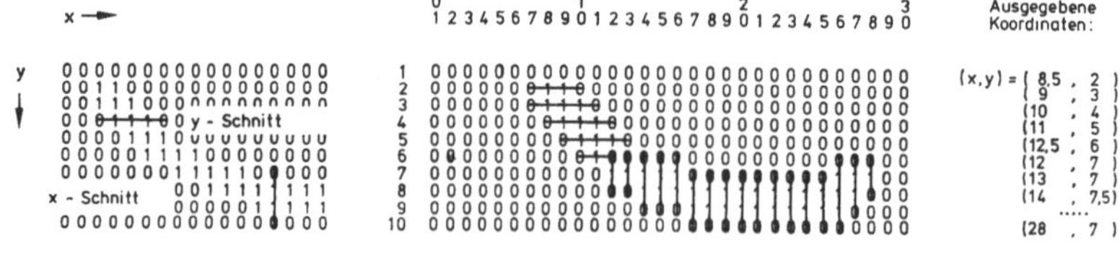

Abb. 2.3-24. Linienextraktion ohne Bildvorverarbeitung. *a* Linien-Schnitte in einer Binärmatrix; *b* direkte Linienverfolgung mit Schnitten

Problem der Verarbeitungszeit des vom Scanner gelieferten Datenmaterials hinzu: Bei einer Karte der Größe 50×50 cm sind etwa 25 Millionen Intensitätswerte zu verarbeiten.

Im folgenden werden einige Verfahren beschrieben, die für die automatische Digitalisierung von Linienmustern nach dem Prinzip der rastermäßigen Erfassung entwickelt wurden. Dabei wird ein Binärbild vorausgesetzt, das sich durch Schwellensetzen aus einem Grauwert-Rasterbild gewinnen läßt.

Linienextraktion ohne Bildvorverarbeitung

In [27] wird ein Algorithmus vorgeschlagen, der ohne Vorverarbeitung des Binärbildes Linien darin auffindet und verfolgt. Die zugrunde liegende Idee ist, mit Hilfe von „Schnitten" in Koordinatenrichtung des Rasters eine Linienrichtung und die Mitte einer Linie zu bestimmen. Diese Schnitte werden bei gegebenem Binärbild B wie folgt definiert (Abb. 2.3-24). Für einen 1-Punkt $p \in R^{nm}$ existiert ein x-Schnitt $S^x(p_1, p_2)$, wenn für $p_1, p_2 \in R^{nm}$ folgende Bedingungen erfüllt sind:

1. $B(p_1) = B(p_2) = 0$.
2. p, p_1, p_2 haben die gleiche x-Koordinate.
3. p liegt zwischen p_1 und p_2.
4. Zwischen p_1 und p_2 liegen nur 1-Punkte.
5. Die Anzahl der Punkte zwischen p_1 und p_2 ist durch einen vorgegebenen Wert beschränkt, der aus der maximalen Linienbreite abgeleitet werden kann.

Analog dazu ist ein y-Schnitt $S^y(p_1, p_2)$ definiert. Falls es einen x- oder y-Schnitt für einen Bildpunkt gibt, ist dieser eindeutig bestimmt. Im folgenden wird eine grobe Beschreibung des Linienverfolgungsverfahrens mit Schnitten gegeben.

1. Es wird ein Schnitt $S(p_1, p_2)$ beliebiger Art (S^x oder S^y) für einen 1-Punkt p gesucht (eventuell mit einigen Bedingungen für p).
2. $(p_1 + p_2)/2$ wird als Linienkoordinate ausgegeben; alle Punkte zwischen p_1 und p_2 werden gelöscht, d. h. auf 0 gesetzt; es wird ein neuer Bildpunkt p' gesucht, der einem Rasterpunkt zwischen p_1 und p_2 benachbart ist (eventuell mit weiteren Bedingungen für p'); falls es keinen solchen Punkt gibt, ist die Koordinatenausgabe für diese Linie beendet, und es wird bei 1. fortgefahren.
3. Es wird untersucht, ob es für p' einen Schnitt $S(p_1', p_2')$ der gleichen Art wie $S(p_1, p_2)$ gibt; falls das zutrifft, wird $p_1 = p_1'$ und $p_2 = p_2'$ gesetzt und bei 2. fortgefahren.
4. Sonst wird untersucht, ob es für p' einen Schnitt $S(p_1', p_2')$ der anderen Art gibt (Schnittwechsel); ist das der Fall, wird ebenfalls $p_1 = p_1'$ und $p_2 = p_2'$ gesetzt und bei 2. fortgefahren.
5. Gibt es für p' keinen Schnitt (Knoten?), müssen speziellere Untersuchungen angestellt werden.

Ein weiteres direktes Verfahren ist in [32] angedeutet (tracking pattern line following technique).

Linienextraktion durch Konturabstand

Im Gegensatz zur direkten Linienverfolgung im ursprünglichen Binärbild wandeln die anderen Verfahren zur Linien- und Knotenextraktion die Binärbilder zunächst in eine für die Extraktion günstigere Form um. Zur Beschreibung solcher Bildtransformationen werden in diesem Abschnitt einige Begriffe definiert.

Lokale Abstands-Transformation. Ein Nachbarschaftstyp ist eine endliche Teilmenge aus $Z \times Z$ (Z sind die ganzen Zahlen), die neben dem Paar (0, 0) noch mindestens ein weiteres Element enthält. Es sollen damit die Koordinaten der

```
Rasterbild B: x ──▶  1 2 3 4 5 6 7 8 9 0 1 2 3 4 5 6 7 8 9 0

              y  1   0 0 0 1 2 3 3 2 1 0 0 0 0 0 0 0 0 0 0 0
              │  2   0 0 0 1 1 3 3 3 2 1 0 0 0 0 0 0 0 0 0 0
              │  3   0 0 0 0 0 1 2 3 3 2 0 0 0 0 0 0 0 1 1 1
              ▼  4   0 0 0 0 0 0 2 3 3 3 2 1 0 0 0 1 1 2 2 3
                 5   0 0 0 0 0 0 1 3 3 3 3 2 1 1 1 2 2 3 3 2
                 6   0 0 0 0 0 1 2 3 3 4 3 3 2 1 2 2 3 3 2 1
                 7   0 0 0 0 0 1 2 3 3 3 3 3 3 2 2 3 3 2 1 0
                 8   0 0 0 0 1 2 3 3 2 2 2 2 3 3 3 3 2 1 0 0
                 9   0 0 0 1 2 3 3 2 1 1 0 1 2 2 2 2 1 0 0 0
                 0   0 0 0 1 2 3 2 1 0 0 0 0 1 1 1 1 0 0 0 0

Nachbarschaften:

                      210                                     1
N⁸(B,(9,2))    =      321          N⁴(B,(5,3))    =         001
                      332                                     0
```

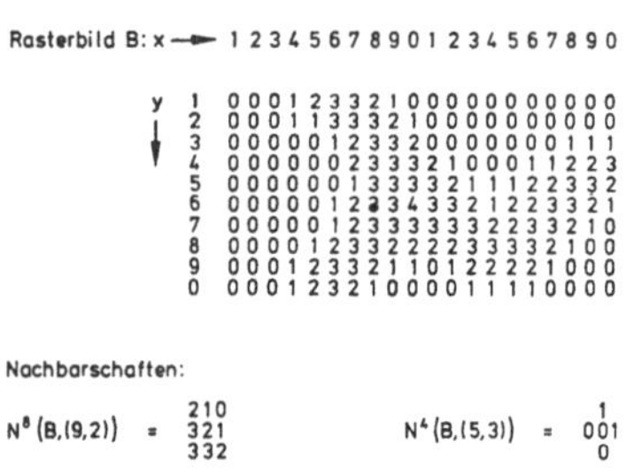

Abb. 2.3-25. Darstellung von Nachbarschaften

„Nachbarn“ eines Rasterpunktes relativ zu diesem Rasterpunkt beschrieben werden. Beispiele für Nachbarschaftstypen sind (Abb. 2.3-25):

$$N^8 = \{(i, j) \mid \max\{|i|, |j|\} \leqq 1\} \quad \text{bzw.} \quad N^4 = \{(i, j) \mid |i| + |j| \leqq 1\}. \tag{2.3-41}$$

Eine allgemeinere Darstellung von Rastern, die durch Nachbarschaftstypen erzeugt werden, findet sich in [34]. Eine Belegung u eines Nachbarschaftstyps N mit Intensitäten heißt Nachbarschaft:

$$u\colon\; N \to I. \tag{2.3-42}$$

Für $I = \{0, 1\}$ und N^8 gibt es z. B. 512 verschiedene Nachbarschaften. Bei gegebenem Rasterbild $B\colon R^{nm} \to I$ und gegebenem Nachbarschaftstyp N ist jedem Rasterpunkt p eine Nachbarschaft $N(B, p)\colon N \to I$ auf folgende Weise zugeordnet:

$$N(B, p)\,(q) = \begin{cases} B(p + q), & \text{falls } p + q \in R^{nm}, \\ 0 & \text{sonst}. \end{cases} \tag{2.3-43}$$

Die Nachbarschaft $N(B, p)$ kann als Ausschnitt eines Rasterbildes B an der Stelle p angesehen werden. Was zu diesem Ausschnitt gehört, ist durch den Nachbarschaftstyp N festgelegt. Den verschiedenen Nachbarschaften eines Nachbarschaftstyps lassen sich mit einer Nachbarschaftsabbildung f wiederum Intensitäten zuordnen:

$$f\colon\; \{u \mid u\colon\; N \to I\} \to I. \tag{2.3-44}$$

Über die Nachbarschaftsabbildung können nun lokale Rasterbildtransformationen erklärt werden. „Lokal“ bedeutet hier, daß der Intensitätswert eines

Rasterpunkts im transformierten Rasterbild aus seiner Nachbarschaft mit der Nachbarschaftsabbildung berechnet wird. Als Beispiele seien genannt (s. auch 2.1.4.):

$$\begin{aligned} &\text{Parallele Transformation} \quad f^P\colon B \to B' \quad \text{mit } B'(p) = f\big(N(B, p)\big), \\ &\text{Sequentielle Transformation } f^S\colon B \to B' \quad \text{mit } B'(p) = f\big(N(C(p), p)\big). \end{aligned} \tag{2.3-45}$$

Dabei ist für $p = (x, y) \in R^{nm}$ $C(p)$ das folgende Rasterbild:

$$C(p)\,(\xi, \eta) = \begin{cases} B'(\xi, \eta) & \text{falls } \eta < y \text{ oder } (\xi < x \text{ und } \eta = y) \\ & \text{(Matrix „oberhalb" von } p); \\ B(\xi, \eta) & \text{sonst.} \end{cases} \tag{2.3-46}$$

f^S ist also rekursiv definiert. Das neue Rasterbild läßt sich durch zeilenweises Anwenden der Nachbarschaftsabbildung f von links oben nach rechts unten in der B entsprechenden Intensitätsmatrix erhalten.

$$\text{Rückwärts-sequentielle Transformation } f^R\colon B \to B' \tag{2.3-47}$$

Diese Transformation ist analog zur sequentiellen Transformation definiert, jedoch mit

$$C(p)\,(\xi, \eta) = \begin{cases} B'(\xi, \eta) & \text{falls } \eta > y \text{ oder } (\xi > x \text{ und } \eta = y) \\ & \text{(Matrix „unterhalb" von } p), \\ B(\xi, \eta) & \text{sonst.} \end{cases} \tag{2.3-48}$$

Abstands-Skelettierung. Bei der Abstands- oder Distanz-Skelettierung wird zunächst aus einem Binärbild B ein Rasterbild B_1 erzeugt, das jedem ursprünglichen 1-Punkt den Abstand vom Rand des Binärbildes zuordnet. Zur Erzeugung des Distanz-Skeletts B_2 werden dann aus B_1 die lokalen Maxima selektiert, indem alle Punkte gelöscht werden, die einen Nachbarn mit größerem Randabstand haben. Man kann sich diesen Prozeß so vorstellen, daß eine „Wellenfront" in der Struktur vom Rand nach innen läuft und gerade die Punkte stehen bleiben, wo sich die Wellen überschneiden (wavefront- oder grassfire-Algorithmen, medial axis transformation [33, 37]). Aus diesem Rasterbild B_2 läßt sich das ursprüngliche Binärbild B wieder zurückgewinnen. Da B_2 im allgemeinen wesentlich weniger Bildpunkte enthält als das Binärbild B, von dem ausgegangen wurde, wird diese Transformation auch zur Datenreduktion, Speicherung und Übertragung von Binärbildern vorgeschlagen [35].

Zur Diskussion der Frage, ob B_1 oder B_2 für eine Linien- und Knotenextraktion geeignet sind, werden zunächst die erforderlichen Transformationen genauer beschrieben. Dazu definiert man die beiden Nachbarschaftsabbildungen f und g bezüglich der Nachbarschaftstypen $N_1 = \{(0, 0), (-1, 0), (0, -1)\}$ und $N_2 = \{(0, 0), (1, 0), (0, 1)\}$ mit

$$f(u) = \begin{cases} 0, & \text{wenn } u(0, 0) = 0, \\ 1 + \min\{u(0, 0), u(-1, 0), u(0, -1)\} & \text{sonst} \end{cases} \tag{2.3-49}$$

für alle N_1-Nachbarschaften $u\colon N_1 \to I$ und

$$g(v) = \min\{v(0, 0), v(0, 1) + 1, v(1, 0) + 1\} \tag{2.3-50}$$

für alle N_2-Nachbarschaften $v\colon N_2 \to I$. I ist dabei ein hinreichend großer Abschnitt der natürlichen Zahlen.

Das oben beschriebene Rasterbild B_1 entsteht nun durch Anwendung von f^S (sequentiell vorwärts) und g^R (sequentiell rückwärts) auf das gegebene Binärbild B:

$$B_1 = g^R\big(f^S(B)\big). \tag{2.3-51}$$

Das Distanz-Skelett B_2 entsteht durch die Auswahl der lokalen N^4-Maxima in B_1. In Abb. 2.3-26 wird die Distanz-Skelettierung eines Testmusters dargestellt. Das eigentliche Skelett ist hervorgehoben.

Die Distanz-Skelettierung führt in nur drei Verarbeitungsschritten zu einer „Verdünnung" der Linien auf eine maximale Linienbreite von zwei Rasterpunkten

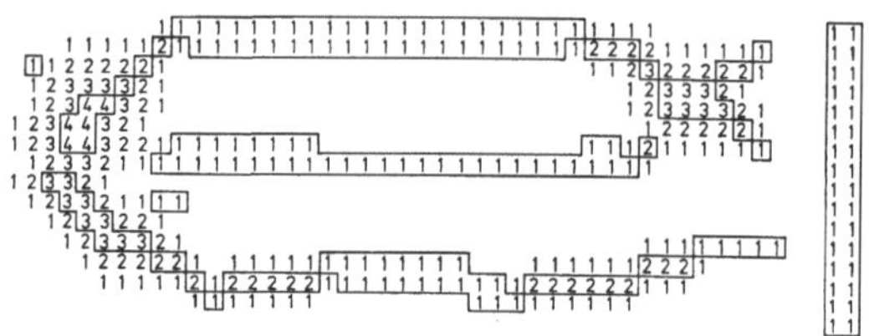

Abb. 2.3-26. Distanz-Skelett

(in x- oder y-Richtung), und die Bildpunkte von B_2 konzentrieren sich im Zentrum der ursprünglichen Objekte. Allerdings werden die Linien, wie Abb. 2.3-26 zeigt, an vielen Stellen zerrissen. Ein Extraktionsprogramm müßte oft in einem gewissen Bereich um den aktuellen Rasterpunkt herum nach einer Fortsetzungsmöglichkeit für die Linie suchen. Eine andere Möglichkeit wäre, die Selektion der lokalen Maxima wegzulassen und B_1 direkt zur Extraktion zu verwenden, indem man die Linien in Richtung des „größten" Nachbarn verfolgt [26, 41].

Linienextraktion durch Nachbarschaftsabbildung

Um die in den letzten Abschnitten aufgezeigten Schwierigkeiten bei der Extraktion zu vermeiden, sollen die im folgenden definierten Transformationen durch Löschen von „unwesentlichen" 1-Punkten zu einer eindeutigen Verfolgung führen und eine Erhaltung des topologischen Zusammenhangs der Linienstruktur garantieren. Die Idee zur Erzeugung eines topologischen Skeletts basiert darauf, ein gegebenes Binärbild so zu transformieren, daß es bezüglich der Zusammenhangseigenschaften äquivalent bleibt und gleichzeitig minimal wird im Sinne, daß das Löschen eines weiteren Bildpunktes den Zusammenhang des Binärbildes ändert oder Linien verkürzt werden [28, 29, 32, 38, 39]. Auf die Probleme der Übertragung topologischer Begriffe auf Binärbilder mit Hilfe vorgegebener Nachbarschaftstypen soll an dieser Stelle nicht eingegangen werden (s. dazu [34, 42]).

Nachbarschaftstypen und topologische Skelettierung. Für das Folgende ist nur wesentlich, daß man bei geeigneten Nachbarschaftstypen allein durch Betrachtung einer Nachbarschaft für einen 1-Punkt entscheiden kann, ob der globale

Zusammenhang des Binärbildes durch das Löschen dieses Punktes verändert wird (p wesentlicher Punkt) oder ob er erhalten bleibt (p unwesentlicher Punkt). Außerdem beschränken wir uns in den weiteren Betrachtungen auf den Nachbarschaftstyp N^8 (andere Möglichkeiten sind z. B. N^4- oder Golay-Felder [28, 36]). 1-Punkte sind damit benachbart, wenn ihre Koordinatendifferenz in N^8 liegt.

In Abb. 2.3-27 sind bis auf Symmetrie (Drehung, Spiegelung) alle N^8-Nachbarschaften von Bildpunkten, nach Klassen gruppiert, dargestellt. Bildpunkte mit Nachbarschaften der Klassen U und A sind für den globalen Zusammenhang eines Binärbildes unwesentlich. Eine solche Charakterisierung von wesentlichen Punkte ist jedoch für eine Linien- und Knotenextraktion nur dann sinnvoll, wenn das Binärbild durch Abtastung einer Vorlage entstanden ist, die nur geschlossene

```
Klasse P       000              Klasse A    010 100                 Klasse L    101 010 010 100
(isolierter    010              (Linien-    010 010                 (Linien-    010 010 010 010
Punkt)         000              anfang)     000 000                 element)    000 001 010 001

Klasse K       101 110 110 101 010 101 111 101 111 110 110 101 011 101 111
(Knoten)       110 010 010 010 110 010 010 111 010 110 010 110 110 010 110
               000 010 001 001 001 010 001 000 010 001 011 001 001 101 001

               111 111 110 111 111                Klasse I    010 110 111 110 111 111
               010 010 011 011 010                (innerer    111 111 111 111 111 111
               011 101 101 101 111                Punkt)      010 010 010 011 011 111

Klasse U       110 010 110 111 011 010 111 110 111 110 010 111 111 110 010
(unwesent-     010 110 110 010 110 111 110 111 111 011 111 011 110 111 111
licher Punkt)  000 000 000 000 000 000 000 000 000 001 001 001 010 001 101

               111 111 111
               111 110 111
               001 011 101
```

Abb. 2.3-27. N^8-Nachbarschaften von Bildpunkten nach Klassen gruppiert

Linienzüge enthält (z. B. Flächennetze, vollständige Isolinien). Da dies im allgemeinen nicht vorausgesetzt werden kann, müssen im Binärbild auch Linienanfänge, d. h. Punkte mit einer Nachbarschaft der Klasse A, entdeckt und festgehalten werden. Dazu wird nun die Nachbarschaftsabbildung s nach (2.3-52) definiert, wobei $u\colon\ N^8 \to \{0, 1\}$ N^8-Nachbarschaft ist.

$$s(u) = \begin{cases} 0 & \text{wenn } u \in U, \\ u(0, 0) & \text{sonst.} \end{cases} \tag{2.3-52}$$

Eine von s induzierte Binärbildtransformation (sequentiell oder parallel) heißt Skelettierungsschritt. Mit einem Skelettierungsschritt werden also 1-Punkte gelöscht, deren Nachbarschaften der Klasse U angehören. Da ein Binärbild nur endlich viele 1-Punkte enthält, führt die wiederholte Anwendung eines Skelettierungsschrittes schließlich zum Stillstand, d. h., die weitere Anwendung des Skelettierungsschritts läßt das Binärbild unverändert. Diese Iteration bis zum Stillstand heißt Skelettierung, das Ergebnis heißt topologisches Skelett. Ein Skelett ist also ein Binärbild, das keine Bildpunkte mit Nachbarschaften der Klasse U, sondern nur noch Linienanfänge, Linienelemente, isolierte Punkte, Knoten und innere Punkte (von Knoten) enthält.

Sequentielle und parallele Skelettierung. Zur Bewertung einer Skelettierung für die automatische Digitalisierung von Vorlagen mit Linienstrukturen werden zwei Kriterien betrachtet:

Linienanfänge im Skelett sollen möglichst Linienanfängen in der Scanvorlage entsprechen.

Linien im Skelett sollen möglichst der Mitte der Linien in der Scanvorlage entsprechen.

Das Ergebnis der (zeilenweisen) sequentiellen Skelettierung S^S, d. h. der iterierten Anwendung der von s induzierten Binärbildtransformation s^S, bei einem Testmuster ist in Abb. 2.3-28a wiedergegeben. Man erkennt, daß diese Transformation dazu neigt, nur den rechten unteren Rand eines Objektes zu erhalten. Diesen Nachteil sieht man besonders deutlich an dem Rest, der von der senkrechten Linie am rechten Bildrand übriggeblieben ist. Damit erfüllt diese Transformation keines der genannten Kriterien. Der Grund ist die starke Abhängigkeit des resultierenden Skeletts von der Reihenfolge, in der die 1-Punkte gelöscht werden.

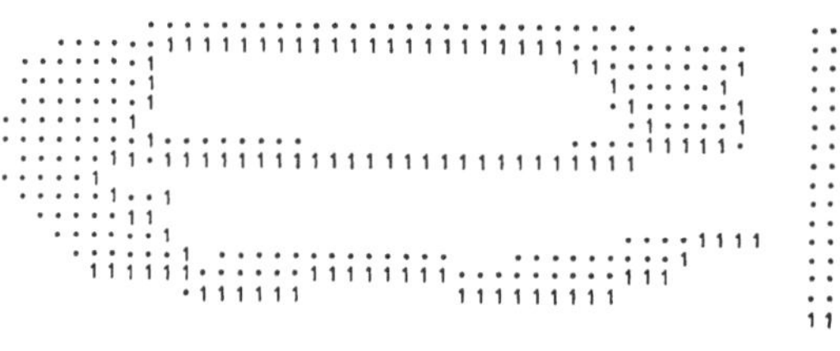

a

Abb. 2.3-28. Skelettlinienbildung. *a* Sequentielle Skelettierung S^S

Die parallele Skelettierung S^P, die die Bildpunkte gleichmäßig vom Rand der Objekte her löscht, ist ohne weiteres nicht für die Linienextraktion geeignet, da sie nicht die topologischen Zusammenhangseigenschaften eines Binärbildes erhält. Dies läßt sich jedoch z. B. durch Zusatzbedingungen für die Skelettierungsnachbarschaften erreichen, indem gewisse Nachbarschaften aus U turnusmäßig für gewisse Skelettierungsschritte nicht zugelassen werden [16].

Skelettierung mit nachbarschaftstrennender Partition. Bei der sequentiellen Skelettierung führt eine Abänderung der Reihenfolge, in der die Punkte des Binärbildes abgearbeitet werden, zu einer Verbesserung des Skeletts. Hierzu teilt man das zugrunde liegende Raster R^{nm} in vier disjunkte Teilmengen q^i, $i = 1, \ldots, 4$ ein, deren Elemente jeweils nicht miteinander benachbart sind (2.3-53). Innerhalb einer Teilmenge dieser nachbarschaftstrennenden Partition geht man zeilenweise sequentiell vor und arbeitet die vier Teilmengen nacheinander zyklisch ab.

$$\begin{aligned} q_1 &= \{(x, y) \in R^{nm} \mid x \text{ gerade, } y \text{ ungerade}\}, \\ q_2 &= \{(x, y) \in R^{nm} \mid x \text{ ungerade, } y \text{ ungerade}\}, \\ q_3 &= \{(x, y) \in R^{nm} \mid x \text{ gerade, } y \text{ gerade}\}, \\ q_4 &= \{(x, y) \in R^{nm} \mid x \text{ ungerade, } y \text{ gerade}\}. \end{aligned} \qquad (2.3\text{-}53)$$

Die Eigenschaft „nachbarschaftstrennend“ der obigen Partition hat zur Folge, daß das sequentielle Vorgehen innerhalb einer Teilmenge im Ergebnis einem parallelen Vorgehen gleicht, da die Nachbarn der Teilmengenelemente unverändert bleiben. Aus diesem Grunde wurde das Vorgehen mit nachbarschaftstrennenden Partitionen zunächst für die parallele Skelettierung empfohlen [28, 29].

Die Skelettierung mit der nachbarschaftstrennenden Partition $Q = (q_1, q_2,$

q_3, q_4) soll S^Q heißen. Die Reihenfolge der Teilmengen in der Partition hat einen Einfluß auf das Skelett, z. B. führen Reihenfolgen (q_2, q_3, q_4, q_1) oder (q_1, q_2, q_4, q_3) vermehrt zur Bildung von Zick-Zack-Linien anstelle von geraden Linien. In Abb. 2.3-28b ist das mit S^Q erzeugte Skelett des Testmusters dargestellt. Die Bildpunkte des Skeletts liegen zwar bevorzugt in der Mitte der ursprünglichen Objekte, jedoch sind sehr viele „Stoppeln" entstanden. Dies sind Linien, deren Länge etwa der halben Breite eines linienartigen Objekts im ursprünglichen Binärbild entspricht.

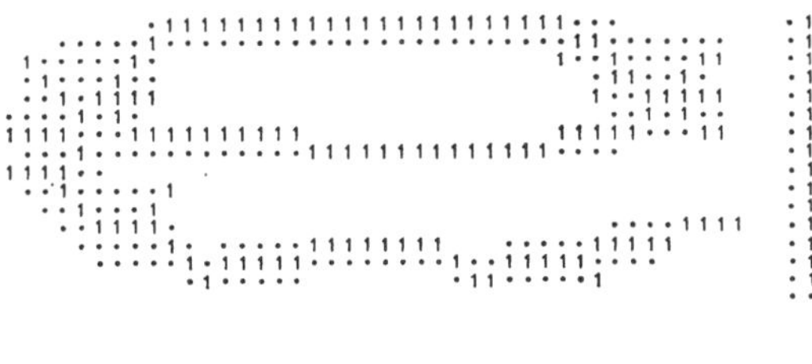

Abb. 2.3.-28. *b* Skelettierung mit nachbarschaftstrennender Partition S^Q

Linienabhängige Skelettierung. Die Stoppelbildung kann weitgehend durch eine Vorskelettierung vermieden werden, die nur mit einer Teilmenge der Nachbarschaftsklasse U als Skelettierungsnachbarschaften arbeitet [31]. Bessere Resultate erreicht man mit einer Markierung bestimmter Punkte des Binärbilds und einer davon abhängigen Skelettierung. Dazu wird das Binärbild formal zu einem Rasterbild mit drei „Intensitäten" 0, 1 und 2 erweitert, wobei 2 zur Markierung von Linienelementen dient. Statt s wird eine Nachbarschaftsabbildung s' für alle Nachbarschaften u': $N^8 \to \{0, 1, 2\}$ definiert. Dabei wird u' eine binäre Nachbarschaft u: $N^8 \to \{0, 1\}$ zugeordnet, indem man alle 2-en durch 1-en ersetzt,

$$s'(u') = \begin{cases} s(u), & \text{wenn } u \notin L \text{ und } u \notin A, \\ 2, & \text{wenn } u \in L, \\ 1, & \text{wenn } u \in A \text{ und } \bigvee_{r \in N^8} u'(r) = 2, \\ 0, & \text{sonst.} \end{cases} \tag{2.3-54}$$

Abb. 2.3-29. Linienabhängige Skelettierung mit S'^Q. *a* Skelettbeispiel nach Abb. 2.3-28; *b* Deformation von Linien in der Nähe von Knoten und Abrundungen von Ecken

Linienanfänge werden jetzt gelöscht, wenn sie keinen Nachbarn haben, der vorher (!) als Linienelement markiert worden ist. Damit wird die Stoppelbildung unterdrückt. Durch s' wird nun eine Skelettierung S'^Q für solche markierten Binärbilder induziert. Abb. 2.3-29a zeigt das so erzeugte Skelett des Testmusters. Die Verbesserung gegenüber den vorher erzeugten Skeletten ist deutlich zu sehen. Die Skelette, die mit der Transformation S'^Q aus Binärbildern mit Linienstruktur entstehen, erfüllen weitgehend die beiden obengenannten Kriterien. Diese Transformation kann deshalb zur Vorbehandlung eines Binärbildes für die darauf folgende Linien- und Knotenextraktion benutzt werden.

Eine Eigenschaft der Skelettierungsverfahren soll noch erwähnt werden, die sich bei der automatischen Digitalisierung von Linienstrukturen nachteilig auswirkt: Die Deformation von Linien in der Nähe von Knoten und die Abrundung scharfer Ecken. Hierzu als Beispiel Abb. 2.3-29b. Als Skelettierung wurde wiederum S'^Q verwandt.

Linien- und Knotenextraktion aus einem Skelett. Je nach ihrer Nachbarschaftsklasse haben die 1-Punkte eines Skeletts eine bestimmte Bedeutung für die Linien- und Knotenextraktion:

P: Isolierter Punkt. Diese Punkte werden nicht beachtet, da die Erfahrung zeigt, daß isolierte Punkte im Skelett in der Regel auf Verunreinigungen der Scanvorlage zurückzuführen sind.

I: Innerer Punkt. Solche Punkte können in einem Skelett nur innerhalb eines Knotens vorkommen, d. h., jeder benachbarte Bildpunkt hat seinerseits eine Nachbarschaft der Klasse I oder K. Es gibt also einen Zyklus von Punkten mit Nachbarschaften der Klasse K, der diese inneren Punkte umschließt. Die Punkte der Nachbarschaftsklasse I brauchen deshalb bei der Extraktion nicht berücksichtigt zu werden.

A: Linienanfang. Von solchen Punkten aus beginnt die Verfolgung nicht geschlossener Linien im Raster.

L: Linienelement. In solchen Punkten ist die eindeutige Weiterverfolgung einer Linie möglich. Ist eine der beiden benachbarten 1-en als Vorgänger ausgezeichnet, wird die andere der Nachfolger.

K: Knoten. In Knotenpunkten liegt eine Verzweigung der Linienstruktur vor.

Eine Linien- und Knotenextraktion aus einem Skelett kann demnach folgendermaßen vorgenommen werden. Nachdem alle isolierten und inneren Punkte parallel gelöscht wurden, beginnt das Extraktionsverfahren mit der Ausgabe der Knoten. Als Knoten wird eine zusammenhängende Menge von Knotenpunkten aufgefaßt. Aus den Elementen eines Knotens kann näherungsweise der Ort des Knotens berechnet werden, z. B. als arithmetischer Mittelwert.

Die Knotenelemente werden nach der Ausgabe gelöscht. Dabei entstehen neue Linienanfangspunkte. Die Koordinaten des Knotens werden mit den Koordinaten dieser Linienanfangspunkte ausgegeben, um die Linien, die mit dem Knoten zusammenhängen, nach ihrer Extraktion wieder identifizieren zu können. Dieser Zusammenhang zwischen Linien und Knoten (Verzweigung von Linien auf der Scanvorlage) ist wesentlich für die Erfassung netzartiger Linienstrukturen (s. 2.1.6.).

Nach der Knotenextraktion liegt nun ein Skelett vor, das nur noch Bildpunkte mit Nachbarschaften der Klassen A und L enthält. Dadurch wird die Linienextraktion sehr einfach: Zunächst werden alle nicht geschlossenen Linien von den Linienanfängen her verfolgt. Dann werden die geschlossenen Linien erfaßt, wobei irgendein Punkt als Anfangspunkt gewählt wird. Die Verfolgung der Linien im Skelett ist eindeutig. Eine mehrfache Verfolgung wird dadurch ausgeschlossen, daß die Linien bei der Verfolgung im Binärbild gelöscht werden.

2.3.7. Extraktion von Objektkonturen und Objektflächen aus Grauwertbildern

Von R. Schärf

Ein Flächenbereich in einem Grauwert- oder Farbbild, dessen Elemente gleiche oder ähnliche Dichte- oder Texturparameter aufweisen, soll als Objekt bezeichnet werden. Die Extraktion von Objektkonturen und Flächen ist i. allg. durch einfache Binärisierung der Bilder mit einem Schwellenwert nicht möglich. Ansätze zur Extraktion von Objektkonturen ergeben sich durch Hochpaßfilterung (s. 2.1.4.) des Bildes und anschließender Verfolgung der Kontrastinformation. Eine Möglichkeit zur Objekt-Flächenextraktion ist die systematische Erfassung von Bildbereichen mit einheitlichen Merkmalen durch einen Flächenwachstumsprozeß unter Verwendung der Objektkonturen.

Aus Gründen der Kontraststeigerung werden multispektrale Bilddaten verarbeitet. In speziellen Anwendungsfällen ist die Auswahl bestimmter Kanäle aus dem Datenmaterial (z. B. der Wärmekanal 8 bis 14 μm) für die Objektextraktion zweckmäßig. Im allgemeinen wird jedoch eine Datenkompression angestrebt, bei der der Informationsgehalt aller zur Verfügung stehenden Kanäle mit möglichst geringem Verlust erfaßt werden soll. Ein geeignetes Verfahren zur Kompression der Bildinformation auf $m' < m$ Kanäle stellt die Eigenvektor-Transformation dar. Sie ist eine Lineartransformation, die die Lage der Hauptkomponenten der Datenpopulation im m-dimensionalen Merkmalraum bei m spektralen Kanälen auswertet (Abb. 2.3-14). Mit dieser Transformation wird der kleinste bei Lineartransformationen mögliche Darstellungsfehler erreicht, wenn die Zahl der Kanäle auf m' reduziert wird (s. 2.3.4.). In typischen Fällen beträgt der mittlere quadratische Fehler ca. 2% bei einer Reduktion der Datenmenge um 60 bis 80%. Die Verarbeitung mehrkanaliger Bildinformationen wird z. B. nach synthetischen Kanälen getrennt durchgeführt [48].

Kontrastverfolgung

Zur Konturextraktion geht man von der Kontrastinformation aus, die z. B. mit Verfahren der Gradientenbildung (Ebenenapproximation, Phasendiskriminierung) (s. 2.1.4.) aus Grauwert- oder Multispektraldaten gewonnen wird: Bildpunkte im Bereich nennenswerter Grauwert- oder Farbkontraste sind mit dem Betrag und mit der um 90° gedrehten Richtung des Kontrastgradienten codiert (Abb. 2.1-39). Die Aufgabe der Kontrastverfolgung (Abb. 2.3-30) besteht darin, die Objektkonturen durch eine Folge von Bildpunkten (Linienelementen) zu beschreiben und gleichzeitig einzelne durch Störung im Graubild verursachte Kontrastelemente in homogenen Grauwertbereichen und Lücken in Konturbändern zu unterdrücken [44, 45].

Zur systematischen Erfassung aller Kontraste eines Bildes wird ein Suchlauf (Abb. 2.3-31a) gestartet, der unterbrochen wird, wenn ein Kontrastelement gefunden worden ist. Der Kontrastverfolgungsalgorithmus (Abb. 2.3-31b) basiert auf der Ausrichtung eines trichterförmigen Erwartungsbereichs, der durch die Richtungsinformation des gefundenen Kontrastpunktes gesteuert wird (Schritte 1

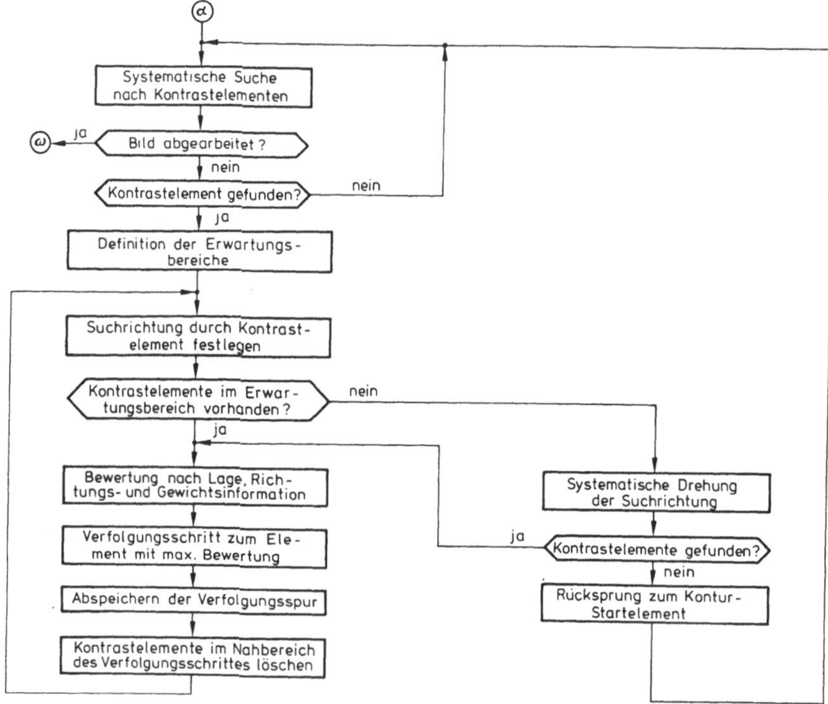

Abb. 2.3-30. Strukturdiagramm zum Kontrastverfolgungsalgorithmus

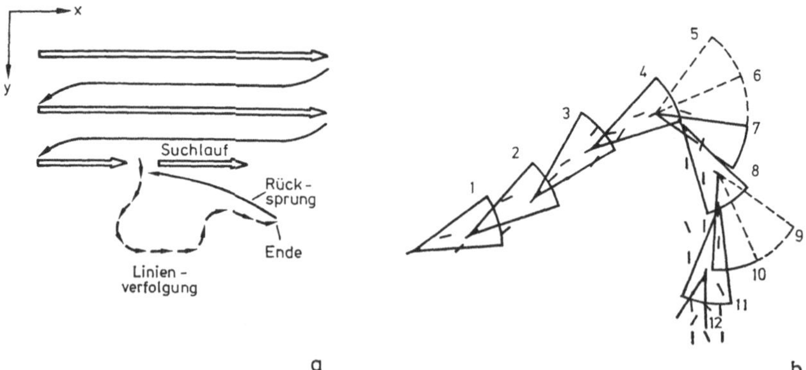

Abb. 2.3-31. Konturextraktion. *a* Systematischer Suchlauf; *b* Kontrastverfolgung

bis 4). Eine Drehung der Richtung des Erwartungstrichters erfolgt dann, wenn keine Kontrastpunkte zur Fortsetzung der Kontur gefunden werden (Schritte 5 und 9). Durch Berücksichtigung von Kontextinformation kann eine objektorientierte Konturermittlung durchgeführt werden. Zum Beispiel führt die Verfolgung nur langgestreckter parallel verlaufender Kontraste zur Erfassung von Straßenzügen, die Auswahl von Umrandungen trapezförmiger Flächen beispielsweise zur Erfassung von Hausdächern [44].

Flächenwachstum

Die Methode des Flächenwachstums zur Objektextraktion [46, 47] besteht in der Erfassung typischer Flächenmerkmale (homogener Farbton, einheitliche Textur) in einem kleinen Bildbereich (Keimzelle K) und der sukzessiven Anlagerung benachbarter Gebiete (Nachbarzellen N), wenn ihre Merkmale denen der Keimzelle „ähnlich" sind. Der Wachstumsprozeß endet, wenn keine Nachbarbereiche mehr vorhanden sind, die den Anlagerungskriterien genügen. Das Ziel dieses Verfahrens ist die Erfassung von Objekten oder Teilobjekten bis zu ihren Objektgrenzen.

Die Erfassung eines Objektes durch Wachstum in einem Bildbereich, der durch einheitliche Merkmale charakterisiert ist, setzt voraus, daß aus der Keimzelle bereits die typischen Merkmale entnommen werden können. Deshalb ist es für den Erfolg des Wachstums wesentlich, wie die Keimzellen im Bild verteilt werden. Bei einer systematischen Verteilung der Keimzellen ohne Kenntnis der Bildstruktur ist die geeignete Lage vom Zufall abhängig. Zweckmäßiger ist die Steuerung der Keimzellenverteilung durch Kontextinformation wie z. B. Konturlinien. Durch lokale Abstandstransformation (s. 2.3.6.) der Konturinformation in die konturlinienfreien homogenen Bildbereiche und durch eine entsprechende Schwellenwertoperation gelingt es, geeignete Keimzellen zu generieren. Abb. 2.3-32a zeigt ein Luftbild mit eingeblendeten Konturlinien (schwarz) und den eingeblendeten Keimzellenkonturen (weiß). Zur Erfassung von Gebieten unter-

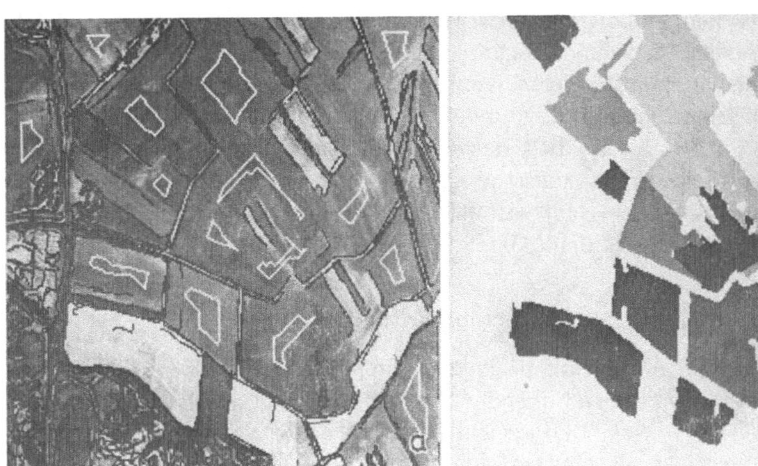

Abb. 2.3-32. Objektextraktion. *a* Konturgesteuerte Bildung von Keimzellen; *b* Flächenwachstumsprozeß

schiedlicher Größenordnung können in einem iterativen Prozeß mehrmals Keimzellen mit sukzessiv vermindertem Schwellenwert generiert werden.

Abb. 2.3-33 zeigt das Flußdiagramm eines typischen Flächenwachstums für eine Keimzelle. Die Größe und Form der für die Anlagerung in Frage kommenden Nachbarbereiche hängen von der zu erwartenden Struktur der zu erfassenden Objektflächen ab. Die Merkmalverteilung in der Keimzelle ist zu diesem Zeitpunkt bekannt. Eine Steuerung des Wachstums kann durch die vorher ermittelten möglichen Objektkonturstücke durchgeführt werden. Die für die Ähnlichkeitsprüfung zwischen Keimzelle und Nachbarzelle in Frage kommenden Tests werden entsprechend der Merkmalart und Merkmalverteilung innerhalb der Keimzelle ausgewählt. Nach dem Flußdiagramm werden die Nachbarbereiche sequentiell abgearbeitet. Finden Verschmelzungen von Keimzellen und Nachbarbereichen statt, so werden von den äußeren Konturen der Erweiterungszonen ausgehend weitere Nachbarbereiche definiert und auf Anlagerung getestet. Dieser Prozeß wird so lange fortgesetzt, bis die Grenze des Bereiches gleicher Flächenstrukturelemente erreicht ist. Wachstumsstrategien können, ausgehend von den vorher definierten Keimzellen im Bild, parallel oder nach einem Ordnungsschema der Keimzellen sequentiell ablaufen (Abb. 2.3-32b).

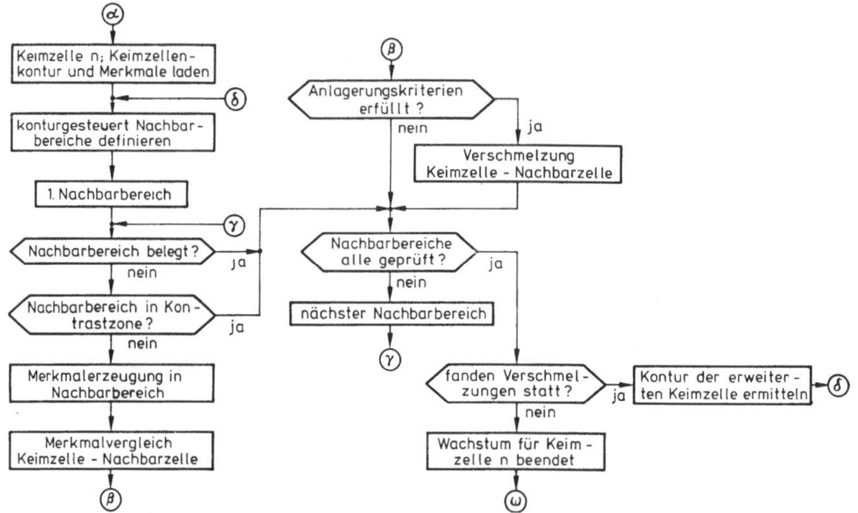

Abb. 2.3-33. Flußdiagramm zum Wachstum einer Keimzelle

Anlagerungskriterien

Das Problem der Anlagerung geeigneter Nachbarzellen in einem Wachstumsprozeß ist ein Problem der zuordnenden Statistik. Es ist zunächst der Identitätsgrad der Bildelemente eines Bildbereichs (Keimzelle oder Nachbarzelle) zu untersuchen. Nach positivem Ergebnis erfolgt ein Test zur Verschmelzung zweier Bildbereiche (Keimzelle und Nachbarzelle), welcher entweder statistische Parameter als Ähnlichkeitsmaß oder die gesamte Verteilungsfunktion benutzt. Bei Bildbereichen mit sehr kleiner Standardabweichung in der Verteilungsfunktion der Intensitätswerte kann auf statistische Tests verzichtet werden. Die zu prüfenden Nachbarbereiche werden in diesem Fall auf je ein Pixel reduziert, dessen Intensitätskomponenten aus den einzelnen Kanälen als Vektorkomponenten aufzufassen sind. Als Ähnlichkeitskriterium dient dann ein Abstandsmaß nach (2.3-31) zwischen dem Pixelvektor und dem Klassenrepräsentanten der Keimzelle (Mittelwert der Datenpopulation). Die Distanzschwelle für die Entscheidung der Pixelanlagerung wird entsprechend der Verteilung der Keimzellenpopulation festgelegt.

Parametervergleich. Eine Gruppe von Tests benutzt statistische Parameter für den Vergleich zweier Datenpopulationen. Für den χ^2-Test wird das Verhältnis zweier Varianzen σ^2 und σ_0^2 gebildet und mit einem Schwellenwert nach der Beziehung (2.3-55) verglichen. Dabei ist σ_0^2 die Varianz der Merkmalverteilung einer Keimzelle. Der Wert der Standardabweichung σ wird aus den Merkmalen der zu vergleichenden Nachbarverteilung berechnet. Wenn (2.3-55) erfüllt ist, so sind die vorliegenden Verteilungen „ähnlich". Der Grenzwert $\chi^2_{n-1,\alpha}$ hängt von dem Stichprobenumfang n und der geforderten statistischen Sicherheit $1 - \alpha$ ab und kann aus Tabellen [49] entnommen werden. Der χ^2-Test ist nur für den Vergleich normalverteilter oder der Normalverteilung ähnlicher Grundgesamtheiten anwendbar.

$$\chi^2_{n-1,\alpha} \geqq \frac{(n-1)\,\sigma^2}{\sigma_0^2} \quad \text{mit} \quad \sigma = \frac{1}{n-1} \sum_{l=1}^{n} (i_l - \bar{i})^2. \tag{2.3-55}$$

Ein gegenüber Abweichungen von der Normalverteilung weniger empfindliches Verfahren ist der t-Test, bei dem geprüft wird, ob sich der Mittelwert $\bar{i}$ einer untersuchten Nachbarzelle zufällig oder signifikant von dem vorgegebenen Mittelwert $\bar{i}_0$ einer Keimzelle unterscheidet. Der Grenzwert für die absolute Differenz $|\bar{i} - \bar{i}_0|$ entspricht der halben Vertrauensbereichsspanne, woraus sich für die Anlagerung einer Nachbarzelle die Bedingung (2.3-56) ergibt. Der Grenzwert $t_{n-1,\alpha}$ für das Vertrauensintervall ist ebenfalls von dem Stichprobenumfang n (Zahl der Punkte der Nachbarzelle) und der geforderten statistischen Sicherheit $1 - \alpha$ abhängig [49].

$$t_{n-1,\alpha} \geqq \frac{|\bar{i} - \bar{i}_0|}{\sigma} \sqrt{n} \quad \text{mit} \quad \bar{i} = \frac{1}{n} \sum_{l=1}^{n} i_l = \sum_{i} i h(i). \tag{2.3-56}$$

Histogrammvergleich. Bei der Erfassung eines Bildbereichs, dessen Verteilung der Datenpopulation der Normalverteilung unähnlich ist und eine große Standardabweichung σ aufweist, versagen parametrische Tests. Beim Vergleich der Verteilungen von Keim- und Nachbarzelle müssen Unterschiede der Form der Verteilungsfunktion erfaßt werden. Diese können nur unvollständig durch Parameter wie z. B. Mittelwert, Schiefe, Streuung, Exzess, Zahl der Gipfel usw. beschrieben werden. Abb. 2.3-34 zeigt schematisch die relativen Häufigkeiten $h_j(i)$ und $h_k(i)$ zweier Verteilungen j und k und die Überlagerung ihrer Summenhäufigkeiten $H_j(i)$ und $H_k(i)$. Der Kolmogorow-Smirnow-Test (KS-Test) prüft die maximale Ordinatendifferenz der relativierten Summenhäufigkeiten nach der Beziehung (2.3-57). Die maximal zulässige Differenz D_α kann als %-Grenze (z. B. 1%-Grenze, 5%-Grenze) angegeben werden. Anstelle der maximalen Differenz D_α wird zweckmäßiger die Differenzfläche U_α zwischen den beiden Summenhäufigkeiten als Ähnlichkeitskriterium benutzt (2.3-57). Dieses Kriterium ist weniger empfindlich gegenüber Fehlern, die durch grobe Quantisierung einer Merkmalverteilung $H(i)$ (z. B. 64 Grauwertstufen) entstehen.

Ein Vergleich zweier Häufigkeitsverteilungen $h_j(i)$ und $h_k(i)$ ist auch durch Korrelation nach (2.3-28) möglich.

$$D_\alpha \geqq \max_i (|H_j - H_k|) \text{ bzw. } U_\alpha \geqq \sum_{i=i_{\min}}^{i_{\max}} |H_j(i) - H_k(i)| \text{ mit } H(i) = \sum_{i_\nu = i_{\min}}^{i} h(i) \quad (2.3\text{-}57)$$

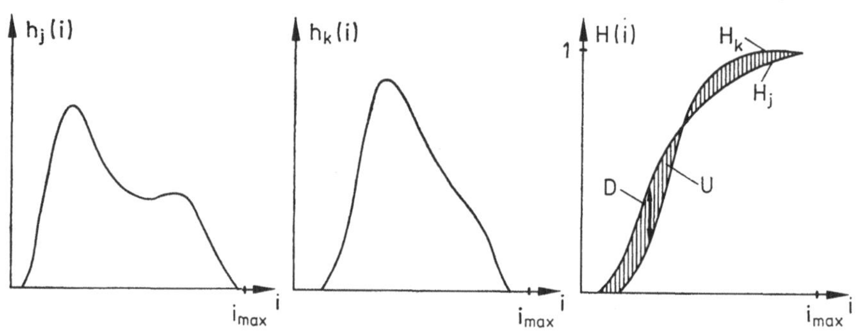

Abb. 2.3-34. Vergleich zweier Häufigkeitsverteilungen. *a* Relative Häufigkeit $h_j(i)$; *b* relative Häufigkeit $h_k(i)$; *c* zugehörige Summenhäufigkeiten $H_j(i)$ und $H_k(i)$

2.3.8. Literatur

[1] Lillestrand, R. L.: Techniques for Change Detection. IEEE Transactions on Computers **C-21** (1972).

[2] Bernstein, R., Silverman, H.: Digital Techniques for Earth Research Image Data Processing. AIAA paper n. 71—978, AIAA 8th Annual Meeting and Technical Display. Washington, D.C., Oktober 25—28, 1971.

[3] Bernstein, R.: Results of Precision Processing (Scene Correction) of ERTS-1. Images Using Digital Image Processing Techniques. IBM Report FSC 73-0048, März 5, 1973.

[4] Truitt, T. P., Bissell, D. T., Tisdale, G. E.: A Change Detection and Classification System for Side-Look Radar Images. Proceedings of National Aerospace and Electronics Conference, Dayton, Ohio, Mai 19, 1976.

[5] Rosenfeld, A., Kak, C.: Digital Picture Processing. In: Computer Science and Applied Mathematics. New York: Academic Press 1976.

[6] Weiss, H., et al.: Coded Aperture Imaging With X-Rays (Flashing Tomosynthesis). Optica Acta **24**, 305—325 (1977).

[7] Vattrodt, K.: Verarbeitung von Bildern und Geräuschen mit Methoden der Mustererkennung. Teilthema 3: Verfahren zur Zielentdeckung und -verfolgung. Bericht des IITB Nr. 9172, Karlsruhe, Dezember 1976.

[8] Jain, R., Militzer, D., Nagel, H. H.: Separating Non-Stationary From Stationary Scene Components in a Sequence of Real World TV-Images. Institut für Informatik, Universität Hamburg, Bericht Nr. 32, März 1977.

[9] Bohner, M. ,Gerlach, H.: Simulation eines Korrelationstrackers. FIM/FGAN-Bericht Nr. 44, Karlsruhe, September 1976.

[10] van Keuk, G.: Zur Zielverfolgung in Gebieten korrelierter Meßfehler. Bericht des Forschungsinstituts für Funk und Mathematik/FGAN, Werthhoven, März 1976.

[11] van Keuk, G.: Zur Zielverfolgung in Störgebieten mit Kalman Filtern bei elektronischem Radar. Bericht des Forschungsinstituts für Funk und Mathematik/FGAN, Werthhoven, September 1975.

[12] Bers, K.-H., Bohner, M., Gerlach, H.: Untersuchungen zur bildgestützten Zielverfolgung und Zielansteuerung. FIM/FGAN-Jahresbericht 1976, Karlsruhe, Januar 1977.

[13] TV-Automatic Tracking System TVT-300 (Firmenprospekt Saab-Scania).

[14] Perceptascope: Measuring Video System C 1064 (Firmenprospekt Hamamatsu).

[15] Fernsehtracker Typ FT 77 (Firmenprospekt AEG).

[16] Haralick, R. M.: Automatic Remote Sensor Image Processing. In: Digital Picture Analysis (Rosenfeld, A., Hrsg.). (Topics in Applied Physics, Vol. 11.) Berlin—Heidelberg—New York: Springer 1976.

[17] Galloway, M. M.: Texture Classification Using Grey Level Runs Length. Computer Graphics and Image Processing **4**, 172—179 (1975).

[18] Haralick, R. M., Shanmugam, K., Dinstein, I.: Textural Features for Image Classification. IEEE Transactions on Systems, Man and Cybernetics **SMC-3**, 610—621 (1973).

[19] Weska, J. S., Dyer, C. R., Rosenfeld, A.: A Comparative Study of Texture Measures for Terrain Classification. IEEE Transactions on Systems, Man and Cybernetics **SMC-6**, 269—285 (1976).

[20] Bohner, M., Dolabdjan, H., Hutter, R.: Auswertung von Seegangsspektren. FIM/FGAN-Bericht Nr. 49, Karlsruhe, Juni 1977.

[21] Szabó, I.: Einführung in die Technische Mechanik. Berlin—Göttingen—Heidelberg: Springer 1961.

[22] Huang, T. S., Narendra, P. M.: Image Restauration by Singular Value Decomposition. Appl. Optics **1975**.

[23] Huang, T. S. et al.: Iterative Image Restauration. Appl. Optics **1975**.

[24] Boyle, A. R.: The Present Status of Automated Cartography. Computer Graphics (ACM-Siggraph) **9**, 260—266 (1975).

[25] Boyle, A. R.: Results of a Comprehensive Series of Tests of Automatic Cartographic Line Digitization Using the Calspan Line Following System. C.I.S. Conference, Winnipeg, Mai 1976.

[26] Friar, M. E., Hogan, R. D., Min, P. J., Sharp, J. V., Thompson, D. R.: System and Design Study for an Advanced Drum Plotter. Final Tech. Rep., US Army Eng. Topogr. Lab., Ft. Belvoir, Virginia, 1970.

[27] Garlow, J. H.: Automatic Contour Digitizer (ACD). Rep. ETL-ETR-71-2, US Army Eng. Topogr. Lab., Ft. Belvoir, Virginia, 1971.

[28] Golay, M. J. E.: Hexagonal Parallel Pattern Transforms. IEEE Trans. Computers **C-18**, 733—740 (1969).

[29] Gray, S. B.: Local Properties of Binary Images in Two Dimensions. IEEE Trans. Computers **C-20**, 551—561 (1971).

[30] Holmes, H. H., Austin, D. M., Benson, W. H.: The Mapedit System for Automatic Map Digitization, Computers & Graphics **1**, 251—255 (1975).

[31] Kreifelts, Th., Pick, K., Wisskirchen, P., Woetzel, G.: Erfahrungen mit der Digitalisierung von rastermäßig erfaßten Linienstrukturen I. GMD-Mitteilung Nr. 30, Ges. für Math. u. Datenverarb., St. Augustin, 1974.

[32] Min, P. J., Nolan, B. E.: Recognition of Handprinted Symbols for Computer-Aided Mapping, Final Tech. Rep. ETL-CR-71-27, US Army Eng. Topogr. Lab., Ft. Belvoir, Virginia, 1971.

[33] Montanari, U.: A Method for Obtaining Skeletons Using a Quasi-Euclidean Distance. J. ACM **15**, 600—624 (1968).

[34] Mylopoulos, J. P., Pavlidis, T.: On the Topological Properties of Quantized Spaces I. J. ACM **18**, 239—246 (1971).

[35] Pfaltz, J. L., Rosenfeld, A.: Computer Representation of Planar Regions by Their Skeletons. Comm. ACM **10**, 119—125 (1967).

[36] ROSENFELD, A.: Connectivity in Digital Pictures. J. ACM **17**, 146–160 (1970).
[37] ROSENFELD, A., PFALTZ, J. L.: Sequential Operations in Digital Picture Processing. J. ACM **13**, 471–494 (1966).
[38] RUSSEL, R. M., SHARPNACK, D. A., AMIDON, E. L.: Wildland Resource Information System: User's Guide. USDA Forest Serv. Gen. Tech. Rep. PSW-10, Southwest Forest and Range Exp. Stn., Berkeley, Calif. 1975.
[39] STEFANELLI, R., ROSENFELD, A.: Some Parallel Thinning Algorithms for Digital Pictures. J. ACM **18**, 255–264 (1971).
[40] TOMLINSON, R. F. (Hrsg.): Geographical data handling. International Geographical Union Commission on Geographical Data Sensing and Processing, Kapitel 15, 1972.
[41] TOMLINSON, R. F.: A Technical Description of the Canada Geographic Information System. Vervielf. Manuskript, Ottawa, 1973.
[42] WOETZEL, G.: Linien- und Knotenextraktion aus Rasterbildern. GMD-Mitteilung Nr. 44, Ges. für Math. u. Datenverarb., St. Augustin, 1978.
[43] Kartoscan der Fa. Messerschmidt-Bölkow-Blohm GmbH, Ottobrunn.
[44] HOLDERMANN, F., KAZMIERCZAK, H.: Preprocessing of Grey-Scale-Pictures. Computer Graphics and Image Processing **1**, 66–79 (1972).
[45] SCHÄRF, R.: Erzeugung linienhafter Bildmuster aus Grautonbildern mit Hilfe der Kontrastgradienten. Forschungsberichte aus der Wehrtechnik 73-10, 1973.
[46] ZUCKER, S. W.: Region Growing: Childhood and Adolescence. Computer Graphics and Image Processing **5**, 382–399 (1976).
[47] ERNST, D., BARGEL, B., HOLDERMANN, F.: Preprocessing of Remote Sensing Data by a Region Growing Algorithm. III. International Joint Conference on Pattern Recognition, Colorado, Calif., 1976.
[48] SCHÄRF, R.: Untersuchungen zur mehrkanaligen Bildverarbeitung und Objektseparierung. (Informatik-Fachberichte, Band 8.) Berlin–Heidelberg–New York: Springer 1977.
[49] SACHS, L.: Angewandte Statistik. Berlin–Heidelberg–New York: Springer 1973.
[50] DITTEL, R. H.: Das Programmpaket IMAGIN zur digitalen Auswertung multispektraler Bilddaten in der erdwissenschaftlichen Fernerkundung. Forschungsbericht Bo 304/18 (Deutscher Forschungsgemeinschaft), Zentralstelle für Geo-Photogrammetrie und Fernerkundung der DFG München (3 Bände), 1975.
[51] TATSUOKA, M. M.: Multivariate Analysis. New York: J. Wiley 1971.
[52] COOLEY, W. W., LOHNES, P. R.: Multivariate Data Analysis. New York: J. Wiley 1971.
[53] FUKUNAGA, K.: Introduction to Statistical Pattern Recognition. New York: Academic Press 1974.
[54] BOCK, H. H.: Automatische Klassifikation. Göttingen: Vandenhoeck & Ruprecht 1974.
[55] ÜBERLA, K.: Faktorenanalyse. Berlin–Heidelberg–New York: Springer 1971.
[56] DUDA, R. O., HART, P. E.: Pattern Classification and Scene Analysis. New York: J. Wiley 1973.
[57] Bildquelle: R. Schärf, FIM/FGAN Karlsruhe.
[58] Bildquelle: B. Bargel, FIM/FGAN Karlsruhe.

3. Bildverarbeitende Prozessorsysteme

Bildauswerteverfahren werden i. allg. durch Simulation auf Digitalrechnern entwickelt. Hierbei sind die Verarbeitungszeit und der Speicher- und Prozessoraufwand zunächst von untergeordneter Bedeutung. Ihre Anwendung z. B. in Biomedizin, Technik oder Erderkundung setzt jedoch einen Operationsablauf in Echtzeit bei tragbarem Aufwand voraus. Dies erfordert speziell für die Anwendung entworfene, parallel arbeitende digitale oder optische Prozessorsysteme. Der optische Prozessor ist im wesentlichen auf lineare Operationen beschränkt. Um seine Flexibilität zu vergrößern, kann er mit einem Digitalrechner gekoppelt werden. Mit fortschreitender Technologie der Halbleiterelektronik gewinnt auch der digitale Parallelprozessor an Bedeutung.

3.1. Optische Prozessoren

Lineare Verfahren sind in der Nachrichtentechnik für zeitabhängige Signale $f(t)$ seit langem üblich. Bereits bei eindimensionalen Signalen $f(t)$ wie z. B. Sprachsignalen, die nur von einer Variablen, der Zeit t, abhängen, ist die Signalkorrelation oder die Fourier-Transformation in den Frequenzbereich ziemlich rechenaufwendig. Bilder als zweidimenionale Funktion $f(x, y)$ mit ihrer von den Ortskoordinaten (x, y) abhängigen Intensität enthalten entsprechend mehr Information und erfordern daher einen noch höheren Verarbeitungsaufwand. Ein herkömmliches digitales System muß Bild und Kern rastern und die Funktionswerte in allen Rasterpunkten seriell miteinander verknüpfen. Biologische Nervensysteme stellen diese Verknüpfungen parallel durch Koppelnetzwerke her. Prinzipiell ähnlich arbeiten optische Prozessorsysteme, die bei hoher verfügbarer Bildspeicherkapazität die Fourier-Transformation $F(u, v) = Fou[f(x, y)]$ parallel bilden können [1, 2, 3].

3.1.1. Kohärent-optische Verfahren

Von H. Platzer

Die kohärent-optische Bildverarbeitung ist durch folgende drei Merkmale gekennzeichnet:

Es handelt sich um eine Analogrechentechnik. Arbeitsmedium (analog der Spannung bzw. dem Strom in elektronischen Analogrechner) ist die komplexe Amplitude eines kohärenten Lichtwellenfeldes.

Die Grundoperationen sind die Ausbreitung elektromagnetischer Wellen und die multiplikative Beeinflussung des Wellenfeldes durch Modulatoren (Linsen, Blenden, Diapositve, elektrooptisch aktive Kristalle, akustooptische Zellen).

Die zu verarbeitenden Signale (elektrische Spannungen, Grauwerte eines Bildsignals) müssen durch geeignete Modulatoren in eine im allgemeinen komplexwertige Amplitudenfunktion der Lichtwelle umgesetzt werden. Bei allen im folgenden aufgeführten Bildbeispielen wird der Trägerwelle das Bildsignal mit Hilfe von Diapositiven aufgeprägt.

Für die Beschreibung der Gesetzmäßigkeiten bei der kohärent-optischen Bildverarbeitung hat sich die auf zwei Dimensionen erweiterte Systemtheorie der Nachrichtentechnik bewährt [4, 47]. Während in der Nachrichtentechnik die Fourier-Transformierte eines Signals (also seine Frequenzdarstellung) nur eine Rechengröße ist, besitzt sie in der kohärent-optischen Analogrechentechnik physikalische Realität.

Kohärent-optische Realisierung der zweidimensionalen Fouriertransformation

Der kohärent-optische Analogrechner benutzt Interferenzphänomene. Diese werden technisch erst auswertbar, wenn die Phasenbeziehungen von sich überlagernden Wellenzügen mindestens über die notwendigen Integrationszeiten von µs bis Std. konstant bleiben. Dies sind in Relation zur Frequenz der Lichtwelle in der Größenordnung von 10^{15} Hz gesehen sehr lange Zeiten. Weiter muß ein Wellenzug, der gegenüber einem anderen einen Umweg von einigen Zentimetern oder Dezimetern macht und mit diesem interferieren soll, über eine genügend große Länge in sich kohärent sein (Kohärenzlänge).

Die Lichtquelle, die ideal die Forderungen der kohärent-optischen Bildverarbeitung erfüllt und sie erst möglich machte, ist der Laser. Er liefert in sehr guter Näherung einen Wellenzug einer Frequenz und unendlicher Kohärenzlänge. Dies ist eigentlich die einfachste Form von Licht. Was wir im täglichen Leben unter Licht verstehen, ist ein Gemisch mehr oder weniger kohärenter Wellenzüge verschiedener Frequenzen, welches weitaus komplizierter zu beschreiben ist als die elementare Form von Licht, die hier angewendet wird: monochromatisch (von einer Frequenz bzw. Wellenlänge) und kohärent (zeitlich und örtlich konstante Phasenbeziehungen).

Der kohärent-optische Prozessor basiert auf der Ausbreitung elektromagnetischer Wellen. Nach dem Prinzip von Huygens kann aus einer auf einer Fläche gegebenen elektromagnetischen Erregung die Erregung in irgendeinem Punkt dadurch berechnet werden, daß jeder Punkt auf der Fläche als Zentrum einer Kugelwelle betrachtet wird und im Aufpunkt die Beiträge der einzelnen Elementarwellen phasenrichtig aufsummiert werden.

Kirchhoffsche Fernfeldlösung. Es sei eine nach Abb. 3.1-1a in z-Richtung laufende ebene Welle gegeben, welche durch einen Modulator m ein Signal aufgeprägt bekomme, so daß die Amplitudenverteilung unmittelbar hinter dem Modulator $a(x, y)$ sei. Wir betrachten gemäß dem Prinzip von Huygens den Beitrag der einzelnen Punkte der xy-Ebene zu Aufpunkten mit Koordinaten α, β, die auf einer unendlich weit entfernten Kugelschale um den Koordinatenursprung liegen (Fraunhofer-Beugung). Es ergibt sich, daß der Beitrag der einzelnen

Punkte der xy-Ebene für kleine α und β mit einem Phasenfaktor $2\pi(x\alpha + y\beta)/\lambda$ multipliziert werden muß, so daß die Lichterregung A im Fernfeld lautet

$$A(\alpha, \beta) = \iint_{-\infty}^{+\infty} a(x, y) \exp\left[-j\,\frac{2\pi}{\lambda}\,(x\alpha + y\beta)\right] dx\,dy. \tag{3.1-1}$$

Nun lautet aber die Fourier-Transformierte F einer zweidimensionalen Ortsfunktion $f(x, y)$ in den Ortsfrequenzbereich f_x, f_y sehr ähnlich, nämlich

$$F(f_x, f_y) = Fou\, f(x, y) = \iint_{-\infty}^{+\infty} f(x, y) \exp\left[-j2\pi(xf_x + yf_y)\right] dx\,dy. \tag{3.1-2}$$

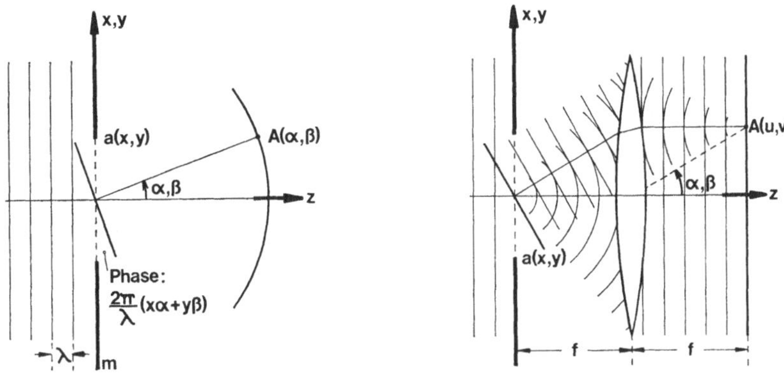

Abb. 3.1-1. Ausbreitung einer elektromagnetischen Welle. *a* Fernfeldlösung nach KIRCHHOFF; *b* kohärent-optisches System zur Fourier-Transformation

Durch Vergleich der beiden Formeln sieht man, daß das Fernfeld auf einer Kugelschale ein physikalisches Analogon der Fourier-Transformierten der Ortsfunktion $a(x, y)$ ist.

Abbildung des Fernfeldes in das Endliche. Für die technische Anwendung der kohärent-optischen Fourier-Transformation ist es wesentlich, die unendlich ferne Kugelfläche auf eine im Endlichen liegende Ebene abzubilden. Dies geschieht mit Hilfe einer Sammellinse, und es entstehen Phasenflächen wie in Abb. 3.1-1b gezeigt.

Bei Abbildung der Fourier-Transformierten in die hintere Brennebene einer Sammellinse gilt

$$u = \alpha f, \qquad v = \beta f,$$

$$A(u, v) = \iint_{-\infty}^{+\infty} a(x, y) \exp\left[-j2\pi\left(x\,\frac{u}{\lambda f} + y\,\frac{v}{\lambda f}\right)\right] dx\,dy. \tag{3.1-3}$$

In der u,v-Ebene liegt also die Fourier-Transformierte einer Funktion mit folgenden Maßstabsfaktoren vor

$$f_x = \frac{u}{\lambda f}, \quad f_y = \frac{v}{\lambda f} \quad \text{bzw.} \quad F\left(\frac{u}{\lambda f}, \frac{v}{\lambda f}\right) = Fou\, a(x, y). \tag{3.1-4}$$

Eigenschaften der zweidimensionalen Fouriertransformation

Alle bisherigen Betrachtungen bezogen sich auf die Lichtamplituden. Alle physikalischen Detektoren sind jedoch Leistungsempfänger, d. h., sie registrieren das Zeitmittel des Amplitudenquadrats. Dies sollte bei der Betrachtung von Bildbeispielen stets beachtet werden.

Additivität. Die Fourier-Transformation FT ist eine lineare Operation. Ist F_1 bzw. F_2 die FT von f_1 bzw. f_2, im folgenden dargestellt als $f_1 \circ\!\!-\!\!\bullet F_1$ und $f_2 \circ\!\!-\!\!\bullet F_2$, so gilt das Superpositionsgesetz $f_1 + f_2 \circ\!\!-\!\!\bullet F_1 + F_2$.

Verschiebung. Eine Verschiebung im Orts- oder Frequenzbereich resultiert in einem linearen Phasenfaktor im jeweils anderen Bereich.

$$\begin{aligned} f(x - x_0, y - y_0) &\circ\!\!-\!\!\bullet F(f_x, f_y) \exp\left[-j2\pi(x_0 f_x + y_0 f_y)\right], \\ f(x, y) \exp\left[j2\pi(x f_{x0} + y f_{y0})\right] &\circ\!\!-\!\!\bullet F(f_x - f_{x0}, f_y - f_{y0}). \end{aligned} \tag{3.1-5}$$

Dies bedeutet, daß im Experiment eine Translation des Signals in der Ortsebene von einem phasenunempfindlichen Leistungs-Detektor in der Frequenzebene nicht registriert wird.

Ähnlichkeit. Für Ähnlichkeitstransformationen im Orts- oder Frequenzbereich gilt

$$f(ax, by) \circ\!\!-\!\!\bullet \frac{1}{ab} F\left(\frac{f_x}{a}, \frac{f_y}{b}\right). \tag{3.1-6}$$

Dies bedeutet, daß einer Dehnung der Ortsfunktion in einer bestimmten Richtung eine Stauchung der Frequenzfunktion in der gleichen Richtung entspricht und daß die Gesamtenergie dabei ungeändert bleibt.

Drehung. Einer Drehung der Ortsfunktion um den Winkel α entspricht eine gleichsinnige Drehung der Frequenzfunktion um den gleichen Winkel. Ortsfunktion und Frequenzfunktion hängen fest über die Physik der Wellenausbreitung zusammen. Die Orientierung des Koordinatensystems ist absolut willkürlich.

Produktzerlegbarkeit. Läßt sich eine Ortsfunktion in ein Produkt von Funktionen jeweils nur einer unabhängigen Variablen zerlegen, so gilt auch für ihre Fourier-Transformierte

$$f_1(x)\, f_2(y) \circ\!\!-\!\!\bullet F_1(f_x)\, F_2(f_y). \tag{3.1-7}$$

So kann ein Quadrat als Produkt zweier senkrechter Spalte δ dargestellt werden. Der Satz über die Produktzerlegbarkeit gilt auch für schiefwinklige Koordinatensysteme.

Konjugiert komplexe Funktion. Sowohl die Werte im Orts- als auch die Werte im Frequenzbereich können komplex sein. Zur konjugierten Funktion des einen Bereiches gehört dann die am Koordinatennullpunkt gespiegelte konjugierte Funktion im anderen Bereich.

$$f^*(x, y) \circ\!\!-\!\!\bullet\, F^*(-f_x, -f_y), \quad f^*(-x, -y) \circ\!\!-\!\!\bullet\, F^*(f_x, f_y). \tag{3.1-8}$$

Hieraus lassen sich zwei wichtige Eigenschaften spezieller Ortsfunktionen ableiten. Da alle Ortsfunktionen bei üblichen Bildern reellwertig sind, sind sie gleich ihren Konjugierten. Dann muß aber $F(f_x, f_y) = F^*(-f_x, -f_y)$ gelten, d. h., die Amplitudenverteilung im Frequenzbereich ist nullpunktssymmetrisch. Weiter ist die Fourier-Transformierte einer punktsymmetrischen Funktion f reell. Wenn $f(x, y) = f(-x, -y)$, dann ist auch $F(f_x, f_y) = F^*(f_x, f_y)$, d. h., F ist reell.

Faltung. Ist die Ortsfunktion als Produkt zweier Funktionen gegeben, so erhält man die korrespondierende Funktion im Frequenzbereich durch Faltung ($*$) der einzelnen Transformierten. Für ein Produkt von Frequenzfunktionen gilt entsprechendes.

$$f_1 \cdot f_2 \circ\!\!-\!\!\bullet\, F_1 * F_2 \quad \text{bzw.} \quad f_1 * f_2 \circ\!\!-\!\!\bullet\, F_1 \cdot F_2. \tag{3.1-9}$$

Die Faltung für zweidimensionale Funktionen ist dabei wie folgt definiert:

$$f_1(x, y) * f_2(x, y) = \iint\limits_{-\infty}^{+\infty} f_1(\tilde{x}, \tilde{y})\, f_2(x - \tilde{x}, y - \tilde{y})\, \mathrm{d}\tilde{x}\, \mathrm{d}\tilde{y}. \tag{3.1-10}$$

Bei der Faltung spielt die Faltung mit der Deltafunktion $\delta(x, y)$ dieselbe Rolle wie bei der Multiplikation die Multiplikation mit 1, d. h., die Funktion bleibt erhalten (Allpaß).

$$f_1(x, y) * \delta(x, y) = f_1(x, y) \circ\!\!-\!\!\bullet\, F_1(f_x, f_y) \cdot 1 = F_1(f_x, f_y). \tag{3.1-11}$$

Korrelation. Führt man die Faltung mit einer am Koordinatennullpunkt gespiegelten konjugiert komplexen Funktion durch, so heißt das Korrelation ($\circledast$).

$$f_1(x, y) \circledast f_2(x, y) = \iint\limits_{-\infty}^{+\infty} f_1(\tilde{x}, \tilde{y})\, f_2^*(\tilde{x} - x, \tilde{y} - y)\, \mathrm{d}\tilde{x}\, \mathrm{d}\tilde{y}. \tag{3.1-12}$$

Es gelten die folgenden Korrespondenzen

$$\begin{aligned} f_1(x, y) \circledast f_2(x, y) &\circ\!\!-\!\!\bullet\, F_1(f_x, f_y)\, F_2^*(f_x, f_y), \\ f_1(x, y) \cdot f_2^*(x, y) &\circ\!\!-\!\!\bullet\, F_1(f_x, f_y) \circledast F_2(f_x, f_y). \end{aligned} \tag{3.1-13}$$

Differentiation. Die Differentiation einer Ortsfunktion nach einer Variablen korrespondiert im Frequenzbereich mit der Multiplikation mit einem frequenzproportionalen Faktor. Eine entsprechende Korrespondenz gilt für die Differentiation der Ortsfrequenzfunktion:

$$\begin{aligned} \frac{\partial}{\partial x} f(x, y) &\circ\!\!-\!\!\bullet\, j 2\pi f_x F(f_x, f_y), \\ x f(x, y) &\circ\!\!-\!\!\bullet\, -\frac{1}{j 2\pi} \frac{\partial}{\partial f_x} F(f_x, f_y). \end{aligned} \tag{3.1-14}$$

Kohärent-optische Bildfilterung

Im folgenden stehen Systeme zur Diskussion, deren Wirkung auf ein Bildsignal durch die Faltung des Bildsignales mit einer im allgemeinen komplexwertigen Systemantwort beschrieben werden kann (lineares homogenes System). Wie der Faltungssatz besagt, kann sowohl die Beschreibung als auch die Realisierung eines solchen Systems durch die Multiplikation der Fourier-Transformierten des Signals mit einer Frequenzfilterfunktion (Übertragungsfunktion des Systems) geschehen. Während bei der Zeitfrequenzfilterung der Frequenzbereich im physikalischen Sinne nicht existiert und die Filterung letztlich durch Operationen im Zeitbereich erfolgt, kann die Filterung von Ortsfrequenzen auf einfache

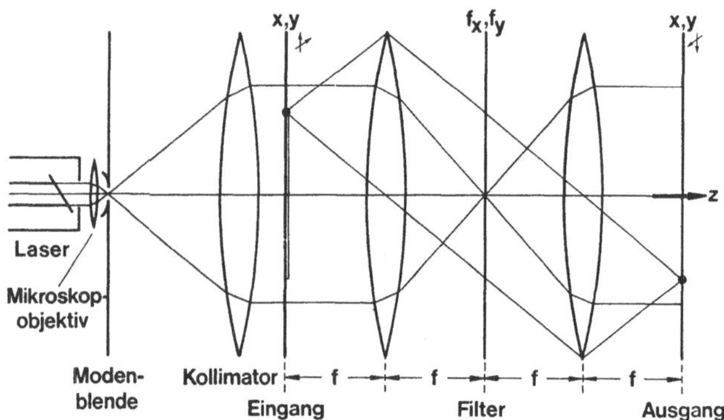

Abb. 3.1-2. Aufbau zur kohärent-optischen Bildfilterung

Weise durch physikalische Operationen in der Ortsfrequenzebene realisiert werden, etwa durch Einbringen einer Transparenzfunktion in Form eines Diapositivs oder einer Blende in den Strahlengang (Amplitudenfilter z. B. zur Optimalfilterung von mit der Angerkamera gewonnenen Scintigrammen [7]).

Neben der Bildfilterung kann auch bereits die Fourier-Transformation eine nützliche Vorverarbeitungsprozedur sein, wie z. B. bei Analysen von Periodizitäten und Texturen. Anwendungsbeispiele sind die Analyse von Textilgewebe hinsichtlich Fadengeradheit [5] oder Auswertung von Strahlungsdetektorfolien [6].

Optisches System. Es ist noch zu klären, wie aus der nach Abb. 3.1-1b gewonnenen Fourier-Transformierten durch Rücktransformation das ursprüngliche oder das gefilterte Bildsignal erhalten werden kann. Die Rücktransformation (3.1-15) ist bis auf ein Vorzeichen im Argument die gleiche Rechenvorschrift wie die Fourier-Transformation. Es ist daher leicht einzusehen, daß die Wiederholung des Aufbaus nach Abb. 3.1-1b eine komplette Hin- und Rücktransformation mit $f(-x, -y)$ leistet. Zusammen mit der Lichtversorgung über Laser, Mikroskopobjektiv, Modenblende und Kollimator ergibt sich der in Abb. 3.1-2 skizzierte Aufbau.

$$f(x, y) = \iint_{-\infty}^{+\infty} F(f_x, f_y) \exp\left[j2\pi(xf_x + yf_y)\right] \mathrm{d}f_x \, \mathrm{d}f_y . \qquad (3.1\text{-}15)$$

Durch ein Amplitudenfilter wird die Fourier-Transformierte des zu verarbeitenden Bildsignals mit einer positiv reellwertigen Funktion mit Werten zwischen 0 und 1 multipliziert. Die Realisierung einer komplexen Filterfunktion bedeutet ein punktweises Vorgeben sowohl der Dichte eines Filter-Diapositives als auch unabhängig davon seiner optischen Weglänge. Dies ist technisch nicht möglich und wird durch einen als „Holographie" bekannten Trick umgangen. Hierbei wird entweder durch Interferenz zweier Wellenzüge oder durch ein Rechnerprogramm eine periodische, gitterähnliche Struktur erzeugt. In die Modulationstiefe bzw. in das Tastverhältnis wird nunmehr der Betrag der zu realisierenden Übertragungs-

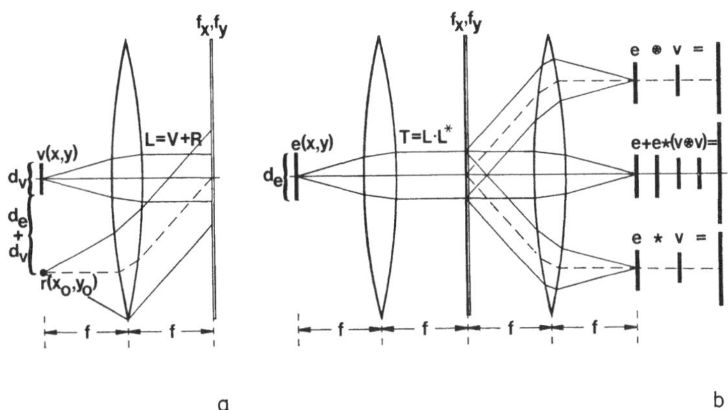

Abb. 3.1-3. Kohärent-optisches Filtersystem. *a* Erzeugung eines Filterhologramms; *b* Realisierung der Faltungs- und Korrelationsoperation

funktion abgebildet, während die Phase durch die Lage der Streifen gegeben ist. Durch diese Gitterstruktur werden außer der hindurchgehenden Welle nullter Ordnung auch Wellen der 1. und −1. Beugungsordnung erzeugt, für welche diese Struktur (Filterhologramm) die gewünschte Filterfunktion bzw. die Konjugiertkomplexe dazu realisiert.

Filterhologramm. Die Herstellung eines natürlichen Filterhologramms ist in Abb. 3.1-3 dargestellt. Es soll durch ein holographisches Filter ein System realisiert werden, dessen Punktantwort ein Vergleichsmuster v sei. Diese Funktion $v(x, y)$ wird als Diapositiv hergestellt. Dann entsteht in der Frequenzebene die zu registrierende komplexe Funktion $V(f_x, f_y)$. Diese Verteilung wird überlagert mit einer schräg einfallenden ebenen Referenzwelle $R(f_x, f_y)$, deren Fourier-Transformierte ein achsenferner Punkt $r(x_0, y_0)$ ist. Die örtlich konstante Amplitude der Referenzwelle muß dabei mindestens so groß wie die größte vorkommende Amplitude von V sein ($R \geqq V$). Durch R wird der Arbeitspunkt der fotografischen Schicht einer in der Frequenzebene angeordneten Hologrammplatte eingestellt, während V die Aussteuerung der Kennlinie bestimmt.

Die Lichterregung L in der Frequenzebene ist somit $L = V + R$. Die fotografische Schicht der Hologrammplatte als Energieempfänger registriert $|L|^2 = L \cdot L^*$. Bei richtiger Belichtung und Entwicklung erhält man auf der Hologrammplatte Transparenzmodulationen T, die diesem Ausdruck proportional sind. Ein Eingangssignal $e(x, y)$ ergibt dann in der Frequenzebene hinter der Filterhologrammplatte die Fourier-Transformierte A des Ausgangssignales a.

$$A = TE \text{ mit } T = LL^* \text{ und } L = V + R,$$
$$A = E(V + R)(V + R)^* = E(VV^* + RR^*) + EVR^* + EV^*R. \tag{3.1-16}$$

Die beiden letzten Terme repräsentieren die wichtigsten Wellen der $+1$. und -1. Beugungsordnung. Hier finden wir das gewünschte Produkt EV (Faltung) und EV^* (Korrelation). Die Multiplikation mit R^* bzw. R besagt lediglich, daß diese Anteile denselben Winkel mit der Achse einschließen wie die Referenzwelle, daß sie also voneinander und von der Welle nullter Ordnung räumlich getrennt

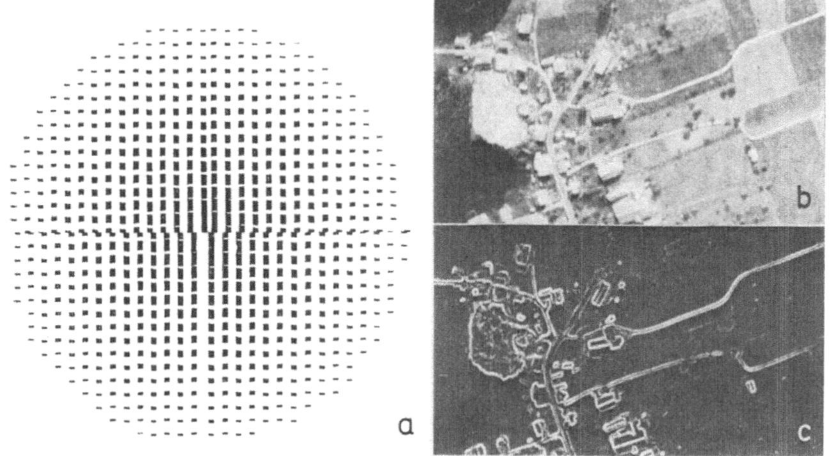

Abb. 3.1-4. Rechnergeneriertes Gradientenfilter. *a* Rechnerausdruck des binären Bildebenenhologramms; *b* Originalbild; *c* Ergebnisbild nach Anwendung des Gradientenfilters

sind (Abb. 3.1-1b). Man beachte aber, daß die zweite Sammellinse die Fourier-Rücktransformation für das Koordinatensystem $(-x, -y)$ durchführt:

$$EVR^* \bullet\!\!-\!\!\circ\, (e * v) * \delta(x + x_0, y + y_0),$$
$$EV^*R \bullet\!\!-\!\!\circ\, (e \circledast v) * \delta(x - x_0, y - y_0). \tag{3.1-17}$$

Durch Kombination der bisher vorgestellten Verfahren lassen sich nicht alle denkbaren und wünschenswerten Filterfunktionen realisieren. Man ist beschränkt auf Produkte von positiv reellwertigen Funktionen. Die Berechnung eines synthetischen Filterhologramms auf einem Digitalrechner bringt keine solchen prinzipiellen Einschränkungen (s. 3.1.4.). Als Beispiel ist die Anwendung des Differential-Operators [46] $\partial/\partial x + j\, \partial/\partial y$ für eine Gradientenfilterung in Abb. 3.1-4 gezeigt.

3.1.2. Systemeigenschaften des kohärent-optischen Prozessors

Von H. Kazmierczak

Bisher wurde davon ausgegangen, daß die Beugungsbilder als Fernfeld achsnah und durch eine ideale Sammellinse ins Endliche abgebildet vorliegen. Zur Abschätzung der Leistungsfähigkeit eines kohärent-optischen Prozessors muß jedoch vom Nahfeld ausgegangen werden, um eine Fehlerabschätzung bezüglich der in den letzten Abschnitten angewandten Näherungslösungen durchführen zu können [8, 9]. Mit der Wellenzahl $k = 2\pi/\lambda$ ergibt sich das Nahfeld $a(x, y, z)$ aus

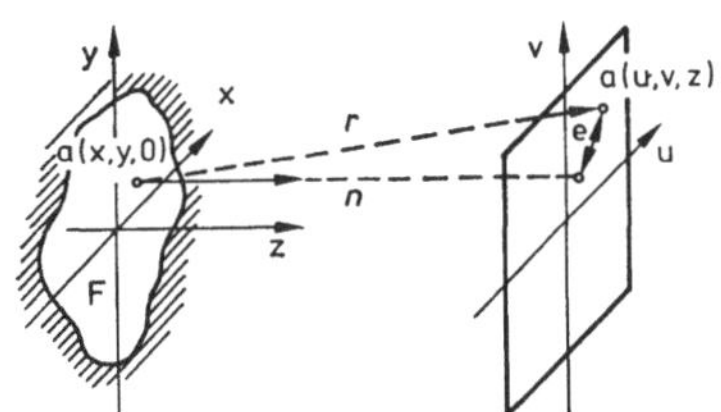

Abb. 3.1-5. Nahfeldlösung nach Kirchhoff

der komplexen Lichtverteilung $a(x, y, z_0)$ in der Eingangsebene nach dem Kirchhoff-Huygens-Prinzip (Abb. 3.1-5) als

$$a(u, v, z) = \frac{1}{j\lambda} \iint\limits_F a(x, y, z_0) \frac{\cos(\boldsymbol{n}, \boldsymbol{r})}{r} \exp(jkr)\, dx\, dy. \tag{3.1-18}$$

Die Unterscheidung zwischen der Amplitudenverteilung $a(x, y)$ in der Eingangsebene $z = z_0$ und der komplexen Lichtverteilung $A(u, v) = a(u, v, z)$ in der Ausgangsebene (vgl. Abb. 3.1-1b) soll hier nicht durch Anwendung zweier unterschiedlicher Symbole, sondern durch Angabe der Koordinate z in Richtung der Achse des optischen Systems erfolgen. Die Lichtverteilungen $a(x, y, z_0)$ und $a(u, v, z)$ sind im Gegensatz zur informationsmäßigen Interpretation physikalisch gleichwertig. Die Variablen $u = x$ und $v = y$ (Ausgangsebene) werden nur zur Unterscheidung von den Integrationsvariablen x und y (Eingangsebene) benutzt. Aus (3.1-18) folgt für den achsnahen Fall mit $\cos(\boldsymbol{n}, \boldsymbol{r}) = 1$, $r = z$ und $kr = kz(1 + e^2/2z^2)$ die Fresnel-Beugung durch eine Apertur der Fläche F.

$$\begin{aligned} a(u, v, z) &= \frac{1}{j\lambda z} \exp(jkz) \exp\left[\frac{jk}{2z}(u^2 + v^2)\right] F\left(\frac{u}{\lambda z}, \frac{v}{\lambda z}\right) \\ \text{mit } F\left(\frac{u}{\lambda z}, \frac{v}{\lambda z}\right) &= Fou\left\{a(x, y, 0) \exp\left[\frac{jk}{2z}(x^2 + y^2)\right]\right\}. \end{aligned} \tag{3.1-19}$$

Optische Elemente und approximierte Wellenfelder

Im folgenden sollen einige Beugungsbilder nach (3.1-19) für die in Abb. 3.1-6 dargestellten Anwendungsfälle berechnet werden. Aus dem komplexen Wellenfeld $a_1(x, y, 0)$ unmittelbar vor einem Objekt mit der Transparenzfunktion $T(x, y)$ erhält man das Wellenfeld direkt hinter dem Objekt durch Multiplikation mit $T(x, y)$

$$a_2(x, y, 0 + \varepsilon) = T(x, y)\, a_1(x, y, 0). \tag{3.1-20}$$

Sammellinse. Wenn von den Schwankungen der Filmdicke abgesehen wird, bewirkt T als reelle Größe nur eine Amplitudenmodulation. Eine Sammellinse nach Abb. 3.1-6 verursacht dagegen eine Phasenmodulation. Im Ersatzbild wird angenommen, daß die Modulation des einfallenden komplexen Wellenfeldes a_1 in der Ebene $z = 0$ erfolgt. Eine ideale Sammellinse mit der Brennweite f ergibt

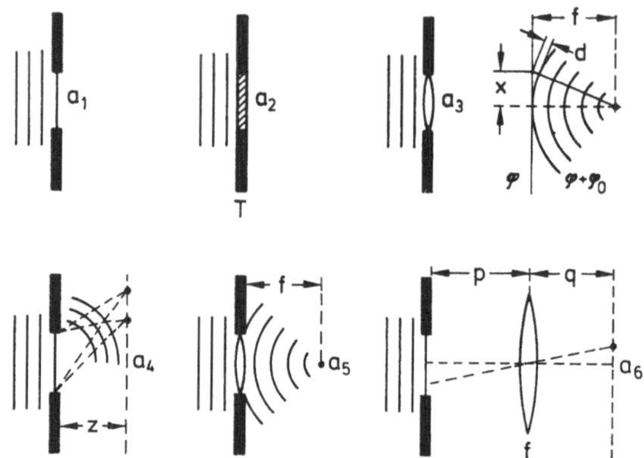

Abb. 3.1-6. Zur Ableitung der Beugungsbilder für einige typische Anwendungsfälle

dann in der Nähe der optischen Achse neben einem Phasensprung φ_0 eine angenähert quadratische Phasenmodulation bezüglich des Abstandes von der Achse:

$$a_3(x, y, 0 + \varepsilon) = \exp(j\varphi_0) \exp[-j\varphi(x, y)]\, a_1(x, y, 0)$$

$$\text{mit}\quad \varphi(x, y) = \frac{2\pi}{\lambda} d = k\left(\sqrt{f^2 + x^2 + y^2} - f\right), \tag{3.1-21}$$

$$\varphi(x, y) \approx \frac{k}{2f}(x^2 + y^2) \quad \text{für} \quad x^2 + y^2 \ll f^2.$$

Fresnel-Beugung. Die Beugungsbilder a_5 und a_6 nach Abb. 3.1-6 lassen sich aus (3.1-19 u. 21) ableiten. Die Glieder vor der *Fou*-Operation von (3.1-19) sind als komplexe Funktion $c(u, v, z)$ zusammengefaßt. Die Fresnel-Beugung a_4 ist als Fourier-Transformierte des Produktes aus der Eingangsfunktion a_1 und einer Phasenfunktion aufzufassen. Die Phasenfunktion wird durch die inverse Modulationsfunktion einer Sammellinse mit der Brennweite z dargestellt. Daher erhält man beim Aufstellen einer Sammellinse in der Aperturebene $z = 0$ ein Beugungsbild in der Brennweite $z = f$, welches direkt der Fourier-Transformierten der

Eingangsfunktion a_1 entspricht:

$$a_3(x, y, 0) = a_1(x, y, 0) \exp(j\varphi_0) \exp\left[-\frac{jk}{2f}(x^2 + y^2)\right],$$

$$a_4(u, v, z) = c(u, v, z)\, Fou\left\{a_1(x, y, 0) \exp\left[\frac{jk}{2z}(x^2 + y^2)\right]\right\}, \tag{3.1-22}$$

$$a_5(u, v, f) = c(u, v, f)\, Fou\left\{a_3(x, y, 0) \exp\left[\frac{jk}{2f}(x^2 + y^2)\right]\right\}$$

$$= c(u, v, f) \exp(j\varphi_0)\, Fou\,[a_1(x, y, 0)].$$

Optisches System. Das Beugungsbild a_6 nach Abb. 3.1-6 ergibt sich durch zweimalige Anwendung der Fresnel-Beugung unter Berücksichtigung von (3.1-21). Zur einfacheren Darstellung wird neben p und q noch die Hilfsvariable z' eingeführt. Für den Fall der Abbildung von a_1 durch die Sammellinse ist $z' = 0$ (Linsengleichung). Zur Darstellung von a_1 aus (3.1-23) als Abbildung muß der Grenzfall $z' \to 0$ gebildet werden (3.1-24):

$$a_6(u, v, p + q)$$

$$= c(u, v, q) \exp(j\varphi_0)\, Fou\left\{a_4(x, y, p) \exp[-j\varphi(x, y)] \exp\left[\frac{jk}{2q}(x^2 + y^2)\right]\right\} \tag{3.1-23}$$

mit $z = p + q$ und $z' = z - \dfrac{pq}{f}$ wird

$$a_6(u, v, z) = \frac{1}{j\lambda z'} \exp(j\varphi_0) \exp(jkz) \exp\left[\frac{jk}{2z'}\left(1 - \frac{p}{f}\right)(u^2 + v^2)\right] F\left(\frac{u}{\lambda z'}, \frac{v}{\lambda z'}\right)$$

$$\text{mit } F\left(\frac{u}{\lambda z'}, \frac{v}{\lambda z'}\right) = Fou\left\{a_1(x, y, 0) \exp\left[\frac{jk}{2z'}\left(1 - \frac{q}{f}\right)(x^2 + y^2)\right]\right\}, \tag{3.1-24}$$

$$a_6\left(u, v, \frac{pq}{f}\right) = -\frac{p}{q} \exp(j\varphi_0) \exp\left(jk\frac{pq}{f}\right) \exp\left[\frac{jk}{2f}\frac{p}{q}(u^2 + v^2)\right] a_1\left(-\frac{p}{q}u, -\frac{p}{q}v\right).$$

Systemfehler und Auflösung

Wie die Ableitung von (3.1-19) zeigt, wird die Fourier-Transformation durch die Beugung nur approximiert. Außerhalb der optischen Systemachse treten lageabhängige Phasen- und Amplitudenfehler auf. Das Beugungsbild $\tilde{a}(u, v, 2f)$ bei einer idealen Sammellinse im Abstand $z = f$ von einem einfallenden Wellenfeld $a(x, y, 0)$ läßt sich in zweiter Näherung aus (3.1-18) berechnen. Zur Vereinfachung werden der relative Radius $\varrho_F = r_F/f$ in der Fourier-Ebene und die Hilfsvariablen $\tilde{u}$, $\tilde{v}$ und $\tilde{f}$ eingeführt:

$$\tilde{u}(u, v) = \frac{u}{\sqrt{1 + \varrho_F^2}}, \quad \tilde{v}(u, v) = \frac{v}{\sqrt{1 + \varrho_F^2}}, \quad \tilde{f}(u, v) = f\,\frac{1 + \frac{1}{2}\varrho_F^2}{\sqrt{1 + \varrho_F^2}}$$

$$\text{mit } \varrho_F^2(u, v) = \frac{u^2 + v^2}{f^2}. \tag{3.1-25}$$

Wenn anstelle von u, v, f und $a(x, y, 0)$ die Hilfsvariablen $\tilde{u}$, $\tilde{v}$, $\tilde{f}$ und die Hilfsfunktion $\tilde{a}(x, y, 0)$ eingeführt werden, läßt sich die Fraunhofer-Beugung auch in zweiter Näherung als Fourier-Transformierte darstellen:

$$\tilde{a}(u, v, 2f) = \frac{\text{const.}}{f} \exp(2jk\tilde{f})\, F\left(\frac{\tilde{u}}{\lambda f}, \frac{\tilde{v}}{\lambda f}\right) \quad \text{mit} \tag{3.1-26}$$

$$F\left(\frac{\tilde{u}}{\lambda f}, \frac{\tilde{v}}{\lambda f}\right) = \mathit{Fou}\, \tilde{a}(x, y, 0) \quad \text{und} \quad \tilde{a}(x, y, 0) = \frac{a(x, y, 0)}{1 + \dfrac{u(u - x) + v(v - y)}{2f^2}}.$$

Phasenfehler. Der auf 2π bezogene Phasenfehler E_{ph} läßt sich einfach abschätzen, wenn die anderen Fehlerterme, verglichen mit dem Phasenfehler, vernachlässigt werden können. Durch Anwendung von (3.1-26) wird

$$\tilde{a}(u, v, 2f) = \exp(j2\pi E_{\text{ph}})\, a(u, v, 2f),$$

$$E_{\text{ph}} = \frac{2}{\lambda}(\tilde{f} - f) \approx \frac{f}{2\lambda}\varrho_{\text{F}}^4. \tag{3.1-27}$$

Bei 1 m Brennweite, 0,5 µm Wellenlänge und 1 cm Radius in der Fourier-Ebene beträgt der Phasenfehler E_{ph} z. B. 1%. Da der Phasenfehler unabhängig vom Eingangswellenfeld $a(x, y, 0)$ ist, läßt er sich grundsätzlich durch optische Mittel kompensieren.

Frequenzfehler. Die Ortsfrequenzen $f_x = u/\lambda f$ und $f_y = v/\lambda f$ in der Fourier-Ebene werden wegen $\tilde{u}$ und $\tilde{v}$ verfälscht. Der Frequenzfehler E_{f} kann als relative radiale Lageveränderung der Fourier-Koordinaten definiert werden. Durch Anwendung von (3.1-25) wird

$$E_{\text{f}} = \frac{\varrho_{\text{F}} - \tilde{\varrho}_{\text{F}}}{\tilde{\varrho}_{\text{F}}}$$

$$\text{mit} \quad \tilde{\varrho}_{\text{F}}^2 = \frac{\tilde{u}^2 + \tilde{v}^2}{f^2} = \frac{u^2 + v^2}{f^2(1 + \varrho_{\text{F}}^2)} = \frac{\varrho_{\text{F}}^2}{1 + \varrho_{\text{F}}^2}, \tag{3.1-28}$$

$$E_{\text{f}} = \sqrt{1 + \varrho_{\text{F}}^2} - 1 \approx \frac{\varrho_{\text{F}}^2}{2}.$$

Bei 1 m Brennweite und 1 cm Radius in der Fourier-Ebene beträgt der Frequenzfehler E_{f} z. B. nur 0,005% gegenüber 1% Phasenfehler. Der Frequenzfehler kann wie der Phasenfehler im Prinzip durch entsprechende Korrektur bei der Auswertung kompensiert werden.

Signalabhängiger Fehler. Das modifizierte Eingangswellenfeld $a(x, y, 0)$ im Integranden des Fourier-Integrals bedingt einen vom Eingangssignal $a(x, y, 0)$ abhängigen Fehler E_{a} bei der Fourier-Transformation, welcher nicht kompensierbar ist:

$$E_{\text{a}} = \frac{a(x, y, 0) - \tilde{a}(x, y, 0)}{\tilde{a}(x, y, 0)} = \frac{u(u - x) + v(v - y)}{2f^2} \leqq \frac{\varrho_{\text{F}}}{2}(\varrho_{\text{F}} + \varrho_{\text{E,max}}). \tag{3.1-29}$$

Zwischen den Bereichsgrenzen der Eingangs- und Fourier-Ebene und der relativen Öffnung der Sammellinse besteht nach Abb. 3.1-7 folgende Beziehung

$$\frac{D}{2} = r_{\mathrm{E,max}} + r_{\mathrm{F,max}} \quad \text{bzw.} \quad \frac{D}{f} = 2(\varrho_{\mathrm{E,max}} + \varrho_{\mathrm{F,max}}). \tag{3.1-30}$$

Bei 1 m Brennweite mit f: 10 Linsenapertur und 1 cm Radius in der Fourier-Ebene beträgt der maximal zulässige Radius in der Eingangsebene $r_{\mathrm{E,max}}$ z. B. 4 cm. Damit wird die größte Amplitudenabweichung $E_{\mathrm{a,max}}$ z. B. 0,025%.

Speicherkapazität. Die Fehlerabschätzungen zeigen, daß durch Reduktion der Operationsfläche in der Fourier-Ebene die Fehler vernachlässigbar klein gemacht werden können. Mit abnehmender Operationsfläche wird jedoch auch der darstellbare Informationsgehalt eines zu verarbeitenden Bildes verkleinert, da die

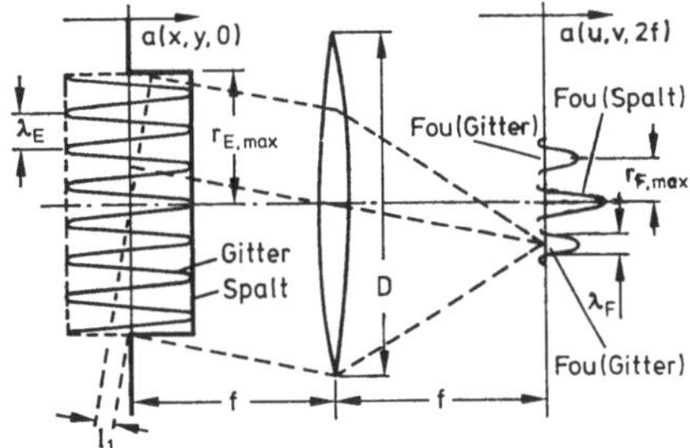

Abb. 3.1-7. Zur Erläuterung der flächenhaften Auflösung eines kohärent-optischen Prozessors

Flächenauflösung in der Eingangsebene abnimmt. Die Leistungsfähigkeit eines kohärent-optischen Prozessors wird bei Vorgabe eines zulässigen Fehlers, der im wesentlichen durch $\varrho_{\mathrm{F,max}}$ gegeben ist, durch Brennweite f und relative Öffnung $D:f$ bestimmt.

Die flächenhafte Auflösung in der Eingangs- bzw. Fourier-Ebene soll durch die Weglänge $\lambda_{\mathrm{E}}/2$ bzw. $\lambda_{\mathrm{F}}/2$ dargestellt werden. Aus Abb. 3.1-7 läßt sich leicht die Beziehung für den eindimensionalen Fall zwischen der Flächenauflösung, der relativen Operationsfläche und der Lichtwellenlänge ableiten, wenn als Eingangswellenfeld eine Spaltfunktion bzw. eine Gitterfunktion angenommen wird. Die Gitterfunktion repräsentiert die kleinste auflösbare Weglänge $\lambda_{\mathrm{E}}/2$ in der Eingangsebene, während die Spaltfunktion die kleinste auflösbare Weglänge $\lambda_{\mathrm{F}}/2$ in der Fourier-Ebene bestimmt. Bei entsprechender Wahl des optischen Weges l_1 (vgl. Abb. 3.1-7) erhält man in der Fourier-Ebene ein Lichtintensitätsmaximum oder Minimum:

$$\begin{aligned} l_{1,\mathrm{Gitter}} &= \frac{r_{\mathrm{E,max}}}{\lambda_{\mathrm{E}}}\,\lambda \quad \text{für Intensitätsmaximum } |r_{\mathrm{F}}| = r_{\mathrm{F,max}}, \\ l_{1,\mathrm{Spalt}} &= \frac{\lambda}{2} \quad \text{für Intensitätsminimum } |r_{\mathrm{F}}| = \frac{\lambda_{\mathrm{F}}}{2}, \end{aligned} \tag{3.1-31}$$

$$l_1 : r_{\mathrm{E,max}} \approx |r_{\mathrm{F}}| : f. \tag{3.1-32}$$

Durch Einsetzen von (3.1-31) in (3.1-32) erhält man für die räumliche Auflösung des kohärent-optischen Prozessors

$$\frac{\lambda_E}{2} = \frac{\lambda}{2\varrho_{F,\max}}, \quad \frac{\lambda_F}{2} = \frac{\lambda}{2\varrho_{E,\max}}, \quad \frac{r_{E,\max}}{r_{F,\max}} = \frac{\lambda_E}{\lambda_F}, \tag{3.1-33}$$

Aus (3.1-33) kann man entnehmen, daß die Anzahl n der linear auflösbaren Bildpunkte in der Eingangs- und Fourier-Ebene gleich ist:

$$n = \frac{2r_{E,\max}}{\frac{\lambda_E}{2}} = \frac{2r_{F,\max}}{\frac{\Delta_F}{2}} = \frac{4f}{\lambda}\,\varrho_{E,\max}\varrho_{F,\max}. \tag{3.1-34}$$

Durch die Systemparameter λ, f, $D{:}f$ und durch die vorgegebenen zulässigen Systemfehler E_{ph}, E_f, $E_{a,\max}$ ist der maximale relative Operationsbereich in der Fourier-Ebene festgelegt. Die Eingangsgrößen, wie Bildauflösung $\lambda_E/2$, größte Bildkante $2r_{E,\max}$ und Anzahl der auflösbaren Bildpunkte n^2 ergeben sich mit den Systemparametern nach (3.1-33, 30 u. 34) aus $\varrho_{F,\max}$. Bei 1 m Brennweite mit $f{:}10$ Linsenapertur, 0,5 µm Wellenlänge und maximal zulässigem Radius in der Fourier-Ebene von $r_F = 1$ cm wird z. B. die Bildauflösung $\lambda_E/2 = 25$ µm, die Bildkante $2r_{E,\max} = 8$ cm und die Anzahl der linear auflösbaren Bildpunkte 3200. Die Auflösung in der Fourier-Ebene ist dabei z. B. um das 4fache größer als in der Bildebene.

Bei einem Filterhologramm nach Abb. 3.1-3b muß noch die mittlere durch die Leistungsdetektorebene aufzeichenbare Wellenlänge $\lambda_{D,0}$ oder Frequenz $f_{D,0}$ (z. B. eines Films oder Thermoplastes) auf die Ausdehnung $2r_{E,\max}$ der Eingangsebene angepaßt werden. Die Bandbreite Δf_D des Hologrammspeichers bestimmt dabei die Ausdehnung $2r_{A,\max}$ der Ausgangsebene. Aus der Anwendung des Verschiebungssatzes (3.1-5) folgt (3.1-35).

$$f_{D,0} = \frac{1}{\lambda_{D,0}} \geqq \frac{d_e + \frac{3}{2}d_v}{\lambda f} \quad \text{und} \quad \frac{\Delta f_D}{2} = f_{D,\max} - f_{D,0} \geqq \frac{r_{A,\max}}{\lambda f}$$

$$f_{D,0} \geqq \frac{5r_{E,\max}}{\lambda f} \quad \text{für} \quad d_e = d_v = 2r_{E,\max}. \tag{3.1-35}$$

3.1.3. Inkohärent-optische Verfahren

Von E. Mühlenfeld

Geometrisch-optische Korrelatoren beruhen in ihrer Wirkungsweise auf den Gesetzen der Strahlenoptik und verarbeiten daher Bilder und Objekte in natürlicher Beleuchtung durch Glüh- oder Tageslicht. Daher eignen sich solche Korrelatoren für ein weites Feld von Anwendungsaufgaben. Konkret sei hier das Erkennen und Positionieren von Werkstücken als Aufgabe betrachtet, die vereinzelt zugeführt in das Bildfeld des Korrelators gelangen, wobei die Zahl möglicher Winkellagen durch Anschlagkanten oder andere Vorrichtungen begrenzt wird.

Eine Lösung dieser Aufgabe, die in [19] unmittelbar auf den Bayesschen Empfänger gegründet wird, erfordert folgende Bildverarbeitung:

1. Die Helligkeitsverteilung $e(x, y)$ des zu erkennenden Objekts ist mit Vergleichsmasken $v_\varkappa(x, y)$ aller möglichen Objekte in allen möglichen Winkellagen ($\varkappa = 1, \ldots, K$) nach (3.1-39) für alle möglichen Verschiebungen (ξ, η) zu korrelieren.
2. Das System hat sodann für die Klasse $\varkappa$ und Verschiebung (ξ, η) mit der größten Korrelation $k_\varkappa(\xi, \eta)$ zu entscheiden.

Die Antwort eines homogenen linearen Systems ergibt sich aus einem Bild $e(x, y)$ am Systemeingang durch eine Integraltransformation wie die Faltung oder die Korrelation $k_\varkappa(\xi, \eta)$ mit einem Kern $v_\varkappa(x, y)$ entsprechend (3.1-12 u. 36) [22]. Entgegen einer verbreiteten Ansicht müssen Bilder nicht unbedingt kohärent strahlen, wenn sie mit optischen Mitteln verarbeitet werden sollen:

$$k_\varkappa(\xi, \eta) = v_\varkappa \circledast e = \iint e(x + \xi, y + \eta)\, v_\varkappa(x, y)\, \mathrm{d}x\, \mathrm{d}y. \qquad (3.1\text{-}36)$$

Geometrisch-optischer Korrelator

Die geometrisch-optische Korrelation wird zunächst für nur eine Vergleichsmaske $v_\varkappa(x, y)$ erläutert. Als Objekt liege ein schwarzer Schlüssel in der mit gewöhnlichem Licht beleuchteten Objektebene des optischen Korrelators in Abb. 3.1-8. Den in der gleichen Ebene durch seine Konturen angedeuteten Schlüssel beachten wir vorerst nicht. Wir folgen einem der vom Objekt ausgehenden Lichtstrahlen, z. B. dem vom Bart ausgehenden, der die Intensität an einer bestimmten Stelle (x, y) als Information trägt und parallel zur optischen Achse fortschreitet. Nachdem er das als Negativmaske ausgebildete Vergleichsbild durchdrungen hat, ist seine Intensität mit der Maskentransparenz $v_\varkappa$ an den gleichen Koordinaten (x, y) multipliziert worden. Entsprechend tragen alle achsenparallelen Strahlen Produkte $e(x, y)\, v_\varkappa(x, y)$ für verschiedene Koordinaten (x, y) und werden von der Linse in ihrem Brennpunkt gesammelt, also integriert. In Abb. 3.1-8 erreicht kein Lichtstrahl den Brennpunkt, da achsenparallele Strahlen entweder keine Energie haben, weil sie von dem schwarzen Schlüssel ausgehen, oder die Maske nicht durchdringen können.

Ein beliebiger anderer Punkt (ξ, η) der Brennebene empfängt Licht von Strahlen, die zueinander parallel, aber gegen die optische Achse geneigt, die Maske an Stellen (x, y) durchdringen. Sie gehen von Punkten der Objektebene aus, die jeweils um ξ bzw. η verschoben sind. Auf diese Weise entsteht in der Brennebene gleichzeitig die gesamte zweidimensionale Korrelation nach (3.1-36), die in unserem Fall einen dunklen Punkt auf hellem Hintergrund zeigt. Wird das Objekt an die umrandet angedeutete Position verschoben, verschiebt sich der Korrelationspunkt entsprechend.

Der Kontrast des Korrelationspunktes ist ein Maß für die Ähnlichkeit zwischen Objekt und Maske, seine Position gibt beide Lagekoordinaten in der Objektebene an. Wird der Vergleich gleichzeitig mit mehreren Masken $v_\varkappa$ durchgeführt, so können Objekte sortiert und positioniert werden [13, 17, 18]. Auch der Abstand des Bildes oder Objekts vom Korrelator oder eine Winkelverdrehung zwischen Objekt und Maske ist meßbar [15].

Der Kontrast des Korrelationspunktes hängt stark vom Objekt und seinem Informationsgehalt ab. Ein strukturarmes Objekt liefert einen Korrelationspunkt, den das menschliche Auge nicht mehr erkennen kann. Um dennoch erkennen und positionieren zu können und um bei fein strukturierten Objekten eine hohe Positionsgenauigkeit zu erreichen, ist es notwendig, dynamische Meßverfahren mit optisch aufmodulierter Trägerfrequenz und Bandbegrenzung zur Rausch- und Gleichpegelunterdrückung einzusetzen [20].

Andererseits gibt es Fälle, in denen die Helligkeitskontraste in den Werkstückstrukturen und der Kontrast zwischen Werkstück und Hintergrund (z. B.

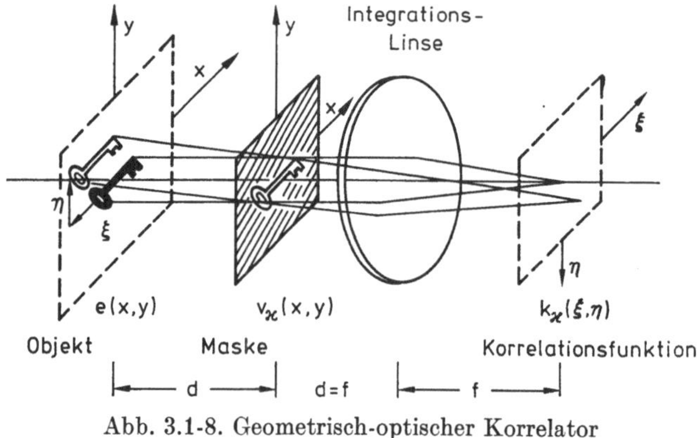

Abb. 3.1-8. Geometrisch-optischer Korrelator

Förderband) für eine zuverlässige Erkennung nicht ausreicht. Hier hilft oft eine zusätzliche Beleuchtung in geeigneten Spektralbereichen mit dazu passenden Spektralfiltern vor dem optischen Korrelator. Markierungsmuster können dem Korrelator die Orientierung erleichtern. An Fahrzeugkarosserien z. B. können Schweißautomaten mit Hilfe solcher Markierungen automatisch positioniert werden.

Die nach (3.1-36) optisch durchgeführte Korrelation entspricht der Filterung mit der konjugiert komplexen Fourier-Transformierten $V_\varkappa^*(u, v)$ der Vergleichsmaske $v_\varkappa(x, y)$. Impulsantworten von Hochpässen enthalten stets negative Anteile. Zur Verarbeitung der negativen Anteile kann die mittlere Transparenz der im optischen System benutzten Maske soweit angehoben werden, daß die Transparenz für alle (x, y) positiv bleibt. Dabei stört der entstehende Gleichanteil [14]. Oft werden getrennte Korrelatoren für den positiven und den negativen Teil von $v_\varkappa(x, y)$ verwendet [23, 24], wobei zweckmäßig alternierend mit den gleichen Rezeptoren gearbeitet wird, damit sich bei der elektronischen Differenzbildung Rezeptorfehler eliminieren.

Wegen der Linearität von Faltung und Korrelation können Signalrestauration und Detektion zu einer einzigen Integraltransformation zusammengefaßt werden. Oft sind beispielsweise Konturen für die Detektion besonders wichtig; die entsprechende Anhebung hoher Ortsfrequenzen kann bereits bei der fotografischen Herstellung der Vergleichsmaske vorgenommen werden.

Holographische Korrelation und Assoziation

Wenn man auf eine exakte Fourier-Transformation verzichtet, muß Holographie nicht in den Brennebenen von Linsen nach Abb. 3.1-3b durchgeführt werden. Es genügt die Aufzeichnung interferierender Wellenfelder nach Abb. 3.1-9a. Ein solches Hologramm ist mit dem bloßen Auge auslesbar.

Wir verwenden nunmehr nach Abb. 3.1-3a zur Aufzeichnung von $v_\varkappa(x, y)$ im Hologramm anstelle einer punktförmigen $r(x_0, y_0)$ eine beliebige Referenzlichtquelle $s_\varkappa(x, y)$, also ein beliebiges, kohärent strahlendes Objekt. Zum Auslesen benutzen wir ein Objekt $e(x, y)$, betrachten den räumlich getrennten 4. Term von (3.1-16) und erhalten die Assoziation:

$$EV_\varkappa^* S_\varkappa \bullet\!\!-\!\!\circ (e \circledast v_\varkappa) * s_\varkappa . \tag{3.1-37}$$

Nach (3.1-37) wird $s_\varkappa$ rekonstruiert, wenn $v_\varkappa = e$ (z. B. $= \delta$) ist. Um nach Abb. 3.1-3 die als Hologramm gespeicherte Bildinformation $s_\varkappa$ rekonstruieren oder die Faltung bzw. Korrelation mit der Bildinformation $v_\varkappa$ bilden zu können, müssen bestimmte Bedingungen bezüglich der Ausdehnung und Lage der Bilder e, $s_\varkappa$ und $v_\varkappa$ erfüllt sein. Zur Erläuterung der Assoziation möge die Bildinformation $v_\varkappa$ aus einer statistischen Anordnung einzelner Bildpunkte bestehen. Weiter soll $s_\varkappa = v_\varkappa$ und $e = v'_\varkappa$ gelten, so daß (3.1-37) als $(v'_\varkappa \circledast v_\varkappa) * v_\varkappa$ geschrieben werden kann. Wenn nun das auslesende Objekt $v'_\varkappa$ aus einer Untermenge des gespeicherten Objektes $v_\varkappa$ besteht, ist die Korrelation von $v'_\varkappa \circledast v_\varkappa$ angenähert eine δ-Funktion, so daß $v_\varkappa$ ausgelesen wird. Welcher Teil $v'_\varkappa$ des im Hologramm aufgezeichneten Bildes $v_\varkappa$ zum Aufruf benutzt wird, muß nicht vorher festgelegt werden. Dadurch ist mit jedem beliebigen Teil das gesamte kohärent gespeicherte Bild assoziativ auslesbar. Eine vereinfachte Anordnung zur holographischen Assoziation zeigt Abb. 3.1-9b. Hier wird Information im Feld A und B als Punktmuster codiert assoziativ aufrufbar. Über einen Assoziativspeicher für unformatierte Daten wird in [21] berichtet.

Räumlich und zeitlich kohärentes Licht wird im folgenden nur für die Herstellung von Hologrammen verwendet, während für das Auslesen von Hologrammen zum Zwecke der Rekonstruktion, Korrelation und Assoziation auf die Forderung nach räumlicher Kohärenz verzichtet wird [10, 11, 16]. Zwischen den Lichtwellen verschiedener Punkte eines Bildes $a(x, y)$ dürfen also regellose Phasen-

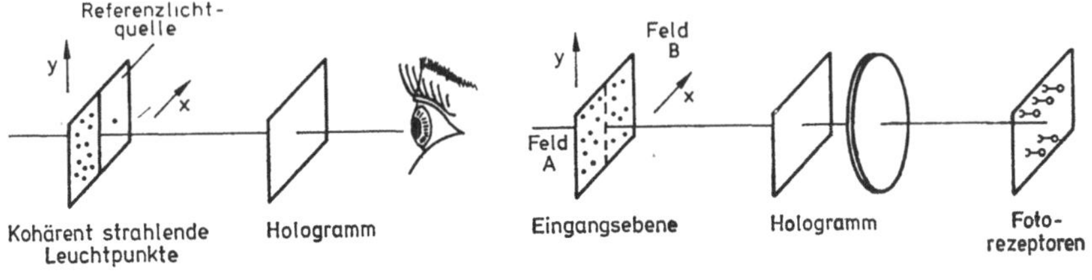

Abb. 3.1-9. Aufzeichnung interferierender Wellenfelder und Auslesen eines Hologramms. *a* Nach Hologrammerzeugung sind bei Beleuchtung mit der Referenzlichtquelle durch das Hologramm hindurch die übrigen Punkte sichtbar. *b* Holographische Assoziation: Feld A oder Feld B ruft die gesamte im Hologramm gespeicherte Information A und B auf

beziehungen herrschen. Nunmehr können Bilder und Objekte im Auflicht optisch verarbeitet werden, ohne daß die Mikrostruktur ihrer Oberfläche stört, indem sie eine kohärente, ebene Lichtwelle regellos verformt. Wir fordern aber weiterhin, daß jeder einzelne Punkt über genügend lange Zeiten mit konstanter Phase emittiert, so daß das Wellenfeld jedes einzelnen Punktes in sich kohärent ist. Dieser Forderung genügt z. B. monochromatisches Licht von Metalldampflampen, wenn entferntere Spektrallinien ausgefiltert werden (s. auch [11]).

Werden zur Korrelation oder Assoziation für das Auslesen von Hologrammen beliebige Objekte $a(x, y)$ oder mehrere Punktlichtquellen benutzt, so überlagern sich die Antworten auf die einzelnen punktförmigen Eingangserregungen in der Ausgangsebene additiv, da das holographische System linear ist. Wir beschränken uns für die folgenden Rechnungen auf 2 rufende Punkte, deren Wellenfelder sich auf einem punktförmigen Photorezeptor in der Ausgangsebene mit den Amplituden $|a_1| = |a_2| = a$ überlagern mögen. Diese Amplitudensumme wird vom Photorezeptor, der stets Lichtenergie mißt, quadriert und zeitlich gemittelt, so daß sich für das Quadrat des Photostroms I (3.1-38) ergibt. Da bei inkohärentem Licht die Phasen zweier Lichtquellen unkorreliert regellos schwanken und folglich $a_1 a_2 = 0$ ist, wächst das Ausgangssignal bei kohärentem Licht quadratisch, bei inkohärentem Licht nur linear mit der Anzahl rufender Punkte.

$$I^2 \triangleq \overline{(a_1 + a_2)^2} = \overline{a_1^2} + \overline{2a_1a_2} + \overline{a_2^2}, \tag{3.1-38}$$

$$\text{kohärentes Licht: } I^2 \triangleq 4a^2, \qquad \text{inkohärentes Licht: } I^2 \triangleq 2a^2.$$

Wegen der größeren Ausgangssignale ist kohärentes Licht für die Bildverarbeitung zu empfehlen, wenn die technischen Randbedingungen der Aufgabenstellung dies zulassen. Reflektierende Objekte oder durchstrahlbare Transparentbilder müssen in ihrer Mikrostruktur bei Aufnahme und Wiedergabe identisch sein, damit sie kohärent zu verarbeiten sind. Abweichungen in Amplitude und Phase der Mikrostruktur durch Staub, Kratzer oder thermische Effekte sind oft unvermeidlich und können den Störabstand kohärenter Systeme so weit verringern, daß inkohärente Systeme überlegen sind.

Inkohärent-optische Systeme erfordern wegen des geringen Störabstandes ihrer Signale meßtechnische Maßnahmen gegen Rauschen, Instationäritäten und Inhomogenitäten der optoelektronischen Ausgangswandler. Im übrigen ist ihre technische Realisierung holographisch wie geometrisch-optisch problemlos. Holographische Verfahren haben den Vorteil einer redundanten Informationsspeicherung im Hologramm: Wenn Teile des Hologramms durch Beschädigung unbrauchbar werden, sinkt lediglich der Störabstand. Darüber hinaus können mehrere Hologramme unabhängig voneinander übereinander belichtet werden.

3.1.4. Hybrid-optische Verfahren

Von H.-E. Reinfelder und A. Kiessling

Die Bedeutung des optischen Prozessors ergibt sich aus der parallelen Verarbeitung. Da alle Bildpunkte gleichzeitig gefiltert werden, sind extrem hohe Verarbeitungsgeschwindigkeiten möglich. Dabei ist man nicht unbedingt auf lineare, ortsinvariante Operationen beschränkt. Beispiele für ortsvariante Verarbeitungen wurden u. a. in [27, 28] demonstriert. Einfache, nichtlineare Operationen sind durch optische Rückkopplungen [29, 30] oder den Einsatz von organischen, lichtempfindlichen Farbstoffen möglich.

Der optische Prozessor hat gegenüber dem Digitalrechner einen wesentlichen Nachteil, nämlich seine Inflexibilität. Darunter soll verstanden werden, daß die „Programmierung" eines optischen Prozessors durch mechanisches Verschieben von Filtern, Linsen usw. geschieht, wodurch der Vorteil der hohen Verarbeitungsgeschwindigkeit für viele Anwendungen verlorengeht. Außerdem handelt es sich bei optischer Verarbeitung um eine Analogtechnik, so daß die Anzahl der Bild-Verarbeitungsschritte durch das Signal/Rauschverhältnis begrenzt wird. Beim digitalen Prozessor mit seiner großen Rechengenauigkeit steigt jedoch die Rechenzeit mehr als linear mit der Bildgröße an. Man kann deshalb erwarten, daß für lineare Operationen ab einer gewissen Bildgröße eine optische Verarbeitung zweckmäßiger ist als eine digitale.

Hybride Systeme

Das Ziel der hybriden Bildverarbeitung besteht darin, beide Technologien zu einem optimaleren System zu kombinieren. Es ist dabei möglich, sowohl inkohärent als auch kohärent-optische Verfahren zu benutzen.

Kohärente und inkohärente Filterung. Für die kohärente Filterung mit einem System nach Abb. 3.1-2 ergibt sich bei folgender Schreibweise

$$a_1 = a(x, y, 0) = f_1(x, y), \quad a_2 = a(x, y, 2f) = F_1(u, v)\, T(u, v) \quad \text{und} \quad a_3 = a(-x, -y, 4f) = f_2(x, y) \tag{3.1-39}$$

die Ausgangsfunktion $f_2(x, y)$ bei Anwendung einer Amplitudentransparenz $T(u, v)$ aus der Eingangsfunktion $f_1(x, y)$ zu

$$f_2(x, y) = Fou\,[F_1(u, v)\, T(u, v)]. \tag{3.1-40}$$

Bei der inkohärenten Filterung ersetzen wir in der Eingangsebene die von einer ebenen Welle beleuchtete Transparenz $a_1 = a(x, y, 0)$ durch ein selbstleuchtendes Objekt, dessen Bildpunkte total inkohärent strahlen (z. B. Fernsehmonitor). Da zwischen den einzelnen Bildpunkten nun keine feste Phasenbeziehung besteht, kann das System nur noch durch das gemittelte Betragsquadrat der komplexen Amplitude, d. h. durch die Intensität $f_1(x, y) = |a_1|^2$ bzw. $f_2(x, y) = |a_3|^2$ beschrieben werden. Das Spektrum $F_1(u, v)$ der Eingangsverteilung $f_1(x, y)$ tritt nun nicht mehr beobachtbar auf. Trotzdem gilt eine zu (3.1-40) entsprechende Gleichung auch für die inkohärente Abbildung [26]:

$$f_2(x, y) = Fou\,[F_1(u, v)\, P(u, v)]. \tag{3.1-41}$$

Allerdings bedeuten $f_1(x, y)$ und $f_2(x, y)$ die Intensitätsverteilungen und $P(u, v)$ die Autokorrelation der Transparenz $T(u, v)$. Zur Herleitung von (3.1-41) wird zunächst nur ein Bildpunkt (x_0, y_0) der Eingangsebene unter Beachtung des

Verschiebungssatzes (3.1-5) betrachtet:

$$\begin{aligned}\tilde{a}_1(x, y) &= \delta(x - x_0, y - y_0)\, a_1(x_0, y_0),\\ \tilde{a}_2(u, v) &= a_1(x_0, y_0) \exp\left[-j \frac{k}{f}(ux_0 + vy_0)\right] T(u, v),\\ \tilde{a}_3(x, y) &= a_1(x_0, y_0)\, t(x - x_0, y - y_0),\\ |\tilde{a}_3(x, y)|^2 &= |a_1(x_0, y_0)|^2\, t(x - x_0, y - y_0)\, t^*(x - x_0, y - y_0).\end{aligned} \tag{3.1-42}$$

In der Ausgangsebene überlagern sich die von den einzelnen Bildpunkten (x_0, y_0) verursachten Intensitäten $\tilde{f}_2(x, y) = |\tilde{a}_3(x, y)|^2$ additiv, da keine Interferenz durch Überlagerung der komplexen Amplitude wegen der angenommenen totalen Inkohärenz möglich ist. Unter Berücksichtigung von (3.1-10 u. 13) ergibt sich

$$\begin{aligned}\tilde{f}_2(x, y) &= f_1(x_0, y_0)\, p(x - x_0, y - y_0),\\ f_2(x, y) &= \iint f_1(x_0, y_0)\, p(x - x_0, y - y_0)\, \mathrm{d}x_0\, \mathrm{d}y_0\\ \text{mit}\quad P(u, v) &= Fou\,[p(x, y)] = T(u, v) \circledast T(u, v).\end{aligned} \tag{3.1-43}$$

Gegenüber dem kohärenten Fall muß bei der inkohärenten Filterung erst diejenige Funktion $T(u, v)$ gesucht werden, deren Autokorrelation die gewünschte Filterfunktion $P(u, v)$ ergibt. Inkohärente Verfahren versprechen ein höheres Signal/Rauschverhältnis [31] und sind billiger zu implementieren. Nachteilig dabei ist aber, daß die Filterherstellung relativ viel Aufwand erfordert. Da weiterhin nicht jede gewünschte Übertragungsfunktion $P(u, v)$ als Autokorrelationsfunktion der Transparenz $T(u, v)$ darstellbar ist, sind im allgemeinen zur Filterrealisierung mehrere optische Kanäle erforderlich (z. B. Differenz zweier P-Funktionen, s. Lukosz-Bedingung [32]). Für die kohärente Filterung existieren keine solchen Einschränkungen. Die Übertragungsfunktion ergibt sich aus der Punktbildfunktion durch eine einfache Fourier-Transformation. Problematisch ist jedoch die erforderliche holographische Justiergenauigkeit und die Umsetzung inkohärenter, serieller in kohärente, parallele Bildinformation.

Systemkonfiguration. Eine mögliche Konfiguration eines Hybridprozessors ist die Kopplung eines Digitalrechners mit einem optischen Prozessor für die Bildfilterung nach Abb. 3.1-10. Der optische Teil kann dabei die rechenaufwendigen Operationen, wie Faltung oder Korrelation, übernehmen, während der Digitalrechner für Steueraufgaben, wie Auswahl der zu korrelierenden Bildausschnitte, Korrelationsmasken bzw. Filter, und für nichtlineare Operationen zur Verfügung steht.

Unabhängig von der speziellen Aufgabe des Systems sind an die Eingangs-, Filter- und Ausgangsebene bestimmte Forderungen zu stellen. Die Eingabedaten sind normalerweise reellwertig, meist sogar positiv. Deshalb genügt es, wenn die ebene Beleuchtungswelle in der Eingangsebene rein amplitudenmoduliert wird. Falls die Bilddaten seriell (z. B. vom Digitalrechner) geliefert werden, muß der Eingangsmodulator diese Daten während eines Verarbeitungszyklus speichern können.

In der Filterebene müssen dagegen i. allg. komplexe Filterfunktionen realisiert werden. Da es jedoch recht schwierig ist, Amplitude und Phase eines Wellenfeldes direkt zu modulieren, wird man zweckmäßig eine Hologrammtechnik benutzen. Auf Kosten der Auflösung ist es möglich, entweder nur durch Amplituden- oder nur durch Phasenmodulation komplexe Funktionen darzustellen. Für den Filter-Modulator muß dabei mindestens eine doppelt so hohe Auflösung gefordert werden, wie das Eingangsbild besitzt. Außerdem muß die Filterfunktion während eines Verarbeitungszyklus gespeichert bleiben.

Die Sensormatrix in der Ausgangsebene muß das verarbeitete Bild abtasten und quantisieren. Dabei sollte deren räumliche Auflösung der Eingangsebene angepaßt sein. Durch die holografische Speicherung der Filterfunktion ist das Ausgangsbild relativ lichtschwach (typisch 1% der Intensität des Eingangsbildes). Um die Bilder bei hoher Amplitudenauflösung schnell auslesen zu können, muß daher die Empfindlichkeit der Sensormatrix entsprechend hoch sein.

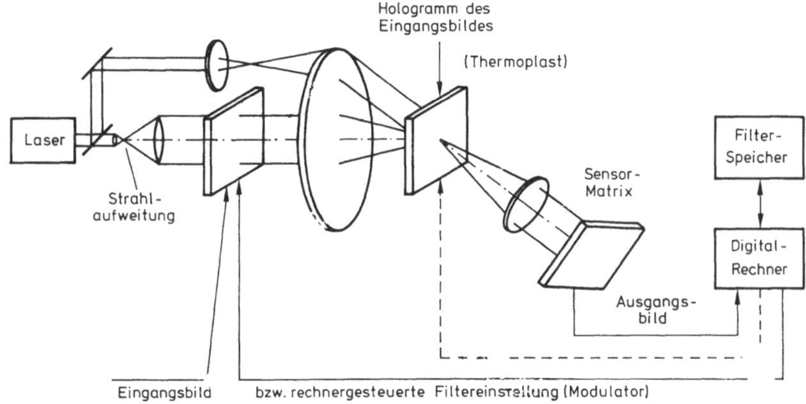

Abb. 3.1-10. Schematische Darstellung eines Hybridprozessors

Rechnergesteuerte Elementarobjekt-Eingabe. Für Aufgaben der Objektklassifikation ist es zweckmäßig, direkt Strukturelemente oder Elementarobjekte anstelle abgetasteter Bildpunkte in den Digitalrechner einzugeben. Der optische Teil eines solchen Hybridsystems muß folgende Funktionen ermöglichen: Speicherung des zu verarbeitenden Bildes, Generierung der Elementarobjekte unter Rechnersteuerung und Korrelation der Elementarobjekte mit dem Bild (vgl. Abb. 3.1-2).

Da die Korrelation in der Fourier-Ebene durch eine Multiplikation durchgeführt wird, ist es zweckmäßig, in der Fourier-Ebene das Eingangsbild mit seinem gegenüber dem Elementarobjekt größeren Informationsgehalt als Hologramm zu speichern (Abb. 3.1-10). Holografische Speichermaterialien (fotografischer oder thermoplastischer Film) können typisch 1000–2000 Linien/mm auflösen. Ihr Orts-Bandbreiteprodukt $(2r_F/\lambda_F)^2$ ist so hoch (typisch 10^9), daß die Speicherung selbst sehr hochaufgelöster Bilder nur durch die optische Qualität der Linse und die Gesetze der Beugung begrenzt wird (3.1-34).

Nehmen wir eine ideale Linse an (Begrenzung allein durch die Beugung), so ergibt sich folgende Abschätzung: Bei einem Eingangsbild mit $r_{E,max} = 2{,}5$ cm und einer Auflösung $1/\lambda_E = 50$ Linien/mm ergibt sich nach (3.1-33) der kleinste Punktdurchmesser in der Fourier-Ebene $\lambda_F/2$ zu $10^{-5} f$. Das Orts-Bandbreiteprodukt $(2r_E/\lambda_E)^2$ in der Eingangsebene ist etwa $6 \cdot 10^6$. In der Hologrammebene ist das Orts-Bandbreiteprodukt $(2r_F/\lambda_F)^2$ nach (3.1-33) gleich groß. Bei einer Brennweite f von 1 m ergibt sich damit eine Punktauflösung $\lambda_F/2 = 10^{-2}$ mm und ein Hologrammdurchmesser von $2r_F = 5$ cm. Dabei liegt die Unschärfe $\lambda_F/2$ in der Hologrammebene noch um eine Größenordnung über der Auflösung des Speichermediums.

Verwendet man thermoplastisches Material, so dauert das Einschreiben eines Hologramms, die thermische Entwicklung und Fixierung, zwischen einigen Zehntel und einigen Sekunden. Diese relativ langsame Prozedur der Hologrammherstellung kann jedoch toleriert werden, wenn das Einschreiben des Bildes je Verarbeitungszyklus nur einmal notwendig ist und die Zykluszeit groß ist gegenüber der Einschreibzeit. Anders ist es bei der Generierung der Elementarobjekte. Da diese je Bildverarbeitungszyklus geändert und häufiger aufgerufen werden müssen, ist für ihre Darstellung ein löschbares Medium erforderlich. Da diese Elementarobjekte jedoch im Vergleich zum Originalbild relativ klein sind, lassen sich andere Speichermedien anwenden, wie z. B. ein PROM-Kristall, der durch einen Laserablenker (vgl. 2.1.2.) schneller als ein Thermoplast eingeschrieben werden kann.

Die eigentliche Korrelationsoperation wird kohärent-optisch parallel durchgeführt, indem die im PROM gespeicherte Bildinformation mit einer Linse fouriertransformiert und damit das Hologramm beleuchtet wird. Nach der entsprechenden Rücktransformation erscheint das Korrelationsergebnis in der Ausgangsebene des optischen Prozessors. Bei der Anwendung eines optischen Prozessors in einem Hybridsystem entsteht noch das Problem, das Ergebnis in der Ausgangsebene abzutasten, zu quantisieren und in den Digitalrechner zu übertragen. Dieses Auslesen stellt bei dem beschriebenen Korrelator den langsamsten und damit zeitbestimmenden Schritt der Bildverarbeitung dar. Das Korrelationsergebnis hat nämlich die gleiche Auflösung wie das als Hologramm gespeicherte Bild (typisch 2000^2 Bildpunkte).

Kanalübertragungsraten von Digitalrechnern liegen in der Größenordnung von 1 Megawort/s. Selbst wenn die Bildwandlung durch den Bildsensor in der Ausgangsebene keine zusätzliche Zeit erfordert, würde die Übertragung eines Korrelationsergebnisses schon einige Sekunden benötigen. Hinzu kommt aber, daß so große Bilder nicht im Kernspeicher gehalten werden können und deshalb entweder eine zusätzliche Transferzeit für den Plattenverkehr, oder eine zusätzliche Verarbeitungszeit des Digitalrechners notwendig ist.

Deshalb wird zweckmäßig bereits in der Ausgangsebene des optischen Prozessors eine Nachverarbeitung durchgeführt, um nur eine stark reduzierte Datenmenge übertragen zu müssen. Im einfachsten Fall kann eine solche Nachverarbeitung in einer Schwellenoperation bestehen, wobei nur noch Punkte mit genügend hoher Intensität, wie z. B. Korrelationsmaxima und Nebenmaxima, mit ihren Koordinaten dem Digitalrechner übertragen werden. Zusammen mit einer elektronischen Nachverarbeitung kann ein Hybridsystem Bildverarbeitungsoperationen ermöglichen, die durch rein digitale Methoden bei tolerierbaren Verarbeitungszeiten noch nicht realisierbar sind.

Korrelation von Bildausschnitten. Häufig ist es nicht interessant, ganze Bilder miteinander zu korrelieren, sondern man möchte nur wissen, welche Bildteile des einen Bildes zu welchen des anderen korrespondieren. Dies ist z. B. bei der Auswertung von Stereo-Bildpaaren der Fall (s. 6.1.). Um die konjugierten Punkte zu finden, wird man kleine Teilbereiche des einen Bildes mit den entsprechenden Teilbildern des anderen korrelieren. Die Höhe des Korrelationsmaximums ist dabei ein Maß für die Ähnlichkeit der Teilbilder, während die Lage des Maximums die relative Verschiebung angibt.

Korrelationen sind kohärent-optisch besonders einfach durchführbar (Abb. 3.1-2) verglichen mit dem erforderlichen digitalen Rechenaufwand. Bei einer digital durchgeführten Korrelation steigt der Rechenaufwand mit der vierten

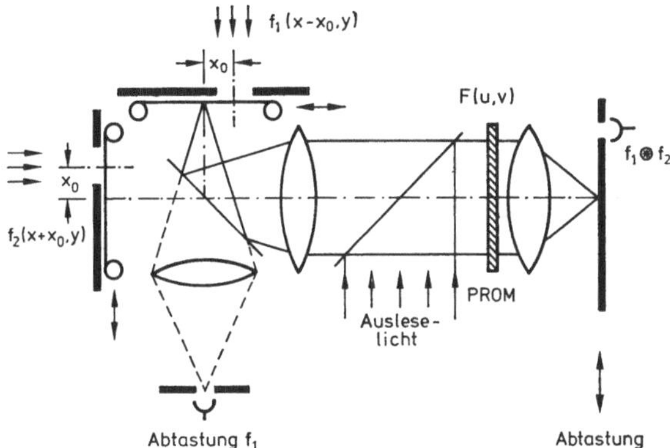

Abb. 3.1-11. Hybridsystem für die Korrelation von Bildausschnitten

Potenz der Kantenlänge des Korrelationsfensters. Ein hybrides System ist so zu konzipieren, daß die immer gleichbleibende Korrelationsrechnung kohärent-optisch durchgeführt wird. Dagegen werden die Entscheidungen, welche Teilbilder zu korrelieren und wie groß diese Teilbereiche zu wählen sind, vom Digitalrechner getroffen.

Der optische Teil des Hybridsystems für die Korrelation von Bildausschnitten ist in Abb. 3.1-11 dargestellt. In den beiden Eingangsebenen befinden sich die beiden zu vergleichenden Bilder 1 und 2. Da nur Teilgebiete korreliert werden sollen, ist nur jeweils ein kleines Bildfenster $f_1(x - x_0, y)$ bzw. $f_2(x + x_0, y)$ kohärent ausgeleuchtet. Der Versatzparameter x_0 bedeutet, daß die Bildfenster nicht auf der optischen Achse zentriert sind, um das Korrelationsergebnis außerhalb der 0. Beugungsordnung beobachten zu können. In der Fourier-Ebene ist nach (3.1-5 u. 16) das Betragsquadrat der beiden Fourier-Transformierten F_1 und F_2 zu beobachten:

$$\begin{aligned} F(u, v) &= \left| F_1(u, v) \exp\left(-j \frac{k}{f} u x_0\right) + F_2(u, v) \exp\left(j \frac{k}{f} u x_0\right)\right|^2, \\ F(u, v) &= |F_1|^2 + |F_2|^2 + F_1 F_2^* \exp\left(-2j \frac{k}{f} u x_0\right) + F_1^* F_2 \exp\left(2j \frac{k}{f} u x_0\right). \end{aligned} \tag{3.1-44}$$

Dabei entsteht die Quadrierung automatisch bei der Aufzeichnung des Fourier-Spektrums auf ein Speichermedium. Einen geeigneten Speicher stellt z. B. ein Pockels-Modulator (PROM) dar. Im nächsten Schritt lesen wir die im PROM gespeicherte Information kohärent aus. In der Ausgangsebene des optischen Systemteils nach Abb. 3.1-11 erhält man dann die Fourier-Transformierte $f(-x, -y) = Fou\ F(u, v)$.

$$\begin{aligned} f(x, y) &= k_{11}(x, y) + k_{22}(x, y) + k_{12}(x + 2x_0, y) + k_{21}(x - 2x_0, y) \\ &\text{mit } k_{ij}(x, y) = f_i(x, y) \circledast f_j(x, y). \end{aligned} \qquad (3.1\text{-}45)$$

Wegen der Verschiebung um $2x_0$ bzw. $-2x_0$ kann man drei Terme $k_{11} + k_{22}$, k_{12} und k_{21} beobachten. Falls $f_1(x, y)$ und $f_2(x, y)$ einen Durchmesser D haben, so sind die Terme $k_{11} + k_{22}$ und k_{12} bzw. k_{21} höchstens im Bereich $-D \leqq x \leqq D$ von Null verschieden. Für eine sichere räumliche Trennung der Auto- und Kreuzkorrelationsterme muß man deshalb $x_0 \geqq D$ fordern. Um z. B. die Kreuzkorrelationsfunktion $k_{12}(x, y)$ für verschiedene Bildausschnitte erhalten zu können, müssen beide Filme f_1 und f_2 in der Eingangsebene durch einen entsprechenden x-y-Antrieb verschiebbar sein.

Für jede gegenseitige Verschiebelage muß das Korrelationsfeld k_{12} entweder in der Ausgangsebene abgetastet und in den Digitalrechner eingegeben oder vor Eingabe elektronisch-parallel nachverarbeitet werden (Suche und Koordinatenbestimmung von $k_{12,\max}$). Da z. B. f_1 die zu suchende Bildinformation und f_2 den Bildsuchbereich darstellen, sind die Fensterdurchmesser D_1 und D_2 i. allg. nicht gleich groß. Bei Annahme einer Bildauflösung von 50 Linien/mm, $D_1 = 1$ mm und $D_2 = 10$ mm sind für eine digitale k_{12}-Berechnung $100^2 \cdot 1000^2 = 10^{10}$ Multiplikationen erforderlich. Der optische Systemteil bietet bei einer Arbeitsfrequenz des PROM von etwa 30 Hz eine Rechenleistung von $3 \cdot 10^{11}$ Multiplikationen in der Sekunde, welches einer Multiplikationszeit von 3 ps entspricht.

Codierung synthetischer Filter

Mit einem kohärent-optischen System (Abb. 3.1-2) ist die Verarbeitung komplexer Funktionen möglich, falls man das Wellenfeld in $z = 0$ und $z = 2f$ komplex, d. h. unabhängig in Amplitude und Phase modulieren kann. Die Amplitudenmodulation kann dabei relativ einfach z. B. mit transparentem, fotografisch belichtetem Film durchgeführt werden. Für die Phasenmodulation sind gebleichte fotografische Schichten, geätzte Lackschichten (photoresist) oder auch thermoplastische Materialien anwendbar. Da bei einer komplexen Verarbeitung durch getrennte Amplituden und Phasenmodulation beide Modulatoren punktgenau zueinander justiert werden müssen, sind solche Verfahren i. allg. sehr umständlich und auch ungenau.

Die Holografie bietet jedoch die Möglichkeit, Amplitude und Phase einer komplexen Wellenfront aufzuzeichnen und wieder zu rekonstruieren, obwohl die ankommende Wellenfront nur in ihrer Amplitude moduliert wird. Die Herstellung bestimmter Klassen von komplexen Filtern kann kohärent-optisch erfolgen. Da in diesem Fall von reeller Bildinformation, wie z. B. Vergleichsmasken in der Ortsebene, ausgegangen werden muß, können mit dieser Methode i. allg. nicht alle denkbaren komplexen Filter erzeugt werden. Diese Einschränkung gilt jedoch nicht für Computer-Hologramme.

Bei einem Computer-Hologramm geschieht die Hologrammerzeugung in einem digitalen Rechner. Das erhaltene Interferenzmuster wird auf Film aufgezeichnet und kann optisch rekonstruiert werden. Im Gegensatz zur rein optischen Holografie sind bei der Computer-Holografie die Bildpunkte einer Bildmatrix in geeigneter Weise mit Amplituden- und Phasenwerten zu codieren. Eine mögliche Codierungsart [33, 34, 35] kommt z. B. mit zwei Grauwerten aus und entspricht einer Pulsmodulation in der Nachrichtentechnik.

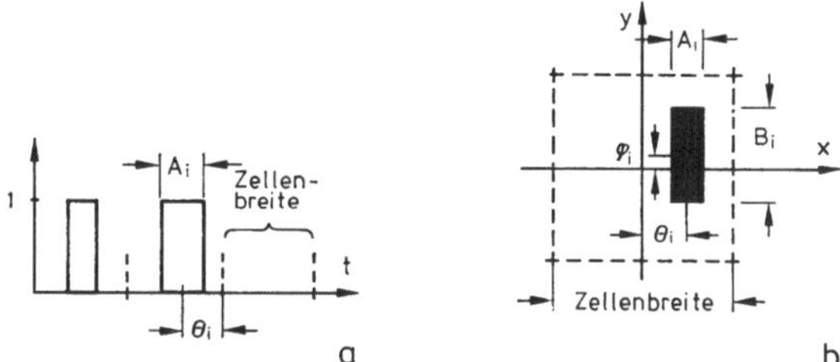

Abb. 3.1-12. Codierung von Amplitude und Phase. *a* Pulsmodulation; *b* Computer-Hologramm-Verschlüsselung

Man verschlüsselt z. B. N verschiedene Werte der abgetasteten komplexen Funktion durch N Impulse. Die Länge des i-ten Impulses soll dabei dem i-ten Amplitudenwert proportional sein. Diese Pulslängenmodulation ist bis auf eine irrelevante Proportionalitätskonstante umkehrbar eindeutig. Man hat jetzt noch die Freiheit, die Impulse innerhalb jeder Zelle zu verschieben, ohne daß diese Zuordnung verlorengeht. Wird vereinbart, daß eine Verschiebung der Impulsmitte zum linken Zellenrand der Phase $-\pi$, zum rechten $+\pi$ entspricht, kann man durch entsprechende Verschiebung der Impulse jede Phase zwischen $-\pi$ und $+\pi$ codieren. Durch diese kombinierte Pulscode- und Pulslängenmodulation ist es möglich, sowohl Amplitude als auch Phase durch ein binäres Bild zu verschlüsseln (Abb. 3.1-12a).

Die Codierungsvorschrift kann auf zwei Dimensionen erweitert werden. Die Elementarzellen werden jetzt zu quadratischen Flächen, in denen sich als zweidimensionaler Impuls eine schwarz eingezeichnete Apertur befindet. Aus Abb. 3.1-12b sieht man, daß vier Angaben nötig sind, um die Lage und Größe der Apertur festzulegen. Da jede Zelle einem Bildpunkt entspricht, sind nur zwei Angaben durch Amplitude und Phase festgelegt. Wählt man speziell $A_i = 1/2$ und $\varphi_i = 0$, so erhält man eine Darstellungsart, wie sie bei der Generierung des Gradientenfilters der Abb. 3.1-4 benutzt wurde.

Es soll jetzt noch gezeigt werden, daß die optische Rekonstruktion eines solchen Computer-Hologramms das gewünschte Bild ergibt. Dazu gehen wir von einer beliebigen Punktmatrix f_{nm} aus. Mit den z. B. durch eine digitale Fourier-Transformation erhaltenen komplexen Werten F_{nm} erzeugt man entsprechend dem obigen Codierungsschema eine Transparenz $F(u, v)$. Beleuchtet man nun diese Transparenz mit einer ebenen Lichtwelle und beobachtet das Wellenfeld im Brennpunkt einer Linse, so wird damit optisch eine Fourier-Transformation durchgeführt.

Um bei der Berechnung des Fourier-Spektrums Schreibarbeit zu sparen, sollen zunächst einige in der Optik gebräuchliche Abkürzungen eingeführt werden

$$f(x) = \operatorname{rect}\left(\frac{x - x_0}{D}\right) = \begin{cases} 1 \text{ für } |x - x_0| \leqq \dfrac{D}{2}, \\ 0 \text{ sonst}, \end{cases} \tag{3.1-46}$$

$$f(x) = \operatorname{sinc}(x) = \frac{\sin \pi x}{\pi x}.$$

Weiterhin gilt folgende Fourier-Äquivalenz

$$\begin{aligned} &Fou \operatorname{rect}\left(\frac{x - x_0}{D}\right) = D \operatorname{sinc}(Df_x) \exp(-2\pi j f_x x_0), \\ &Fou\,[D \operatorname{sinc}(Dx) \exp(2\pi j f_{x0} x)] = \operatorname{rect}\left(\frac{f_x - f_{x0}}{D}\right). \end{aligned} \tag{3.1-47}$$

Mit der Definition der rect-Funktion können wir eine Zelle der Abb. 3.1-12 z. B. wie folgt beschreiben

$$F_{00} = \operatorname{rect}\left(\frac{u - s}{{}^1/{}_2\Delta}\right) \operatorname{rect}\left(\frac{v}{A\Delta}\right). \tag{3.1-48}$$

Wird dagegen eine Zelle betrachtet, die um n Zellenbreiten nach rechts und um m Zellen nach oben verschoben ist, so ergibt sich

$$F_{nm} = \operatorname{rect}\left(\frac{u - s_{nm} - n\Delta}{{}^1/{}_2\Delta}\right) \operatorname{rect}\left(\frac{v - m\Delta}{A_{nm}\Delta}\right). \tag{3.1-49}$$

Das gesamte Hologramm aus $N \times N$ Zellen wird mit (3.1-49)

$$F(u, v) = \sum_{n=-\frac{N}{2}}^{\frac{N}{2}-1} \sum_{m=-\frac{N}{2}}^{\frac{N}{2}-1} F_{nm} \tag{3.1-50}$$

$$\begin{aligned} \text{mit} \quad u &= f_x \lambda f \qquad &\text{und} \quad v &= f_y \lambda f, \\ f_{x0} &= \frac{s_{nm} + n\Delta}{\lambda f}, & f_{y0} &= \frac{m\Delta}{\lambda f}, \\ D_x &= \frac{\Delta}{2\lambda f}, & D_y &= \frac{A_{nm}\Delta}{\lambda f}. \end{aligned}$$

Mit der oben angegebenen Fourier-Äquivalenz wird daraus

$$F(u, v) = Fou\, f(x, y)$$

$$\begin{aligned} f(-x, -y) &= \sum_{n=-\frac{N}{2}}^{\frac{N}{2}-1} \sum_{m=-\frac{N}{2}}^{\frac{N}{2}-1} D_x D_y \operatorname{sinc}(D_x x) \operatorname{sinc}(D_y y) \exp[-2\pi j(f_{x0} x + f_{y0} y)] \\ &= \frac{\Delta^2}{2\lambda^2 f^2} \sum_n \sum_m A_{nm} \exp\left(-j \frac{k}{f} x s_{nm}\right) \operatorname{sinc}(D_x x) \operatorname{sinc}(D_y y) \\ &\quad \times \exp\left[-2\pi j \frac{\Delta}{f\lambda} (nx + my)\right]. \end{aligned} \tag{3.1-51}$$

Genau wie bei normalen Hologrammen tritt bei Computer-Hologrammen das gewünschte Bild nur in einem Ausschnitt der (x, y)-Ebene auf. Dieser gewünschte Ausschnitt liegt normalerweise um die „1. Ordnung", d. h. um $(1/2D_x, 0)$ zentriert. Maximal kann man den Bereich $1/4D_x \leqq x \leqq 3/4D_x$, $-1/2D_y \leqq y \leqq 1/2D_y$ ausnutzen. Im einfachsten Fall des Computer-Hologramms setzt man innerhalb des angegebenen Gebietes

$$\exp\left(-j\,\frac{k}{f}\,xs_{nm}\right) \approx \exp\left(-j\,\frac{k}{f}\,\frac{1}{2D_x}\,s_{nm}\right),$$
$$\operatorname{sinc}(D_x x) \approx 1 \quad \text{und} \quad \operatorname{sinc}(D_y y) \approx 1. \tag{3.1-52}$$

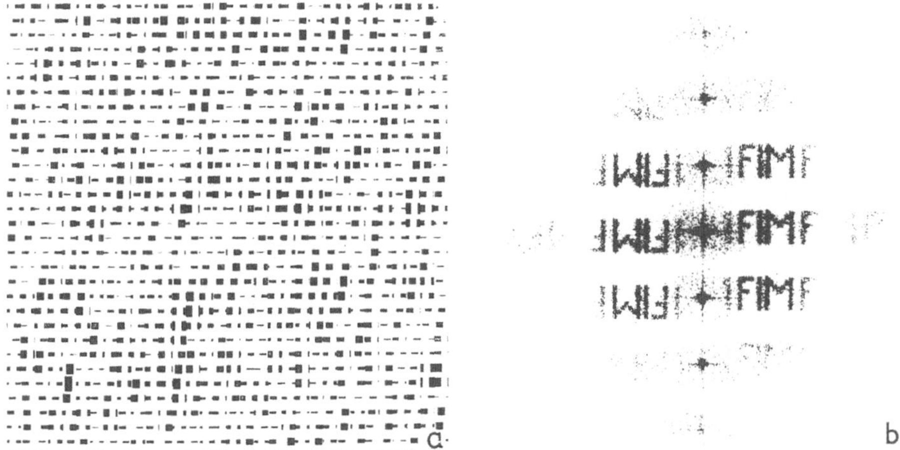

Abb. 3.1-13. Codierbeispiel für ein synthetisches Filter. *a* Synthetisches Hologramm eines Objektes mit Zufallsphase entsprechend einer Streuscheibe; *b* rekonstruiertes Objekt

Weiter wird gesetzt

$$\exp\left(-j\,\frac{k}{f}\,\frac{\lambda f}{\Delta}\,s_{nm}\right) = \exp(j\varphi_{nm}) \quad \text{mit} \quad s_{nm} = -\frac{\Delta}{2\pi}\,\varphi_{nm}. \tag{3.1-53}$$

Bei der Codierung hat man s_{nm} gerade so gewählt, daß (3.1-53) gilt, wobei φ_{nm} die zu verschlüsselnde Phase bedeutet. Damit stellt das Produkt in (3.1-54) gerade die berechneten Werte F_{nm} dar. Als Rekonstruktion erhält man deshalb eine Fourier-Reihe, bei der eine Periode das gewünschte Objekt wiedergibt.

$$f(-x, -y) = c_1 \sum_n \sum_m A_{nm} \exp(j\varphi_{nm}) \exp[-2\pi j c_2(nx + my)]. \tag{3.1-54}$$

Bei der obigen Ableitung hat man eine Reihe von Annahmen und Näherungen gemacht, die einer genaueren Diskussion bedürfen. Auch ist das angegebene Codierungsschema keineswegs das einzig mögliche. Für weitergehende Fragen und Diskussionen wird auf die zitierte Spezialliteratur verwiesen. Ein Beispiel für ein synthetisches Hologramm zeigt Abb. 3.1-13.

Speicher- und Modulationsebenen

Im folgenden werden Speicher- und Modulationsebenen beschrieben, welche in der Eingangs- oder Filterebene eines kohärent-optischen Prozessors Bildinformationen speichern und modulieren können (opto-elektrische und elektrooptische Bauelemente s. 2.1.2.). Am Ausgang der Speicher- oder Modulationsebene liegt die zweidimensional gewandelte Bildinformation in kohärenter Form vor. Eingangsseitig kann je nach Bauart sowohl inkohärent-optische als auch elektrische Bildinformation angelegt werden. Serielle Information kann nur von speichernden Modulatoren gewandelt werden.

Thermoplastmodulator. Dieser Modulator besteht aus transparentem thermoplastischen Film, welcher bei Temperaturen von ca. 60—100 °C verformbar wird. Die Verformbarkeit wird zur Phasenmodulation des hindurchtretenden Lichtes ausgenutzt. An dicken Stellen wird das Licht in Verbindung mit dem hohen

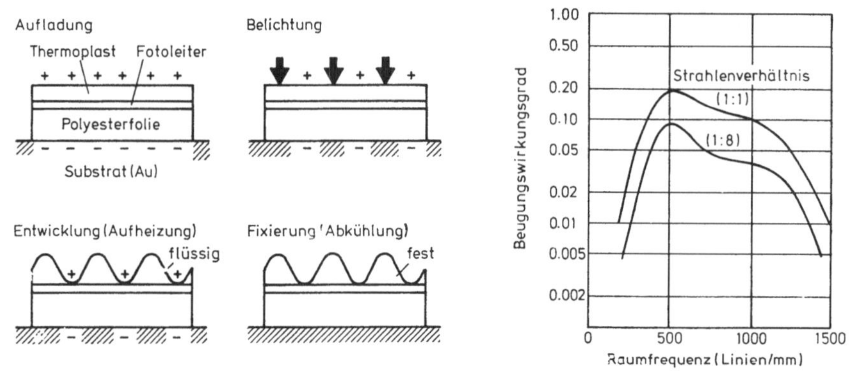

Abb. 3.1-14. Thermoplastmodulator. *a* Prinzip des Einschreibens von Phaseninformation; *b* Übertragungsfunktion eines Thermoplastfilmes [45]

Brechungsindex des Thermoplastes stärker phasenverzögert als an dünnen Stellen. Das Einschreiben der Bildinformation erfolgt über elektrische Felder, deren Feldkräfte das thermoplastische Material im erwärmten Zustand deformieren. Nach Abkühlung des Materials bleibt die Information in Form von Schichtdickenschwankungen gespeichert (Abb. 3.1-14a).

Thermoplastmodulatoren [36, 37] unterscheiden sich durch die Art ihrer Adressierung. Direkte elektrische Adressierung kann über einen Elektronenstrahl erfolgen. Indirekte optische Adressierung wird durch eine zusätzliche Fotoleitschicht bzw. durch die Fotoleiteigenschaft des Thermoplastes selbst erzielt. Die gespeicherte Information kann durch einen erneuten Erwärmungsprozeß wieder gelöscht werden, weil sich die Oberflächendeformation infolge der Oberflächenspannungen wieder ausgleichen. Da das erwärmte Material durch die elektrischen Kräfte nur in die unmittelbare Umgebung fließen kann, reagiert der Thermoplastmodulator im wesentlichen auf eine bestimmte Ortsfrequenz (sog.

Quasi-Resonanzfrequenz). Sie liegt je nach Schichtdicke bei 200—1000 Linien/mm. Um diese Ortsfrequenz existiert eine begrenzte Operationsbandbreite (Abb. 3.1-14b).

Pockels-Effekt. Der longitudinale Pockels-Effekt (vgl. elektrooptischer Modulator in 2.1.2.) beruht auf der elektrisch steuerbaren Doppelbrechung von Kristallen. In Abb. 3.1-15 ist das Brechungsindex-Ellipsoid eines einachsigen Kristalls dargestellt. Für parallel zur z-Richtung einfallendes Licht ist der Schnitt durch das Ellipsoid kreisförmig. Nach Anlegen einer Spannung wird der Kristall gedehnt, der kreisförmige Schnitt wird zu einem ellipsenförmigen Schnitt deformiert, und der Kristall wird doppelbrechend. Die Doppelbrechung ist dem elektrischen Feld proportional (2.1-15). Wichtig für die weiteren Überlegungen ist die Tatsache, daß

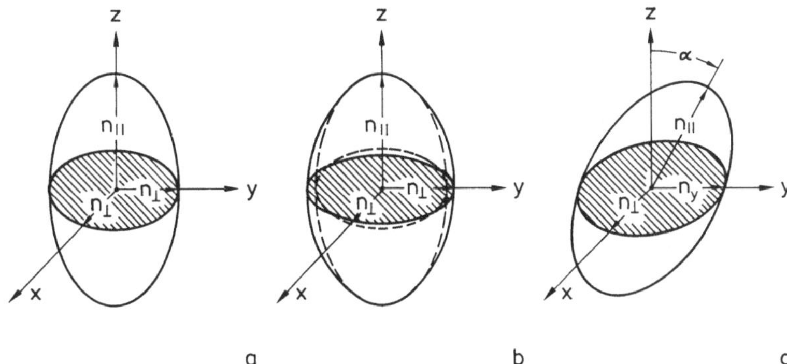

Abb. 3.1-15. Brechungsindex-Ellipsoid. *a* Ohne elektrisches Feld und mit angelegtem Feld bei einem *b* anisotropen Kristall und *c* Flüssigkristall

nach Anlegen einer Spannung n_x kleiner, n_y dagegen größer wird. Zwei Lichtwellen, welche den Kristall ohne und mit elektrischem Feld durchlaufen, erfahren eine dem angelegten Feld proportionale Phasenverschiebung $\Delta\varphi$ (2.1-16). Zur Erzielung reiner Phasenmodulation muß das einfallende Licht parallel zu einer der spannungsabhängigen Achsen der Ellipse (z. B. x-Achse) polarisiert werden.

Amplitudenmodulation kann erreicht werden, wenn das einfallende Licht in einem Winkel von 45° zu den beiden spannungsabhängigen Ellipsenachsen polarisiert ist. Das Licht wird dann in zwei zu den Achsen parallele gleiche Anteile aufgeteilt. Bei Anlegen einer Spannung wird der eine Anteil verzögert, der andere beschleunigt. Für die austretenden Lichtanteile gilt

$$a_x = \frac{1}{2}\sqrt{2}\,a_0 \exp(-j\Delta\varphi), \qquad a_y = \frac{1}{2}\sqrt{2}\,a_0 \exp(j\Delta\varphi). \qquad (3.1\text{-}55)$$

Nach Durchlaufen des Analysators (vgl. Abb. 2.1-14) werden beide Anteile wieder vektoriell zusammengesetzt

$$a = \frac{1}{2}a_0[\exp(-j\Delta\varphi) - \exp(j\Delta\varphi)] = ja_0 \sin\Delta\varphi \quad \text{und} \quad |a|^2 = a_0^2 \sin^2\Delta\varphi. \quad (3.1\text{-}56)$$

Für kleine Phasenwinkel bzw. Steuerspannungen kann der Sinus durch sein Argument angenähert werden. In diesem Falle ergibt sich also eine reine Amplitudenmodulation, die linear von der Feldstärke abhängt. Bei inkohärenten Anwendungen wird die Intensität $|a|^2$ des austretenden Lichts gemessen. In diesem Fall besteht eine quadratische Abhängigkeit zwischen Intensität und Phasenverschiebung $\Delta\varphi$.

Reine Amplitudenmodulation ist nur möglich, wenn die Phasenverzögerung in der einen Polarisationsrichtung genauso groß ist wie die Beschleunigung in der anderen ($-\Delta n_x = \Delta n_y$). Für alle anderen Fälle ergibt sich immer eine Kombination aus Amplituden- und Phasenmodulation. Wenn z. B. nur der Brechungsindex in Richtung der y-Achse verändert ($\Delta n_x = 0$) wird, gilt für die aus dem Modulator austretenden Lichtanteile

$$a_x = \frac{1}{2} \sqrt{2}\, a_0, \qquad a_y = \frac{1}{2} \sqrt{2}\, a_0 \exp(j\Delta\varphi), \tag{3.1-57}$$

und nach Vereinigung im Analysator

$$a = \frac{1}{2} a_0[1 - \exp(j\Delta\varphi)] = -ja_0 \exp\left(j \frac{\Delta\varphi}{2}\right) \sin \frac{\Delta\varphi}{2}. \tag{3.1-58}$$

Bei Flüssigkristallmodulatoren wird z. B. das rotationssymmetrische Brechungsindexellipsoid nicht wie beim Pockels-Effekt in zwei Achsen verändert, sondern lediglich um eine zur optischen Achse senkrechten Achse gedreht. Dadurch ändert sich lediglich die Lage des Ellipsoids im Verhältnis zum einfallenden Licht, so daß dieses nur in der zur Drehachse senkrechten Richtung phasenverschoben wird. Somit ergibt sich der oben gezeigte Fall mit $\Delta n_x = 0$.

TITUS-Modulatorröhre und Foto-TITUS ([38, 39]). Der mit einer transparenten Elektrode versehene elektro-optische Kristall vom KHP-(KH_2PO_4)- bzw. KDP-(KD_2PO_4)-Typ ist bei der TITUS-Röhre in einer Kathodenstrahlröhre angeordnet. Mit einem ablenkbaren Elektronenstrahl wird auf dem Kristall durch Modulation der Beschleunigungsspannung ein Ladungsbild erzeugt. Positive Ladungen werden dabei durch Sekundärelektronenemission bei hohen Beschleunigungsspannungen erreicht. Das Ladungsbild steuert aufgrund des Pockels-Effektes die Doppelbrechung des Kristalls. Der Foto-TITUS unterscheidet sich von der TITUS-Röhre durch die fotoelektrische Art der Adressierung.

PROM-Modulator. Die Wirkungsweise eines PROM (Pockels Read Out Optical Modulator) [40, 41] ist ähnlich der des Foto-TITUS mit dem Unterschied, daß der Modulatorkristall selbst fotoleitend ist. Der Modulatorkristall aus ZnS, ZnSe oder $Bi_{12}SiO_{20}$ ist durch zwei Isolationsschichten getrennt zwischen zwei transparenten Elektroden eingebettet. Abb. 3.1-16 zeigt die erforderlichen Schritte zum Einschreiben und Auslesen der Bildinformation. Zunächst wird eine Spannung von etwa 2 KV an die Elektroden angelegt (Abb. 3.1-16a). Mit einem Lichtblitz aus einer Kamera-Blitzlampe wird der Kristall leitfähig gemacht. In diesem Zustand wandern die Ladungen zu den Oberflächen ab (Abb. 3.1-16b). Nach Umpolen der Elektrodenspannung liegen am Kristall etwa 4 kV an (Abb. 3.1-16c). Nun wird der blauempfindliche Kristall mit blauem Licht beleuchtet. An den beleuchteten Stellen werden die Oberflächenladungen abgebaut, so daß über dem Kristall eine Feldverteilung entsteht, die der eingeschriebenen Bildinformation entspricht

(Abb. 3.1-16d). Das Auslesen erfolgt schließlich bei bestimmter Elektrodenspannung mit rotem Licht (Abb. 3.1-16e). Durch Variation der Elektrodenspannung kann wie bei dem Foto-TITUS der Gleichanteil der Bildinformation beliebig verschoben werden. Neben Kontrastveränderungen können somit negative oder positive Bilder erzeugt werden.

Obwohl der beim PROM benutzte Modulatorkristall verhältnismäßig dick ist (1 mm), kann je nach Beleuchtungsstärke eine hohe Auflösung von 80 bis 500 Linien/mm erzielt werden. Dies ist dadurch erklärlich, daß die Bildinformation infolge der geringen Beweglichkeit der positiven Ladungsträger und des hohen

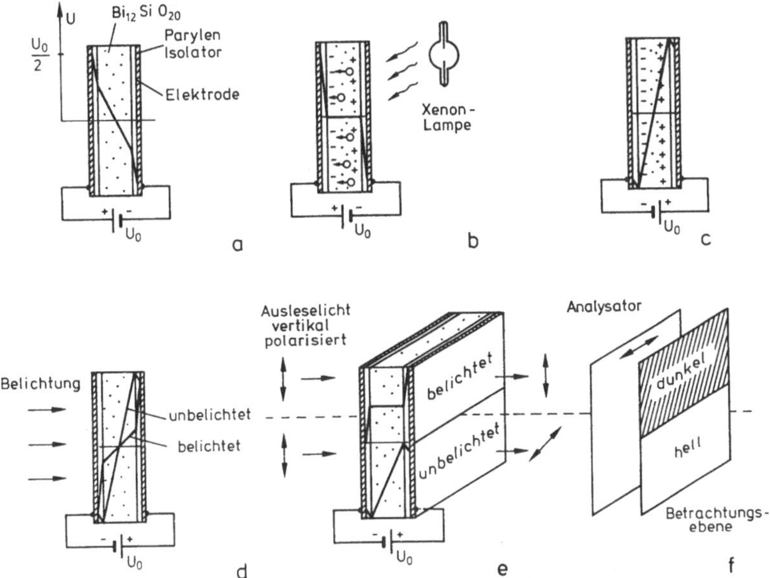

Abb. 3.1-16. Darstellung des Schreib-Lese-Zyklus eines PROM [40]

Absorptionskoeffizienten für blaues Licht nur in einer sehr dünnen Schicht nahe der Oberfläche gespeichert wird. Die Speicherzeit hängt sehr stark von der Energie und der Wellenlänge des Ausleselichts ab und liegt bei normalem Betrieb in der Größenordnung von einigen Minuten. Ohne Ausleselicht bleibt die Information bis zu 2 Stunden gespeichert.

Flüssigkristall-Modulatorzelle. Modulatoren auf Flüssigkristallbasis sind in ihrem Aufbau dem Foto-TITUS ähnlich. Die Adressierung erfolgt über eine Fotoleiterschicht. Der feste Modulatorkristall ist lediglich durch eine Flüssigkristallschicht ersetzt. Flüssige Kristalle sind Stoffe, die zwischen der festen und der flüssigen Phase eine Zwischenphase (Mesophase) aufweisen. Die Mesophase ist zur festen Phase durch den Schmelzpunkt und zur rein flüssigen durch den Klärpunkt abgegrenzt.

In der Mesophase verhalten sich flüssige Kristalle magnetisch, optisch und elektrisch anisotrop. Es besteht eine Makroordnung zwischen den Molekülen, die sich über mehrere Mikrometer erstreckt. Je nach Art der Makroordnung werden smektische, nematische und cholesterinische Flüssigkristalle unterschieden, wobei die nematischen die technisch größere Bedeutung haben. Flüssigkristalle zeigen eine Vielzahl von elektro-optischen Effekten [42], die in Feldeffekte und dynamische Effekte unterschieden werden können. Für die Verwendung in einem kohärent-optischen Modulator sind nur die Feldeffekte interessant, weil die dynamischen Effekte regellose Phasenschwankungen bewirken, welche ein kohärentes Arbeiten unmöglich machen [43].

Zur Erzielung von Feldeffekten ist generell eine einheitliche Orientierung aller Flüssigkristallmoleküle in einer dünnen Schicht erforderlich. Einheitliche Orientierungen der Flüssigkristallmoleküle werden durch Oberflächenbehandlung der

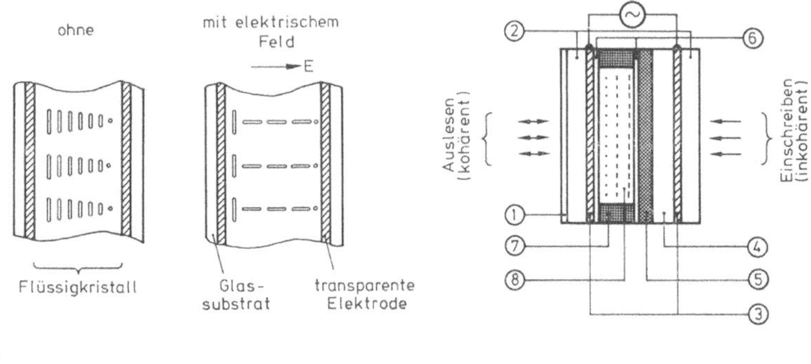

Abb. 3.1-17. Bildmodulation auf der Basis eines Flüssigkristalls. *a* Flüssigkristall-Feldeffekt (Schadt-Helfrich); *b* Schematischer Aufbau eines Flüssigkristall-Bildmodulators (*1* Antireflektionsschicht, *2* Glassubstrate, *3* transparente Elektroden, *4* Photoleitschicht, *5* dielektrischer Spiegel, der u. U. durch eine Lichtabsorptionsschicht von *4* entkoppelt werden muß, *6* Orientierungsschichten, *7* Abstandshalter, *8* Flüssigkristallschicht)

Glasplatten erzielt. Durch Anlegen einer Spannung an die Zellelektroden kann die Ausrichtung der Flüssigkristallmoleküle wegen ihrer dielektrischen Anisotropie geändert werden. Es stellt sich eine Gleichgewichtslage zwischen elastischen und elektrischen Kräften ein. Beim Schadt-Helfrich-Effekt richten sich z. B. die parallel zu den Elektrodenoberflächen, aber helixförmig um 90° gedrehten Moleküle unter Einwirkung eines elektrischen Feldes auf (Abb. 3.1-17a). Einfallendes polarisiertes Licht folgt der Helixstruktur der Moleküle und dreht seine Polarisationsebene um 90°.

Wegen seiner geringeren Schichtdickenabhängigkeit, seinem definierteren Dunkelzustand (45° Drehung) und seiner höheren Schaltgeschwindigkeit ist der hybride Feldeffekt [44] am geeignetsten. Abb. 3.1-17b zeigt eine Ausführung eines Flüssigkristallbildmodulators für den Betrieb in Reflexion [48]. Die Auflösung der Flüssigkristallbildmodulatoren liegt bei 150 Linien/mm, das erzielbare Kontrastverhältnis beträgt 100:1. Die beschriebenen Modulatoren sind nicht speichernd und haben Schaltzeiten von etwa 15 ms. Die Flüssigkristall-Feldeffekte beruhen ähnlich dem Pockels-Effekt auf der elektrischen Steuerung der Doppelbrechung. Im Gegensatz zum Pockels-Effekt wird jedoch das Brechungsindex-Ellipsoid nicht deformiert, sondern räumlich gedreht. Dies hat zur Folge, daß nur eine reine Phasenmodulation, nicht dagegen eine reine Amplitudenmodulation erzielt wird.

3.1.5. Literatur

[1] Goodman, J. W.: Fourier Optics. New York: McGraw-Hill 1968.

[2] Menzel, E., Mirandé, W., Weingärtner, I.: Fourier-Optik und Holographie. Wien—New York: Springer 1973.

[3] Nesterikhin, Yu. E., Stroke, G. W., Kock, W.: Optical Information Processing. New York—London: Plenum Press 1976.

[4] Marko, H.: Die Systemtheorie der homogenen Schichten. Kybernetik **5** (1969).

[5] Platzer, H., Hofer, J.: Laseranwendung in der Textilindustrie. Laser + Elektro-Optik **7** (1975).

[6] Platzer, H., Abmayr, W., Paretzke, H. G.: Evaluation of Dielectric Track Detectors with Diffracted Laser Light. Atomkernenergie **20**, Lfg. 2 (1972).

[7] Platzer, H.: Integraltransformation und ihre Anwendung in der Nuklearmedizin. In: Nuklearmedizin, Fortschritte der Nuklearmedizin in klinischer und technologischer Sicht (Pabst, H. W. et al., Hrsg.). Stuttgart—New York: Schattauer 1975.

[8] Shulman, A. R.: Optical Data Processing. New York—London—Toronto: J. Wiley **1970.**

[9] Holdermann, F., Huber, A., Kazmierczak, H.: Study of a Real-Time Converter of an Incoherent Image into a Transparency (Optical to Optical Converter). ESTEC Contract No. 2342/74/HP, November 1975.

[10] Barlai, P.: Informationsverarbeitung durch Hologramme als abbildende Elemente in inkohärent-optischen Korrelatoren. Kybernetik **9**, 78—83 (1971).

[11] Barlai, P.: Hologramme mit nichtsphärischer Referenzwelle im inkohärenten Strahlungsfeld. Naturforsch. **1972**, 1777—1783.

[12] Bocker, R. P.: Matrix Multiplication Using Incoherent Optical Techniques. Appl. Opt. **1974**, 1670—1676.

[13] Bromley, K.: An Optical Incoherent Correlator. Opt. Acta **1974**, 35—41.

[14] Felstead, E. B.: Some Optical Correlators. Res. Rep. No. 70-2, Dept. Electr. Eng., Queens Univ., Kingston, Ontario, Canada.

[15] Goldfischer, L. I.: Optical Correlator. US-Pat. 10, 1 (1967) No. 3, 296, 920.

[16] Lowenthal, S., Werts, A.: Filtrage des Fréquences en Lumière incohérente à l'Aide d'Hologrammes. C.R. (B) **1968**, 542—545.

[17] König, M.: Berührungslose Erkennung und Positionsbestimmung von Objekten durch inkohärent-optische Korrelation. Dissertation, TU Stuttgart, 1977.

[18] Monahan, M. A., Bromley, K., Bocker, R. P.: Incoherent Optical Correlators. Proc. IEEE **1977**, 121—129.

[19] Mühlenfeld, E.: Parallele Verarbeitung zur Erkennung beliebiger Bildmuster. NTZ **1970**, 597—603.

[20] Mühlenfeld, E., Hoyer, R.: Automatische, bildgestützte Positionierung von Werkstücken. IITB-Mitteilungen **1972/73**, 35—38.

[21] Mühlenfeld, E., Kistner, W., Keller, A.: Ein holographischer Assoziativspeicher für unformatierte Daten. Elektron. Rechenanl. **1976**, 224—228.

[22] Pfeiler, M.: Lineare Systeme zur Übertragung zeitabhängiger Ortsfunktionen unp Bilder. NTZ **1968**, 97—108.

[23] Rogers, G. L.: Phase-Sensitive Systems in Incoherent Optical Processing. Proc. Electrooptics '71 Int. Conf., S. 365—368.

[24] Rogers, G. L.: Non-Coherent Optical Processing. Optics and Laser Technology **1975**, 153—162.

[25] Schneider, W., Fink, W.: Incoherent Optical Matrix Multiplication. Opt. Acta **1975**, 879—889.

[26] Duffieux, P. M.: L'Intégrale de Fourier et ses Applications à l'Optique. Faculté des Sciences, Besançon, 1946.

[27] Goodman, J. W., Kellman, P., Hansen, E. W.: Prospect for Space-Variant Opt. Computing. Int. Optical Computing Conference 76, S. 88.

[28] Bryngdahl, O.: Geometric Transformations in Optics. JOSA **64** (1974).

[29] Sing. Lee, H., Bartholomew, B., Cederquist, J.: Two improved coherent optical feedback systems for optical information processing. Int. Optical Computing Conference 76, S. 140.
[30] Häussler, G., Lohmann, A.: Hybrid Image Processing with Feedback. Opt. Comm. **21**, 365–368 (1977).
[31] Lowenthal, S., Chavel, P.: In: Proceedings of the ICO Conference on Applications of Holography and Optical Data Processing, Jerusalem, 1976.
[32] Lukosz, W.: Properties of Linear Low-Pass Filters for Nonnegative Signals. JOSA **52**, (1962) 827.
[33] Brown, B. B., Lohmann, A. W.: Appl. Opt. **6**, 967 (1966).
[34] Lohmann, A. W., Paris, D. P.: Appl. Opt. **6**, 1139 (1967).
[35] Lohmann, A. W., Paris, D. P.: Appl. Opt. **6**, 1739 (1967).
[36] Tubbs, M. R.: Reversible Holographic Recording Materials for Optical Information Storage. Optics and Laser Technology **5** (1973).
[37] Doyle, R. J., Glenn, W. E.: Remote Real-Time Reconstruction of Holograms Using the Lumatron. Applied Optics **11**, 1261–1264 (1972).
[38] Salvo, C. J.: Solid-State Light Valve. IEEE Transactions on Electron Devices **ED-18**, 748–755 (1971).
[39] Donjon, J., Dumont, F., Grenot, M., Hazan, J., Marie, G., Pergrale, J.: A Pockels Effect Light Valve: Phototitus, Applications to Optical Image Processing. IEEE Transactions on Electron Devices **ED-20** (1973).
[40] Lipson, S. G., Nisenson, P.: Imaging Characteristics of the Itek PROM. Applied Optics **13**, 2052–2060 (1974).
[41] Nisenson, P., Feinleib, J., Iwasa, S.: Real-Time Optical Processing. Proceeding of the Society of Photo-Optical Instrumentation Engineers **45**, 241–255 (1974).
[42] Meier, G.: Elektrische und magnetische Feldeffekte in flüssigen Kristallen. Berichte der Bunsen-Gesellschaft für Physikalische Chemie **78**, 905–909 (1974).
[43] Jacobson, A. D., Beard, T. D., Bleha, W. P., Margerum, J. D., Wong, S. Y.: The Liquid Crystal Light Valve, an Optical-to-Optical Interface Device. Pattern Recognition **5**, 13–19 (1973).
[44] Grinberg, J., Jacobson, A., Bleha, W.: New Real-Time Non-Coherent to Coherent Light Image Converter The Hybrid Field Effect Liquid Crystal Light Valve. Optical Engineering **14** (1975).
[45] –: Datenblatt der Fa. Hoechst – Kalle PT 1000 Thermoplastfilm.
[46] Platzer, H.: Pattern Processing and Texture Analysis by Coherent Optical Computer. 3rd IJCPR, 1976, Coronado, Calif., IEEE 76CH1140-3C.
[47] Platzer, H., Etschberger, K.: Fouriertransformation zweidimensionaler Signale. Laser + Elektro-Optik **1/2** (1972).
[48] Kiessling, A.: Production Study of a Real Time Incoherent-to-Coherent Optical Converter. ESTEC Contract No. 2512/75 AK.
[49] Kiessling, A.: Ein Schnittstellenelement zur inkohärent-zu-kohärent optischen Wandlung. Dissertation, Universität Karlsruhe, 1978.
[50] Kiessling, A., Kazmierczak, H., Reinfelder, H.-E.: An Incoherent-to-Coherent-Optical Image Converter and its Application in Hydrid-Optical Processors. FIM/FGAN-Bericht Nr. 57, Karlsruhe, Mai 1979, und ESA-Journal **3**, 185–193 (1979).

3.2. Digitale Prozessoren

Von H. Kazmierczak und K. Vorgrimler

Wenn eine Rechenvorschrift auf einen sehr großen Datensatz wiederholt anzuwenden ist, erfordert die sequentielle Verarbeitung sehr große Rechenzeiten. Wegen der gesunkenen Kosten und des raumsparenden Aufbaus moderner elektronischer Verarbeitungseinheiten ist man heute jedoch in der Lage, die Rechenzeiten dadurch niedrig zu halten, daß man ein vorgegebenes Problem auf mehrere Verarbeitungseinheiten verteilt und diese, wenn möglich, simultan betreibt. Im folgenden wird für ein digitales Verarbeitungssystem der Begriff „Prozessor" verwendet. Dabei kann es sich um Anlagen mit einer einzigen Verarbeitungseinheit und um Systeme mit mehreren Verarbeitungseinheiten handeln. Die Systeme werden hinsichtlich ihrer Anwendungsmöglichkeit für Aufgaben der Bildverarbeitung betrachtet.

3.2.1. Allgemeine Prozessorsysteme

Eine Gliederung von Rechnertypen nach topologischen Gesichtspunkten erscheint problematisch wegen der Vielzahl der möglichen Anordnungen einzelner funktioneller Einheiten eines Rechnersystems. Ein abstrahierendes Gliederungsschema ist in [1] angegeben. Dabei wird unabhängig von der physikalisch-technologischen Realisierung eine Rechnerstruktur nach der Anzahl der Befehlsströme IS (Instruction Stream) und Operandenströme DS (Data Stream) charakterisiert. Nach diesem Prinzip ergeben sich vier Kategorien von Rechnern, in die sich die meisten der heute bekannten Rechnerstrukturen einordnen lassen:

SI/SD (Single Instruction/Single Data)
SI/MD (Single Instruction/Multiple Data)
MI/SD (Multiple Instruction/Single Data)
MI/MD (Multiple Instruction/Multiple Data)

Organisation und Leistung

Belegungsdiagramm. Zur Beurteilung der Prozessorleistungsfähigkeit in bezug auf Simultanarbeit und Parallelarbeit hat sich das Belegungsdiagramm als zweckmäßig erwiesen [1]. Ein Belegungsdiagramm ist die grafische Darstellung der Belegung oder Inanspruchnahme einer gewissen Geräte- oder Prozessorkapazität während bestimmter Zeitintervalle. In Abb. 3.2-1a ist eine beliebige Rechenvorschrift dargestellt, die aus zwei Anteilen T_1 und T_2 zusammengesetzt sei. Der Algorithmus sei so strukturiert, daß im Intervall T_1 keine Simultanarbeit möglich

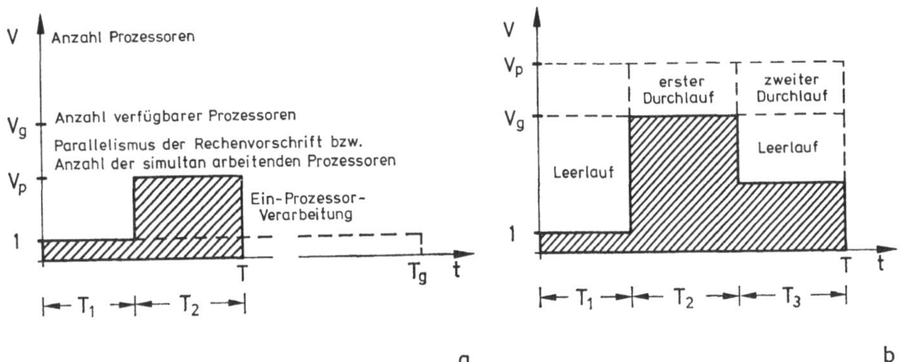

Abb. 3.2-1. Belegungsdiagramm zur Beurteilung der Prozessorleistung. *a* Standardbelegung; *b* Belegung bei $V_p > V_g$ und $n = 2$ Durchläufen

ist, hingegen V_p Operationen im Intervall T_2 simultan erfolgen können. Die schraffiert dargestellte Fläche in Abb. 3.2-1a kann als Rechenarbeit interpretiert werden, die zur Berechnung der Vorschrift notwendig ist. Diese Arbeit bleibt im wesentlichen konstant, gleichgültig, welcher Rechnerkonfiguration man sich bedient.

Im Falle des klassischen Ein-Prozessorsystems wird diese Arbeit (Fläche) längs der Zeitachse „gestreckt", d. h. sequentiell ausgeführt. Dadurch erhöht sich die Gesamtbearbeitungszeit von T auf T_g und die Verarbeitungsleistung sinkt. Wären V_p Prozessoren vorhanden, so könnte dieselbe Arbeit in T Zeiteinheiten geschehen. Für das Belegungsdiagramm in Abb. 3.2-1a ist angenommen, daß insgesamt mehr Prozessoren V_g zur Verfügung stehen, als der Parallelismus V_p der Rechenvorschrift es erfordert. Bei Algorithmen, deren Parallelismus größer ist als die Anzahl der vorhandenen Prozessoren ($V_p > V_g$), kann ein mehrfacher Durchlauf erforderlich werden, um die mögliche Parallelarbeit abzudecken (Abb. 3.2-1 b).

SI/SD-Rechnerorganisation. Zum Typ SI/SD zählt der klassische Von-Neumann-Rechner (Abb. 3.2-2a). Dieses Prinzip ist bei kleinen bis mittleren Anlagen das heute am meisten verbreitete. Der Hauptnachteil des klassischen 5-Komponenten-Rechners (Eingabe, Speicher, Steuereinheit, Verarbeitungseinheit, Ausgabe) besteht darin, daß auch die langsamen Ein-Ausgabeoperationen über die Zentraleinheit erfolgen. In dieser Zeit ist die Abarbeitung der Programme unterbrochen. Seit Ende der 50er Jahre werden spezielle Steuereinheiten für die Ein-Ausgabe bereitgestellt, so daß Ein-Ausgabeoperationen von der Zentraleinheit lediglich initialisiert werden müssen (Abb. 3.2-4a). Die Ablaufsteuerung für den peripheren Datenverkehr von oder nach außen mit dem Arbeitsspeicher wird von diesen Einheiten selbsttätig übernommen. Die Zentraleinheit steht dann für die weitere Verarbeitung zur Verfügung. Der Zugriff zum Arbeitsspeicher erfolgt z. B. prioritätsgesteuert im Zeitscheibenprinzip (cycle stealing).

Faßt man die Steuereinheit und Verarbeitungseinheit zu einem Block zusammen, kann man das Belegungsdiagramm in Abb. 3.2-2b zur Erläuterung der prinzipiellen Arbeitsweise heranziehen. Zur Bearbeitung einer Instruktionsfolge (z. B. I_1 bis I_5) ist zunächst jeweils ein Zugriff auf den Arbeitsspeicher notwendig.

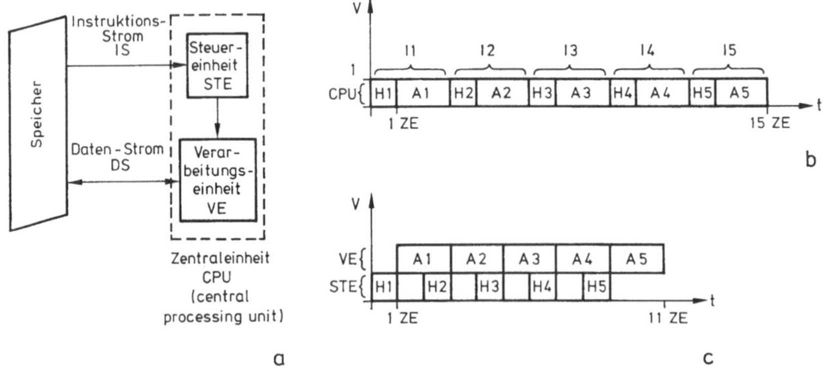

Abb. 3.2-2. SI/SD-Rechnerorganisation. *a* Konventioneller Rechner mit CPU und peripheren Einheiten; *b* sequentielle Arbeitsweise der Zentraleinheit; *c* überlappende Arbeitsweise von Steuer- und Verarbeitungseinheit

Danach wird der Befehl in der Steuereinheit *STE* decodiert und die entsprechenden Steuersignale für die Verarbeitungseinheit VE generiert. Diesen Vorgang bezeichnet man als Holphase (H_1 bis H_5). Entsprechend der erzeugten Steuersignale schließt sich die eigentliche Verarbeitung der oder des Operanden in den Ausführungsphasen A_1 bis A_5 an. Die in Abb. 3.2-2b dargestellten 5 Befehle können somit in 15 Zeiteinheiten ZE abgearbeitet werden.

Wie bei der Ein-Ausgabe kann durch den Einsatz einer speziellen unabhängigen Hardware die Leistungsfähigkeit solcher Systeme durch Simultanarbeit weiter erhöht werden. Zunächst wird eine Simultanarbeit durch das überlappende Arbeiten von Steuer- und Verarbeitungseinheiten erreicht (Abb. 3.2-2c). Während der Ausführung der i-ten Instruktion wird die Holphase der $i + 1$-ten Instruktion erledigt. Voraussetzung ist dabei die unabhängige Zugriffsmöglichkeit der Steuereinheit und Verarbeitungseinheit zum Arbeitsspeicher. Unter denselben Voraussetzungen für den Zeitbedarf wie in Abb. 3.2-2b können die fünf Instruktionen bei Überlappung von H- und A-Phase in 11 anstatt in 15 Zeiteinheiten abgearbeitet werden.

Weitere Erhöhungen der Verarbeitungsleistung ergeben sich durch besondere Organisationsformen in der Verarbeitungseinheit. Die Ausführungsphase eines Befehls wird dabei in eine Folge von Mikroinstruktionen zerlegt, deren Ausführung auf speziellen Teileinheiten erfolgt. Der sequentielle und damit langsame Betrieb bei SI/SD-Rechnerstrukturen bleibt trotz leistungserhöhender innerer Maßnahmen bestehen. Dieser Prozessortyp ist jedoch als Allzweckrechner wegen der einfachen Bauart, der verhältnismäßig einfachen Betriebssoftware und der Flexibilität in der Programmierung für die allgemeine Anwendung sehr geeignet.

SI/MD-Rechnerorganisation. Rechner vom SI/MD-Typ enthalten mehr als eine Verarbeitungseinheit (Abb. 3.2-3a). Ein einziger Befehlsstrom IS gelangt an eine gemeinsame Steuereinheit. Die verschiedenen Verarbeitungseinheiten können dann identische Operationen an den mehrfachen Daten DS_1 bis DS_n ausführen. Prozessoren dieser Organisationsform werden pauschal als Parallelrechner oder Feldrechner (array processor) bezeichnet. Sie eignen sich besonders gut zur Lösung von Problemen, bei denen viele identische Operationen (Instruktionen) auf große Datenmengen angewandt werden. Typische Aufgaben dieser Art sind z. B. die Vektorrechnung und die Lösung von Gleichungssystemen. Weist der Algorithmus einen geringeren Parallelismus auf, so können nur einige der Einzelprozessoren benutzt werden, und der Rest läuft leer. Obwohl diese Systeme nicht speziell für die Bildverarbeitung entworfen werden, lassen sich bestimmte Bildauswerteaufgaben zeiteffektiv mit diesen Anlagen bearbeiten (z. B. ILLIAC-IV mit 256 Einzelprozessoren und 4 Steuereinheiten für 4 Felder [3, 4, 5]).

MI/SD-Rechnerorganisation. Prozessoren vom MI/SD-Typ (Abb. 3.2-3b) bestehen aus mehreren unabhängigen Verarbeitungs- und Steuereinheiten, über die ein einziger Datenstrom geschleust wird. Man bezeichnet diese Verarbeitungsart als Fließbandverarbeitung (pipelining). Wesentlich bei solchen Prozessoren ist, daß das einmal in die Pipeline eingegebene Datum in jeder Verarbeitungseinheit unterschiedlich verarbeitet werden kann (MI).

Die Parallelarbeit, die bei Pipelinestrukturen auftritt, unterscheidet sich von der bei Feldrechnern. Während dort die vorhandenen Verarbeitungseinheiten stets identische Operationen an verschiedenen Daten ausführen (SI/MD), arbeiten bei einer Pipeline in einem Zeitintervall die verschieden programmierten Segmente (MI) an dem zeitlich versetzten einfachen Datenstrom (SD). Da dieser Datenstrom jedoch sequentiell durch die Pipeline fließt, ergibt sich bei Betrachtung eines bestimmten Zeitpunktes, daß die verschiedenen Segmente an verschiedenen Daten arbeiten. Man bezeichnet diese Pseudoparallelität deshalb treffender mit Simultanarbeit.

MI/MD-Rechnerorganisation. MI/MD-organisiert sind z. B. konventionelle Multiprozessor-Systeme (Abb. 3.2-3c). Zusammen mit einer Hochleistungs-Betriebssoftware werden sie dazu benutzt, den Programmdurchsatz zu steigern (multiprogramming, multi-user-Betrieb, time-sharing u. ä.). Die einzelnen

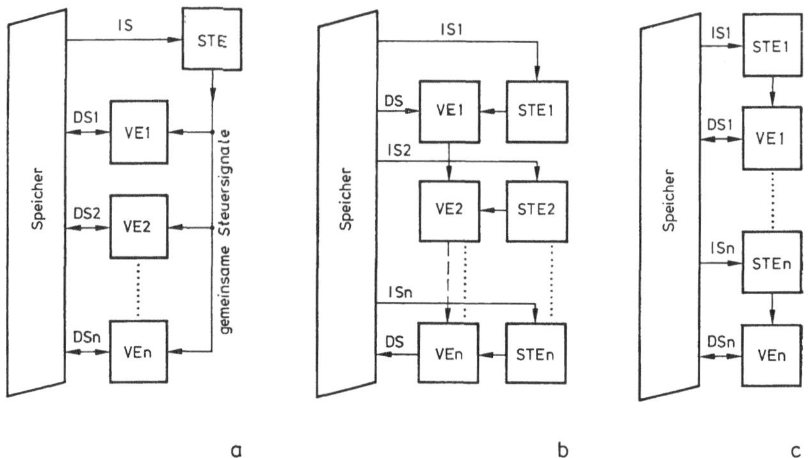

Abb. 3.2-3. Spezielle Rechnerstrukturen. *a* Feldrechner SI/MD; *b* Fließbandrechner MI/SD; *c* Multiprozessor-System MI/MD

Prozessoren werden meist als unabhängige Ein-Prozessorsysteme betrachtet und auch häufig so betrieben. Die Verteilung der Arbeit eines Programms auf mehrere Prozessoren mit dem Ziel der Verringerung der Laufzeit der Einzelprogramme geschieht derzeit nur in verhältnismäßig großen Programmabschnitten [18]. Wegen der fehlenden Optimierungssoftware sind Bildvorverarbeitungsoperationen auf MI/MD-Systemen nicht sehr viel schneller als auf SI/SD-Systemen durchführbar.

Bildverarbeitung mit Feldrechnern

Ein kommerzieller, universell einsetzbarer Feldrechner ist der STARAN [5—8], der wegen seiner assoziativen Speicherfeld-Organisation als assoziativer Feldrechner bezeichnet wird (associative array processor). Als Feldrechner gehört er zu der Klasse der SI/MD-Rechner. Ähnlich dem Konzept des ILLIAC IV sind auch hier die prinzipiellen Nachteile der SI-Struktur dadurch umgangen, daß der Rechner mit bis zu 32 Feldern ausgestattet werden kann. Durch entsprechende Organisation der zu verarbeitenden Daten können dann trotz der SI-Struktur verschiedene Operationen in den einzelnen Speicherbänken ablaufen. Das System kann mit einem anderen Nutzer-Rechner und dessen Standardperipherie über ein Interface verbunden sein.

Struktur des STARAN. Der Instruktionsspeicher enthält das assemblierte Benutzerprogramm und im Falle der nicht genutzten parallelen Einausgabe die zu verarbeitenden Daten. Die zentralen Systemeinheiten des STARAN sind die maximal 32 assoziativen Speicherbänke (Felder). Sie enthalten jeweils 256 × 256-Bit-Halbleiterspeicher und jeweils 256 einfache 1-Bit-Verarbeitungseinheiten (AU)

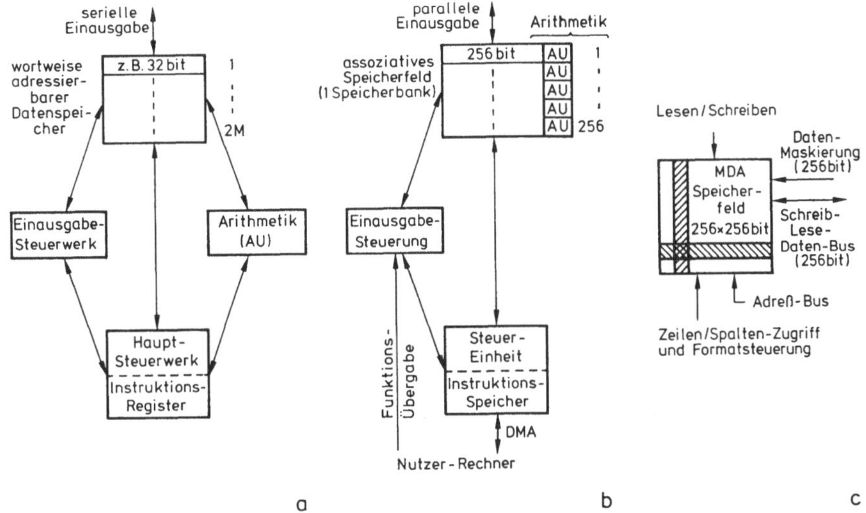

Abb. 3.2-4. Vergleich zweier Rechnerstrukturen. *a* Konventioneller Digitalrechner; *b* STARAN-Feldrechner [6]; *c* Zugriffsarten zum STARAN-Speicherfeld [6]

In Abb. 3.2-4 ist die Struktur eines konventionellen Rechners der eines STARAN-Feldes gegenübergestellt.

Die assoziative Speicherbank im STARAN weist gegenüber einem herkömmlichen Speicher einige Unterschiede auf. Neben dem üblichen Adreßbus und den Steuerleitungen (Lesen/Schreiben) sind ein Eingangsdatenpfad (Schreiben), ein Ausgabedatenpfad (Lesen) und spezielle Steuerleitungen für den wahlweisen Spalten- oder Zeilenzugriff und für die Datenmaskierung vorhanden (Abb. 3.2-4c). Da die Speicherbank sowohl zeilenweise als auch spaltenweise adressierbar ist (Abb. 3.2-5), spricht man von einem Speicher mit mehrdimensionalem Zugriff MDA (MultiDimensional-Access).

Ein weiterer Unterschied zu konventionellen Rechnern ist die Anordnung der Verarbeitungseinheiten. Jeder Zeile des Speicherfeldes ist ein individueller 1-Bit-Prozessor zugeordnet, welcher eine Zeile bit-seriell verarbeiten kann. Jeder Prozessor (Abb. 3.2-5) enthält drei 1-Bit-Register X, Y und M. Diese drei 1-Bit-Register sind für jedes Feld zu je drei 256-Bit-Registern X, Y und M zusammengefaßt. Eine Prozessorspalte kann eine Spalte des Speichers Bit-parallel verarbeiten.

Die Eingabe ist über den Programm- und Datenspeicher oder über die parallele Eingabe (PIO) möglich. Das X-, Y- und M-Register kann jeweils mit dem Inhalt eines der anderen Register geladen werden. Ebenso kann jedes der drei Register mit einer Speicherzeile oder Spalte beschrieben werden. Das Schaltwerk für die Datenformatierung dient zur Unterteilung der 256 Datenbit in Untergruppen zu je 1, 2, 4, 8, 16, 32, 64 oder 128 Bit. Weiterhin führt dieses Schaltwerk Schiebeoperationen durch. Die Spiegelfunktion (mirror) erlaubt es innerhalb der gewählten Untergruppe (z. B. 8 Bit-Bytes) jeweils die Bits der linken Bytehälfte mit denen der rechten Bytehälfte zu vertauschen. Eine Anwendung für diese Spiegelfunktion ist z. B. das Adressierschema für eine schnelle Fourier-Transformation (vgl. 2.1.5.).

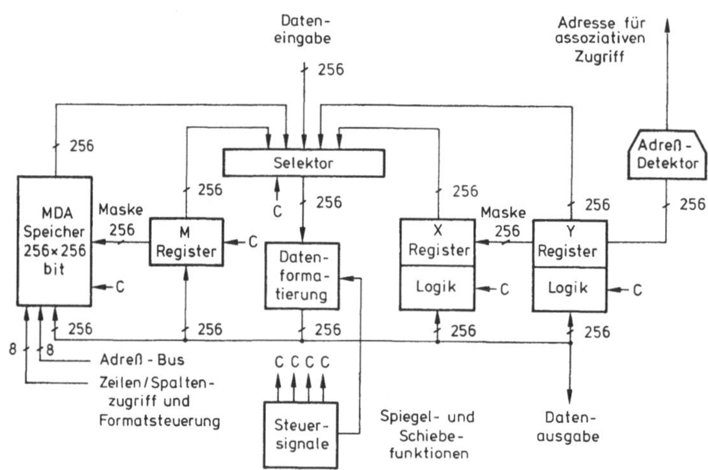

Abb. 3.2-5. Struktur eines Speichermoduls des STARAN [6] (Dateneinausgabe: PIO)

Ein weiteres Schaltwerk (Adreß-Detektor) dient zur eigentlichen assoziativen Betriebsweise des Speichers. In diesem Schaltwerk wird die Zeilenadresse der ersten binären 1-Information im Spaltenregister Y ermittelt und der Steuereinheit übergeben. Dadurch kann in Verbindung mit der Ausblendmöglichkeit bereits gefundener „1"-Bits bei entsprechender Programmierung die assoziative Suche im Speicher implementiert werden.

Im Speichermodul mit seinen 256 1-Bit-Prozessoren sind grundsätzlich 4 Klassen von Befehlen durchführbar:

1. Ladebefehle: Dabei werden Daten im Bit- oder Gruppenformat vom Speicher oder von den Registern (X, Y, M) ausgelesen und entweder über den 256 Bit breiten PIO-Pfad oder in Blöcken über eine 32 Bit breite Verbindung vom MDA in das C-Register (32 Bit) der Steuereinheit übertragen.
2. Speicherbefehle: Daten werden im Bit- oder Gruppenformat in das Speicherfeld oder in die Register (X, Y, M) eingeschrieben. Die Datenquelle kann wieder über den PIO oder das C-Register eingespeist werden.
3. Logische Befehle: Bei den Lade- und Speicherbefehlen kann das jeweils ausgelesene bzw. einzuschreibende Datum zusätzlich logisch mit dem Inhalt des X- oder Y-Registers verknüpft werden. Ebenso können die Inhalte des X- und Y-Registers logisch miteinander verknüpft ins M-Register oder den Speicher gelangen. Weiter läßt sich die Speicherinformation (Zeile oder Spalte) durch

das M-Register maskieren und in eines der Register X oder Y ablegen oder in den Speicher zurückschreiben.

4. Assoziative Befehle: Die Funktion des Adreß-Detektors ist bei allen Befehlsklassen aktiviert. Die ermittelte Adresse der ersten „1" im Y-Register (oder der folgenden „1" bei entsprechender Ausblendung der vorangegangenen 1-Informationen) steht der Steuereinheit nach jedem Befehl als Zusatzinformation zur Verfügung.

Aus diesen Elementarbefehlen werden Unterprogramme zusammengestellt, welche die Instruktionen des STARAN-Assemblers (APPLE) bilden. Alle arithmetischen Befehle und Feldvergleiche einschließlich der assoziativen Suche werden durch solche Befehlsfolgen dargestellt. Für rein numerische Aufgabenstellungen ist der STARAN deshalb weniger geeignet. Wegen seiner parallelen und assoziativen Arbeitsweise kann er jedoch eine erhebliche Reduktion an Rechenzeit gegenüber konventionellen Rechnern bewirken, wenn die Aufgabenstellung eine parallele und assoziative Arbeitsweise erfordert, wie z. B. die Bildverarbeitung (hoher Parallelitätsgrad) oder die Musterklassifizierung (assoziatives Suchen).

Datenformatierung zur lokalen Bildverarbeitung. Wegen des direkten parallelen Zugriffs der arithmetischen Befehle auf die Speicherspalten ist es zweckmäßig, die Zeilen eines Bildes spaltenweise im STARAN-Feld abzulegen. Im folgenden ist die Faltung eines Bildes (Bildelemente a_{ij}) mit einer 3×3-Untermatrix (Elemente b_{kl}) dargestellt. Die Untermatrix wird Element für Element mit den Elementen des Bildes multipliziert, und die Produkte werden addiert. Die Untermatrixelemente b_{kl} sind bei fehlender PIO im Datenspeicher enthalten.

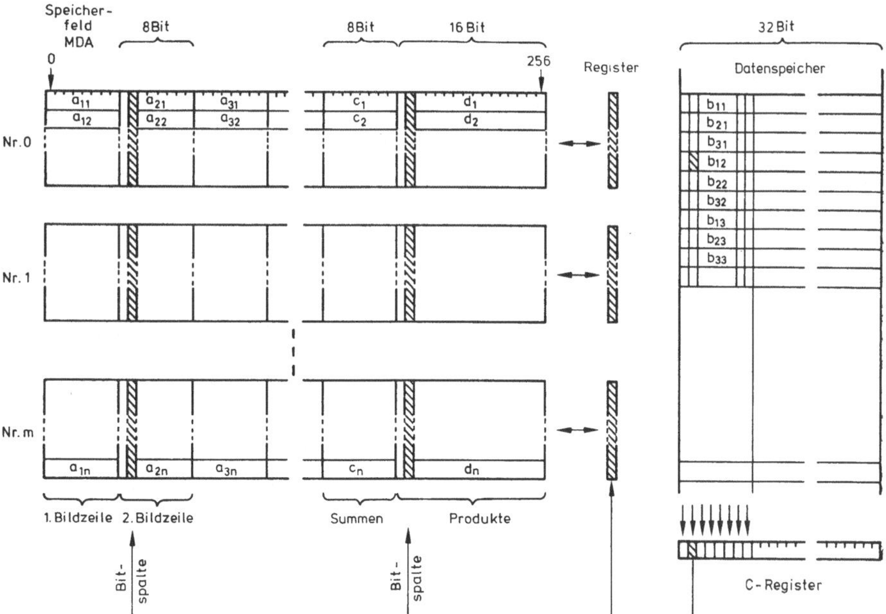

Abb. 3.2-6. Verteilung und Verarbeitung der Daten bei einer lokalen Bildoperation im STARAN [6]

Die 8-Bit-Bildelemente jeder Bildzeile sind spaltenweise in aufeinanderfolgenden STARAN-Feldern abgelegt (Abb. 3.2-6). Im 32-Bit-Datenspeicher wird die Untermatrix (b_{kl}) abgespeichert. Man geht dabei so vor, daß zunächst das erste Element der Untermatrix in das C-Register geladen und dieser 8-Bit-Wert mit den 8-Bit-Bildelementen der ersten Bildzeile (in den ersten 8-Bit-Spalten des STARAN-Feldes) multipliziert wird. Zwischenprodukte werden in 16-Bit-Produktspalten d_i, die aufaddierten Summen in weiteren 16-Bit-Spalten c_i des STARAN-Feldes abgelegt. Im folgenden sind schematisch die Schritte angegeben, welche die erste Zeile des Ergebnisbildes liefern:

1) Initialisierung	$c_i := 0$	(3.2-1)
2) Multiplikation mit b_{11}	$d_i := a_{1i}b_{11}$	
3) Addition	$c_i := d_i + c_i$	
4) Multiplikation mit b_{21}	$d_i := a_{2i}b_{21}$	
5) Addition	$c_i := d_i + c_i$	
6) Multiplikation mit b_{31}	$d_i := a_{3i}b_{31}$	
7) Addition	$c_i := d_i + c_i$	
8) c_i um eine Zeile nach unten verschieben	$c_i := c_{i-1}$	
9) Multiplikation mit b_{12}	$d_i := a_{1i}b_{12}$	
10) Addition	$c_i := d_i + c_i$	
11) Multiplikation mit b_{22}	$d_i := a_{2i}b_{22}$	
12) Addition	$c_i := d_i + c_i$	
13) Multiplikation mit b_{32}	$d_i := a_{3i}b_{32}$	
14) Addition	$c_i := d_i + c_i$	
15) c_i um eine Zeile nach unten verschieben	$c_i := c_{i-1}$	
16) Multiplikation mit b_{13}	$d_i := a_{1i}b_{13}$	
17) Addition	$c_i := d_i + c_i$	
18) Multiplikation mit b_{23}	$d_i := a_{2i}b_{23}$	
19) Addition	$c_i := d_i + c_i$	
20) Multiplikation mit b_{33}	$d_i := a_{3i}b_{33}$	
21) Addition	$c_i := d_i + c_i$	

Als Ergebnis erhält man

$$
\begin{aligned}
c_1 = {} & a_{11}b_{11} + a_{21}b_{21} + a_{31}b_{31} & \qquad c_2 = {} & a_{12}b_{11} + a_{22}b_{21} + a_{32}b_{31} \\
& + a_{12}b_{12} + a_{22}b_{22} + a_{32}b_{32} & & + a_{13}b_{12} + a_{23}b_{22} + a_{33}b_{32} \\
& + a_{13}b_{13} + a_{23}b_{23} + a_{33}b_{33}, & & + a_{14}b_{13} + a_{24}b_{23} + a_{31}b_{33} \quad \text{usw.} \qquad (3.2\text{-}2)
\end{aligned}
$$

Die 256 Prozessoren haben stets nur einen bit-seriellen Zugriff zum zugeordneten Zeilenwort. Daher bereitet es Schwierigkeiten, Elemente aus verschiedenen Zeilen arithmetisch oder logisch miteinander zu verknüpfen. Diese Verknüpfungsart wurde im vorliegenden Beispiel durch die Anwendung der Verschiebeoperationen (Schritte 8 und 15) implementiert. Als Puffer wird dabei eines der drei Spaltenregister benutzt.

Da im STARAN alle arithmetischen und logischen Operationen bit-seriell (spaltenparallel) ablaufen, sind die Rechenzeiten von der Art der Instruktion als auch von der gewählten Datenwortlänge abhängig. Der STARAN-Hersteller gibt z. B. für die im Beispiel vorkommenden Addier- und Multiplizierbefehle folgende

Operationszeiten an, die bei Anwendung neuer Technologie noch entsprechend verkürzt werden können:

$$\text{Additionszeit } t_{\text{add}} = \left(5{,}48 + 0{,}72 \frac{a}{\text{bit}}\right) \mu\text{s}, \tag{3.2-3}$$

$$\text{Multiplikationszeit } t_{\text{mult}} = \left[4{,}56 + 0{,}59 \frac{m_a}{\text{bit}} + 2{,}39 \frac{m_b}{\text{bit}} + 1{,}04 \frac{m_a}{\text{bit}} \frac{m_b}{\text{bit}}\right] \mu\text{s}.$$

Dabei bedeuten a: Wortlänge der Summanden,
m_a: Wortlänge des Multiplikanden,
m_b: Wortlänge des Multiplikators.

Für das angegebene Beispiel erhält man die Werte $t_{\text{add}} = 11\ \mu\text{s}$ und $t_{\text{mult}} = 95\ \mu\text{s}$. Bei Ausnutzung aller 32 Felder und bei einem Bildformat von 8192 $\times$8192 werden die äquivalenten Operationszeiten $t_{\text{add}} = 1$ ns und $t_{\text{mult}} = 12$ ns.

3.2.2. Spezielle Prozessorsysteme

Die dargestellte erste Gruppe von Prozessorsystemen ist für die allgemeine Anwendung konzipiert. Bei der im folgenden beschriebenen zweiten Gruppe von Prozessorsystemen ist die Anwendung als spezieller Mehrzweckrechner nicht vorgesehen. Ihr Entwurf und Aufbau ist auf eine vorgegebene Klasse von Problemen der Signal- und Bildverarbeitung abgestimmt. Während Rechner der ersten Gruppe meistens als autonome Systeme betrieben werden, sind die speziellen Prozessoren der zweiten Gruppe immer für den peripheren Betrieb durch einen Wirtrechner ausgelegt. Für allgemeine Anwendungen sind sie wenig effektiv bzw. überhaupt nicht einsetzbar. Ihr Funktionsprinzip weicht im allgemeinen sehr stark vom klassischen Rechner ab.

Prozessor für schnelle Fourier-Transformation

Der MAP-Prozessor (Macro Arithmethic Prozessor) nach [9] ist z. B. als peripherer Prozessor speziell zur Durchführung arithmetischer Operationen im Gleitkommaformat konzipiert. Logische Operationen, wie von Allzweckrechnern bekannt, sind bei diesem Prozessor nicht vorgesehen. Prozessoren vom MAP-Typ [19, 20, 21] lassen sich auf dem Gebiet der Bildverarbeitung besonders für die Fourier-Bildfilterung, Bildfaltung und Korrelation anwenden.

Im folgenden wird eine Rechenzeitabschätzung für die schnelle Fourier-Transformation (*FFT*) unter der Voraussetzung durchgeführt, daß eine Bildmatrix mit $N = n \times n$ Bildpunkten in den schnellen Datenspeicherblöcken untergebracht werden kann. Daher muß zur Transponierung der Bildmatrix, welche für die zweidimensionale Fourier-Transformation erforderlich ist, nicht auf langsame Massenspeicher (z. B. Magnetplatte) zugegriffen werden, so daß keine zusätzliche Zeit für die Datenblock-Einausgabe zu veranschlagen ist. Die Berechnung der Fourier-Koeffizienten besteht nach 2.1.5. hauptsächlich aus einer Folge von komplexen Additionen und Multiplikationen (3.2-4), wobei nur in 50% der Berechnungen eine komplexe Multiplikation erforderlich ist.

$$n_A = 2n^2 \operatorname{ld} n, \qquad n_M = n^2(\operatorname{ld} n - 1) \tag{3.2-4}$$

(n_A: Anzahl komplexer Additionen, n_M: Anzahl komplexer Multiplikationen).

Die Prozessor-Arithmetik soll mit zwei Multiplizierwerken und zwei Addierwerken ausgerüstet sein. Bei einer Addierzeit von 3 und einer Multiplizierzeit von 6 Grundtakten $t_0 = 70$ ns benötigt der Prozessor für eine komplexe Multiplikation 12 Grundtakte für die 4 Multiplikationen ($\times$) und 3 Grundtakte für die 2 Additionen ($+$). Wenn man die Instruktionen im Innern des Prozessors zur effektiven Berechnung der *FFT* zeitlich entsprechend verschränkt, so bestimmt das langsamste Glied in der Kette, hier die 4 Multiplikationen der komplexen Multiplikation, den Datendurchsatz. Aus Abb. 3.2-7 ist die Aufteilung der einzelnen Rechenleistungen für die erforderlichen komplexen Additionen und Multiplikationen bei

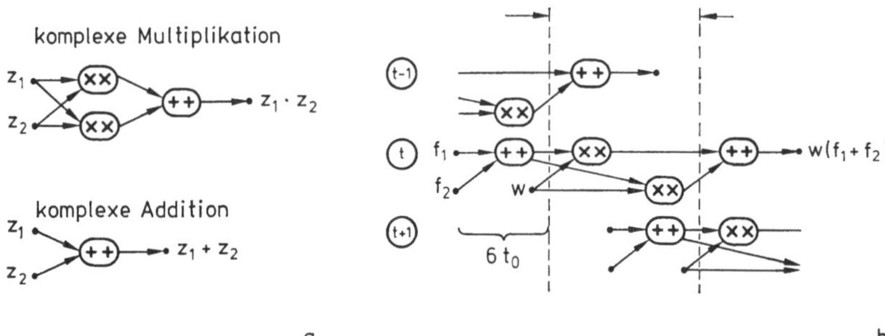

Abb. 3.2-7. Zur Implementierung der schnellen Fourier-Transformation. *a* Darstellung der komplexen Operationen durch reelle Additionen und Multiplikationen; *b* verschränkte Belegung der Verarbeitungseinheiten zur Berechnung von $w(f_1 + f_2)$ bei unterschiedlichen Zeitpunkten der Dateneingabe f_1 und f_2

angewandter Simultanverarbeitung ersichtlich. Die untere Grenze der Gesamtverarbeitungszeit T_{FFT} einer $n \times n$-Bildmatrix für die Fourier-Transformation ergibt sich aus (3.2-5). Danach beträgt die untere Zeitgrenze für die Fourier-Transformation einer $n \times n$-Bildmatrix mit $n = 256$ Bildelementen $T_{\text{FFT}}^{(1)} = 0{,}5$ s

$$T_{\text{FFT}} = (0{,}5\, n_{\text{A}} + n^2) \cdot 3t_0 + n_{\text{M}} \cdot 12t_0 = n^2(15 \operatorname{ld} n - 9)\, t_0. \qquad (3.2\text{-}5)$$

CLIP-Prozessor

Die Struktur des CLIP 3 (Cellular Logic array for Image Processing [12, 22]) wurde speziell für die binäre Bildverarbeitung entworfen. Eine Besonderheit des CLIP ist sein zellularer Aufbau und die nachbarschaftliche Verknüpfung der Prozessorzellen. Jede Prozessorzelle wird einem binären Bildelement zugeordnet. Unkonventionell ist die Informationsverarbeitung durch die Prozessorzellen. Die Ergebnisse einer Bildoperation an einem gespeicherten Binärbild entstehen durch einen lokal gesteuerten, zellularen Signaldurchlauf (DLIP 4 siehe [24]).

Struktur des CLIP. Der CLIP-Prozessor besteht aus einem Feld von 16×12 Binärprozessoren, die alle parallel auf die ihnen durch ein Programm zugewiesenen binären Eingangsdaten arbeiten. Jede Prozessorzelle des 16×12 bit umfassenden Feldes kann als Zentralelement einer 3×3 Untermatrix mit 8 angrenzenden Nachbarelementen aufgefaßt werden. Der einzelne Prozessor hat über einen gezielten Datenpfad Zugriffsmöglichkeiten zu seinen 8 Nachbarn (Fortschaltungseingänge N_i in Abb. 3.2-8). Der Boolesche Prozessor besitzt je zwei Eingänge A, P und Ausgänge D, N. A liefert z. B. die Binärformation eines Bildelementes und nimmt damit die Werte „1“ (weiß) oder „0“ (schwarz) an. Der zweite Eingang P bildet die Verknüpfung aus der Binärinformation, welche aus den 8 Nachbarelementen abgeleitet wird, und einem Speicherelement B. Die Ausgänge D und N sind voneinander unabhängige Boolesche Funktionen der beiden Eingänge. Diese Booleschen Funktionen werden für alle Prozessorzellen über die Funktionsleitungen C_1 bis C_8 mittels einer entsprechenden Instruktion selektiert (SI/MD).

In gleicher Weise werden die 8 Nachbarschaftselemente für alle 192 Prozessorzellen über Selektionseingänge (G_1 bis G_8) ausgewählt, aufaddiert und nach Durchlaufen einer von außen (Θ_1 bis Θ_8) einstellbaren Schwellwertschaltung in das binäre Signal T umgesetzt. Das Signal T wird disjunktiv mit dem B-Signal ver-

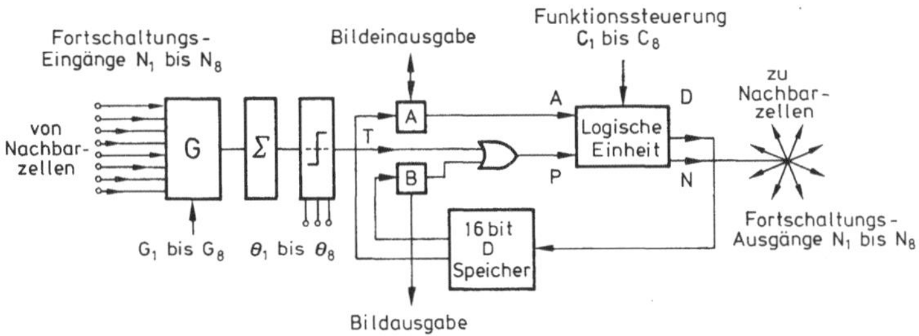

Abb. 3.2-8. Struktur einer CLIP-Prozessorzelle [22]

knüpft und bildet die P-Eingabe der Prozessorzelle. Die beiden Register A und B (Flipflops) erlauben eine parallele Ein- und Ausgabe der binären Bildinformation A bzw. das Einlesen des selektierbaren Inhaltes einer Stelle eines wahlfrei adressierbaren 16×1 bit großen Speichers. Die 192 Prozessoren haben mit den jeweils zugeordneten 16×1-Bit-Speichern insgesamt eine Speicherkapazität von 3072 bit.

Obwohl diese Anordnung hinsichtlich der Steuer- und Selektionseingänge G_1 bis G_8, Θ_1 bis Θ_8 und C_1 bis C_8 einer SI-Organisation gleichkommt, ergibt sich durch die Fortschaltung (propagation) der Signale N_i über T, P und N nach allen Nachbarn eine spezielle Situation bezüglich der Daten (MD). Die eingegebene Nachbarschaftsinformation fließt gleichsam in Abhängigkeit der gewählten Funktion, Schwelle, Nachbarschaftsselektion und der eigenen Speicher- bzw. Bildelementinformation wieder in die Nachbarschaftszellen hinein. Wegen der informations- und nachbarschaftsabhängigen Steuerung einer Prozessorzelle läßt sich das CLIP-Prozessorkonzept nicht völlig in das SI/MD-Ordnungsschema einordnen.

Verarbeitungsphasen. Die Verarbeitung im CLIP-Prozessor geschieht im wesentlichen durch die beiden Anweisungen Laden und Verarbeiten. Beim Laden werden die Register A und B für alle Prozessorzellen in gleicher Weise mit dem Inhalt der adressierten D-Speicherstellen beschrieben. Gleichzeitig dazu wird die Adresse des D-Speichers festgelegt, in welche das spätere D-Ergebnis gelangen soll. Das Format dieser Ladeanweisung lautet

$$LOAD \quad (\text{Adresse } A), (\text{Adresse } B), (\text{Adresse } D). \qquad (3.2\text{-}6)$$

Zur eigentlichen Verarbeitung werden die Steuerleitungen der 192 Prozessoren je nach gestellter Aufgabe gesetzt (G_1—G_8, Θ_1—Θ_8, C_1—C_8). Die D-Ergebnisse der einzelnen Prozessorzellen werden unter der im Ladebefehl angegebenen Adresse im Speicher abgelegt. Das Format der Verarbeitungsanweisung lautet

$$\text{PROCESS} \quad \Theta(G_j, G_k \ldots), B_N, B_D, ES. \tag{3.2-7}$$

Dabei haben die Symbole folgende Bedeutung:

Θ Schwellwert (0 bis 7),
$G_j, G_k, \ldots$ selektierte Eingangstore von Nachbarelementen,
B_N Boolesche Funktion: $N = B_N(P, A)$,
B_D Boolesche Funktion: $D = B_D(P, A)$.
E Die Randzellen des Feldes werden bei vorhandenem E auf den Binärwert 1 gesetzt (sonst 0).
S Die Datenanordnung ist bei vorhandenem S quadratisch (sonst hexagonal).

Ein CLIP-Programm besteht aus einer Folge derartiger Lade- und Verarbeitungsbefehle. Die zentrale Steuereinheit der 192 Prozessoren läßt außerdem bedingte Verzweigungsbefehle zu. Die Verzweigungsbedingung wird anhand des Inhaltes von 4 Abfrageregistern ermittelt. Eines davon ist ein Übertragregister (carry) für arithmetische Operationen. Ein anderes speichert die konjunktive Verknüpfung der D-Ausgänge aller Prozessorzellen des vorhergegangenen Verarbeitungsdurchlaufs. Es kann z. B. zur Detektion eines vollständigen „1"-Feldes dienen.

Es läßt sich zeigen [12], daß einfache Aufgaben der binären Bildvorverarbeitung, wie Liniendetektion, Störstellenbeseitigung u. ä. sehr effektiv mit dem CLIP-Prozessor durchgeführt werden können. Die Operationszeit für die Ausführung einer Instruktion beträgt z. B. 1 µs zusätzlich 0,5 µs für jeden Zellendurchlauf. Das spezielle und ungewohnte Verarbeitungsprinzip dieses Prozessors auf der Grundlage der gesteuerten Fortschaltung (Ausbreitung) der Information bedingt, daß die zu implementierenden Bildverarbeitungsaufgaben entsprechend analysiert und algorithmisch aufgearbeitet werden müssen. Diese Algorithmisierung kann je nach Aufgabe einen sehr hohen Schwierigkeitsgrad annehmen. Im folgenden sollen einige mit dem CLIP realisierbare Bildoperationen beschrieben werden.

Einfache CLIP-Bildoperationen. Im ersten Beispiel (Abb. 3.2-9a) soll ein Binärbild erzeugt werden, das nur aus solchen schwarzen Bildelementen besteht, die lückenlos in einer Kette mit dem Bildrand verbunden sind. Das zu verarbeitende Bild möge sich in Ebene 0 des D-Speichers befinden. Das Ergebnisbild soll in die Ebene 1 geschrieben werden. Die Ladeanweisung lautet in diesem Fall

$$\text{LOAD} \quad 0, 0, 1. \tag{3.2-8}$$

Damit ein Fortschaltungssignal vom Rand her ausgesandt wird, muß $E = 1$ gesetzt werden. Damit schwarze Zellen (0) ein Signal $N = 1$ erzeugen, wenn sie von einem Fortschaltsignal $P = 1$ getroffen werden, muß (3.2-9) gelten. Um alle schwarzen Zellen zu isolieren, die nicht lückenlos mit dem Bildrand verbunden sind, müssen alle schwarzen Zellen (0), die von keinem Fortschaltungssignal $P = 0$ getroffen werden, und alle weißen Zellen (1) mit $P = 0$ und $P = 1$ im Ergebnisfeld eine weiße Zelle $D = 1$ liefern.

$$N = P \wedge \bar{A} \quad \text{und} \quad D = \bar{P} \vee A. \tag{3.2-9}$$

Im Ergebnisbild bleiben damit nur diejenigen schwarzen Bildpunkte übrig, die lückenlos mit dem Bildrand verbunden sind. Die Anweisung für die Verarbeitung lautet

$$\text{PROCESS} \quad \Theta(1-8), P \wedge \bar{A}, \bar{P} \vee A, ES. \tag{3.2-10}$$

Ein weiteres einfaches Beispiel ist die Bestimmung der von Konturlinien eingeschlossenen Flächen. Eine Verarbeitungsanweisung nach (3.2-11) bewirkt, daß z. B. im Ergebnisfeld nur diejenigen Bildelemente schwarz markiert werden, die im ursprünglichen Bild als helle Bildpunkte von geschlossenen schwarzen Konturlinien umgeben sind (Abb. 3.2-9b):

$$\text{PROCESS} \quad \Theta(1-8), P \wedge A, \bar{P} \wedge A, ES. \tag{3.2-11}$$

Instruktionsfolge zur Objektextraktion. Im folgenden sei angenommen, die Ebene 0 in D enthalte ein Bild mit mehreren Binärobjekten. Eines dieser Objekte soll eine größere Schwärzungsfläche als die übrigen besitzen und nicht vom Bildrand geschnitten werden (Abb. 3.2-10a). Um dieses Objekt aus der Szene zu extrahieren, sind folgende Verarbeitungsschritte erforderlich:

1. Entfernen der durch den Bildrand angeschnittenen Objekte.

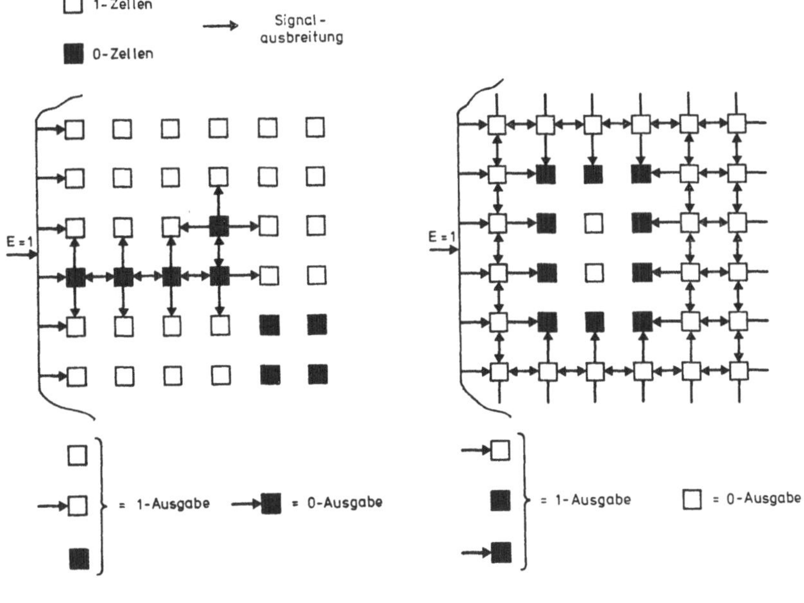

Abb. 3.2-9. Beispiele für einfache CLIP-Bildoperationen [22]. *a* Ermittlung zusammenhängender schwarzer Bildelemente mit dem Bildrand; *b* Ermittlung von Konturflächen

2. Ablegen des Ergebnisbildes in $D\,1$.
   (Alternativschritt: Auffüllen geschlossener Konturen)
3. Kopieren des Bildes $D\,1$ in $D\,2$.
4. Schrumpfen der Objekte von $D\,2$ bezüglich der Konturelemente und Ablegen des Ergebnisbildes in $D\,3$.
5. Überprüfen des Feldes $D\,3$. Wenn Feld $D\,3$ leer (weiß) ist, führe 8. aus.
6. Kopieren des Bildes $D\,3$ in $D\,2$.
7. Kehre nach 4. zurück.
8. Objektextraktion aus $D\,1$ mittels Suchmaske $D\,2$ und Ablegen des Ergebnisbildes in $D\,1$.

Das CLIP-Programm für diese Aufgabe lautet

	LOAD	$0, C, 1$		
	PROCESS	$\Theta(1-8), P \wedge \bar{A}, P \vee A, ES$	(Schritt 1 und 2)	
	LOAD	$1, C, 1$		
	PROCESS	$\Theta(1-8), P \wedge A, P \wedge A, ES$	(Alternativschritt)	
	LOAD	1, C, 2		
	PROCESS	A	(Schritt 3)	
REPEAT:	LOAD	$2, C, 3$		
	PROCESS	$\Theta(1-8), A, P \vee A, S$	(Schritt 4)	
	BRANCH	1, (TEST), FINISH	(Schritt 5)	
	LOAD	$3, C, 2$		
	PROCESS	A	(Schritt 6)	
	BRANCH	REPEAT	(Schritt 7)	
FINISH:	LOAD	1, 2, 1		
	PROCESS	$\Theta(1-8), P \wedge \bar{A}, \bar{P} \vee A, S$	(Schritt 8)	(3.2-12)

Um die einzelnen Schritte dieses Programms nachvollziehen zu können, sind noch die folgenden ergänzenden Bemerkungen zur Syntax der verwendeten Programmiersprache erforderlich. Die Ladeanweisung mit dem Zusatz C bewirkt

a

b

Abb. 3.2-10. Zur Demonstration der Objektextraktion [22]. *a* Originalbild; *b* Ergebnisbild

das Löschen des entsprechenden Eingabeflipflops (*A* oder *B*). FINISH und REPEAT stellen Marken dar. Die spezielle Schreibweise des Verzweigungsbefehls BRANCH bewirkt, daß zur Stelle FINISH gesprungen wird, wenn alle Elemente des Feldes (hier *D* 3) durch den vorhergehenden Prozeß auf den Wert 1 gesetzt worden sind. Die Verarbeitungsanweisung PROCESS *A* bewirkt den Transport zwischen der durch die vorausgegangene LOAD-Instruktion spezifizierten Eingangs- und Ausgangsebene. Nach dem Programmablauf enthält die Ebene *D* 1 das in Abb. 3.2-10b dargestellte Binärbild. Bei Anwendung des zusätzlichen Alternativschrittes werden die inneren Störstellen des Objektes aufgefüllt.

GRAFFIX-System

Das GRAFFIX-System [13] wurde wie der CLIP-Prozessor speziell für die binäre Bildverarbeitung konzipiert. Neben der üblichen Standardperipherie ist das System mit einem Filmabtaster für die Bildeingabe ausgestattet. Für die binäre Bildverarbeitung steht der spezielle Prozessor BIP (binary image processor) zur Verfügung (Abb. 3.2-11). Der Verarbeitungszyklus des BIP wird von einem Steuerrechner aus gestartet. Der BIP greift zunächst auf den Arbeitsspeicher zu, wo eine Reihe von Steuerparametern (Instruktionen) abgelegt sein müssen, die in einen kleinen eigenen Programmspeicher von BIP übernommen werden (6 × 36 Bit).

BIP-Struktur. Nach dem Start kann der BIP auf 511 × 36-Bit-Bilddaten im Arbeitsspeicher zugreifen. Der Zugriff erfolgt auf der Grundlage von 36-Bit-Wörtern über die *M*- und *U*-Register, wobei das *U*-Register wegen des möglichen 3 × 3-Untermatrixzugriffs entsprechend größer ausgelegt ist (3 × 36 Bit). Die Pufferregister *M* und *U* werden bit-seriell ausgelesen, wobei die 3 × 3-Bildunter-

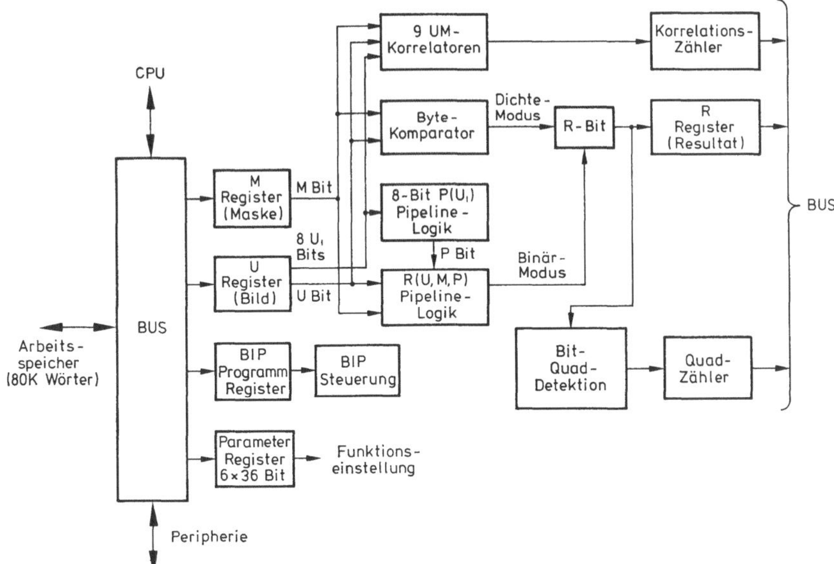

Abb. 3.2-11. Struktur des BIP [13] mit einem über Parameter einstellbaren Arbeitsfeld-Speicherzugriff von 511 × 36 bit für die zusammenhängenden Rechteckfelder *U*, *M* und *R*

matrix U (Unknown) bit-parallel aus dem U-Register in die Verarbeitungseinheiten des BIP gelangt. Die Basisadressen der Bild- und der Maskeninformation können bei binärer Verarbeitung an beliebigen Bitstellen im vorgegebenen 511×36-Bildbereich des Arbeitsspeichers liegen. Diese Adressen werden in der Vorbereitungsphase festgelegt und im BIP in Abhängigkeit von weiteren Steuerparametern bis zu den vorgebbaren Feldendeadressen inkrementiert oder dekrementiert.

Die Verarbeitung der Bild- und Steuerdaten in den Registern U und M erfolgt homogen, d. h., die Programmparameter werden i. allg. nicht verändert, bis das gesamte U-Bildfeld bzw. M-Maskenfeld abgearbeitet ist. In einem Verarbeitungsschritt wird aus U und M ein Ergebnisfeld $R(U, M, P)$ generiert. Jedes Bit in R entspricht einer programmierbaren Booleschen Funktion der entsprechenden Bitpositionen in U, M und eines zusätzlichen Funktionsbits P. Die Funktion $P(U_i)$ ist eine ebenfalls programmierbare Boolsche Funktion der 8 Nachbarelemente U_i des jeweiligen Zentralelements in U. Es kann z. B. $P = 1$ gesetzt werden, wenn in der U-Nachbarschaft eine bestimmte Bitkonfiguration gefunden wird. Weiter sind in der Byte-Betriebsart (s. unten) auch Schwellenwertoperation mit einstellbaren Gewichtsparametern G_i, G und Schwellen Θ_1, Θ_2 möglich (3.2-13). Das R-Feld kann ebenfalls durch eine vorgebbare Basisadresse in einem beliebigen Bereich des zugelassenen Speicherfeldes zurückgeschrieben werden.

$$R = 1 \text{ für } \Theta_1 \leqq P(U_i) + GU \leqq \Theta_2 \text{ mit } P(U_i) = \sum_i G_i U_i, \quad R = 0 \text{ sonst.} \tag{3.2-13}$$

Bei der Ermittlung des R-Feldes wird gleichzeitig ein 2×2-Bit-Feld (Quad) über das Feld geschoben. Dies wird dadurch ermöglicht, daß das R-Ergebnis zunächst in einem 2×36-Bit-Pufferregister als aktuelles und vorausgegangenes 36-Bit-Wort zwischengespeichert wird. Weiter werden 5 Zähler in Abhängigkeit davon inkrementiert, welche 2×2-Bit-Konfiguration des R-Feldes sich gerade unter dem Fenster befindet. Aus dem Inhalt dieser Ergebniszähler können im Wirtrechner einige geometrische Eigenschaften des Bildes errechnet werden (z. B. Objektfläche, Objektumfang u. ä.). Die fünf Zähler ermitteln die Häufigkeit olgender 2×2-(Bit-Quads)- und 1×1-Belegungen im R-Feld

$$\begin{aligned}
&RQ\,1\text{: Anzahl der Quads } \begin{pmatrix}00\\01\end{pmatrix}, \begin{pmatrix}00\\10\end{pmatrix}, \begin{pmatrix}10\\00\end{pmatrix} \text{ oder } \begin{pmatrix}01\\00\end{pmatrix},\\
&RQ\,2\text{: Anzahl der Quads } \begin{pmatrix}00\\11\end{pmatrix}, \begin{pmatrix}10\\10\end{pmatrix}, \begin{pmatrix}11\\00\end{pmatrix} \text{ oder } \begin{pmatrix}01\\01\end{pmatrix},\\
&RQ\,3\text{: Anzahl der Quads } \begin{pmatrix}01\\11\end{pmatrix}, \begin{pmatrix}10\\11\end{pmatrix}, \begin{pmatrix}11\\10\end{pmatrix} \text{ oder } \begin{pmatrix}11\\01\end{pmatrix},\\
&RQ\,4\text{: Anzahl der Quads } \begin{pmatrix}11\\11\end{pmatrix},\\
&RAR\text{: Anzahl der } 1 \times 1\text{-Belegungen (1).}
\end{aligned} \tag{3.2-14}$$

Die fehlenden Quads $RQ\,0$ und RQD können aus $RQ\,1$ bis RAR berechnet werden (3.2-15). Die Feldgröße von M, U bzw. R sei durch die Anzahl der Matrixelemente n_x und n_y gegeben (Abb. 3.2-12). Bei der Quadzählung werden auch die

Randelemente des Feldes berücksichtigt, wobei die Information außerhalb des Randes zu Null angenommen wird:

$$4 \cdot RAR = RQ\,1 + 2 \cdot RQ\,2 + 2 \cdot RQD + 3 \cdot RQ\,3 + 4 \cdot RQ\,4,$$

$$(n_x + 1)\,(n_y + 1) = RQ\,0 + RQ\,1 + RQ\,2 + RQ\,3 + RQ\,4 + RQD$$

$$\text{mit } RQ\,0\text{: Anzahl der Quads} \begin{pmatrix} 00 \\ 00 \end{pmatrix} \qquad (3.2\text{-}15)$$

$$\text{und } RQD\text{: Anzahl der Quads} \begin{pmatrix} 01 \\ 10 \end{pmatrix} \text{ oder } \begin{pmatrix} 10 \\ 01 \end{pmatrix}.$$

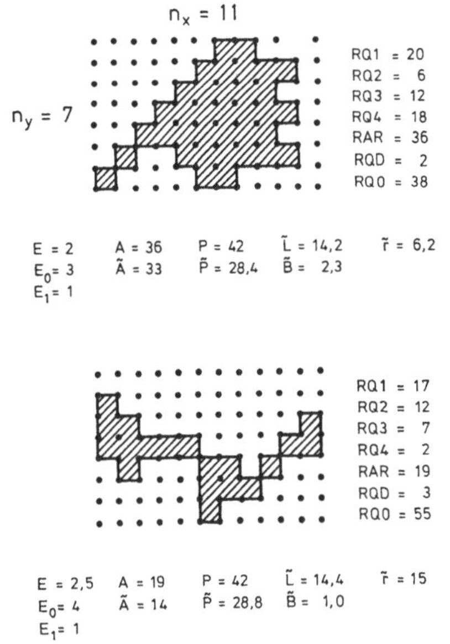

$n_x = 11$

$n_y = 7$

RQ1 = 20
RQ2 = 6
RQ3 = 12
RQ4 = 18
RAR = 36
RQD = 2
RQ0 = 38

$E = 2$ $A = 36$ $P = 42$ $\tilde{L} = 14{,}2$ $\tilde{r} = 6{,}2$
$E_0 = 3$ $\tilde{A} = 33$ $\tilde{P} = 28{,}4$ $\tilde{B} = 2{,}3$
$E_1 = 1$

RQ1 = 17
RQ2 = 12
RQ3 = 7
RQ4 = 2
RAR = 19
RQD = 3
RQ0 = 55

$E = 2{,}5$ $A = 19$ $P = 42$ $\tilde{L} = 14{,}4$ $\tilde{r} = 15$
$E_0 = 4$ $\tilde{A} = 14$ $\tilde{P} = 28{,}8$ $\tilde{B} = 1{,}0$
$E_1 = 1$

Abb. 3.2-12. Beispiele für die Quadzähler-Auswertung (schwarz: 1-Zelle, weiß: 0-Zelle)

Neben den 5 Ergebniszählern in dem R-Feld stehen weitere 9 15-Bit-Zähler zur Auswertung des Bild- und Maskenfeldes zur Verfügung (correlation counters). Diese Zähler werden in Abhängigkeit logischer Verknüpfungen inkrementiert, welche aus dem jeweils aktuellen Zentralelement in U und seiner 8 Nachbarelemente U_i mit dem zum U-Zentralelement korrespondierenden M-Element gebildet werden. Über drei Bit im Instruktionsspeicher kann eine von 8 Boolschen Funktionen eingestellt werden, die das Fortschalten jedes der 9 Zähler steuert (z. B. $\overline{U} \wedge M$, $U \wedge \overline{M}$, $U \wedge M$, usw. und Disjunktionen davon). Nachdem das ganze U-Bildfeld und M-Maskenfeld abgearbeitet worden ist, enthält der zentrale Zähler das Verknüpfungsergebnis bzw. die binäre Korrelation zwischen U- und M-Feld. Die anderen 8 Zähler für die Nachbarschaftslagen enthalten die Korrelationsergebnisse, welche aus der Verschiebung des U-Feldes gegenüber dem M-Feld resultieren. Entsprechend dem 3×3-Zugriff zum U-Feld sind 8 Verschiebelagen eines jeden Bildelements in Richtung der 8 Nachbarelemente realisiert.

Damit läßt sich z. B. die gezielte Suche nach relativen Korrelationsmaxima einfach implementieren.

Eine weitere Option ist die Byte-Betriebsart (density mode), für welche ein Byte-Komparator zur Verfügung steht. In diesem Modus werden die U- und M-Registerinhalte nicht als Binärinformationen, sondern als Bytes aufgefaßt, die einen positiven ganzen Zahlenwert darstellen. Die Bytelänge kann zwischen 3 und 36 Bit variiert werden. Die Bytes in U und M werden arithmetisch bit-seriell miteinander verglichen (z. B. für die Schwellenwertbildung).

Die Anwendungsmöglichkeiten des GRAFFIX-Systems sind hinsichtlich der Verarbeitung von Binärbildern ähnlich vielfältig wie die des CLIP-Prozessors. Das Konzept des BIP-Prozessors, welches dem SI/MD-Typ verwandt ist, läßt sich

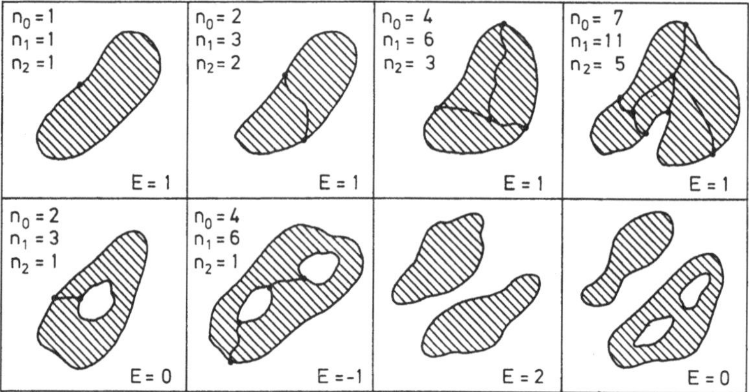

Abb. 3.2-13. Zerlegung von Flächen in einfach zusammenhängende geometrische Elemente (Euler-Zahl E, Anzahl Knoten n_0, Linien n_1 und Flächen n_2)

wegen der bit-seriellen Datenverarbeitung nicht völlig in das I/D-Schema nach 3.2.1. einordnen. Die logischen Verknüpfungen werden in Fließbandverarbeitung entsprechend der für einen Durchlauf eingestellten Parameter ausgeführt. Der Pipeline-Durchsatz beträgt 1 M- und 9 U-Bits je 22 ns Takt.

Geometrisch-topologische Auswertung. Aus den Inhalten der Quad-Ergebniszähler lassen sich Maßzahlen ableiten, welche bestimmte globale Eigenschaften der im U-Feld vorhandenen binären Muster charakterisieren [14]. Neben dem Flächeninhalt A und Umfang P sind dies die Euler-Zahl E und einige Linien-Flächen-Verhältnisse. Die Zählung der Quad-Konfigurationen erfolgt anschaulich dadurch, daß ein 2×2 Bildelemente umfassendes Fenster Bildpunkt für Bildpunkt über das gesamte U-Feld geschoben wird.

In Abb. 3.2-13 sind einzelne und mehrere einfach und mehrfach zusammenhängende Binärflächen schraffiert dargestellt. Diese Flächen sind durch beliebige Schnitte so zerlegt, daß einfach zusammenhängende geometrische Elemente entstehen. Die Euler-Zahl E ergibt sich nach (3.2-16) aus der Anzahl aller Knoten n_0, aller Knotenverbindungen bzw. Linien n_1 und aller Teilflächen n_2. Die Euler-Zahl ist eine Invariante bezüglich der Gesamtzahl der Binärobjekte und ihrer Löcher, wobei B die Anzahl aller Binärobjekte und L die Anzahl aller Löcher im betrachteten Feld darstellen soll

$$E = n_0 - n_1 + n_2 = B - L. \tag{3.2-16}$$

Für eine Fläche ohne Löcher mit $B = 1$ und $L = 0$ beträgt die Euler-Zahl stets 1. Enthält die Fläche Löcher, so muß für jedes Loch 1 abgezogen werden. Sind im betrachteten U-Feld nur Flächen ohne Löcher vorhanden, gibt die Euler-Zahl die Anzahl der Binärobjekte an. Bei einem einzelnen Binärobjekt zeigt $1 - E > 0$ an, daß die Objektfläche mehrfach zusammenhängend ist. Abb. 3.2-13 demonstriert, daß bei mehr als einer Objektfläche im U-Feld mit der Euler-Zahl allein z. B. keine Unterscheidung möglich ist zwischen einer Objektfläche mit einem Loch, 2 Objektflächen mit je einem Loch oder der Kombination aus einer

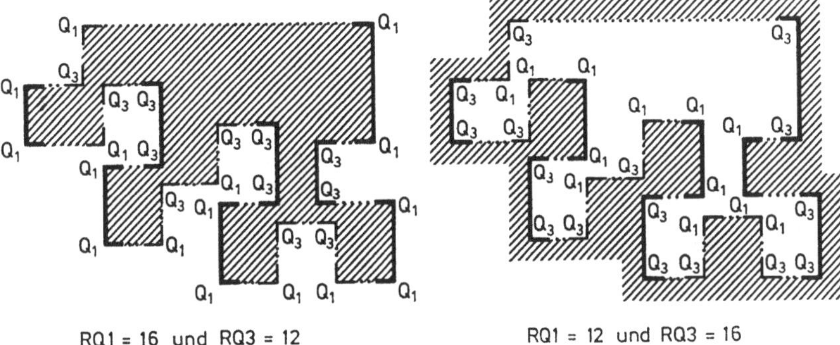

Abb. 3.2-14. Zur Ableitung der Euler-Zahl E aus der Anzahl der ermittelten Q1- und Q3-Quads (schwarz: 1-Zelle, weiß: 0-Zelle)

Objektfläche ohne Loch und einer Objektfläche mit 2 Löchern, für die immer $E = 0$ beträgt.

Die Euler-Zahl kann aus den $RQ\,1$- und $RQ\,3$-Zählerständen berechnet werden (Abb. 3.2-14). Dies läßt sich einfach zeigen, wenn man eine Objektfläche durch Vertikalschnitte zerlegt und die Anzahl der entstehenden rechts-links-Konvexitäten und -Konkavitäten betrachtet. Bei einer einfach zusammenhängenden Objektfläche heben sich alle Konvexitäten und Konkavitäten bis auf eine Konvexität und eine Konkavität auf (vgl. z. B. ein Quadrat als einfache Objektfläche mit $RQ\,1 = 4$ bzw. als Loch mit $RQ\,3 = 4$). Da sich die Konvexität und Konkavität aus den Zählerständen $RQ\,1$ und $RQ\,3$ ergibt, wird die Euler-Zahl

$$E = \frac{1}{4}\,(RQ\,1 - RQ\,3)\,. \tag{3.2-17}$$

Die Euler-Zahl nach 3.2-17 ist für Objektflächen, die im quadratischen Raster quantisiert vorliegen, nur dann korrekt, wenn keine Flächenabschnürungen auftreten ($RQD = 0$). Bei Abschnürungen, die durch QD-Quads gekennzeichnet sind, können entweder die 0-Stege als Verknüpfung der Hintergrundsfläche oder die 1-Stege als Verknüpfung der Objektfläche angesehen werden (Abb. 3.2-12). Entsprechend können die Euler-Zahlen E_0 und E_1 definiert werden. Die Euler-Zahl E

ergibt sich dabei als Mittelwert von E_0 und E_1 für $RQD \neq 0$

$$E_0 = E + \frac{1}{2} RQD \quad E_1 = E - \frac{1}{2} RQD \quad \text{und} \quad E = \frac{1}{2}(E_0 + E_1). \tag{3.2-18}$$

Die Euler-Zahl kann auch bei der Binärisierung von Grauwertbildern von Nutzen sein, wenn die optimale Schwelle Θ nicht bekannt ist (Abb. 3.2-15). Wenn man voraussetzen kann, daß eine größere Objektfläche im U-Feld vorliegt, findet man die optimale Schwelle Θ_{opt} aus dem Verlauf der Eulerzahlen $E(\Theta)$, die sich bei Anwendung verschiedener Binärisierungsschwellen Θ ergeben. Die optimale Schwelle wird im allgemeinen durch ein relatives Minimum angezeigt.

Mit den Zählerständen der Quads lassen sich noch einige weitere Maßzahlen der binären Objekte im U-Feld berechnen, wie z. B. Flächeninhalt A und Umfang P aller Objekte. Durch die flächenhaften Quantisierungsfehler, die durch das quadratische Raster bedingt sind, entstehen Abweichungen gegenüber Objektfläche $\tilde{A}$ und Umfang $\tilde{P}$ bei unendlich feinem Raster. $\tilde{A}$ und $\tilde{P}$ lassen sich auch für geglättete Objektkonturen angeben

$$A = RAR \text{ bzw. } \tilde{A} = \frac{1}{8}(RQ\,1 + 2 \cdot RQ\,2 + 2 \cdot RQD + 7 \cdot RQ\,3 + 8 \cdot RQ\,4),$$

$$P = RQ\,1 + RQ\,2 + RQ\,3 + 2 \cdot RQD \text{ bzw. } \tilde{P} = RQ\,2 + \frac{1}{\sqrt{2}}(RQ\,1 + RQ\,3). \tag{3.2-19}$$

Nach einer Stör- und Fehlstellenbeseitigung lassen sich auch mittlere Objektfläche $\bar{A}$ und mittlerer Objektumfang $\bar{P}$ mittels Euler-Zahl E ausdrücken. Weitere Maßzahlen sind die Linienähnlichkeit r eines Objektes und Linienlänge L und Linienbreite B bei linienhaften Objekten (3.2-20). Zwei Beispiele hierfür sind in Abb. 3.2-12 dargestellt.

$$\bar{A} = \frac{A}{E} \text{ und } \bar{P} = \frac{P}{E} \text{ (nach Störungsunterdrückung)},$$

$$L = \frac{\tilde{P}}{2} \text{ und } B = \frac{\tilde{A}}{L} \text{ (für Linien)}, \tag{3.2-20}$$

$$r = \frac{L}{B} = \frac{\tilde{P}}{4\tilde{A}} \text{ (allgemein) mit } \pi < \tilde{r} < \infty.$$

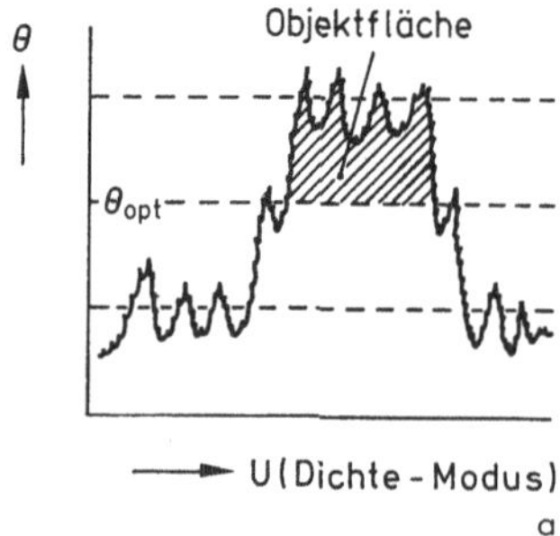

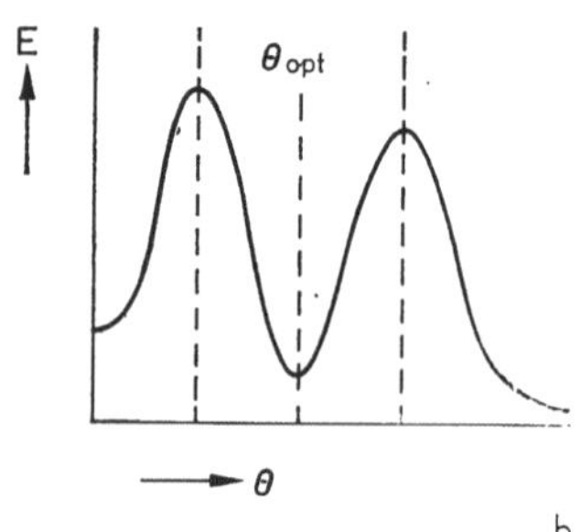

Abb. 3.2-15. Charakteristischer Verlauf *a* der Euler-Zahl $E(\Theta)$ in Abhängigkeit der Binärisierungsschwelle Θ eines *b* Grauwertbildes im U-Feld

Flexible Prozessorsysteme

Im Gegensatz zu den beiden Prozessoren CLIP und BIP handelt es sich bei den flexiblen Prozessorsystemen um Multiprozessor-Anordnungen, deren Einzelprozessoren ähnlich arbeiten wie konventionelle Rechner. Die einzelnen Prozessoren können sowohl hintereinander geschaltet (pipelining) als auch zu parallelen Konfigurationen verbunden werden. Damit ist die Möglichkeit gegeben, weitgehend jeden Parallelismus auszunutzen, der in einer gegebenen Rechenvorschrift enthalten ist. Das FP-System [10, 11] ist besonders effektiv bei Problemen einsetzbar, die einen hohen Datendurchsatz, wie z. B. die Bildverarbeitung, erfordern. Ein spezielles System wurde z. B. zur Photonormalisierung und Bilddifferenz-

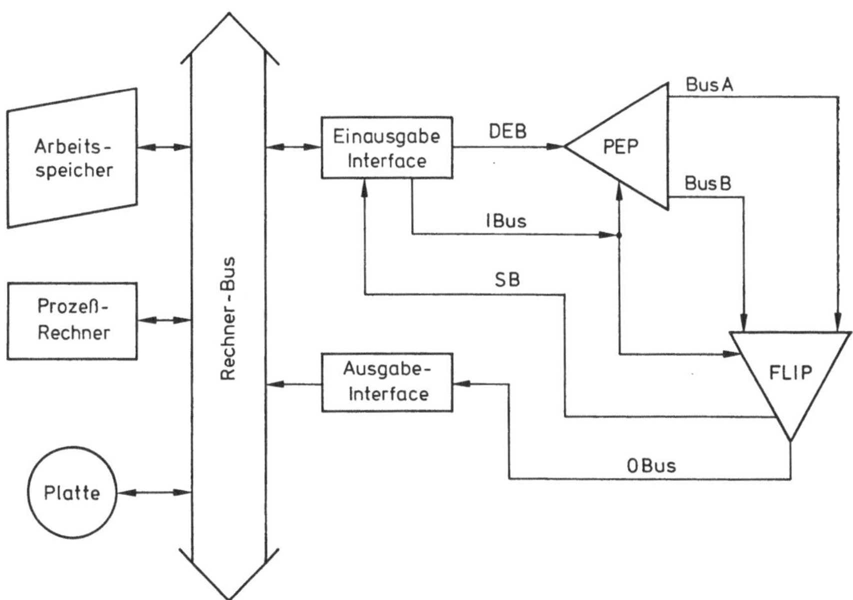

Abb. 3.2-16. FLIP-Prozessorsystem [17] mit Wirtrechner

ermittlung eingesetzt (s. 2.3.2.). Bei dieser Aufgabenstellung war eine Echtzeitverarbeitung von 4,4 μs/Bildpunkt gefordert, welches der Abtastgeschwindigkeit eines Missionsbildes entspricht. Diese Aufgabe konnte duch den Einsatz von 40 FP-Einheiten gelöst werden.

Ein speziell für die Bildvorverarbeitung ausgelegtes System ist der Flexible Image Processor FLIP [15—17]. Das System enthält neben der Einzelprozessor-Anordnung drei für den Betrieb erforderliche Teileinheiten: EA-, A-Interface und PEP-Puffer (Abb. 3.2-16). Das Ein/Ausgabeinterface versorgt das System mit Instruktionen (IBus) und Bilddaten (DEB) und dient außerdem zur Rückmeldung gewisser Betriebszustände (SB) an den Wirtrechner. Das Ausgabeinterface übernimmt die Übertragung von Ergebnissen (OBus) an den Wirtrechner. Der programmierbare Eingabepuffer PEP ist im wesentlichen ein Speicher mit besonderer Organisationsform. Der serielle Bilddatenstrom (DEB) zum FLIP wird zwischengespeichert und in einen Mehrfachdatenstrom (8 × BusA, 8 ×

BusB) für die Einzelprozessoren umgesetzt. Damit wird erreicht, daß der FLIP auf die Elemente einer Bilduntermatrix teilparallel zugreifen kann. Die Bilduntermatrixgröße wird im PEP über Steuerparameter (IBus) eingestellt. Ein über den IBus eingebbares Datenselektionsprogramm steuert den Zugriff zu speziellen Untermatrix-Elementen und versorgt die Prozessor-Eingabebusse (BusA, BusB) mit den entsprechenden Bilddaten.

Struktur des FLIP. Das FLIP-System ist hauptsächlich für die homogene lokale Vorverarbeitung von Grauwertbildern konzipiert. Voraussetzung für die Erzielung kurzer Operationszeiten ist die Homogenität der Verarbeitung, d. h., daß sich der einmal gewählte Algorithmus während der Verarbeitung des gesamten Bildes (Bildmatrix-Durchlauf) nicht verändert. Eine weitere Voraussetzung ist der erforderliche Zugriff zu den Nachbarelementen je Bildpunkt. Bei lokalen Bildoperationen wird je Bildpunkt stets eine bestimmte Nachbarschaft im Originalbild durch eine Operationsvorschrift zu einem einzigen Ergebnis zusammen-

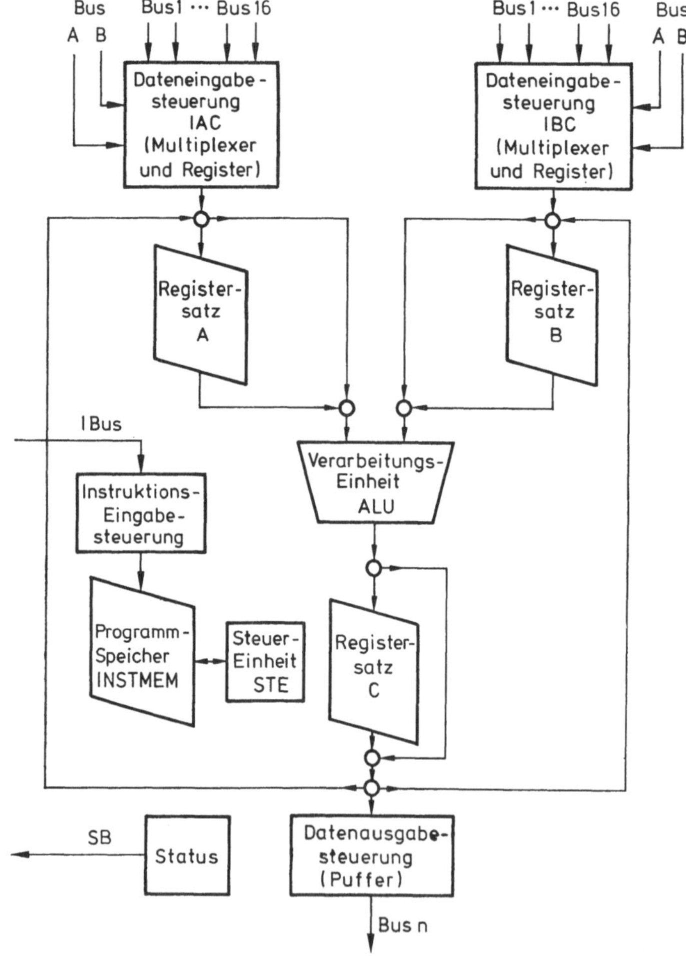

Abb. 3.2-17. Struktur eines Einzelprozessors FEPn des FLIP [17]

gefaßt. Damit wird ein teilparalleler Datenstrom trichterförmig zu einem einzigen Datenstrom verengt.

Um sowohl hinsichtlich der anzuwendenden Methoden als auch der Größe der zu berücksichtigenden Bildnachbarschaft möglichst flexibel zu bleiben, können beim FLIP 16 Einzelprozessoren (FEP) durch ein Programm zu einer bestimmten Prozessorstruktur zusammengeschaltet werden (Abb. 3.2-18a). Die Instruktionen der FEP enthalten nämlich nicht nur die Information darüber, was mit den durchlaufenden Daten geschehen soll (Operationscode), sondern zusätzlich auch die Information, woher die jeweiligen Daten geholt bzw. wohin die Ergebnisse weiter

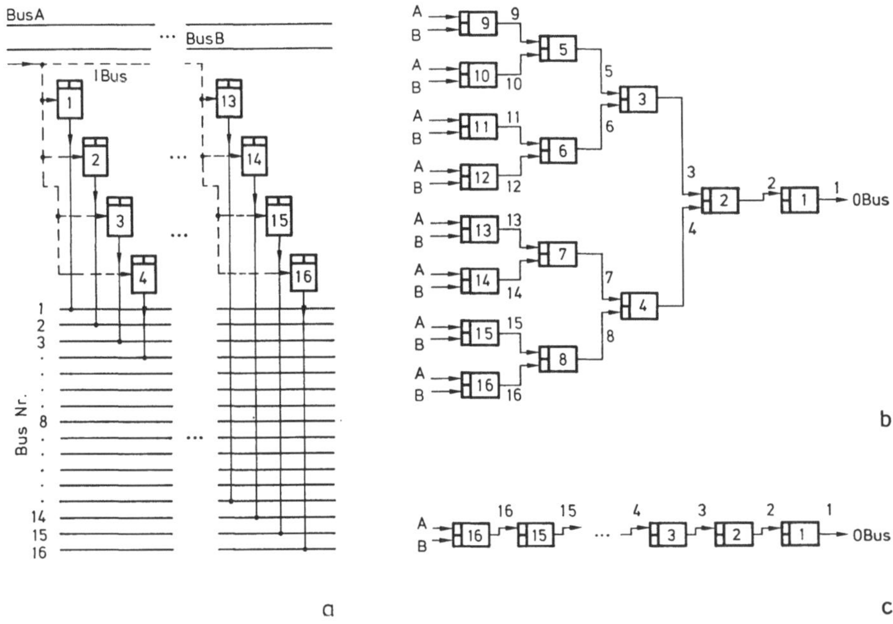

Abb. 3.2-18. Zur Demonstration der Strukturprogrammierung des FLIP. *a* FEP im Grundzustand ohne durchgeschaltete Busse; *b* FEP-Kaskade; *c* FEP-Pipeline

geleitet werden sollen. Die FEP (Abb. 3.2-17) sind vom SI/MD-Typ. Jeder FEP verfügt über einen Speicher (INSTMEM) für maximal 256 Instruktionen, eine logische und arithmetische Verarbeitungs-Einheit (ALU) und drei Einausgabepuffer (Registersätze STACK A, B, C).

Die strukturelle Programmierung des Systems (Abb. 3.2-18b u. c), die Anordnung von Prozessoren zu einem gewünschten Prozessorenverbund, geschieht in der Programmierphase vor dem Datendurchlauf (Arbeitsphase). Im Gegensatz zu konventionellen Rechnern besitzt jeder Einzelprozessor (FEP) zwei unabhängige Dateneingabetore (IAC, IBC). Jede Instruktion besteht aus 4 Teilen zu je 8 Bit (Operationscodewort, IAC-Busselektion, IBC-Busselektion, Ergebnis-Register-Adresse). Die beiden ersten Adressen wählen zur Dateneingabe einen der Datenpfade aus der Gesamtheit der vorhandenen aus. Jedes der beiden Eingabetore kann also jedes der vorhandenen Leitungsbündel (BusA, BusB, Bus 1 bis Bus 16) durchschalten. Die dritte Adresse des Instruktionswortes dient zur

Steuerung des Verarbeitungsergebnisses. Dieses kann sofort über den fest zugeordneten Datenpfad (BUS n) weitergeleitet oder zur späteren Verwendung in einem internen Datenspeicher (STACK A, B, C) abgelegt werden.

Die Aktivität der FEP ist allein vom Datenfluß abhängig. Eingangsseitig bedeutet dies, daß die Verarbeitung einer Instruktion erst beginnt, wenn gültige Daten auf dem ausgewählten Datenpfad (oder beiden Datenpfaden) vorliegen und übernommen werden. Ausgangsseitig wird die Aktivität des FEP dann unterbrochen, wenn ein vorheriges Ergebnis nicht abgeholt wird. Mit diesem Steuerungsprinzip sind weitere Synchronisationsmaßnahmen zwischen den FEP überflüssig und brauchen vom Benutzer auch nicht berücksichtigt zu werden. Dadurch entfallen die sonst bei Mehrprozessorsystemen üblichen programmtechnischen Maßnahmen wie Statusabfragen oder Unterbrechungen der Programmsteuerung.

Kaskadierung einer lokalen Bildoperation. Je nach Komplexität wie Parallelitäts- und Simultangrad einer zu realisierenden Bildoperation sind entsprechende Kaskadierungen für die Parallel- und Fließband-Verarbeitung zu wählen. Als Beispiel für die Kaskadierung einer lokalen Bildoperation sei die Streifendifferenzmethode (2.1-32) bei Anwendung einer 3×3-Untermatrix betrachtet. Das Ergebnis Δi_{xy} der Operation nach (3.2-21) erhält man durch Verschieben einer 3×3-Untermatrix l, m über die Bildmatrix (i_{xy}), wobei für jedes Bildelement x, y eine Streifendifferenz Δ_x und Δ_y in x- und y-Richtung und der Mittelwert über die absoluten Streifendifferenzen gebildet wird:

$$\Delta i_{xy} = \frac{1}{2}(\Delta_x i + \Delta_y i)$$

$$\text{mit } \Delta_x i = \frac{1}{3}\left|\sum_{m=-1,0,1} (i_{x-1,y+m} - i_{x+1,y+m})\right| \qquad (3.2\text{-}21)$$

$$\text{und } \Delta_y i = \frac{1}{3}\left|\sum_{l=-1,0,1} (i_{x+l,y-1} - i_{x+l,y+1})\right|.$$

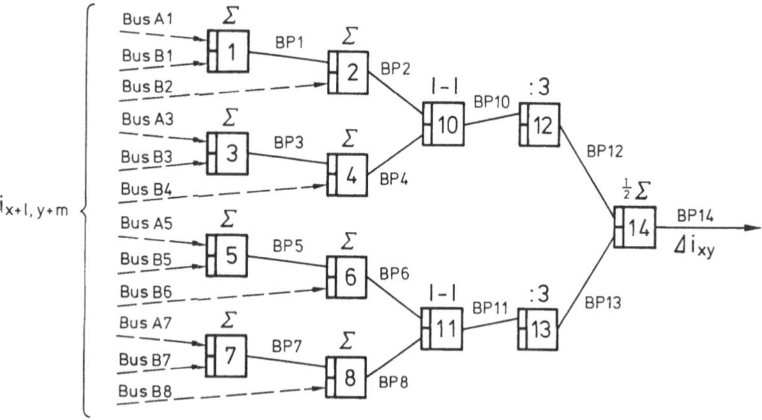

Abb. 3.2-19. FEP-Kaskadierung zur Berechnung der Streifendifferenz

Die FEP-Kaskadierung zur Berechnung der Streifendifferenz kann z. B. mit 13 FEP implementiert werden (Abb. 3.2-19). Die gestrichelt gezeichneten Datenverbindungen repräsentieren jeweils einen der insgesamt 16 Busse ($8 \times$ BusA, $8 \times$ BusB), welche im PEP durch ein Ausleseprogramm selektiert werden können. Die durchgezogenen Linien stellen die systeminternen Datenverbindungen dar, deren Ordnungsnummer mit der des zugehörigen Prozessors übereinstimmt. Zur mnemonischen Unterscheidbarkeit werden sie hier als Prozessorbusse BP bezeichnet.

Zur richtigen Funktion der Kaskade muß der PEP die benötigten Bilddaten $i_{x+l,y+m}$ zunächst auf die BusA- bzw. BusB-Leitungen setzen. Dies geschieht durch Schiebe-Befehle MOVH im Homogen-Modus des PEP, mit denen Bilddaten relativ zum Zentralelement einer Bilduntermatrix adressiert werden. Das PEP-Ausleseprogramm kann mnemonisch wie folgt geschrieben werden:

```
MOVH  -1, -1, BusA 1  }
MOVH   0, -1, BusB 1  } Nord-Streifen
MOVH   1, -1, BusB 2  }

MOVH  -1,  1, BusA 3  }
MOVH   0,  1, BusB 3  } Süd-Streifen
MOVH   1,  1, BusB 4  }
                                        (3.2-22)
MOVH  -1, -1, BusA 5  }
MOVH  -1,  0, BusB 5  } West-Streifen
MOVH  -1,  1, BusB 6  }

MOVH   1, -1, BusA 7  }
MOVH   1,  0, BusB 7  } Ost-Streifen
MOVH   1,  1, BusB 8  }
```

Die Teilprogramme der FEP sind bei der in Abb. 3.2-19 dargestellten Konfiguration wie folgt anzuschreiben

```
FEP 1:  ADD  BusA 1, BusB 1, OB  (OB: Gehe weiter auf zu-
                                  gehörigem Prozessorbus)
FEP 2:  ADD  BP 1, BusB 2, OB                        (3.2-23)
FEP 3:  ADD  BusA 3, BusB 3, OB
FEP 4:  ADD  BP 3, BusB 4, OB  usw.
```

Die Programmierung der FEP 5, 6, 7, 8 erfolgt entsprechend. Die Betragsdifferenzbildung der FEP 10 und 11 erfordert ebenfalls nur einen einzigen Maschinenbefehl, z. B. für den FEP 10

```
FEP 10:  SUBM  BP 2, BP 4, OB  (subtract magnitude).   (3.2-24)
```

Bei den Programmen für die Prozessoren 12, 13 und 14 handelt es sich um FEP-Programme mit mehreren Instruktionen. Als Beispiel sei angenommen, daß die Division im FEP durch ein Unterprogramm aus einfacheren Maschinenbefehlen realisiert sei. Beim Aufruf des Dividier-Befehls DVD werde dieses Unterprogramm von einer Bibliothek abgeholt und in den Instruktionsspeicher des jeweiligen Prozessors geladen. Die Division erfordert z. B. im Mittel 6 Maschinenzyklen und stellt damit die höchste Zeitanforderung in der Kaskade nach Abb. 3.2-19 dar. Der Befehl für FEP 12 lautet

FEP 12: DVD BP 10, H 3, OB (Dividiere den Wert auf BP 10 durch 3 und setze das Ergebnis auf den Prozessorbus BP 12).

Das Programm für FEP 14 (3.2-25)

```
FEP 14: ADD    BP 12, BP 13, STA 0   (Instruktions-Adresse IA 0)
        SHIFT  STA 0, R 1, OB        (IA 1)                        (3.2-26)
        JMP    0                     (IA 2)
```

lautet in Worten

IA 0: Addiere die Daten von BP 12 und BP 13 und lege die Summe in einem der Registersätze ab (hier Registersatz A/Adresse 0).

IA 2: Schiebe den Inhalt des Registersatzes A/Adresse 0 um eine Stelle nach rechts (R 1) und gebe das Ergebnis auf dem Prozessorbus BP 14 aus.

IA 3: Springe nach IA 0, dort wartet FEP 14, bis wieder Daten auf BP 12 und BP 13 eintreffen.

Da die Programme der Prozessoren 1 bis 8 und 10, 11 jeweils nur aus einem Befehl bestehen, kann man den Sprungbefehl JMP in diesen Prozessoren weglassen. Der Assembler erkennt die jeweilige Programmlänge und setzt den betreffenden Prozessor durch einen Pseudobefehl in einen besonderen Betriebszustand (Einzelbefehlmodus). In diesem Zustand wird der Programmzähler auf derselben Adresse (den gleichen Befehl) festgehalten. Dadurch kann der Zyklus für den Sprungbefehl eingespart werden.

In Abb. 3.2-20 ist das Belegungsdiagramm für die FEP-Kaskadierung dargestellt. Durch den großen Zeitbedarf der Division ergeben sich Lücken, welche den Ergebnistakt auf die Divisionszeit herabsetzt. Außerdem ergibt sich ein beträchtliches Absinken des Ausnutzungsgrades der übrigen Prozessoren und damit des Gesamtsystems. Dieses Beispiel zeigt, daß auch in einer Kaskade wegen des Pipeline-Prinzips das Segment mit dem größten Zeitbedarf den Gesamtdurchsatz durch das System bestimmt. Die Gesamtleistung der im Beispiel genannten

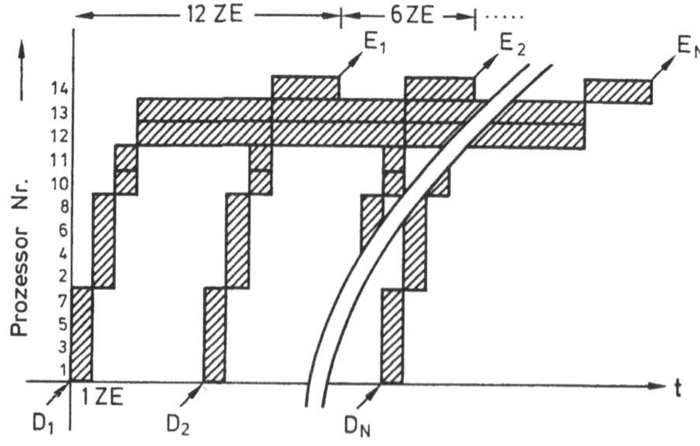

Abb. 3.2-20. Belegungsdiagramm für die FEP-Kaskadierung zur Streifendifferenzberechnung (*D* Dateneingabe; *E* Ergebnis; *ZE* Zeiteinheit)

Kaskade kann dadurch erhöht werden, daß man den Zeitbedarf der Division durch Hard- oder Softwaremaßnahmen reduziert, wie z. B. Realisierung eines Divisionsbefehls oder tabellarische Zuordnung der Divisionsergebnisse. Die zweite Möglichkeit besteht darin, den leerlaufenden Prozessoren mehr Aufgaben zuzuteilen, um die Lücken aufzufüllen. Der Ausnutzungsgrad kann dadurch erhöht werden, daß man in derselben Zeit komplexere Aufgaben durchführt, z. B. parallel zur Streifendifferenz-Berechnung eine andere erforderliche lokale Bildoperation durchführt.

Die obere Grenze der Verarbeitungsleistung eines FLIP-Systems mit 16 FEP beträgt bei 250 ns mittlerer Instruktions-Zykluszeit 64 Millionen Instruktionen in der Sekunde (MIPS). Die Anzahl der FEP ist so ausgelegt, daß im allgemeinen ein Bild in der Zeit verarbeitet werden kann, die für den Transport der Bilddaten zum System und den Rücktransport der Ergebnisse erforderlich ist. Bei einem Bild von 1024×1024 Elementen dauert dieser Vorgang etwa 18 s bei Datenein-ausgabe über BUS und Magnetplatte des Wirtrechners bzw. etwa 0,25 s bei Anwendung eines Halbleiter-Massenspeichers (obere Grenze des Datendurchsatzes)

Um die obere Grenze der Verarbeitungsgeschwindigkeit des FLIP-Systems von 64 MIPS zu erreichen, ist eine Bereitstellung der Bilddaten, wie sie die PEP-Einheit vornimmt, erforderlich. Ein FLIP-System ohne verfügbaren PEP mit konventionellem Halbleiterspeicher würde maximal nur etwa 16 MIPS leisten. Vergleicht man die Rechenleistung eines FLIP-Systems mit der eines modernen seriellen Rechners, so ist die Rechenleistung des konventionellen Rechners bezüglich Bildverarbeitungsprobleme mit 1 MIPS anzusetzen.

3.2.3. Literatur

[1] Flynn, M. J.: Some Computer Organization and Their Effectiveness. IEEE Trans. Comp. **C-21**, 948–960 (1972).

[2] Chen, T. C.: Parallelism, Pipelining and Computer Efficiency. Computer Design **1971**, 69–74.

[3] Barnes, G.: The ILLIAC IV Computer. IEEE Trans. Comp. **1968**, 746–757.

[4] Kuck, D. J.: ILLIAC IV Software and Application Programming. IEEE Trans. Comp. **1968**, 758–770.

[5] Rudolph, J. A.: The Associative Processor — A New Computer, Resource. IEEE Region 6 Conference, April 1969.

[6] Goodyear Acrospace Corporation, Akron, Ohio: STARAN Reference Mannal. September 1974.

[7] Roecker, F.: STARAN Image Processing. Implementation of 4 Preprocessing Techniques. FIM/FGAN-Bericht Nr. 47, Karlsruhe, Juni 1977.

[8] Roecker, F.: STARAN Bildverarbeitung. FIM/FGAN-Bericht Nr. 52, Karlsruhe, August 1977.

[9] CSP Inc., Burlington, Mass.: An Introduction to the MAP Series, February 1975.

[10] Bonrud, L. D., Control Data Corp. Digital Image Systems Division: Use of Flexible Processors with Image Display and Recording Equipment. TM 9125008-1, Januar 1975.

[11] Control Data Corp. Digital Image Systems Division, Minneapolis, Minn.: Flexible Processor. A Microprogrammable Processor.

[12] Duff, M. J. B.: A Parallel Computer for Array Processing. Image Processing 74, Proc. IFIP Congr. **1974**, 94.

[13] Gray, S. B., Information International, Los Angeles, Calif.: The Binary Image Processor and Its Applications. 90 365-54, Januar 1972.

[14] GRAY, S. B.: Local Properties of Binary Images in Two Dimensions. IEEE Trans. Comp. C **20**, 551—561 (1971).

[15] VORGRIMLER, K.: Zur Leistungssteigerung von Mehrprozessorsystemen für die Verarbeitung digitaler Bildinformationen. Dissertation, Universität Karlsruhe, Juni 1976.

[16] VORGRIMLER, K.: Enhancement of Computing Power in Multiprocessor Systems for Processing Digitized Pictures. Proc. of the 1976 International Conference on Parallel Processing, Wayne State University, Detroit, Mich., S. 11—17 IEEE catalog No. 76 CH 1127-0 C.

[17] VORGRIMLER, K., GEMMAR, P.: Structural Programming of a Multiprocessor System. Proc. of the IMACS (AICA)-GI, Symposium München, März 1977.

[18] BAER, J. L.: Large Scale Systems. In: Computer Science (CARDENOR, A. F., PRESSER, L., MARIN, M. A., Hrsg.), Kapitel 5. New York: Wiley Interscience 1972.

[19] Floating Point Systems, Portland, Oregon: AP 120 B Array transform Processor Form 7272, 1975.

[20] PCS GmbH, München: Array Processor APS, 1976.

[21] Christian Rovsing A/S Herlev, Danmark: Multiprocessor System. Announcement, April 1975.

[22] DUFF, M. J. B.: Geometrical Analysis of Image Parts. Nato Advanced Study Institute Digital Image Processing and Analysis, Bonas, Frankreich, Juni 1976, S. 141—161.

[23] CORDELLA, L., DUFF, M. J. B., LEVIALDI, S.: Thresholding: A Challenge for Parallel Processing. Computer Graphics and Image Processing **6**, 207—220 (1977).

[24] DUFF, M. J. B.: Review of the CLIP Image Processing System. National Computer Conference Anaheim. Calif., 1978 (Hrsg.: Amer. Fed. of Information Processing Soc.).

4. Anwendungen in Wirtschaft, Industrie und Forschung

Die beschriebenen Verfahren zur Bildauswertung haben zum Teil einen so großen Komplexitätsgrad, daß bei der großen Menge der zu verarbeitenden Bilddaten und wegen der begrenzten verfügbaren Rechenleistung eine allgemeine Anwendung aus Aufwands- oder Zeitgründen noch nicht in Betracht kommt. Für bestimmte einfache Anwendungsfälle läßt sich jedoch bereits auf der Grundlage der vorhandenen Technologie eine automatische Bildauswertung realisieren. Voraussetzung hierfür ist, daß der Anwendungsfall eine spezielle Objektgestaltung, Objektanordnung und Objektbeleuchtung einer Bildszene und spezielle Sensoren und Systeme zur Objekterfassung zuläßt, um die zu verarbeitende Datenmenge zu reduzieren. Derartige Anwendungsfälle für eine Bildauswertung sind z. B. die automatischen Schriftzeichenerkennung als Automatisierungshilfe für Zahlungsverkehr, Verwaltung, Lagerhaltung, Einkauf, Verkauf usw., die automatische Materialprüfung für die Produktionskontrolle und die Produktionsautomatisierung für die Fertigung. Auch im Bereich der Forschung (Kernphysik, Biologie und Chemie) hat z. B. die Automatisierung der Auswertung von Meßdaten, welche von Bildsystemen, wie Kamera oder Mikroskop, geliefert werden, eine große Bedeutung.

4.1. Automatische Schriftzeichenerkennung

Von M. Bohner

Damit schriftliche Informationen ohne Aufbereitung durch den Menschen in ein datenverarbeitendes System eingegeben werden können, sind spezielle Informationswandler erforderlich. Die Aufgabe dieser Informationswandler besteht darin, die Schriftzeichen von einer Vorlage abzutasten und den Schriftzeichen ihre Bedeutung als Codewort zuzuordnen. Informationswandler für in analoger Form vorliegende Schrift werden Zeichenleser genannt. Die Erkennungsleistung heutiger Zeichenleser bezüglich der Schriftvariationen ist weit entfernt von der des menschlichen Sehsystems. Werden jedoch die zur Anwendung kommenden Schriftzeichen speziell für eine Maschinenerkennung entworfen, können mit Zeichenlesern Erkennungsgeschwindigkeiten erreicht werden, die verglichen mit denen des menschlichen Sehsystems um zwei bis drei Größenordnungen besser sind und nur durch den mechanischen Transport des Zeichenträgers begrenzt werden (Leseleistungen bis zu 100000 Belegen pro Stunde). Die bei der direkten Beleglesung eingesetzten Verfahren können in drei Gruppen eingeteilt werden:

Erkennung von Markierungen (OMR = optical mark reading): Auf dem Beleg werden beim Anfall der Daten bestimmte Stellen des Beleges mit einem Schreibwerkzeug oder einem Druckwerk optisch sichtbar markiert. Die durch die Markierung erzeugten Schwärzungen werden beim Lesen mit Fotoelementen gemessen und ausgewertet, wobei sich die Bedeutung der Markierungen aus ihrer Posititon ergibt. Die Informationsdarstellung ist also sehr ähnlich der Darstellung mittels einer Lochkarte.

Magnetische Schriftzeichenerkennung (MICR = magnetic ink character recognition): Die Schriftzeichen der speziell für diese Anwendung entwickelten Zeichensätze E13B und CMC 7 werden mit magnetischer Tinte auf den Beleg gedruckt. Beim Lesen werden die durch die Relativbewegung zwischen Lesekopf und Beleg induzierten Spannungsverläufe zur Erkennung ausgewertet.

Optische Schriftzeichenerkennung (OCR = optical character regocnition): Die Schriftzeichen werden mit nicht besonders präparierter Tinte auf den Beleg gedruckt oder von Hand eingetragen. Beim Lesen werden die beim Beleuchten der Zeichen entstehenden Remissionsschwankungen ausgewertet.

Von diesen Verfahren zur direkten Beleglesung wird immer häufiger die optische Erkennung von Schriftzeichen aufgrund von Schwärzungsverteilungen verwendet (OCR), während die anderen Verfahren meist auf spezielle Anwendungen beschränkt bleiben. Bei Verwendung von speziellen Schriftsätzen (z. B. OCR-A, OCR-B [2—5]), eingeschränktem Zeichenvorrat (z. B. numerische Untermenge) und bei Einhaltung der zulässigen Drucktoleranzen kann eine hohe Erkennungssicherheit erreicht werden (in der Größenordnung von einem Fehler auf mehr als 10000 Zeichen) [1]. Diese geringe Fehlerrate erlaubte beispielsweise die Einführung der optischen Beleglesung bei der Automatisierung des Zahlungsverkehrs.

4.1.1. Formularleser

Belegleser werden bei der Automatisierung des Zahlungsverkehrs eingesetzt (Scheckformulare, Überweisungsformulare). Die zu erkennenden Zeichen sind in der Codierzeile der Einzelbelege abgedruckt, wobei jeder Beleg nur eine einzige Codierzeile enthält. Beleggröße, Belegformat, Lage der Codierzeile und Anordnung der Zeichen auf dem Beleg sind fest vorgegeben, so daß die Daten ohne Auswertung des gesamten Belegs von einem fest eingestellten Sensor erfaßt und im Leser weiterverarbeitet werden können. Der Zeichenvorrat der zu erkennenden Zeichen ist i. allg. stark eingeschränkt.

Seitenleser verarbeiten Formulare unterschiedlicher Größe, wobei die zu erkennenden Schriftzeichen in mehreren Zeilen unterschiedlicher Breite und variabler Anordnung auf dem Formular verteilt sind. Die Zeichen können neben den Ziffern auch Groß- und Kleinbuchstaben umfassen, wobei die Zeichen mehrerer Schriftarten und Schriftgrößen erkannt werden müssen. Die Information wird dabei je nach Anfall der Daten mit verschiedenen Druckgeräten (Schreibmaschine, Schnelldrucker usw.) auf das Formular gedruckt, so daß auch meist größere Toleranzen der Druckparameter toleriert werden müssen. Die Größe und Lage der Bereiche sowie die Schriftart, Schriftgröße und der Umfang des Zeichensatzes innerhalb eines Lesefeldes sind für einen Stapel von Formularen bekannt und werden vom Anwender per Leseprogramm spezifiziert.

Belegtranport mit Lesestation und Belegsortierung

Belegleser werden im Zusammenhang mit Buchungsvorgängen eingesetzt. Die Kontenstände und Kontenbewegungen sind auf Speichermedien, wie Magnetband oder Magnetplatte, festgehalten, wobei die nach Kontennummern geordneten Daten nur blockweise aufgerufen werden können. Um die Buchungen ökonomisch durchführen zu können, müssen die zu buchenden Belege möglichst nach Kontennummern sortiert vorliegen, wobei das Sortieren in einem vorgeschalteten Arbeitsgang mit dem Belegleser durchgeführt werden soll. Der Belegleser muß deshalb eine Ablage der auszuwertenden Belege in verschiedenen Ablagefächern ermöglichen.

Abb. 4.1-1 zeigt schematisch die Realisierung des Belegtransports am Beispiel eines Klarschrift-Sortierlesers [11]. Die Belege werden von unten in das Zuführungsmagazin nachgefüllt und oben abgezogen, so daß die Reihenfolge der Belege erhalten bleibt. Der Zuführungsriemen erfaßt eine Anzahl der obersten Belege und befördert sie zur Abzugsvorrichtung. Durch zwei Riemen mit entgegengesetzter Laufrichtung (Trennriemen und Rückhalteriemen) wird dann jeweils nur der oberste Beleg erfaßt und weitergeleitet. Nachdem die fehlerfreie Funktion der Abzugsvorrichtung an einer Station zur Erkennung von Mehrfachbelegen überprüft wurde, erfolgt die Ausrichtung des Beleges nach seiner Referenzkante.

Über die Lesetrommel wird der Beleg mit hoher Geschwindigkeit (typisch

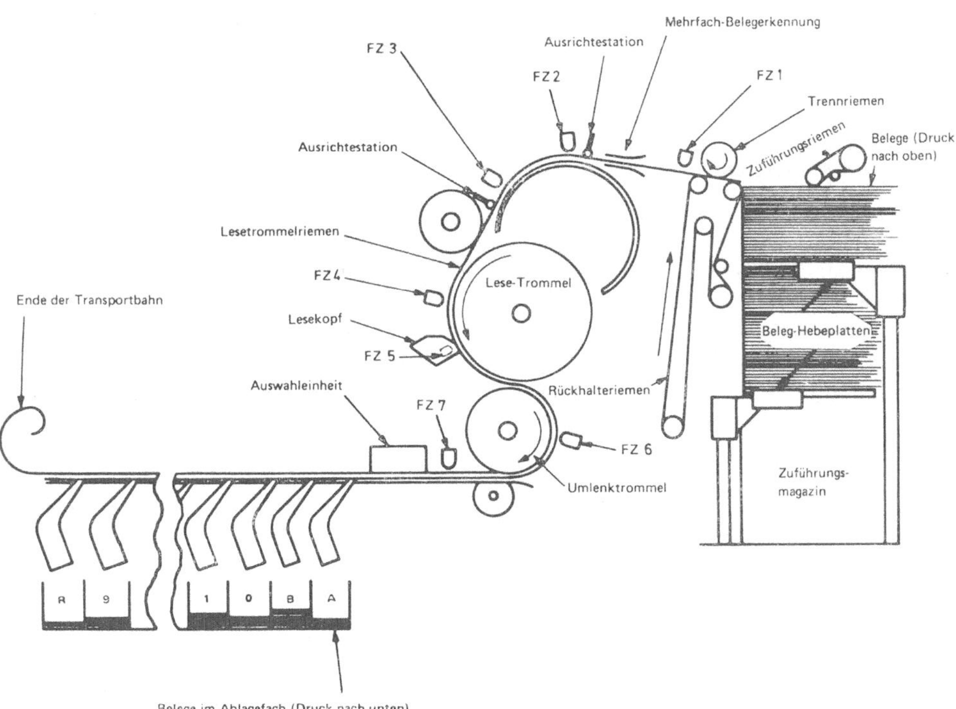

Abb. 4.1-1. Belegtransport einer Sortierlesemaschine [11]

6 m/s) am Lesekopf vorbeigeführt, wobei eine quer zur Transportrichtung des Beleges ausgerichtete Fotodiodenzeile die Remissionsverteilung des großflächig beleuchteten Beleges mißt. Nach der Erkennung der Schriftzeichen des Beleges werden je nach Beleginformation durch die Auswahleinheit elektromagnetisch Fachweichen angesteuert, so daß der Beleg in einem der Ablagefächer abgelegt wird. Der Weg des Beleges von der Zuführung zum Ablagefach wird durch Fotozellen (FZ 1 bis FZ 7) überwacht.

Lese- und Erkennungseinrichtung

Als Beispiele sollen zwei Seitenleser behandelt werden, welche die Ziffern und Großbuchstaben der Normschriften OCR-A und OCR-B, gedruckte numerische Handschrift und einige weitere spezielle Schriftarten verarbeiten.

Hardware-Erkennungslogik. Die Erkennungslogik des ersten Zeichenlesers kann je nach Schriftart in einen Strichanalyse-, Matrixanalyse- oder Konturanalyse-Modus umgeschaltet werden (Abb. 4.1-2). Im folgenden wird die Schriftzeichenerkennung durch Konturauswertung näher betrachtet [10].

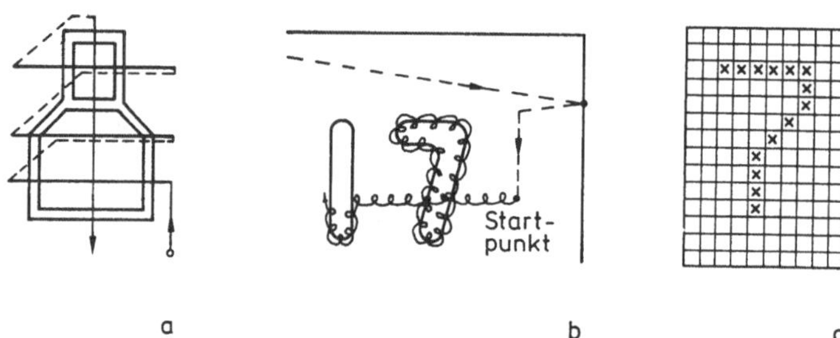

Abb. 4.1-2. Zeichenerkennungsverfahren. *a* Strich- und *b* Kontur-Analyse der Remissionssignale bei Lichtpunktabtastung; *c* Matrix-Analyse nach Zeichenspeicherung und Zentrierung [12]

Zur Abtastung der zu lesenden Zeichen wird ein Kathodenstrahlverfahren angewandt (ähnlich Abb. 2.1-18a). Hierbei wird der leuchtende Punkt einer Kathodenstrahlröhre über ein optisches System auf den in einer Dunkelkammer liegenden Beleg abgebildet und das remittierte Licht über eine oder mehrere Fotovervielfacher-Röhren aufgefangen und elektronisch weiterverarbeitet. Für das Erkennungsverfahren hat diese Art der Abtastung gegenüber Fotodiodenzeilen den Vorteil, daß

der Abtastpunkt elektronisch an eine beliebige Stelle innerhalb des Lesefensters gesteuert werden kann,

ein für das gerade zu lesende Zeichenfeld günstigster Abtastmodus eingestellt werden kann,

die Zeichen mit evtl. veränderter Lage oder Schwellwerteinstellung mehrfach abgetastet werden können.

Zur Konturauswertung (Abb. 4.1-2b) wird der Abtaststrahl zunächst von einer Startposition, die rechts von dem zu lesenden Zeichenfeld durch das Leseprogramm festgelegt wird, in kreisenden Bewegungen solange nach links geführt, bis eine „Schwarz"-Information eines Zeichens getroffen wird. Die Kreisbewegung wird nun derart gesteuert, daß der Abtaststrahl einen Teilkreis mit kleinem Radius beschreibt, solange er sich innerhalb einer dunklen Zone (Teil eines Schriftzeichens) befindet. Sobald er jedoch wieder aus der dunklen Zone austritt, beschreibt er einen Kreisbogen mit größerem Radius, bis er wieder auf Zeichen-Information trifft.

Auf diese Weise klammert sich der Abtaststrahl gleichsam an der Zeichenkontur fest. Die Veränderungen der Position des Abtaststrahles werden zunächst nach Lage und Richtung gespeichert, so daß man nach der ersten Umkreisung die Größe des Zeichens erfaßt hat. Die Auswertung dieser Größenangaben gestattet es, das Zeichen bei der nächsten Abtastung optimal in ein normiertes Raster mit z. B. 3×4 Auswerte-Elementen einzuschreiben, wobei die Abtastgeschwindigkeit

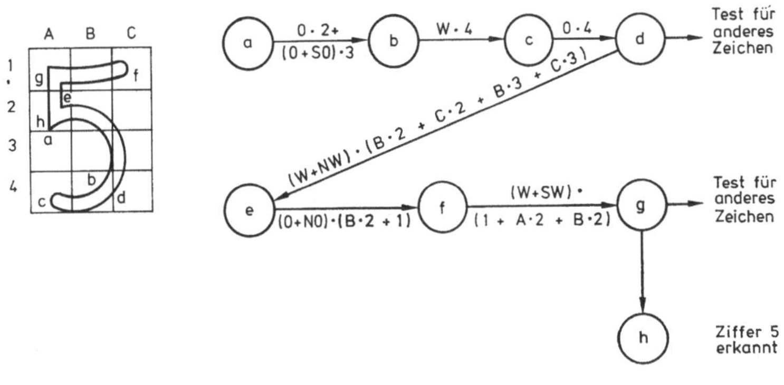

Abb. 4.1-3. Zeichenerkennung durch Konturanalyse [10]. *a* Zeichenbeispiel mit Auswerte-Elementen (Ziffer und Buchstabe) und Zonen (Ziffer oder Buchstabe); *b* sequentielles Schaltwerk zur Klassifikation (logisch UND: (·); logisch ODER: (+))

so eingestellt wird, daß eine vorgegebene Zeit vergeht, bis der Abtastpunkt den Bereich eines Auswerte-Elementes durchquert hat (Abb. 4.1-3a). Außerdem wird die Bewegungsrichtung des Abtastpunktes während dieser zweiten Zeichenabtastung bestimmt.

Die Auswertung der Abtastinformation erfolgt parallel mit mehreren sequentiellen Schaltwerken (Abb. 4.1-3b). Die verschiedenen Bewegungsrichtungen des Abtastpunktes sind mit den Abkürzungen für die Himmelsrichtungen bezeichnet. Befindet sich der Abtastpunkt zunächst in der Position des Zeichenmerkmals a, so muß er sich entweder in Zone 2 (A, B oder C) nach Osten oder in Zone 3 (A, B oder C) nach Osten oder Südosten bewegen, um zur Position b zu gelangen. Diese Eigenschaft ist notwendig, daß das zu erkennende Zeichen der Klasse „5" angehört. Die endgültige Entscheidung für diese Klasse kann jedoch erst dann getroffen werden, wenn auch die anderen in Abb. 4.1-3b eingetragenen Bedingungen erfüllt sind.

Software-Erkennungslogik. Die zweite darzustellende Lesemaschine [13] besitzt die gleichen Funktionen wie der oben beschriebene Seitenleser, ist jedoch billiger und hat eine geringere Verarbeitungsgeschwindigkeit. Neben jeder Zeile ist auf dem Formular am linken Rand eine Steuermarke angebracht (vorgedruckt, mit der Schreibmaschine getippt oder mit Bleistift eingetragen). Die Transporteinheit schiebt nun das zu lesende Formular bis zu der ersten bzw. jeder folgenden Steuermarke vor, wobei das Formular nach erfolgtem Vorschub während der Auswertung einer Zeile in Ruhe ist.

Ein Abtastkopf (Abb. 4.1-4a) wird horizontal auf einem Schlitten über die zu lesende Zeile bewegt, wobei ihm über das Lese-Programm Feldanfang und Feldende mitgeteilt werden. Um Zeit zu sparen, tastet der Kopf sowohl von rechts als auch von links ab. In diesem Lesekopf (Abb. 4.1-4b) befindet sich eine Zeile mit 64 lichtemittierenden Dioden (LED), die nacheinander kurze Lichtimpulse aussenden. Diese Lichtimpulse werden über ein optisches System auf den Beleg geworfen und das remittierte Licht von einem Fotodetektor (2) aufgefangen. Ein weiterer Fotodetektor (1) erhält über einen halbdurchlässigen Spiegel zur Kontrolle einen Teil des ausgesandten Lichtes ebenfalls übermittelt, so daß unterschiedliche Leuchtdichten der LED ausgeregelt werden können. Durch die Horizontalbewegung des gesamten Kopfes entsteht auf diese Weise ein Rasterbild hoher Auflösung.

Die Auswertung der Abtastinformation erfolgt mit einer Erkennungslogik, die den oben beschriebenen Verfahren sehr ähnlich ist. Diese Erkennungslogik ist jedoch nicht in Hardware aufgebaut, sondern die Auswertung erfolgt per Programm mit einem in die Maschine eingebauten Minicomputer, der auch die Funktionssteuerung des Abtasters übernimmt. Programmiert wird dieser Minicomputer über Programmbelege, die der eigentlichen Verarbeitung vorangeschickt werden. Je nach Größe des Hauptspeichers (min. 24 K Byte, max. 96 K Byte) kann nun in einem Bearbeitungslauf entweder nur eine Schriftart oder das gesamte Repertoire der Maschine gelesen werden. Geladen werden die Leseprogramme über einen auswechselbaren Diskettenspeicher, so daß auch nachträgliche Verbesserungen in der Erkennungslogik ohne Eingriff in die Hardware erfolgen können.

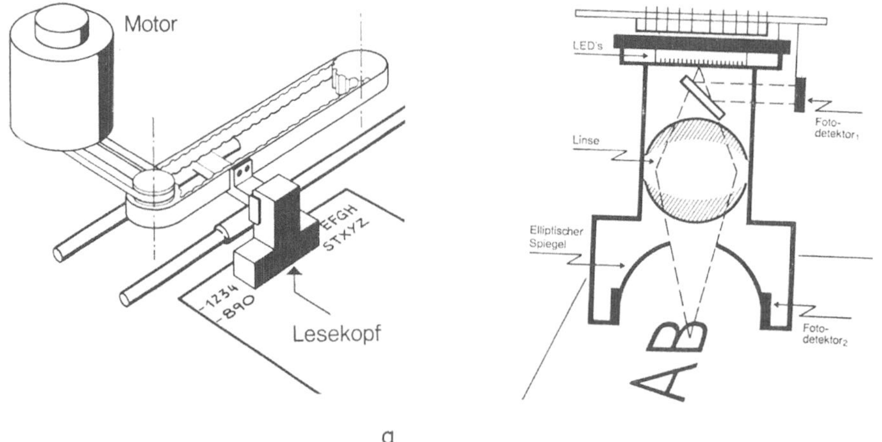

Abb. 4.1-4. Abtastprinzip eines langsamen Seitenlesers [13]. *a* Steuerung und *b* Aufbau des Lesekopfes

4.1.2. Adressenleser

Aufgabe eines Anschriftenlesers ist es, für die automatische Sortierung von Postsendungen die dafür relevanten Teile einer maschinengeschriebenen Anschrift zu erkennen [6]. Die gemischt zu verarbeitenden Briefe und Postkarten sind von unterschiedlicher Größe und Farbe und weisen Besonderheiten wie z. B. Aufkleber oder Sichtfenster auf. Für die Lage und die Gestaltung der Anschrift auf Briefen und Postkarten wurden zwar Regeln definiert, die jedoch innerhalb der Erwartungszone weitgehende Freiheiten zulassen [7].

Die Adressen werden mit den verschiedenartigsten Druckwerken (z. B. Schnelldrucker, Schreibmaschine) erstellt, wobei Schriftart und Schriftgröße im Gegensatz zu Anwendungen, bei denen Seitenleser eingesetzt werden, nicht bereits vor der Erkennung der Zeichen bekannt sind. Die Druckqualität ist innerhalb eines Briefstapels sehr unterschiedlich, und die Toleranzen der einzelnen Druckparameter sind i. allg. wesentlich größer als die in der DIN-Norm [4] angegebenen Werte.

Für die Adressenerkennung kann dabei jedoch die große Redundanz einer vollständigen Adresse, die aus Postleitzahl und Ortsnamen besteht, ausgenutzt werden. Außerdem ist die Anzahl der Ortsnamen und Ländernamen begrenzt, wobei für den Bereich der Deutschen Bundespost etwa 12000 Namen in einem Adressenverzeichnis zusammengefaßt sind. Durch Auswerten von Postleitzahl und Ortsnamen sowie durch Nachschlagen im Adressenverzeichnis kann demnach eine Adresse auch dann noch richtig erkannt werden, wenn nicht alle Einzelzeichen der Adresse richtig geschrieben oder gelesen wurden.

Bei Förderleistungen von bis zu 60000 Sendungen pro Stunde wird üblicherweise eine korrekte Sortierung von ungefähr 90% der maschinell erstellten Anschriften gefordert, wobei jedoch weniger als 1% der Briefe und Postkarten falsch sortiert werden dürfen. Nachfolgend werden die einzelnen Verarbeitungseinheiten eines Adressenlesers beschrieben [8, 9].

Adressenverarbeitung

Abtastung und Adreßblockerkennung. Die Briefe werden in der Transporteinrichtung von einem Stapel einzeln abgezogen und von rechts nach links mit einer Geschwindigkeit von 3 m/s am Abtastkopf vorbeigeführt. Der Abtastkopf enthält neben der großflächigen Beleuchtungseinrichtung eine Fotodiodenzeile mit 512 Dioden, die das vom Brief remittierte Licht in analoge elektrische Signale umwandelt. Die Auflösung der Anschrift in Längsrichtung des Briefes erfolgt durch eine Taktung dieser Signale, wobei die Taktfrequenz von der Transportgeschwindigkeit abhängig ist.

Die den einzelnen Bildpunkten zugeordneten Signale werden durch eine Schwelle, die durch die Helligkeit des Papieruntergrundes und den Kontrast der Zeichen gesteuert wird, in binäre Werte übergeführt und zur weiteren Verarbeitung in einem Halbleiterspeicher gespeichert. Dieser Halbleiterspeicher kann z. B. 512×1024 Bildpunkte speichern, was einem Adreßfeld auf dem Brief von 60 mm $\times$ 120 mm entspricht.

Die von rechts beginnende Einspeicherung des Bildes der Erwartungszone wird beendet, sobald die linke Kante des Adreßblockes erkannt ist. Die Erkennung des Adreßblockes beruht dabei auf der Regel, daß eine Anschrift aus mindestens zwei Schriftzeilen besteht, die linksbündig zueinander angeordnet sind. Damit die linke Kante des Anschriftenblockes erkannt werden kann und nicht mit Zwischenräumen in den Schriftzeilen verwechselt wird, muß links vom Anschriftenblock über die ganze Höhe der Erwartungszone ein Streifen von 2 cm frei bleiben.

Auffinden der Adreßzeile. Das gespeicherte Bild wird nun in einzelne senkrechte Streifen zerlegt, und innerhalb dieser Streifen werden die schwarzen Bildpunkte in horizontaler Richtung aufsummiert. Das Ergebnis sind Zeilenprofile, aus denen die Koordinaten der Zeilen bestimmt werden. Dabei können auch die Koordinaten etwas schräg liegender Zeilen nach diesem Verfahren meistens ermittelt werden. Das Bild der untersten Zeile wird zur Weiterverarbeitung in einen Zeilenbildspeicher übertragen, der 64 Bildpunkte (etwa 7,5 mm) hoch ist. Hierbei wird vorausgesetzt, daß unterhalb des Adreßblockes nichts auf den Brief gedruckt ist und daß die unterste Zeile des Adreßblockes Postleitzahl und Ortsnamen enthält.

Zeichensegmentierung. Innerhalb dieser Adreßzeile müssen zunächst die einzelnen Schriftzeichen voneinander getrennt werden. Da die gebräuchlichen Schreibmaschinen und Schnelldrucker die Zeichen in einer festen Teilung von 10, 11 oder 12 Zeichen pro Zoll drucken und die meisten Anschriften mit diesen Druckwerken erstellt werden, nützt man bei der Kammsegmentierung das periodische Auftreten der Lücken zwischen den Zeichen aus und bekommt dadurch besonders bei gestörten Zeichenbildern gute Segmentierungsergebnisse.

Die Zeilenbilder werden dabei nacheinander in 10, 11 und 12 Abschnitte je Zoll zerschnitten und einander überlagert. Das Aufsummieren der schwarzen Bildpunkte in den überlagerten Spalten der einzelnen Abschnitte liefert nur dann zwei klar unterscheidbare Bereiche, wenn das Zeilenbild genau in der Schriftteilung zerschnitten wurde. Wenn für alle der drei genannten Teilungen keine Segmentierung möglich ist, wird ein weiteres Verfahren, die Weißwegsuche, angewendet. Hierzu werden innerhalb einer Zeile senkrechte Weißwege gesucht, und aufgrund dieser Weißwege wird das Zeilenbild in einzelne Zeichenbilder unterteilt.

Erkennung der Einzelzeichen und Adreßaufteilung

Nach der Segmentierung werden die Zeichenbilder in der Größe normiert und in Rastern von 16×16 Bildpunkten zentriert. Jedes Zeichen wird durch drei quadratische Klassifikatoren (je einen für Großbuchstaben, Kleinbuchstaben und Ziffern einschließlich einiger Sonderzeichen) verarbeitet. Hierzu wird in einer Matrixanalyse für das abgetastete Zeichen zu jeder Zeichenklasse ein Schätzwert bestimmt, der ein Maß für die Klassenzugehörigkeit des Zeichens darstellt. Die Koeffizienten, mit denen die binären Merkmale bei der Berechnung der Schätzwerte gewichtet werden, sind dabei als Matrizen gespeichert und werden durch statistische Auswertung einer repräsentativen Zeichenstichprobe bestimmt (s. 2.1.7.).

Abb. 4.1-5a zeigt die Koeffizienten einer solchen Matrix für die Ziffer „3“ in einer zweidimensionalen Darstellung. Das Vorzeichen der Koeffizienten wird dabei mit leeren und gefüllten Kreisen unterschieden, während der Betrag eines Koeffizienten durch die Fläche des entsprechenden Kreises angegeben ist. Die Abb. 4.1-5b und c zeigen mögliche Prinzipien zur Berechnung der Schätzfunktionen. Im letzten Auswerteschritt wird das Zeichen der Klasse mit dem größten Schätzwert zugewiesen.

Kann für keine Klasse eine eindeutige Entscheidung getroffen werden, so wird beim Belegleser das Zeichen und damit auch der Beleg zurückgewiesen. Beim Adressenleser werden jedoch neben der wahrscheinlichsten Zeichenklasse auch einige der nächstwahrscheinlichen Klassen als Alternativen an die nächste Verarbeitungsstufe weitergegeben. Während einer Lernphase werden die Schätzfunktionen optimiert. Um eine repräsentative Stichprobe von Adressen zu erhalten, wurden z. B. in zwei Postämtern etwa 350000 maschinell erstellte Briefanschriften auf digitale Magnetbänder aufgezeichnet.

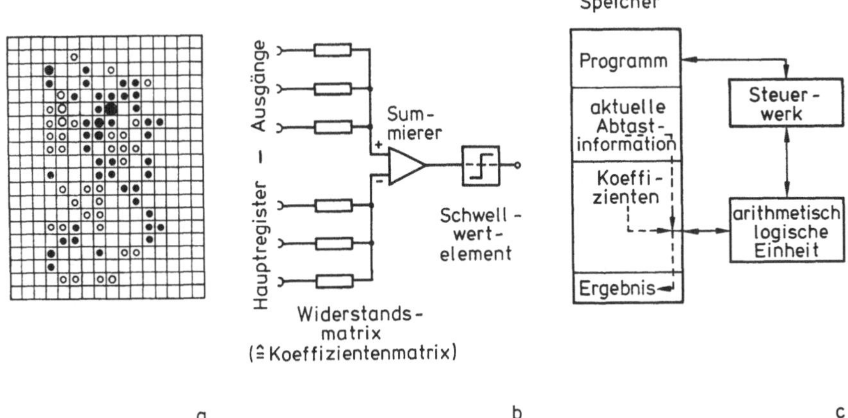

Abb. 4.1-5. Klassenunterscheidung durch Schätzfunktionen. *a* Koeffizientenmatrix für Zeichenklasse „3" [9].; *b* Hardware-Klassifikator; *c* Klassifikation durch Rechnerprogramm

Bei der Aufteilung der Adreßzeile in einzelne Blöcke geht man davon aus, daß jeder einzelne Zeilenblock (z. B. die Postleitzahl oder ein Wort des Ortsnamens) entweder aus Buchstaben oder aus Ziffern besteht. Aus der Schätzsicherheit der drei Klassifikatoren für die Einzelzeichen wird für jeden Zeilenblock der Mittelwert für Ziffern, für Großbuchstaben und für Kleinbuchstaben mit einem großen Anfangsbuchstaben errechnet. Aufgrund dieser Mittelwerte wird entschieden, welche Zeilenblöcke aus Ziffern und welche aus Buchstaben bestehen. Außerdem kann bei der Entscheidung der feste Aufbau einer vollständigen Adresse (vierstellige Postleitzahl, Leerstelle, ein oder mehrere Wörter eines Ortsnamens, Leerstelle, Nummer des Zustellpostamtes) ausgewertet werden.

Adressenerkennung

Bei der Adressenerkennung wird aus den Einzelzeichen der Bestimmungsort des Briefes bestimmt. Können die Ziffern der Postleitzahl der zu verarbeitenden Anschrift mit großer Sicherheit erkannt werden, so wird über die Postleitzahl zum

Verzeichnis der Ortsnamen zugegriffen. Die für diese Postleitzahl zugelassenen Ortsnamen werden mit den verschiedenen Alternativen der gelesenen Anschrift verglichen. Die verschiedenen Alternativen ergeben sich dabei aus der Kombination der bei der Einzelzeichenerkennung alternativ ausgewählten Einzelzeichen. Falls der im Verzeichnis aufgeschlagene Ortsname mit einer Alternative übereinstimmt, gilt diese Anschrift als erkannt und der Brief kann in das entsprechende Sortierfach gesteuert werden.

Wird bei dieser Prüfung keine Übereinstimmung erzielt oder konnte die Postleitzahl nicht sicher erkannt werden, wird über die alternativ ermittelten Ortsnamen zum Adressenverzeichnis zugegriffen. Hierbei wird angenommen, daß die Länge des Ortsnamens bis auf einen maximalen Fehler von einer Stelle richtig bestimmt wurde und daß unter sämtlichen Alternativen für die Ortsnamen mindestens eine Hälfte des tatsächlichen Ortsnamens richtig enthalten ist.

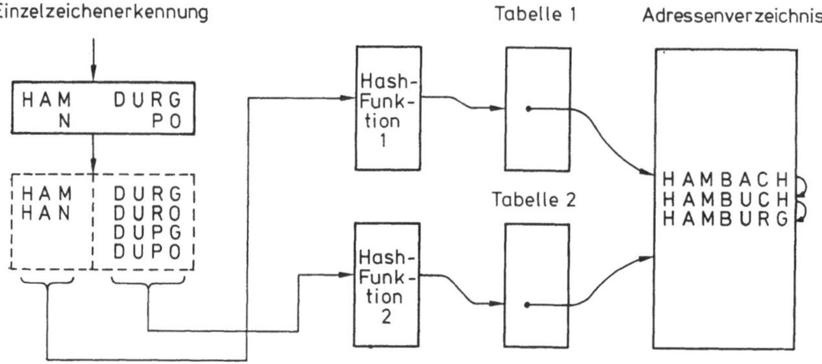

Abb. 4.1-6. Zugriff zum Adressenverzeichnis

In Abb. 4.1-6 wird das Prinzip des Zugriffs zum Adressenverzeichnis über die Ortsnamen an einem Beispiel erläutert. Von der Einzelzeichenerkennung wird ein Wort mit einer Länge von 7 Buchstaben geliefert, wobei hier angenommen wurde, daß nur wenige alternative Buchstaben angeboten werden und daß ein Buchstabe falsch erkannt oder falsch geschrieben ist. Dieses Wort wird zunächst in eine vordere und hintere Hälfte aufgeteilt und anschließend werden aus den angebotenen Buchstaben für jede Hälfte sämtliche Kombinationen gebildet. Über die beiden Tabellen 1 und 2 werden sämtliche Ortsnamen des Verzeichnisses mit 7 Buchstaben adressiert, deren vordere Hälfte aus HAM oder HAN oder deren hintere Hälfte aus DURG, DURO, DUPG oder DUPO besteht (im Beispiel für HAM angedeutet). Ein Vergleich der so adressierten Worte mit den 8 von der Einzelzeichenerkennung angebotenen alternativen Ortsnamen zeigt, daß sich der Name HAMBURG nur in einem Buchstaben von einer der Alternativen unterscheidet, während für alle anderen Ortsnamen des Verzeichnisses ein weitaus größerer Unterschied festgestellt wird. Die vorliegende Adresse ist also mit großer Wahrscheinlichkeit HAMBURG, was u. U. noch durch die Postleitzahl erhärtet werden kann.

Ist ein solcher Suchvorgang nicht erfolgreich, so kann die Ursache hierfür in einem Segmentierungsfehler liegen, d. h. bei der Zeichensegmentierung wurden

2 Zeichen nicht getrennt oder ein Zeichen wurde in 2 Zeichen aufgeteilt. Deshalb wird die Wortlänge des von der Einzelzeichenerkennung angebotenen Ortsnamens um 1 vergrößert bzw. verkleinert. Mit diesen neuen Wortlängen wird der Ortsnamen wieder in 2 Teile aufgeteilt. Der Zugriff zum Adressenverzeichnis erfolgt schließlich mit den neuen Worthälften in der oben beschriebenen Weise.

4.1.3. Literatur

[1] BOHNER, M.: Ein Verfahren zur quantitativen Bestimmung der Unterscheidbarkeit gedruckter Schriftzeichen. Dissertation, Universität Karlsruhe, 1974.

[2] DIN 66008, Blatt 1: Schrift A für die maschinelle optische Zeichenerkennung. Zeichen und Nennmaße, April 1969.

[3] DIN 66009, Blatt 1: Schrift B für die maschinelle optische Zeichenerkennung. Zeichen und Nennmaße, Oktober 1974.

[4] DIN 66223, Teil 1: Schriften für die maschinelle optische Zeichenerkennung. Anforderungen an Zeichenträger und gedrucktes Zeichen, November 1974.

[5] BOHNER, M., STIES, M., BERS, K. H.: Ein Meßautomat zur Ermittlung der Druckqualität von Schriftzeichen. Elektr. Rechenanlagen **1976** (Heft 6), 280–286.

[6] AUERBACH, S.: Technologische Beiträge zur Automatisierung des Briefdienstes. Der Ingenieur der Deutschen Bundespost **1975**/4.4, 126–132.

[7] Merkblat tüber Formen und Maße: Aufschrift und Außenseite der Briefsendungen. P 33 Post O §§ 2 und 3, 6/76.

[8] DOSTER, W.: Contextual Postprocessing System for Cooperation With a Multiple Choice Character Recognition System. Proceedings, Third International Joint Conference on Pattern Recognition, 1976.

[9] SCHÜRMANN, J.: Multifont Word Recognition System With Application to Postal Address Reading. Proceedings, Third International Joint Conference on Pattern Recognition, 1976.

[10] GREANIAS, E. C., et al.: The Recognition of Handwritten Numerals by Contour Analysis. IBM Journal **1963**, 14–21.

[11] IBM Form GA 12-1038-0, IBM System/360 Modell 20 IBM 1275 Klarschrift-Sortierleser. © Copyright IBM Corporation 1971, Abb. 3.

[12] IBM Form 79982-1, IBM System 360-IBM 1288 Seitenleser, Modell 1. © Copyright IBM Corporation 1970, Abb. 34.

[13] —: Seitenleser IBM 3886.

4.2. Automatische Produktionskontrolle und Materialprüfung

Von H. WASMUND

Herkömmliche Bildsysteme zur Inspektion (Sichtprüfung) von Produkten und Proben können heute ohne besondere Schwierigkeiten durch die auf dem Markt befindlichen Sensoren mit einem auswertenden Rechner gekoppelt werden. Fernsehkameras mit spaltenweiser Bildpunktselektion, fremdgetaktetem CCD- oder frei adressiertem CID-Sensor ermöglichen den Anschluß eines Bilderfassungssystems an einen Rechnerkanal (s. 2.1.2.). Damit läßt sich z. B. die Texturprüfung von Gesteins- und Metallschliffen, die Rißprüfung von Gußteilen, die Strukturprüfung von biologischen Mikroskoppräparaten usw. automatisch durchführen. Voraussetzung ist, daß die auszuwertenden Phänomene durch Sensorwahl,

Beleuchtungsart und Objektpräparierung, wie z. B. Anfärben, Anätzen usw., deutlich sichtbar werden und einfach durch ein Binärbild darstellbar sind.

Neben der Sichtprüfung können aber auch mechanische Meßaufgaben der Qualitätskontrolle durch Bildauswertung unter Umständen zweckmäßiger gelöst werden. Ein Beispiel hierfür ist die Oberflächenermittlung und Ausmessung deformierter Körper. Durch die Holographie kann die interferometrische Meßtechnik von den spiegelnd reflektierenden Meßobjekten der klassischen Interferometrie auf diffus reflektierende Gegenstände, d. h. auch auf technische Bauteile mit rauher Oberfläche, ausgedehnt werden. Darüber hinaus läßt sich ein interferometrischer Vergleich unterschiedlicher Verformungszustände desselben Objekts auch dann durchführen, wenn diese zeitlich nacheinander auftreten, so daß bei dynamischen Vorgängen mit interferometrischer Empfindlichkeit und Genauigkeit gemessen werden kann [35—41].

4.2.1. *Texturauswertung von Materialproben*

Im folgenden werden kurz die grundlegenden Bildoperationen [5—8] erläutert, die in speziellen Texturanalysatoren [1—4] realisiert sind. Damit jeder Bildpunkt zu seinem unmittelbaren Nachbarn den gleichen Abstand hat, zerlegt man nach [9] das Bild zweckmäßig in ein hexagonales Bildraster, das zudem gegenüber dem quadratischen Raster den Vorteil einer größeren Winkelauflösung aufweist. Entsprechend der Zugehörigkeit zu einer bestimmten, vorher festgelegten Intensitätsstufe der Komponente A erhält jeder Punkt x des Rasters gemäß der Funktion (4.2-1) den Wert 0 oder 1, das Ergebnis ist also ein binäres Bild:

$$f(x) = \begin{cases} 1 \text{ für } x \in A, \\ 0 \text{ für } x \in \bar{A}. \end{cases} \tag{4.2-1}$$

Grundoperationen am binären Bild

Die Frage nach dem Informationsgehalt der so dargestellten Bilder wird entsprechend der Theorie [5—8] mit Hilfe sogenannter strukturierender Elemente gestellt. Diese strukturierenden Elemente bestehen aus einer Menge von Meßrasterpunkten, die wir mit B bezeichnen wollen. Die Menge besteht im trivialen

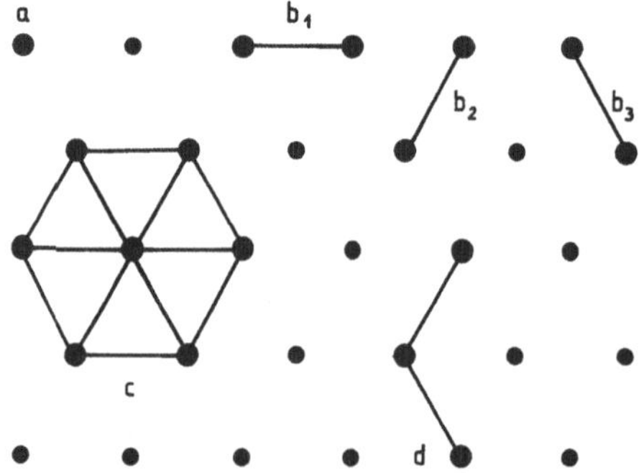

Abb. 4.2-1. Hexagonales Raster mit einigen elementaren Strukturelementen. *a* Punkt; *b* Punktpaare; *c* Hexagon; *d* Punkt-Tripel

Fall aus einem einzelnen Punkt, in der Regel aber aus zwei oder mehreren, in bestimmter Geometrie angeordneten Punkten. Bewegen wir uns, wie oben postuliert, in einem hexagonalen Raster, so gibt es einige elementare Strukturelemente, z. B. Punktepaare wie in Abb. 4.2-1 gezeigt, die in den drei Hauptrichtungen des hexagonalen Rasters liegen, oder eine hexagonale Anordnung von Punkten mit einem Mittelpunkt.

Wir betrachten das hexagonale strukturierende Element B und verschieben dieses Element nach einer beliebigen Vorschrift über das binäre Bild, das durch die Punktmenge A gegeben ist, aber so, daß der Aufpunkt (Mittelpunkt) des Elementes B genau einmal auf jeden Punkt x der Menge A zu liegen kommt. Diese Menge aller Bildpunkte, für die (4.2-2) gilt, ergibt ein transformiertes Bild von A. Diese Bildtransformation bezeichnen wir als Erosion. Die Operation soll durch die Form $A^{\ominus}$ beschrieben werden.

$$B_x \subset A \quad \text{bzw.} \quad A^{\ominus} = A \ominus B \tag{4.2-2}$$

Die Anwendung der Erosion auf eine komplizierte Bildfigur ist in Abb. 4.2-2a wiedergegeben. Man erkennt, daß im transformierten Bild Brücken zwischen ver-

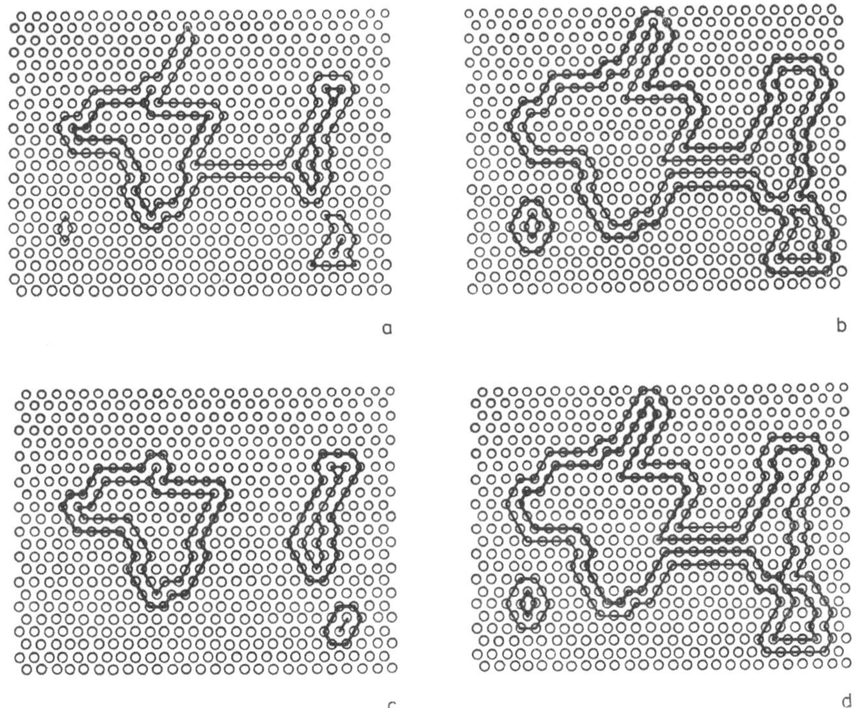

Abb. 4.2-2. Darstellung der elementaren zweidimensionalen Bildtransformationen im hexagonalen Bildpunktraster. *a* Erosion (die Originalstruktur ist dünn umrandet, das transformierte Bild stark umrandet); *b* Dilatation am gleichen Originalbild *a*; *c* Ouverture am Originalbild *a* (dargestellt ist der erste (dünne Linie) und zweite Schritt (stark ausgezogene Linie) der Bildtransformation); *d* Fermeture am Originalbild *a* (dargestellt ist der erste (dünne Linie) und zweite Schritt (stark ausgezogene Linie) der Bildtransformation)

schiedenen Bildteilen aufgebrochen und landzungenähnliche Gebilde eliminiert werden können.

Eine gewissermaßen zur Erosion komplementäre Bildoperation ist die Dilatation. Dabei ist das transformierte Bild gegeben durch die Menge aller Bildpunkte, für die (4.2-3) gilt, d. h. B_x und A haben mindestens einen Punkt gemeinsam. Diese Operation wird als Dilatation bezeichnet und durch die Form $A^{\oplus}$ beschrieben. In Abb. 4.2-2b ist die Dilatation auf die gleiche Bildfigur angewendet worden, die in Abb. 4.2-2a zugrunde lag. Man erkennt die allseitige Vergrößerung der Bildfigur.

$$B_x \cap A \neq \Phi \quad \text{bzw.} \quad A^{\oplus} = A \oplus B. \tag{4.2-3}$$

Die beiden eben definierten Bildoperationen lassen sich auch kombinieren. So bezeichnet man die Operation, die die Aufeinanderfolge der Operationen Erosion und Dilatation beschreibt, als Ouverture. Die Ergebnismenge läßt sich darstellen als (4.2-4). In Abb. 4.2-2c ist wiederum die Operation auf die gleiche Struktur angewendet worden. Man erkennt, daß die Originalfiguren mit geglätteter Kontur entstehen, daß aber kleine Bildfiguren, die bei der Erosion verschwanden, eliminiert bleiben.

$$A_B = (A \ominus B) \oplus B. \tag{4.2-4}$$

Als letzte der hier zu beschreibenden zweidimensionalen Bildoperationen sei die Fermeture genannt, die aus A die Ergebnismenge A^B nach Durchführung einer Dilatation mit anschließender Erosion ergibt. Man sieht in Abb. 4.2-2d, daß die Fermeture Beziehungen zwischen den einzelnen Bildteilen herstellt, z. B. Brücken bildet:

$$A^B = (A \oplus B) \ominus B. \tag{4.2-5}$$

Verallgemeinerte Bildoperationen

Eine Verallgemeinerung erfahren die eben beschriebenen Bildoperationen, wenn man das strukturierende Element in anderer Weise vorprogrammiert. So lassen sich mit dem in Abb. 4.2-1d vorgegebenen Element alle Bildbereiche ermitteln, die eine nach rechts weisende Konkavität aufweisen. Da das strukturierende Element im Prinzip beliebige, aus den drei Grundelementen der Abb. 4.2-1b zusammengesetzte Formen annehmen kann, ist die Zahl der Möglichkeiten theoretisch unbegrenzt. Für praktische Anwendungen reichen aber einige elementare Strukturelemente aus.

Ein wichtiges strukturierendes Element ist die in Abb. 4.2-1b dargestellte Menge aus einem Punktepaar. Bezeichnet man den Abstand der beiden Punkte mit h, läßt sich dieses Element als Vektor darstellen mit $B = \{0, h\}$. Führt man mit dem Element B an einer Menge A eine Erosion durch, so gilt (4.2-6), wobei mit A_{-h} die um $-h$ verschobene Menge A bezeichnet ist:

$$A \ominus B = A \cap A_{-h}. \tag{4.2-6}$$

Als Kovarianz $K(h)$ bezeichnet man das Maß der Menge $(A \ominus B)$:

$$K(h) = Mes(A \ominus B). \tag{4.2-7}$$

Als Meßvorschrift gilt, daß man bei vorgegebenem h eine Erosion durchführt und die Fläche (= Zahl der Bildpunkte) mißt, anschließend h vergrößert, wieder eine Erosion an A durchführt usw. Es ergeben sich folgende Eigenschaften der Funktion $K(h)$

$$K(0) \geqq K(h), \quad K(h) = K(-h) \quad \text{und} \quad K(0) = \text{Mes}\,(A) \quad \text{mit} \quad (A \cap A_{-h}) \subset A\,. \tag{4.2-8}$$

Abb. 4.2-3 zeigt eine typische Anwendung der Kovarianz. Die Lage der Maxima und Minima der Kurve gibt typische Eigenschaften der Menge wie Punktabstand und Periodizität wieder.

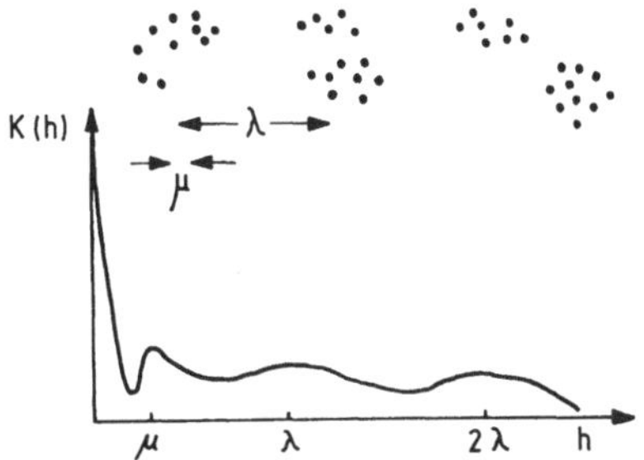

Abb. 4.2-3. Kovarianz dargestellt am Beispiel einer Menge aus einzelnen Punkthaufen (nach [5])

4.2.2. *Gerätesystem für die Texturanalyse*

Für Untersuchungen von Materialproben aus dem metallographischen, später auch aus dem biologisch-medizinischen Bereich ist eine Reihe von Geräten auf den Markt gekommen und ständig weiterentwickelt worden [1—4]. Die Geräte der ersten Generation waren dabei einfache Linearanalysatoren, die lediglich — der Hauptabtastrichtung der verwendeten Scanner folgend — eindimensionale Bildpunktverknüpfungen durchführen konnten. Im folgenden wird ein Gerätesystem beschrieben, welches auch die 2. Dimension mit in die Analyse einbezieht [33, 34].

Gerätemoduln für statistische Auswertung

Abb. 4.2-4 zeigt das modular aufgebaute Gerätesystem [3, 10] im Blockdiagramm. Als Bildaufnehmer wird eine Plumbikon-Kamera benutzt, die so abgeglichen werden kann, daß die Inhomogenität der Empfängerfläche ein Minimum wird, d. h. auf etwa 2—3% Intensitätsvariation über das gesamte Bildfeld reduziert ist. Das zu analysierende Bild kann über einen beliebigen Bildgeber (z. B. Projektionseinrichtung) oder für die Untersuchung von Metallproben, zytologischen Abstrichen oder histologischen Schnitten vornehmlich über ein Mikroskop erzeugt werden. Das Mikroskop ist zur systematischen Verschiebung des Präparates mit einem digital ansteuerbaren Positioniertisch und zur Bilddrehung mit einem ebenfalls digital ansteuerbaren, in Inkrementen von 1° drehbaren Prisma ausgerüstet.

Das von der Kamera abgegebene Analogsignal wird zunächst einer Diskriminatorstufe zugeführt, die aus dem angebotenen Grauwertbereich einen vorwählbaren Bereich herausschneidet (Abb. 4.2-5). Höhe h und Breite d dieses Bereichs können in bis zu 100 Stufen vorgewählt werden. Damit steht hinter dieser Stufe ein digitales Bildsignal zur Verfügung. In der folgenden Quantisierungsstufe wird das Signal in einzelne Impulse zerlegt, und zwar so, daß zusammen mit dem Zeilenraster ein hexagonales Bildpunktraster entsteht. Das hinter diesem Modul erscheinende binäre Bildsignal wird mit einem ebenfalls binären Maskensignal UND verknüpft. Damit wird erreicht, daß nur bestimmte Bildbereiche den folgenden Analysatorstufen zugeführt werden. Die Masken sind in ihrer Größe und Form in weiten Grenzen variierbar.

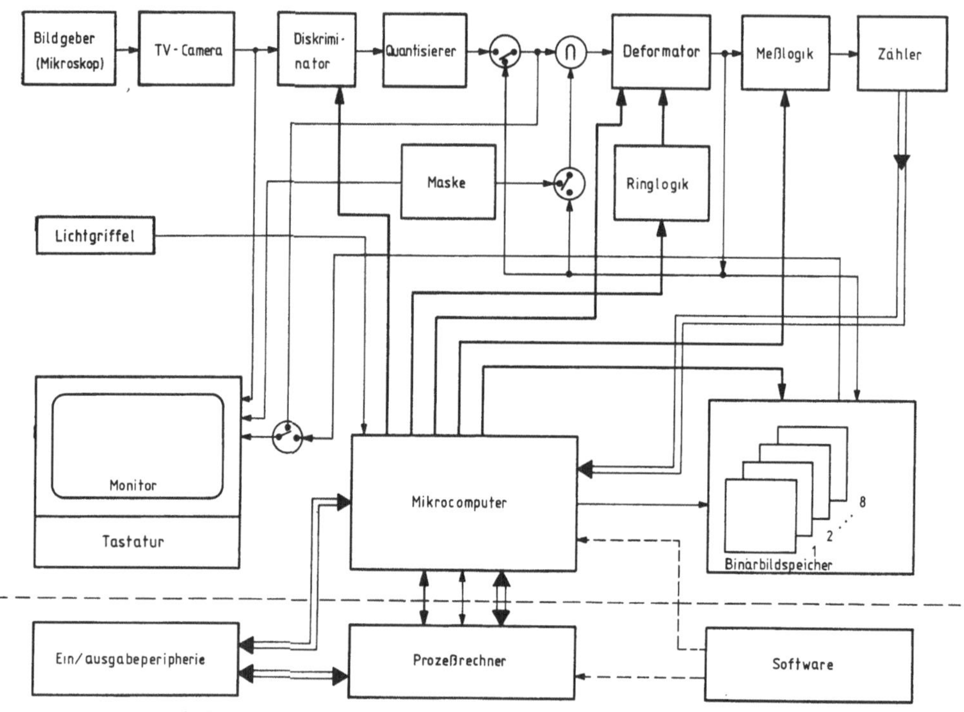

Abb. 4.2-4. Blockdiagramm des Texturanalysators [34]

Die Deformationslogik führt die eigentlichen Bildtransformationen durch. Dabei sind die wichtigsten Transformationen fest verdrahtet vorgegeben und können extern vorgewählt werden. Die logische Verknüpfung der einzelnen Punkte des Bildrasters erfolgt dabei über digitale Schieberegister über bis zu 64 Zeilen des TV-Bildes hinweg. Am Ausgang der Deformationseinheit erscheint das transformierte Bild dabei entsprechend der Zahl der Verknüpfungen zeitlich gegenüber dem Originalbild verschoben, was aber eine weitere Auswertung des Bildes nicht stört. Für eine Erweiterung der Möglichkeiten der Deformationslogik kann das Gerät um eine weitere Steuereinheit, die sogenannte Ringlogik, erweitert werden, mit der eine beliebige Vorgabe von Transformationen möglich ist.

In der letzten Stufe des Systems, der Meßlogik, können aus dem binären Bild eine Reihe von Größen ermittelt werden, von denen die wichtigsten sind:

1. Fläche, dabei wird die Zahl der Bildpunkte ermittelt, die im Binärbild die Information „1“ tragen;

2. Maskenfläche, gegeben durch die Gesamtzahl der Bildpunkte innerhalb der Maske. Aus Bildfläche und Maskenfläche läßt sich somit der prozentuale Anteil einer Phase (Grauwertbereich) errechnen.
3. Länge der Umfangslinie, definiert als die Zahl der Ereignisse, bei denen ein Punktepaar (zwei im hexagonalen Raster nebeneinander liegende Punkte) an einem Übergang $0 \rightarrow 1$ oder $1 \rightarrow 0$ liegt.
4. Partikelzahl.

Das direkte Fernsehbild, die Maske, die binären Original- oder transformierten Bilder sowie die Meßgrößen können auf einem Arbeitsmonitor beobachtet werden.

Zusatzmoduln für Einzelobjektverarbeitung

Die bisher beschriebenen Moduln gestatten eine statistische Analyse von binären Bildern, wie sie vor allem bei metallographischen Untersuchungen ge-

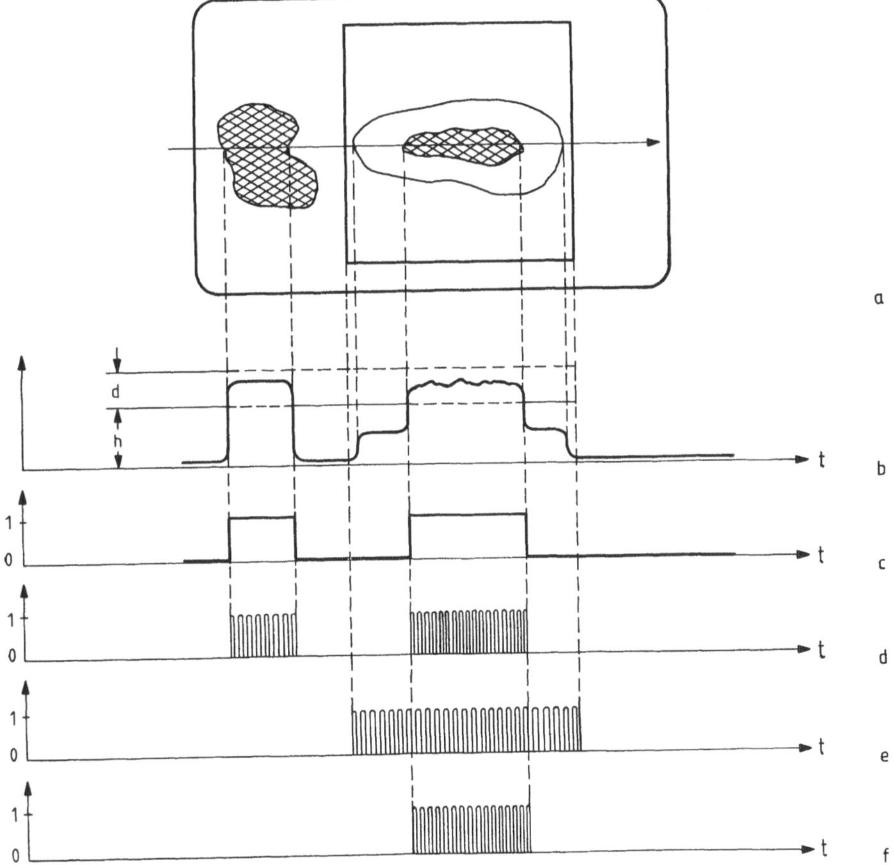

Abb. 4.2-5. Signalgewinnung zur Erzeugung eines binären Bildes. *a* Monitorbild (die Linie in der Mitte kennzeichnet die Lage der in *b* bis *f* erzeugten Signale); *b* Analogsignal am Diskriminator-Eingang; *c* digitalisiertes Signal am Diskriminator-Ausgang; *d* Signal nach der Quantisierung; *e* Maskensignal; *f* Signal nach UND-Verknüpfung von *d* und *e*

bräuchlich ist. Bei vielen Problemstellungen, besonders im biologisch-medizinischen Bereich, ist eine statistische Analyse über größere Bildfelder jedoch nicht brauchbar. Hier interessiert sehr häufig das einzelne Objekt, z. B. weiße Blutzellen oder Zellen eines zytologischen Ausstriches. Das Problem besteht also darin, das interessierende Objekt zunächst zu finden und dann einer individuellen Analyse zugänglich zu machen.

Für dieses Problem kann das System um eine Bildspeichereinheit erweitert werden. Entsprechend der Arbeitsweise des Texturanalysesystems können in diesen Speicher Binärbilder von jeweils 256×256 Bildpunkte in TV-Geschwindigkeit eingelesen oder aus ihm herausgelesen werden. Es lassen sich insgesamt 8 Binärbilder in 8 verschiedenen Speichern gleichzeitig speichern. Jedes der gespeicherten Binärbilder kann mit jedem anderen logisch und arithmetisch verknüpft werden, wobei das Ergebnis ebenfalls wieder in eine der 8 Speicherebenen abgelegt werden kann. Durch die Verbindung mit dem Hauptsystem lassen sich die Binärbilder mehrfach in die Deformations- und Meßlogik einspeisen, wobei die Bilder aus dem Speicher oder Teile davon auch als Maske geschaltet werden können. Der durch die Deformationslogik bedingte zeitliche Versatz läßt sich korrigieren, so daß die Zuordnung von Originalbild und transformiertem Bild auf dem Arbeitsmonitor eindeutig wird.

Für interaktives Arbeiten am Gerät steht zudem noch ein Lichtgriffel zur Verfügung, mit dem interessierende Bildteile markiert oder das Gesamtsystem gesteuert werden kann. Die große Zahl von durchführbaren Bildoperationen und Messungen erlaubt i. allg. jedoch keine manuelle Bedienung des Systems. Aus diesem Grunde ist als Steuerbaustein ein Mikro-Computer in das System integriert, der alle Steuerfunktionen übernehmen kann. Ein Softwaresystem erlaubt, im interaktiven Betrieb Programme zu erstellen oder bereits ausgearbeitete Programme für bestimmte Problemlösungen auszuführen. In gewissem Rahmen kann von diesem Mikro-Computer bereits die Datenverarbeitung übernommen werden. Lediglich für kompliziertere Meßprobleme ist die Verbindung mit einem Prozeßrechner erforderlich.

Anwendungen

Materialanalyse [11—13]. Die Metallographie ist an der Kenntnis der Eigenschaften eines Werkstoffes interessiert. Diese Eigenschaften werden durch die Zusammensetzung aus verschiedenen Ausgangsmaterialien und vor allem durch sein Gefüge bestimmt. So interessieren den Metallographen z. B. die Volumenanteile einzelner Phasen und die Größenverteilung von Körnern oder Teilchen in einem Gefüge. Dabei steht er in der Regel vor dem Problem, aus dem ihm vorliegenden zweidimensionalen Anschliff auf dreidimensionale Parameter zu schließen. Methoden zur Berechnung dieser Größen finden sich in [16—24].

Abb. 4.2-6a bis d zeigen die auf dem Arbeitsmonitor des Systems dargestellten Bilder eines Stahlanschliffs, eines Gefüges aus Ferrit und Perlit. Gemessen wurden die Flächengrößenverteilung des Perlits mit Hilfe der Ouverturefunktion. Zunächst ist der Perlitanteil weiß dargestellt (binäres Bild der interessierenden Phase). Der Flächenanteil dieser Phase wird auf 100% normiert. Nun wird in mehreren Stufen eine Ouverture durchgeführt (Abb. 4.2-6c, d) und jeweils die verbleibende Fläche (Zahl der Bildpunkte) gemessen. Als Differenz zweier aufeinanderfolgender Messungen ergibt sich so eine Funktion, die kennzeichnend ist für die Größenverteilung des perlitischen Anteils der Probe.

Zellanalyse [14, 15]. Quantitative Bildanalysemethoden werden für Klassifizierungsaufgaben im Bereich der Zytologie, z. B. bei der Erkennung von Klassifizierung von weißen Blutzellen und von krebsverdächtigen Zellen in der Vaginalzytologie benutzt (s. auch 5.2.1.). Über die Fortschritte bei der Anwendung dieser Methoden wird in mehreren Übersichtsdarstellungen [25—28] ausführlich berich-

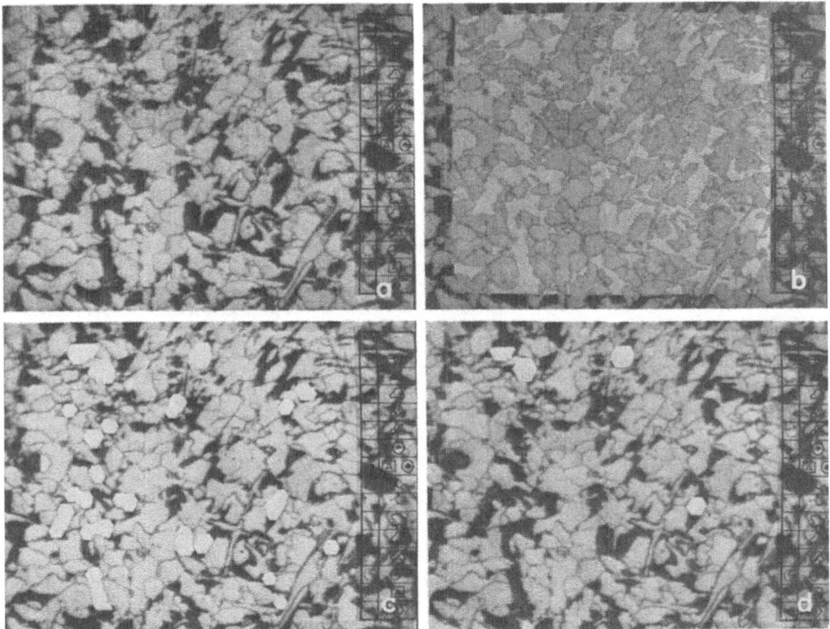

Abb. 4.2-6. Analyse eines Stahlanschliffs mit Hilfe der Ouverture. *a* Originalbild, gemessen wird der Perlit (schwarz); *b* Binärbild der perlitischen Phase, Maske und Originalbild; *c* und *d* Darstellung des transformierten Bildes nach Durchführung einer mehrstufigen Ouverture

tet. Dabei nimmt die automatische Blutbilddifferentialdiagnose von weißen Blutzellen eine Sonderstellung ein, da für diese Aufgabe seit einiger Zeit automatisch arbeitende Geräte [29—32] zur Verfügung stehen, die die Methoden der Bildanalyse benutzen. Das Texturanalysesystem ist nicht für diese spezielle Anwendung entwickelt worden, bietet aber mit seinen Algorithmen Möglichkeiten der Differenzierung verschiedener Typen von Leukozyten.

An einem einfachen Beispiel wird die Unterscheidung von Lymphozyt und Granulozyt gezeigt. Um den Granulozyten in Abb. 4.2-7a, der durch eine kreisförmige Maske selektiert wird, liegen eine Reihe von Erythrozyten, die für die Analyse nicht benötigt werden. Im ersten binären Bild, wobei alle Graustufen außer der des Untergrundes eine logische 1 erhalten, sind sowohl Erythrozyten als auch der Leukozyt enthalten. In einem ersten Schritt werden alle vom Rand der Maske geschnittenen Bereiche eliminiert. Nun wird der verbliebene Rest des binären Bildes als Maske benutzt, innerhalb der jetzt eine Messung des Dichtehistogramms der Zelle durchgeführt wird, indem der Diskriminator nacheinander alle Graustufen durchfährt und jeweils die Fläche gemessen wird. Aus dem Grau-

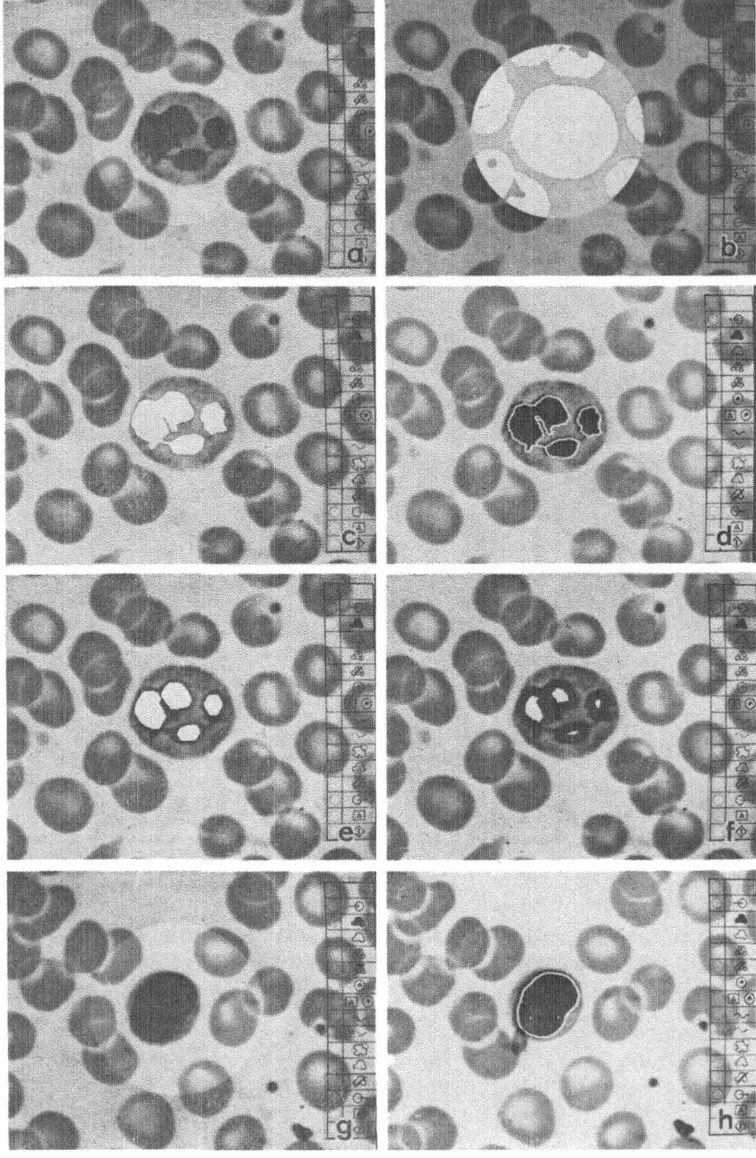

Abb. 4.2-7. Analyse eines Granulozyten. *a* Monitorbild; *b* Binärbild von Granulozyt und Erythrozyten; *c* Binärbild des Kernes; *d* Umfangsmarkierung der Kernstruktur; *e* Ouverture des Kernes; *f* Kernteile nach Erosion. Analyse eines Lymphozyten. *g* Monitorbild; *h* Umfangsmarkierung wie *d*

wert-Histogramm läßt sich die Diskriminatorschwelle zwischen Zytoplasma und Kern ermitteln. Im nächsten Schritt wird durch Benutzen der so gewonnenen Diskriminatorschwelle ein binäres Bild der Kernstruktur erzeugt, von der der Umfang gemessen (Abb. 4.2-7d) und durch Anwendung zunächst einer Ouverture (Abb. 4.2-7e) und anschließend einer mehrstufigen Erosion (Abb. 4.2-7f) die Granularität, d. h. die Zahl der Kernteile, ermittelt wird. Diese Informationen lassen sich für eine Unterscheidung von anderen Leukozyten heranziehen. Für einen Lymphozyten (Abb. 4.2-7g) wird die entsprechende Prozedur durchgeführt, die zu offensichtlich anderen Resultaten führt.

4.2.3. Literatur

[1] Hougardy, H. P.: Instrumentation in Automatic Image Analysis. Microscope **22**, 5 (1974).

[2] Kamin, G., Kluge, N., Müller, W., Rzeznik, J.: Leitz Classimat — Ein Instrument zur optischen Bilddatenerfassung. Leitz-Mitteilungen für Wissenschaft und Technik, Suppl. **1**, 1 (1970).

[3] Müller, W.: Das Leitz-Textur-Analyse-System (Leitz — T.A.S.). Leitz-Mitteilungen für Wissenschaft und Technik, Suppl. **1**, 4, 101 (1973).

[4] Fisher, C.: The Metals Research Image Analysing Computer. Particle Size Analysis Conference, 1968.

[5] Serra, J.: Theoretische Grundlagen des Leitz-Textur-Analyse-Systems. Leitz-Mitteilungen für Wissenschaft und Technik, Suppl. **1**, 4, 125.

[6] Matheron, G.: Random Sets and Integral Geometry. New York: J. Wiley 1976.

[7] Haas, A., Matheron, G., Serra, J.: Morphologie Mathématique et Granulométrie en place. Ann. Mines **11**, 736—753; **12**, 767—782 (1967).

[8] Matheron, G.: Eléments pour une Théorie des Milieux Poreux. Paris: Masson 1967.

[9] Golay, M. J. E.: Hexagonal Parallel Pattern Transformations. I.E.E.E. Trans. Comp. **C 18**, 733—740 (1969).

[10] Klein, J. C., Serra, J.: The Texture Analyser. Journal of Microscopy **95**, 2, 349—356 (1972).

[11] Serra, J., Verchery, G.: Mathematical Morphology applied to Fibre composite Materials. Fibre Science and Technology **6**, 141—158 (1973).

[12] Alberny, R., Serra, J., Turpin, M.: Use of Covariograms for Dendrite ARM Spacing Measurements. Trans. A.I.M.E. **55**, 245 (1965).

[13] Jeulin, D., Serra, J.: Automatic Recognition of Non-Metallic Stringers in Steel. Proceedings of the Fourth International Congress for Stereology, 1976.

[14] Mariaux, A., Peray, O., Serra, J.: Texture Analyzer Measurements and Physical Anisotropy of Tropical Woods. Proceedings of the Fourth International Congress for Stereology, 1976.

[15] Hunziker, O., Schulz, U., Walliser, Ch., Serra, J.: Morphometric Analysis of Neurons in Different Depths of the Cat's Brain Cortex After Hypoxia. Proceedings of the Fourth International Congress for Stereology, 1976.

[16] Nazare, S., Ondracek, G.: Automatic Image Analysis in Materials Sciences Microscope **22**, 39—58 (1974).

[17] Underwood, E. E.: The Stereology of Projected Images. J. Microsc. **95**, 25 (1972).

[18] Hadwiger, H.: Vorlesungen über Inhalt, Oberfläche und Isoperimetrie. Berlin—Göttingen—Heidelberg: Springer 1957.

[19] de Hoff, R. T., Rhines, F. N. (Hrsg.): Quantitative Microscopy. New York: McGraw-Hill 1968.

[20] Underwood, E. E.: Quantitative Stereology. Reading, Mass.: Addison-Wesley 1970.

[21] Elias, H., Weibel, E. R.: Quantitative Methods in Morphology. Berlin—Heidelberg—New York: Springer 1967.

[22] Proceedings of the 2nd Congress for Stereology (ELIAS, H., Hrsg.). Berlin—Heidelberg—New York: Springer 1967.
[23] Proceedings of the 3rd International Congress for Stereology (WEIBEL, E. R., et al., Hrsg.). Oxford—London: Blackwell 1973.
[24] Proceedings of the 4th International Congress for Stereology (UNDERWOOD, E. E., et al., Hrsg.). Washington, D.C.: National Bureau of Standards 1976.
[25] WIED, G. L., BAHR, G. F. (Hrsg.): Automated Cell Identification and Cell Sorting. New York—London: Academic-Press 1970.
[26] The Journal of Histochemistry and Cytochemistry **22** (1974).
[27] The Journal of Histochemistry and Cytochemistry **24** (1976).
[28] The Journal of Histochemistry and Cytochemistry **25** (1977).
[29] INGRAM, M., PRESTON, K., JR.: Automation Analysis of Blood Cell. Sci. Am. **72** (1970).
[30] BACUS, J. W., GOSE, E. E.: Leucocyte Pattern Recognition. IEEE Transactions on Systems, Man and Cybernetics **SMC-2**, 513 (1972).
[31] MEGLA, G. K.: The LARC^{TM} Automatic White Blood Cell Analyzer. Acta Cytol **17**, 3 (1973).
[32] COTTER, D. A., SAGE, B. H.: Performance of the LARC^{TM} Classifier in Clinical Laboratories. Journal Histochemistry and Cytochemistry **24**, 202 (1976).
[33] Arbeiten des Institutes für Mathematische Morphologie.
[34] Entwicklung der Firmen Bosch-Fernseh-GmbH und Leitz Wetzlar GmbH im Jahre 1973.
[35] STETSON, K. A., POWELL, R. L.: Interferometric Hologram Evaluation and Real-Time Vibration Analysis of Diffuse Objects. Journal of the Optical Society of America **55**, 1694—1695 (1965).
[36] FELSKE, A., HAPPE, A.: Schwingungsuntersuchungen an Karosserien und Aggregaten mit Hilfe der holografischen Interferometrie. Automobiltechnische Zeitschrift (ATZ) **1973**, 2—8.
[37] GRÜNEWALD, K., FRITZSCH, W., WACHUTKA, H.: Quantitative holographische Prüfungen an faserverstärkten Kunststoffbauteilen aus der Raumfahrttechnik. Zeitschrift für Werkstofftechnik/Journal of Materials Technology **6**, 153—156 (1975).
[38] KREITLOW, H.: Schwingungsanalyse an kleinen Werkzeugmaschinen mit Hilfe holografisch interferometrischer Meßmethoden. Tagungsband der DAGA '75 Braunschweig **1975**, 553—557.
[39] KREITLOW, H.: Untersuchung quantitativer Zusammenhänge in der holografischen Interferometrie, insbesondere im Hinblick auf eine Auswertung holografischer Interferenzmuster. Dissertation, TU Hannover, 1976.
[40] PETER, A. F.: Practical Holographic Mode Shapes on Turbine Blades. Vibrations Conference, Philadelphia (March 30—April 2, 1969) of the American Society of Mechanical Engineers.
[41] WOLF, H., SCHÖNEBECK, G.: Holographie im Turbinen- und Generatorenbau. Brennstoff—Wärme—Kraft **25**, 84—88 (1973).

4.3. Produktionsautomatisierung

Die häufigen Umstellungen auf neue Arbeitsabläufe sowie die Ausführung komplexer Montageabläufe erfordern „intelligente", flexible Automaten, die nicht nur per Programm an neue Bewegungsabläufe angepaßt werden können, sondern die auch auf Signale aus ihrer Umgebung reagieren und richtige Entscheidungen treffen. Beispielsweise müssen diese Automaten Werkstücke in beliebiger Lage erkennen, entscheiden, ob das richtige Werkstück vorliegt, und danach handeln.

Zur Bewältigung dieser Aufgaben werden in jüngster Zeit in mehreren Bewegungsachsen frei programmierbare mit Greifern oder Werkzeugen ausgerüstete automatische Handhabungsgeräte, sogenannte Industrieroboter, entwickelt. Eine zentrale Rolle beim erfolgreichen Einsatz von Industrierobotern spielen künftig die Sensoren zur Erfassung der Umwelt. Diese müssen in der Lage sein, die räumliche Umgebung in entscheidenden Details zu erfassen und die gewonnenen Informationen richtig zu interpretieren. Als Beispiel ist das Erkennen von Objekten zu nennen.

Die meisten aufgezeigten Lösungsmöglichkeiten stammen aus dem Forschungsgebiet der „künstlichen Intelligenz", wo versucht wird, problemlösende Automaten für ganze Themenkreise zu entwickeln — z. B. sich selbst orientierende Fahrzeuge. Alle diese Arbeiten haben gezeigt, daß für allgemeine Lösungen ein Hard- und Softwareaufwand erforderlich ist, der das für die Produktionsautomatisierung vertretbare Maß z. Z. noch um eine Größenordnung übersteigt. Die Verarbeitungsgeschwindigkeiten sind ebenfalls, wenn keine Einschränkungen gemacht werden, für einen wirtschaftlichen industriellen Einsatz noch zu gering.

4.3.1. Sensoren zur Handhabung von Werkzeugen und Werkstücken

Von J. Bretschi und M. König

Roboter, die für Handhabung und Montage eingesetzt werden, müssen sehr flexibel sein, um häufig wechselnde Aufgaben bewältigen zu können. Dabei braucht jedoch die hohe sensorische Leistungsfähigkeit des Menschen aus zwei Gründen nicht erreicht zu werden:

Industrieroboter arbeiten in einer bekannten, eingeschränkten und gestaltbaren Umwelt in festgelegten Zyklen.

Werkzeuge und Werkstücke sind a priori bekannt und treten häufig nur in jeweils einer Type auf.

Sensoraufgaben und Aufwandsreduktion

Bei der Untersuchung von Arbeitsplätzen zeigt sich, daß es neben einer Vielzahl einfacher sensorischer Aufgaben zwei Gruppen von Sensoraufgaben gibt, die in der Handhabung und Montage besonders wichtig sind. Diese Aufgaben treten beim Ordnen von Werkstücken und beim Erfassen von Zielpositionen auf. Für einfache sensorische Aufgaben, wie der Messung physikalischer Größen oder der Erfassung von Maschinenzuständen, stehen geeignete Sensoren in reicher Auswahl zur Verfügung. Die Aufgaben beim Ordnen und beim Erfassen von Zielpositionen erfordern hingegen die Entwicklung neuer, komplexer Sensoren mit mustererkennenden Komponenten.

Eine wirtschaftliche Bildverarbeitung ist nur möglich, wenn die im Bild vorhandene Information reduziert wird. Neben der bereits erwähnten Tatsache, daß nur a priori bekannte Werkstücke verarbeitet werden müssen, deren Merkmale dem Sensor in einer Lernphase einprogrammiert werden können, gibt es eine Reihe weiterer Möglichkeiten der Informationsreduktion [1].

Durch eine geeignete *Beleuchtung* besteht die Möglichkeit, gewünschte Merkmale von einem störenden Hintergrund abzuheben, beispielsweise bei einem sich auf einem von hinten beleuchteten Transportband befindlichen Werkstück.

Abbildung 4.3-1 zeigt die Anwendung eines Lichtschnittbildes zur Schweißbahnverfolgung beim automatischen Schweißen [19]. Eine für die Binärbildauswertung zweckmäßigere Erfassung der Bildszene wird dadurch erreicht, daß die eine Szenenhälfte hell beleuchtet wird, während die andere im Dunkeln liegt (Projektion einer Lichtkante).

Eine große Erleichterung bei der Bildverarbeitung ist weiterhin eine erkennungsgerechte *Konstruktion* der Werkstücke. Das Erkennen von Teilen hängt ausschließlich von der Unterscheidbarkeit der Werkstückmerkmale ab. Eine Störung der Werkstücksymmetrie durch Anbringen von funktionslosen Zusatzmerkmalen (Löcher, Aussparungen) bewirkt eine Erleichterung bei der Unterscheidung.

Häufig besteht außerdem die Möglichkeit, durch einfache und flexible *mechanische Hilfseinrichtungen* die Sensoraufgabe zu vereinfachen. Beispiele sind das Vereinzeln von Teilen oder die Reduktion der Auflagemöglichkeiten eines

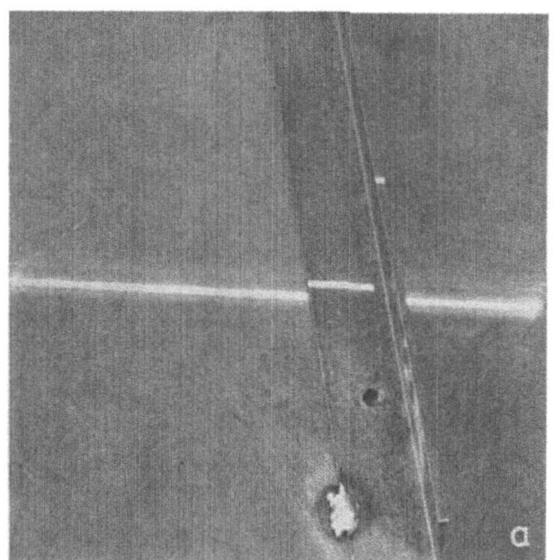

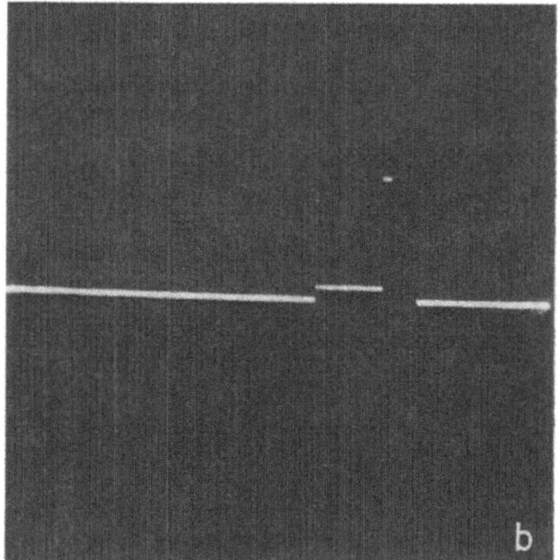

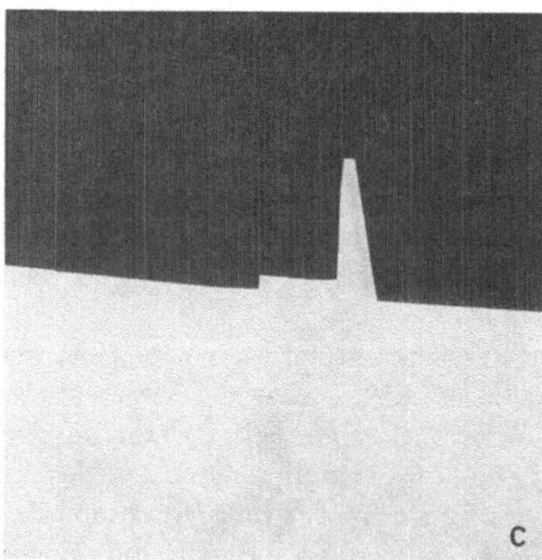

Abb. 4.3-1. Schweißbahnverfolgung beim automatischen Schweißen. *a* Projektion eines Schlitzes über eine Schweißbahn; *b* Lichtschnittbild; *c* Binärbild [19]

Werkstückes durch Anlaufenlassen gegen einen Anschlag. Die Reduktion der Mustervielfalt auf wenige a priori bekannte und somit einprogrammierbare Musterklassen ist für die Sensoraufgabe eine wesentliche Vereinfachung.

Die bisherigen Darlegungen zeigen, daß der Schwierigkeitsgrad der Bildverarbeitung wesentlich von den drei folgenden Parametern abhängt:

Anzahl der Grauwertstufen,

Anzahl und gegenseitige Anordnung der Muster im Bildfeld (einzelnes Teil, mehrere vereinzelte Teile, mehrere sich verdeckende Teile),

Freiheitsgrad des Musters.

Spezielle Sensorsysteme

Fernsehsensor zum Ordnen von Teilen. Zweckmäßig wird die Aufgabe „Greifen eines ungeordneten Teils aus einem Behälter" in folgende realisierbare Zwischenschritte gegliedert:

Vereinzeln,

Reduzierung von Drehfreiheitsgraden, z. B. durch Anlauf des Werkstücks gegen einen mechanischen Anschlag,

Binärbilderzeugung, z. B. durch Verwenden eines transparenten Förderbandes,

Verarbeitung der vereinfachten Bildszene,

Greifen des Teils und Handhabung mittels Industrieroboter.

Die gemachten Voraussetzungen ermöglichen einen einfachen Fernsehsensor zur Bildverarbeitung, bei dem die Auswertung nur weniger Fernsehzeilen zur Lageerkennung genügt [2]. Hierbei werden die auf einem Flachförderband liegenden Teile gegen einen mechanischen Anschlag geführt, wodurch eine begrenzte Anzahl von diskreten und stabilen Werkstücklageklassen entsteht. Abb. 4.3-2 zeigt am Beispiel eines Winkels die 6 möglichen stabilen Werkstücklagen. Ist die Unterlage des Werkstücks transparent, so ergibt sich im Durchlicht ein binäres Konturbild des Werkstückes.

Dieses Bild wird von einer senkrecht zur Bandebene stehenden Fernsehkamera mit 625 Zeilen pro Bild abgetastet. Zur eigentlichen Bilderkennung werden jedoch nur wenige Zeilen des Bildes ausgenutzt. In der Lernphase des Bildsensors wird die Position der elektronisch verschiebbaren Zeilen von einem Bediener geeignet

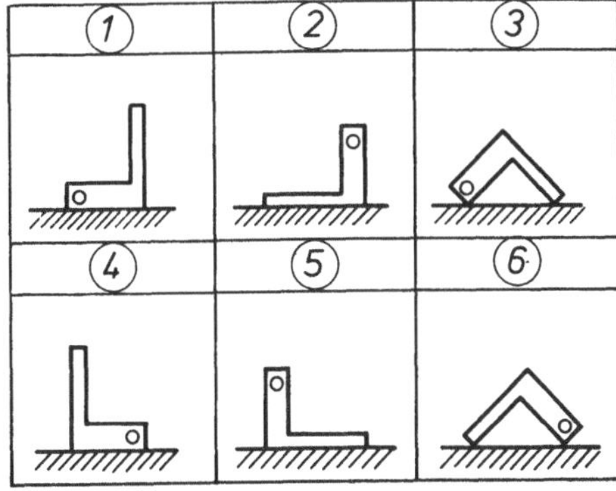

Abb. 4.3-2. Stabile Lagen eines Winkels an einem Anschlag

gewählt. Die Bedienperson beobachtet dabei auf einem Fernsehmonitor die Werkstückkontur zusammen mit den durch Helltastung gekennzeichneten Zeilen. Abb. 4.3-3 zeigt das Monitorbild eines von 3 Zeilen abgetasteten Werkstückes an einem am unteren Bildrand aufliegenden mechanischen Anschlag. In der Lernphase werden dem Sensor alle an einem mechanischen Anschlag möglichen Werkstücklagen dargeboten.

Abgespeichert werden die Streckenabschnitte des Werkstückes an den ausgewählten Fernsehzeilen. Beim eigentlichen Meßvorgang wird dem Bildsensor eine dieser eingelernten Lageklassen zur Erkennung angeboten. Der Sensor entscheidet auf diejenige Lageklasse, für die bei einem Vergleich entsprechender Strecken-

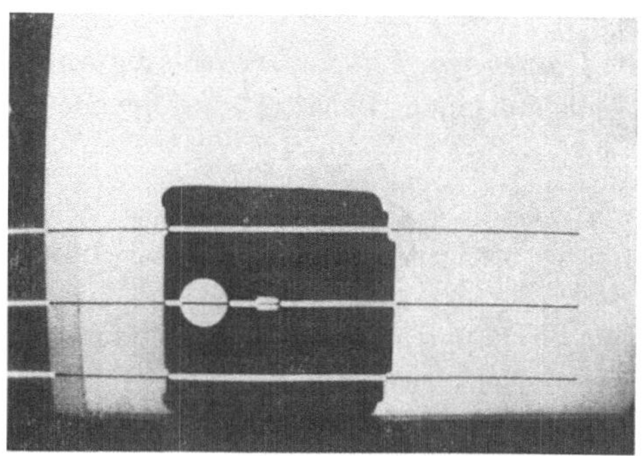

Abb. 4.3-3. Von 3 Fernsehzeilen abgetastetes Binärbild eines Werkstückes

abschnitte des Werkstückes die größte Ähnlichkeit vorliegt. Der Sensor gibt die Lagekoordinate des Werkstückes am Anschlag und die Auflageart des Werkstückes an die Robotersteuerung weiter. Notwendig ist nur ein kleiner Meßspeicher von 64×8 bit, in den 64 Werkstückabschnitte mit einer Genauigkeit von 8 bit gespeichert werden können. Vom Meßspeicher werden in der Lern- und Meßphase die jeweiligen Meßdaten in den Speicher eines Mikroprozessors übernommen und dort nach dem Erkennungsalgorithmus der größten Ähnlichkeit verarbeitet.

Bei 15 zu unterscheidenden Werkstücklagen beträgt der Speicheraufwand 1 K Byte für die Meß- und Lerndaten, hinzu kommen 0,5 K Byte für das Mikroprozessorprogramm. Die Reduzierung der Informationsmenge ist hier besonders deutlich. Während der Informationsinhalt eines einzigen Grauwert-Fernsehbildes etwa $3 \cdot 10^6$ bit beträgt, werden beim vorliegenden Verfahren für die Verarbeitung von 15 Bildern der entsprechenden Lageklassen zusammen nur $8 \cdot 10^3$ bit Speicherplatz benötigt. Gleichzeitig beträgt die Gesamtzeit für die Bildverarbeitung nur etwa 70 ms.

Für Werkstücke, die sich nicht definiert gegen einen Anschlag führen lassen, wurde ein ähnlich einfaches System entwickelt [1]. Dort wird der Flächenschwerpunkt des Objektes ermittelt und um diesen Flächenschwerpunkt elektronisch ein oder mehrere konzentrische Kreise gelegt. Aus den Schnittpunkten der Kreise mit der Werkstückkontur wird die Drehung des Werkstückes ermittelt. Solche Fernsehsysteme zur Ermittlung des Flächenschnittpunktes eignen sich auch zur Positionsvermessung von Objekten.

Bildsensorgesteuertes Montagesystem. Als Beispiel für ein sensorgesteuertes Montagesystem sei hier eine in Japan entwickelte Laboreinheit zur Montage von Kohlebürsten für Gleichstrommotore geschildert [3]. Die quaderförmigen Kohlebürsten werden an ihren Stromzuführungen hängend auf einer Führungsstange aufgefädelt. Eine Zuteilstation führt jeweils eine Kohlebürste in das Bildfeld einer Fernsehkamera. Diese Kamera ist zwischen den Greifzangen eines Industrieroboters eingebaut. Das Werkstück befindet sich vor einem weißen Hintergrund.

Zur Erkennung des Objektes im 3-dimensionalen Raum wird die Kamera im Greifer um die drei möglichen Aspektwinkel verdreht. Ist die Orientierung erkannt, werden die Kohlebürsten vom Greifer des Roboters gegriffen, in die Sollage gewendet, einer Montageeinheit zugeführt und von ihr in die Halterungen eingeschoben. Die Bildverarbeitung und Robotersteuerung wird von einem Minirechner durchgeführt. Der Speicherbedarf für den Erkennungsvorgang beträgt 6 K Worte (12 bit). Der gesamte Montagevorgang für vier Kohlebürsten beansprucht etwa 1 min. Eine Bedienperson würde hierzu nur etwa 5 s benötigen. Dieses Beispiel zeigt deutlich die Schwierigkeiten und den notwendigen apparativen Aufwand zum Durchführen einer für den Menschen vergleichsweise einfach und schnell auszuführenden Tätigkeit.

Ein wesentlicher Gesichtspunkt bei der Entwicklung solcher Sensorsysteme ist ihre Flexibilität, die sich vornehmlich auf die Anpassung an neue Parameter bei Werkstückwechsel bezieht. Die Systeme müssen durch Vorzeigen realer Werkstücke oder Bauteilmuster (sogenanntes „teach-in“) programmierbar sein, um ohne Systemkenntnis von ungelernten Arbeitskräften umgestellt werden zu können. Ein weiterer Vorteil dieses Programmierens am realen Objekt ist das Einprogrammieren von Ungenauigkeiten in Abbildung, Beleuchtung u. ä., so daß aufwendige Justierarbeiten beim Umstellen auf neue Aufgaben entfallen.

4.3.2. Robotersysteme

Von F. Röcker

Die Anwendung von Robotersystemen ist immer dann zweckmäßig, wenn der Mensch wegen ungünstiger Arbeits- oder Lebensbedingungen (Bedrohung, Radioaktivität, Weltraum) nicht oder nur unter hohem Risiko eingesetzt werden kann. Im folgenden sollen einige typische Robotersysteme vorgestellt werden, die sich nach ihren mechanischen Arbeitsgeräten unterteilen lassen. Unter tastenden Robotern [12, 13] werden Systeme verstanden, die ihre Information über den Arbeitsplatz durch Tastvorgänge erhalten. Manipulierende Roboter verfügen zur Arbeitsverrichtung über einen Manipulator und navigierende Roboter bewegen sich selbst in ihrer Umwelt und sollen z. B. einen kollisionsfreien Weg finden.

Räumliche Szeneninterpretation

Erfassung der räumlichen Szene. Roboteranwendungen erfordern die Ermittlung von Lage- und Oberflächenkoordinaten von Körpern. Hierzu können Sensoren benutzt werden, die bei Berührung ein Signal abgeben. Sie bestehen im einfachsten Fall aus einem einzigen elektrischen Schalter. Sehr viel weiter gehen

Versuche, mit Hilfe von teils beweglichen Schalterkombinationen die Form eines Werkstückes zu erkennen. Die tastenden Verfahren sind zwar billig, jedoch, abgesehen von Spezialfällen, für ein allgemein anwendbares Orientierungsverfahren aufgrund ihrer stark eingeschränkten Operationsgeschwindigkeit wenig geeignet. Zweckmäßiger sind z. B. optische Verfahren, die durch berührungslose Messung eine Abbildung der räumlichen Szene ermöglichen (z. B. optische Radarverfahren [8]).

Eine Stereobildbetrachtung mit zwei Videokameras und Triangulation ist wegen des erforderlichen großen Rechenaufwandes zur automatischen Bestimmung konjugierter Punktpaare nicht anwendbar. Eine Triangulation ist jedoch möglich, wenn eine der beiden Kameras durch eine bewegliche, gerichtete Lichtquelle ersetzt wird, die mit einem Lichtstrahl oder einer ganzen Lichtebene die Szene beleuchtet (Abb. 4.3-4a). Damit läßt sich von jedem Punkt, der sichtbar

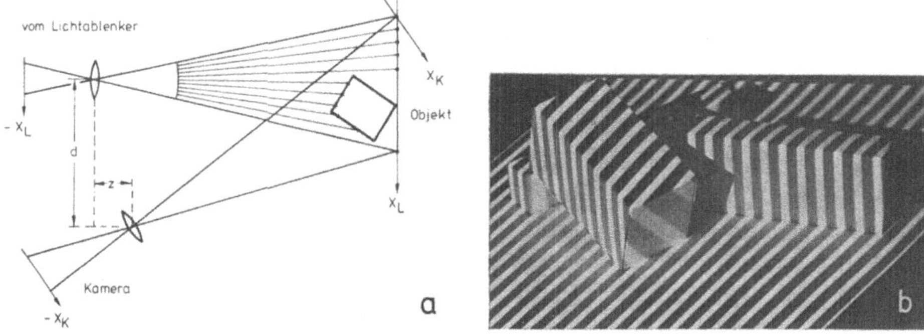

Abb. 4.3-4. Lichtschnittverfahren. *a* Triangulation von Körperpunkten durch Licht- und Projektionsstrahlen; *b* Abbildung eines Streifenmusters auf eine räumliche Szene

in die Bildebene der Kamera abgebildet wird, seine räumliche Lage durch Auswertung der bekannten Dreiecksbeziehungen bestimmen. Um mit dieser Anordnung eine ganze Szene zu vermessen, wird der Abstrahlwinkel der Beleuchtung Schritt für Schritt verändert und damit nach und nach die gesamte Szene erfaßt. Die Wirkungsweise dieses Lichtschnittverfahrens demonstriert Abb. 4.3-4b. Ein spezielles Lichtschnittverfahren mit Laserablenker und eindimensionaler Halbleiterkamera zur Erfassung von Körperkanten wird in [20] beschrieben.

Auswertung der Bildszene. Die Verarbeitungsmethoden zur Bildszenenaufbereitung unterscheiden sich nicht grundsätzlich von denen anderer Anwendungsbereiche der Bildverarbeitung (vgl. 2.). Dagegen wird als einer der wichtigsten Schritte in einem Robotersystem das räumliche Abstraktionsvermögen angesehen. Man versteht hierunter die Fähigkeit, aus einer Fülle von Meßdaten eine kompakte Beschreibung der räumlichen Verhältnisse am Arbeitsplatz zu erzeugen. Dies bedeutet beispielsweise, geeignete Meßwerte in bestimmter Form zusammenzufassen, z. B. eine Oberfläche, die durch eine Vielzahl von Meßpunkten erfaßt wurde, durch ihre analytische Gleichung zu beschreiben, einen Körper durch seine Oberflächen zu bestimmen und eine Szene, bestehend aus mehreren Körpern, zu interpretieren.

In [7] wurde ein Verfahren zur Ermittlung einfacher Gegenstände mit ebenen Oberflächen vorgeschlagen. Es besteht im wesentlichen aus einer iterativen, näherungsweisen Berechnung von Geraden und Ebenen im Raum, wobei der räumliche Abstand eines Meßpunktes von der aktuellen Gerade oder Ebene als Abbruchkriterium verwendet wird. Ein weiteres Abstraktionsverfahren durch Zylinderstücke wurde in [12] vorgeschlagen.

Wenn die eine Szene beschreibenden Flächen bekannt sind, muß diese Beschreibung sowie der geometrische und topologische Zusammenhang dieser Flächen in kompakter Form im Rechner gespeichert werden. Dazu bedient man sich allgemein einer Technik, die aus dem Gebiet der „Computer-Graphics" bekannt ist.

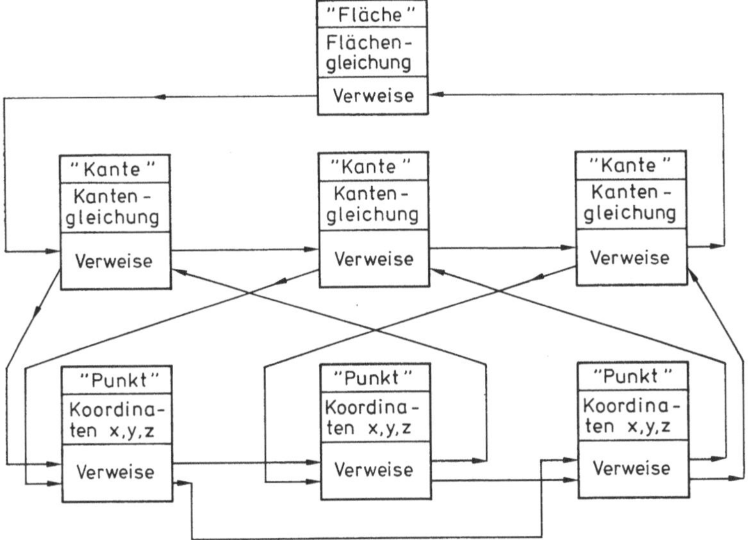

Abb. 4.3-5. Darstellung einer Dreiecksfläche in einer hierarchischen Datenstruktur

Die beschreibenden Elemente werden in Speicherfeldern abgelegt und der Zusammenhang der Speicherfelder durch Verweise festgehalten. Abb. 4.3-5 zeigt als Beispiel die Darstellung einer Dreiecksfläche in einer hierarchisch aufgebauten Datenstruktur, bestehend aus den Elementen „Punkt", „Kante" und „Fläche". Jedes Element setzt sich dabei aus der Beschreibung seiner Einzelelemente und einem „Zeigerring" zusammen, so daß von jedem Einzelelement aus durch zyklisches Entlanglaufen am Zeigerring festgestellt werden kann, welche anderen Elemente noch zum selben „Ring" gehören.

Mit der Beschreibung des Arbeitsplatzes eines Roboters in einer solchen Datenstruktur ist jedoch die Erkennungsaufgabe noch nicht abgeschlossen. Vielmehr muß noch herausgefunden werden, wo sich bestimmte Werkstücke oder Werkzeuge befinden und wie sie im Raum orientiert sind, damit sie von einem Handhabungsroboter gegriffen werden können. Die allgemeine Aufgabe (vgl. aber auch 4.3.1.) stellt ein Klassifikationsproblem dar, wie es aus der Mustererkennung (vgl. 2.1.7.) bereits bekannt ist. Es ist jedoch zu beachten, daß je nach Aufgabenstellung unterschiedliche Klassifikationsziele gesetzt sind. Einmal sollen

Objekte lokalisiert werden, zum anderen sollen sie in ihrer Größe und räumlichen Orientierung erfaßt werden. In [7] wurde dazu erstmals ein Verfahren beschrieben, das auf der Grundlage der aus der Mustererkennung bekannten sequentiellen Klassifikationsverfahren Datenstrukturen klassifiziert, die dreidimensionale Objekte beschreiben. Die Forderung nach Größen- und Lageinvarianz wird durch gezielte Skalierung und räumliche Koordinatentransformation bis zur Deckungsgleichheit mit gespeicherten Prototypen erfüllt. Aus den Skalierungs- und Transformationsparametern lassen sich dann die notwendigen Rückschlüsse auf Größe und räumliche Lage ziehen.

Manipulierender Roboter

Der Roboter HIVIP [14] besitzt als Sensoren zwei Fernsehkameras, als informationsverarbeitenden Teil einen Computer HITAC 7250 und als ausführendes Organ einen vom Rechner gesteuerten Arm. HIVIP ist in der Lage, einfach dreidimensionale Objekte nach Maßgabe einer Konstruktionszeichnung aus Teilobjekten mit ebenen Oberflächen zusammenzusetzen. Zur Eingabe einer 3-Seitenansicht des gewünschten Objektes (Abb. 4.3-6) dient eine der beiden Kameras. Eine zweite Kamera sucht auf dem Arbeitsplatz nach benötigten Teilobjekten, damit der Computer mit Hilfe des Armes das auf der Zeichnung dargestellte Objekt zusammenbauen kann.

Der rechnergesteuerte Arm ist gelenkig aufgebaut, in sieben Freiheitsgraden zu bewegen und hat zwei parallele Greifzangen, um Arbeiten ausführen zu können. Das Softwaresystem des HIVIP ist in 3 Hauptteile gegliedert: Ein Programm zur Analyse der Strichzeichnungen, ein Programm zur Objekterkennung und ein Programm zum Aufbau des verlangten Objektes aus Teilobjekten.

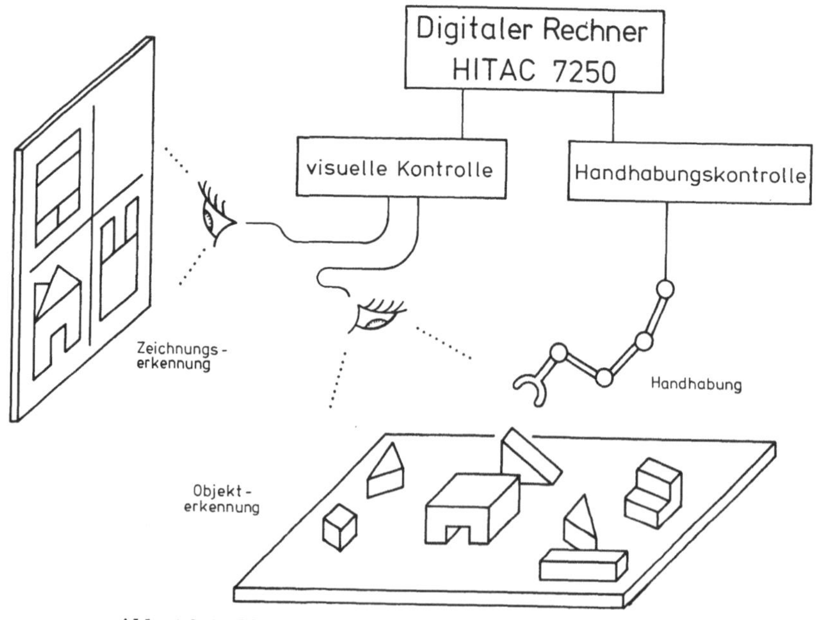

Abb. 4.3-6. Manipulierender Roboter HIVIP nach [12]

Zur Analyse der Strichzeichnungen werden in den 3 Ansichten der zweidimensionalen Darstellung sämtliche Linien gesucht und eine Liste aller Eckpunkte, Kanten und Flächenumrandungen erstellt. In dieser Liste werden die korrelierten Punkte der 3 Ansichten gesucht, mit deren Hilfe ein dreidimensionales Modell des gesuchten Objektes erstellt wird. Dieses Modell wird anschließend in Teilobjekte zerlegt, die in einer Liste der auf dem Arbeitsplatz vorhandenen Teile gefunden werden müssen.

Das Objekterkennungsprogramm muß aus den Bildern, die von der zweiten Kamera am Arbeitsplatz aufgenommen werden, Gestalt und Lage der Teilobjekte bestimmen. Dazu wird das Bild in einem Vorverarbeitungsschritt differenziert, um die Kontrastübergänge zu erhalten. Mit Hilfe der Kenntnisse über vorkommende Teilobjekte wird durch Anwendung inverser Abbildungstransformationen [18] die Information über die dritte Dimension gewonnen, so daß alle Teilobjekte erfaßt und vermessen werden können.

Um die so gefundenen Teilobjekte nach Vorschrift der Zeichnung zusammenzusetzen, werden zunächst alle Teile am Arbeitsplatz in solche, die benötigt werden, und andere, die nicht benötigt werden, aufgeteilt. Danach wird eine möglichst einfache Reihenfolge des Zusammenbaus gesucht. Werden dabei mehrere mögliche Wege zum Gesamtobjekt gefunden, wird derjenige ausgewählt, der die wenigsten Greifvorgänge erfordert. Um die Teilobjekte greifen zu können, werden zwei parallele Flächen gesucht, die nicht „Kontaktflächen“ zu anderen Teilobjekten sein dürfen. Dann wird die Befehlsfolge für den Manipulator erzeugt, um das Objekt zu greifen und mit anderen Teilobjekten zusammenzufügen.

Für dieses System wurden folgende Verarbeitungszeiten angegeben [14]: 240 Sekunden für die Bilddifferentiation, 20 Sekunden für die Zeichnungsanalyse, 50 Sekunden für jede Erkennung eines Teilobjektes, 10 Sekunden für die Erstellung des Bauplanes und im Mittel 180 Sekunden für den Zusammenbau des Objektes.

Navigierender Roboter

Aufbereitung der Bildszene. Bei dem in [15, 16] beschriebenen Robotersystem steht zur Bildeingabe eine Fernsehkamera zur Verfügung, die eng mit einem Kantenverfolgungsprogramm gekoppelt ist. Die Kamera gibt ein Bild von 333×256 Bildpunkten in 1/60 Sekunden über einen schnellen Rechnerkanal (24 Mbit/s) ohne Zwischenspeicherung in den Rechner ein. Stellt das Kantenverfolgungsprogramm bei der Bearbeitung dieser Bilder fest, daß die ermittelten Objekte zu klein sind oder daß wesentliche Kanten über den Bildrand hinausgehen, wird die Brennweite der Kamera verstellt, bis im Bild vernünftige Größenverhältnisse herrschen. Liegen „verschmierte“ Kanten vor (unscharfe Abbildung), so wird der Fokus der Kameraoptik bis zum Optimum verstellt.

Wenn Kanten Ecken aufweisen, ohne daß eine Kantenverzweigung sichtbar wird, kann unterstellt werden, daß der Grauwertauflösungsbereich der Kamera nicht richtig eingestellt ist. Um diesen Auflösungsbereich variieren zu können, kann am Vidikon die Target-Spannung in 64 diskreten Stufen durch den Computer eingestellt werden. Die restlichen Einstellgrößen der Kamera (Aufnahme-Richtung, Blende, Farbfilter) lassen sich ebenfalls vom Computer einstellen.

Manipulation. Als ausführende Geräte stehen u. a. ein Fahrzeug und ein Manipulator zur Verfügung. Der Manipulator ist mit 7 Freiheitsgraden ausgestattet und hat zwei Parallelzangen als Greifer, um Arbeiten ausführen zu können. Das Fahrzeug ist batteriebetrieben und über eine Funkverbindung an den Computer angeschlossen. Dadurch wird es möglich, in einem größeren Umkreis des Rechners zu operieren. Das Fahrzeug ist mit der oben beschriebenen Fernsehkamera, mit Schaltern an allen 4 Seiten zur Kollisionsanzeige und mit rechnergesteuerten Antriebsmotoren versehen.

Planungsprogramm. Um die Verbindung von Mensch und Maschine möglichst gut den menschlichen Denkgewohnheiten anzupassen, wurde das Programmsystem STRIPS [16] geschrieben. STRIPS analysiert die gestellte Aufgabe, errechnet einen zulässigen Lösungsweg und überwacht die Ausführung der gestellten Aufgabe. Anhand eines Beispiels soll die Arbeitsweise von STRIPS erläutert werden.

In Abb. 4.3-7a ist die tatsächliche Arbeitsfläche des Roboters dargestellt. Sie besteht aus den Räumen R1, R2 und R3, den Türen D1, D2 und D3, sowie den Objekten B1, B2, B3, B4 und B5. ROB kennzeichnet den augenblicklichen Standort des Fahrzeugs. Abb. 4.3-7b zeigt das im Computer gespeicherte Modell der Arbeitsfläche. Dabei ist zu beachten, daß das Modell fehlerhaft und unvollständig ist. Beispielsweise fehlt B5, der Standort von B1 ist nicht korrekt verzeichnet und die Tür D1 steht fälschlicherweise offen. ROB erhält den Auftrag, die Objekte B1, B2 und B3 im Raum R1 zusammenzuschieben.

STRIPS berechnet zunächst folgende Lösungsstrategie der Aufgabe: a) Gehe zu B1, b) Schiebe B1 zu B2, c) Gehe nach R2, d) Gehe zu B3, e) Schiebe B3 zu B2. Danach wird im Modell ein kollisionsfreier Weg für ROB zu B1 gesucht (links von B4) und ROB in Bewegung gesetzt. Da ROB hierbei mit B5 kollidiert (B5 war nicht eingetragen), muß eine neue Aufnahme der Umgebung gemacht werden. Dabei wird B5 gefunden, in das Modell eingetragen und in diesem korrigierten Modell ein neuer Weg zu B1 gesucht.

Nun wird B1 zu B2 geschoben und ein Weg nach R2 berechnet. Dieser führt im Modell durch D1. Da D1 jedoch nicht offen steht, wird sich dort eine Kollision ereignen, die ROB wieder veranlaßt, eine Neuaufnahme seiner Umwelt zu erstellen, in der dieser Sachverhalt richtiggestellt wird. Sodann wird der Weg neu berechnet und führt nun durch D2 und D3, usw. Durch dieses Beispiel wird deutlich, daß das System bestrebt ist, offenkundige Fehler selbst zu erkennen und zu korrigieren.

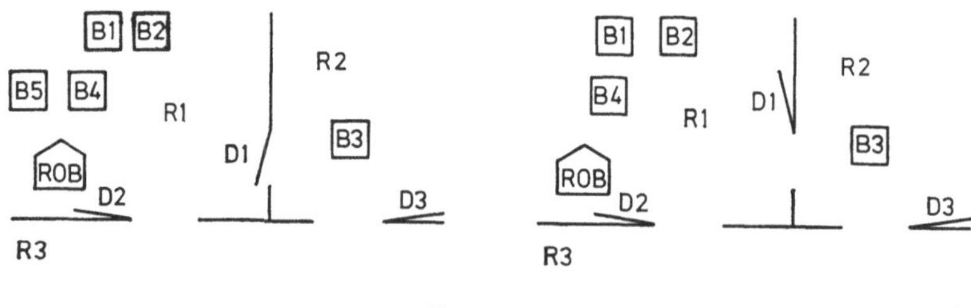

Abb. 4.3-7. Zur Erläuterung des Planungsprogramms STRIPS [16]. *a* Tatsächliche Arbeitsfläche; *b* gespeichertes Modell der Arbeitsfläche

4.3.3. Literatur

[1] Bretschi, J., König, M., Schief, A.: Reduction of Information in Optical Sensors of Industrial Robots. Reprints of 2nd CISM-IFToMM Symposium on Theory and Practice of Robots and Manipulators, Warschau, September 1976, S. 297—306.

[2] Bretschi, J.: A Microprocessor Controlled Visual Sensor for Industrial Robots. The Industrial Robot **3**, 167—172 (1976).

[3] Tsuboi, Y., Inoue, T.: Robot Assembly System Using TV-Camera. Proceedings of 3rd Conference on Industrial Robot Technology & 6th International Symposium on Industrial Robots, Nottingham, März 1976. Int. Fluid. Services, Bedfort, England.

[4] Mit intelligenter Handhabung. VDI-Nachrichten, 12. September 1975.

[5] Maschinen mit Händen und Füßen. VDI-Nachrichten, Nr. 14, 9. April 1976.

[6] Gehilfe für die Produktion. VDI-Nachrichten, Nr. 14, 9. April 1976.

[7] Röcker, F.: Zum Problem der automatischen Analyse dreidimensionaler Szenen. Dissertation, Universität Karlsruhe, November 1975.

[8] Kiessling, A.: Theoretische Untersuchung verschiedener Methoden zur 3D-Abtastung von Objekten. FIM/FGAN-Bericht Nr. 20, Karlsruhe, August 1974.

[9] Riegl, J.: Messung kurzer Entfernungen mit Hilfe optischer Impulsradargeräte. NTZ **1973**, 435—440.

[10] Riegl, J.: Ausführung optischer Impulsradargeräte für kurze Entfernungen. NTZ **1973**, 481—486.

[11] Kalmen, H.: Untersuchung von analogen und digitalen Phasenmeßsystemen in den elektrooptischen Entfernungssystemen. Deutsche Geodätische Kommission, Reihe C, Heft 186.

[12] Aida, S., u. a.: Visual-Tactile Symbiotic System for Stereometric Pattern Recognition. 2. International Joint Conference on Artificial Intelligence, London, 1971, S. 365—375.

[13] Kinoshito, G., u. a.: Pattern Recognition by an Artificial Sense. 2. International Joint Conference on Artificial Intelligence, London, 1971, S. 376—384.

[14] Ejiri, M., u. a.: An Intelligent Robot with Cognition and Decision-Making Ability. 2. International Joint Conference on Artificial Intelligence, London, 1971, S. 350 bis 358.

[15] Pingle, K. K., Tenenbaum, J. M.: An Accomodating Edge Follower. 2. International Joint Conference on Artificial Intelligence, London, 1971, S. 1—7.

[16] Fikes, R. E.: Monitored Excution of Robot Plans Produced by STRIPS. IFIP-Congress 71, Ljubljana, TA-2, S. 101—105.

[17] Hale, J. A. G., Saraga, P.: Control of a PCB Drilling Machine by Visual Feedback. 4. International Joint Conference on Artificial Intelligence, Tbilisi, 1975, S. 775—781.

[18] Roberts, L. G.: Machine Perception of Three-Dimensional Solids. Optical and Electrooptical Information Processing **1965**, 159—297.

[19] Foith, J. P.: Bildverarbeitung zur Lage- und Positionsbestimmung beim Einsatz von Industrie-Robotern. IITB-Mitteilungen, FhG-Berichte 2—77, S. 32—40.

[20] Kiessling, A.: A Fast Scanning Method for Three Dimensional Scenes, Proceedings. 3 IJCPR, Coronado, Calif., 1976, S. 586—589.

[21] Baird, M. L.: An Application of Computer Vision to Automated IC Chip Manufacture. 3. International Joint Conference on Pattern Recognition, San Diego, November 1976, S. 3—7.

[22] Saraga, P., Skoyles, D. R.: An Experimental Visually Controlled Pick and Place Machine for Industry. 3. International Joint Conference on Pattern Recognition, San Diego, November 1976, S. 17—21.

[23] Mérö, L., Vámos, T.: Real-Time Edge-Detection Using Local Operators. 3. International Joint Conference on Pattern Recognition, San Diego, November 1976, S. 31—36.

[24] Perkins, W. A.: Multilevel Vision Recognition System. 3. International Joint Conference on Pattern Recognition, San Diego, November 1976, S. 739—744.

5. Anwendungen in der Medizin

Von M. Tasto

Die Interpretation von Bildinformation spielt eine wichtige Rolle in der medizinischen Diagnostik. Die breiteste Anwendung finden Röntgenbilder, von denen oft in einer größeren Klinik jährlich eine halbe Million oder mehr hergestellt und ausgewertet werden. Weitere Beispiele sind Mikroskopbilder von Blutzellen und Gewebsabstrichen, Szintigramme, d. h. Bilder der Strahlungsintensität des menschlichen Körpers als Folge eines eingegebenen radioaktiven Präparates, Thermografiebilder, mit dem Endoskop gewonnene Bilder von inneren Organoberflächen und schließlich Bilddarstellungen von Ultraschallsignalen. Die Verwendung von Bildverarbeitungstechniken ist keineswegs neu: Seit Jahrzehnten werden zum Beispiel in der Röntgentechnik mittels optisch-mechanisch-fotografischer Methoden Verarbeitungen zur Verbesserung der Detailerkennbarkeit durchgeführt. Subtraktionen von Röntgenbildern, bei denen eines vor und ein weiteres nach Einspritzung von Kontrastmittel gewonnen wurden, ergeben eine deutlichere Darstellung der kontrastmittelgefüllten Blutgefäße im Röntgenbild. Hochpaßfilterung zur Verdeutlichung von Objektkonturen und Texturen wird realisiert durch Subtraktion eines mit optischen Mitteln gewonnenen tiefpaßgefilterten (unscharfen) Bildes vom Originalbild.

Die technische und preisliche Entwicklung von Rechnern einerseits und die methodischen Fortschritte auf dem Gebiet der maschinellen Bildverarbeitung andererseits erlauben nun eine sehr viel breitere und flexiblere Anwendung von Bildverarbeitungsverfahren in der Medizin, und sie haben zu einer intensiven Forschungs- und Entwicklungstätigkeit und in einigen Bereichen bereits zu kommerziell erwerbbaren und klinisch erprobten Verfahren und Geräten geführt. Drei Schwerpunkte sind dabei festzustellen:

Die Bestimmung bildartiger Darstellungen aus ursprünglich nicht als Bild vorliegenden Meßwerten mit besonders breiter Anwendung in der Röntgentechnik.

Die automatische sowohl als auch interaktive Manipulation, Restauration und Umformung von Bildern.

Die automatische Vermessung und Interpretation von Bildern.

5.1. Röntgenbilder

Der Input eines Systems zur maschinellen Bildverarbeitung ist im allgemeinen ein fertiges Bild. In einigen Anwendungen der medizinischen Röntgentechnik beginnt die Verarbeitung schon eine Stufe früher: Aus den vom Röntgensystem gewonnenen Meßdaten muß überhaupt erst ein Bild ermittelt werden. Nach dem Lambert-Beerschen Gesetz wird ein Röntgenstrahl durch die Absorption des durchstrahlten Objekts näherungsweise (bei monochromatischen Strahlen genau) wie folgt geschwächt

$$I_0 = I_i \exp\left[-\int_S \mu(s)\, \mathrm{d}s\right]. \tag{5.1-1}$$

Dabei ist I_i die Eingangs- und I_0 die Ausgangsintensität und $\mu(s)$ der Absorptionskoeffizient als Funktion des Wegparameters s entlang des Weges S. Das Röntgensystem liefert also, nach entsprechender Umformung durch Logarithmieren, grundsätzlich nur Linienintegrale über die örtliche Verteilung des Absorptionskoeffizienten als Information über das Objekt, während eigentlich die örtliche Verteilung des Absorptionskoeffizienten $\mu(x, y, z)$ selbst oder eine bildliche Darstellung von Objektschichten $\mu(x, y, z_i)$, $i = 1, 2, \ldots$ erwünscht ist.

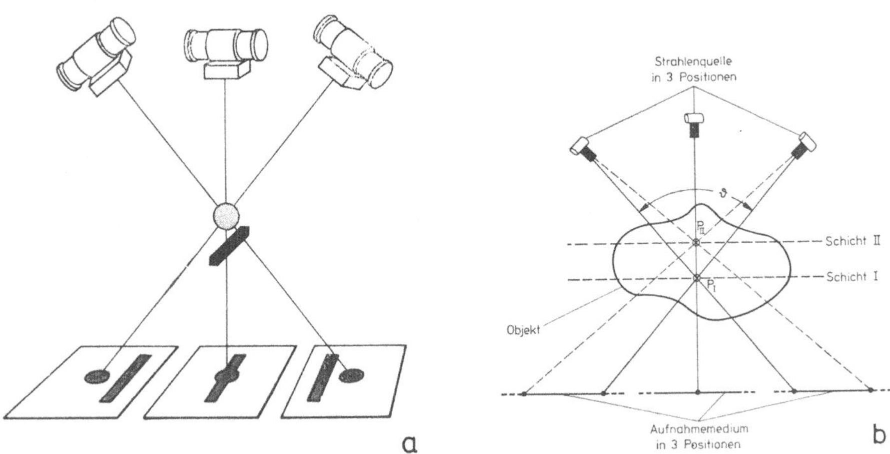

Abb. 5.1-1. Röntgen-Schattenprojektion. *a* Projektionen aus mehreren Richtungen; *b* Prinzip der Tomographie

5.1.1. Rekonstruktion von Objektschichten aus Röntgenprojektionen

Die einfachste Art, Röntgenbilder aus den Linienintegralen zu gewinnen, besteht darin, die Werte der Linienintegrale selber darzustellen. Diese Darstellung wird Projektion oder Schattenprojektion genannt. Offensichtlich erhält man dabei stark eingeschränkte Informationen, z. B. kann man in Abb. 5.1-1a aus der mittleren Projektion nichts über den Abstand zwischen Kugel und Balken erkennen.

Zusätzliche Informationen gewinnt man, wenn Projektionen aus verschiedenen Richtungen gewonnen werden. In der Tat kann man jetzt aus den Projektionen schließen, daß das durchstrahlte Objekt in Abb. 5.1-1a aus zwei räumlich getrennten Teilobjekten besteht und daß das runde Teilobjekt eher eine Kugel als eine Scheibe ist. Bei komplexen Objekten ist es jedoch schwierig, die aus den verschiedenen Richtungen gewonnenen Projektionen richtig zu interpretieren.

Tomographie

Die Tomographie, vermutlich zuerst in [1] beschrieben, erlaubt es, aus vielen Projektionen Objektschichten zu rekonstruieren. Das Prinzip ist in Abb. 5.1-1b dargestellt: Ein Aufnahmeorgan (Röntgenfilm oder Bildverstärker-Fernsehkamera) ist mechanisch mit der Röntgenröhre verbunden, der Drehpunkt der Achse liege bei P_I.

Wird die Röntgenröhre z. B. auf einer Kreisbahn mit dem Öffnungswinkel ϑ bewegt, so wird in allen Stellungen der Punkt P_I auf der gleichen Stelle des Aufnahmeorgans abgebildet. Dies gilt annähernd auch für alle anderen Punkte der Objektschicht I. Verleiht man dem Aufnahmeorgan eine zeitlich integrierende Wirkung, so wird trotz der Bewegung von Röntgenröhre und Aufnahmeorgan die Schicht I scharf abgebildet. Dies gilt nicht für Schicht II: Der Punkt P_{II} wird bei allen drei gezeigten Positionen der Röntgenröhre auf verschiedene Stellen des Aufnahmeorgans abgebildet, und durch die zeitlich integrierende Wirkung des Aufnahmeorgans entsteht eine verwischte Darstellung der Schicht II.

Das gewünschte Ziel, eine scharfe Darstellung der Schicht $\mu(x, y, z_i)$, ist also erreicht, allerdings mit einer Einschränkung: Jede beliebige Schicht des Objekts kann durch Wahl des Drehpunkts zwar scharf abgebildet werden, jedoch liefern die darunter und darüber liegenden unscharf abgebildeten Schichten unerwünschte Störbeiträge (Artefakte). Das beschriebene Verfahren wird grundsätzlich durch folgende Operationen realisiert: Die Projektionen werden je nach Lage der abzubildenden Schicht um bestimmte Beträge gegeneinander verschoben und aufsummiert. Die Größe der Verschiebung wird durch die Lage der zu rekonstruierenden Schicht bestimmt. Zur Bestimmung eines Punktes einer Objektschicht werden dabei also genau die Linienintegrale aufsummiert, deren Integrationswege durch den Punkt führen.

Tomosynthese

Modernere Methoden der Tomographie werden in [2] und [3] beschrieben. Das Prinzip gleicht dem oben beschriebenen, jedoch hat das Aufnahmeorgan keine zeitlich integrierende Wirkung. Vielmehr wird für alle (ca. 20 bis 50) Projektionsrichtungen die jeweils erhaltene Projektion getrennt auf einem analog-elektronischen Speichermedium, z. B. einem Magnetplattenspeicher, gespeichert. Die Rekonstruktion der Schichten erfolgt in einem getrennten nachfolgenden Arbeitsgang, indem die Projektionen gegeneinander verschoben und auf einem integrierfähigen Bildspeicher, z. B. einer Bildspeicherröhre oder speicherfähigen Kameraröhre, aufsummiert werden (Tomosynthese). Das Verschieben der Projektionen kann durch Auslenkspannungen gleichzeitig mit dem Einschreiben in die Speicherröhre erfolgen. Alle Operationen verlaufen unter Kontrolle eines Minicomputers, der auch die Auslenkspannungen für die Verschiebung der Projektionen in Abhängigkeit von der gewünschten Schicht bestimmt.

Der große Vorteil des Verfahrens gegenüber der klassischen Tomographie besteht darin, daß mit einem einzigen Satz von Projektionen alle gewünschten Schichten gewonnen werden können, mit dem Ergebnis, daß die Röntgendosis, die körperliche Belastung für den Patienten und die zeitliche Belastung des

Arztes reduziert werden kann. Der Nachteil der Tomographie, die Erzeugung von Störanteilen auf dem Bild der gewünschten Schicht durch die benachbarten Schichten, bleibt jedoch erhalten.

Computer-Tomographie

Die Computer-Tomographie (computerized transverse axial tomography) erlaubt mittels komplexerer Rekonstruktionsalgorithmen und durch sorgfältigere Verarbeitung der gewonnenen Meßwerte prinzipiell eine wesentlich verbesserte Rekonstruktion von Schichten [4, 5, 20]. Abb. 5.1-2a zeigt eine Anordnung zur Gewinnung der Meßwerte (Linienintegrale). Sie unterscheidet sich von der Tomographieanordnung nach Abb. 5.1-1b durch folgende 3 Punkte:

1. Alle gewonnenen Linienintegrale führen genau durch die Objektschicht, zu deren Rekonstruktion sie verwendet werden sollen. Dies entspricht einem Öffnungswinkel $\vartheta = 180°$ in Abb. 5.1-1b.
2. Die Röntgenstrahlenquelle sendet einen Strahl oder eine Gruppe sehr scharf gebündelter Strahlen aus, deren Durchmesser näherungsweise dem Durchmesser eines zu rekonstruierenden Bildpunktes entspricht. Die gesamten Meßwerte für einen Projektionswinkel werden daher durch eine mechanische Bewegung von Strahlenquelle und Detektor gewonnen (Abtastradiographie, X-Ray Scanner).
3. Durch frühzeitige Umwandlung der gemessenen Signale in Digitalwerte wird ein sorgfältiger Umgang mit den Meßwerten in den nachfolgenden Rechenschritten erreicht.

Am Ende eines Meßvorganges stehen dann Linienintegrale entlang der in Abb. 5.1-2b gezeigten Pfade zur Verfügung. Üblich sind zur Zeit etwa 300 Richtungen und ca. 300 Linienintegrale je Richtung, mithin etwa 10^5 Meßwerte je Schicht. Daraus wird ein Bild, bestehend aus etwa 300×300 Bildpunkten je Schicht, rekonstruiert. Der Abtastvorgang läßt sich beschleunigen, wenn die Röntgenröhre ein fächerförmiges Strahlenbündel aussendet und die Absorptionswerte des Strahlenbündels simultan mit einem Detektorarray gemessen werden. In diesem Fall sind die gemessenen Linienintegrale entsprechend Abb. 5.1-2c angeordnet. Durch Interpolation und Sortieren lassen sie sich in die Anordnung von Abb. 5.1-2b überführen, so daß alle nachfolgenden Berechnungen allgemeine Gültigkeit haben.

Aus den Linienintegralen soll nun möglichst genau die Absorptionsverteilung im Inneren der Objektschicht bestimmt werden. Nach [6] ist dies exakt möglich, wenn alle Linienintegrale in allen Richtungen, also unendlich viele, exakt bekannt sind. In der Praxis ist dies weder erfüllt, noch ist das Verfahren in [6] günstig zu realisieren. Es sind daher eine Fülle von Rekonstruktionsverfahren angegeben worden [4, 7—13].

Rückprojektion. Der einfachste bekannte Rekonstruktionsalgorithmus ist die Rückprojektion (back projection) [4, 20]. Jeder Objektpunkt wird rekonstruiert, indem genau die Linienintegrale addiert werden, die durch den entsprechenden Punkt führen. Man erinnert sich, daß dies das gleiche Berechnungsprinzip ist,

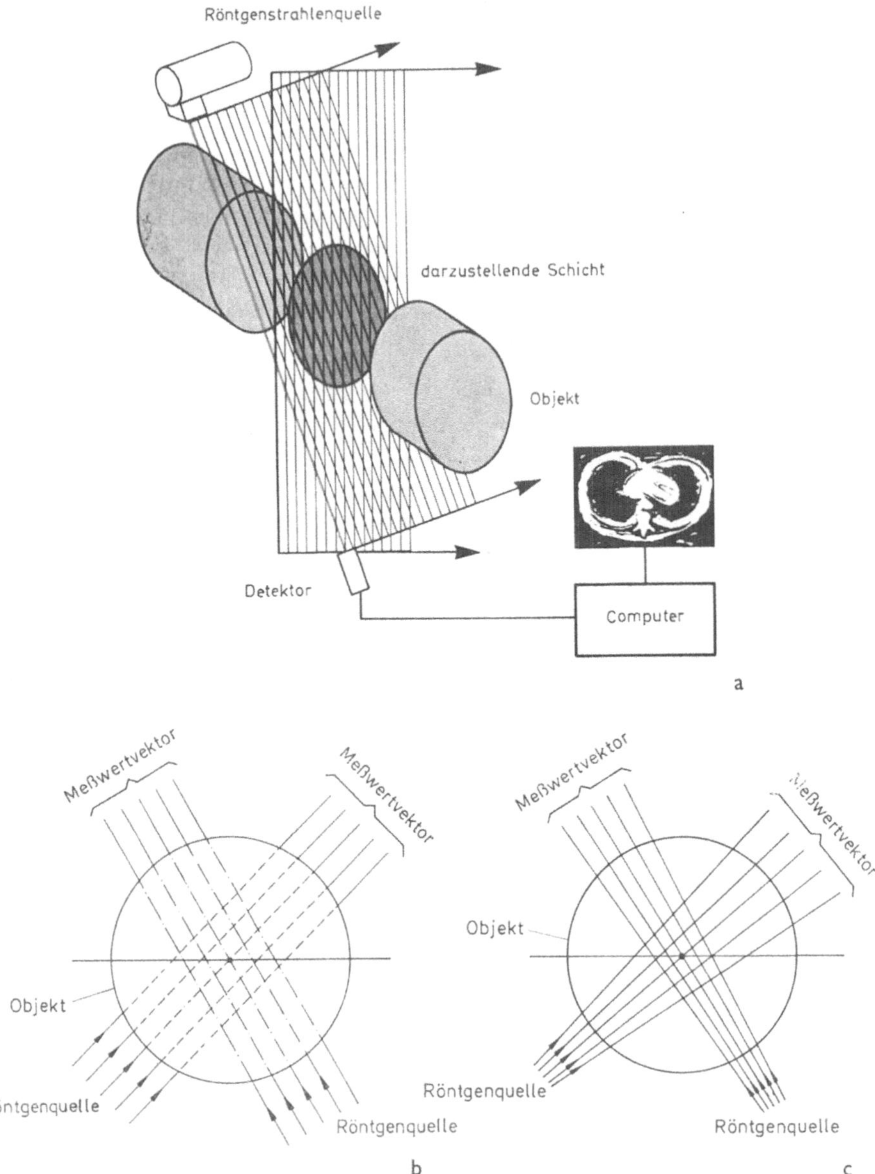

Abb. 5.1-2. Prinzip der Computer-Tomographie und Anordnung der zu messenden Linienintegrale für die Objektrekonstruktion. *a* Abtastung; *b* parallele Strahlen; *c* divergente Strahlen

welches auch in der Tomographie und Tomosynthese verwendet wurde, und in der Tat hat es die gleichen Nachteile: Die Rekonstruktion jedes Bildpunktes wird durch Nachbarpunkte gestört.

In Abb. 5.1-3 wird die Natur dieser Störung erläutert für den Fall, daß das Bild aus einem Impuls besteht. Das rekonstruierte Objekt in Abb. 5.1-3b zeigt zwar wie das Originalobjekt einen Impuls an der richtigen Stelle, jedoch erkennt man Streifenschatten um diesen Impuls herum. Bei unendlich vielen Projektionen ist die Impulsantwort (point spread function) des Systems proportional zu $1/r$, ein Impuls wird also unscharf dargestellt, und mithin ist eine so rekonstruierte Schicht eine unscharfe Darstellung der Originalschicht.

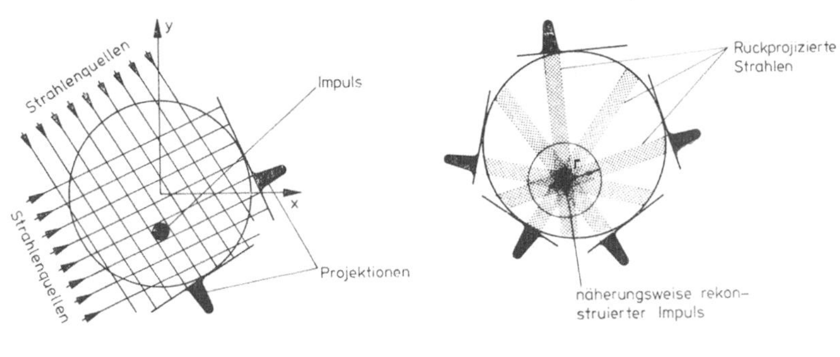

Abb. 5.1-3. Rekonstruktion mittels Rückprojektion am Beispiel eines Impulses als Objekt. *a* Gewinnung der Projektionen; *b* Rekonstruktion durch Rückprojektion

Dieser Sachverhalt soll im folgenden auf vereinfachte Weise gezeigt werden. Gegeben sei die Projektion $p(r, \varphi)$ als Linienintegral entlang des Röntgenstrahls durch die Objektdichteverteilung $f(x, y)$, wobei r der Abstand des Röntgenstrahls vom Objektmittelpunkt und φ der Winkel relativ zur y-Achse sind (Abb. 5.1-4).

$$p(r, \varphi) = \int\limits_{\substack{\text{entlang} \\ \text{Strahl } r,\, \varphi}} f(x, y)\, \mathrm{d}s \tag{5.1-2}$$

Die mittels Rückprojektion gewonnene angenäherte Rekonstruktion $\hat{f}(x, y)$ des Originalobjekts $f(x, y)$ an der Stelle x, y ist, wie oben beschrieben, durch

$$\hat{f}(x, y) = \sum_{j=1}^{m} p\{r(x, y, \varphi_j), \varphi_j\}\, \Delta\varphi \tag{5.1-3}$$

$$\text{mit } r(x, y, \varphi_j) = x \cos \varphi_j + y \sin \varphi_j$$

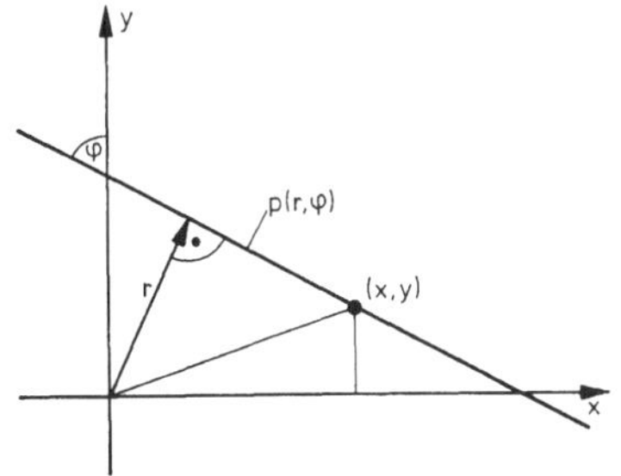

Abb. 5.1-4. Anordnung des Linienintegrals $p(r, \varphi)$

gegeben. Dabei ist $\Delta\varphi$ das Winkelinkrement, und es wird eine endliche Zahl von Projektionswinkeln angenommen. Bei unendlich vielen Projektionswinkeln erhält man die Integraldarstellung

$$\hat{f}(x, y) = \int_0^{\pi} p(x \cos \varphi + y \sin \varphi, \varphi) \, d\varphi. \qquad (5.1\text{-}4)$$

Es sollen nun $f(x, y)$ und $\hat{f}(x, y)$ miteinander verglichen werden, wobei folgende Beziehungen verwendet werden:

Darstellung der Objektdichte $f(x, y)$ als zweidimensionales Fourier-Integral (5.1-5) in kartesischen Koordinaten und Polarkoordinaten mit R_x, R_y als Raumfrequenzen:

$$f(x, y) = \int_{-\infty}^{+\infty} \int_{-\infty}^{+\infty} F(R_x, R_y) \exp [2\pi i(R_x X + R_y Y)] \, dR_x \, dR_y \qquad (5.1\text{-}5)$$

$$\text{mit} \quad R^2 = R_x^2 + R_y^2 \quad \text{und} \quad i^2 = -1.$$

Eindimensionale Darstellung der Projektion $p(r, \varphi)$ als Fourier-Integral

$$p(r, \varphi) = p(x \cos \varphi + y \sin \varphi, \varphi) = \int_{-\infty}^{+\infty} P(R, \varphi) \exp (2\pi i R r) \, dR. \qquad (5.1\text{-}6)$$

Projektionstheorem: Es soll gezeigt werden, daß (5.1-7) gilt

$$F(R, \varphi) = P(R, \varphi). \qquad (5.1\text{-}7)$$

Eine allgemeine Herleitung findet man z. B. in [11]. Hier soll zur Vereinfachung die Beziehung für $\varphi = 0$ hergeleitet werden mit dem Hinweis, daß durch Koordinatentransformation der allgemeine Satz bewiesen werden kann. Durch Inversion von (5.1-6) erhält man für $\varphi = 0$

$$P(R, 0) = \int_{-\infty}^{+\infty} p(x, 0) \exp (-2\pi i R x) \, dx. \qquad (5.1\text{-}8)$$

Weiterhin vereinfacht sich (5.1-2) zu

$$p(x, 0) = \int_{-\infty}^{+\infty} f(x, y) \, dy. \qquad (5.1\text{-}9)$$

Durch Einsetzen von (5.1-9) in (5.1-8) erhält man (5.1-10) mit $R_x = R$:

$$P(R, 0) = \int_{-\infty}^{+\infty} \int_{-\infty}^{+\infty} f(x, y) \exp (-2\pi i R x) \, dx \, dy = F(R, 0) \qquad (5.1\text{-}10)$$

Anschaulich bedeutet das Projektionstheorem, daß zwischen der Fourier-Transformierten einer Projektion und der Fourier-Transformierten des Originalobjektes ein einfacher Zusammenhang entsprechend (5.1-7) besteht.

Mit diesen Resultaten kann (5.1-4) bestimmt werden. Durch Einsetzen von (5.1-6) in (5.1-4) erhält man

$$\hat{f}(x, y) = \int_0^{\pi} \int_{-\infty}^{+\infty} P(R, \varphi) \exp [2\pi i R(x \cos \varphi + y \sin \varphi)] \, dR \, d\varphi. \qquad (5.1\text{-}11)$$

Ähnlich wie in (5.1-5) gilt das Fourier-Integral

$$\hat{f}(x, y) = \int_0^{\pi} \int_{-\infty}^{+\infty} \hat{F}(R, \varphi) \exp\left[2\pi i R(x \cos\varphi + y \sin\varphi)\right] |R| \, \mathrm{d}R \mathrm{d}\varphi. \quad (5.1\text{-}12)$$

Vergleich von (5.1-11) mit (5.1-12) und Anwendung des Projektionstheorems ergibt

$$\hat{F}(R, \varphi) = \frac{P(R, \varphi)}{|R|} = \frac{F(R, \varphi)}{|R|}. \quad (5.1\text{-}13)$$

Durch Anwendung des Faltungstheorems gilt für den r,φ-Bereich (5.1-14) unter der Annahme, daß das Fourier-Integral von $F(R, \varphi)/|R|$ existiert, wobei $*$ die Faltungsoperation darstellt. Die Faltung der ursprünglichen Dichtefunktion (r, φ) mit $\frac{1}{r}$ bewirkt also die unscharfe Darstellung:

$$\hat{f}(r, \varphi) = f(r, \varphi) * \frac{1}{r}. \quad (5.1\text{-}14)$$

Aus diesem Grunde ist die Rückprojektion für sich allein ein schlechtes Rekonstruktionsverfahren, und sie hat heute nur noch historische Bedeutung. Als Teiloperation innerhalb des Verfahrens der gefilterten Rückprojektion ist sie jedoch nach wie vor wichtig.

Gefilterte Rückprojektion. Grundsätzlich läßt sich eine von einem linearen Bildübertragungssystem hervorgerufene unscharfe Abbildung mit Hilfe einer linearen Filterung in eine scharfe Abbildung verwandeln. Betrachtet man also (5.1-13) oder (5.1-14) als die Übergangsfunktion des Gesamtsystems (einschließlich Rückprojektion als Rekonstruktionsmethode), so läßt sich durch Filterung der Projektionen (oder Faltung) mit einer geeigneten Filterfunktion und nachfolgende Rückprojektion der nunmehr gefilterten Projektionen eine exakte Rekonstruktion erreichen. Aus (5.1-13) ist leicht zu schließen, daß $|R|$ als Filterfunktion geeignet ist:

$$P^*(R, \varphi) = P(R, \varphi) \, |R| \quad \text{oder} \quad p^*(r, \varphi) = \int_{-\infty}^{+\infty} |R| \, P(R, \varphi) \exp(2\pi i R \, r) \, \mathrm{d}R. \quad (5.1\text{-}15)$$

Dabei sind p^*, P^* die durch die Filterung modifizierten Projektionen. Es soll nun gezeigt werden, daß dies zur exakten Rekonstruktion führt. Durchführung der Rückprojektion mit den modifizierten Projektionen $p^*(r, \varphi)$ statt $p(r, \varphi)$ liefert, durch Einsetzen von (5.1-15) statt (5.1-6) in (5.1-4)

$$\begin{aligned} \hat{f}^*(x, y) &= \int_0^{\pi} \int_{-\infty}^{+\infty} P^*(R, \varphi) \exp\left[2\pi i R(x \cos\varphi + y \sin\varphi)\right] \mathrm{d}R \, \mathrm{d}\varphi \\ &= \int_0^{\pi} \int_{-\infty}^{+\infty} P(R, \varphi) \exp\left[2\pi i R(x \cos\varphi + y \sin\varphi)\right] |R| \, \mathrm{d}R \, \mathrm{d}\varphi. \end{aligned} \quad (5.1\text{-}16)$$

Durch Einsetzen von (5.1-7) in (5.1-16) und Vergleich mit (5.1-12) findet man (5.1-17), wie zu vermuten war,

$$\hat{f}^*(x, y) = f(x, y). \quad (5.1\text{-}17)$$

Anschließend sollen noch die Eigenschaften der Filterfunktion diskutiert werden. Zur Vereinfachung sei angenommen, daß $f(x, y)$ frequenzbandbegrenzt ist (5.1-18). In diesem Fall kann auch die Filterfunktion gleich Null sein im Bereich $|R| > R_m$, während sie im Bereich $|R| \leqq R_m$ den Wert R annimmt (Abb. 5.1-5a).

$$F(R, \varphi) = 0 \text{ für } |R| > R_m. \tag{5.1-18}$$

Soll die Filterung in Form einer Faltung im r-Bereich durchgeführt werden, so erhält man für die obige Annahme folgende Faltungsfunktion $g(r)$

$$p^*(r, \varphi) = p(r, \varphi) * g(r)$$

mit (5.1-19)

$$g(r) = \int_{-R_m}^{+R_m} |R| \exp(2\pi i R r)\, \mathrm{d}R = \frac{R_m}{\pi r} \sin(2\pi R_m r) - \frac{\sin^2(\pi R_m r)}{\pi^2 r^2}.$$

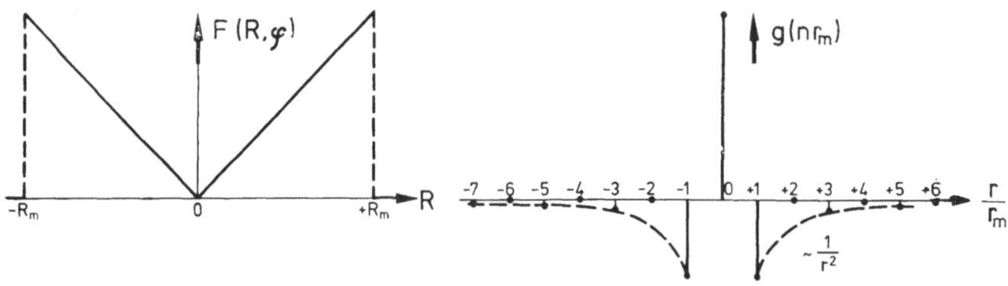

Abb. 5.1-5. Filterfunktion für die gefilterte Rückprojektion. *a* Rampenfunktion im R-Bereich; *b* diskrete Darstellung im r-Bereich

Zur diskreten Berechnung der Faltung werden $g(r)$ und $p(r, \varphi)$ entsprechend dem Abtasttheorem durch eine Folge von Abtastwerten in Abständen von $r_m = \dfrac{1}{2R_m}$ dargestellt. Für die diskrete Version von $g(r)$ erhält man dann (5.1-20).

$$\begin{aligned} g(nr_m) &= \frac{\pi^2}{4r_m^2} && \text{für } n = 0 \\ &= -\frac{1}{(nr_m)^2} && \text{für ungerade } n \\ &= 0 && \text{für gerade } n \end{aligned} \tag{5.1-20}$$

Abbildung 5.1-5b zeigt $g(nr_m)$ als Funktion von $\dfrac{r}{r_m}$. Andere Annahmen über das Verhalten der Filterfunktion für $|R| > R_m$ und über die Eigenschaften von $F(R, \varphi)$ führen zu anderen Funktionen $g(nr_m)$ [19].

In Abb. 5.1-7a, b und c sind Rekonstruktionen eines künstlichen Objektes nach Abb. 5.1-6 für verschiedene Anzahlen von Projektionen dargestellt. Vergleicht man die Rekonstruktion des runden impulsartigen Objektes der Dichte 0,5 in Abb. 5.1-7a mit der Rekonstruktion des Impulses in Abb. 5.1-3, so sieht man, daß die „Schatten" (Artefakte) in unmittelbarer Umgebung des Pulses stark reduziert sind und nur noch in größerer Entfernung auftauchen. Bei steigender Zahl der Projektionsrichtungen (Abb. 5.1-7b u. c) reduziert sich der Einfluß der Schatten immer mehr. Die durch die Filterung entstehenden negativen Beiträge sind mithin in der Lage, die Verschmierung der reinen Rückprojektion zu kompensieren. Dies wird erreicht, indem man zur Rekonstruktion eines Punktes nicht nur die Linienintegrale verwendet, die durch den Punkt führen, sondern über die Filterung auch benachbarte Strahlen verwendet.

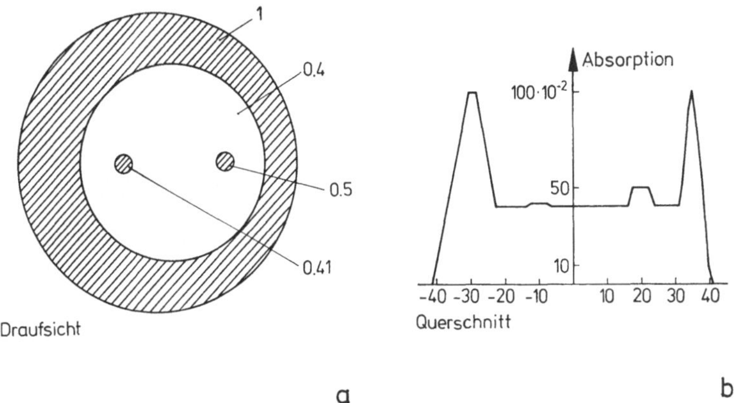

Abb. 5.1-6. Phantom als Testobjekt. *a* Draufsicht; *b* Querschnitt. (Die normierten Absorptionswerte der verschiedenen Bereiche sind angegeben)

Das Projektionstheorem (5.1-7) läßt sich zu einem Rekonstruktionsverfahren benutzen, bei dem aus den Fourier-Transformierten der Projektionen die zweidimensionale Fourier-Transformierte des Objekts konstruiert wird. Nach einer zweidimensionalen inversen Fourier-Transformation erhält man das Originalobjekt [10, 11, 20]. Bei der sogenannten Matrix-Methode wird das Rekonstruktionsproblem als die Lösung eines Gleichungssystems aufgefaßt [4, 9]. Ein schwieriges Problem ist die schnelle Berechnung der Rekonstruktionsschichten. In [17] wird die Verwendung von SI/MD (Single-Instruction/Multiple-Data)-Feldrechnern für die Objektrekonstruktion beschrieben. Weitere Untersuchungen sind in [12—16, 18] angegeben.

5.1.2. Automatische Vermessung und Interpretation von Röntgenbildern

Ziel einer Röntgenbildverbesserung [21—24] ist sowohl die Korrektur der von dem Abbildungssystem insgesamt erzeugten Qualitätsmängel (image restauration) als auch die Anpassung des Bildes an die Eigenschaften des menschlichen visuellen Systems (image enhancement). Im Gegensatz zu den meisten anderen Bild-

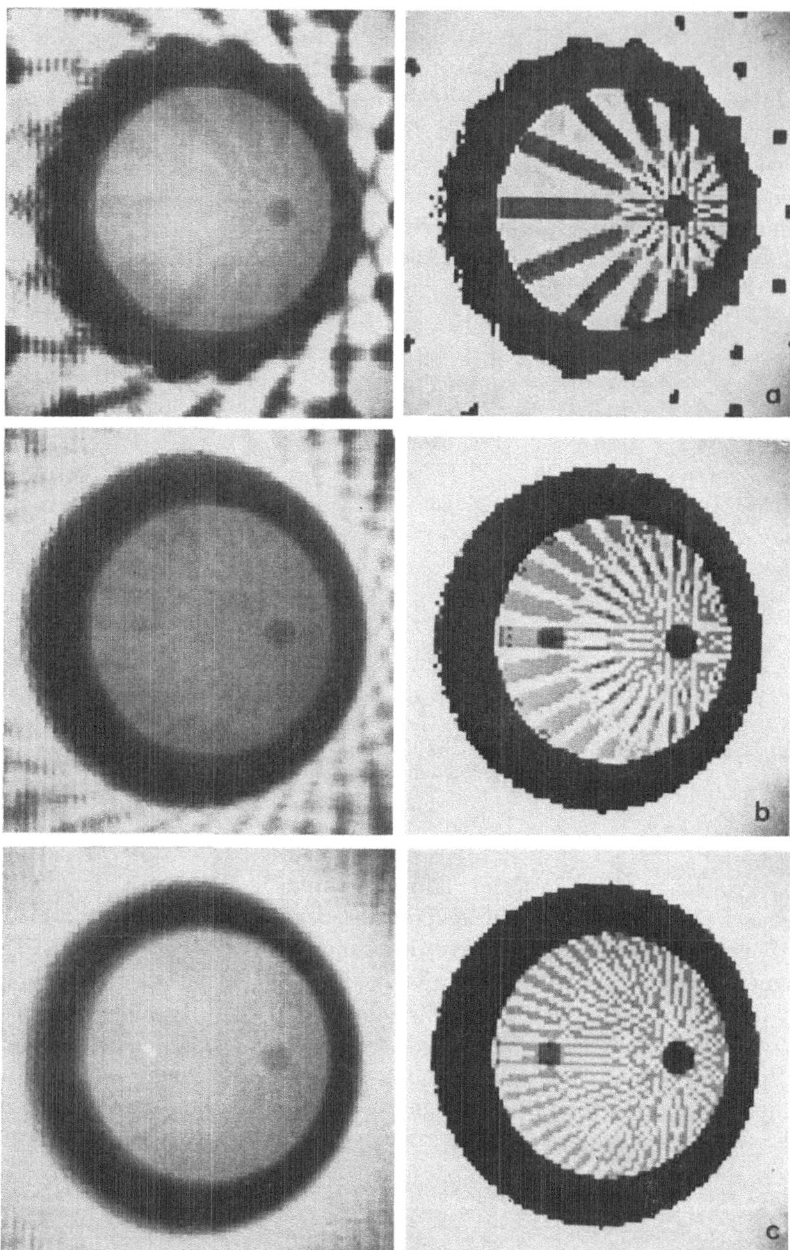

Abb. 5.1-7. Testobjekt rekonstruiert aus *a* 8, *b* 16 und *c* 32 Projektionen mittels gefilterter Rückprojektion (dargestellter Absorptionsbereich links −0,12 bis 0,99 und rechts 0,39 bis 0,42)

verarbeitungsverfahren sind in diesem Bereich jedoch wenig Fortschritte erzielt worden, im wesentlichen aus folgenden Gründen:

Die Akzeptanz der verarbeiteten Bilder durch Radiologen ist gering, da der gewohnte Zusammenhang zwischen einem Befund und der entsprechenden Erscheinungsform im durch die Verarbeitung verlorengeht und deshalb für jede Verarbeitungsart erst wieder neu erlernt werden müßte.

Die Zahl der zu verarbeitenden Bildpunkte je Röntgenbild von etwa 3000×3000 bei Großaufnahmen führt bei konventionellen Rechnern zu unzulässigen Rechenzeiten.

Dagegen ist das Interesse der Ärzte an einer quantitativen Auswertung von Röntgenbildern durch Vermessung, im Gegensatz zur herkömmlichen qualitativen Auswertung durch einfaches Betrachten, im Laufe der Zeit immer größer geworden. In gleicher Weise ist die Literatur über die Zusammenhänge zwischen gemessenen Größen und Meßnormalen einerseits und Organfunktionen und Krankheitsbildern andererseits, gewachsen [25—28]. Da der Auswertungsaufwand pro Patient im allgemeinen beim Messen weit höher ist als bei der Betrachtung, insbesondere wenn dynamische Vorgänge unter Verwendung einer größeren Folge von Bildern zu verarbeiten sind, ist das Interesse an automatisierten Meßverfahren groß.

Dieser Entwicklung kommt die Tatsache entgegen, daß automatisiertes Messen häufig technisch einfacher durchzuführen ist als automatisiertes Interpretieren. Da im allgemeinen sowohl die Tatsache, daß sich das zu vermessende Objekt im Bild befindet, als auch seine Form und Größe und durch standardisierte Aufnahmen sogar seine Position näherungsweise bekannt ist, können Bildmodelle gebildet werden. Diese Modelle erlauben dann die Verwendung von TOP-DOWN-Methoden, bei denen sich die Maschine zunächst grob im Bild „orientiert" unter Verwendung des Modells, und dann in Teilbereichen gezielt nach den Konturen des interessierenden Objekts sucht und Meßwerte bestimmt.

Messungen in Thoraxaufnahmen

Mit dem Ziel insbesondere der Reihenuntersuchung zur Früherkennung von Herz- und Kreislauferkrankungen sind eine große Anzahl von Untersuchungen zur automatischen Vermessung des Herzens aus Röntgenthoraxaufnahmen durchgeführt worden [29—32]. Aus einer z. B. maschinell gefundenen Herzkontur nach [30] können nun diverse Meßzahlen wie das Herz-Thoraxverhältnis, das angenäherte Herzvolumen und verschiedene weitere Meßzahlen nach Abb. 5.1-8 bestimmt und zur Unterstützung einer Vorentscheidung Normal—Abnormal verwendet werden. Da das Röntgenbild nur für bestimmte Erkrankungsdaten aussagefähig ist, muß weitere Information unter Verwendung des EKG, Herzschalls u.s.w. verwertet werden.

Der erste Verarbeitungsschritt ist in [29] die Bestimmung eines groben Rahmens um das Herz unter Verwendung der Signaturmethode. Dabei werden nach Abb. 5.1-9 für jede Zeile und dann für jede Spalte des Bildes die Bildelemente aufsummiert. Als Ergebnis erhält man zwei Kurvenläufe, die horizontale und vertikale Signaturkurve. Aus ihren charakteristischen Merkmalen, wie z. B. lokale Maxima und Minima, läßt sich auf die Lage der dominierenden Objekte im

Bild schließen, wobei die Datenmenge auf 2N Werte bei einem Bild von N^2 Bildpunkten reduziert wird.

In dem so bestimmten Fenster wird ein Histogramm der Grauwertverteilung bestimmt. Aus dem Histogramm wird dann eine an das Bild adaptierte Schwelle festgelegt, die näherungsweise den Herzbereich vom Lungenbereich trennt. Dadurch werden Variationen durch Patientendicke, Strahlenart, Entwicklungs-

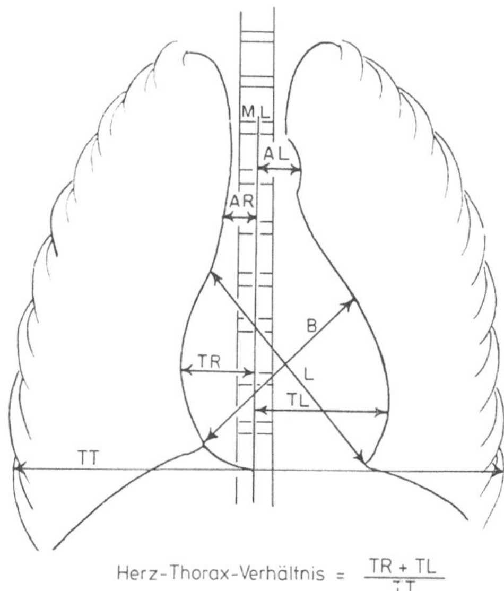

Abb. 5.1-8. Beispiel für interessierende Herz- und Thoraxabmessungen (Herz-Thorax-Verhältnis = (TR + TL)/TT)

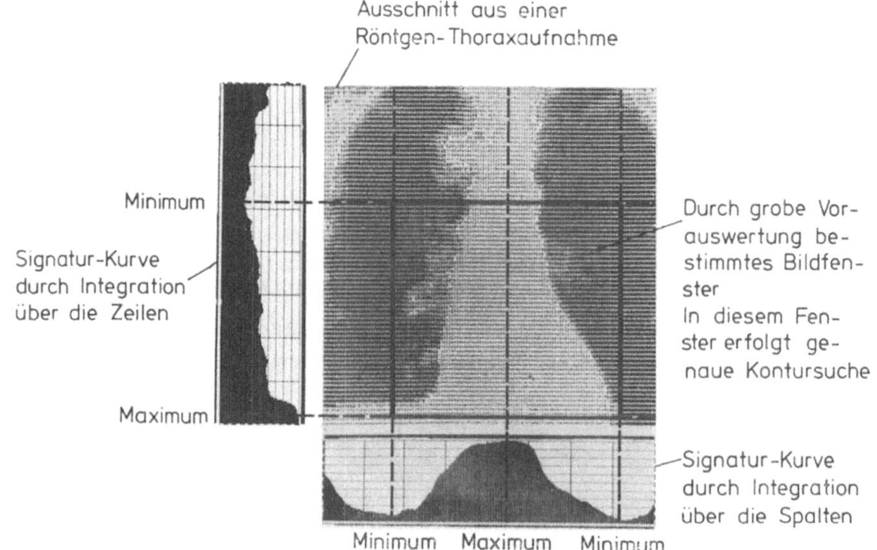

Abb. 5.1-9. Signaturverfahren (horizontal und vertikal) und daraus bestimmtes Fenster

und Belichtungsparameter sowie Film-γ eliminiert. Hierbei wirkt sich bereits die Grobsuche vorteilhaft aus. Die Struktur des Histogramms ist näherungsweise bimodal, d. h., es besitzt zwei ausgeprägte Maxima, während ein aus dem gesamten Bild gewonnenes Histogramm wesentlich komplexer ist.

Aus dem einfachen Histogramm wird dann die Lage der beiden Maxima und des Minimums zur Bestimmung einer datenabhängigen (adaptiven) Schwelle benutzt. Aus diesem binären Datenfeld läßt sich grundsätzlich die Herzkontur an den 0/1-Übergängen finden [30].

Der Vergleich eines automatischen Auswertungssystems [29], bei dem die Maße nach Abb. 5.1-8 zur Charakterisierung rheumatischer Herzkrankheiten verwendet werden, mit der Leistung von Radiologen ergibt näherungsweise gleiche Erkennungsraten von Mensch und Maschine. Andere Verfahren zur Lösung des gleichen Problems sind in [31, 32] vorgeschlagen worden.

Vermessung der linken Herzkammer und Blutgefäßmessung

Um eine genauere Untersuchung der Herzfunktion in Fällen akuter Erkrankung durchzuführen, wird häufig die linke Herzkammer (Ventrikel) durch Injektion von Kontrastmittel über Katheter im Röntgenbild sichtbar gemacht. Das dynamische Verhalten kann man durch Verwendung von Fernseh- oder Cinefilmaufzeichnung studieren, wobei im letzteren Fall mit Aufnahmegeschwindigkeiten von 50 bis 100 Bildern/s oder mehr gearbeitet wird.

Zusätzlich zur Betrachtung solcher Filme werden auch Messungen der Durchmesser und Wandstärken an verschiedenen Stellen sowie des Ventrikelvolumens als Funktion der Zeit (näherungsweise durch Modellannahmen hergeleitet aus der Fläche) durchgeführt. Letzteres wird mit gemessenen Druckwerten im Ventrikel durch Elimination der Zeit zum Druck-Volumen-Diagramm verarbeitet [28]. Die Vielzahl der dann auszuwertenden Bilder macht eine Automatisierung wünschenswert.

In [30—35] wird ein Verfahren zur automatischen Erkennung von Ventrikel konturen beschrieben, welches das TOP-DOWN-Prinzip verwendet und die Tat-

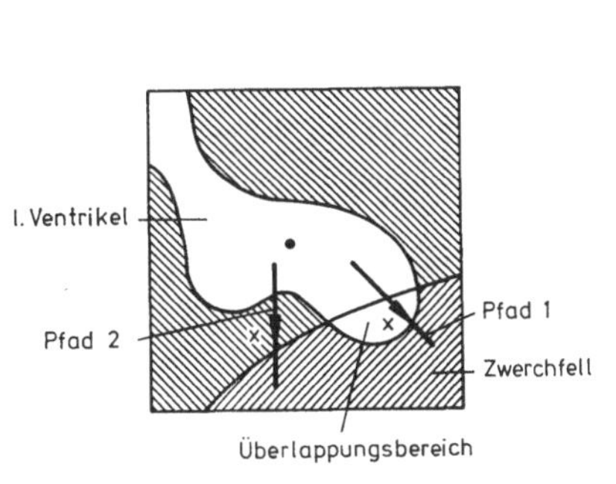

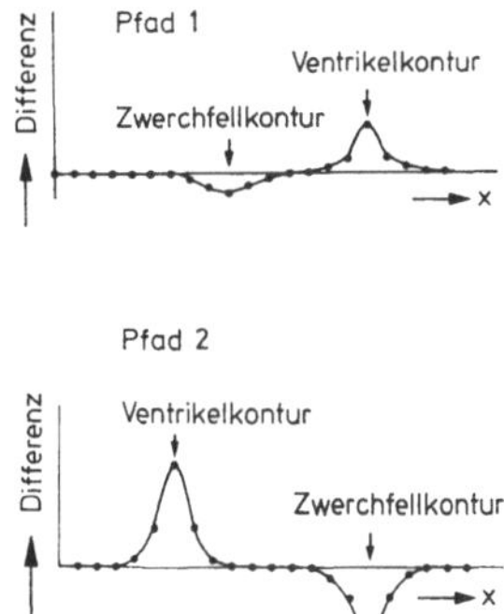

Abb. 5.1-10. Prinzip der geführten Kontursuche. *a* Eingeschränkte Suchbereiche; *b* Konturpunktermittlung innerhalb der Suchpfade

sache benutzt, daß sich der Bildinhalt von Bild zu Bild in einem Cinefilm nur geringfügig ändert. Die Vorinformation aus einem Bild wird daher zur „Führung" einer Gradientensuche im nächsten Bild verwendet. Abb. 5.1-10 zeigt an einem vereinfachten Beispiel, wie durch die Führung der Richtung des Gradientensuchverfahrens und durch die Einschränkung des Suchbereiches Fehlinterpretationen von Konturen und überlappenden Objekten vermieden werden können [34].

Für das erste Bild der Folge fehlt die Führungskontur. Sie kann auf mehrere Arten gewonnen werden: Durch manuelle Eingabe über Lichtgriffel, durch ein Schablonensuchverfahren [35], welches die Kenntnis über die näherungsweise Form und Lage des Ventrikels verwendet, oder auch durch ein Verfahren, welches ohne weitere Vorkenntnisse die starken Bewegungsunterschiede zwischen Ventrikel und seiner Umgebung [33] nutzt. Vergleichsmessungen zwischen Ärzten und der Maschine [36] zeigen etwa vergleichbare Genauigkeit. Andere Methoden zur automatischen Ventrikelkonturerkennung sind beschrieben in [37—39].

Ebenso wie die linke Herzkammer können Blutgefäße durch Einspritzen von Kontrastmittel im Röntgenbild sichtbar gemacht werden. Neben der Erkennung z. B. von Gefäßverengungen durch bloßes Betrachten ist dabei auch die genauere Messung der Blutdurchflußmenge von Interesse [28, 40, 41].

Automatische Röntgenbildinterpretation

Die Auswertung der täglich in einer radiologischen Station eines Krankenhauses anfallenden Röntgenbilder ist ein sehr komplizierter Vorgang, der insbesondere auch Zusatzinformationen, wie Kommentare des Patienten, Krankengeschichte u.s.w., erfordert. Aus diesem Grunde erscheint eine Automatisierung dieses Prozesses zur Zeit weder technisch möglich, noch ökonomisch sinnvoll. Dagegen ist beim „Vorsortieren" bei Röntgenreihenuntersuchungen die Fragestellung sehr stark eingeschränkt auf im allgemeinen eine oder wenige Arten von Erkrankungen, und es werden wenig oder keine Nebeninformationen benötigt. Untersuchungen zur automatischen Interpretation von Röntgenbildern zielen daher auf diese Art von Anwendungen.

Die technische Problematik ist bei der automatischen Interpretation grundsätzlich größer als bei der automatischen Messung, da man im allgemeinen keine Vorinformation über den wahrscheinlichen Ort, die Form, die Größe und überhaupt das Vorhandensein interessierender Objekte hat. Modellbildung ist daher kaum möglich, und das ganze Bild muß nach dem BOTTOM-UP-Prinzip auf wichtige Merkmale überprüft werden.

Erkennung einer Geschwulst. Mammakarzinome und gutartige Geschwulste (Zysten) können sich in vielfältiger Weise im Röntgenbild darstellen [42, 34]. Mikroverkalkungsherde treten häufig im Zusammenhang mit Mammakarzinomen auf und lassen sich im Röntgenbild schon vor dem eigentlichen Karzinom erkennen.

Ein einfaches Verfahren, Veränderungen festzustellen, unabhängig davon, ob sie gutartig oder bösartig sind, besteht im Vergleich der Bilder der linken und rechten Brust. Die Strukturen der linken und rechten Brust bei einer Patientin sind allgemein sehr ähnlich, während die Wahrscheinlichkeit, daß in beiden Brüsten etwa am gleichen Ort eine krankhafte Veränderung auftritt, extrem gering ist, so daß ein Vergleich ein wirksames Verfahren ist. Einfache Subtraktion der Bilder ist jedoch nicht möglich, da einmal beträchtliche natürliche Asymmetrien in der Form auftreten, und da andererseits beim Aufnahmevorgang selber die Brüste sehr stark und allgemein ungleich deformiert werden. In [44] wird daher jedes Bild in etwa 8×8 Segmente unterteilt unter Verwendung signifikanter Referenzwerte wie Brustwarze und Brustwand. Für jedes Segment wird ein Merkmalsvektor bestimmt, dessen Elemente die statistischen Eigenschaften der Bildsegmente beschreiben, wie z. B. Histogramme, örtliche Helligkeitsvariationen usw. Diese Merkmalsvektoren werden segmentweise für die beiden Bilder verglichen, und bei signifikanten Abweichungen wird ein Alarmsignal gegeben.

Erkennung einer krankhaften Veränderung. Der nächste Schritt in der Auswertung ist die Klärung der Frage, ob eine festgestellte Veränderung gutartig oder bösartig ist. Als wichtigstes Kriterium wird dafür in [45] ein Maß für die „sternförmigen Ausziehungen" der Geschwulst (spiculation) definiert und aus dem Bild bestimmt. Um einen näherungsweise gefundenen Zentralpunkt der Veränderung wird ein Radiusvektor gedreht, und für eine begrenzte Anzahl von Winkelstellungen werden Projektionen von Kontursegmenten auf den Radiusvektor aufsummiert. Bei einer kreisrunden Geschwulst hat die Kontur nur tangentiale Komponenten, so daß die erhaltene Summe Null wäre. Bei einer krankhaften Veränderung ergäbe sich ein großer Beitrag, so daß unter Verwendung einer Schwelle das gefundene Maß zur gewünschten Aussage „wahrscheinlich gutartig — wahrscheinlich bösartig" herangezogen werden kann.

Eine allgemeine Methode zur Erkennung von Tumoren, insbesondere jedoch von Lungentumoren, wird in [47] beschrieben. Der Vergleich von Röntgenaufnahmen, die im zeitlichen Abstand von einigen oder vielen Monaten gewonnen worden sind, durch Subtraktion der Bilder wird in [49] vorgeschlagen (vgl. 2.3.2.). Die automatische Erkennung und Bewertung von Kohlenstaublungen bei Bergleuten im Rahmen von Reihenuntersuchungen wird in [50] untersucht. Texturmaße unter Verwendung relativer Häufigkeiten von Grauwertkombinationen [51] gestatten eine Erkennung und Bewertung der Erkrankung mit ähnlicher Zuverlässigkeit, wie sie von Ärzten erreicht wird.

Erkennung von Mikrokalk. Die Erkennung von Mikroverkalkungen erfordert gesonderte Verfahren, da sie sich völlig anders im Röntgenbild darstellen als eine Geschwulst. Mikroverkalkungen erscheinen im Röntgenbild als bizarre, im allgemeinen scharfkantige Verschattungen (helle Flecke) von etwa 0,1 bis 1 mm Ausdehnung. Das Bild muß rasterförmig so fein abgetastet werden, daß auch auf die kleinste Mikroverkalkung noch mehrere Bildpunkte fallen. Mithin sind etwa 10^7 Bildpunkte pro Bild zu verarbeiten, d. h. bei 4 Aufnahmen je Patient etwa 40 Millionen Bildpunkte.

Zur Merkmalsgewinnung [46] wird ein Fenster mit variabler Größe entsprechend Abb. 5.1-11a über das Bild geschoben. Dabei liegt der Fenstermittelpunkt nacheinander auf jedem Bildpunkt. Für die erste Stufe des Entscheidungsbaumes wird für jeden Bildpunkt geprüft, ob er ein lokales Maximum darstellt, d. h., ob der Helligkeitswert am Fenstermittelpunkt heller als oder genau so hell wie die anderen Bildpunkte am Fenster ist. Die Koordinaten aller Punkte, für die diese Bedingung erfüllt ist, werden zur weiteren Verarbeitung gespeichert. Diese besteht in der Bestimmung der Helligkeitsdifferenz zwischen dem Fenstermittelpunkt und dem mittleren Helligkeitswert entlang des Fensterrahmens.

Abbildung 5.1-11 b zeigt für mehrere Beispiele die relative Zahl der Bildpunkte, deren Helligkeitsdifferenz größer oder gleich dem Parameter D ist. Es ist klar, daß zur sicheren Erkennung von Mikrokalk eine Schwelle bei $D = 9 \cdots 10$ liegen muß. Da aber auch Rauschsignale ohne Struktur diese Schwelle überschreiten können, muß die Entscheidung in der nächsten Stufe verfeinert werden. Dazu wird der im

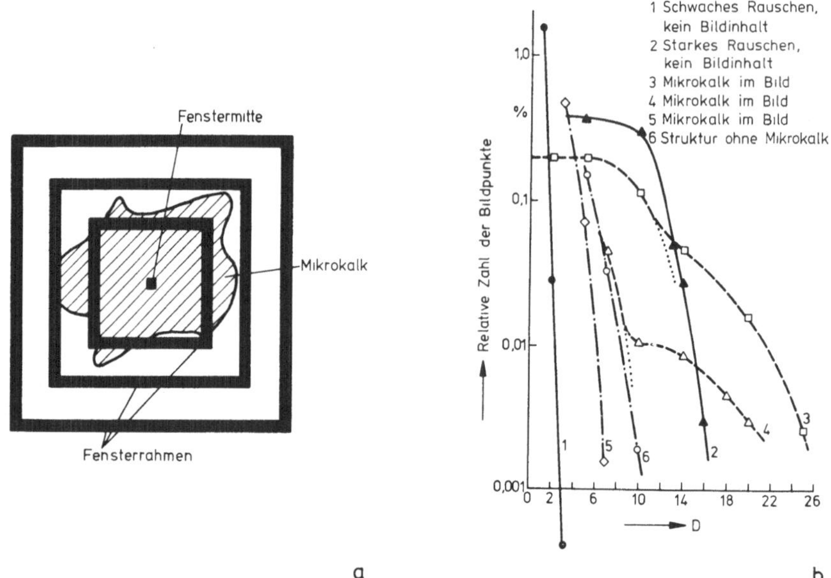

Abb. 5.1-11. Detektion von Mikrokalk. *a* Fensteroperator zur Merkmalsgewinnung; *b* relative Zahl der Bildpunkte als Funktion von D, deren Helligkeitsdifferenz bezogen auf die mittlere Helligkeit entlang des „Fensterrahmens" den Wert D überschreitet

Fenster liegende Bildausschnitt durch eine Schwelle in ein binäres Bild umgewandelt, wobei als Schwellwert der Helligkeitsmittelwert zwischen Fenstermitte und mittlerer Randhelligkeit dient. Beispiele für reines Rauschen und für Mikrokalk zeigen, daß die Zahl der 0—1 Transitionen im Fenster, bezogen auf die Zahl der „1"-Elemente im Fenster, ein gutes zusätzliches Merkmal darstellt [52—56].

5.1.3. Literatur

[1] Ziedses des Plantes, B. G.: Planigraphie. Fortschr. auf dem Gebiet d. Röntgenstr. **47**, 407—411 (1933).

[2] Dümmling, K.: Ein neues Verfahren zum Mehrfachschichten mit Hilfe von Fernsehbildspeichern. Der Radiologe **9**, 37—40 (1969).

[3] Hoefer, E. E., Grimmert, H., Kieslich, B.: Computercontrolled Synthesis of tomograms by means of a TV Storage Tube. IEEE Trans. Biomed. Eng. **MME-21**, 243—244 (1974).

[4] Budinger, T. F., Gullberg, G. T.: Three-Dimensional Reconstruction in Nuclear Medicine Emission Imaging. IEEE Trans. Nuclear Science **NS-21** (1974).

[5] Hounsfield, G. N.: Computerized Transverse Axial Scanning (Tomography): Part I. Description of System. British Journal of Radiology **46**, 1016–1022 (1973).

[6] Radon, J.: Über die Bestimmung von Funktionen durch ihre Integralwerte längs gewisser Mannigfaltigkeiten. Ver. Verh. d. kgl. Sächs. Ges. d. Wiss. zu Leipzig **69** 262–277 (1917).

[7] Ramachandran, J. G. N., Lakshminarayanon, A. V.: Threedimensional Reconstruction from Radiographs and Electron-Micrographs: Application of Convolutions instead of Fourier-Transforms. Proc. Nat. Acad. Sci. (USA) **68**, 2236–2240 (1971).

[8] Junginger, H.-G., van Haeringen, W.: Calculation of Three-Dimensional Refractive Index Field Using Phase Integrals. Optics Communications **5**, 1–4 (1972).

[9] Pasedach, K.: Über die Auflösung eines Systems von Integralgleichungen. GAMM-Tagung, Göttingen, 1975, **56**, 262–263 (1976).

[10] Crowther, R. A., de Rosier, D. J., Klug, A.: The Reconstruction of a Three-Dimensional Structure from Projections and its Application to Electron Microscopy. Proc. Roy. Soc. Lond. **A 317**, 319–340 (1970).

[11] Mersereau, R. M., Oppenheim, A. V.: Digital Reconstruction of Multidimensional Signals from their Projections. Proc. IEEE **62**, 1319–1338 (1974).

[12] Gordon, R., Herman, G. T.: Reconstruction of Pictures From Their Projections. Commun. Ass. Comput. Mach. **14**, 759–768 (1971).

[13] Tasto, M.: Reconstruction of Random Objects from Noisy Projections. Computer Graphics and Image Processing **6**, 103–122 (1977).

[14] Wagner, W.: Schneller Röntgenscanner-Probleme bei der Realisierung und Fehleranalyse. Biomedizinische Technik **20** (Ergänzungsband), 329–330 (1975).

[15] Kowalski, G., Wagner, W.: Generation of Picture by X-Ray Scanners. Optica Acta (Special Issue: Optics at Philips in Hamburg) **24**, 327–348 (1977).

[16] Wagner, W.: A New Method for Correction of Motion Artefacts. Erscheint in Proceedings, International Symposium on Computer Assisted Tomography, National Institute of Health, Bethesda, Maryland, 11.–15. Oktober 1976.

[17] Tasto, M.: Parallel Array Processors for Digital Image Processing. Optica Acta (Special Issue: Optics at Philips in Hamburg) **24**, 391–406 (1977).

[18] Meyer-Ebrecht, D., Wagner, W.: On the Application of ART to Conventional X-Ray Tomography, in: Technical Digest, Image Processing for 2-D und 3-D Reconstruction From Projections, Stanford, California, 4.–7. August 1975, S. TUC 3-1 bis TUC 3-4.

[19] Shepp, L. A., Logan, B. F.: The Fourier Reconstruction of a Head Section. IEEE Trans. Nuclear Science **NS-21** (1974).

[20] Brooks, R. A., di Chiro, G.: Principle of Computer Assisted Tomography (CAT) in Radiographic and Radioisotopic Imaging. Phys. Med. Biol. **21**, 689–732 (1976).

[21] Hall, E. L., et al.: A Survey of Preprocessing and Feature Extraction Techniques for Radiographic Images. IEEE Trans. Comp. **C-20**, 1032–1044 (1971).

[22] Selzer, R. H.: Improving Biomedical Image Quality with Computers. Techn. Bericht N 69-13211, Oktober 1968, California Institute of Technology, Pasadena, California.

[23] Wedlich, G.: Ein Verfahren zur Lokaladaption von Bildaufnahmeeinrichtungen. IITB-Mitteilungen **1975**, 14–17.

[24] Spiesberger, W., Hoyer, A.: Computerverarbeitung von Röntgenfilm-Mammogrammen zur Kennzeichnung und Hervorhebung krankhafter Veränderungen. GI/NTG Fachtagung „Digitale Bildverarbeitung", München, 1977, S. 263–279. Berlin–Heidelberg–New York: Springer 1977.

[25] Greulich, W. W., Pyle, S. I.: Radiographic Atlas of Skeletal Development of the Hand and Wrist. Stanford: 1959.

[26] Reindell, H., et al.: Funktionsdiagnostik des gesunden und kranken Herzens. Stuttgart: G. Thieme 1967.

[27] Lusted, L. B., Keats, T. E.: Atlas of Roentgenographic Measurements. Yearbook, Medical Publishers Inc. 1967.

[28] Heintzen, P. H., Hrsg.: Roentgen-, Cine- and Videodensitometry. Stuttgart: G. Thieme 1971.

[29] Kruger, R. P., Townes, J. R., Hall, D. L., Dwyer III, S. J.: Automated Radiographic Diagnosis via Feature Extraction and Classification of Cardiac Size and Shape Descriptors. IEEE Trans. **BME-19**, 174—186 (1972).

[30] Spiesberger, W., Tasto, M.: Maschinelle Messungen in Röntgenbildern. Philips Techn. Rdsch. **35**, 179—189 (1975/76).

[31] Harlow, C. A., Eisenbeis, S. A.: The Analysis of Radiographic Images. IEEE Trans. Comp. **C-22**, 678—689 (1973).

[32] Chien, Y. P., Fu, K. S.: Recognition of X-Ray Picture Patterns. IEEE Trans. Syst., Man, and Cybernetics **SMC-4**, 145—156 (1974).

[33] Tasto, M.: Motion Extraction for Left Ventricular Volume Measurement. IEEE Trans. on Biomed. Eng. **BME-21**, 207—213 (1974).

[34] Tasto, M.: Guided Boundary Detection for Left Ventricular Volume Measurement. Proceedings First Intern. Joint. Conf. on Pattern Recognition, Washington, D.C., Oktober 1973, S. 119—124.

[35] Tasto, M., Block, U.: Locating Objects in Complex Scenes Using a Spatial Distance Measure. Proceedings 2nd Intern. Joint Conf. on Pattern Recognition, Kopenhagen, August 1974, S. 336—340.

[36] Tasto, M., Felgendreher, W., Spiesberger, W., Spiller, P.: Comparison of Manual vs. Computer Determination of Left Ventricular Boundaries from X-Ray Cineangiocardiograms. In: Roentgen-Video-Techniques (Heintzen, P. H., Bürsch, J. H., Hrsg.), S. 168—183. Stuttgart: G. Thieme 1978.

[37] Chow, C. K., Kaneko, T.: Computer Calculation of Left Ventricular Volumes from a Cineangiogram. Proc. Quantitative Imagery in the Biomedical Sciences, SPIE, MAO 1971.

[38] Trenholm, B. G., et al.: Automated Ventricular Volume Calculations from Single Plane Images. Diagnostic Radiology **1974**, 299—304.

[39] Slager, C. J., de Jong, L. P., Davidse, J.: Automatic Detection of the Left Ventricular Outline in Angiographs Using Television Signal Processing Techniques. Eurocon '74, Conference Digest, E4-4(1) E4-4(2).

[40] Decker, D., Epple, E., Heuck, F., Nagel, M., Polony, G.: Anwendung des Mehrfachdetektor-Meßverfahrens in der Cine-Densitometrie. Biomedizin. Technik **20** (Ergänzungsband), 265—266 (1975).

[41] Selzer, R. H., Beckenbach, E. S., Crawford, D. W., Brooks, S. H., Blankenhorn, D. H.: Measurement of Blood Vessel Irregularity by Computer Analysis of Angiographic Film Density. Symp. on Computer Image Processing and Recognition, University of Missouri, Columbia, 24.—26. August 1972.

[42] Gershon-Cohen, J.: Atlas of Mammography. Berlin-Heidelberg-New York: Springer 1970.

[43] Hoeffken, W., Lanyi, M.: Röntgenuntersuchung der Brust. Stuttgart: G. Thieme 1973.

[44] Winsberg, F., et al.: Detection of Radiographic Abnormalities in Mammograms by Means of Optical Scanning and Computer Analysis. Radiology **89**, 211 (1967).

[45] Ackerman, L. V., Gose, E. E.: Brest Lesion Classification by Computer and Xeroradiography. Cancer **30**, 1025—1035 (1972).

[46] Tasto, M.: Automatische Mammographie-Auswertung: Erkennung von Mikroverkalkungen. Biomedizinische Technik Band **20** (Ergänzungsband), 273—274 (1975).

[47] Ballard, D., Sklansky, J.: Tumor Detection in Radiographs. Computers and Biomed. Research **6**, 299—321 (1973).

[48] Montanari, U.: On the Optimal Detection of Curves in Noisy Pictures. Commun. of the ACM **14**, 335—345 (1971).

[49] Lillestrand, R. L.: Techniques for Change Detection. IEEE Trans. on Computers **C-21** (1972), sowie Digital Image Correlation, Early Detection of Lung Cancer. Control Data Corporation, Minneapolis, Minnesota, Techn. Inform.

[50] Kruger, R. P., Thompson, W. B., Turner, A. I.: Computer Diagnosis of Pneumoconiosis. IEEE Trans. in Systems, Man, and Cybernetics SMC-4, 40—49 (1974).

[51] Haralick, R. M., Shanmugam, K., Dinstein, I.: Textural Features for Image Classification. IEEE Trans von Syst. Man and Cybernetics **SMC-3**, 610—621 (1973).

[52] Spiesberger, W.: Locating and Verifying Objects in X-ray Mammograms. Digest of the Fourth International Conference on medical Physics, Ottawa, Canada, 1976. [Special Issue of Physics in Canada **32** (1976).]

[53] Wee, W. G., Moskowitz, M., Nai-Ching Chang, Yeoung-Ching Ting: Evaluation of Mammographic Calcifications Using a Computer Program. Radiology **89**, 211–215 (1976).

[54] Winter, J., Stein, M. A.: Computer Image Processing Techniques for Automated Breast Thermogram Interpretation. Comput. Biomed. Res. **6**, 522–529 (1973).

[55] Ziskin, M. C., Negin, M., Piner, C., Lapayowker, M. S.: Computer Diagnosis of Breast Thermograms. Radiology **115**, 341–347 (1975).

[56] Spiesberger, W., Hoyer, A.: Computerverarbeitung von Röntgenfilm-Mammogrammen zur Kennzeichnung und Hervorhebung krankhafter Veränderungen. GI/NTG Fachtagung „Digitale Bildverarbeitung", München, 1977, S. 263–279. Berlin–Heidelberg–New York: Springer 1977.

5.2. Bilddaten von Präparaten und speziellen Sensoren

Die automatische Auswertung von Mikroskopbildern im Bereich der Zytologie [3], zum Beispiel Blutzellenanalyse, Chromosomenanalyse und die Untersuchung von Gewebeabstrichen, ist wegen der großen Zahl der auszuwertenden Bilder und des damit verbundenen Arbeitsaufwandes von beträchtlicher ökonomischer Bedeutung. Bei speziellen Sensorsystemen wird eine Aufbereitung der Bilddaten zur Interpretation erforderlich. Auf dem Gebiet der Nuklearmedizin ist die Verarbeitung von Szintigrammen zu nennen. In den letzten Jahren haben zwei weitere bildgebende Verfahren, Ultraschall und Thermographie, zunehmend an Bedeutung in der medizinischen Diagnostik gewonnen. Sie bieten Zusatzinformationen zu anderen bildgebenden Verfahren, und sie können in einigen Anwendungsbereichen wegen ihrer Gefahrlosigkeit die Röntgentechnik ersetzen.

5.2.1. Mikroskopbilder

Vom technisch-wissenschaftlichen Standpunkt erscheint das Problem der automatischen Zellanalyse einfacher als zum Beispiel das der Röntgenbildanalyse. Es ist im allgemeinen keine Nebeninformation zu verwenden. Die Eingangsinformation beschränkt sich auf das auszuwertende Bild. Weiter läßt sich durch geschickte Präparation der Proben, z. B. durch Färbung und Herstellung dünner Schichten mittels Zentrifuge, das Bildauswertungsproblem beträchtlich vereinfachen. Typisch für die Forschung auf diesem Gebiet ist daher eine starke Interaktion zwischen Bildauswertung und Techniken zur Probenpräparation. Aus diesen Gründen ist es nicht verwunderlich, daß die Forschung bereits zu mehreren kommerziell verfügbaren Geräten geführt hat, deren Erkennungsqualität teilweise die von menschlichen Auswertern erreicht.

Automatische Blutzellenanalyse

Aufgabe der Blutzellenanalyse ist es, in z. B. einer Probe peripheren (d. h. aus einem Blutgefäß gewonnenen) Blutes die weißen Blutkörper zu erkennen, in eine von fünf bis sieben Gruppen zu klassifizieren und durch Auszählen den relativen Anteil der einzelnen Gruppen zu bestimmen. Weiter ist es gelegentlich interessant, den abnormalen Zustand von Zellen zu entdecken und zu melden. Die roten Blutkörper interessieren im allgemeinen nicht. Beispiele von Blutzellen verschiedener Typen sind in Abb. 4.2-7 dargestellt.

Als Ausgangsmaterial für die Bildauswertung dient eine geringe Menge des zu untersuchenden Blutes, welche in einer dünnen Schicht auf ein Glasplättchen aufgebracht wird und so eine Dia-artige Bildvorlage abgibt. Durch Verwendung einer Zentrifuge kann erreicht werden, daß die Blutzellen sich nicht oder nur selten überlappen und einigermaßen gleichmäßig verteilt sind. Durch günstige Anfärbtechniken der Proben ist eine weitere Vereinfachung des Analysevorganges möglich [1—3]. Die im Dia enthaltene Information wird mittels Mikroskop, verschiedener umschaltbarer Farbfilter, Fernsehkamera und eines unter Rechnerkontrolle stehenden Koordinatentisches dem auswertenden Rechner zugeführt.

Durch geschickte Auswahl der Farbfilter gelingt es, den Zellkern der weißen Blutzellen stark gegenüber dem Hintergrund und den roten Blutzellen hervorzuheben, so daß einfach mittels Schwelle die Positionen der interessierenden weißen Blutzellen gefunden werden können [8]. Als weitere Merkmale zur Unterscheidung von fünf bis sieben Arten von weißen Blutzellen sind verwendet worden [1, 2]:

1. Größe des Zellkerns: Sie wird bestimmt durch die Zahl der Bildpunkte in einem Fensterbereich, die eine Schwelle überschreiten.
2. Zellform: Sie wird vereinfacht festgelegt durch das Verhältnis Zellenumfang zu Zellfläche. Längliche oder lineare Objekte ergeben eine größere Zahl als kompakte rundliche Objekte.
3. Kerntextur: Sie wird bestimmt durch verschiedene bekannte Texturmaße wie „Rauhigkeit" durch Bestimmung der Varianzen oder Differenzen benachbarter Bildpunkte.
4. Farbtextur: Hier werden Texturmaße auf Verhältnisse oder Differenzen der mittels verschiedener Farbfilter erhaltenen Bildintensitäten angewendet.

Unter Verwendung dieser Merkmale lassen sich mit bekannten Klassifizierungsverfahren Erkennungsraten erzielen, die diejenigen von menschlichen Auswertern erreichen oder übertreffen [1]. Mehrere kommerziell verfügbare Systeme sind bekanntgeworden [2, 3], jedoch erscheint die Forschung auf diesem Gebiet nicht abgeschlossen. Insbesondere ist das Problem der Erkennung von Zellanomalien nicht zufriedenstellend gelöst. Literaturverzeichnisse findet man insbesondere in [9, 10]. Weitere Verfahren und Systeme sind in [4, 7, 10, 11, 12] beschrieben.

Automatische Chromosomenanalyse

Zur Chromosomenanalyse werden Mikroskopbilder weißer Blutkörper verwendet zum Zeitpunkt der „Metaphase", einem Zeitpunkt während eines Teiungsprozesses, in dem die Chromosomen einzeln sichtbar sind (Abb. 5.2-1a). Jedes einzelne Chromosom muß nun unter Verwendung eines Satzes von Standardchromosomen nach Abb. 5.2-1b klassifiziert und in ein Schema (Karyotyp) eingeordnet werden [14]. Abweichungen vom Schema durch Defekte oder unterschiedliche Anzahl bestimmter Chromosomentypen können auf Abnormalitäten, wie z. B. Mongolismus und Erkrankungen durch Strahlenschäden, hindeuten.

Merkmale zur Klassifizierung der Chromosomen sind geometrischer Art: Länge der Chromosomen relativ zueinander und das Verhältnis der Länge der kurzen Arme zur Gesamtlänge (arm ratio). Wegen der grundsätzlich bekannten Form der Chromosomen besteht die Möglichkeit, zur Auswertung TOP-DOWN-Verfahren unter Verwendung von Chromosomenmodellen [17] durchzuführen. Dabei sind die unbekannten Parameter die Position des Chromosoms im Bild, die

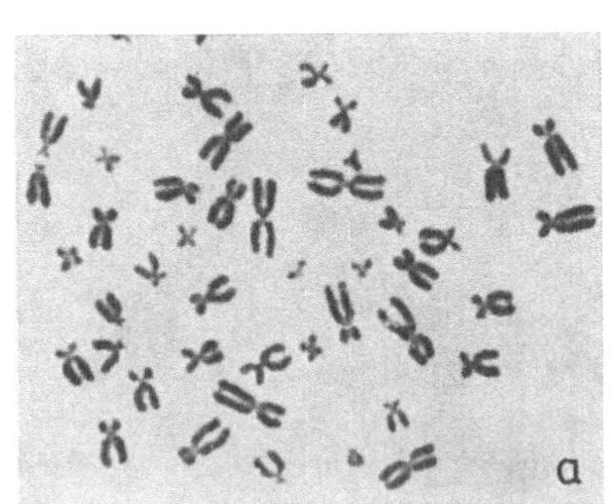

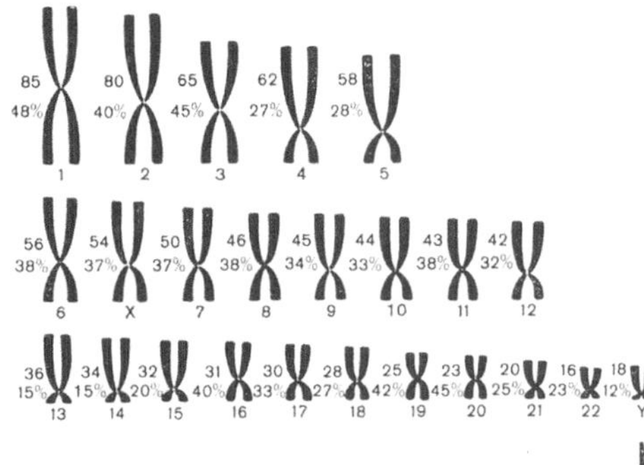

Abb. 5.2-1. Chromosomenanalyse. *a* Mikroskopbild von Chromosomen; *b* idealisierte Chromosomen des Menschen mit Angabe der relativen Gesamtlänge und dem Längenanteil des kurzen Arms (nach [14])

Orientierung und die wirklich interessierende Länge der Arme. Die Überlappung von Chromosomen ist ein Problem, welches häufig durch Auswahl geeigneter Chromosomenbilder oder durch interaktive Manipulation mittels Auswertesysteme [15, 19, 13] umgangen wird.

Jedes Chromosom wird zunächst lokalisiert und durch eine Schwelle [15] von der Umgebung getrennt, so daß eine binäre Darstellung des Umrisses vorliegt. Dann wird es durch Drehung in eine Normallage gebracht, indem zum Beispiel die Momente erster und zweiter Ordnung des binären Bildes bestimmt werden und dann eine Hauptachsentransformation so durchgeführt wird, daß die Varianz des Bildes um die neue Hauptachse möglichst gering wird [16]. Dieses Verfahren hat gegenüber anderen [15] den Vorteil, relativ unabhängig von lokalen Defekten des gefundenen Objektes oder seiner Umgebung zu sein.

Zur Bestimmung der Armlänge muß zunächst die Lage des Centromers, d. h. die Verbindungsstelle der Chromosomenarme, gefunden werden. Summiert man nach dem Signaturverfahren (s. 5.1.2.) die Bildpunkte senkrecht zur gefundenen Längsachse, so erhält man ein eindeutiges Minimum, welches die Lage des Centromers angibt. Ein deutlicheres Minimum erhält man, wenn die Bildvarianz senkrecht zur Hauptachse längs der Hauptachse aufgetragen wird [16].

Ein Verfahren nach dem „BOTTOM-UP"-Prinzip, ohne Verwendung eines Modells zur gezielten Suche von Objektmerkmalen, wird in [18] vorgeschlagen. Es werden zunächst Kontursegmente (Primitiven) im Bild gesucht, und dann in vier verschiedene Kategorien entsprechend Abb. 5.2-2a klassifiziert. Benachbarte Kontursegmente werden zusammengefaßt, und eine daraus entstehende zusammenhängende Kontur wird durch eine Symbolfolge dargestellt. Für das Chromosom nach Abb. 5.2-2e lautet eine solche Folge zum Beispiel

$$\text{c a d bbbbbb a bbbbb c bbbbb a bbbbbb d a.} \qquad (5.2\text{-}1)$$

Unter Verwendung von aus der Theorie formaler Sprachen bekannter Verfahren wird sodann festgestellt, welchem Chromosomentyp das vorgefundene Chromosom entsprechen kann (parsen). Die Zahl der zusammenhängenden „b"-Elemente läßt sich z. B. als ein grobes Maß für die Länge eines bestimmten Armes verwenden.

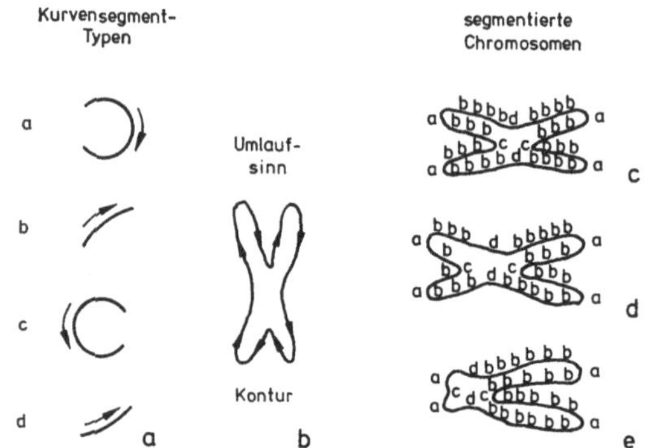

Abb. 5.2-2. Chromosomenbeschreibung durch Kurvensegmente. *a* Elementare Typen von Kurvensegmenten mit Umlaufsinn; *b* Chromosomenkontur mit Definition des Umlaufsinnes; *c* bis *e* aus Elementartypen zusammengesetzte Chromosomen

5.2.2. Szintigramme

Szintigramme werden erzeugt, indem geringe Mengen eines γ-Strahlen emittierenden Präparats in den menschlichen Körper eingegeben werden (oral oder durch Injektion) und die nach einiger Zeit sich einstellende unterschiedliche Verteilung der Strahlungsintensität in den Organen durch eine γ-Kamera oder einen Abtaster bestimmt wird. Dabei wird ähnlich wie beim Röntgenbild die Projektion der dreidimensional verteilten Intensität auf eine Ebene als Bild dargestellt. Die Zahl der Bildpunkte ist jedoch in der Größenordnung 128×128 Bildpunkte und damit wesentlich niedriger als in der Röntgentechnik (Abb. 5.2-3).

Die Auswertung von statischen, d. h. zu einem bestimmten Zeitpunkt aufgenommenen Szintigrammen durch den Arzt erfolgt durch Vergleich mit (eventuell im Gedächtnis gespeicherten) Standardbildern und durch Registrieren zum Beispiel von Gebieten mit ungewöhnlich hoher (hot spots) oder niedriger (cold spots) Intensität. Häufig ist auch der zeitliche Intensitätsverlauf für Untersuchungen von Bedeutung, z. B. bei der Funktionsuntersuchung des Herzens mittels Szintigraphie [20, 21] (dynamische Szintigramme). Ähnlich wie in der Röntgentechnik (s. 5.1.1.) besteht auch in der Nuklearmedizin die Möglichkeit und der Wunsch, nicht nur Projektionen der Objekte auf Ebenen zu verwenden, sondern aus Projektionsmessungen Objektquerschnitte zu rekonstruieren. Die dazu verwendeten mathematischen Verfahren sind die gleichen wie in der Röntgentechnik, unterschiedlich sind die Methoden zur Gewinnung der Projektionswerte. Problematisch ist dabei, daß die gemessenen Projektionen abhängig sind sowohl von der unbekannten Intensitätsverteilung als auch von der unbekannten Absorptionsverteilung im Objekt, wobei nur die erstere interessiert [30]. Dies steht im Gegensatz zur Röntgentechnik, wo die Strahlungsintensität bekannt und gleichförmig ist und die Absorptionsverteilung gesucht ist [31, 32].

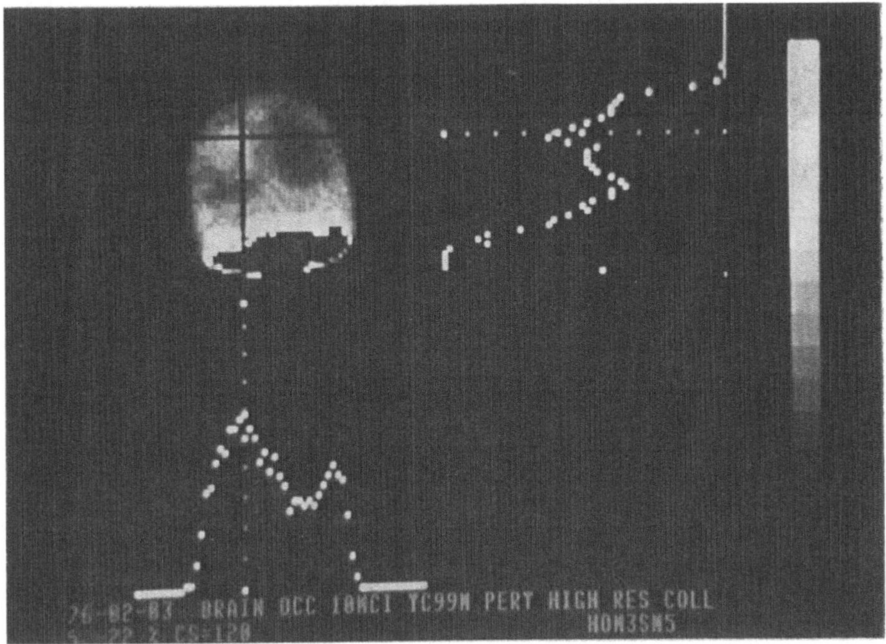

Abb. 5.2-3. Horizontales und vertikales Intensitätsprofil eines Gehirnszintigramms

Bildverbesserung

Die von der γ-Kamera abgegebene Bildfolge wird digital gespeichert und dann drei Verarbeitungsschritten unterzogen, um die vom Aufnahmesystem selbst erzeugten Defekte und Störungen zu reduzieren. Zunächst müssen die unterschiedlichen Empfindlichkeiten der einzelnen Detektoren der γ-Kamera unter Verwendung von Eichdaten nachträglich ausgeglichen werden. Danach ist die Hintergrundstrahlung durch die Umgebung, die auch auftritt, wenn die Kamera nicht auf einen Patienten gerichtet ist, durch Setzen einer Schwelle zu eliminieren. Der Schwellenwert wird häufig interaktiv von einem Bediener festgelegt.

Szintigramme sind stark verrauscht, da man die Menge des strahlenden Präparats niedrig halten möchte und die Aufnahmezeit pro Bild, wenn dynamische Vorgänge interessieren, kurz ist. Zur Verbesserung der Bildqualität werden daher digitale Tiefpaßfilter angewandt. Die Anwendung eines Wiener-Filters nach 2.3-15 wird in [23] beschrieben. Für die Auswertung müssen Rauschfunktionen r und Objektfunktionen i selbst nicht bekannt sein, sondern lediglich ihre Spektraldichten. Diese können aus Modellen oder auch durch Korrelationsmessungen an einer größeren Anzahl typischer Objekte und Rauschsignale bestimmt werden.

Interaktive Manipulation und automatische Interpretation

Für eine nachfolgende Auswertung durch den Arzt wird das Szintigramm auf einem Schwarz-Weiß- oder Farbmonitor dargestellt, wobei bestimmte Farben oder Grauwerte den Intensitätswerten des Szintigramms entsprechen. Da nicht nur der globale Bildinhalt von Interesse ist, sondern auch quantitative Vergleiche zwischen bestimmten Bildbereichen durchgeführt werden, spielt die interaktive Manipulation der Bilder und die Wahl verschiedener Darstellungsmöglichkeiten eine große Rolle [24]. Folgende interaktiv zu beeinflussende Operationen sind typisch [22, 24]:

1. Wahl eines Bildausschnittes, Vergrößerung auf das gesamte Monitorfeld.
2. Kontrastspreizung.
3. Darstellung mit mehrfacher Überdeckung des Monitorgrauwertbereiches (s. 2.1.3.).
4. Darstellung von Intensitätsprofilen durch Integration der Intensität über Zeilen oder Spalten ähnlich dem Signaturverfahren in 5.1.2. (Abb. 5.2-3).
5. Wahl von interessierenden Bildbereichen. Solch ein Bildbereich kann sowohl ein nur vom Beschauer ausgewählter, vom Bildinhalt unabhängiger Bereich sein, als auch ein Bildbereich, der innerhalb eines vorgegebenen Fensters z. B. durch das Überschreiten einer Intensitätsschwelle definiert ist.
6. Darstellung des zeitlichen Intensitätsverlaufes in „regions of interest“ unter Verwendung gespeicherter, zeitlich aufeinanderfolgender Bilder. Für jedes Bild wird ein Kurvenpunkt durch Integration über die interessierende Region genommen.
7. Verarbeitung der gewonnenen Intensitäts-Zeit-Kurven mittels Glättungsverfahren, Subtraktionen usw.

Während Systeme zur Vorverarbeitung und interaktiven Manipulation und Auswertung von Szintigrammen sich als nützlich herausgestellt haben und bereits industriell gefertigte Typen verfügbar sind, befindet sich die vollautomatische Befundung von Szintigrammen noch in einem relativ frühen Forschungsstadium. Es sind verschiedene Ansätze bekannt geworden, mittels automatisch ablaufender Algorithmen ungewöhnliche Intensitätsverteilungen im Szintigramm zu entdecken und anzuzeigen. Sie sind jedoch als eine Unterstützung des interaktiv mit dem System arbeitenden Arztes zu sehen, nicht als ein Ersatz [23, 25—29].

Ultraschall- und Thermographiebilder

Zur Erzeugung von Ultraschallbildern werden im allgemeinen scharf gebündelte Ultraschallwellen von zeitlich begrenzter Dauer in ein Objekt gestrahlt, sodann wird Zeit und Intensität der reflektierten Strahlen ähnlich wie beim Radar registriert. Ein solches Signal wird zu einer Zeile eines Bildes verarbeitet, wobei die Intensität in Grauwerte umgesetzt wird. Durch sequentielles Abtasten des Objekts mit parallelen oder auch fächerartig angeordneten Strahlenbündeln kann ein Querschnittsbild des Objektes erzeugt werden, welches sowohl durch die Absorptions- als auch die Reflexionseigenschaften des Objekts bestimmt wird. Dieses als „B-Scan“ bezeichnete Verfahren und verschiedene andere einschließlich

Nachverarbeitungsverfahren werden in [33] beschrieben. Ziel der Nachverarbeitung ist eine allgemeine Verbesserung und Rauschbefreiung des Bildes sowie die Unterscheidung von Mehrfachechos. Erste Ansätze zur automatischen Auswertung von Ultraschallbildern und zur exakten Rekonstruktion, unter Berücksichtigung der Krümmungen der Wellenausbreitung, findet man in [34, 35]. Eine Fülle von medizinischen Anwendungen der Ultraschalltechnik werden in [36] beschrieben.

Krankhafte Veränderungen im Körper wie Entzündungen, Karzinome usw. erzeugen häufig lokale Temperaturänderungen, die sich bis zur Körperoberfläche fortpflanzen. Thermographiebilder geben eine bildliche Darstellung der örtlichen Oberflächentemperaturverteilung, die durch Messung der infraroten Strahlungsintensität und Umwandlung in den sichtbaren Bereich erreicht wird. Die Höhe der Oberflächentemperatur kann dabei als Grauwert oder durch Farbcodes dargestellt werden. Verfahren zur Herstellung von Thermogrammen sowie zu medizinischen Anwendungen sind in [37—40] beschrieben. Konzepte zur Durchführung von Reihenuntersuchungen und zur automatisierten Auswertung findet man in [41—43].

5.2.3. Literatur

[1] Bacus, J. W., Gose, E. E.: Leucocyte Pattern Recognition. IEEE Trans. Syst., Man and Cybernetics **SMC-2**, 513—526 (1972).

[2] Megla, G. K.: The LARC Automatic White Blood Cell Analyser. Acta Cytologica **17**, 3—14 (1972).

[3] Preston, K. jr.: Digital Picture Analysis in Cytology, in: Digital Picture Analysis (Rosenfeld, A., Hrsg.), S. 209—294. Berlin—Heidelberg—New York: Springer 1976.

[4] Young, I. T.: The Classification of White Blood Cells. IEEE Trans. on Biomed. Engineering **BME-19**, 291—298 (1972).

[5] Gelsema, E. S., Powell, B. W., Berrini, P. L.: Procedures for the Automation of the White Blood Cell Differential Count. Fachtagung „Cognitive Verfahren und Systeme", S. 237—256. Berlin—Heidelberg—New York: 1973.

[6] Wied, G. L., Bahr, G. F. (Hrsg.): Automated Cell Identification and Cell Sorting. New York: Springer 1970.

[7] Aus, H. M., Gunzer, U., ter Meulen, V.: A Note on the Usefulness of Multi-Color Scanning and Image Processing in Cell Biology. Microscope **24**, 39—44 (1976).

[8] Aus, H. M., Rüter, A., ter Meulen, V., Gunzer, U., Nürnberger, R.: Bone Marrow Cell Scene Segmentation by Computer Aided Color Cytophotometry. Erscheint in: Automatic Cytology, Proceedings of the Fifth Engineering Foundation Conference on Automatic Cytology, August bis September 1977.

[9] Jesse, A.: Bibliography on Automatic Image Analysis (1973—1975). Microscope **24**, 65—95 (1976).

[10] Lemkin, P.: A Literature Survey of the Technological Basis for Automated Cytology. Techn. Bericht TR-386, GJ-32258X, Juni 1975, National Institutes of Healzj, Bethesda, Maryland.

[11] Shapiro, B., Lemkin, P., Lipkin, L.: The Application of Artificial Intelligence Techniques to Biologic Cell Identification. The Journal of Histochemistry and Cytochemistry **22**, 741—750 (1974).

[12] Lemkin, P., Carman, G., Lipkin, L., Shapiro, B., Schultz, M., Kaiser, P.: A Real Picture Time Processor for Use in Biology Cell Identification, I. System Design, + II. Hardware Implementation. The Journal of Histochemistry and Cytochemistry **22**, 725—731, 732—740 (1974).

[13] Neurath, P. W., Kess, B., Low, D. A.: Individualized Human Karyotyping Through Quantitative Analysis. Comput. Bull. Med. **2**, 181—193 (1972).

[14] Ganong, W. F.: Medizinische Physiologie. Berlin—Heidelberg—New York: Springer 1972.

[15] O'Handley, D. H., Beckenbach, E. S., Castleman, K. R., Selzer, R. H., Wall, R. S.: Picture Analysis Applied to Biomedicine. Computer Graphics and Image Processing **2**, 417–432 (1973).

[16] Onoe, M., Takagi, M., Yukimatsu, K.: Chromosome Analysis by Minicomputer. Computer Graphics and Image Processing **2**, 402–416 (1973).

[17] Widrow B.: The Rubber-Mask-Technique — I. Pattern Measurement and Analysis. Pattern Recognition **5**, 175–197 (1973).

[18] Lee, H. C., Fu, K.-S.: A Stochastic Syntax Analysis Procedure and its Application to Pattern Classification. IEEE Trans. Comp. **C-21**, 660–666 (1972).

[19] Neurath, P. W., Ampola, M. G., Low, D. A., Selles, W. D., Combined Interactive Computer Measurement and Automatic Classification of Human Chromosomes. Cytogenetics **9**, 424–435 (1970).

[20] 22nd Nuclear Science Symposium in IEEE Trans. Nuclear Science **NS-23** (1976).

[21] Schneider, P., Oberhausen, E.: Die Bestimmung von Transitzeiten und Auswurfraten des rechten Herzens nach der radiocardiographischen Methode. Biomed. Techn. **20** (Ergänzungsband), 261–262 (1975).

[22] Processing and Display System. Techn. Mitteilung, Phlips Med. Sys. Div., Best, Niederlande.

[23] Walch, G., Medler, H. G., Pistor, P.: Erkennung von Anomalien in Szintigrammen. Fachtagung „Cognitive Verfahren und Systeme", S. 223–236. Berlin–Heidelberg–New York: Springer 1973.

[24] Hoehne, K. H., et al.: ISAAC — Ein System für die interaktive Szintigramm-Aufnahme und -Auswertung mit einem Computer. Techn. Bericht Desy-DV-73/1, August 1973, DESY, Hamburg.

[25] Ammann, W. W.: Das Auswerteverfahren Strukturanalyse für Szintigramme. Biomed. Technik Bd. **20** (Ergänzungsband), 337–338 (1975).

[26] Müller-Schauenburg, W., Nagel, M., Theile, J.-H.: Automatische Auswertung von statistischen Lungenszintigrammen. Setzen von Regions of Interest und Befundausgabe. Biomedizin. Technik **20** (Ergänzungsband), 263–264 (1975).

[27] Gose, E. E., et al.: Object Detection in Multiple Images. Proceedings Third International Joint Conference on Pattern Recognition, Coronado, California, November 1976, S. 531–537.

[28] Ballard, D., Sklansky, S.: Tumor Detection in Radiographs. Computers and Biomedical Research **6**, 299–321 (1973).

[29] Albrecht, M.: Automatische Erkennung von Organgrenzen in Leber-Szintigrammen und Erfassung von Parametern zur Beschreibung des Leber-Abbildes im Szintigramm. Bericht 26, (IFI-HH-B-26/76). Institut für Informatik, Universität Hamburg.

[30] Chesler, D. A.: Tomographic Imaging. In: Nuclear Medicine (Freemann, G. S., Hrsg.). New York: Soc. Nucl. Med. 1972.

[31] Phelps, M. E., Hoffman, E. S., Mullani, N. A., Higgins, C. S., Ter Pogossian, M. M.: Design Considerations for a Positron Emission Transaxial Tomograph (Pet III). IEEE Trans. Nucl. Science **NS-23**, 516–522 (1976).

[32] International Symposium on Computer Assisted Tomography in Nontumoral Diseases of the Brain, Spinal Cord, and Eye, Book of Abstracts, National Institutes of Health, Bethesda, Maryland, Oktober 11–15, 1976, S. 91–92.

[33] Erikson, K. R., Fry, F. J., Jones, J. P.: Ultrasound in Medicine — A Review. IEEE Trans. Sonics and Ultrasonics **SU-21**, 144–170 (1974).

[34] Geissler, M., Doll, J., Guillaume, R.: Digitale Erfassung und Analyse der Echosignale des A- und B-Scan bei Ultraschalluntersuchungen. Biomedizinische Technik **20** (Ergänzungsband), 235–236 (1975).

[35] Jakovatz, C. V., Kak, A. C.: Computerized Tomographie Imaging Using X-rays and Ultrasound. Techn. Report TR-EE 76-26, July 1976, Purdue University, W. Lafayette, U.S.A.

[36] White, D., Hrsg.: Ultrasound in Medicine. Proceedings of the 19th Annual Meeting of the American Institute of Ultrasound in Medicine. Seattle, October 1974. New York –London: Plenum Press 1975.

[37] Barnes, R. B.: Diagnostic Thermography. Applied Optics **7**, 1673–1685 (1968).

[38] Jatteau, M.: Infrarot-Thermographieanlagen für medizinische Anwendungen. Philips Technische Rundschau **1969**, 288–301.
[39] Ganssen, A.: Medizinische Thermographie. Röntgenpraxis **24**, 97–109 (1971).
[40] Jatteau, M.: Techniques of Infrared Thermography. Bibl. Radiolog. **6**, 9–24 (1975).
[41] Anna, O., Hinz, R.: Früherkennung des Mamma-Ca. durch Infrarot-Thermographie bei hoher Patientenzahl. Biomedizin. Technik **20** (Ergänzungsband), 319–320 (1975).
[42] Ziskin, M. C., Negin, M., Piner, C., Lapayowker, M. S.: Computer Diagnosis of Breast Thermograms. Radiology **115**, 341–347 (1975).
[43] Winter, J., Stein, M.: Computer Image Processing Techniques for Automated Breast Thermogram Interpretation. Comput. Biomed. Res. **6**, 522–529 (1973).

6. Gewinnung, Verarbeitung und Speicherung von Geodaten

Die Fernerkundung (remote sensing), unter der die Erforschung und Überwachung der Erde mittels nicht bodenständiger Aufnahmegeräte (Sensoren) verstanden wird (Erderkundung), hat ein zunehmendes öffentliches und wissenschaftliches Interesse gefunden. Die Gründe hierfür sind einerseits die erzielten Fortschritte im Bereich der bemannten und unbemannten Raumfahrt und andererseits die steigende Industrialisierung und Überbevölkerung einzelner Regionen der Erde. Wegen steigender Industrialisierung und Umweltbelastung wird die Rohstoffkontrolle und Umweltüberwachung immer vordringlicher. Dies setzt sowohl umfassende Inventuren als auch regionale Alarmsysteme voraus.

Für die Fernerkundung wird durch Flugzeuge und Satelliten ein umfangreiches Datenmaterial zur Auswertung angeliefert. Mit einem starken Anwachsen nicht ausgewerteter oder nicht voll ausgenutzter Daten ist zu rechnen. Um das Mißverhältnis zwischen Datenakquisition und Auswertung abzubauen, sind halbautomatische oder automatische Bildverarbeitungssysteme und entsprechende Bildinformationssysteme zur gezielten Abfrage erforderlich. Im folgenden werden Grundlagen und Systeme zur Sensorsignalauswertung im optischen, thermischen und Mikrowellenbereich beschrieben.

6.1. Luftbildvermessung und Kartographie

Von G. Konecny

Seit der Jahrhundertwende wird die topographische Geländeaufnahme rationell durch die Luftbildmessung ermöglicht [1—5, 15]. Die topographischen Grundkarten (1:1000, 1:5000) enthalten, zumindest in großen Maßstäben, die Flurstücksgrenzen, die Bebauung, die Verkehrswege, die Gewässer, den Bewuchs und die topographische Höhengliederung des Geländes in Form von Schichtlinien und Höhenkoten sowie die Namen der Orte, der Gewässer, der Fluren und der Erhebungen. Topographische Karten dienen somit als Grundlage (Grundkarte) für die Eintragung spezieller Informationen (z. B. Verwaltungsgrenzen, Besitzstand, Bodenwert, Landnutzung, Baumbestand, geologische Schichten, Bevölkerungsdichte). Durch die speziellen Eintragungen entstehen dann thematische Karten. Aus diesen Grundkarten werden die zur Planung benötigten weiteren Karten mittleren Maßstabs (1:25000, 1:50000) durch Verkleinerung und Generalisierung des Karteninhalts abgeleitet.

Zur Automatisierung der Vermessung werden zwei Luftbilder von zwei Aufnahmeorten so aufgenommen, daß sie sich zu mehr als der Hälfte überdecken. Im überdeckten Bereich werden die Bildkoordinaten entsprechender Geländepunkte gemessen. Die Verbindung der Bildpunkte mit den Geländepunkten (auf optischem, mechanischem oder rechnerischem Weg) läßt ein Stereomodell der Natur entstehen, welches alle für die Auswertung erforderlichen Geländedaten enthält. In der seit Beginn des 20. Jahrhunderts praktizierten Analogphotogrammetrie werden die notwendigen Koordinatentransformationen von Bild- in Modell- oder Geländekoordinaten durch analoge optische Projektions- oder mechanische Rechensysteme vollzogen. Seit Einführung der Digitaltechnik in die Photogrammetrie in den Sechzigerjahren wird diese Transformation in zunehmendem Maße auch digital ausgeführt.

6.1.1. Bilddatenerfassung [6]

Der am häufigsten verwendete Fernerkundungssensor ist die Luftbildkammer. Bei einer Leuchtdichte der Sonne von 200000 sb bzw. lm/sr · cm² entsteht in Mitteleuropa mittags im Juni etwa 70000 lx und mittags im Dezember 10000 lx Einstrahlung. Auf der Erdoberfläche wird, je nach Beschaffenheit des bestrahlten Objektes, ein Teil der Strahlung absorbiert, ein anderer reflektiert (die Transmission wird null). Das reflektierte Licht erreicht nach weiteren Absorptionsverlusten durch die Atmosphäre das Kameraobjektiv. Bei Luftaufnahmen addiert sich zum reflektierten Licht (z. B. Wald 3%, Wasser 5%, Straßen 7%, Gras 14%, trockener Sand 31% und Neuschnee 80%) noch das atmosphärische Streulicht mit einem Reflexionsgrad von 0,03.

Fotographischer Film als Strahlungsdetektor

Maßgebend für das am Film der Kamera eintreffende Licht ist die Belichtung E' in Lux · s. Sie ist das Produkt von Beleuchtungsstärke E bezogen auf den Film E_F und der Belichtungszeit T (6.1-1). Bedeuten c die Kammerkonstante, d den Blendendurchmesser und τ den vom Filter und vom Bildwinkel α mit von $\cos^{2,5}$ bis $\cos^4 \alpha$ abhängigen optischen Transmissionskoeffizienten, so gilt

$$E' = E_F T \quad \text{mit} \quad E_F = \frac{\pi}{4} \tau \left(\frac{d}{c}\right)^2 E. \tag{6.1-1}$$

Filmbelichtung und Schwärzung. Die quantitativen Aspekte des fotografischen Prozesses werden durch die Sensitometrie bestimmt. Es bestehen folgende Beziehungen: Energie ist gleich Intensität mal Zeit (6.1-1), und gleiche Energien verursachen näherungsweise gleiche Schwärzung. Das Verhältnis von durchgelassener zu auftreffender Intensität beim belichteten und entwickelten Film wird als Transparenz T' bezeichnet. Damit wird die Opazität gleich dem reziproken Wert der Transparenz und die Schwärzung $D = \log(1/T')$.

Verschiedene Emulsionen haben eine verschieden ansetzende und aufhörende sowie eine verschieden ansteigende Schwärzungskurve (Abb. 6.1-1). Die Steigung der Kurve γ ist gegeben durch (6.1-2). Handelsüblich wird die Empfindlichkeit der

Emulsion aber ausgedrückt in DIN oder in ASA, wobei E'_m einem Wert von $D = 0{,}1$ über (Schicht und) Schleier entspricht.

$$\frac{\mathrm{d}D}{\mathrm{d}(\log E')} = \operatorname{tg}\alpha = \gamma \quad \text{bzw.} \quad \mathrm{DIN} = \log\left(\frac{0{,}49}{E'_m}\right), \quad \mathrm{ASA} = \frac{8}{E'_m}. \qquad (6.1\text{-}2)$$

Der für eine Objektszene zu erfassende Belichtungsumfang $\bar{K} = E_{max}/E_{min}$ soll in den linearen Teil der Schwärzungskurve (steilstes γ) fallen. Handelsübliche Filme besitzen ein γ von 1. Mit ihnen läßt sich ein Belichtungsumfang von $\bar{K} = 100$ belichten. Spezialfilme mit $\gamma_S < 1$ erlauben die Wiedergabe eines

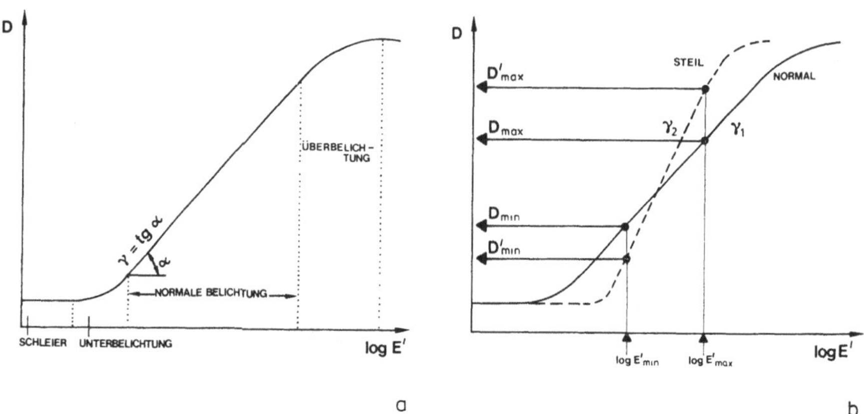

Abb. 6.1-1. Filmbelichtung. *a* Schwärzungskurve; *b* Kontraststeigerung durch γ-Auswahl (γ ist auch abhängig von der Temperatur und der Filmentwicklungszeit)

Belichtungsumfanges von $\bar{K} = 2000$. Für Luftaufnahmen ergab das Beispiel trockener Sand/Wald ein $\bar{K} = 5{,}7$. Deshalb sollte ein Film mit $\gamma_2 > 1$ gewählt werden, um den Kontrast in der Abbildung zu steigern. Es kommt darauf an, das γ des Films dem vorhandenen Belichtungsumfang so anzupassen, daß ein Maximum von Graustufenwerten aufgelöst werden kann. Hierin liegt die Bedeutung der Bildverarbeitung, weil die objektbezogene optimale γ-Auswahl zumeist noch nicht während der Datengewinnungsphase möglich ist.

Kontrastübertragung und Auflösung. Bedeutet K den Kontrast zwischen zwei Objekten mit den Beleuchtungsstärken E_1 und E_2, so gilt (6.1-3). Im Bild erscheint dieser Kontrast als K':

$$K = \frac{E_1 - E_2}{E_1 + E_2}, \qquad K' = \frac{10^{D1} - 10^{D2}}{10^{D1} + 10^{D2}}. \qquad (6.1\text{-}3)$$

Das Verhältnis $C = K'/K$ beschreibt die Kontrastübertragung, welches als Beurteilungskriterium für die Güte der Abbildung dient. Als Kontrastübertragungsfunktion kann C in Abhängigkeit der Detailfrequenz unabhängig für die einzelnen Komponenten der Bildübertragung (Optik, Bewegungsunschärfe, Film) dargestellt und kombiniert werden:

$$C_{\text{gesamt}} = C_{\text{optik}} \cdot C_{\substack{\text{Bewegungs-}\\ \text{unschärfe}}} \cdot C_{\text{Film}}. \qquad (6.1\text{-}4)$$

Die resultierende Gesamt-Kontrastübertragungsfunktion kann zusammen mit der Kurve für die Kontrast-Grenzempfindlichkeit des Auges (bezogen auf eine Betrachtungsentfernung) dargestellt werden. Somit ergibt sich die für praktische Bedürfnisse wichtige Beurteilung der Detailerkennbarkeit in Linienpaaren/mm (Abb. 6.1-2). Der Einfluß der Linsenfehler kann zunächst bis zu einem kritischen Wert durch Abblenden verringert werden. Von dort an beginnt sich aber die Beugung am Spalt bemerkbar zu machen. Luftbildkammern erreichen bei einem Kontrast von 1:1,6 eine optische Auflösung von 40 lp/mm.

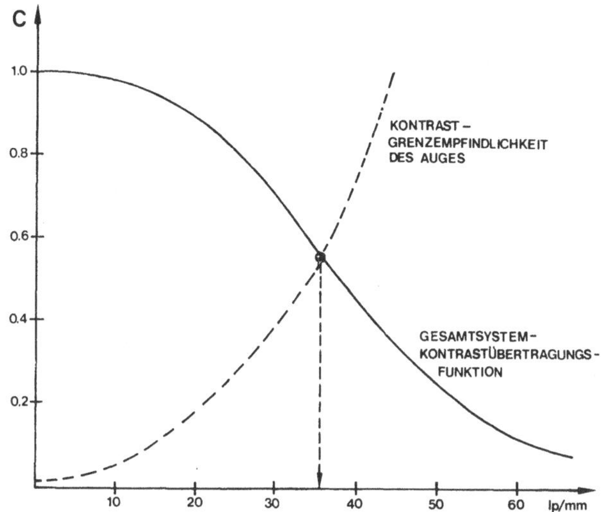

Abb. 6.1-2. Kontrastübertragung und Auflösung eines optischen Systems

Die Bewegungsunschärfe wird durch die Bewegung der Aufnahmeplattform während der Belichtung verursacht (Bildwanderung). Zur Kleinhaltung der Bewegungsunschärfe beträgt die Belichtungszeit T von Luftaufnahmen höchstens 1/250 s, oder, je nach Lichtverhältnissen, 1/500 bis 1/1000 s.

Die Auflösung des Filmes wird durch die Größe seiner Silberhalogenkristalle bestimmt. Empfindliche Filme verwenden große Kristalle (Durchmesser 2 μm), weniger empfindliche haben feines Korn (Kristalldurchmesser $< 0{,}5$ μm). Normale Emulsionen erreichen bei Kontrasten von 1:1000 Auflösungen von 100 lp/mm. Bei Kontrasten von 1:2 sinkt die Auflösung auf 50 lp/mm ab. Emulsionen mit geringer Empfindlichkeit können Auflösungen von bis zu 4000 lp/mm erreichen (Anwendung im Mikrofilmwesen und in der Holografie). Eine weitere Filmunschärfe entsteht wegen der Dicke der fotografischen Schicht.

Farbfotografie und Film-Filter-Kombination. Die Farbfotografie verwendet Mehrschichtenfilme mit drei getrennten Silberhalogenschichten, die auf Grund von dazwischenliegenden Filterschichten nur für die Farben blau, grün und rot empfindlich sind. Bei Verwendung eines Diapositivfilms werden die nach der Belichtung in den jeweiligen Schichten verbleibenden Silberpartikel statt schwarz wie beim Schwarz-Weißfilm nun entsprechend blau, grün oder rot eingefärbt. Beim Negativfilm erfolgt die Einfärbung in den Komplementärfarben gelb (= weiß — blau), magenta (= weiß — grün) oder cyan (= weiß — rot). Die Kontaktkopie auf einem entsprechenden Negativfilm oder auf einem Negativpapier ergibt durch Farbsubstraktion das farbrichtige Diapositiv oder die farbrichtige Kopie.

Eine weitere Möglichkeit besteht in der Verwendung von Falschfarbenfilmen. Der Infrarotfalschfarbenfilm enthält z. B. drei farbempfindliche Schichten für grün, rot und infrarot. Diese Schichten werden im Diapositivfilm blau, grün und rot eingefärbt. Es entstehen dann die in der Vegetationskunde sehr beliebten Falschfarbenbilder, in welchen das stark im Infrarotbereich abstrahlende Chlorophyll (gesunde Vegetation) rot abgebildet wird.

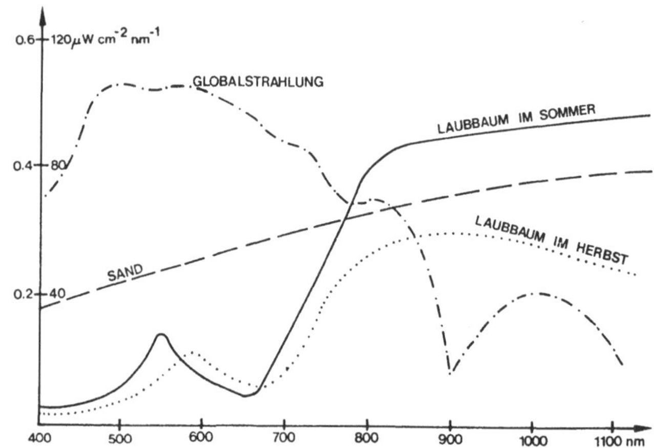

Abb. 6.1-3. Globalstrahlung des Halbraumes (mittags im August) und spektrale temporale Remission

Das Herausfiltern enger objektspezifischer Spektralbereiche ($\Delta\lambda = 0{,}02\ \mu m$) ist in Verbindung mit hochempfindlichen Schwarz-Weißfilmen durch Filterkombinationen (z. B. gelb und magenta) oder durch Interferenzfilter mit aufgedampften Schichten möglich. Werden mehrere über den Spektralbereich unterschiedlich gefilterte, gleichzeitig ausgelöste Kameras betrieben, so liefern sie Multispektralaufnahmen. Drei solcher multispektraler Schwarz-Weiß-Bilder können durch farbadditive Projektion (blau, grün, rot) im sogenannten Mischpult oder über ein farbadditives Fernsehsystem zu Farb- oder Falschfarbenbildern zusammengefaßt werden.

In der Farbfotografie und insbesondere in der Multispektralfotografie können spektrale Kontraste zur Identifizierung und Klassifizierung bestimmter Objekttypen verwendet werden (Abb. 6.1-3). Von zusätzlichem Nutzen für die Klassifizierung ist die zeitliche Veränderung eines spektralen Kontrastes (z. B. Jahreszeiten). Dadurch entsteht ein temporaler Kontrast, der insbesondere bei Vegetationsarten mit verschiedenen Wachstumsphasen zu sehr detaillierten Klassifizierungsmöglichkeiten führen kann (s. auch 2.3.4.).

Tabelle 6.1-1. *Bilddatenerfassung mit der Reihenmeßkammer RMK*

Bildmaßstab		M_B 1:3000	M_B 1:10000	M_B 1:30000	M_B 1:100000	M_B 1:300000	M_B 1:1000000
Grundauflösung für 30 lp/mm		10 cm	33 cm	1m	3,3 m	10 m	33 m
Plattform		Flugzeug	Flugzeug	Flugzeug	Düsen-flugzeug	Satellit	Satellit
Flug-	RMK 8,5/23 (0,39 mrad bei 62°)	·	850 m	2,5 km	8,5 km	·	·
höhe	RMK 15/23 (0,22 mrad bei 47°)	450 m	1,5 km	4,5 km	(15 km)	·	·
für	RMK 30/23 (0,11 mrad bei 28°)	900 m	3 km	·	·	·	300 km
	RMK 60/23 (0,05 mrad bei 15°)	1,8 km	6 km	·	·	180 km	600 km
Lagefehler $\sigma_{x,y}$		3 cm	10 cm	30 cm	1 m	3 m	10 m

Reihenmeßkammer als Sensor

Die heute hoch entwickelte Luftbildtechnik verwendet mit Ausnahme der Multispektralfotografie Sensoren vom Typ einer Reihenmeßkammer [7, 8]. Die auf das Bildformat 23 cm $\times$ 23 cm angelegte Kamera besitzt über das gesamte Format eine optische Auflösung von 40 lp/mm und eine maximale Verzeichnung von ± 10 μm bezogen auf eine während der Kammerkalibrierung festgelegte Kammerkonstante c und auf einen Bildhauptpunkt, der während der Kalibrierungsphase als Rahmenmarkenschnittpunkt gekennzeichnet wird. Die auf dem Filmanlegerahmen befindlichen vier Rahmenmarken werden in der Aufnahme mit abgebildet. Sie bestimmen zusammen mit der Kammerkonstanten die innere Orientierung des Bildes.

Die Kammer besitzt eine Andruckplatte mit Vakuum-Ansaugvorrichtung, welche den Film während der Belichtung in Planlage hält. Während des Filmtransportes werden die Andruckplatte angehoben und die Ansaugvorrichtung außer Kraft gesetzt. Der Zyklus der Aufnahmefolge (Filmtransport, Planlage des Filmes, Belichtung) beträgt minimal 2 Sekunden. Zum Betrieb der Kamera im Flugzeug gehört ein automatischer Auslösemechanismus, der sogenannte Überdeckungsregler, bei welchem eine automatische Auslösung mit einer bestimmten Längsüberdeckung der Bilder (z. B. 60%) erfolgt.

Bildfluganordnung. Das Aufnahmeprinzip für Luftbilder (Abb. 6.1-4) setzt Senkrechtaufnahmen voraus. Die Einhaltung der Senkrechten ist im Bildflug mit einer mittleren Abweichung von kleiner $\pm 2°$ möglich. Der gewünschte Bildmaßstab $M_B = 1 : m_B$ ergibt sich aus der Kammerkonstanten c und der Flughöhe h (Tab. 6.1-1). zu $M_B = c/h$.

Die Auswahl des Bildwinkels ist durch Verwendung unterschiedlicher Objektivtypen möglich. Hierzu brauchen im Flugzeug im allgemeinen nur der Kamerastutzen, nicht aber die mit dem Flugzeug fest verbundene Kameraaufhängung und das Filmmagazin ausgewechselt zu werden. So kann man zwischen einem Überweitwinkelobjektiv RMK 8,5/23 ($c = 85$ mm), einem Weitwinkelobjektiv RMK 15/23 ($c = 152$ mm), einem Normalwinkelobjektiv RMK 30/23 ($c = 305$ mm) und einem Schmalwinkelobjektiv RMK 60/23 ($c = 610$ mm) wählen.

Eine Entzerrung von Luftaufnahmen ist, wie später dargelegt wird, nur für eine ebene Fläche möglich. Hierfür werden bei bekannter innerer Orientierung (Bildhauptpunkt und Kammerkonstante) mindestens 3 Punkte mit bekannter Lage gefordert. Ist die innere Orientierung unbekannt, so braucht man 4 bekannte Punkte.

Eine räumliche Auswertung (Bestimmung von Lage oder Höhe im Raum) ist nur mit Aufnahmen verschiedener Aufnahmeorte möglich. Bei Senkrechtaufnahmen sollen die Aufnahmeorte so gewählt sein, daß sich die Aufnahmen zu 60% überdecken. Zur Wiederherstellung der Aufnahmestrahlenbündel sind pro Bildpaar mindestens 2 lagemäßig bekannte Punkte und 3 höhenmäßig bekannte Punkte, die ein Dreieck aufspannen, notwendig. Durch eine systematische Anordnung des Bildflugs (60% Längsüberdeckung, 20% Querüberdeckung mit 5% Überdeckungstoleranz) ist eine analytische Bestimmung der für die Auswertung benötigten Paßpunkte im sogenannten Aerotriangulationsverfahren für den Befliegungsblock möglich. Bekannte Punkte werden lagemäßig dann nur an den

Blockrändern benötigt. Bekannte Höhenpunkte sollen etwa alle 2 bis 3 Bildpaare über den Block verteilt sein. Unter diesen Voraussetzungen liefert die Aerotriangulation Bestimmungsgenauigkeiten wie im einzelnen Bildpaar.

Sensorvergleich. Bei Luftaufnahmen wird die Detailerkennbarkeit in Linienpaaren pro mm (lp/mm) angegeben. Um diese Auflösung mit der eines digitalen Abtastsystems (Multispektralscanner, Fotodiodenzeile) vergleichen zu können, muß die Bildelementgröße des Abtasters mit dem Faktor $2 \cdot \sqrt{2}$ multipliziert werden. $\sqrt{2}$ stellt den aus der Fernsehtechnik bekannten Kell-Faktor dar. Langbrennweitige Reihenmeßkameras besitzen eine 2,5- bis 5-fach höhere Winkelauflösung als die gegenwärtige Generation der Abtaster (0,24 mrad). Langbrennweitige Spezialkameras mit Schlitzverschlüssen, welche zwar wegen der dynamischen (über mehrere Sekunden dauernden) Belichtung des Bildes keine hohen geometrischen Qualitäten erbringen, sind jedoch als militärische Panorama- oder als Aufklärungskameras in der Lage, noch höhere Winkelauflösungen bis zu 0,01 mrad zu erreichen. Allerdings ist bei Abtastern der Belichtungsumfang gewöhnlich in 128 (bis 256) Grauwerte auflösbar. Bei guten photographischen Luftbildern erlaubt der Belichtungsumfang höchstens eine Grauwertauflösung in 50 Grauwerte.

Abb. 6.1-4. Die Luftaufnahme

6.1.2. Geometrische Bildauswertung

Die Grundlagen der geometrischen Bildauswertung [7—9] leiten sich aus der projektiven Geometrie ab, welche sich mit der Zentralprojektion beschäftigt. Unter der Voraussetzung, daß man alle optischen und sonstigen physikalischen Verzeichnungen (Refraktion, Filmverzug) beseitigt oder wegreduziert hat, bestehen alle Verbindungen zwischen Objektpunkten, dem Projektionszentrum P und den zugehörigen Bildpunkten aus geraden Strahlen (Strahlenbündel).

Perspektive

Ein in einer beliebigen Ebene liegendes Strahlenbündel bestehend aus 4 Strahlen hat nach Abb. 6.1-5 die im folgenden beschriebenen Eigenschaften. Bezeichnet AB die Strecke zwischen den Punkten A und B usw., so gilt

$$\frac{AC}{BC} : \frac{AD}{BD} = \frac{A_1C_1}{B_1C_1} : \frac{A_1D_1}{B_1D_1}. \tag{6.1-5}$$

Wählt man durch A, B, C und D die Koordinatenachse x und durch A_1, B_1, C_1 und D_1 die Koordinatenachse x', so wird

$$\frac{x_C - x_A}{x_C - x_B} : \frac{x_D - x_A}{x_D - x_B} = \frac{x'_C - x'_A}{x'_C - x'_B} : \frac{x'_D - x'_A}{x'_D - x'_B}. \tag{6.1-6}$$

Es läßt sich beweisen, daß 3 Punkte A, B, C und ihre zugehörigen Werte A', B', C' ausreichen, um einen beliebigen vierten Punkt D als D' zu bestimmen. Die Bestimmungsgleichung lautet dann in vereinfachter Form

$$x' = \frac{a_1x + d_1}{a_4x + 1} \quad \text{mit} \quad \begin{vmatrix} a_1 & d_1 \\ a_4 & 1 \end{vmatrix} \neq 0. \tag{6.1-7}$$

Diese Feststellung läßt sich analog auf die Zuordnung zweier Ebenen (Entzerrung) anwenden. Für zwei Ebenen gilt

$$x' = \frac{a_1x + b_1y + d_1}{a_4x + b_4y + 1}, \qquad y' = \frac{a_2x + b_2y + d_2}{a_4x + b_4y + 1}. \tag{6.1-8}$$

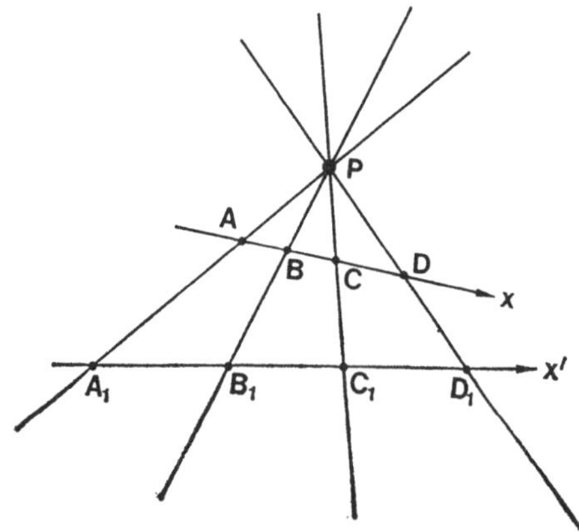

Abb. 6.1-5. Ebenes Strahlenbündel

Dies ist der Beweis, daß zwei Ebenen über 4 Punkte (8 Koeffizienten in der Ebene) aufeinander bezogen werden können. Die 4 Punkte müssen eine Fläche aufspannen, es muß gelten

$$\begin{vmatrix} a_1 & b_1 & d_1 \\ a_2 & b_2 & d_2 \\ a_4 & b_4 & 1 \end{vmatrix} \neq 0. \tag{6.1-9}$$

Räumliche Auswertung

Entsprechend der Zuordnung zweier Ebenen läßt sich auch die Zuordnung zweier Punktgruppen im Raum nach (6.1-10) formulieren. Danach sind zur Zuordnung zweier Räume 5 Punkte (15 Koeffizienten im Raum) erforderlich:

$$x' = \frac{a_1 x + b_1 y + c_1 z + d_1}{a_4 x + b_4 y + c_4 z + 1}, \quad y' = \frac{a_2 x + b_2 y + c_2 z + d_2}{a_4 x + b_4 y + c_4 z + 1},$$

$$z' = \frac{a_3 x + b_3 y + c_3 z + d_3}{a_4 x + b_4 y + c_4 z + 1} \quad \text{mit} \quad \begin{vmatrix} a_1 & b_1 & c_1 & d_1 \\ a_2 & b_2 & c_2 & d_2 \\ a_3 & b_3 & c_3 & d_3 \\ a_4 & b_4 & c_4 & d_4 \end{vmatrix} \neq 0. \tag{6.1-10}$$

Bezug zwischen Bild- und Geländekoordinaten. Die allgemeinen projektiven Beziehungen reichen zur Lösung photogrammetrischer Aufgaben aus. Wegen der Kenntnis der inneren Orientierung (Festlegung der Bezugssysteme) ist jedoch in der Praxis eine davon abhängige Vereinfachung des Lösungsweges vorzuziehen. Die geometrische Bildauswertung ist nach Abb. 6.1-6 in erster Linie eine Frage der Transformation räumlicher Koordinatensysteme.

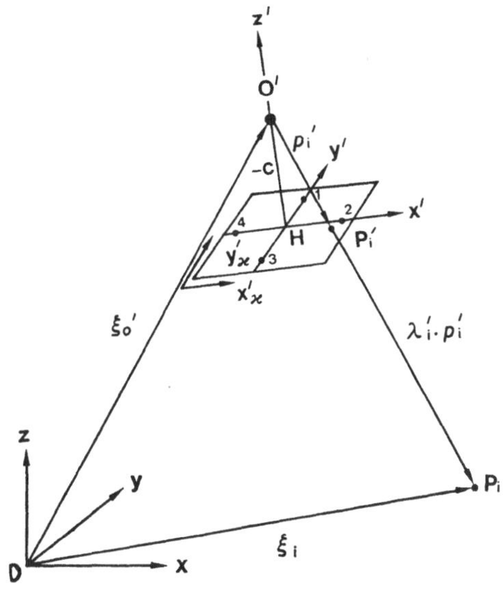

Abb. 6.1-6. Bezug zwischen Bild- und Geländekoordinaten

Zunächst können in einem Komparator (einem Gerät zur Bestimmung rechtwinkliger Koordinaten) die Bildpunkte i im Komparatorsystem $x'_{\varkappa_i}$, $y'_{\varkappa_i}$ gemessen werden. Werden außerdem die Koordinaten der 4 Rahmenmarken ($x'_{\varkappa_1}, y'_{\varkappa_1}, x'_{\varkappa_2}, y'_{\varkappa_2}, x'_{\varkappa_3}, y'_{\varkappa_3}, x'_{\varkappa_4}, y'_{\varkappa_4}$) gemessen, so können die Komparatorkoordinaten in auf den Bildhauptpunkt H (und die innere Orientierung) bezogene Bildkoordinaten x'_i, y'_i transformiert werden.

$$\begin{pmatrix} x'_i \\ y'_i \end{pmatrix} = \begin{pmatrix} \cos\alpha & \sin\alpha \\ -\sin\alpha & \cos\alpha \end{pmatrix} \begin{pmatrix} x'_{\varkappa_i} - x'_{\varkappa_H} \\ y'_{\varkappa_i} - y'_{\varkappa_H} \end{pmatrix} \quad \text{mit} \quad \alpha = \alpha_B - \alpha_\varkappa, \tag{6.1-11}$$

$$\operatorname{tg}\alpha_B = \frac{y'_1 - y'_3}{x'_1 - x'_3} = -\frac{x'_2 - x'_4}{y'_2 - y'_4} = \infty,$$

$$\operatorname{tg}\alpha_\varkappa = \frac{y'_{\varkappa_1} - y'_{\varkappa_3}}{x'_{\varkappa_1} - y'_{\varkappa_3}} = -\frac{x'_{\varkappa_2} - x'_{\varkappa_4}}{y'_{\varkappa_2} - y'_{\varkappa_4}},$$

$$x'_{\varkappa_H} = \frac{x'_{\varkappa_1} + x'_{\varkappa_2} + x'_{\varkappa_3} + x'_{\varkappa_4}}{4} \quad \text{und}$$

$$y'_{\varkappa_H} = \frac{y'_{\varkappa_1} + y'_{\varkappa_2} + y'_{\varkappa_3} + y'_{x_4}}{4}.$$

In jedem der rechtwinkligen, möglichen räumlichen Koordinatensysteme gelten die Vektorbeziehungen (6.1-12).

$$\xi_i = \xi'_0 + \lambda'_i \boldsymbol{p}'_i. \tag{6.1-12}$$

Dabei ist $\boldsymbol{p}'_i$ der Bildkoordinatenvektor im Bildkoordinatensystem. Die ξ_i und ξ'_0 sind aber im Geländekoordinatensystem bekannt oder erwünscht. Deshalb muß zur Erfüllung der Gleichung zunächst eine Transformation des Bildsystems in das Geländesystem durch eine Rotationsmatrix $\boldsymbol{A}^T$ erfolgen. Bedeuten x_i, y_i, z_i die Geländekoordinaten des Punktes P_i, x'_0, y'_0, z_0 die Geländekoordinaten des Aufnahmeortes und $x'_i, y'_i, -c$ die Bildkoordinaten des zugehörigen Bildpunktes P_i, dann gilt

$$\begin{pmatrix} x_i \\ y_i \\ z_i \end{pmatrix} = \begin{pmatrix} x'_0 \\ y'_0 \\ z'_0 \end{pmatrix} + \lambda'_i \boldsymbol{A}^T \begin{pmatrix} x'_i \\ y'_i \\ -c \end{pmatrix}. \tag{6.1-13}$$

Die Rotationsmatrix $\boldsymbol{A}$ wird gewöhnlich definiert als eine Transformation vom Gelände in das Bildsystem. Da beide Systeme rechtwinklig sind und gleiche Maßstäbe für alle Achsen x, y, z bzw. für $x', y', -c$ haben, ist die Transformation orthogonal. Es gilt also für die Rücktransformation vom Bild in das Geländesystem die Rotationsmatrix $\boldsymbol{A}^{-1} = \boldsymbol{A}^T$. Die Gesamtdrehung kann man sich aus Teildrehungen um die x-Achse ($= \omega$), um die y-Achse ($= \varphi$) und um die z-Achse

($= \varkappa$) zusammengesetzt denken, also

$$A^T = A_\omega^T A_\varphi^T A_\varkappa^T \quad \text{oder} \quad A = A_\varkappa A_\varphi A_\omega , \qquad (6.1\text{-}14)$$

$$A = \begin{pmatrix} a_{11} & a_{12} & a_{13} \\ a_{21} & a_{22} & a_{23} \\ a_{21} & a_{32} & a_{33} \end{pmatrix} = \begin{pmatrix} \cos\varkappa & \sin\varkappa & 0 \\ -\sin\varkappa & \cos\varkappa & 0 \\ 0 & 0 & 1 \end{pmatrix} \begin{pmatrix} \cos\varphi & 0 & \sin\varphi \\ 0 & 1 & 0 \\ -\sin\varphi & 0 & \cos\varphi \end{pmatrix} \begin{pmatrix} 1 & 0 & 0 \\ 0 & \cos\omega & \sin\omega \\ 0 & -\sin\omega & \cos\omega \end{pmatrix}$$

$$= \begin{pmatrix} \cos\varphi\cos\varkappa & \cos\omega\sin\varkappa - \sin\omega\sin\varphi\cos\varkappa & \sin\omega\sin\varkappa + \cos\omega\sin\varphi\cos\varkappa \\ -\cos\varphi\sin\varkappa & \cos\omega\cos\varkappa + \sin\omega\sin\varphi\sin\varkappa & \sin\omega\cos\varkappa - \cos\omega\sin\varphi\sin\varkappa \\ -\sin\varphi & -\sin\omega\cos\varkappa & \cos\omega\cos\varkappa \end{pmatrix}.$$

Bei Kenntnis der für jeden Punkt unterschiedlichen Maßstabszahl λ_i' und bei Kenntnis der äußeren Orientierung des Bildes, welche sich zusammensetzt aus dem Aufnahmeort x_0', y_0', z_0' und der Kammerorientierung in bezug auf das x,y,z-System ω, φ und $\varkappa$, kann jede Bildkoordinate in eine Geländekoordinate umgewandelt werden.

$$\lambda_i' = \frac{\sqrt{(x_i - x_0')^2 + (y_i - y_0')^2 + (z_i - z_0')^2}}{\sqrt{x_i'^2 + y_i'^2 + z_i'^2}} . \qquad (6.1\text{-}15)$$

Es läßt sich durch die projektiven Beziehungen jedoch zeigen, daß diese Gleichungen nur dazu ausreichen, den Raum in die Ebene eines Bildes zu projizieren

$$\begin{pmatrix} x_i' \\ y_i' \\ -c \end{pmatrix} = \frac{1}{\lambda_i'} A \begin{pmatrix} x_i - x_0' \\ y_i - y_0' \\ z_i - z_0' \end{pmatrix} . \qquad (6.1\text{-}16)$$

Bei Kenntnis von c aus der inneren Orientierung kann λ_i' eliminiert werden (6.1-17). Diese Gleichungen werden Kollinearitätsgleichungen genannt. Sie stellen die Gleichungen eines Bildstrahls dar.

$$\begin{aligned} x_i' &= -c\,\frac{a_{11}(x_i - x_0') + a_{12}(y_i - y_0') + a_{13}(z_i - z_0')}{a_{31}(x_i - x_0') + a_{32}(y_i - y_0') + a_{33}(z_i - z_0')} , \\ y_i' &= -c\,\frac{a_{21}(x_i - x_0') + a_{22}(y_i - y_0') + a_{23}(z_i - z_0')}{a_{31}(x_i - x_0') + a_{32}(y_i - y_0') + a_{33}(z_i - z_0')} . \end{aligned} \qquad (6.1\text{-}17)$$

Bestimmung der räumlichen Geländekoordinaten. Die Umkehrung der Aufgabe, also die Ableitung räumlicher Geländekoordinaten aus den Bildkoordinaten eines Bildes ist allerdings nicht möglich, es sei denn z_i ist für alle Punkte x_i, y_i bekannt:

$$\begin{aligned} (x_i - x_0') &= (z_i - z_0')\,\frac{a_{11}x_i' + a_{21}y_i' - a_{31}c}{a_{13}x_i' + a_{23}y_i' - a_{33}c} , \\ (y_i - y_0') &= (z_i - z_0')\,\frac{a_{12}x_i' + a_{22}y_i' - a_{32}c}{a_{13}x_i' + a_{23}y_i' - a_{33}c} . \end{aligned} \qquad (6.1\text{-}18)$$

Ansonsten ist die Bestimmung von λ_i' aus zwei Bildern mit unterschiedlichen Aufnahmeorten erforderlich. Dies geschieht im sogenannten Vorwärtsschnitt.

(Abb. 6.1-7). Gegeben sind die Koordinaten der Aufnahmeorte 0′, 0″ ($x_0', y_0', z_0', x_0'', y_0'', z_0''$) und die Orientierungswinkel der beiden Kameras ($\omega', \varphi', \varkappa', \omega'', \varphi'', \varkappa''$) sowie die Kammerkonstante c. Gesucht sind auf dem Wege über λ_i' oder λ_i'' die Geländekoordinaten des Punktes $P_i(x_i, y_i, z_i)$ aus den zugehörigen Bildkoordinaten von P_i' und P_i'' (x_i', y_i', x_i'', y_i''):

$$\begin{pmatrix} x_i \\ y_i \\ z_i \end{pmatrix} = \begin{pmatrix} x_0' \\ y_0' \\ z_0' \end{pmatrix} + \lambda_i' \boldsymbol{A}^{T'} \begin{pmatrix} x_i' \\ y_i' \\ -c \end{pmatrix} = \begin{pmatrix} x_0'' \\ y_0'' \\ z_0'' \end{pmatrix} + \lambda_i'' \boldsymbol{A}^{T''} \begin{pmatrix} x_i'' \\ y_i'' \\ -c \end{pmatrix}. \tag{6.1-19}$$

Schreibt man kürzer

$$\begin{pmatrix} x_0'' - x_0' \\ y_0'' - y_0' \\ z_0'' - z_0' \end{pmatrix} = \begin{pmatrix} b_x \\ b_y \\ b_z \end{pmatrix}, \quad \boldsymbol{A}^{T'} \begin{pmatrix} x_i' \\ y_i' \\ -c \end{pmatrix} = \begin{pmatrix} u_i' \\ v_i' \\ w_i' \end{pmatrix}, \quad \boldsymbol{A}^{T''} \begin{pmatrix} x_i'' \\ y_i'' \\ -c \end{pmatrix} = \begin{pmatrix} u_i'' \\ v_i'' \\ w_i'' \end{pmatrix}, \tag{6.1-20}$$

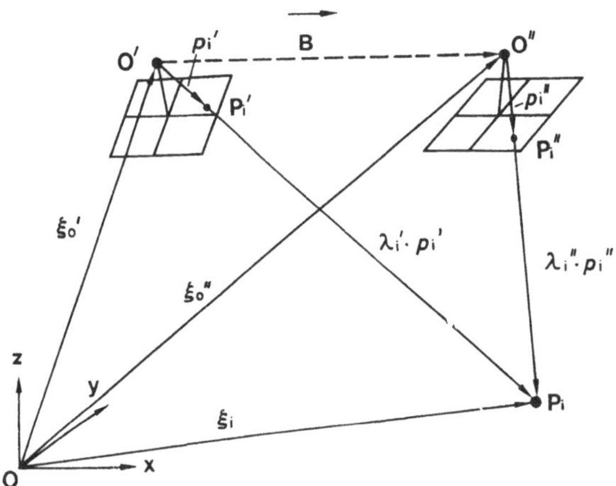

Abb. 6.1-7. Räumlicher Vorwärtsschnitt

so lassen sich die Unbekannten λ_i' und λ_i'' überbestimmt, z. B. nach (6.1-21), ermitteln. Nun brauchen λ_i' oder λ_i'' zur Ermittlung der Werte x_i, y_i, z_i nurmehr in die vorige Gleichung eingesetzt zu werden. Damit ist die Aufgabe der Stereoauswertung analytisch gelöst.

$$\lambda_i' = \frac{\begin{vmatrix} b_x - u_i'' \\ b_y - v_i'' \end{vmatrix}}{\begin{vmatrix} u_i' - u_i'' \\ v_i' - v_i'' \end{vmatrix}} = \frac{b_x v_i'' - b_y u_i''}{u_i' v_i'' - u_i'' v_i'}, \quad \lambda_i'' = \frac{\begin{vmatrix} u_i' \; b_x \\ v_i' \; b_y \end{vmatrix}}{\begin{vmatrix} u_i' - u_i'' \\ v_i' - v_i'' \end{vmatrix}} = \frac{b_y u_i' - b_x v_i'}{u_i' v_i'' - u_i'' v_i'}. \tag{6.1-21}$$

Rekonstruktion des Aufnahmevorganges

In der Praxis ergibt sich allerdings die Schwierigkeit, daß die äußeren Orientierungsdaten der Aufnahmen ($x_0', y_0', z_0', \omega', \varphi', \varkappa'$) und ($x_0'', y_0'', z_0'', \omega'', \varphi'', \varkappa''$) nicht oder nur ungenügend genau bekannt sind. Übliche Navigations- und Orientierungssensoren reichen zu ihrer Bestimmung nicht aus. Deshalb muß die Orientierung jeder Aufnahme aus den Koordinaten bekannter Paßpunkte (x_i, y_i, z_i) abgeleitet werden. Handelt es sich um die Orientierung einer Aufnahme, so spricht man vom räumlichen Rückwärtseinschnitt. Bei mehreren Aufnahmen spricht man von der Orientierungsbestimmung durch Aerotriangulation.

Zur Bestimmung der Orientierungsdaten können die Kollinearitätsgleichungen verwendet werden. Jeder Paßpunkt liefert ein bekanntes x_i, y_i, z_i, für welchen die Bildkoordinaten x_i', y_i' gemessen werden können. Unbekannt sind die in den Koeffizienten a_{11} bis a_{33} enthaltenen Orientierungswinkel ω, φ, $\varkappa$ und die Aufnahmeortskoordinaten x_0', y_0', z_0'. Pro Kamera gibt es also 6 unbekannte Orientierungsparameter. Bei der Aerotriangulation werden zur Übertragung der Orientierung von Bild zu Bild auch noch Verknüpfungspunkte in Bildkoordinaten gemessen, deren Geländekoordinaten unbekannt sind. Jeder Verknüpfungspunkt liefert also 3 weitere Unbekannte x_i, y_i, z_i. Jeder gemessene Bildpunkt liefert je 2 Gleichungen als Beobachtungsgleichungen. Leider sind die Kollinearitätsgleichungen nicht linear. Deshalb müssen sie nach Taylor linearisiert werden; hierzu werden Näherungen der zu bestimmenden Unbekannten benötigt:

$$\begin{aligned} x_i' &= f_1(x_0', y_0', z_0', \omega', \varphi', \varkappa', x_i, y_i, z_i) \approx x_{ig}' + \sum_\nu \frac{\partial f_1}{\partial p_\nu} \mathrm{d}p_\nu, \\ y_i' &= f_2(x_0', y_0', z_0', \omega', \varphi', \varkappa', x_i, y_i, z_i) \approx y_{ig}' + \sum_\nu \frac{\partial f_2}{\partial p_\nu} \mathrm{d}p_\nu. \end{aligned} \tag{6.1-22}$$

Die Differentialquotienten führen bei Senkrechtsaufnahmen der Flughöhe h zu folgenden einfachen Ausdrücken, welche zu Fehlerabschätzungen der Orientierungseinflüsse verwendet werden können, wobei x', y' die genäherten Ausdrücke x_{ig}', y_{ig}' von x_i', y_i' bedeuten

$$\begin{aligned} x_i' &= x' \frac{c}{h} + \mathrm{d}x_0' + \frac{x'}{h} \mathrm{d}z_0' + \frac{x' \cdot y'}{c} \mathrm{d}\omega + \left(1 + \frac{x'^2}{c^2}\right) c \,\mathrm{d}\varphi - y' \,\mathrm{d}\varkappa + \mathrm{d}x_i - \frac{x'}{h} \mathrm{d}z_i, \\ y_i' &= y' \frac{c}{h} + \mathrm{d}y_0' + \frac{y'}{h} \mathrm{d}z_0' + \left(1 + \frac{y'^2}{c^2}\right) c \,\mathrm{d}\omega + \frac{x' \cdot y'}{c} \mathrm{d}\varphi + x' \,\mathrm{d}\varkappa + \mathrm{d}y_i - \frac{y'}{h} \mathrm{d}z_i. \end{aligned} \tag{6.1-23}$$

Werden die genäherten Bildkoordinaten durch genäherte Geländekoordinaten x, y, h ersetzt, so gilt auch

$$\begin{aligned} x_i &= x + \mathrm{d}x_0' + \frac{x}{h} \mathrm{d}z_0' + \frac{xy}{h} \mathrm{d}\omega + \left(1 + \frac{x^2}{h^2}\right) h \,\mathrm{d}\varphi - y \,\mathrm{d}\varkappa + \mathrm{d}x_i - \frac{x}{h} \mathrm{d}z_i, \\ y_i &= y + \mathrm{d}y_0' + \frac{y}{h} \mathrm{d}z_0' + \left(1 + \frac{y^2}{h^2}\right) h \,\mathrm{d}\omega + \frac{xy}{h} \mathrm{d}\varphi + x \,\mathrm{d}\varkappa + \mathrm{d}y_i - \frac{y}{h} \mathrm{d}z_i. \end{aligned} \tag{6.1-24}$$

Beim räumlichen Rückwärtseinschnitt würde man zur Bestimmung der 6 Orientierungsparameter x_0, y_0, z_0, ω, φ, $\varkappa$ nur 3 Paßpunkte $(x_1, y_1, z_1, x_2, y_2, z_2,$

x_3, y_3, z_3) und ihre 6 Kollinearitätsgleichungen x_1', y_1', x_2', y_2', x_3', y_3' benötigen. Zur genaueren Bestimmung der Orientierungsparameter und zur Ermittlung der Meßgenauigkeit empfiehlt sich jedoch die Verwendung von Überbestimmungen.

Dynamische Aufnahmevorgänge

Die hier behandelten Verfahren zur analytischen Auswertung von Luftaufnahmen sind mit bestimmten Erweiterungen auch auf andere Sensoren der Fernerkundung ausdehnbar (z. B. auf Aufnahmen mit Schlitzverschlüssen, auf Panoramakameraufnahmen, auf Bilder von Abtastern und von Impulssystemen, wie Radar und Sonar). Allerdings liefert nur die konventionelle Luftaufnahme ein zeitsynchrones zweidimensionales Bild. Alle anderen Sensoren liefern (praktisch) gleichzeitig nur ein Linienbild (oder Punktbild). Wegen des dynamischen Aufnahmevorgangs [10] werden die Orientierungsparameter x_{0_j}', y_{0_j}', z_{0_j}', ω_j, φ_j. $\varkappa_j$ alle Funktionen der Zeit t_j.

Sind die Parameter als Funktion der Zeit bekannt, so kann wiederum bei Kenntnis des Geländes z_i für jeden Punkt x_i, y_i eine eindeutige Zuordnung zwischen Bild- und Geländekoordinaten und umgekehrt erfolgen. Für den Zeilenabtaster beziehen sich die Kollinearitätsgleichungen jeweils auf ein lokales Bildsystem mit dem Bildpunkt x_{0_j}', y_{0_j}' als Ursprung.

$$\begin{pmatrix} 0 \\ y_i' \\ -c \end{pmatrix} = \frac{1}{\lambda_i'} \boldsymbol{C}\boldsymbol{B}_j\boldsymbol{A}_j \begin{pmatrix} x_i - x_{0_j}' \\ y_i - y_{0_j}' \\ z_i - z_{0_j}' \end{pmatrix} = \frac{1}{\lambda_i'} \boldsymbol{D}_j \begin{pmatrix} x_i - x_{0_j}' \\ y_i - y_{0_j}' \\ z_i - z_{0_j}' \end{pmatrix}. \tag{6.1-25}$$

In (6.1-26) bedeuten $\boldsymbol{A}_j$ die zeitabhängige Orientierungsmatrix mit ω_j, φ_j und $\varkappa_j$ und $\boldsymbol{C}$ die Abtaster-„Squint"-Matrix, welche wegen Kalibrierungsungenauigkeiten der Abtastvorrichtung (Abtastkegel statt Abtastebene) berücksichtigt werden sollte. Die Bildkoordinaten sind Funktionen der Zeit.

$$\boldsymbol{B}_j = \begin{pmatrix} 1 & 0 & 0 \\ 0 & \cos\theta_j & \sin\theta_j \\ 0 & -\sin\theta_j & \cos\theta_j \end{pmatrix}, \quad \boldsymbol{C} = \begin{pmatrix} \cos\varphi & 0 & \sin\varphi \\ 0 & 1 & 0 \\ -\sin\varphi & 0 & \cos\varphi \end{pmatrix}, \quad \begin{aligned} x_i' &= v'(t_j - t_0), \\ y_i' &= c\theta_j, \\ v' &= \frac{c}{z_{0_j}' - z_i} v_G \end{aligned} \quad . \tag{6.1-26}$$

Die Kollinearitätsgleichungen lauten

$$\begin{aligned} x_i' = 0 &= -c \frac{d_{11j}(x_i - x_{0j}') + d_{12j}(y_i - y_{0j}') + d_{13j}(z_i - z_{0j}')}{d_{31j}(x_i - x_{0j}') + d_{32j}(y_i - y_{0j}') + d_{33j}(z_i - z_{0j}')}, \\ y_i' = -c \cdot \operatorname{tg}\theta &= -c \frac{d_{21j}(x_i - x_{0j}') + d_{22j}(y_i - y_{0j}') + d_{23j}(z_i - z_{0j}')}{d_{31j}(x_i - x_{0j}') + d_{32j}(y_i - y_{0j}') + d_{33j}(z_i - z_{0j}')} \end{aligned} \tag{6.1-27}$$

und ihre inversen Beziehungen

$$\begin{aligned} (x_i - x_{0j}') &= (z_i - z_{0j}') \frac{a_{21j}\sin\theta_j - a_{31}\cos\theta_j}{a_{23j}\sin\theta_j - a_{33}\cos\theta_j}, \\ (y_i - a_{0j}') &= (z_i - z_{0j}') \frac{a_{22j}\sin\theta_j - a_{32}\cos\theta_j}{a_{23j}\sin\theta_j - a_{33}\cos\theta_j}. \end{aligned} \tag{6.1-28}$$

Bei der Bildpunkt-Restitution von Radaraufnahmen müssen zwei Arten von Beobachtungen berücksichtigt werden. Gegenüber dem Zeilenabtaster ergibt sich eine Entfernungsbeobachtung, welche sich aus dem Maßstab der Abbildung m_0, der Ausbreitungsgeschwindigkeit der Radarwellen v_0 und der Laufzeit des vom Punkt P_i remittierten Impulses Δt_i zusammensetzt (6.1-29). Von den für den Zeilenabtaster aufgestellten Kollinearitätsgleichungen gilt wegen der Entfernungsabhängigkeit von y'_i nur die erste Gleichung von (6.1-27):

$$y'_i = \frac{m_0\, v_0\, \Delta t_i}{2} = m_0 \sqrt{(x'_{0j} - x_i)^2 + (y'_{0j} - y_i)^2 + (z'_{0j} - z_i^2)}. \qquad (6.1\text{-}29)$$

6.1.3. Bildentzerrung

Die analytische Entzerrung eines Luftbildes ist projektiv nur für eine ebene Fläche mit 4 Paßpunkten möglich. Aus dem räumlichen Rückwärtsschnitt folgt, daß bei Kenntnis der inneren Orientierung eines Bildes die Entzerrung für eine Fläche mit 3 Paßpunkten durchführbar ist. Nachdem Luftaufnahmen mit einer Genauigkeit von kleiner $\pm 2°$ als Senkrechtaufnahmen zu betrachten sind, können sie über relativ flachem Gelände durch optische Entzerrung zur Bildplanherstellung verwendet werden. Hierbei wird gewöhnlich gefordert, daß die bei der Bildflugplanung diskutierten Bildverzerrungen durch Höhenunterschiede den Betrag von 1 mm im Bildplan nicht überschreiten. Bei Wahl von h und c ergibt sich daraus ein maximales Δh, um welches ein darzustellendes Objekt von der zu entzerrenden Ebene entfernt sein darf.

Optische Entzerrung und Differentialentzerrung

Ein Gerät für die optische Entzerrung [7—9] besitzt wie ein optisches Vergrößerungsgerät eine Beleuchtungseinrichtung, welche das Licht gleichmäßig durch einen Bildträger zur Projektionsoptik und auf einen Projektionstisch fallen läßt. Somit kann ein transparentes Bild auf den Tisch projiziert werden. Der Tisch hat mindestens 4 Freiheitsgrade (z. B. Vergrößerung, Neigung, Kantung, Verschiebung). Durch ihre Betätigung können die Bilder der vier bekannten Paßpunkte auf eine kartierte Paßpunktpause projiziert und in Übereinstimmung gebracht werden. Dann entspricht das projizierte Bild einem entzerrten Bildplan. Es kann auf fotografischem Kontaktpapier festgehalten werden.

Enthält der Bildträger einen mit Einlegemarken versehenen Rahmen, auf den die Rahmenmarken des Meßbildes eingepaßt werden können, und bestimmen die Einlegemarken zugleich den Durchstoßpunkt der optischen Achse des Objektivs, dann ist eine Entzerrung mit bekannter innerer Orientierung bei 3 Freiheitsgraden möglich. Ist das c_E des Entzerrungsgerätes nicht gleich dem c der Aufnahme, dann muß in Abhängigkeit von der Bildneigung eine Hauptpunktverschiebung in Neigungsrichtung erfolgen. Wichtig ist bei Entzerrungsgeräten noch die Erfüllung der Scharfabbildung durch die Linsengleichung und durch die Bedingung, daß sich Bildebene, Objektivebene und Entzerrungsebene in einer Schnittgeraden S schneiden. Diese Bedingungen werden durch mechanische Rechner automatisch erfüllt.

Für unebenes Gelände ist eine Entzerrung im Entzerrungsgerät nur so möglich, daß man das Terrain in Facetten durch Teilebenen annähert und diese auf Paßpunkte entzerrt. Ein besserer Weg zur Entzerrung unebenen Geländes besteht in der sogenannten Differentialentzerrung. Hierbei wird das Luftbild differentiell, also mit Hilfe einer Schlitzblende, entzerrt. Der Schlitz erlaubt jeweils die Projektion eines ebenen Bildteiles in die erforderliche Projektionsentfernung. Während die Projektororientierung für die gesamte Aufnahme konstant ist, ändert

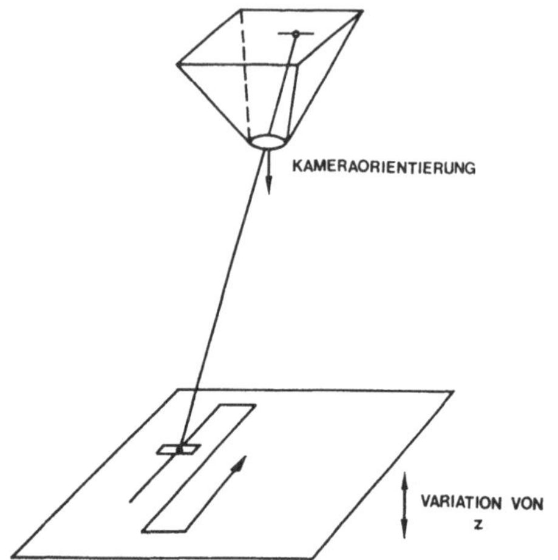

Abb. 6.1-8. Prinzip der Orthophotoherstellung

sich die Projektionsentfernung je nach der Geländehöhe (siehe analytische Bestimmung von λ_i'). Gelingt es also, die Höhe des Geländes, z. B. entlang von Profilen, zu bestimmen, dann kann ein so konstruiertes Differentialentzerrungsgerät (Orthophotogerät) durch die entsprechende Profilhöhe so gesteuert werden, daß für das gesamte Bild eine bildplanmäßige Orthogonalprojektion entsteht (Abb. 6.1-8).

Das in Abb. 6.1-9 gezeigte Gerät stellt bereits eine Weiterentwicklung des Grundprinzips dar. Die Profilabtastung wird so erreicht, daß die Projektionsfläche aus einer rotierenden Trommel besteht. Statt der Veränderung der Projek-

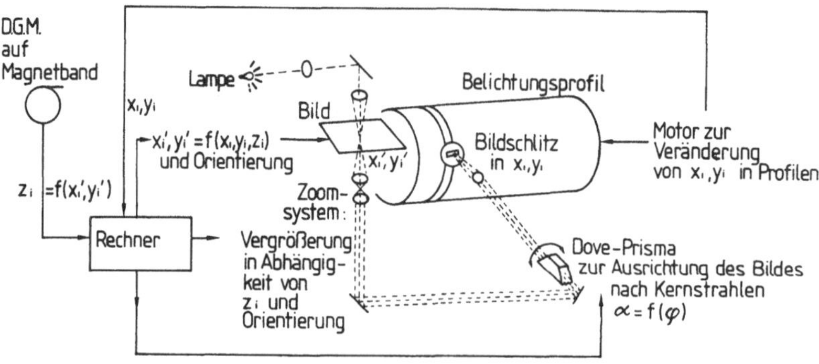

Abb. 6.1-9. Orthophotogerät

tionsverhältnisse (Höhenveränderung, Kameraorientierung) wird das Bild durch ein optisches System mit Hilfe einer von z abhängigen Zoom-Vergrößerung und einer Bilddrehung über ein Dove-Prisma verändert, aber der gleiche Projektionseffekt erzielt. Die Bilddrehung vermittelt weiterhin die Möglichkeit einer Höheninterpolation zwischen benachbarten Profilen, so daß die Wiedergabe ohne Klaffungen erfolgen kann.

Analoge und digitale elektronische Entzerrung

Die Orthophotoherstellung braucht aber nicht flächenhaft oder linienhaft auf optischem Wege ausgeführt zu werden. Sie kann punktweise elektronisch [11] (mit Hilfe einer Videoabtastung und einer Wiedergabe durch einen Kathoden-

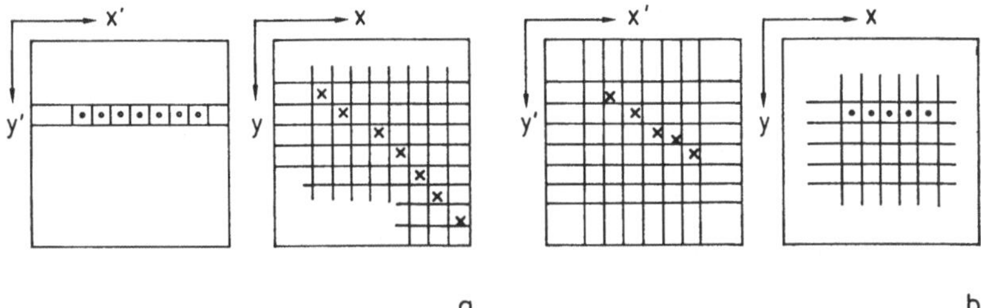

Abb. 6.1-10. Digitale Entzerrung nach der *a* direkten Methode und *b* indirekten Methode

strahl) oder bildelementweise digital erfolgen. Die Transformationsgleichungen (6.1-30) sind die Kollinearitätsgleichungen (indirekte Entzerrung) oder die inversen Beziehungen der Kollinearitätsgleichungen (direkte Entzerrung). Statt der strengen Beziehungen sind bei Fernerkundungssystemen auch Interpolationsrelationen anwendbar.

$$\begin{aligned} &\text{direkt:} && x_i = f_1(x_i', y_i', z_i), && y_i = f_2(x_i', y_i', z_i), \\ &\text{indirekt:} && x_i' = f_3(x_i, y_i, z_i), && y_i' = f_4(x_i, y_i, z_i). \end{aligned} \tag{6.1-30}$$

Die digitale (oder elektronische) Entzerrung nach der direkten Methode setzt voraus, daß die Eingangsbildwerte x_i', y_i' in Rasterform (Bildelement für Bildelement) zugänglich sind. Hieraus kann der entzerrte Wert bestimmt werden. Die direkte Methode bietet den Vorteil, daß keine Abspeicherung der Eingangswerte erfolgen muß (Abb. 6.1-10a). Sie können zeilenweise abgearbeitet werden. Allerdings ist das Ergebnis der Transformation eine Folge von Koordinaten x_i, y_i mit den von x_i', y_i' übertragenen Schwärzungswerten d_i. Sie ist für elektronische Übertragung in Echtzeit geeignet. Für die digitale Ausgabe in Rasterwerten ist allerdings ein nachfolgender Interpolationsvorgang erforderlich.

Die digitale (oder elektronische) Entzerrung nach der indirekten Methode (Abb. 6.1-10b) setzt voraus, daß die Eingangsbildwerte x_i', y_i' zufallsadressierbar sind. Sie müssen also im Kernspeicher oder in Echtzeit adressierbar vorliegen. Die Ausgabebildwerte x_i, y_i werden fortlaufend verändert, während jeweils ein entsprechender Bildwert x_i', y_i' z. B. nach Kollinearitätsgleichungen berechnet und dessen Grauwert d_i' auf x_i, y_i übertragen werden.

Die Benutzung eines allgemeinen digitalen Höhenmodells $z_i = f(x_i, y_i)$ wird somit möglich. Ganzzahlige Vielfache von x'_i, y'_i vereinfachen die Adressierbarkeit der jeweiligen Bildelemente im Rechner. Dabei ist es auch möglich, digitale Filteroperationen mit benachbarten Bildelementen x'_{i+1}, y'_{i+1} usw. auszuführen, z. B. die bilineare Interpolation (6.1-31). Abbildung 6.1-11 zeigt eine Landsat-

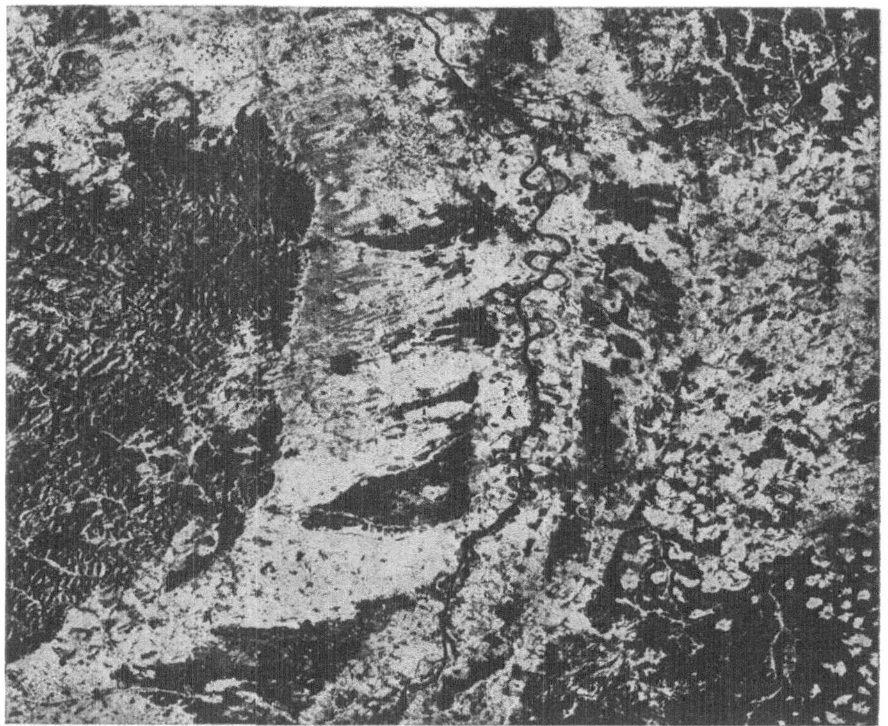

Abb. 6.1-11. Landsat-Satellitenbildszene

Satellitenbildszene, welche mit der digitalen Entzerrung nach der indirekten Methode mit Hilfe von Kollinearitätsgleichungen verarbeitet wurde. Abbildung 6.1-12 zeigt das entzerrte Ergebnis mit eingedrucktem Koordinatengitter.

$$d_i = (p_1 d'_1 + p_2 d'_2 + p_3 d'_3 + p_4 d'_4) / \sum_k p_k,$$

$$\text{mit } p_k = \frac{1}{S_k} \text{ und } S_k = \sqrt{(x'_k - x'_i)^2 + (y'_k - y'_i)^2}. \quad (6.1\text{-}31)$$

6.1.4. Erfassung interpretierter Bilddaten

Die Messung interpretierter Bilddaten [4, 7, 8] ist im Einzelbild, im Bildpaar unter Zuhilfenahme des stereoskopischen Effektes, im Stereomodell und im verarbeiteten Bildplan (Orthophoto) möglich. Die Messung im Einzelbild geschieht mit dem Einbildkomparator. Sie ist nur für eindeutig bestimmbare signalisierte oder natürliche Punkte sinnvoll. Im Komparator wird die Meßmarke des optischen Systems durch Bewegung des Meßwagens, der das Bild trägt, zur Deckung gebracht.

Die Messung im Bildpaar unter Zuhilfenahme des stereoskopischen Effektes geschieht im Stereokomparator (Abb. 6.1-13). Er besitzt zwei parallel und senkrecht zueinander verschiebbare Bildwagen, welche zur Erzielung des Stereoeffektes so verschoben werden müssen, daß entsprechende Bildpunkte im linken und rechten Strahlengang mit den beiden Meßmarken zur Deckung gebracht werden. Dann verschmelzen beide Meßmarken für den Betrachter zu einer Raummarke. Unter bestimmten Voraussetzungen bieten die beiden Bilder dem Betrachter einen Raumeindruck. Die Meßmarke erscheint bei Einstellung entsprechender Punkte im linken und rechten Bild auf dem Gelände aufsitzend.

Der Stereoeindruck entsteht nur, wenn beide Bilder von verschiedenen Standpunkten stammen, wenn sie einen annähernd gleichen Betrachtungsmaßstab be-

Abb. 6.1-12. Digitale Entzerrung der Landsat-Satellitenbildszene

sitzen und wenn sie parallel zur Richtung der Kernstrahlen orientiert sind (Abb. 6.1-14). Ein Kernstrahl stellt die Bildebenenspur derjenigen Ebene dar, die durch die beiden Aufnahmeorte und den zu messenden Geländepunkt bestimmt sind. Der räumliche Eindruck ist das Resultat einer Bildkorrelation im menschlichen Gehirn. Die Messung im Stereokomparator erleichtert das Einstellen entsprechender Bildpunkte und führt daher zu einer genaueren Koordinatenbestimmung in x_i' und x_i'' als die Einbildmessung.

Die Messung im Stereokomparator bedeutet allerdings, daß die Einstellung aller 4 Koordinaten x_i', y_i', x_i'', y_i'' Punkt für Punkt notwendig wird. Messungen am Einbild- und am Stereokomparator dienen fast ausschließlich für die Messung von Punkten, wie sie z. B. für die Aerotriangulation benötigt werden.

Messung im Stereomodell

Eine wesentlich einfachere räumliche Messung wird möglich, wenn die beiden Bilder vor der Messung so orientiert werden können, daß die Betrachtung der von exakten Senkrechtaufnahmen nach parallelen Kernstrahlen entspricht. Dann

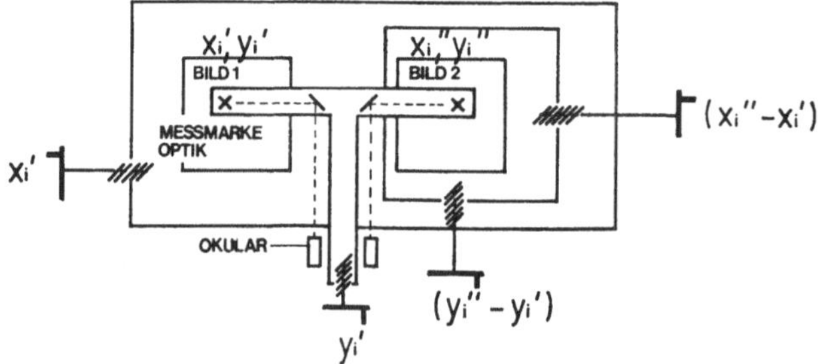

Abb. 6.1-13. Prinzip eines Stereokomparators nach PULFRICH (1901)

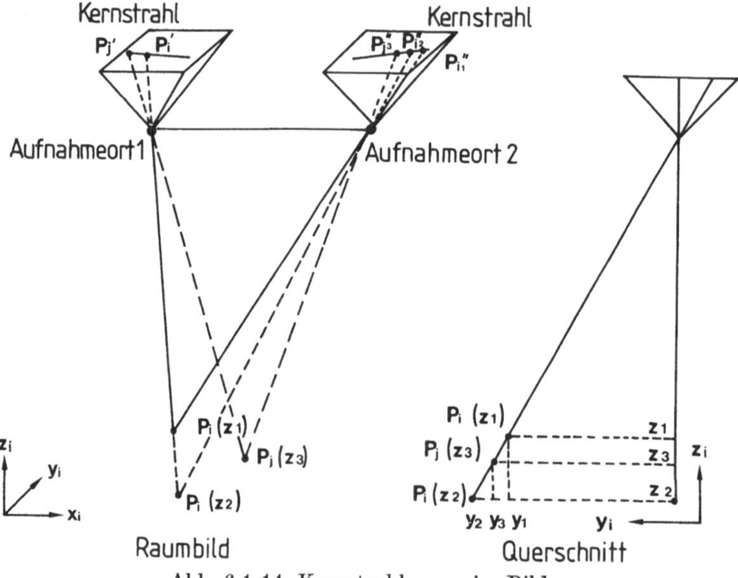

Abb. 6.1-14. Kernstrahlen zweier Bilder

ist die Einstellung nur für x_i', y_i' und x_i'' erforderlich. y_i'' ist identisch mit y_i'. Da für exakte Senkrechtaufnahmen (6.1-32) gilt, kommt dies einer Einstellung der Geländekoordinaten x_i, y_i, z_i im Modellmaßstab, bestimmt durch die Basis b, gleich.

$$x_i = -\frac{z_i}{c}\,x_i', \quad y_i = -\frac{z_i}{c}\,y_i', \quad z_i = -\frac{bc}{(x_i' - x_i'')}. \qquad (6.1\text{-}32)$$

Mechanisches Stereoauswertegerät. Diese Art der Auswertung ist in einem Stereoauswertegerät möglich. Das einfachste Gerät dieser Art besteht aus zwei optischen Projektoren mit zur Aufnahmekammer identischer innerer Orientierung. Sie müssen also die gleiche Bildweite besitzen und die Rahmenmarken der Bilder müssen auf Paßkreuze des Bildträgers, symmetrisch zur optischen Achse des Projektors, eingepaßt werden. Besitzen die Projektoren je 6 Freiheitsgrade, so können sie so zur Orientierung der Projektoren verwendet werden, daß alle entsprechenden Punkte beider Bildprojektionen die gleichen y_i-Werte liefern ($y_{i,\text{links}} - y_{i,\text{rechts}} = 0$). Man spricht von der Bedingung, daß die y-Parallaxe

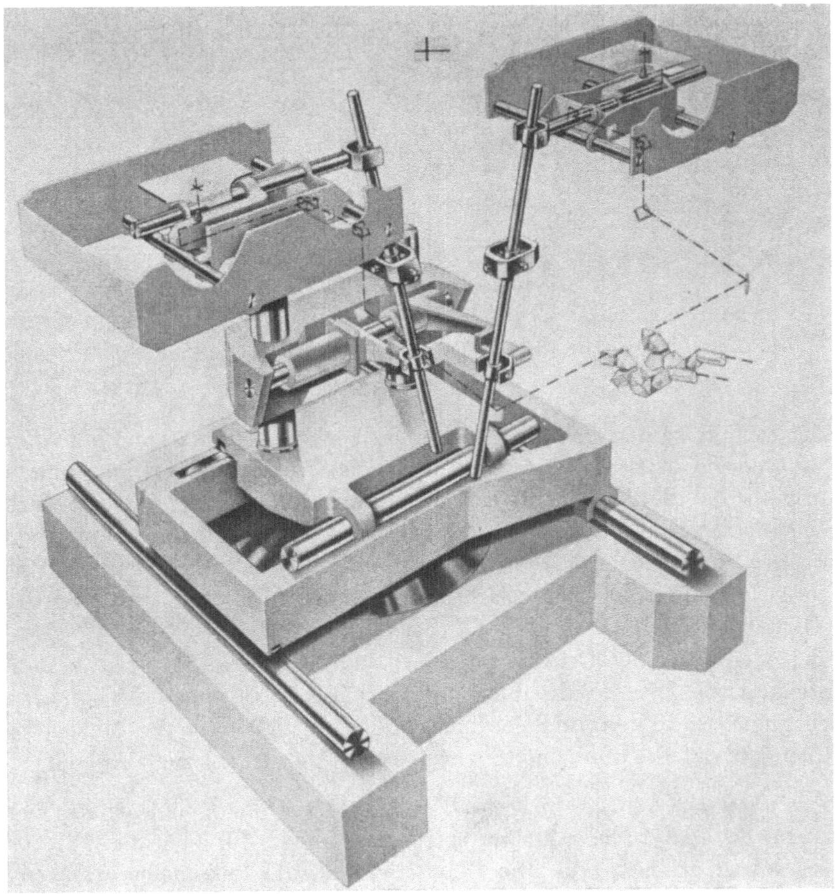

Abb. 6.1-15. Prinzip eines mechanischen Stereoauswertegerätes

des Bildpaares gleich null sein muß. Unter dieser Voraussetzung entsteht ein Stereomodell. Es kann durch die Zuführung des linken und des rechten projizierten Bildes getrennt zum linken und rechten Auge (durch rot-grün-Anaglyphen oder durch optische Systeme) stereoskopisch betrachtet werden. Abb. 6.1-15 zeigt die Prinzipskizze des Geräts, in welchem die geometrische Lösung zweier entsprechender optischer Strahlen durch mechanische Raumlenker ersetzt ist.

Der Geländepunkt wird durch den Strahlenschnitt beider Raumlenker realisiert. Aus Konstruktionsgründen ist dieser Schnitt im Gerät nur ideell vorhanden, weil der zweite Lenker zu seiner Sollage parallel verschoben wurde. Der ideelle

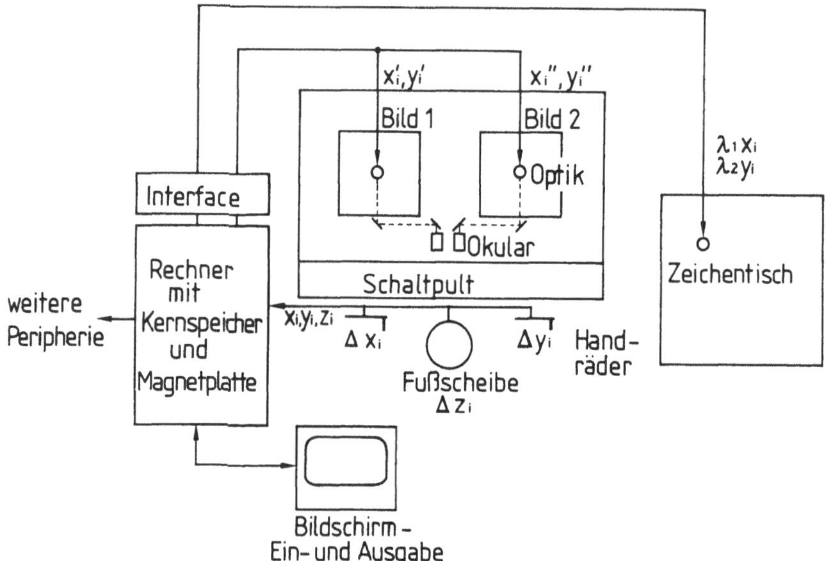

Abb. 6.1-16. Prinzip eines analytischen Auswertegeräts

Strahlenschnitt kann durch die Handräder über Spindeln in x_i und y_i und durch die Fußscheibe in z_i verschoben werden. Die Lenker sind in den Aufnahmezentren, die um die Basis im Modellmaßstab plus der Lenkerparallelverschiebung auseinanderliegen, fest kardanisch gelagert. Das obere Ende der Lenker trägt im Abstand c vom Projektionszentrum senkrecht zur Bildträgerebene ein Prisma, welches das Bild mit einer Meßmarke vereinigt und über ein optisches System an das Okular weiterleitet.

Bei entsprechender Orientierung der Bildträger wird so erreicht, daß bei Einstellung von x_i, y_i, z_i die durch die mechanisch berechneten Kollinearitätsgleichungen ermittelten Bildkoordinaten x_i', y_i', x_i'', y_i'' unter der Meßmarke erscheinen und daß das Stereomodell zur weiteren Auswertung zur Verfügung steht.

Analytisches Stereoauswertegerät. Die Berechnung der Kollinearitätsgleichungen kann bei analytischen Auswertegeräten (Abb. 6.1-16) auch digital in einem Prozeßrechner erfolgen [12]. Die Handräder und die Fußscheibe erzeugen Impulse, welche im Speicher des Rechners zu x-, y-, z-Koordinaten aufsummiert werden. Das Echtzeitprogramm löst die Kollinearitätsgleichungen und führt die

Prismen des Betrachtungssystems mit den Meßmarken nach den errechneten Bildkoordinaten durch Servosysteme in Echtzeit (50 ms) nach. Der Rechner kann unabhängig davon den Zeichentisch z. B. nach x-,y-Koordinaten steuern.

Analytische Auswertegeräte besitzen eine sehr hohe Flexibilität, da Bildverbesserungen rechnerisch berücksichtigt werden können, da beliebige Bildgeometrien programmierbar sind, da ihre Orientierungsberechnungen weitgehend automatisierbar sind, da bereits vorher eingestellte oder koordinatenmäßig bekannte Punkte im Bild oder im Modell automatisch angefahren werden können und da die Peripherie des Prozeßrechners eine Reihe von automationsfreundlichen Möglichkeiten zur weiteren Datenverarbeitung bietet.

Photogrammetrische Stereoauswertung. Die Standardauswertung erfordert eine Orientierung im Auswertegerät. Die Bildkorrelation besorgt die z-Einstellung entsprechender Punkte, und die Interpretation der Punkte liefert die Auswahl der zu kartierenden planimetrischen und höhenmäßigen Details, gleichgültig, ob sie sich auf Punkte oder Linien beziehen. Das klassische Ergebnis ist eine Strichkarte, die am Zeichentisch des Auswertegeräts, durch seine x- und y-Spindeln gelenkt, hergestellt wird.

Die digitale Datentechnik erlaubt allerdings auch, daß Punktregistrierungen für Höhen digital registriert werden. Sie können in einem regelmäßigen Punktraster oder entlang von Schichtlinien, Formlinien oder Bruchkanten erfaßt werden. Diese digital registrierten Daten ergeben die Möglichkeit zur Berechnung eines engmaschigen regelmäßigen Geländekoordinatenrasters, welches ein digitales Höhenmodell darstellt. Aus ihm sind wiederum Schichtlinien interpolierbar. Diese stehen genau wie die digital registrierte Planimetrie der automatischen graphischen Ausgabe zur Verfügung. Aus dem digitalen Höhenmodell können jedoch auch Profile zur Steuerung des Orthophotoprozesses abgeleitet werden. Diese Profile können allerdings auch im Stereoauswertegerät durch den Operateur direkt gemessen werden.

Elektronische Bildkorrelation

Zur Automatisierung der Profilabtastung kann eine elektronische Bildkorrelation [9, 13] nach dem in Abb. 1.6-17 gezeigten Prinzip angewandt werden, welches z. B. im Stereomat realisiert ist [18]. Eine mechanisch in Profilen bewegte Kathodenstrahlröhre erzeugt ein flächenhaftes Abtastraster, welches durch die Bildträger intensitätsmoduliert auf zwei dem linken und dem rechten Bildpunkt entsprechende Elektronenvervielfacher geworfen wird. Da die Bildträger orientiert sind, kann die Abtastung z. B. nach Kernstrahlen erfolgen. Das linke Signal weist gegenüber dem rechten Signal positive oder negative Verzögerungen auf, welche auf Höhendifferenzen zurückführbar sind. Aufgabe des Bildkorrelators ist es, die Verzögerungen zu messen, ihre Richtung zu erkennen und das Verbesserungssignal der z-Steuerung der Kathodenstrahlröhre zuzuleiten, so lange, bis keine Verzögerung mehr auftritt.

Digitale Korrelation. Heute kann das Bildkorrelationsprinzip auf digitalen Vorrichtungen realisiert werden. Die digitale Bildkorrelation wurde in [17] demonstriert. Nach einer analytischen Orientierung der Bilder (z. B. durch räumlichen

Rückwärtsschnitt), bei welcher nur die Paßpunkte und die Übertragungspunkte sowie die Rahmenmarken im Komparator gemessen und die Orientierungsparameter berechnet werden, erfolgt eine digitale Entzerrung des gesamten Bildinhaltes. Die entzerrten Bildelemente müssen in einem genügend großen Speichermedium zugänglich gemacht werden.

Die Informationen der beiden entzerrten Bilder werden für entsprechende Punkte im eigentlichen Korrelationsprogramm in Serie miteinander verglichen. Eine Gruppe von z. B. 12×12 in x und y benachbarten Bildelementen des linken Bildes wird mit der gleichen Anzahl von je in x verschiedenen und in y entspre-

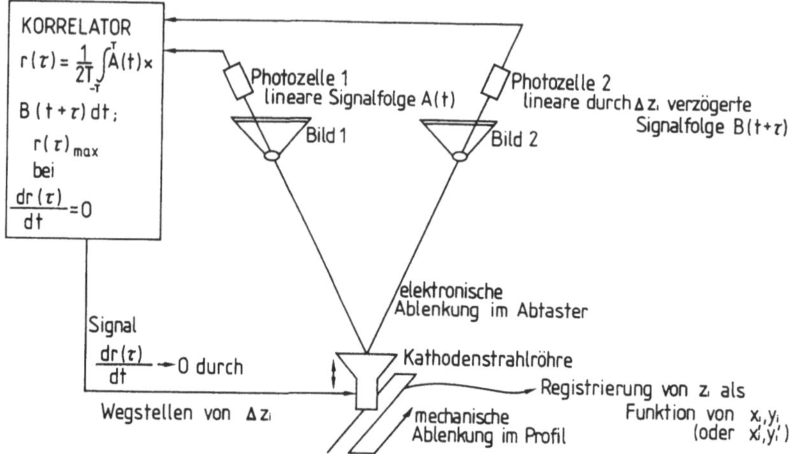

Abb. 6.1-17. Funktionsweise eines elektronischen Bildkorrelators

chenden Bildelementen des rechten Bildes nacheinander korreliert. Der Korrelationskoeffizient k der Bildsignale nach (2.3-27) mit dem höchsten Wert ist ein Kriterium für die Korrespondenz der Schwärzungsverteilung der beiden Bildelementgruppen. Die Korrelation wird bei unterschiedlicher Verschiebung der rechten Bildelementgruppe um je ein Bildelement mehrmals wiederholt. Das Korrelationsmaximum liefert somit für ein x_i' ein nach dem Betrag der zugehörigen Verschiebung entsprechendes x_i''. Für entzerrte Aufnahmen gilt

$$z_i = -\frac{b \cdot c}{(x_i' - x_i'')}. \tag{6.1-33}$$

Korrelationsverbesserung. Eine Korrelation wird nur gewährleistet sein, wenn entsprechende Bilder genügend Kontrast aufweisen, so daß k einen gewissen Schwellwert $k_{\min}$ erreichen kann. Um dies sicherzustellen, muß die Korrelation in mehreren Bandbreiten der Bildfrequenz (mit z. B. größerer Bildfläche, bestehend aus der gleichen Anzahl von neuen Bildelementen, welche Mittelwerte des feineren Bildelementrasters darstellen) ausgeführt werden. Auch dann wird $k_{\min}$ nicht an allen Korrelationspunkten erreicht werden. Die Punkte, in denen es erreicht wird, können aber als Stützwerte zu einer nachfolgenden Interpolation benutzt werden.

Zur Verbesserung der möglichen Bildkorrelation ist allerdings notwendig, daß die Bildentzerrung sich nicht nur auf die Beseitigung der Orientierungseinflüsse vor Beginn der Bildkorrelation bezieht. Bei der in einem Bildteil ermittelten Höhenverteilung wird es zusätzlich möglich, die Bildelementgruppen aufgrund der im ersten Gang ermittelten groben Höheninformationen in bezug auf ihre Höhenverzerrungen durch Geländeneigung zu transformieren. Der zweite Korrelationsgang erlaubt dann eine verfeinerte Höhenberechnung, da $k_{\min}$ häufiger erreicht wird. Eine weitere Verbesserung erstreckt sich auf die mögliche Filterung der Grauwertfolgen, so daß aus ihnen ein schärferes Korrelationssignal entstehen kann.

Effektivität und Genauigkeit. Die Korrelation führt zur Festlegung eines digitalen Höhenmodells in Punktform und nach Interpolation in Form eines regelmäßigen Rasters. Die automatische Messung des digitalen Höhenmodells ist vor allem deshalb interessant, weil ein Korrelator das Stereomodell eines Bildpaares in weniger als einer Stunde profilweise abtasten kann. Ein Operateur kann dies durch Verfolgen von Höhenprofilen, wobei x_i und y_i automatisch variiert werden und er z_i durch ein Handrad nachstellen muß, nur in 2 bis 3 Stunden. Demgegenüber ist das manuelle Abfahren des Stereomodells nach Schichtlinien $z_i = \text{const}$, wobei der Auswerter das Gelände in x_i und y_i mit aufsitzender Meßmarke mit den Handrädern verfolgt, noch aufwendiger. Ein durchschnittliches Modell braucht je nach Bildmaßstab 5 bis 15 Stunden Schichtlinienabfahrzeit.

Die Genauigkeit der gemessenen Höheninformationen variiert nach der Aufnahmemethode. Eine Punktmessung durch den Operateur hat in einem Stereomodell aus Weitwinkelaufnahmen einen mittleren Fehler von etwa $\pm 0{,}1‰\, h$. Schichtlinien können mit einem mittleren Fehler von $\pm 0{,}2‰\, h$ abgefahren werden. Profilregistrierungen sind, vom Operateur kontinuierlich abgefahren, mit $\pm 0{,}3$ bis $0{,}4‰\, h$ möglich. Demgegenüber besteht die automatische Messung durch einen Bildkorrelator stets aus Messungen, die einer Punktmessung entsprechen. Sie ist also mit $\pm 0{,}1‰\, h$ möglich, wenn die Voraussetzungen für eine automatische Bildkorrelation (das Gelände stellt eine ebene Fläche dar, es ist genügend Kontrast vorhanden) gegeben sind.

Da die Bildkorrelation auf automatischem Weg einen Mittelwert eines über eine Fläche gemessenen Höhenwertes darstellt, wird die Messung an Extremwerten des Modells (Kuppen und Wannen) verfälscht. Der Operateur kann sich dagegen leicht für die Extremwerte entscheiden. Liegt ein Bildpaar mit extremen Höhenunterschieden vor (Bäume im Wald, Gebäude), dann ist die Korrelation gefährdet. Unter Umständen mißt der Korrelator die in der Karte unerwünschte Höheninformation der Baumspitzen. Der Operateur kann dagegen durch interpretierte Lücken zwischen den Bäumen und Häusern das Gelände messen, während der automatische Korrelator entweder versagt oder falsch mißt. Wege zur Korrektur dieser Fehler des Automaten sind denkbar, bis jetzt jedoch nicht realisiert worden.

Mathematische Beschreibung des Geländes

Bei der Messung durch automatische Bildkorrelation entsteht ein verhältnismäßig dichtes Stützpunktfeld, so daß die Interpolation mit verhältnismäßig einfachen mathematischen Verfahren erfolgen kann. Ist dies (wie in der terrestrischen Topographie oder bei der Punktmessung im Stereokomparator durch den photogrammetrischen Auswerter) nicht der Fall, so muß der Ableitung einer effizienten mathematischen Beschreibung des Geländes besonderer Wert zugemessen werden.

Die besondere Art der Erdoberfläche bringt es mit sich, daß ihre Topographie nicht durch eine einfache mathematische Funktion ausdrückbar ist. Zwar können Kugelfunktionsentwicklungen dazu verwendet werden, die Grobform der Erde (mit der Höhenbezugsfläche des Geoides) darzustellen. Die topographischen Details des Geländes weisen jedoch so viele Unstetigkeiten auf, daß die Höhenverteilung nur in Teilzonen deterministisch bezogen auf ein Stützpunktfeld P_i festgelegt werden kann. Unstetigkeitsstellen (z. B. Bruchkanten, Gewässerlinien) legen Grenzen von Interpolationsgebieten fest, über die hinaus nicht mehr interpoliert werden darf.

Interpolation durch gewogenes und gleitendes Mittel. Die einfachste Interpolationsmethode innerhalb eines stochastischen Feldes ist das gewogene Mittel. Angewandt auf die Höheninterpolation gilt im Interpolationspunkt P_j

$$h_j = \frac{\sum_{i=1}^{n} p_{ij} h_i}{\sum_{i=1}^{n} p_{ij}} \quad \begin{array}{l} \text{mit} \quad p_{ij} = \dfrac{1}{S_{ij}} \text{ oder } = \dfrac{1}{S_{ij}^2} \text{ oder } = \dfrac{1}{1 + S_{ij}} \\ \text{und} \quad S_{ij} = \sqrt{(x_i - x_j)^2 + (y_i - y_j)^2}. \end{array} \tag{6.1-34}$$

Besser geeignet ist das gleitende Mittel $h_j = a_0 + a_1 x_j + a_2 y_j$ (auch gleitende Schrägebene genannt), wobei die Koeffizienten a_0, a_1 und a_2 durch eine Ausgleichung berechnet werden (6.1-35). Die Bestimmungsgleichungen können wie in (6.1-34) wieder mit den Gewichten p_{ij} eingeführt werden.

$$\begin{pmatrix} 1 & x_1 & y_1 \\ 1 & x_2 & y_2 \\ \vdots & \vdots & \vdots \\ 1 & x_i & y_i \end{pmatrix} \begin{pmatrix} a_0 \\ a_1 \\ a_2 \end{pmatrix} - \begin{pmatrix} h_1 \\ h_2 \\ \vdots \\ h_i \end{pmatrix} = \text{Min.} \quad \begin{array}{l} \text{oder } \boldsymbol{h}_j = \boldsymbol{X}\boldsymbol{a} \text{ und } \boldsymbol{a} = (\boldsymbol{X}^T\boldsymbol{X})^{-1}\boldsymbol{X}^T\boldsymbol{h}_i \\ \text{bzw. } \boldsymbol{h}_j = \boldsymbol{P}\boldsymbol{X}\boldsymbol{a} \\ \text{und } \boldsymbol{a} = (\boldsymbol{X}^T\boldsymbol{P}^T\boldsymbol{P}\boldsymbol{X})^{-1}\boldsymbol{X}^T\boldsymbol{P}^T\boldsymbol{h}_i. \end{array} \tag{6.1-35}$$

Interpolation durch Prädiktion. Eine verfeinerte Interpolationsmethode stellt die Interpolation nach der Methode der kleinsten Quadrate (auch Prädiktion [14] genannt) dar (6.1-36). Sie kann ohne oder mit Filterung erfolgen. In (6.1-36) bedeutet $\boldsymbol{C}$ die Autokovarianzmatrix der Stützhöhen und $\boldsymbol{C}_j$ die Kreuzkovarianzmatrix mit den interpolierten Höhen.

$$\boldsymbol{h}_j = \boldsymbol{C}_j \boldsymbol{C}^{-1} \begin{pmatrix} h_1 \\ h_2 \\ \vdots \\ h_i \end{pmatrix}. \tag{6.1-36}$$

Bei der Anwendung ohne Filterung werden die Stützpunkthöhen als Interpolationspunkte beibehalten. Die interpolierten Werte werden mit Hilfe der geschätzten oder der aus Ausgleichungen ermittelten Kovarianzmatrizen bestimmt. Bei

Filterung der Stützwerte gilt für $\boldsymbol{h}_i$

$$\boldsymbol{h}_i = \boldsymbol{h}_{i,\text{zufällig}} - \Delta\boldsymbol{h}_{i,\text{systematisch}} \quad \text{mit} \quad \Delta\boldsymbol{h}_{i,\text{systematisch}} = \boldsymbol{C}_i\boldsymbol{C}^{-1}\begin{pmatrix} h_1 \\ h_2 \\ \vdots \\ h_i \end{pmatrix}. \qquad (6.1\text{-}37)$$

Bei Anwendung mit Filterung wird die Unsicherheit $\Delta\boldsymbol{h}_i$ der Stützpunkthöhen, welche sich als ihre Kreuzkovarianzmatrix $\boldsymbol{C}_i$ ausdrücken läßt, mitberücksichtigt. Als Kovarianzelemente werden die c_i bzw. c_j nach (6.1-38) verwendet, wobei k einen zu wählenden Wert und c_0 einen zu wählenden Filterfaktor darstellt.

$$c_{i,j} = c_0 \exp(-kS_{ij}^2) \quad \text{oder} \quad c_{i,j} = c_0 \frac{1}{1 + S_{ij}^2} \qquad (6.1\text{-}38)$$

Dreiecksvermaschung. Es wäre zu rechen- und speicherintensiv, die Prädiktion auf alle Geländearten anzuwenden. Deshalb hilft eine Dreiecksvermaschung aller Stützpunkte (z. B. nach kürzesten Entfernungen), die Interpolationsgebiete zu beschränken. Das Dreieck, in welches der Interpolationspunkt zu liegen kommt, kann z. B. mit seinen Nachbardreiecken als Interpolationsgebiet zur Bestimmung der Fläche höheren Grades anstelle der ursprünglichen Dreiecksfläche deklariert werden. Zur Interpolation werden die Höhen der Stützpunkte und die aus den Nachbardreiecken ermittelten Steigungen und Krümmungen verwendet. Ein Nachbardreieck wird nur dann berücksichtigt, wenn zwischen ihm und dem Bezugsdreieck keine als solche bezeichnete Unstetigkeitslinie liegt.

Digitales Geländemodell und Erfassung interpretierter Daten. Die Aufgabe der Interpolation kann (für Straßenbauzwecke) die Höhenbestimmung für einen ausgewählten Punkt darstellen. Soll das digitale Geländemodell jedoch allgemeinen Zwecken dienen (z. B. als Grundlage für die Differentialentzerrung oder zur Ableitung von Höhenschichtlinien), dann empfiehlt sich die Berechnung eines regelmäßigen Punktgitters. Wird es eng genug gewählt, so bereiten nachfolgende Interpolationen für die automatische Zeichnung von Höhenlinien oder für die Ableitung von Profilen keine Schwierigkeiten, weil sie sehr einfach (z. B. linear oder quadratisch) bestimmbar sind. Das so gewählte Punktraster mit vielen regelmäßig in x und y verteilten z-Werten eignet sich auch zur Datenreduktion in Fourier-Entwicklungen oder durch orthogonale Polynome, die zur einfachen Rücktransformation geeignet sind.

Bei der digitalen Erfassung planimetrischer Daten im interpretierten Stereomodell ist eine genaue Codierung erforderlich, die eine spätere graphische Symbolgebung der Information erlaubt. Gebäude, Feld- und Straßengrenzen und Gewässerlinien und Schichtlinien werden zweckmäßig nach einem bestimmten Schlüssel codiert.

Da die codierte Datenerfassung fehleranfällig ist, empfiehlt sich eine Mitzeichnung der registrierten Daten on-line auf dem mechanischen oder besser einem automatisierten Zeichentisch des Auswertegerätes, welches die Punktverbindungen und die Signaturen rechnergestützt ausführen kann. Eine andere Möglichkeit, die digitale planimetrische Datenerfassung zu kontrollieren, ist ein Bildschirm.

Erlaubt er ein interaktives Eingreifen mit den registrierten Datensätzen, dann können über eine sehr umfangreiche Software bestimmte Datensätze gelöscht und verändert werden vgl. (6.4.3.).

6.1.5. Literatur

[1] PERRIER, G.: Wie der Mensch die Erde gemessen und gewogen hat. Bamberg: Verlagshaus Meisenbach & Co. 1949.

[2] HAKE, G.: Kartographie, Band I und II (Sammlung Göschen, No. 9030, No. 2166.) Berlin: De Gruyter 1975, 1976.

[3] GROSSMANN, W.: Vermessungskunde. Band I, II, III. Sammlung Göschen, No. 4468, No. 7469, No. 6062. Berlin: De Gruyter 1972, 1975, 1973.

[4] LEHMANN, G.: Photogrammetrie. (Sammlung Göschen, No. 1188/1188a.) Berlin: De Gruyter 1969.

[5] SCHANDA, E., et al.: Remote Sensing for Environmental Sciences. Berlin—Heidelberg—New York: Springer 1976.

[6] American Society of Photogrammetry: Manual of Remote Sensing, Band I, II. Falls Church, Virginia: Selbstverlag 1975.

[7] SCHWIDEFSKY, K., ACKERMANN, F.: Photogrammetrie. Stuttgart: B. G. Teubner 1976.

[8] FINSTERWALDER, R., HOFMANN, W.: Photogrammetrie. Berlin: De Gruyter 1968.

[9] JORDAN, EGGERT, KNEISSL: Handbuch der Vermessungskunde, Band IIIa, Teil 1, 2 und 3. Stuttgart: J. B. Metzlersche Verlagsbuchhandlung 1972.

[10] KONECNY, G.: Mathematische Modelle und Verfahren zur geometrischen Auswertung von Zeilenabtaster-Aufnahmen. Bildmessung und Luftbildwesen **1976**, 188—197.

[11] KONECNY, G., SCHUHR, W.: Digitale Entzerrung der Daten von Zeilenabtastern. Bildmessung und Luftbildwesen **1975**, 135—143.

[12] KONECNY, G.: Gesichtspunkte zur Programmierung von Analytischen Plottern. Bildmessung und Luftbildwesen **1977**, 2—6.

[13] American Society of Photogrammetry; Manual of Photogrammetry, Band I, II. Falls Church, Virginia: Selbstverlag 1966.

[14] KRAUS, K.: Interpolation nach kleinsten Quadraten in der Photogrammetrie. Bildmessung und Luftbildwesen **1972**, 7—12.

[15] SCHNEIDER, S.: Lehrbuch der Allgemeinen Geographie, Bd. X, Teil 3. Berlin: De Gruyter 1973.

[16] STAUFENBIEL, W.: Automatische Datenverarbeitung in der topographischen Kartographie. Nachrichten der Niedersächsischen Vermessungs- und Katasterverwaltung **1975**, 130—163; **1976**, 91—106. (Niedrs. Minister des Inneren, Hannover.)

[17] SHARP, J. V., CHRISTENSEN, R. L., GILMAN, W. L., SCHULMAN, F. D.: Automatic Map Compilation Using Digital Techniques. Photogrammetric Engineering **1965**, 223.

[18] HOBROUGH, G. L.: Automatic Stereo Plotting. Phot. Eng. **1959**.

6.2. Erderkundung im thermischen und optischen Spektralbereich

In Tab. 6.2-1 sind einige Anwendungsgebiete für die visuelle Interpretation von Bilddaten aus dem thermischen (7 μm bis 15 μm) und optischen (0,3 μm bis 5 μm) Spektralbereich zusammengestellt [1]. Neben der konventionellen Luftbildaufnahme werden dabei Bildwiedergaben von digitalen Meßdaten multispektraler Zeilenabtaster (Scanner) ausgewertet. Um die zum Teil subjektive Beurteilung des Bildinterpreten zu objektivieren und um die anfallende Datenmenge bewältigen zu können, ist man bestrebt, von der bisher üblichen visuellen Bildinterpretation zur automatischen Bildverarbeitung überzugehen.

Tabelle 6.2-1. *Anwendungsgebiete der Bildauswertung für die Erderkundung*

Geologie	Tektonische Untersuchungen (z. B. Fotoliniation) Lithologische Untersuchungen (lithologisch-kartografische Kartierung) Analyse von Gewässernetzen (Gewässerkartierung, Morphologie von Flußbecken) Erfassung thermaler Anomalien (Schnee-, Eisermittlung, Vulkanüberwachung)
Land- und Forstwirtschaft	Vegetationsbestimmung (Land- und forstwirtschaftliche Inventur) Krankheitsermittlung (Erfassung von Wachstumsschäden und Schädlingsbefall) Schadensermittlung (Erfassung von Sturm-, Hagel- und Feuerschäden)
Siedlungswesen Umweltschutz	Siedlungsanalyse (Flächennutzungskartierung) Verkehrswesen (Straßenkartierung, Verkehrsüberwachung) Regionalklima (Ermittlung von Kaltluftströmen, klimatische Kartierung) Abfallstoffe (Ermittlung der Gewässer- und Luftverschmutzung)
Meteorologie	Wolkenfeldanalyse (Bestimmung der vertikalen und horizontalen Wolkenverteilung) Windfeldbestimmung (Auswertung der Wolkenbewegung, Ermittlung von Sturmzentren) Temperaturermittlung (Bestimmung von Oberflächentemperaturen und Temperaturprofilen) Analyse der Atmosphäre (Bestimmung des Wasserdampfgehaltes und der atmosphärischen Belastung)
Hydrologie Ozeanographie	Überwachung des Wasserhaushaltes (Bestimmung der Wasservorräte, Schnee- und Eisfelder) Be- und Entwässerungs-Analyse (Kartierung von Gewässernetzen, Niederschlagsmengen) Meeresuntersuchungen (Bestimmung von Strömungen, Versandungen, Verschmutzungen, Temperaturen)
Geodäsie Kartografie Topografie	Topografische Kartierung (Erstellung von Geländemodellen, Orthophotos, Höhenschnittlinien) Geodätische Vermessungen (Aerotriangulation, Stereoauswertung) Katasterwesen (Liegenschaftskarten, Katasterfortführung) Fotogrammetrische Datenkorrekturen (Bildeinpassung, geometrische Entzerrung)
Militärische Überwachung und Aufklärung	Objektermittlung (automatische Zielverfolgung) Objektklassifikation (Freund-Feind-Identifizierung, Enttarnung) Fotointerpretation (Ermittlung von Veränderungen in Bildfolgen, Kartographie)

Tabelle 6.2-2. *Daten typischer Erderkundungsprogramme*

Programm Programmleitung	Aufnahmegeräte, Spektralbereiche, Bildformate	Träger Datenraten
LANDSAT (Land satellite) ehemals ERTS National Aeronautics and Space Administration (NASA/USA)	Return Beam Vidicon (RBV): 3 Ausschnitte (Kanäle) im sichtbaren Spektralbereich, 4125 × 3840 Elemente pro Bild. Multi Spectral Scanner (MSS): 3 Kanäle im sichtbaren, 1 Kanal im nahen Infrarot-Spektralbereich, 2352 Elemente je Abtastzeile.	Satellit (polar): eine Erdumkreisung = 103 min ein Zyklus (Überfliegen des gleichen Punktes auf der Erde) = 18 Tage Datenrate: RBV — 30 Mbit/s, MSS — 15 Mbit/s Überdeckung: 185 km Auflösung: ca. 40 m bzw. 80 m
METEOSAT (Meteorological satellite) European Space Agency (ESA)	Scanner: 1 Kanal im sichtbaren, 1 Kanal im fernen Infrarot-, 1 Kanal im nahen Infrarot-Spektralbereich, 5000 × 5000 Elemente je Bild im sichtbaren, 2500 × 2500 Elemente je Bild im infraroten Spektralbereich.	Satellit (geostationär) Datenrate: 0,166 Mbit/s, 2 (bzw. 3) Bilder je halbe Stunde
Flugzeugmeßprogramm (FMP) Bundesminister für Forschung und Technologie (BMFT/BRD)	7 Hasselbladkameras: 70-mm-Film und Filter für SW-, Farb- und IR-Falschfarbaufnahmen. 1 Zeiss-Reihenmeßkammer: 240-mm-Film und Filter. 1 M²S (Modular Multispectral Scanner, Bendix): 11 Kanäle im sichtbaren und infraroten Spektralbereich. Infrarot Scanner: 2 Kanäle im mittleren und fernen Infrarot-Spektralbereich. 1 Strahlungsthermometer im fernen Infrarotbereich. 1 Radiometer: 4 Kanäle (LANDSAT kompatibel).	Flugzeug Filmdaten (geschätzt): Hasselblad — 130 Filme à 500 Aufnahmen 6×6 cm². Reihenmeßkammer — 50 Filme à 125 Aufnahmen 23×23 cm². Scannerdaten (gesch.): 1500 CCT mit 11 Kanälen à 3200 Zeilen mit 864 Bildpunkten.

Zur Gewinnung der Bilddaten für die Erderkundung werden neben begrenzten Einzelprojekten umfangreiche Meßprogramme durchgeführt, bei denen beispielsweise spezielle Aufnahmegeräte in Satelliten oder Flugzeugen die Strahlungsintensität bestimmter Gebiete der Erde zu festen Zeitpunkten bzw. innerhalb fester Perioden aufzeichnen. Als Beispiele sind in Tab. 6.2-2 technische Daten von drei typischen Meßprogrammen wiedergegeben.

6.2.1. Luft- und Satellitenbildverarbeitung

Von B. Bargel, H. Engel und J. Gredel

Bei der maschinellen Verarbeitung von Luft- und Satellitenbildern für die Fernerkundung durchlaufen die Bilddaten drei Verarbeitungsstufen: Die Bilddatenerfassung und Aufzeichnung (Aufnahmeverfahren / Sensoren / Sensorträger / Datenübertragung / Datenspeicherung), die Bildaufbereitung (Bilddatenvorauswahl / Datenkonvertierung / geometrische und radiometrische Datenkorrektur) und die nutzerorientierte Bildauswertung. Auch in der dritten Verarbeitungsstufe kann der Interpret heute durch spezielle Rechnersysteme und Verarbeitungsprogramme bei der Analyse der Bilddaten unterstützt werden (z. B. interaktives nutzerorientiertes System).

Bilddatenerfassung und Aufzeichnung

Neben der Reihenmeßkammer gewinnen abtastende Sensoren zunehmend an Bedeutung, da das Luftbild bestimmten Aufgabenstellungen nicht gerecht werden kann. Hierzu zählt z. B. der Einsatz unbemannter Satelliten zur kontinuierlichen Überwachung der Erdoberfläche und der Einsatz einer on-line-Bildverarbeitung mit sofortiger Wiedergabe der erfaßten Daten. Darüber hinaus kann durch Anwendung entsprechender Sensoren der für die Erderkundung auswertbare Spektralbereich wesentlich erweitert werden.

Multispektral-Scanner (*Zeilenabtaster*). Der Multispektral-Scanner ist ein Gerät zur seriellen Aufzeichnung von Strahlungsintensitäten (Emission, Remission) der Erdoberfläche in Abhängigkeit von der Position des Flächenelementes g und des Spektralbereiches $\Delta\lambda$ (Abb. 6.2-1a). Hierzu ist der Scanner auf einem geeigneten Sensorträger (Flugzeug, Satellit) montiert, der sich mit einer bestimmten, möglichst konstanten Geschwindigkeit v auf einer mehr oder weniger geraden Flugbahn bewegt. Durch diese Vorwärtsbewegung des Sensorträgers ist eine der Achsen für die flächenhafte Abtastung festgelegt. Die zweite Achse, senkrecht zur Flugbahn, ergibt sich durch eine mechanische lineare Ablenkung (Kippschwingung oder Rotation eines Spiegels). Der Abtastwinkel Ψ ist i. allg. auf 90° beschränkt, um die Verzerrung an den Grenzen des Abtastbereichs möglichst gering zu halten.

Durch das optische System im Scanner wird die Größe des momentanen Blickfeldes bestimmt. Zur Erhöhung der geometrischen Auflösung sollte dieser Öffnungswinkel θ klein gehalten werden (z. B. 2,5 mrad) [7]. Er muß jedoch groß genug sein, um ausreichend Energie für ein gutes Signal/Rausch-Verhältnis in den jeweiligen Spektralbereichen zu liefern. Das Aufnahmesystem besteht i. allg. aus einer frequenzselektiven Zusammenschaltung von bestimmten Detektoren und Filtern zur Erfassung der Strahlungsintensität für einen begrenzten Spektralbereich oder Kanal. Die elektrischen Signale der Detektoren werden in eine geeignete Form gewandelt und zur Weiterverarbeitung an eine Bodenstation gesendet bzw. auf Magnetband aufgezeichnet (Abb. 6.2-2).

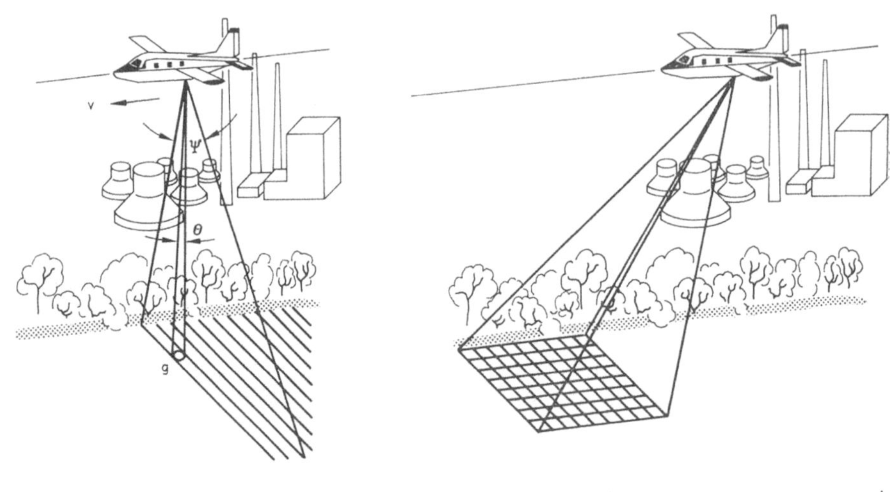

Abb. 6.2-1. Prinzip abtastender Sensorsysteme. *a* Linescanner; *b* FLIR [13, 14] -Sensor

Bei den monospektralen Scannern wird vornehmlich das Spektrum im infraroten oder thermischen Bereich gemessen (unkalibrierte Systeme und Systeme mit Schwarzkörper-Referenz [2]). Die nächste Gruppe von Scannern besteht aus modifizierten Systemen, die um mindestens einen zusätzlichen Kanal (i. allg. aus dem sichtbaren Spektralbereich) erweitert sind [2]. Zur dritten Gruppe zählen Scanner, die den optischen Spektralbereich durch eine größere Anzahl selektiver Sensoren (lineare Anordnungen von Silizium-Photodioden) voll erfassen. Durch Einsatz eines dichromatischen Spiegels lassen sich diese Systeme auf den Infrarot-Bereich erweitern (Tab. 6.2-3). Zur Erderkundung vom Weltraum aus dienen

Tabelle 6.2-3. *Spektralbereiche typischer Multispektral-Scanner*

Träger	Scanner-Bezeichnung	Anzahl der Spektralbereiche	erfaßtes Frequenzspektrum
Flugzeug	DAEDALUS	11	0,4—1,1 μm/12—14 μm
	Bendix M²S	11	0,4—1,1 μm/12—14 μm
	Bendix MSDS	24	0,3—13 μm
	ERIM	18	0,3—14 μm
Satellit	LANDSAT MSS	4	0,5—1,1 μm
	SKYLAB S 192	13	0,4—12,5 μm

Multispektral-Scanner mit einer sehr hohen geometrischen Auflösung von z. B. 86 μrad, was bei den gegebenen Bahndaten des Satelliten einer Auflösung von etwa 80 m entspricht. Bei der Meteorologie sind geringere Auflösungen (im km-Bereich) ausreichend.

FLIR-Sensor. Ausgangspunkt der Entwicklung von FLIR (Forward-Looking-InfraRed)-Sensoren (Abb. 6.2-1b) ist die Forderung, für die Echtzeitverarbeitung zweidimensionale Wärmebilder hoher Auflösung zu erhalten, die auf einem Monitor darstellbar sind. Zur Realisierung bietet sich eine entsprechend schnelle Zeilenabtastung an, bei der durch den mechanischen Ablenkerteil sowohl die

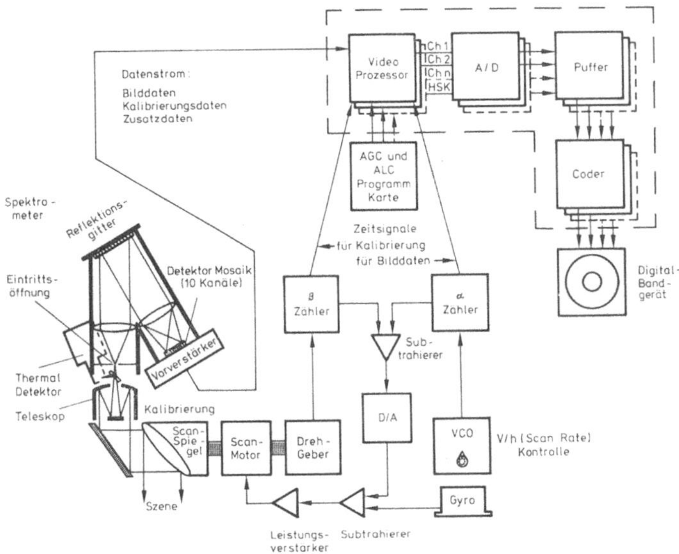

Abb. 6.2-2. Aufbau und Funktionsweise eines Multispektral-Scanners [7]

Bewegung in Richtung der Abtastzeile als auch (im Gegensatz zu den Multispektral-Scannern) der Zeilenvorschub übernommen wird. Dieses Verfahren läßt sich jedoch nur bei Wärmebild-Kameras mit geringer Auflösung (100 × 100 Bildelemente) und langsamer Bildfolge realisieren (Anforderungen an die Mechanik, Integrationszeit für die Sensorempfindlichkeit).

Eine Alternative ist die parallele Abtastung mit einer Detektor-Reihe, bei der die Anzahl der Detektoren der gewünschten Zeilenzahl des Wärmebildes entspricht. Bei einer Detektor-Reihe mit z. B. 400 bis 600 Elementen entstehen jedoch erhebliche Probleme bei der notwendigen Kühlung der flächenmäßig kleinen und dicht gepackten Detektoren, abgesehen von den hohen Kosten für die Wärmebild-Kamera. Als Kompromiß bietet sich eine Kombination zwischen paralleler und sequentieller Abtastung an. Hierbei wird eine Anordnung von z. B. 128 Detektoren verwendet, bei der zwischen den einzelnen Detektoren ein Abstand von vier Abtastzeilen freigelassen wird. Der schwingende Abtastspiegel führt das Abbild dieser Detektoren z. B. über die Zeilen 1, 5, 9, ..., 505, 509. Vor dem Hin- und Rücklauf wird das Abbild der Detektoren jeweils um eine Zeilenbreite verschoben. Beim Rücklauf des Abtastspiegels werden dadurch die Zeilen 2, 6, 10, ..., 506, 510 durchlaufen. Als nächstes folgen die Zeilen 3, 7, 11, ... und 4, 8, 12, ... mit anschließendem Verschiebeschritt um vier Zeilenbreiten zurück in die Ausgangslage. Bei einer Schwingfrequenz des Abtastspiegels von 50 Hz lassen sich auf diese Weise 512zeilige Wärmebilder mit einer Bildfolgefrequenz von 25 Hz erzeugen.

Eine derartige kombinierte teilparallele Abtastung liefert jedoch nur bei quasistationären Sensorträgern und Bildszenen verzeichnungsfreie Wärmebilder. Zur Demonstration der Bildunschärfe sind in Abb. 6.2-3 eine Bildszene und das

Abb. 6.2-3. Simulation einer FLIR-Aufnahme. *a* Simulierte Szene entsprechend einer Momentaufnahme aus ca. 1 km Höhe als Ausgangsdaten; *b* Wiedergabe der gleichen Szene bei teilparalleler Abtastung und einer angenommenen Relativbewegung von 240 m/s

Ergebnis einer simulierten Abtastung nach dem oben beschriebenen Verfahren dargestellt. Es zeigt sich, daß durch die Flugbewegung des Sensorträgers bei großen Geschwindigkeiten Bildfehler entstehen, die vor einer Monitor-Bildbetrachtung oder Bilddatenauswertung korrigiert werden müssen.

Speichermedien. Zur Speicherung der aufgenommenen Sensordaten bieten sich neben dem Film analog und digital arbeitende Speichermedien, wie Magnetbänder und Magnetplatten, an (Tab. 6.2-4). Wegen der großen Speicherkapazität kommt dem HDDT- (High Density Digital Tape) Band zur Speicherung von Bilddaten eine besondere Bedeutung zu. Das CCT- (Computer Compatible Tape) Band eignet sich zur Weiterleitung ausgewählter und vorverarbeiteter (z. B. geometrisch korrigierter) Bilddaten. Gegenüber den Anlagen zum Lesen von HDDT- oder Analog-Bändern gehören die Geräte für die CCT-Bänder zur Standardperipherie eines Digitalrechners. Die Benutzung von HDDT- oder Analog-Bändern zur Datenerfassung macht ein Umsetzen der Daten auf CCT-Bänder erforderlich, wenn eine anschließende digitale Bildauswertung gewünscht wird. Die Trommeln und Platten erlauben im Gegensatz zu den Magnetbändern einen wahlfreien

Speicherzugriff und sind daher bei geringerer Speicherkapazität als Datenzwischenspeicher für die digitale Bildverarbeitung geeignet.

Für die Speicherung eines digitalen Geländemodells bieten sich auch optische Plattenspeicher an, die nur einmal mit Daten beschreibbar und danach nur lesbar sind (read only). Ihre Speicherkapazität beträgt heute etwa 10^{10} bit je Platte und die Datenrate 0,5 Mbit/s. Von Vorteil ist die platzsparende Lagerung und der einfache Plattenzugriff nach dem Plattenwechselprinzip.

Bildaufbereitung

Um den wissenschaftlichen Nutzern nach der Datenakquisition das für die Auswertung notwendige Datenmaterial zur Verfügung stellen zu können, ist eine routinemäßige Vorverarbeitung der Sensordaten in entsprechend ausgerüsteten Zentralstellen erforderlich. Das Dienstleistungsangebot erstreckt sich auf Quick-Look für Scannerdaten, Datenumsetzung von Analog- auf Digital-Magnetband, Bilderzeugung durch Digital-Analogwandlung, fotografische Entwicklung, Datenvorverarbeitung (z. B. Kontrastverbesserung, radiometrische und geometrische Korrekturen) und Datenmanagement (Archivierung, Datenverteilung).

Tabelle 6.2-4. *Technische Daten einiger Speichermedien für die Erderkundung*

Speichergerät	typische Merkmale	Speicherkapazität	Äquivalent
Bewegt-Kopf-Platte	400 Spuren × 8 Oberflächen Transferrate: $4 \cdot 10^6$ bit/s	80 M Byte ($6{,}4 \cdot 10^8$ bit)	1 Foto bei 30 μm Auflösung
Fest-Kopf-Platte	70 Köpfe, 2 Oberflächen Transferrate: $3{,}2 \cdot 10^6$ bit/s	8 M Byte ($64 \cdot 10^6$ bit)	1 Foto bei 100 μm Auflösung
Trommel	512 Spuren Transferrate: $32 \cdot 10^6$ bit/s	2 M Byte ($16 \cdot 10^6$ bit)	1 Foto bei 200 μm Auflösung
CCT	9 oder 7 Spuren Schreibdichte: $2{,}8 \cdot 10^3$ bit/cm^2 Transferrate: $320 \cdot 10^3$ bit/s (je Spur)	12,7 mm × 720 m (3,2 bis $2{,}4 \cdot 10^8$ bit)	1 Foto bei 50 μm Auflösung
HDDT	28 Spuren Schreibdichte: $8{,}7 \cdot 10^4$ bit/cm^2 Transferrate: $2{,}4 \cdot 10^6$ bit/s (je Spur)	25,4 mm × 2800 m ($6 \cdot 10^{10}$ bit)	20 Fotos bei 12,5 μm Auflösung
Analog-Band	Schreibdichte: $6 \cdot 10^4$ bit/cm^2 Transferrate: $15 \cdot 10^6$ bit/s	50,8 mm × 2160 m ($6{,}65 \cdot 10^{10}$ bit)	20 Fotos bei 12,5 μm Auflösung

Bildkonvertierung. Abb. 6.2-4 zeigt die Konfiguration einer Bildkonvertierungsanlage [11], wie sie im Zusammenhang mit Flugzeugmeßprogrammen (z. B. FMP) oder für die Satellitenbildauswertung eingesetzt wird.

Das Quick-Look-Ausgabeprogramm bietet die Möglichkeit, einzelne Spektralbereiche oder Auszüge aller 11 Spektralbereiche auf Quick-Look-Filmrecorder auszugeben. Der Quick-Look-Film dient der ersten Kontrolle der Scanner-Daten und wird für die Prüfung der Brauchbarkeit des anfallenden Bildmaterials benötigt.

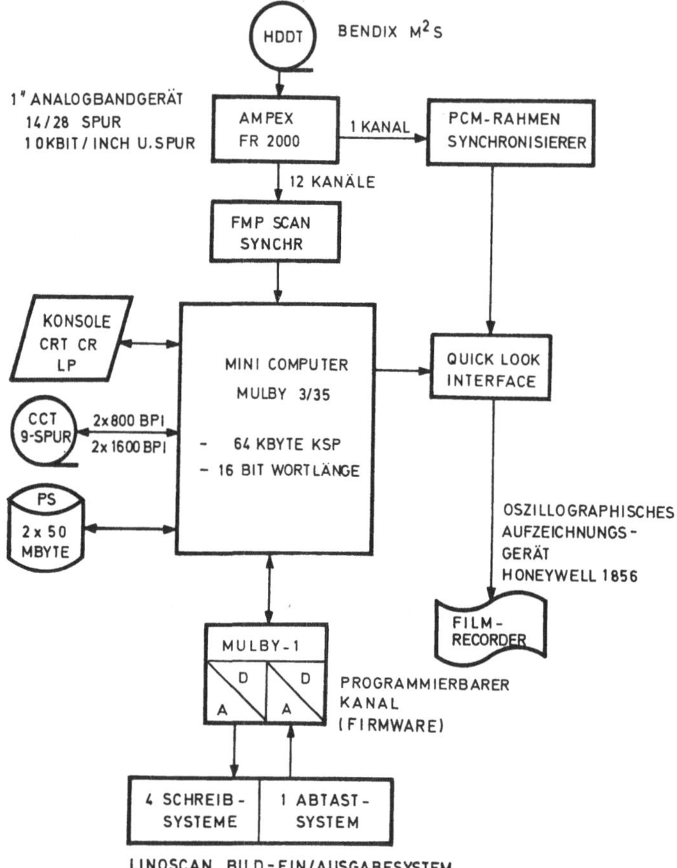

Abb. 6.2-4. Konfiguration einer Bildkonvertierungsanlage [11]

Das Datenaufbereitungsprogramm sorgt für die Umsetzung der HDDT-Bänder in rechnerkompatible CCT-Bänder. Dabei werden Sensordaten und Zusatzinformationen vom HDDT über den Scansynchronisierer byteweise korreliert, im Wechselpufferbetrieb in den Datenkonvertierungsrechner eingelesen und nach Durchführung von Kalibrierungen und Umformatierungen auf rechnerkompatible Magnetbänder geschrieben. Während der Aufbereitung werden kanalspezifische Mittelwerte und Varianzen bestimmt und mit ins Etikett aufgenommen. Ebenso werden Zusatzdaten (Funktionsüberwachungsdaten, Navigationsdaten und Zeitinformationen) extrahiert, kontrolliert und auf Digitalplatte zwischengespeichert, um nach Abschluß der Aufbereitung ein Fluglog auf dem Schnelldrucker erstellen zu können.

Die Aufgabe des Bilderzeugungsprogramms besteht darin, die aufbereiteten Bänder zu lesen und die Scannerdaten unter Verwendung des Bildausgabesystems in S/W-Bildmaterial umzusetzen. Dabei können beim FMP die Daten aller 11 Spektralbereiche inklusive Filmbeschriftung und Graukeile in einem Durchgang auf 2 S/W-Transparente aufgezeichnet werden. Bei der Bildausgabe können unter Verwendung von Table-Look-Up-Verfahren Grauwertmanipulationen, wie die Anpassung der Videodaten an die Eigenschaften des Ausgabesystems (Lampenkennlinie, Filmgamma) oder verschiedene Möglichkeiten der Bildverbesserung, wie Kontrastverschärfung usw., durchgeführt werden. Der freie Kanal 12 des Planfilms 2 steht für eine zusätzliche Datenaufzeichnung zur Verfügung. Es können Meßwerte wie z. B. aufgezeichnete Daten eines Strahlungsthermometers als Kurvenzug oder ein durch Mittelwert-, Differenz- oder Ratiobildung aus einzelnen Kanälen gewonnenes Grauwertbild ausgegeben werden. Ausgewählte Zusatzinformationen der Spur 12 des HDDT und Daten aus dem CCT-Etikett können über einen Schnelldrucker protokolliert werden. Weiter steht i. allg. ein Programmsystem zur Verfügung, das die Vorverarbeitung und Bilderzeugung mit Koordinatenberechnungen von LANDSAT-CCT-Daten ermöglicht.

Datenformate. Beim CCT-Format (Abb. 6.2-5) erfolgt die Datenaufzeichnung i. allg. auf 9-Spur-Bändern mit 800/1600 BPI und ungerader Parität. Die Bänder sind etikettiert, und Grauwerte werden durch Bytes (8 Bit binär) dargestellt. Diese Daten verschiedener Spektralbereiche sind zeilenweise nacheinander angeordnet und mit den Zusatzinformationen (Spur 12 des HDDT) korreliert. Auf einem 1600 BPI-Band sind z. B. 3200 Scannerzeilen gezeichnet (ca. 10 K Byte/

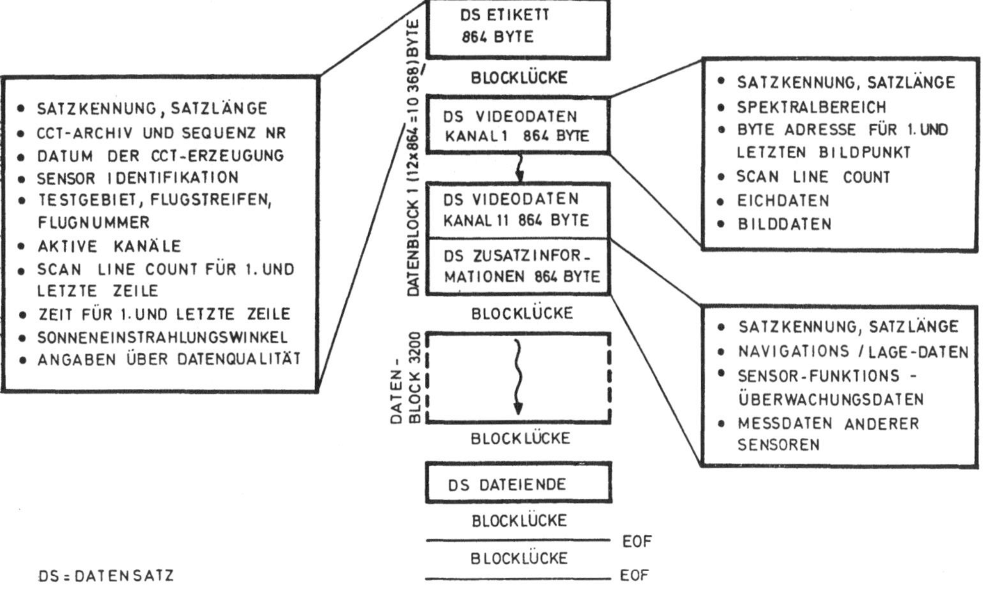

Abb. 6.2-5. Formatierung der im Flugzeugmeßprogramm FMP [11] verwendeten CCT-Bänder (9-Spur-Band, 800 oder 1600 BPI, ungerade Parität)

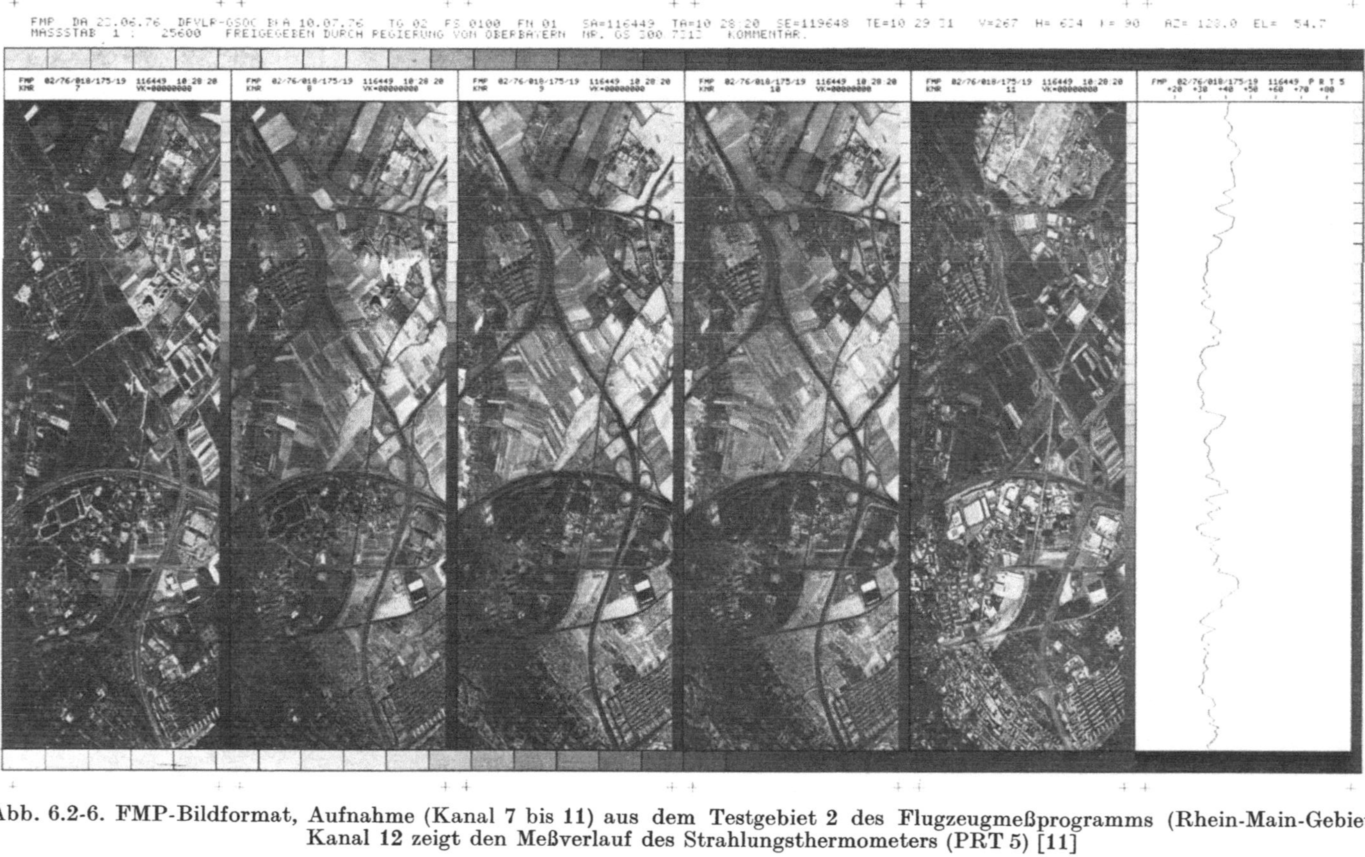

Abb. 6.2-6. FMP-Bildformat, Aufnahme (Kanal 7 bis 11) aus dem Testgebiet 2 des Flugzeugmeßprogramms (Rhein-Main-Gebiet). Kanal 12 zeigt den Meßverlauf des Strahlungsthermometers (PRT 5) [11]

Zeile). Das entsprechende Bildformat ist in Abb. 6.2-6 dargestellt. Die Aufzeichnung erfolgt auf 2 S/W-Transparenten, auf denen je 6 Spektralbereiche nebeneinander dargestellt werden. Das Bildmaterial wird beschriftet, und neben geometrischen Bezugsmarkierungen werden verschiedene Graukeile zur Qualitätskontrolle und als Referenz für densitometrische Auswertungen aufgezeichnet. Andere Datenformate für den Bildtransfer sind in [12] beschrieben.

Nutzerorientierte Bildauswertung

Der Einsatz von Bildverarbeitungsanlagen zur nutzerorientierten Bildauswertung kann aus unterschiedlichen Gründen erfolgen. Das derzeitige Hauptanwendungsgebiet ist die Bildverbesserung. Hierzu zählen z. B. die Eliminierung von Störungen, die Kompensation radiometrischer und geometrischer Verzerrungen, die Kontrastverschärfung, die Farbüberlagerung sowie die Pseudo-Farbdarstellung. Weitere Anwendungsgebiete der automatisierten Bildauswertung sind die Bildbereichsselektion (gezielte Auswahl bestimmter Bildteilbereiche), die Aufzeichnung von Veränderungen (change detection) und die Objektklassifikation (kontrolliert oder unkontrolliert). Die Nutzer-Interpretationshilfen können nach Analogsystemen und Digitalsystemen unterschieden werden.

Analogsysteme. Die erste Ausbaustufe (I) eines Interpretationssystems nach Abb. 6.2-7 enthält z. B. die Moduln, die zur Verarbeitung einer einzelnen Bildvorlage notwendig sind. Mit einer derartigen Anlage können folgende Aufgaben durchgeführt werden: Messungen der Grauwerte einzelner interaktiv ausgewählter Bildpunkte, Darstellungen des Grauwertverlaufs (Grauwertkurve) längs einzelner Bildzeilen, Darstellungen von Äquidensiten durch Zusammenfassung (und Farbcodierung) bestimmter Grauwertintervalle und Berechnungen der prozentualen Flächenanteile beliebiger Äquidensiten bezogen auf das Gesamtbild.

Damit eine multispektrale oder multitemporale (gleiche Szene zu verschiedenen Zeitpunkten) Bildauswertung realisiert werden kann, ist eine Erweiterung

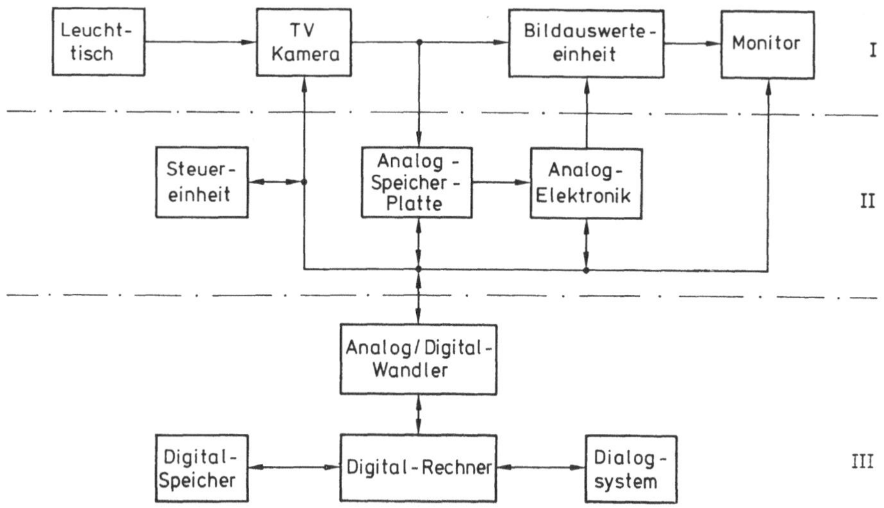

Abb. 6.2-7. Konzept eines Analogsystems in verschiedenen Ausbaustufen

(II) des Systems um eine Analogplatte, die beispielsweise eine Speicherkapazität für 256 Bilder in Fernsehnorm besitzt, erforderlich. Zur Verbesserung der eingelesenen Bilder nach vorgegebenen Algorithmen muß eine genaue Justierung der Bildvorlagen bzw. eine geometrische Anpassung der aufgenommenen Bilddaten vorgenommen werden. Hierzu dient eine Steuereinheit, die gleichzeitig das simultane Abrufen mehrerer Bilder für die Wiedergabe bzw. Weiterverarbeitung über die Analog-Elektronik ermöglicht. Typische Verarbeitungsmöglichkeiten sind z. B. Farbcodierungen und Überlagerungen von mehreren Spektralauszügen, arithmetische Operationen, wie die Summen-, Differenz-, Produkt- oder Verhältnisbildung von 2 und mehr Bildern, Bildvergleiche zur Anzeige von örtlichen oder spektralen Veränderungen bei multitemporalen Aufnahmen (change detection) und Selektion (Ausmaskierung) von Bildbereichen zur weiteren Analogverarbeitung. Die Integration einer digitalen Bildverarbeitung ermöglicht eine dritte Ausbaustufe (III).

Digitalsysteme. Abgesehen von speziellen Gerätetypen besitzen Systeme zur digitalen Bildverarbeitung die in Abb. 6.2-8 dargestellten Funktionseinheiten. Die Forschung auf dem Gebiet der digitalen Bildverarbeitung (insbesondere in den USA) hat zu komplexen Programmsystemen geführt, die zum Teil anderen Nutzern als komplette Nutzersoftware-Pakete angeboten werden [9].

Ein speziell für die nutzerorientierte Bildverarbeitung entwickeltes Programmsystem [3] enthält z. B. die folgenden Verarbeitungsprogramme:

EINGABE-MODULN:

(Dateneingabe von Band- und Bildabtastgeräten)

AUSGABE-MODULN:

(Datenausgabe durch Band- und Bildwiedergabegeräte)

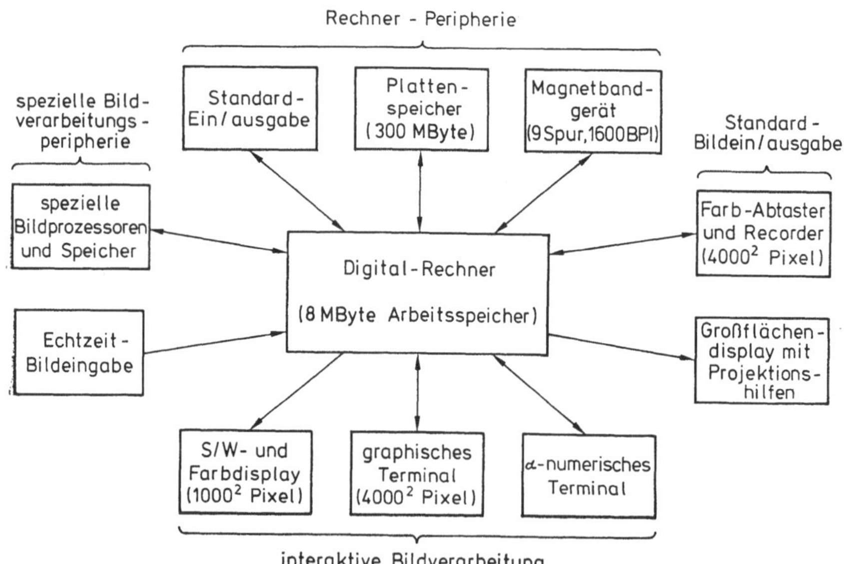

Abb. 6.2-8. Gerätekonfiguration eines digitalen Bildauswertesystems

HILFS-MODULN:

Ausgabe der Zusatzinformation eines Bildes / Ausgabe des Programm-Systemstatus / Modul zum Löschen von Moduln / Erstellen eines Textbildspeichers / Sperren und Freigeben von Bildspeichern / Verarbeitungsfunktionen setzen / neuer Bildidentifikationstext / Bildgeschichte löschen / interaktives Laden der Funktionen / Pseudofarbspeicher interaktiv laden / Lesen, Schreiben und Kopieren des Pseudofarbspeichers / Gerätesteuerungen usw.

VERARBEITUNGS-MODULN:

Dezimaler Bildausdruck / Definition eines Szenenausschnittes / Äquidensiten 1., 2. und gemischter Ordnung / Ausgabe von Histogrammen / grafische Ausgabe von Mittelwerten und mittleren quadratischen Abweichungen / Falsch-, Echtfarben-Modul / Cluster (zweidimensional) / Verkleinerung / Vergrößerung / Erzeugen von synthetischen Mustern / einfache Kontrastanhebung / interaktive Verschiebung / dezimale Druckerausgabe von Intensitäten / Druckerausgabe von Mittelwerten / Differenzen zwischen Spektralbereichen / dezimale Druckerausgabe von Ratiobildungen / pseudoplastisches Verfahren / Bitebenen-Manipulation / Mittelwert über Spektralbereiche / gleitender Mittelwert / Cluster für große Datenmengen / Laplace-Operator / Äquidensiten mit Texturen, Merge-Programm zur Bildmanipulation / Vergrößerung mit Interpolation / einfacher Quotient / Verarbeitungsfunktionen permanent machen / Quicklook-Modul / ungleichmäßige Vergrößerung / selektive Kontrasterhöhung / Grauwertmanipulation / Linearkombination von Spektralbereichen / Testbild: Graukeil in 2 Kanälen / Mikrodensitometrie / Markierungs-Modul für Bildausgabe / Maximum oder Minimum / Kopieren eines Bilddarstellungsspeichers / spezielle lineare Transformationen / Grauskala linear dehnen (Schwarz- bis Weißpegel) / Grauwert als Textur, Zahl oder Zeichen / gleitendes Sigma / Minimum Distance-Klassifizierung (lernend) / Farbbild auf Datensichtgerät kopieren / Kontrastverschärfung an Kanten / Kantenextraktion / CRT-Quick-Look / Aufblähen und Schrumpfen / Auswahl von Trainingsgebieten für Klassifizierung / Berechnung der Kovarianzmatrizen für Klassifizierung / Vorbereitung für maximale Likelihood-Klassifizierung / Maximum Likelihood-Klassifizierung / Panorama-Entzerrung / Rauschgenerator / Spiegelung eines Bildes / Rotation eines Bildes um 90° oder 180° / multispektrales Vergrößern oder Verkleinern / Weitwinkelkorrektur / Landsat-Schrägheitskorrektur / Lesen eines Graphic-Overlay / Einblendung eines Rasters / Formel berechnen / Ausgabe eines Bildes in Graphic-Overlay / Bild in Sichtdarstellung einfügen.

6.2.2. *Verarbeitung von Satelliten-Bildfolgen für die Meteorologie*

Von B. Bargel, J. Gredel, W. Rattei und H. Rupp

Der Einsatz von Wettersatelliten ist schon seit Jahren ein fester Bestandteil der meteorologischen Erderkundung. Führend auf diesem Gebiet sind die USA, die, beginnend mit Vanguard und Explorer (1959), bisher über 30 Satelliten zum

Einsatz gebracht haben. Tab. 6.2-5 gibt eine Übersicht der bis 1972 eingesetzten Wettersatelliten [1]. Gleichzeitig wurden globale meteorologische Programme wie z. B. WWW (World Weather Watch) und GARP (Global Atmospheric Research Program) in die Wege geleitet. Unter Einbeziehung von geostationären Satelliten der ATS (Tab. 6.2-5) und der GOES (Geostationary Operational Environmental Satellite) werden innerhalb dieser Programme Satelliten-Rohdaten und vorverarbeitete Bilddaten (WEFAX-Weather-Facsimile) weltweit ausgetauscht. Einen Beitrag zu dieser internationalen meteorologischen Überwachung liefern einige europäische Staaten durch das METEOSAT-(Meteorological Satellite) Programm.

Tabelle 6.2-5. *Wettersatelliten-Programm der USA* (Stand 1972)

Bezeichnung	Anzahl	Start-Zeitraum	Typische Sensoren
TIROS (Television Infrared Observation Satellite)	10	01. 04. 60 bis 01. 07. 65	Weitwinkel-, Tele-Fernsehkameras IR-Scanner IR-Radiometer
TOS (TIROS Operational Satellite) oder ESSA (Environmental Survey Satellite Administration)	9	03. 02. 66 bis 26. 02. 69	Vidicon-Kameras APT- (Automatic Picture Transmission-) Kamera APT-Radiometer
NIMBUS	5	28. 08. 64 bis 10. 12. 72	Vidicon-Kameras APT-Kameras Spektrometer Radiometer IR-Scanner
ITOS (Improved TOS) oder NOAA (National Oceanic and Atmospheric Administration)	3	23. 01. 70 bis 15. 10. 72	Vidicon-Kameras APT-Kameras Radiometer
ATS (Application Technology Satellite)	3	06. 12. 66 bis 10. 08. 68	Scanner APT-, Farbfernseh-, Orthicon-Kameras IR-Sensoren (Temperaturmessung)

Meteosat-Projekt

Die Wetterdienste der Industrienationen unternehmen Anstrengungen, ihre Wetterprognosen mit Hilfe von Rechenanlagen und unter Einbeziehung von Methoden der Bildverarbeitung zu erstellen. Nach den Plänen des Programms werden fünf Satelliten an ortsfeste Punkte auf eine äquatoriale, geostationäre Umlaufbahn geschickt. Die westeuropäischen Staaten finanzieren und betreiben einen dieser Satelliten (METEOSAT), der bei 0° Länge über dem Äquator in einer

Entfernung von ca. 38000 km die Erde umkreist. Die fünf Wetterbeobachtungssatelliten (METEOSAT 0°, GOMS 68° Ost, GMS 144° Ost, GOES 144° West, GOES 72° West) liefern nach Abschluß des Programmes dauernd einen weltweiten Wetterüberblick anhand von halbstündlich gesendeten Bildern.

Aufgrund der relativ geringen Auflösung der Erdoberfläche (im Bereich von 1—5 km) sind die von den Sensoren im Infrarot- und sichtbaren Spektralbereich gelieferten Daten i. allg. nur für meteorologische Untersuchungen von Interesse. Die Programme zur automatischen Auswertung beziehen sich im wesentlichen auf die Bestimmung von Meeres-Oberflächentemperaturen in wolkenfreien Gebieten, die Ermittlung von Wolken-Höhenverteilungen und die Berechnung von Windfeldern. Die Beobachtung von Wolken über einige Zeit hinweg läßt ihre Zugrichtung und Entwicklung erkennen, daraus werden Windgeschwindigkeiten und Luftdrucktendenzen errechnet. Das Infrarotbild wird außerdem zur Erstellung der Gesamtstrahlungsbilanz des Erdballes herangezogen. Bei örtlicher Betrachtung der Strahlungsbilanz ergeben sich Anhaltspunkte für die lokalen Minimal- und Maximaltemperaturen.

Datenflüsse und Datenverarbeitung. Der geostationäre Satellit METEOSAT (Abb. 6.2-9) sendet in jeder halben Stunde zwei bzw. drei Bilder zur Erde (Tab. 6.2-2). Die Bilder erfassen den gesamten Erdball, so daß ca. $^1/_4$ des Bildes nur schwarzen Weltraum zeigt. Von dem Bild der Erdscheibe ist nur der Bereich im Zenitwinkel von 60° um den nominellen Standort herum mit einer Auflösung zu erkennen, die eine maschinelle Auswertung zuläßt.

Die Meteorologen stellen an das METEOSAT-Rechenzentrum folgende unbedingt zu erfüllende Bedingungen:

Verarbeitung aller einlaufender Daten in Echtzeit, da aus den Daten eine verwertbare Prognose erstellt werden soll,

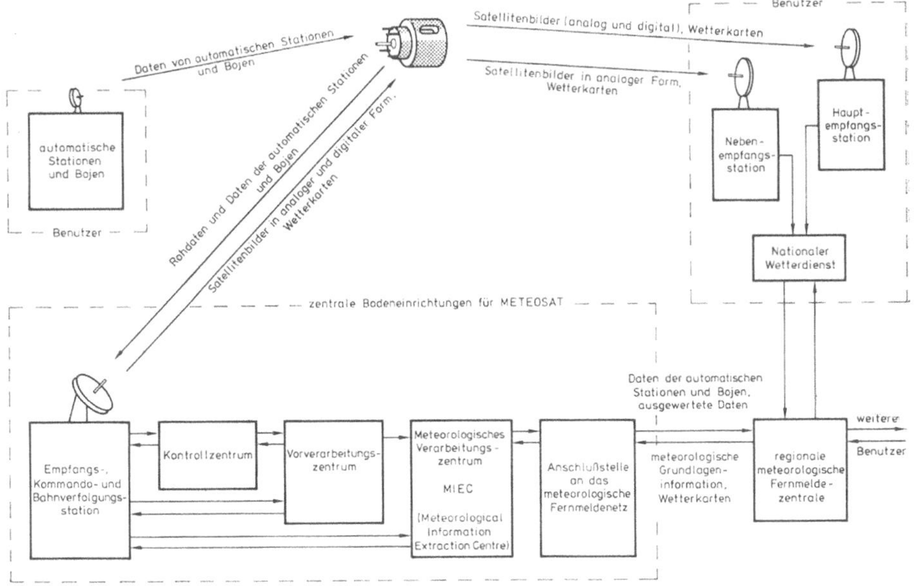

Abb. 6.2-9. Datenflüsse zwischen Satellit und Bodenstation im METEOSAT-Projekt

Kontrollmöglichkeiten des automatischen Systems mit Hilfe eines interaktiven Systems in Echtzeit,

Archivierung aller einlaufenden Bilder,

Bereitstellung aller Bilder und Resultate der zurückliegenden 12 Stunden in direkt zugänglichen Dateien auf Platte.

Daneben muß das Rechnernetz den Satelliten überwachen, der gleichzeitig auch als Relais-Station für die Übertragung der Auswerte-Ergebnisse benutzt wird.

Bildsegmentierung und Bildrektifizierung. Die Bilder vom Satelliten sind in ihrer empfangenen Rohform nicht für eine automatische Bildverarbeitung geeignet. Neben Störungen, die eventuell den Verlust ganzer Bildzeilen verursachen können, sind die Bilder viel zu groß, um sie gleichmäßig in einer Bildpunktmatrix zu bearbeiten. Wenn ein Bild verarbeitet wird und die Maschine während des Programmlaufs ausfällt, muß die gesamte Rechnung wiederholt werden. Das ist bei Systemen, die in Echtzeit arbeiten, nur beschränkt möglich. Wenn in einer Zeitspanne Δt_0 das Programmsystem alle einlaufenden Daten ausgewertet hat, dann bleibt nur eine sehr kleine Spanne $\Delta t_n \approx 0{,}15 \Delta t_0$, bis das System sich wieder mit dem nächsten Datenschub synchronisieren muß. Nur diese Spanne Δt_n steht zu Rekuperationszwecken bei Systemzusammenbrüchen zur Verfügung, wenn nicht ein Datensatz verlorengehen soll. Aus diesem Grund werden die Rohbilder in kleinere Einheiten (Segmente) eingeteilt, die dann einzeln oder in kleinen Gruppen verarbeitet werden. Bei Systemzusammenbrüchen wird auf diese Weise eine kurze Wiederholungszeit erreicht, die unter der Spanne Δt_n liegt. Im METEOSAT-System werden Segmente des Normalbildes in der Größe 64×64 Bildpunkte erzeugt. Die Segmente der Infrarotbilder sind 32×32 Bildpunkte groß.

Die Bildverarbeitungsverfahren für METEOSAT setzen voraus, daß zwei nacheinander empfangene Bilder bis auf einen Bildpunkt genau den gleichen Ausschnitt der Erdoberfläche überdecken. Da der Satellit diese Forderung nicht erfüllen kann, muß das segmentierte Rohbild rektifiziert werden. Wenn die Position des Satelliten zur Zeit der Aufnahme des Bildes bekannt ist, läßt sich das Bild durch eine nichtlineare Transformation in ein ortsunabhängiges Idealbild transformieren.

Die Position des Satelliten wird in erster Näherung durch Funkpeilung bestimmt. Als weitaus genaueres Verfahren erweist sich jedoch die Errechnung der Position aus Landmarken. Mit einem interaktiven Programm wird hierzu das rohe Satellitenbild auf einem Grauwertdisplay (TV-Monitor) gezeigt. Der Operateur legt mit einem Lichtgriffel oder einer Rollkugel und einem Positivkreuz im Bild markante Punkte der Erdoberfläche fest, deren Länge und Breite bekannt sind. Aus den Relationen dieser Punkte kann mit Hilfe einer Iterationsformel die Satellitenposition bestimmt werden.

Da dieses Verfahren genauer als die Funkpeilung arbeitet, werden seine Ergebnisse in der operationellen Phase des METEOSAT-Projektes zur Nachsteuerung des Satelliten in eine nominelle Position benutzt. Sie dienen jedoch in der Hauptsache dazu, Transformationskoeffizienten für die Rektifizierung zu errechnen. Der Echtzeitbetrieb läßt wegen der enormen Rechnerlast eine nichtlineare, punktweise Transformation nicht zu. Als vereinfachte Lösung wird daher über eine Matrix von 3×3 Segmenten stückweise linear transformiert. Dieser Ausschnitt der Erdoberfläche wird als eben betrachtet. Anhand der tatsächlichen und der nominellen Position des Satelliten zur Zeit der Bildaufnahme kann eine Transformationsmatrix angegeben werden, die benutzt wird, um das mittlere der 9 Segmente linear zu transformieren.

Wolkenerkennung und Wolkenverfolgung. Die Bildverarbeitung innerhalb von METEOSAT dient im wesentlichen der Erfassung von Wolken. Drei Höhenbänder innerhalb der Wolken sollen unterschieden werden. Die Temperatur und damit die Infrarotstrahlung der Wolken nimmt mit der Höhe ab. Die Wolken sind im allgemeinen kälter als der Erdboden und das Meer, sie lassen sich also anhand des Infrarot-Kanals (11 μm) unterscheiden. Bei Tageslicht wird das sichtbare Bild (helle Wolken) ebenfalls zu Hilfe genommen. Ein Schwellenwertklassifikator für diese Daten kommt nur bei hochgelegenen Schneefeldern in Konflikt. In diesem Fall werden geografische und klimatologische Attribute des Ortes zu Hilfe genommen, um zu einer Lösung zu kommen (z. B. Höhe über NN, Jahresmitteltemperatur). Die Festlegung der Schwellenwerte wird in der Trainingsphase des gesamten Meteosatsystems vorgenommen.

Das Ziel der Wolkenverfolgung ist die Berechnung von Windgeschwindigkeiten in den drei Höhenbändern. Zu diesem Zweck laufen im METEOSAT-Projekt zwei Systeme parallel, eines automatisch, das andere interaktiv. Das automatische System arbeitet auf der Grundlage der segmentweise klassifizierten Bilder, d. h. auf binären Bildern, bei denen ein Bildpunkt markiert ist, wenn der Punkt zur Wolkenklasse eines Höhenbandes gehört. Aus dem klassifizierten Satz von Segmenten zur Zeit t_n wird ein Segment mit den Indizes k, l herausgegriffen. Das Segment $S(t_n, k, l)$ wird korreliert mit einer 3×3-Matrix von Segmenten aus dem Satz t_{n-1}, die das Segment $S_{(t_{n-1},k,l)}$ als Mittelsegment hat. Die Korrelation erfolgt mit einem *FFT*-Prozessor. Die Position der besten Korrelation zum Zentralsegment wird zur Windberechnung benutzt. Auf diese Weise ergibt sich im automatischen System für jedes Höhenband in jedem Segment ein Windvektor.

Das automatische Wolkenverfolgungsprogramm wird dann nicht mehr zufriedenstellend arbeiten, wenn die Bildqualität schlecht ist, wenn Wolken nahe am 60°-Kreis um den Standort des Satelliten erkannt werden sollen und wenn die Bewölkung über große Gebiete zu homogen ist.

In diesen Fällen wird das interaktive Verfahren zur Wolkenverfolgung herangezogen. Die klassifizierten oder auch die noch nicht klassifizierten segmentierten Bilder werden hierzu auf einem Fernsehmonitor wiedergegeben. Ein Operateur sucht eine markante Wolkenformation im Bild t_{n-1} und versucht, sie in Bild t_n wiederzufinden. In beiden Bildern werden die Koordinaten der Wolkenformation mit dem Lichtgriffel auf dem Schirm festgelegt. Die genaue Position wird anschließend wieder durch eine Korrelation bestimmt.

Interaktives Nutzerauswertesystem

Im Rahmen des METEOSAT-Projektes soll in Ergänzung zum Meteorological Information Extraction Center MIEC der ESA in anderen Instituten zusätzliche Bildverarbeitungskapazität geschaffen werden, damit die wissenschaftliche Auswertung des Datenmaterials auch für Forschergruppen sichergestellt ist, die nicht unmittelbar zu den Instituten des Wetterdienstes gehören. Dabei ist folgendes Aufgabenspektrum zu bearbeiten:

Betrachtung vollständiger Bilder in reduzierter Auflösung sowie interaktiv ausgewählter Bildausschnitte in voller Auflösung in einzelnen Spektralbereichen,

Mischung von 2 oder 3 Spektralbereichen zur Darstellung farbcodierter Bilder,

Erstellung von Bildsequenzen von mindestens 24 zeitlich aufeinanderfolgenden Bildern (S/W oder farbig) und Betrachtung filmartiger Abläufe dieser Sequenzen,

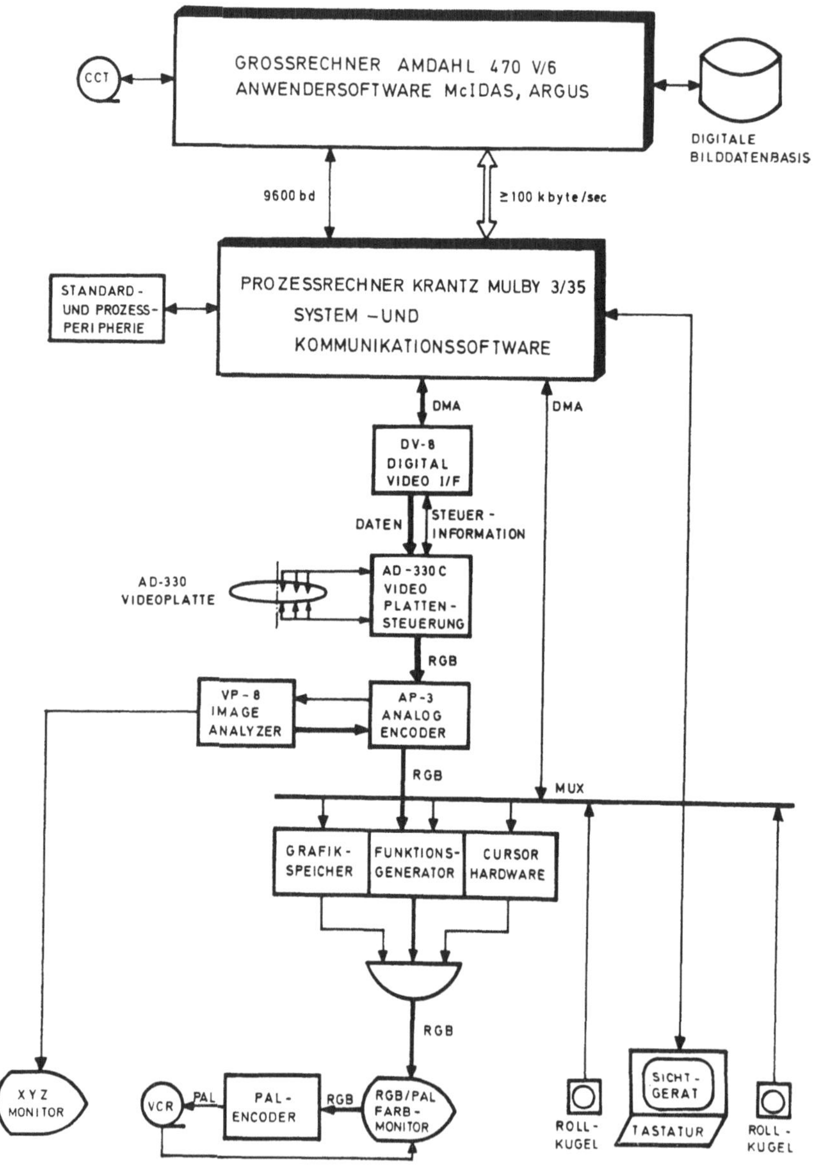

Abb. 6.2-10. Interaktives System zur meteorologischen Bilddatenverarbeitung IMB [4]

interaktive Anwendung von Verfahren zur Bildverbesserung (Kontrastverstärkung, Äquidensitenmethoden, usw.) sowie zur Interpretation des Bildinhalts,

Ausgabe interessierender Daten auf Film oder Digitalband zur weiteren quantitativen Analyse und Auswertung.

Die vordringliche Aufgabe besteht darin, ein Farbdisplaysystem einschließlich Videoplattenspeicher [4] aufzubauen, das es ermöglicht, filmartige Abläufe von METEOSAT-Bildsequenzen darzustellen und damit interaktiv dynamische meteorologische Prozesse zu untersuchen. Das Gesamtsystem besteht z. B. aus den drei Untersystemen Großrechner, Prozeßrechner und Videosystem (Abb. 6.2-10), wobei die Struktur des Prozeßrechners der in 6.2.1. beschriebenen Bildkonvertierungsanlage entspricht.

Video-System. Die wesentlichen Komponenten des Videosystems [10] sind eine Bildplatte mit Steuereinheit, ein Interface zwischen Bildplatte und Prozeßrechner und Geräte zur analogen Bildmanipulation. Die Bildplatte (AD 330), die von einem Laufwerk mit 25 U/s angetrieben wird, hat zwei bespielbare Oberflächen mit je 300 Spuren und ermöglicht die analoge Registrierung von insgesamt 600 S/W-Fernsehbildern. Dabei wird im Zeilensprungverfahren ein vollständiges Fernsehbild (625 Zeilen) auf einer Spur aufgezeichnet. Der Zugriff zu den 300 Spuren pro Oberfläche erfolgt über zwei getrennt bewegliche Arme (je 100 Positionen) mit je drei Magnetköpfen. Diese Technik ermöglicht durch Zusammenfassung von jeweils drei Spuren die Aufzeichnung und Wiedergabe von Farbfernsehbildern im RGB-Verfahren. Eine zusätzliche Referenzspur dient der bildpunktgenauen Korrelation aufeinanderfolgender Bilder. Die zur Bildplatte gehörige Steuereinheit ermöglicht unter anderem die manuelle oder rechnergesteuerte Kontrolle der Armbewegungen und gestattet damit insbesondere, eine Sequenz von Bildern zwischen zwei vorgebbaren Spuren filmartig ablaufen zu lassen.

Die wesentliche Funktion des Interface zwischen Bildplatte und Prozeßrechner besteht darin, die im Prozeßrechner zeilenweise vorliegenden digitalen Bilddaten in einen Zwischenspeicher zu übernehmen, über D/A-Wandler in Videosignale umzuwandeln und dann auf die Bildplatte zu transferieren. Bei Übertragung von zwei Bildzeilen pro Plattendrehung (40 m/s) dauert der zeilenweise Aufbau eines S/W-Bildes 12,5 s. Zusätzlich zur Datenübertragung wickelt das Interface auch den Transfer der Steuerinformation zwischen Prozeßrechner und Bildplattensteuerung ab. Eine weitere Anpassung zwischen Interface und Rechner ermöglicht die räumliche Trennung des Videosystems vom Prozeßrechner.

Das Video-System wird ergänzt durch Geräte zur analogen Bildmanipulation, die unabhängig vom Prozeßrechner betrieben werden:

RGB/PAL-Farbfernsehmonitor zur Bilddarstellung,

Videoaufzeichnungsgerät zur Aufnahme verarbeiteter Bildsequenzen,

Funktionsgenerator zur rechnergesteuerten Bildverbesserung nach dem Verfahren der Grauwert-Zuordnung,

Grafik-Speicher zur verschiedenfarbigen Überlagerung der Bilder mit Grafikinformationen, wie z. B. Länder-/Kontinentalgrenzen, Wetterkarten in Form von Isolinien für Temperaturen, Drücke, usw.,

zwei Rollkugeln zu Bedienzwecken sowie Hardware zur Darstellung und Positionierung von Markierungskreuzen oder -rechtecken auf dem Bildschirm.

Die meisten Geräte des Videosystems sind um einen interaktiven Arbeitsplatz gruppiert, zu dem noch ein alphanumerisches Sichtgerät mit Tastatur gehört, das an den Prozeßrechner angeschlossen ist.

Nutzersoftware. Die Grundlage für die problemorientierte Software bildet das Programmsystem des McIDAS (Man computer Interactive Data Access System) zur interaktiven Verarbeitung der Bilddaten geostationärer Wettersatelliten (ATS, SMS). Das McIDAS-Softwaresystem [5] ermöglicht die quantitative Analyse von Bildsequenzen. Die Kommandosprache des Systems ist problemorientiert und vom Nutzer leicht zu erlernen. Die damit ansprechbaren Funktionen umfassen die Datenein/ausgabe und Bilddarstellung, Bildverbesserung, Grafik-Überlagerung, Bildregistrierung, Bestimmung von Wolkenverlagerung und Wolkenhöhe und die Korrelation mit meteorologischen Bodenmeßdaten und Vertikalsondierungen.

Für den filmartigen Ablauf einer Bildsequenz können die Tabelleneinträge des Funktionsgenerators dynamisch nachgeladen werden. Eine Reihe von Verarbeitungsmoduln erzeugen grafische Informationen, die in komprimierter Form zum Prozeßrechner übertragen und dann als Grafik in den Grafikspeicher geschrieben wird. Dieser Speicher wird zyklisch im TV-Raster ausgelesen, und die eingespeicherte Information (max. 2 Grafiken) kann dem Fernsehbild verschiedenfarbig überlagert werden. Beispiele für grafische Darstellungen sind Histogramme, Kontinental- und Landesgrenzen abgeleitet aus einer Weltkarte, Konturen von Wolkenformationen und Wetterfronten, perspektivische Darstellung dreidimensionaler Oberflächen (z. B. der Kreuzkorrelationsfunktion), Wetterkarten usw.

Durch das Verfahren der Bildregistrierung wird eine Sequenz von Satellitenbildern miteinander zur Deckung gebracht, um quantitative Aussagen über Bewegungsvorgänge der Atmosphäre zu erhalten. Die bildpunktgenaue Registrierung ist eine Voraussetzung für den filmartigen Ablauf einer Bild-Sequenz, damit für den Betrachter der Eindruck entsteht, die dynamischen Vorgänge in der Atmosphäre laufen über ruhenden Hintergrund (Erdoberfläche) ab. McIDAS enthält zusätzlich Software-Moduln zur Darstellung der Bilddaten in verschiedenen Kartenprojektionen. Für die Datenauswertung von METEOSAT-Bildsequenzen stehen die Parameter des Deformationsmodells zur Verfügung, mit deren Hilfe die Bilddaten auf ein Referenzbild abgebildet werden können.

Für viele meteorologische Untersuchungen ist die Kenntnis dreidimensionaler Windfelder über Gebieten ohne Wetterstationen von großem Interesse. McIDAS ermöglicht die Verfolgung von Wolken durch interaktive Identifizierung von Suchgebieten in aufeinanderfolgenden Bildern. Die Windvektoren können als Grafik dem Bild überlagert und so einer Qualitätskontrolle durch den Nutzer unterzogen werden. Die der Windgeschwindigkeit zugeordnete Höhe wird aus den Wolkenoberflächentemperaturen abgeleitet, die wiederum aus den IR-Meßdaten bestimmt werden. Die interaktive Auswertung des Bildmaterials erfordert vielfach eine Zuordnung konventioneller meteorologischer Meßdaten wie Temperatur, Druck, Feuchte, Wind usw. Solche Daten sind weltweit aus dem Global Telecommunication System GTS der World Meteorological Organisation WMO zu beziehen. McIDAS enthält Software Moduln, die aus diesen punktweise oder in Form von Vertikalsondierungen vorliegenden Daten Isolinien für Temperaturen, Drücke usw. ableiten (Herstellung von Wetterkarten).

6.2.3. Literatur

[1] Bargel, B.: Nutzeranalyse zur Fernerkundung in der BRD mit Bewertung der digitalen Bildverarbeitung. FIM/FGAN-Bericht Nr. 28, Karlsruhe, März 1975.

[2] Higham, A. D., et al.: Multispectral Scanning Systems and Their Potential Application to Earth Resources Surveys. Contractor Report ESRO CR-236, ESTEC Contract No. 1673/72, Dezember 1974.

[3] Fernandez, S., Haberäcker, P., Krauth, E., Kritikos, G., Nowak, P., Triendl, E.: DIBIAS Handbuch. DFVLR — Institut für Nachrichtentechnik, Oberpfaffenhofen, 1. November 1976.

[4] Gredel, J., Harmening, H., Rattei, W., Schwarz, U.: Meteosat Display System (MDS), Beschreibung der Anlagen und Programme zur meteorologischen Bilddatenverarbeitung. DFVLR — GSOC, Oberpfaffenhofen, 17. Februar 1977.

[5] Soumi, V. E.: Man Computer Interactive Data Access System (McIDAS). Final Report Contract NASA-23296 Space Science and Engineering Center (SSEC). University of Wisconsin, U.S.A., März 1975.

[6] Engel, H., Gredel, J., Rattei, W.: Beschreibung eines Systems zur Vorverarbeitung multispektraler Scannerdaten. (Informatik Fachberichte, 8.) Berlin—Heidelberg—New York: Springer 1977.

[7] Modular Scanner System. Bendix Aerospace System Division, Ann Arbor, Michigan, U.S.A.

[8] Wärmebildgerät. Eltro GmbH, Gesellschaft für Strahlungstechnik, Heidelberg.

[9] Bressanin, G., et al.: Data Preprocessing Systems for Earth Resources Surveys, Vol. 2: Methods of Implementation ESRO Contractor Report CR-296. ESTEL Contract No. 1671/72 Telespazio, Rome, Italy, September 1973.

[10] Earthview Systems. Interpretation Systems Incorporated Lawrence, Kansas, U.S.A.

[11] FMP Nutzerhandbuch. Beschreibung der GSOC-Anlagen und -Datenformate für Routine-Bildverarbeitung. DFVLR-GSOC Oberpfaffenhofen, März 1976.

[12] Bohner, M.: A Tape Format for Transferral of Image Data and Source Programs. Computer Graphics and Image Processing **11** 185—191 (1979).

[13] Einheitliches Wärmebildgerät für Panzerfahrzeuge. Kurzinformation: AEG Telefunken, Nachrichten- und Verkehrstechnik/Vertrieb Optronik, Industriestr. 29, D - 2000 Wedel.

[14] Busansky, S.: Honeywell Miniature FLIR. Honeywell Electro-Optics Center, 2 Forbes Road, Lexington, Mass.

6.3. Erderkundung im Mikrowellenbereich

Der Einsatz von Mikrowellensensoren zur Erderkundung ermöglicht die Erfassung von Eigenschaften der Erdoberfläche, die in anderen Spektralbereichen nicht oder nur schwer zugänglich sind, wie z. B. die Unterscheidung zwischen elektrisch leitenden und nicht leitenden Oberflächen. Weiter liefern diese Geräte auch bei eingeschränkten Sichtbedingungen, wie bei Nebel und Wolken oder bei Nacht, noch Bilder von Gebieten, die mit anderen Sensoren nicht erfaßt werden können. Von Nachteil ist jedoch die starke Abhängigkeit der rückgestreuten Leistung von der Orientierung der reflektierenden Objektoberfläche bei der aktiven Mikrowellen-Erkundung.

6.3.1. Mikrowellenradiometer und Scatterometer

Von F. Schlude

Die Mikrowellenradiometrie ist die konsequente Ausdehnung der passiven Meßprinzipien, wie sie im Spektralbereich des Infraroten und des sichtbaren Lichts bereits mit großem Erfolg betrieben werden. Dabei kommt eine Meßtechnik zum Einsatz, die von der Nachrichtentechnik her bekannt ist. Das Mikrowellen-Scatterometer ist der einfachste aktive Mikrowellensensor zur Erderkundung. Er ähnelt einem Radargerät, das zur Bodenbetrachtung eingesetzt wird, nur daß er dessen Entfernungsmessung unberücksichtigt läßt. Dank seines sehr einfachen Aufbaus wird er vor allem bei solchen Anwendungen eingesetzt, bei denen es auf geringen Aufwand ankommt (z. B. in Raumfahrzeugen und Flugzeugen).

Prinzipielle Wirkungsweise

Im wesentlichen besteht das Radiometer aus einem breitbandigen Mikrowellenverstärker, das die über die Antenne empfangene Eigenstrahlung der im Gesichtsfeld liegenden Rauschquellen zu messen gestattet. Die gebräuchlichsten Antennen sind Reflektor- und Hornantennen. In beschränktem Umfang finden bei höheren Frequenzen (35 GHz) Antennen mit elektronischer Strahlschwenkung Anwendung. Da die Antenne nicht nur über den Hauptkeulenbereich, sondern auch über den gesamten Nebenkeulenbereich Strahlungsleistung empfängt, bewegt sich die Absolutgenauigkeit von Mikrowellenradiometern in der Größenordnung 1 K, obwohl Änderungen der Strahlungstemperaturen von 0,1 K noch registriert werden können.

Die thermische Strahlung des Erdbodens ist im Mikrowellenbereich nach dem Planckschen Strahlungsgesetz um den Faktor 10^5 bis 10^6 geringer als im Infrarotbereich bei 10 μm Wellenlänge. Für Mikrowellenradiometer zur Erderkundung werden deshalb Empfänger benötigt, die an der Grenze des technisch Möglichen liegen. Die von einem Radiometer empfangene thermische Strahlungsleistung schwankt statistisch mit der Zeit. Diese Schwankung muß zur Messung durch Mittelung reduziert werden. Da eine Mittelung der Rauschleistungen am Ausgang des Empfängers über beliebig lange Zeiten nicht möglich ist, muß man sich mit einer Temperaturunsicherheit ΔT zufriedengeben (6.3-1). Für Empfänger hoher Güte ergeben sich heute für $\tau = 10$ ms, $T_s = 293$ K und $0{,}5\ \text{GHz} \leqq B \leqq 2\ \text{GHz}$ Meßunsicherheiten von 0,3 K bei 3 GHz, 0,4 K bei 10 GHz, 1 K bei 30 GHz und 2 K bei 90 GHz.

$$\Delta T = \alpha\, \frac{T_s + T_e}{\sqrt{\tau B}} \tag{6.3-1}$$

(α Radiometerkonstante, T_s Strahlungstemperatur des Ziels, T_e Empfängerrauschtemperatur, B Frequenzbandbreite des Empfängers, τ Mittelungsintervall).

Der prinzipielle Aufbau eines Mikrowellen-Scatterometers ist in Abb. 6.3-1 zusammen mit der bevorzugten Meßgeometrie für Erderkundungszwecke dargestellt. Es besteht aus einem Sender, einem Empfänger und dazugehöriger

Antenne. Das üblicherweise scharf gebündelte Diagramm der Antenne beleuchtet in der Geometrie der Erderkundung einen Fleck auf der Erdoberfläche, die sogenannte Auflösungszelle. Die von den Streuzentren innerhalb dieser Zelle hervorgerufenen Rückstreuungen addieren sich vektoriell zum Rückstreusignal, das meistens durch die gleiche Antenne wieder empfangen wird.

Bezeichnet man mit P_E die empfangene Leistung, mit P_S die ausgesandte Leistung, so läßt sich aus der allgemeinen Radargleichung [1] der vereinfachte Zusammenhang (6.3-2) ableiten. Dabei ist R die Entfernung vom Sensor zur Auflösungszelle und σ_0 der spezifische Rückstrahlquerschnitt. Für natürliche

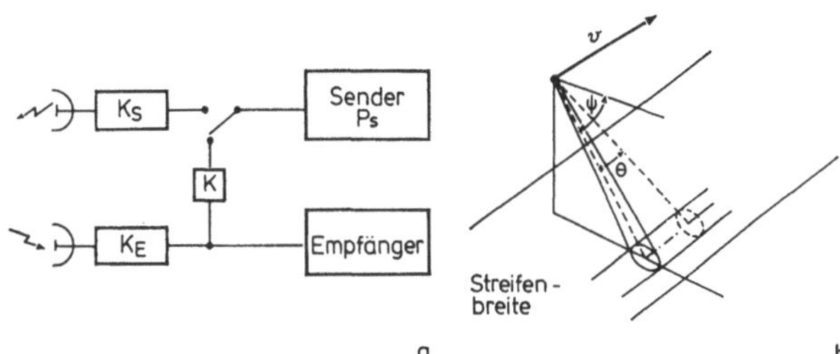

Abb. 6.3-1. Prinzipieller Aufbau eines Mikrowellen-Scatterometers. *a* Sender/Antennen/Empfänger-Anordnung mit kalibrierten Dämpfungsgliedern (K); *b* Aufnahmeparameter (Neigungswinkel ψ, Squintwinkel Θ, Fluggeschwindigkeit v)

Erdoberflächen liegen die σ_0-Werte für Wellenlängen um 3 cm im Bereich von -30 dB bis $+10$ dB, bei Wasseroberflächen von -40 dB bis -10 dB. In der Konstanten sind alle Geräteparameter sowie der Einfallswinkel berücksichtigt:

$$\frac{P_E}{P_S} = \text{const.}\ \frac{\sigma_0}{R^3}. \tag{6.3-2}$$

Das von realen Erderkundungszielen zurückkommende Rückstreusignal im Mikrowellenbereich ist eine statistisch schwankende Größe. Zur Reduzierung der Schwankung bei der Messung müssen deshalb eine Anzahl unabhängiger Abtastwerte verwendet werden, die entweder durch entsprechend große Bandbreite oder entsprechend lange Beobachtungszeit gewonnen werden können. Die Meßgenauigkeit hängt daneben vom Empfängerrauschen und von eventuellen Änderungen der Geräteeigenschaften (Sendeleistung, Empfängerempfindlichkeit usw.) ab. Es muß deshalb eine häufigere Eichung vorgesehen werden. Man wählt hierzu zwei Wege: Eine interne Eichung, bei der ein Teil des Sendesignals über einen kalibrierten Dämpfer dem Empfänger zugeleitet wird und bei dem alle internen Geräteeigenschaften gemessen werden können, sowie eine Eichung über Eichnormale im Gesichtsfeld des Sensors, die Ziele bekannter Rückstreueigenschaft simulieren.

Typische Sensorsysteme

Abbildung einer Szene. Die Abbildung einer Szene mit einem Radiometer oder Scatterometer ist, da keine Entfernungsinformation verwendet werden soll, der bei optischen Sensoren (Line-Scannern) üblichen ähnlich. Eine Abtastrichtung der Szene wird durch die Bewegung der Sensorplattform festgelegt, während eine mechanische Auslenkung des Strahls quer zur Flugrichtung die andere Abtastung ergibt. Die Größe der Auflösungszelle wird durch das Antennendiagramm bestimmt. Bei den üblicherweise verwendeten Hochgewinnantennen ist die Annahme eines Sektordiagramms gerechtfertigt. Der Öffnungswinkel Θ_H dieses Diagramms wird mit guter Näherung durch (6.3-3) mit Wellenlänge λ und Aperturöffnung L beschrieben. k ist eine von der Aperturbelegung abhängige Konstante mit Werten um 1,5.

$$\Theta_H = k \frac{\lambda}{L}. \qquad (6.3\text{-}3)$$

Die nach (6.3-3) mit Mikrowellenantennen erreichbaren Auflösungszellen sind bei entsprechenden Entfernungen ziemlich groß. Eine 1,5-m-Antenne ergibt z. B. bei 3 cm Wellenlänge und 500 km Schrägentfernung (Satelliteneinsatz) eine Auflösungszelle von 15—20 km Durchmesser. Diese relativ grobe Rasterung eines Mikrowellenbildes der Erdoberfläche schränkt die Anwendung auf großräumige Effekte (Ozeanografie, Bodenfeuchtekartierung) ein. Ein mit einem flugzeuggetragenen Radiometer hergestelltes Bild ist z. B. in Abb. 6.3-2 wiedergegeben.

Eigenschaften der Radiometer- bzw. Scatterometerdaten. Die gemessenen Daten repräsentieren vorerst nur Empfangsleistungen. Die Verarbeitung dieser Daten muß nach (6.3-1 u. 2) durch Berücksichtigung der Konstanten und eventuell der Aufnahmeentfernung erfolgen. Danach ist σ_0 bzw. T_s über die Auflösungszelle gemittelt bestimmbar. Bei diesem Vorgang sind die eventuellen Bildverzerrungen durch nicht geradlinigen Flugweg oder Drehbewegungen mit zu berücksichtigen. Die Datenraten dieser Verarbeitung sind relativ gering. Eine wesentliche Voraussetzung für die Genauigkeit der Messung ist die Kenntnis eventueller Dämpfungen in der Atmosphäre, da diese Größen direkt als Meßwertänderung interpretiert werden. Die Absolutmessung von σ_0 setzt z. B. eine Dämpfungsmessung durch Hilfssensoren voraus.

In jüngster Zeit wurden Scatterometer vorgeschlagen (Tab. 6.3-1), die nicht nur den absoluten Rückstreuquerschnitt, sondern zusätzlich spezielle Eigenschaften der Oberfläche erfassen. Das 2-Frequenz-Scatterometer [2] zeichnet z. B. die Empfangssignale in analoger Form auf Magnetband auf. Nach der Wiedergabe werden die Signale entweder mit einer Analogrechenschaltung ausgewertet oder nach Analog/Digitalwandlung auf einem Digitalrechner weiterverarbeitet. Das 2-Frequenz-Scatterometer mißt z. B. die innerhalb der Auflösungszelle periodisch angeordneten Streuzentren (z. B. Wellenberge der langen ozeanographischen Wellen). Hier werden die Rückstreusignale bei zwei eng benachbarten Signalen nach Betrag und Phase gemessen. Durch Korrelation dieser beiden Signale wird eine Größe gebildet, die einem Leistungsanteil des räumlichen Oberflächenspektrums entspricht. In einem solchen Fall ist eine etwas aufwendigere Datenverarbeitung auf Digitalrechnern vorzusehen.

Datenaufbereitung der Empfangssignale. In satellitengetragenen Systemen werden die Sensordaten digitalisiert und über den wissenschaftlichen Teil der Datenübertragungsstrecke zum Satellitenbodenbetriebssystem übermittelt. Neben dem eigentlichen Empfangssignal werden zusätzlich noch Betriebsparameter und Positionsdaten in einem festen Datenformat übertragen. Eine Auswertung solcher

Abb. 6.3-2. Mikrowellenradiometrische Messungen. *a* Aufnahme mit dem 32-GHz-Radiometer und *b* optisches Vergleichsbild vom Flughafenbereich Oberpfaffenhofen [4]

Tabelle 6.3-1. *Technische Daten von Mikrowellen-Scatterometern*

Technische Daten	Flugzeuggetragenes 2-Frequenz-Scatterometer-Experimentalmodell	Scatterometer/ Radiometer S 193 im Weltraumlabor SKYLAB
Sendefrequenzen	1320 MHz (Festfrequenz) 1260···1319,5 MHz (variable Frequenz, schaltbar in Schritten zu 0,5 MHz, 1 MHz, 2 MHz und 4 MHz)	13,9 GHz
Sendeleistung	50 W_{eff} während der Pulse	20 W
Sendepulsdauer	33 ns bis 8,5 µs (gleich Empfängerauftastung)	5,05 µs
Zielentfernung	50 m bis 10 km	ca. 400 km
Pulswiederholfrequenz	25 kHz bis 200 kHz	125 Hz
Rauschzahl des Empfängers	4 dB	4,8 dB
Stromversorgung	28 V DC, 8 A	
Gewicht	30 kg	
Antenne:		
Gewinn	20 dB	41 dB
Halbwertsbreite	14°	1,6°

Daten ist in Abb. 6.3-3 am Beispiel eines Scatterometers dargestellt. Die eingezeichneten Werte für die Rückstrahlkoeffizienten wurden bei bekannten Verhältnissen am Boden (Windgeschwindigkeit) aufgetragen. Dieses Diagramm zeigt, daß mit einem geeichten Mikrowellenscatterometer relativ genau vom Satelliten aus die Oberflächenwindverteilung über dem Ozean gemessen werden kann.

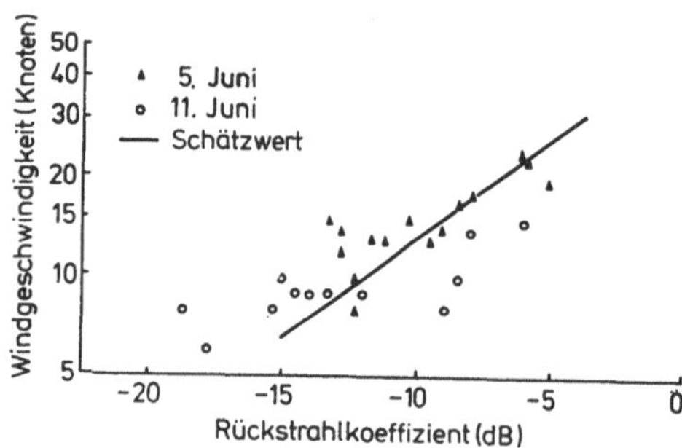

Abb. 6.3-3. Rückstrahlkoeffizienten bei 30° Einfallswinkel für verschiedene Windgeschwindigkeiten (vertikal polarisierte Mikrowellen)

6.3.2. Seitensichtradar mit synthetischer Apertur (SAR)

Von H. Ischen

Das Seitensichtradar ist ein Mikrowellensensor, mit dem hochaufgelöste großflächige Abbildungen der Erdoberfläche erzeugt werden können. Dieses Abbildungssystem wertet abweichend von den zuvor beschriebenen Mikrowellensensoren die Laufzeit des Sendeimpulses zur Entfernungsmessung aus. Die Entfernungsauflösung wird durch die Signalverarbeitung bestimmt. Zur Erzielung einer hohen Auflösung in Flugrichtung kann ein System mit synthetischer Apertur verwendet werden [5].

Aufnahmesystem

Ein Seitensichtradar ist durch seine Systemgeometrie (Abb. 6.3-4a) gekennzeichnet. Die Radarantenne ist seitlich am Träger, z. B. einem Flugzeug, angebracht. Über sie wird ein Hochfrequenzsignal abgestrahlt. Das Empfangssignal wird über die gleiche Antenne empfangen und besteht aus dem Teil der reflektierten Radarstrahlung, die im Erfassungsbereich der Antennenkeule liegt. Nach entsprechender Verstärkung und Umsetzung wird aus dem Empfangssignal das Bildsignal erzeugt. Systeme ohne weitere Verarbeitung des Bildsignals bezeichnet man als Seitensichtradar mit realer Apertur. Die Auflösung in Azimut (Flugrichtung) wird durch den Öffnungswinkel β der Antennenkeule bestimmt. Dieser ergibt sich näherungsweise für eine gleichmäßige Aperturbelegung mit der Wellenlänge λ und der realen Aperturlänge L nach (6.3-4). Der Auflösungswert ϱ nimmt linear mit dem Seitensichtabstand r_0 zu

$$\beta = \frac{\lambda}{L} \quad \text{und} \quad \varrho = \frac{\lambda r_0}{L}. \tag{6.3-4}$$

Bei einer fest vorgegebenen Wellenlänge, die aus technologischen Gründen und wegen zunehmender Dämpfung in der Atmosphäre bei höheren Frequenzen nicht beliebig klein gemacht werden kann, ist eine bessere Auflösung nur durch

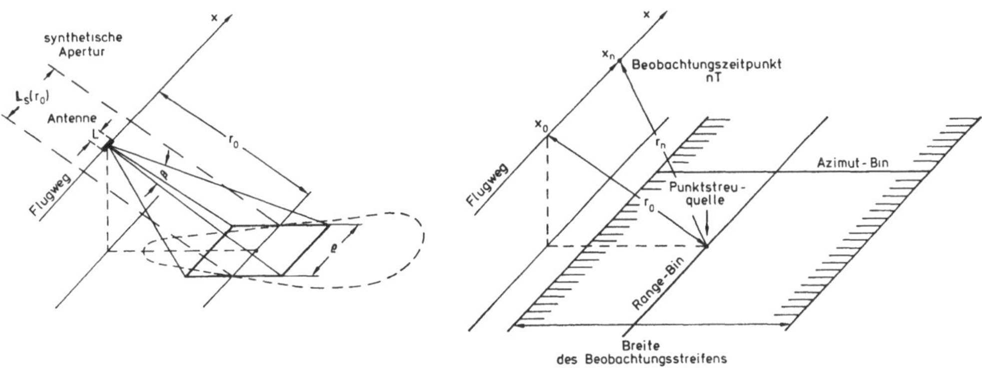

Abb. 6.3-4. Seitensichtradarsystem. *a* Aufnahmegeometrie; *b* Geometrie bei synthetischer Apertur

Vergrößerung der Apertur möglich. Dies wiederum stößt bald an eine physikalische Grenze, die durch die Länge des Trägers vorgegeben ist. Eine Alternative besteht in der Verwendung des Prinzips der synthetischen Apertur. Hierunter versteht man den Aufbau (Synthese) einer großen Apertur mittels einer kleinen Einzelantenne. Dieses Prinzip verlangt, daß die Antenne längs einer bekannten möglichst gradlinigen Bahn geführt wird und daß die empfangenen Radarsignale während des Fluges zur Weiterverarbeitung nach Betrag und Phase aufgezeichnet werden.

Bei einem ortsfesten Antennenarray ist die Phasenbeziehung der Empfangssignale durch die geometrische Anordnung der Einzelantennen bestimmt. Bei der aus einer bewegten Einzelantenne gebildeten synthetischen Apertur wird dies durch Phasenmessung der Empfangssignale relativ zum Sendeimpuls und durch genaue Messung des Flugweges erreicht.

Empfangssignal. Zur Ableitung des Empfangssignales wird ein gradliniger Flugweg angenommen (Abb. 6.3-4b). Während des Fluges werden Sendepulse s_{T} mit der Pulsdauer T_{p} ausgestrahlt, die zur Erzielung einer hohen Auflösung in Range (Seitenabstand) zusätzlich mit der Rate a linear FM-moduliert sind. Die Trägerkreisfrequenz ist ω_0.

$$s_{\mathrm{T}}(t) = \operatorname{Re}\{\exp j(\omega_0 + at)\, t\} \quad \text{mit} \quad 0 \leqq t \leqq T_{\mathrm{p}}. \tag{6.3-5}$$

Von einer Punktstreuquelle im Abstand r vom Träger wird dann folgendes Signal s_{R} empfangen

$$\begin{gathered} s_{\mathrm{R}}(t) = \operatorname{Re}\left\{A(r) \exp j\left(\left[\omega_0 + a\left(t - \frac{2r}{c}\right)\right]\cdot\left[t - \frac{2r}{c}\right]\right)\right\} \\ \text{mit} \quad \frac{2r}{c} \leqq t \leqq \frac{2r}{c} + T_{\mathrm{p}}. \end{gathered} \tag{6.3-6}$$

In A sind alle Faktoren, wie die Rückstrahleigenschaft des Zieles, das Antennendiagramm und die Dämpfung aufgrund der Ausbreitungsgesetze, zusammengefaßt. Die Konstante c ist die Lichtgeschwindigkeit. Bei der phasenempfindlichen Demodulation wird die Trägerfrequenz eliminiert, und es entsteht ein Datensignal s_{RD} der Form

$$s_{\mathrm{RD}} = \operatorname{Re}\left\{A(r) \exp j\left[-\frac{2\omega_0 r}{c} + a\left(t - \frac{2r}{c}\right)^2\right]\right\}. \tag{6.3-7}$$

Die Sendeimpulse werden normalerweise im festen Zeitabstand T mit der Pulswiederholfrequenz $PRF = 1/T$ ausgestrahlt. Mit den Beziehungen (6.3-8)

$$r \approx r_0 + \frac{x^2}{2r_0} \quad \text{für} \quad x \ll r_0, \quad x_n = nvT, \quad r_n = r_0 + \frac{x_n^2}{2r_0}, \quad \omega_0 = \frac{2\pi c}{\lambda} \tag{6.3-8}$$

ergibt sich ein Datensignal s_{RD} nach (6.3-9):

$$s_{\mathrm{RD}} = \operatorname{Re}\left\{A(n) \exp j\left[-\frac{2\omega_0 r_0}{c} - \frac{2\pi v^2 n^2 T^2}{\lambda r_0} + a\left(t - \frac{2r_n}{c}\right)^2\right]\right\}. \tag{6.3-9}$$

Dieses Signal läßt sich in folgende drei Anteile aufspalten:

Konstanter Phasenanteil $\exp j\left(-\frac{2\omega_0 r_0}{c}\right)$, (6.3-10)

Azimut-Anteil $A(n)\exp j\left(-\frac{2\pi v^2 (nT)^2}{\lambda r_0}\right)$, (6.3-11)

Range-Anteil $\exp j\left[a\left(t-\frac{2r_n}{c^2}\right)^2\right]$ mit $r_n \approx r_0$. (6.3-12)

Das gesamte Datensignal spannt ein zweidimensionales Signalfeld auf, in Entfernungsrichtung nach (6.3-12) und in Flugrichtung nach (6.3-11). Das quantisierte Signalfeld (Datenmatrix) wird durch „Range-Bins" und „Azimut-Bins" spezifiziert (Abb. 6.3-4b).

Bei der weiteren Betrachtung des Empfangssignals wird auf den Range- und Phasenanteil verzichtet, da in Range-Richtung das gleiche Modulationsverhalten (lineare FM) wie in Azimut-Richtung vorliegt und der Phasenanteil effektiv einen vernachlässigbaren Einfluß auf die Entfernungsbestimmung der Punktstreuquelle hat. Bei den folgenden Ausführungen sei angenommen, daß in Range-Richtung eine Pulskompression, wie sie für die Azimut-Richtung beschrieben wird, für den abspaltbaren Range-Anteil bereits durchgeführt sei. Dadurch wird erreicht, daß im günstigsten Falle alle Signale einer Punktstreuquelle im gleichen Range-Bin liegen. Wenn sich jedoch der Abstand zum Ziel am Ende der synthetischen Apertur und in der Aperturmitte um mehr als den halben Range-Bin-Abstand unterscheidet, so können diese in benachbarten Range-Bin-Zellen liegen. Diese Erscheinung wird als „Range Curvature" bezeichnet und kann bei der Verarbeitung des Datensignals ausgeglichen werden.

Die theoretisch ausnutzbare synthetische Aperturlänge L_S wird durch die Keulenbreite der realen Antenne bestimmt. Bei konstanter Fluggeschwindigkeit v ergibt sich daraus die Verweildauer T_A (Integrationszeit) des Zieles in der Antennenkeule:

$$T_A(r_0) = \frac{L_S}{v} = \frac{\lambda r_0}{vL}. \quad (6.3\text{-}13)$$

Durch die Verwendung von Sendeimpulsen, die im Zeitabstand T abgestrahlt werden, wird zwangsläufig das Azimutsignal in der Form von Abtastwerten erzeugt. Die Abtastfrequenz ist die Pulswiederholfrequenz (*PRF*), sie muß entsprechend dem Abtasttheorem mindestens doppelt so groß sein wie die höchste vorkommende Frequenz des zu speichernden Signales. Die exakte Berechnung dieser Frequenz erfolgt über die Spektralanalyse. Ein entsprechendes Ergebnis liefert auch die Betrachtung der Momentanfrequenz ω_T (Prinzip der stationären Phase, d. h., die Frequenzänderungen erfolgen sehr langsam)

$$\omega_T(nT) = \frac{d\Phi}{d(nT)} = \frac{4\pi v^2}{\lambda r_0} nT. \quad (6.3\text{-}14)$$

Die Maximalfrequenz entsteht zum Zeitpunkt $\frac{T_A}{2}$, dann befindet sich das Ziel an einem Ende der synthetischen Apertur. Die notwendige *PRF* ergibt sich daraus zu

$$\frac{c}{2r_0} > PRF = \frac{1}{T} \gtreqless 2f_{\max} = 2\,\frac{1}{2\pi}\,\omega_T\left(\frac{T_A}{2}\right) = \frac{2v}{L} \quad \text{mit} \quad nT = \frac{T_A}{2}. \tag{6.3-15}$$

Aus (6.3-15) folgt, daß die *PRF* mit wachsender Fluggeschwindigkeit heraufgesetzt werden muß. Daraus ergibt sich eine Einschränkung für die Breite des Beobachtungsstreifens. Die erlaubte Laufzeit des Signals vom Senden bis zum Empfang muß zur Vermeidung von Mehrdeutigkeiten kleiner als die Zeit T zwischen zwei Sendeimpulsen sein. Eine weitere Aussage dieser Gleichung ist die Forderung, daß unabhängig von Wellenlänge und Seitensichtabstand die Abtastung des Azimut-Signals räumlich gesehen in Intervallen erfolgen muß, die nicht größer als die halbe Antennenlänge sein dürfen.

Die Bandbreite des Azimutsignals kann ebenfalls aus der Momentanfrequenz berechnet werden. Sie ist angenähert die Differenz dieser Frequenz zu Beginn und am Ende der synthetischen Apertur

$$B_A = \frac{1}{2\pi}\,\omega_T(T_A) = \frac{2v}{L}. \tag{6.3-16}$$

Daraus ergibt sich näherungsweise das Zeit-Bandbreite-Produkt N_1 des Azimutsignals zu:

$$N_1 = B_A T_A = \frac{2\lambda r_0}{L^2}. \tag{6.3-17}$$

Der Wert N_1 gibt die Anzahl von Abtastwerten an, die im Empfangssignal Information über eine Punktstreuquelle enthalten. Bei der Verarbeitung des Datensignals können diese N_1 Abtastwerte zu einem einzigen Bildpunkt zusammengefaßt werden. Die Anzahl der zusammengefaßten Werte wird auch als Kompressionsfaktor bezeichnet.

Phasenempfindliche Demodulation. Die Phaseninformation des Empfangssignales wird mit einer phasenempfindlichen Demodulation gewonnen. In Abb. 6.3-5 ist das vereinfachte Blockschaltbild eines SAR-Sensorsystems dargestellt. Es stellt den Signalfluß bis zur Aufzeichnung dar. Im lokalen Oszillator wird die Grundreferenzfrequenz mit hoher Phasenkonstanz erzeugt. Der Frequenzrampengenerator liefert für die Dauer des Sendepulses ein Signal mit linear ansteigender Frequenz (Chirp-Puls). Dieses wird mit dem Grundreferenzsignal gemischt und nach der Leistungsverstärkung über die Antenne abgestrahlt. Die Empfangssignale gelangen über die Antennenweiche zum Empfänger, werden dort verstärkt und zusammen mit einem Referenzsignal dem synchronen Demodulator zugeführt. Das Referenzsignal wird aus der Grundreferenzfrequenz des lokalen Oszillators erzeugt, zu dem für die optische Aufzeichnung noch eine Offsetfrequenz zugesetzt wird. Das demodulierte Signal wird als Datensignal aufgezeichnet.

Die Arbeitsweise des synchronen Demodulators läßt sich als Multiplikation von zwei Eingangssignalen A und B mit gleicher Frequenz ω_0 und einer Phasenverschiebung Φ zwischen den Signalen und anschließender Tiefpaßfilterung darstellen (6.3-18):

$$s = A \cos(\omega_0 t - \Phi), \quad r = B \cos \omega_0 t$$

$$\text{und} \quad m_D = rs = AB \cos \omega_0 t \cos(\omega_0 t - \Phi)$$

$$= \frac{1}{2} AB \{\cos \Phi + \cos(2\omega_0 t - \Phi)\}, \tag{6.3-18}$$

$$TG \approx \frac{1}{2} AB \cos \Phi.$$

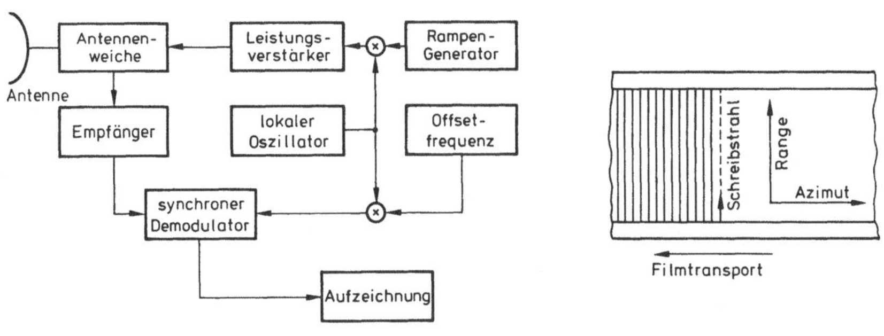

Abb. 6.3-5. SAR-Aufnahmesystem. *a* Blockschaltbild; *b* Aufzeichnung auf dem Datenfilm

Das demodulierte Signal ist eine Schwingung. Ihr Aussehen ist durch den Verlauf von Φ bestimmt. In Abb. 6.3-6a ist das Ergebnis für vier verschiedene Phasenwinkel Φ dargestellt. Die Größen r und s sind die beiden Eingangssignale, m ist das Multiplikationsergebnis und TG ist das Ausgangssignal, das durch Tiefpaßfilterung aus m entsteht.

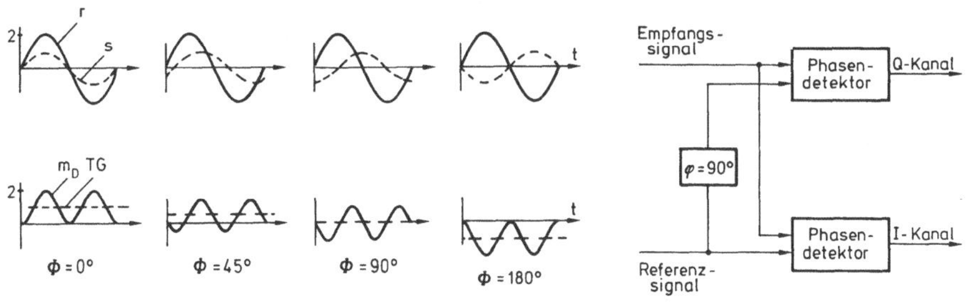

Abb. 6.3-6. Phasenempfindliche Demodulation. *a* Signalverlauf; *b* Blockschaltbild für *I*- und *Q*-Kanal

Aufzeichnung des Empfangssignals. Nach der Demodulation muß das Datensignal gespeichert werden. Das konventionelle Verfahren ist die Belichtung eines Datenfilmes mit einer Kathodenstrahlröhre. Das Videosignal besteht aus dem demodulierten Empfangssignal mit überlagertem Gleichanteil, da nur positive Helligkeiten auf dem Film gespeichert werden können. Das Format des Datenfilmes ist in Abb. 6.3-5b dargestellt. Die Ablenkung des Schreibstrahls erfolgt zeitlinear und quer zur Transportrichtung des Filmes. Da mit jedem Sendeimpuls die Ablenkung erneut gestartet wird, ist der Abstand eines Signals vom Filmrand ein Maß für die Entfernung des Zieles. Der Film wird zwischen den Ablenkungen weitertransportiert. Die Azimutinformation wird somit in Längsrichtung des Filmes gespeichert (Aufzeichnungsbeispiel s. Abb. 6.3-10).

Zur elektronischen Speicherung, z. B. auf Magnetbändern, wird zur Vermeidung einer höheren Abtastrate und aus Gründen der anschließenden Signalverarbeitung auf dem Digitalrechner eine Zeigerdarstellung des Empfangssignales verwendet. Ähnlich wie bei komplexen Zahlen wird ein Signalpaar, bestehend aus einem I-Anteil und einem Q-Anteil, gebildet. Dazu muß der synchrone Demodulator um einen weiteren Phasendetektor erweitert werden. Das Schema ist in Abb. 6.3-6b dargestellt. Dem unteren Phasendetektor wird das Referenzsignal direkt zugeführt. Er bildet zusammen mit dem Empfangssignal den I-Anteil des Datensignals. Im oberen Phasendetektor wird mit dem um 90° verschobenen Referenzsignal und dem Empfangssignal der Q-Anteil erzeugt. Die Bezeichnung I und Q ergibt sich aus der Phasenbeziehung des Referenzsignals, I steht für „In Phase" und Q für „Quadrature", d. h. um 90° phasenverschoben. Zur elektronischen Speicherung wird eine Abtastung der I- und Q-Kanäle mit anschließender A/D-Wandlung durchgeführt. Die erforderliche Abtastrate und Quantisierungsgenauigkeit werden durch die Auflösungsforderungen bestimmt. In Range ist sie unmittelbar mit der Auflösung und der FM-Rate des Chirp-Pulses verknüpft, in Azimut durch die Antennenlänge (6.3-15). In der Praxis muß die *PRF* größer sein, als theoretisch für eine geforderte Azimut-Auflösung notwendig ist. Eine Herabsetzung der Datenrate für die Speicherung kann dann durch eine Vorverarbeitung (Presumming) erreicht werden. Um den Datenfluß für die Aufzeichnung möglichst konstant zu halten, kann vor das digitale Speichermedium ein Datenpuffer (PRF-Puffer) eingefügt werden. Er wird während der kurzen Empfangsperiode mit einer hohen Datenrate gefüllt, für das Auslesen steht dann die gesamte Zeit zwischen zwei Sendeimpulsen zur Verfügung. Bei der Speicherung können zusätzlich zu den Radardaten noch Betriebsparameter und Navigationsdaten aufgezeichnet werden.

Impulsantwort und Bildrekonstruktion aus dem SAR-Datensignal

Die Bildrekonstruktion ist die Umsetzung des Datensignals in ein auswertbares Bild. Historisch gesehen ist die optische Verarbeitung die ältere und die in die Praxis eingeführte Methode. Der Vorteil der optischen Verarbeitung ist die relativ einfache Realisierung des Prozessors. Nachteile sind die chemische Filmbehandlung und die geringen erlaubten Abweichungen des Trägers vom idealen geradlinigen Flugweg. Beim Einsatz der elektronischen digitalen Verarbeitung entfallen die genannten Nachteile, allerdings steigt der Realisierungsaufwand beträchtlich. Ein weiterer Vorteil der elektronischen Verarbeitung ist die Bereitstellung des Bildes als elektrisches Signal. Eine anschließende Auswertung (z. B. Mustererkennung, Change Detection) in einer digitalen Rechenanlage ist dann ohne weitere Umwandlung durch elektro-optische Wandler möglich.

Eine wichtige Kenngröße zur Beurteilung der Abbildungseigenschaften eines SAR-Systems ist die Impulsantwort. Beim Vorbeiflug erzeugt eine Punktstreuquelle entlang der Wegstrecke L_S (synthetische Aperturlänge) das Datensignal s_A, dessen Amplitude zur Vereinfachung normiert wurde.

$$\begin{aligned} s_A(x) &= \exp\left[j\left(-\frac{2\pi}{\lambda r_0}x^2\right)\right] \quad \text{für} \quad |x| \leqq \frac{L_S}{2} \\ &= 0 \qquad\qquad \text{sonst.} \end{aligned} \tag{6.3-19}$$

Mathematisch kann das Signal der Punktstreuquelle als δ-Impuls angenommen werden, so daß s_A die Impulsantwort des Aufnahmesystems darstellt. Um das Datensignal d_A zu gewinnen, muß der Signalverlauf $b_A(x)$, der die Grauwertverteilung eines Ursprungsbildes wiedergibt, mit dieser Impulsantwort (Gewichtsfunktion) des Aufnahmesystems gefaltet werden (6.3-20).

$$d_A(x) = \int_{-\frac{L_s}{2}}^{+\frac{L_s}{2}} s_A(\tau)\, b_A(x-\tau)\, \mathrm{d}\tau = s_A * b_A. \tag{6.3-20}$$

Die sich anschließende Bildrekonstruktion zur Gewinnung des Bildsignals kann ebenfalls als Faltung dargestellt werden. Das zugehörige Schema der Signalumsetzung ist im Blockdiagramm Abb. 6.3-7a dargestellt.

Das Ursprungsbildsignal b_A wird durch das Aufnahmesystem in das Datensignal d_A umgesetzt. Die anschließende Verarbeitung erzeugt aus dem Datensignal das Bildsignal f_A. Die jeweilige Umsetzung wird durch eine Gewichtsfunktion s_A bzw. m_A beschrieben. Ziel der Bildrekonstruktion ist eine möglichst genaue Wiedergabe des Signals b_A durch das Bildsignal f_A. Dazu muß die Gewichtsfunktion m_A bestimmt werden, wozu sich die in 2.3.1. beschriebenen Verfahren anbieten. Durch Übergang in den Frequenzbereich mit Hilfe der Fourier-Transformation ergibt sich eine besonders übersichtliche Darstellung. Zur Unterscheidung werden für den Oberbereich (Ortsbereich) kleine Buchstaben und für den Unterbereich (Ortsfrequenzbereich) große Buchstaben verwendet. Damit läßt sich die Signalumsetzung folgendermaßen darstellen:

$$f_A = b_A * s_A * m_A \circ\!\!-\!\!\bullet\; F_A = B_A S_A M_A. \tag{6.3-21}$$

Das inverse Filter mit der Übertragungsfunktion M_A nach (6.3-22) rekonstruiert das Ursprungssignal. Der Einsatz dieses Filters ist in realen Systemen jedoch nicht möglich, da sich für M_A sehr große Werte außerhalb des Frequenzbereiches von S_A ergeben. Dies entspricht einer großen Verstärkung von hochfrequenten Rauschanteilen, die in realen Signalen immer vorhanden sind und die zur Zerstörung der Signalinformation führen.

$$F_A = B_A \quad \text{für} \quad M_A = \frac{1}{S_A} \tag{6.3-22}$$

Ein Optimalfilter gegenüber Rauschstörungen ist das „Matched Filter". Die Übertragungsfunktion des Matched Filters ist die konjugiert komplexe Übertragungsfunktion des Aufnahmesystems. Damit ergibt sich folgende Darstellung für den Abbildungsvorgang des SAR-Systems:

$$\begin{aligned} f_A &= b_A * s_A * s_M \circ\!\!-\!\!\bullet\, F_A = B_A S_A S_A^*, \\ f_A &= b_A * \Phi_{\text{Auto}}(s_A) \circ\!\!-\!\!\bullet\, F_A = B_A\, |S_A|^2. \end{aligned} \tag{6.3-23}$$

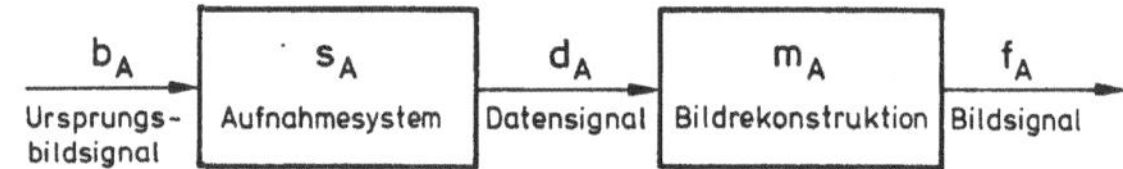

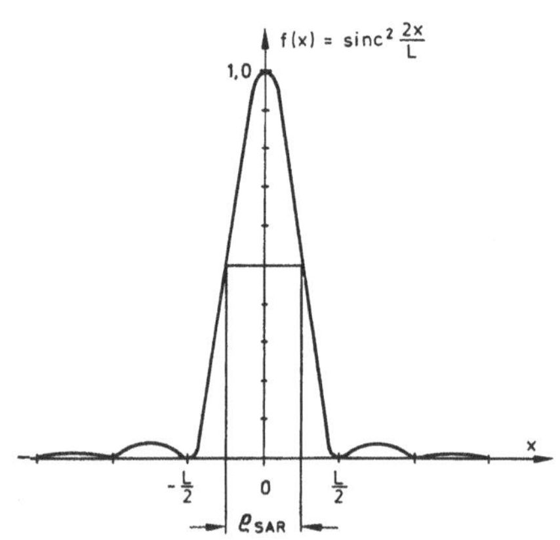

Abb. 6.3-7. Bildrekonstruktion. *a* Blockschaltbild der Signalverarbeitung; *b* Impulsantwort

Nach diesem Schema ist die Gesamtoperation von der Datenaufnahme bis zur Bilderzeugung eine Faltung des Eingangssignales b_A mit der Autokorrelationsfunktion Φ_{Auto}. Zur Berechnung dieser Funktion wird die Gewichtsfunktion s_M des Matched Filter aus (6.3-19) bestimmt

$$s_M(x) = s_A^* = \exp\left[j\left(\frac{2\pi}{\lambda r_0}\, x^2\right)\right]. \tag{6.3-24}$$

Die Impulsantwort des Gesamtsystems, $v(x)$, die identisch ist mit der Autokorrelationsfunktion Φ_{Auto}, wird mit Hilfe des Faltungsintegrals über die synthetische Aperturlänge L_S berechnet:

$$v(x) = \int_{-\frac{L_S}{2}}^{+\frac{L_S}{2}} s_M(x - \tau)\, s_A(\tau)\, d\tau = L_S \exp j \left(\frac{2\pi}{\lambda r_0} x^2\right) \frac{\sin\left(\frac{2\pi L_S}{\lambda r_0} x\right)}{\frac{2\pi L_S}{\lambda r_0} x}. \quad (6.3\text{-}25)$$

Als Bildsignal wird das Betragsquadrat von $v(x)$ verwendet.

$$|v(x)|^2 = L_S^2 \operatorname{sinc}^2\left(\frac{2x}{L}\right) \quad \text{mit} \quad \operatorname{sinc}(u) = \frac{\sin \pi u}{\pi u} \quad \text{und} \quad L_S = \frac{\lambda r_0}{L}. \quad (6.3\text{-}26)$$

Der Verlauf dieser Funktion ist die Impulsantwort eines SAR-Systems in Azimut (Abb. 6.3-7b). Als Auflösungskenngröße wird aus dieser Impulsantwort der Wert ϱ_{SAR} bestimmt. Er entspricht einer Strecke x zwischen den Punkten, bei der die Amplitude jeweils um 3 dB gegenüber dem Maximum abgefallen ist. Dieser Auflösungswert ist im Gegensatz zur Auflösung bei Systemen mit realer Apertur unabhängig von der Wellenlänge und vom Seitensichtabstand. Die erzielbare Auflösung entspricht etwa der halben Antennenlänge:

$$\varrho_{SAR} = 0{,}443 L. \quad (6.3\text{-}27)$$

Der Amplitudenunterschied des ersten Nebenmaximums zum Hauptmaximum beträgt bei diesem Signal 13,4 dB. Für die praktische Anwendung ist dieser „Seitenzipfelwert" unbefriedigend, durch Anwendung zusätzlicher Gewichtsfunktionen bei der Verarbeitung kann er auf Kosten der Azimutauflösung verbessert werden. Dazu wird die Gewichtsfunktion des Matched-Filter, die sogenannte Referenzfunktion, vor der Faltung mit einer Gewichtsfunktion zur Verbesserung des Seitenzipfelwertes multipliziert. Typische Funktionen für diese Anwendung sind das Hamming-Fenster, die $\cos^2$-Funktion und spezielle Taylor-Funktionen. Mit dieser Maßnahme lassen sich Seitenzipfelwerte von 30 dB erreichen.

Optische Verarbeitung des SAR-Datensignals

Das Datensignal wird zur optischen Verarbeitung auf einem Film gespeichert. Abweichend von (6.3-18) wird dem phasenempfindlichen Demodulator das Referenzsignal (6.3-28) zugeführt, wodurch ein Datensignal mit einer Offsetfrequenz ω_a erzeugt wird.

$$r = B \cos(\omega_0 - \omega_a)\, t \quad (6.3\text{-}28)$$

Da keine negativen Helligkeiten auf dem Film gespeichert werden können, wird dem Datensignal ein Gleichanteil C überlagert. Das entstehende Videosignal auf dem Datenfilm wird

$$i(x) = C + A \cos\left(\omega_a x - \frac{2\pi}{\lambda r_0} x^2\right). \quad (6.3\text{-}29)$$

Zur Rekonstruktion des Bildsignales wird der Datenfilm mit einer ebenen Welle der Wellenlänge λ_L (6.3-30) beleuchtet

$$\lambda_L = \frac{2\pi}{k}. \quad (6.3\text{-}30)$$

Nach Abb. 6.3-18 wirkt der Datenfilm wie ein fokussierendes optisches System, welches ein Wellenblatt mit gerader Wellenfront durch Beugung am aufgezeichneten Signal $i(x)$ einer Punktstreuquelle in ein konvergierendes bzw. divergierendes Wellenblatt mit einem punktförmigen Wellenzentrum hinter bzw. vor dem Datenfilm transformiert. In der hinteren Brennebene wird der Bildfilm belichtet.

Die Berechnung des Bildsignals f_A erfolgt mit den in 3.1. zusammengestellten Beziehungen. Für den achsnahen Fall der Fresnel-Beugung ergibt sich bei eindimensionaler Betrachtung aus (3.1-19)

$$f_A(u, z) = \frac{k}{j\,2\pi z} \cdot \exp(jkz) \cdot \exp\frac{jku^2}{2z} \cdot F\left(\frac{k}{2\pi z}\,u\right) \tag{6.3-31}$$

mit

$$F\left(\frac{k}{2\pi z}\,u\right) = \int i(x) \exp\left(jk\,\frac{x^2}{2z}\right) \exp\left(-j\,\frac{kxu}{z}\right) \mathrm{d}x\,. \tag{6.3-32}$$

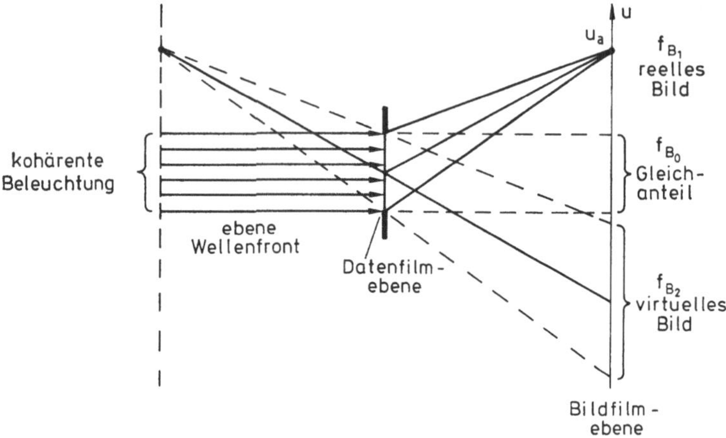

Abb. 6.3-8. Erzeugung des Bildsignales durch Beleuchtung des Datenfilms mit einer ebenen Welle

Von dem Bildsignal f_A ist nur der Anteil nach (6.3-32) zur Belichtung des Bildfilms maßgebend, da die Phaseninformation verlorengeht. Wird in (6.3-32) für $i(x)$ das Videosignal nach (6.3-29) eingesetzt, so ergibt sich folgendes Signal f_A:

$$f_A = f_{B0} + f_{B1} + f_{B2} = c_1 \left\{ Fou\left(C \exp j\,\frac{kx^2}{2z}\right)\right. \tag{6.3-33}$$

$$+ Fou\left\{A \exp j\left(\omega_a x - \frac{2\pi}{\lambda r_0}\,x^2 + \frac{k}{2z}\,x^2\right)\right\} \tag{6.3-34}$$

$$\left. + Fou\left\{A \exp j\left(-\omega_a x + \frac{2\pi}{\lambda r_0}\,x^2 + \frac{k}{2z}\,x^2\right)\right\}\right\}. \tag{6.3-35}$$

Mit *Fou* wird die Fourier-Transformation bezeichnet. Der Anteil f_{B0} nach (6.3-33) entspricht einem achsnahen Gleichanteil, er wird nicht zur Bilderzeugung verwendet. Die Anteile nach (6.3-34) und (6.3-35) erzeugen das geforderte Bildsignal, wenn sich die Terme mit x^2 gegenseitig aufheben. Dies ist nur für die Werte $z_{1,2}$ nach (6.3-36) der Fall:

$$z_{1,2} = \pm \frac{\lambda \cdot k}{4\pi} r_0 \quad \text{und} \qquad (6.3\text{-}36)$$

$$f_A(u, z_1) = c_1 \; Fou \; \{A \exp (j\omega_a x)\} = c_2 A \; \delta(u - u_a).$$

Die Werte $z_{1,2}$ geben den Abstand zwischen Datenfilm und Bildebene an und werden in Anlehnung an die Abbildung mit einer Linse als die Brennweite des Datensignals bezeichnet. Der positive Wert gehört zum realen Bild und der negative zum virtuellen Bild. Die Abbildungsgeometrie ist in Abb. 6.3-8 dargestellt. Der Versatz u_a des Bildes gegenüber der optischen Achse wird durch den

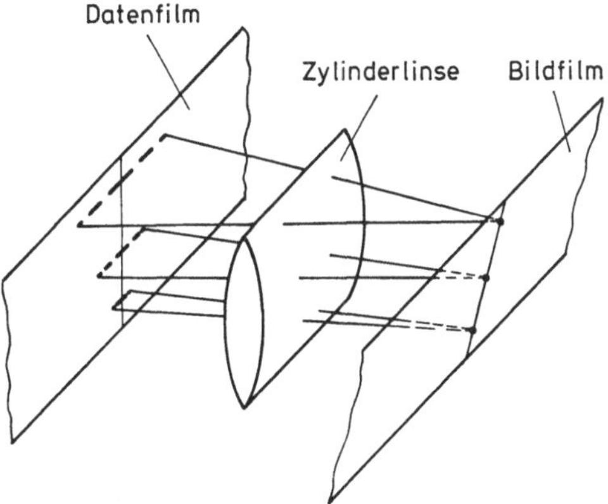

Abb. 6.3-9. Optischer Prozessor mit geneigter Bildebene (darstellungsbedingt ist die Bildumkehrung der Zylinderlinse unberücksichtigt geblieben)

Phasenterm $\exp [j(\omega_a x)]$ bewirkt. Diese Verschiebung ist zur Trennung des Gleichanteils von der Nutzinformation notwendig. Die Offsetfrequenz ω_a wurde deshalb dem Videosignal vor der Filmaufzeichnung zugesetzt.

Das Signal f_A, mit dem der Bildfilm belichtet wird, ist abweichend von (6.3-36) wegen der begrenzenden synthetischen Apertur die Fourier-Transformierte eines Rechteckimpulses mit der Amplitude $A \cdot B$ und der Breite L_S. Auf dem Bildfilm entsteht ein sinc(u)-Signal, das den gleichen Verlauf wie die Impulsantwort nach (6.3-26) hat. Beim Aufbau eines optischen Prozessors muß die Abhängigkeit der Brennweite z_1 vom Seitensichtabstand r_0 berücksichtigt werden.

Der einfachste Aufbau ergibt sich bei der Verwendung einer geneigten Bildebene (Abb. 6.3-9), wenn die Pulskompression in Range bereits vor der Filmaufzeichnung durchgeführt wurde. Die Zylinderlinse dient zur Abbildung der Elemente in Range, die Fokussierung in Azimut wird durch das Datensignal ohne optische Elemente durchgeführt. Die Pulskompression in Range kann ebenfalls optisch durchgeführt werden, wenn das Empfangssignal auch in dieser Richtung quadratisch phasenmoduliert ist. Durch den Einsatz von geneigten Linsen kann die Neigung der Bildebene aufgehoben werden. In diesem Fall liegen Datenfilm

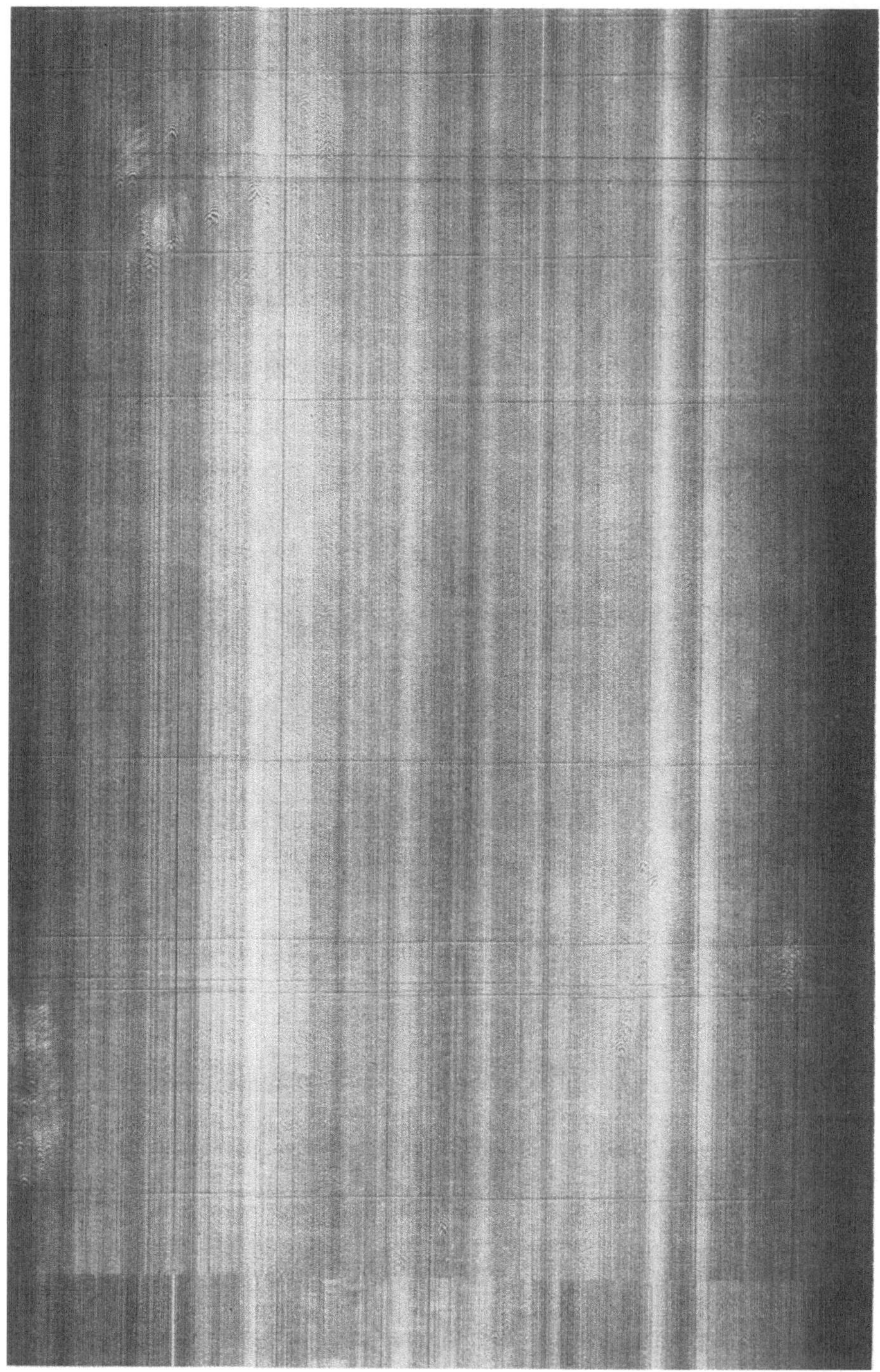

Abb. 6.3-10. Optisch gespeicherte SAR-Datensignale [7] (Reproduktionsfehler durch Zeilenausfälle bei der optischen Darstellung der magnetisch auf CCT umgesetzten und gespeicherten Daten)

und Bildfilm in Ebenen mit gleicher Orientierung. Die dazu notwendigen optischen Anordnungen sind erheblich aufwendiger als der vorher beschriebene Prozessor (Beispiel eines optisch rekonstruierten Bildes s. Abb. 6.3-11).

Digitale Verarbeitung des SAR-Datensignals

Eine digitale Verarbeitung erlaubt wegen der Flexibilität bei der Berechnung des Bildsignals eine bessere Anpassung des SAR-Systems an die Flugparameter als die Verarbeitung mit einem optischen Prozessor. Für die optische Verarbeitung müssen die beim Empfang des Radarsignals vorhandenen Phasenfehler, die durch Lageabweichungen der Antenne vom idealen geradlinigen Bahnverlauf entstehen, vor der Filmaufzeichnung beseitigt werden. Dies geschieht durch Veränderung des Referenzsignals vor der Demodulation, um den störenden Dopplerversatz zu kompensieren. Dieses Verfahren arbeitet nur bei geringen Bahnabweichungen. Zur Korrektur großer Phasenfehler, die durch die Fluglageabweichungen bei unruhigem Wetter entstehen können, werden bei der digitalen Verarbeitung zusätzlich zum Datensignal auch die mit einer Inertialplattform gemessenen Antennenkoordinaten ausgewertet. Der Ausgleich der Phasenfehler (Motion Compensation) wird über die Anpassung der notwendigen Filterfunktion durchgeführt. Die Berechnung der Filterfunktion geschieht nach den Vorschriften für ein „Matched Filter".

Die Gewichtsfunktion, die das Filter vollständig beschreibt, wird bei SAR-Systemen als Referenzfunktion bezeichnet, da der Begriff Gewichtsfunktion bei der Gewichtung zur Verbesserung des Seitenzipfelwerts verwendet wird. Die Bedeutung der Begriffe Referenzfunktion und Gewichtsfunktion muß deshalb aus dem jeweiligen Zusammenhang ermittelt werden. Zur Realisierung des Filters als digitaler Prozessor bieten sich mehrere Möglichkeiten an. Das Prinzip der verschiedenen Filtermechanismen wird jeweils an der Verarbeitung eines Range-Bin in den folgenden Abschnitten erläutert.

Direkte Faltung. Eine naheliegende Realisierung des digitalen Filters ist die direkte Umsetzung der Faltung in eine Hardwarestruktur nach Abb. 6.3-12a. Die obere Zeile enthält das gespeicherte Datensignal und die untere Zeile die Referenzfunktion. Die Verarbeitung besteht in der Multiplikation eines jeden Datenworts mit dem entsprechenden Wert der Referenzfunktion und der Addition aller Produkte zu einem Ergebnis. Anschließend wird ein neuer Wert in den Datenspeicher aufgenommen, nachdem alle alten Werte um einen Platz weitergeschoben wurden. Der letzte Datenwert wird dabei überschrieben. Dieser Vorgang wiederholt sich für jeden Bildpunkt, so daß bei einer Referenzfunktionslänge von N_1 für ein Range Bin der Länge N_3 insgesamt $N_1 \cdot N_3$ Operationen erforderlich sind. Jede Operation besteht aus der Addition und Multiplikation von zwei komplexen Zahlen. Die Realisierung der direkten Faltung ist für typische Werte von $N_1 = 256$ sehr aufwendig.

Frequenz-Multiplex-Filterung. Ein Verfahren, das sowohl den Speicherbedarf als auch den Rechenaufwand bei der Filterung von linear frequenzmodulierten Signalen verringert, ist die Frequenz-Multiplex-Filterung. Bei diesem Verfahren wird das Datensignal in Segmente aufgeteilt. Für das Empfangssignal von einer

Abb. 6.3-11. Aus der Phasenhistorie nach Abb. 6.3-10 optisch rekonstruiertes Radarbild [7]

Punktstreuquelle bedeutet diese Aufteilung, daß jedes Segment einen Abschnitt des Datensignals mit einem anderen Frequenzbereich enthält. Das Zeit-Bandbreite-Produkt des unsegmentierten Signals ist der Kompressionsfaktor N_1. Bei der Aufteilung in K Segmente sinkt dieser Wert für jeden Abschnitt auf N_1/K^2, weil sowohl dessen Bandbreite als auch Integrationszeit um den Faktor K ver-

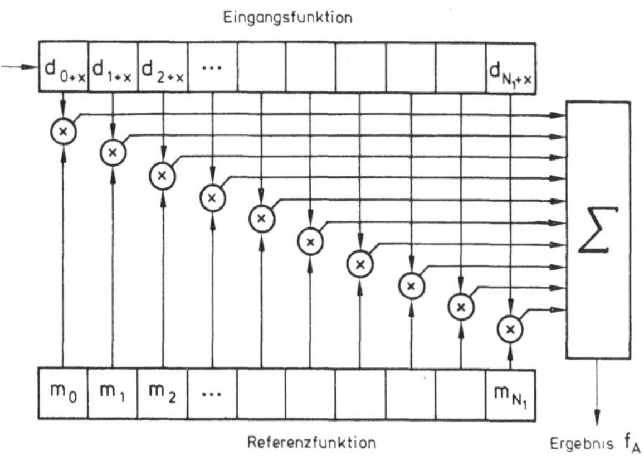

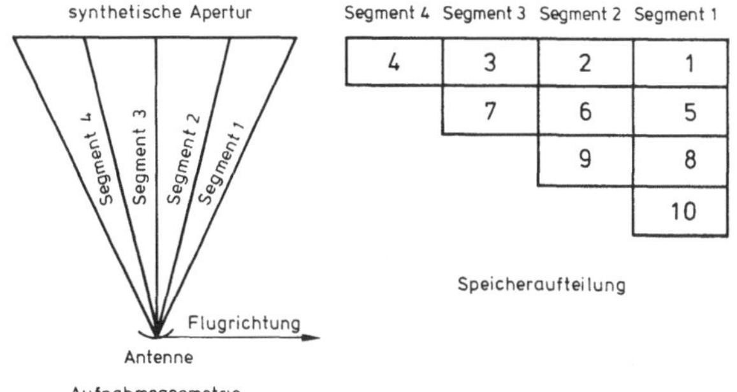

Abb. 6.3-12. Digitale Bildrekonstruktion. *a* Direkte Faltung; *b* Frequenz-Multiplex-Filterung

kleinert werden. Die Anordnung der Segmente ist in Abb. 6.3-12b dargestellt. Jedem Segment entspricht ein Abschnitt (Subapertur) der gesamten Apertur.

Im gezeichneten Beispiel wird das (Multiplex-) Datensignal durch Bandpaßfilterung in vier Segmente zerlegt. Beim Eintritt eines Zieles in den Radarstrahl wird zunächst nur das Segment 1 Information über dieses Ziel enthalten. Die Signale aller Bandpaßfilter werden zu diesem Zeitpunkt in die Speicherbereiche 1 bis 4 übernommen. Gelangt anschließend das Ziel in das Segment 2, so werden die Werte aus den Speichern 1 bis 3 in die Speicher 5 bis 7 übernommen. Die

Speicher 1 bis 4 werden anschließend mit neuen Werten überschrieben. Dieser Vorgang wiederholt sich noch zweimal, bis das Ziel in Segment 4 angelangt ist. Die Speicher 4, 7, 9 und 10 enthalten dann die Signalinformation des einen Punktzieles. Aus diesen Werten wird mit einer Filteroperation und mit einer anschließenden Interpolationsrechnung das Bildsignal erzeugt. Der Speicheraufwand ergibt für das erste Segment N_1/K Plätze, für das nächste Segment $N_1(K-1)/K^2$ Plätze und für das letzte Segment N_1/K^2 Plätze. Der Gesamtspeicherbedarf N_G ergibt sich nach (6.3-37). Für große Werte von K werden bei diesem Verfahren näherungsweise nur noch halb so viele Speicherplätze wie bei der direkten Faltung benötigt.

$$N_G = \frac{N_1}{K^2} \sum_{\nu=1}^{K} \nu = N_1 \frac{K+1}{2K}. \tag{6.3-37}$$

Wenn für die Bandpaßfilterung und für die Interpolationsrechnung je K^2 Rechenoperationen verwendet werden, so ergibt sich die Gesamtzahl an Operationen N_O zur Berechnung eines Range-Bin der Länge N_3 zu:

$$N_O = K^2 N_3 + \frac{N_1}{K} N_3. \tag{6.3-38}$$

Werden die Daten der einzelnen Segmente getrennt in Bildsignale umgesetzt, so ergeben sich K Bilder vom Ursprungsbild, ebenso viele, wie Segmente vorhanden sind. Die Auflösung jedes dieser Subaperturbilder ist um den Faktor K geringer als bei Anwendung der gesamten Apertur für die Berechnung eines Bildpunktes. Die Mittelung von mehreren Subaperturbildern wird als „Multilook" bezeichnet. Mit diesem Verfahren wird die Entdeckungswahrscheinlichkeit für Ziele mit bestimmten statistischen Eigenschaften erhöht.

Faltung mit Hilfe der FFT. Ein Verfahren mit vergleichsweise geringem Rechenaufwand ist die Faltung mit Hilfe der schnellen Fourier-Transformation (*FFT*). Zur Bilderzeugung werden die Eingangsfunktion und die Referenzfunktion mit Hilfe der *FFT* in den Frequenzbereich transformiert. Diese Spektren werden miteinander multipliziert und durch die inverse Transformation des Ergebnisses wird das Bildsignal erzeugt. Im Gegensatz zur direkten Faltung, die einen ununterbrochenen Datenstrom verarbeiten kann, muß bei der Anwendung der *FFT* das Datensignal in Datenblöcke aufgeteilt werden. Die auftretenden Besonderheiten bei der Faltung von zwei Datenblöcken sind in Abb. 6.3-13a dargestellt.

In der ersten Zeile ist die Eingangsfunktion d der Länge N_3, in der zweiten Zeile die Referenzfunktion m der Länge N_1 aufgezeichnet. Als Faltungsergebnis f erhält man $N_2 = N_1 + N_3 - 1$ Ergebniswerte, von denen jedoch nur $N_G = N_3 - N_1 + 1$ gültig sind, denn nur für sie wurde die Faltung über die vollständige Eingangsfunktion durchgeführt. Wird die Faltung mit Hilfe der *FFT* durchgeführt, so muß für diese eine Blockgröße $N_{FFT} > N_2$ gewählt werden.

Die Berechnung der *FFT* einer Referenzfunktion muß nur einmal durchgeführt werden. Die wiederkehrenden Operationen sind jeweils eine Hin- und eine Rücktransformation sowie N_2 Multiplikationen. Die Gesamtzahl der erforderlichen

Operationen für die Blockgröße N_2 (vgl. Tab. 2.1-2) wird

$$N_0 = N_2(2 \operatorname{ld} N_2 + 0{,}5). \qquad (6.3\text{-}39)$$

Dabei ist angenommen, daß eine Operation aus einer komplexen Addition und Multiplikation besteht und die für die *FFT* erforderliche Anzahl Additionen und Multiplikationen gleich ist. Für den Kompressionsfaktor $N_1 = 100$ sinkt bei der Wahl von $N_2 = 2048$ der Rechenaufwand auf ein Viertel dessen, was für die direkte Faltung erforderlich wäre. Allerdings ist der zwanzigfache Speicherplatz erforderlich. Die beschriebene Technik eignet sich besonders für die Simulation auf einem Universalrechner, da durch die geringe Anzahl von Rechenoperationen kurze Rechenzeiten erzielt werden können.

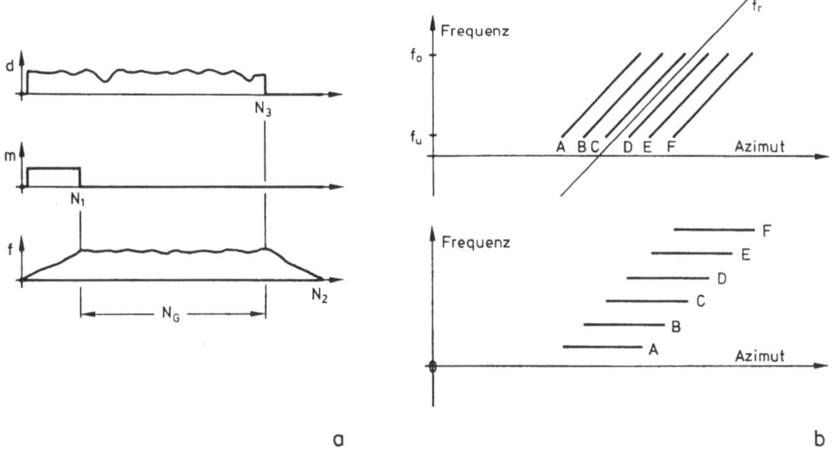

Abb. 6.3-13. Digitale Bildrekonstruktion. *a* Faltung mit endlicher Blocklänge; *b* Diagramm zur Frequenzanalyse

Frequenzanalyse des zurückgemischten Datensignals. Ein Bilderzeugungsprinzip das nicht wie die in den vorangegangenen Abschnitten erläuterten Verfahren auf der Faltung beruht, ist die Frequenzanalyse des zurückgemischten Datensignals. Zur Erläuterung dieses Prinzips sind in Abb. 6.3-13b im oberen Frequenzdiagramm die Datensignale von fünf Punktstreuquellen (*A* bis *F*) mit verschiedenen Azimutpositionen dargestellt.

Nach (6.3-19) erzeugt jede Punktstreuquelle ein Datensignal mit linearem Frequenzverlauf. Sie ergeben die fünf Geraden mit der jeweiligen Anfangsfrequenz f_u und der Endfrequenz f_o. Werden diese Datensignale gemeinsam mit einem Signal f_r gemischt („dechirped"), das die gleiche differentielle Frequenzänderung wie die Datensignale hat, so entsteht ein neues Signal, dessen Frequenzzusammensetzung im unteren Teil von Abb. 6.3-13b dargestellt ist. Eine Punktstreuquelle erzeugt im neuen Signal eine Schwingung, deren konstante Frequenz durch die Azimutposition bestimmt wird. Die Bildrekonstruktion kann deshalb mit einer Frequenzanalyse durchgeführt werden. Wird dafür die *FFT* eingesetzt, so ergibt sich die Anzahl der Operationen zur Bildrekonstruktion bei einer Blockgröße von N_2 zu

$$N_O = N_2(\text{ld}\, N_2 + 0{,}5)\,. \qquad (6.3\text{-}40)$$

Der Rechenaufwand ist gegenüber der Faltung mit Hilfe der *FFT* nur noch halb so groß, da nur eine Transformation ausgeführt werden muß. Der Speicheraufwand ist, bedingt durch die *FFT*, unverändert. Ähnlich wie bei der Frequenzmultiplexfilterung kann die Frequenzanalyse mit einer zweistufigen *FFT* durchgeführt werden. Dadurch wird der Rechenaufwand und der Speicherplatzbedarf weiter gesenkt. Zur Gegenüberstellung der vier Verfahren sind in Tab. 6.3-2 ihre wichtigsten Merkmale für $N_2 = 2048$ Datenwerte und einem Kompressionsfaktor $N_1 = 100$ zusammengestellt.

Tabelle 6.3-2. *Aufwandsvergleich zur digitalen Bildrekonstruktion*

	Anzahl Operationen N_O	Ergebnis-Bildpunkte N_G	Mittlere Zahl Operationen N_O/N_G	Speicherzellen
Direkte Faltung	204800	2048	100	100
Frequenz-Multiplex-Filterung $K = 4$	83968	2048	41	50
FFT-Faltung	46080	1850	25	2048
Dechirp und Frequenzanalyse	23522	1949	12	2048

Um ein vollständiges Bild zu verarbeiten, muß eines der zuvor beschriebenen Verfahren auf alle Range-Bins des Beobachtungsstreifens angewandt werden. Die Anforderungen an den digitalen SAR-Prozessor nehmen dann Größenordnungen an, die nur von speziellen Mehrprozessor-Hochleistungsrechnern erreicht werden. Beim Systementwurf muß deshalb neben der geforderten Verarbeitung auch auf eine gute Testmöglichkeit geachtet werden. Fehlererkennende Schaltungen und automatische Fehlerkorrektur sind ein weiteres Hilfsmittel, um die Zuverlässigkeit des Systems zu erhöhen.

6.3.3. Bewegtzielanzeige mit dem Seitensichtradar

Die Abbildungseigenschaften eines SAR-Systems erlauben im Gegensatz zu optischen Sensoren, die nur Momentaufnahmen von der Bildszene machen können, neben der Darstellung von Festzielen FTI (Fixed Target Indication) zusätzlich die Entdeckung und Anzeige von Bewegtzielen MTI (Moving Target Indication) [6].

Empfangssignal vom bewegten Ziel

Durch die Bewegung des Ziels am Boden entsteht eine zusätzliche Modulation des Empfangssignals, die zur Bewegtzielanzeige ausgewertet werden kann. Durch die Geschwindigkeitskomponente in Richtung des Trägers wird eine zusätzliche Dopplerverschiebung des Rückstrahlsignals erzeugt. Diese Verschiebung ist für die Modulation in Range wegen der hohen Bandbreite des Sendeimpulses jedoch zu gering, um ausgewertet werden zu können. Dagegen ist eine Auswertung der

Azimutkomponente möglich. Zur Ableitung des Bewegungseinflusses auf das Empfangssignal ist in Abb. 6.3-14 die Systemgeometrie in der Seitensichtebene dargestellt. Die Bewegung des Zieles wird durch die Geschwindigkeitskomponente v_r in Range und v_a in Azimut sowie durch die jeweils richtungsgleichen Beschleunigungen b_r und b_a beschrieben. Der Abstand zum Ziel ergibt sich danach zu

$$r(t) = \sqrt{\left[(v - v_a)\,t - \frac{1}{2}\,b_a t^2\right]^2 + \left[(r_0 - v_r\,t) - \frac{1}{2}\,b_r t^2\right]^2}\,. \qquad (6.3\text{-}41)$$

Mit den folgenden Beziehungen und einer Reihenentwicklung von (6.3-41) mit Abbruch nach dem quadratischen Glied ergibt sich:

$$r(x) \approx r_0 - \varepsilon_{\dot{r}} x + [(1 - \varepsilon_{\dot{a}})^2 - \varepsilon_{\ddot{r}}]\,\frac{x^2}{2r_0} \qquad (6.3\text{-}42)$$

mit $x = vt$ und

$$\varepsilon_{\dot{r}} = \frac{v_r}{v} \quad \text{(normierte radiale Geschwindigkeit)},$$

$$\varepsilon_{\ddot{r}} = \frac{b_r r_0}{v^2} \quad \text{(normierte radiale Beschleunigung)},$$

$$\varepsilon_{\dot{a}} = \frac{v_a}{v} \quad \text{(normierte azimutale Geschwindigkeit)}.$$

Nach der Demodulation entsteht das Datensignal $f(x)$ von einer bewegten Punktstreuquelle nach (6.3-43). Der Faktor A enthält alle systembedingten konstanten Größen. Durch den Vergleich dieses Empfangssignals mit dem Signal einer ortsfesten Punktstreuquelle nach (6.3-19) erkennt man eine Frequenzverschiebung, die durch die radiale Geschwindigkeit $\varepsilon_{\dot{r}}$ verursacht wird. Diese Dopplerverschiebung erzeugt im rekonstruierten Bild einen Bildpunktversatz gegenüber den wahren Koordinaten des Ziels. So kann es vorkommen, daß fahrende Fahrzeuge neben der Strecke abgebildet werden. Die beiden Faktoren $\varepsilon_{\dot{a}}$ und $\varepsilon_{\ddot{r}}$ bewirken eine Veränderung des quadratischen Phasenterms. Daraus resultiert eine „unscharfe" Abbildung des Punktziels. Diese „Unschärfe" kann durch Anpassung der Referenzfunktion bzw. durch Verschiebung der Linsen bei der Bildrekonstruk-

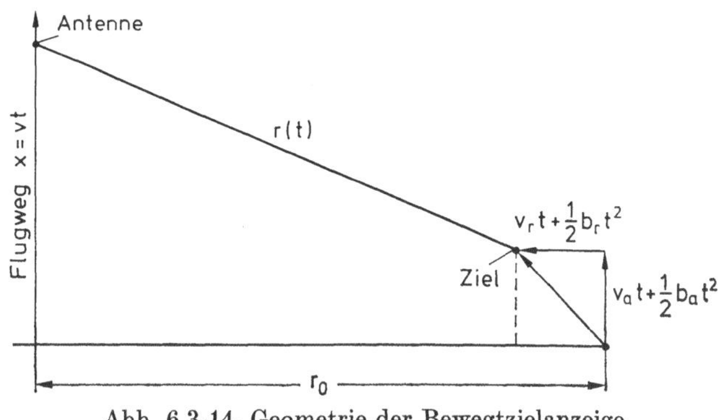

Abb. 6.3-14. Geometrie der Bewegtzielanzeige

tion ausgeglichen werden, dann werden jedoch alle Festziele „unscharf" abgebildet:

$$f(x) = A \exp j \left(\frac{4\pi}{\lambda} r(x)\right) = A \exp j \left(-\frac{4\pi}{\lambda} \varepsilon_{\dot{r}} x\right) \exp j \left\{\frac{2\pi}{\lambda r_0} x^2 \left[(1 - \varepsilon_{\dot{a}})^2 - \varepsilon_{\ddot{r}}\right]\right\}. \tag{6.3-43}$$

Bewegtzielanzeige

Zur Anzeige von Bewegtzielen wird die Frequenzverschiebung im Azimutsignal aufgrund der radialen Geschwindigkeitskomponente v_r ausgewertet. In Abb. 6.3-15a sind die Spektren für ein Festziel (durchgezogene Linie) und für ein Bewegtziel (unterbrochene Linie) aufgetragen. Das zweite Festzielspektrum in Abb. 6.3-15a mit seinem Maximum bei der *PRF* entsteht durch die Abtastung des Azimutsignals. Es wiederholt sich ebenso wie das Bewegtzielspektrum periodisch mit der *PRF*. Aus Darstellungsgründen ist nur ein Bewegtzielspektrum eingezeichnet. Zur Bewegtzielanzeige wird eine Bandpaßfilterung durchgeführt. Der zugehörige Filterbereich ist in Abb. 6.3-15a mit θ_f gekennzeichnet. Ein Festziel erzeugt am Ausgang des Filters ein Signal mit der Amplitude A_F, ein Bewegtziel mit der Radialgeschwindigkeit $\varepsilon_{\dot{r}}$ dagegen ein Signal der Amplitude A_B.

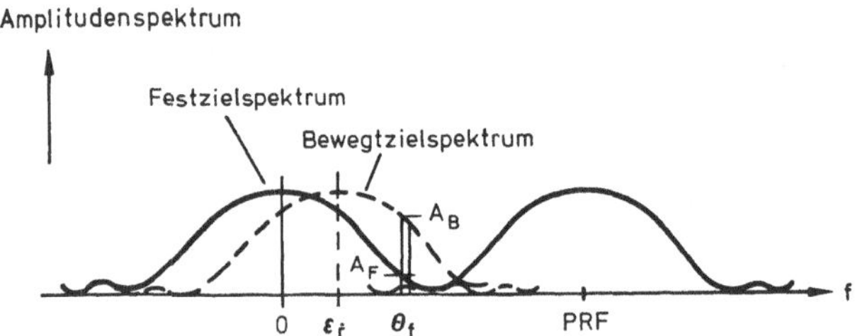

a

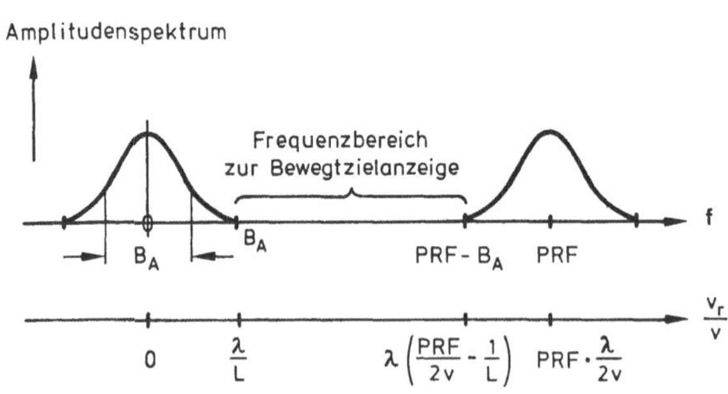

b

Abb. 6.3-15. Bewegtzielanzeige. *a* Signalspektrum; *b* Geschwindigkeitsbereich

Dieser Amplitudengewinn ermöglicht die Bewegtzielanzeige bei gleichzeitiger Festzielunterdrückung.

Systeme mit optischer Signalverarbeitung zur Festziel- und Bewegtzielanzeige verwenden zur Datenspeicherung zwei Bildstreifen (Kanäle), auf denen das Datensignal mit jeweils anderer Offsetfrequenz aufgezeichnet wird. Bei gleicher optischer Anordnung zur Bildrekonstruktion wird dadurch jeweils ein bestimmter Signalfrequenzbereich selektiert. Als Ergebnis entsteht ein Bildfilm mit einem Festziel- und einem Bewegtzielkanal. Die geometrische Zuordnung der Ziele auf den beiden Bildstreifen muß anschließend durch Bildüberlagerung durchgeführt werden.

Systeme mit elektronischer Signalverarbeitung verwenden zur Bewegtzielanzeige elektronische Filter. Es entstehen simultan die beiden Bildkanäle, die automatisch überlagert werden können. Bei genauer Kenntnis von Lage und Geschwindigkeit der Bewegtziele ist eine Lagekorrektur der Bewegtziele im Festzielbild theoretisch möglich. Praktisch eignet sich hierzu die Bewegtzielanzeige mit Hilfe der Dopplerfilterung jedoch nicht, da nur ein kleiner Teil der Signalbandbreite ausgewertet wird. Eine Weiterverarbeitung zu einem Bewegtzielbild mit hoher Auflösung (wie beim FTI-Bild) ist dann nicht mehr möglich. Andere Verfahren arbeiten entweder mit einer zusätzlichen Antenne oder mit einer speziellen Monopulsantenne und erreichen damit eine bessere Auflösung.

Geschwindigkeitsgrenzen bei der Bewegtzielanzeige

Ein Ziel muß sich mit einer minimalen Radialgeschwindigkeit zum Flugzeug bewegen, damit es als Bewegtziel entdeckt und angezeigt werden kann. Diese Geschwindigkeit ergibt sich aus der Forderung, daß sich das Signalspektrum des Bewegtzieles von dem Signalspektrum der Festziele genügend unterscheiden muß. Das Festzielspektrum wird durch den Öffnungswinkel β der Antennenkeule bestimmt. Der exakte Amplitudenverlauf ist vom gewählten Antennendiagramm abhängig. Zur näherungsweisen Berechnung wird ein glockenförmiger Verlauf mit der Bandbreite B_{A} nach (6.3-44) angenommen (Abb. 6.3-15b).

$$B_{\mathrm{A}} = \frac{2v}{\lambda}\,\beta = \frac{2v}{L}. \tag{6.3-44}$$

Die Dopplerverschiebung f_{D} ergibt sich aus (6.3-43) zu

$$f_{\mathrm{D}} = \frac{2v}{\lambda}\,\varepsilon_{\dot{\mathrm{r}}}. \tag{6.3-45}$$

Für die minimal notwendige Dopplerverschiebung wird üblicherweise die Forderung $f_{\mathrm{D}} > B_{\mathrm{A}}$ aufgestellt, da für ein Antennendiagramm mit sinc^2-Verlauf die erste Nullstelle des Frequenzspektrums bei der Frequenz B_{A} auftritt. Damit ergibt sich für die normierte radiale Geschwindigkeit die Forderung nach (6.3-46). Die minimale radiale Zielgeschwindigkeit v_{r} nimmt linear mit der Trägergeschwindigkeit v zu und ist unabhängig vom Seitensichtabstand:

$$\varepsilon_{\dot{\mathrm{r}}} = \frac{v_{\mathrm{r}}}{v} \geq \frac{\lambda}{L}. \tag{6.3-46}$$

Die maximale Geschwindigkeit zur Bewegtzielanzeige ergibt sich aus einer oberen Frequenzgrenze. Durch die Abtastung des Azimutsignales mit der *PRF* wiederholt sich das Festzielspektrum periodisch auf der Frequenzachse (Abb. 6.3-15b). Der Dopplerfrequenzbereich reicht demnach bis zur Frequenz $PRF - B_A$. Die zugehörige maximale Radialgeschwindigkeit ist in (6.3-47) angegeben:

$$\varepsilon_{\dot{r}} = \frac{v_r}{v} \leqq \lambda \left(\frac{PRF}{2v} - \frac{1}{L} \right). \tag{6.3-47}$$

Nach dieser Gleichung wird mit einer hohen *PRF* zur Bewegtzielanzeige ein großer Geschwindigkeitsbereich abgedeckt. Im Gegensatz dazu ist für eine große Streifenbreite eine niedrige *PRF* erforderlich. Oberhalb der Frequenz $PRF + B_A$ ist erneut ein Frequenzfenster, in dem die Bewegtziele entdeckt werden können. Die Geschwindigkeitsbestimmung ist deshalb nicht eindeutig, da sich das *MTI*-Spektrum wie das Festzielspektrum periodisch wiederholt. Die Abschnitte $n \cdot PRF \pm B_A$ für $n = 1, 2, \ldots$ werden als Blindgeschwindigkeitsbereiche bezeichnet. Eine Alternative zur Abdeckung eines großen Geschwindigkeitsbereiches besteht in der Verwendung mehrerer unterschiedlicher *PRF* (staggered *PRF*) zur Ausschaltung der Blindgeschwindigkeiten. Der Verarbeitungsaufwand zur Festzieldarstellung wird durch eine solche Maßnahme wesentlich erhöht.

6.3.4. Literatur

[1] SKOLNIK, M. I.: Radar Handbook. New York: McGraw-Hill 1970.

[2] ALPES, W., HASSELMANN, K.: The Two-Frequency Microwave Technique for Measuring Ocean Wave Spectra from an Airplane or Satellite. Journal of Boundary Layer Meteorology **13**, 215–230 (1977).

[3] DFVLR-Ergebnisbericht 1976, S. 4–3 (Juli 1977, Köln 90).

[4] Meßflug 10/76, Flughöhe 400 m, Kontrastüberhöhung bei kalten Flächen. Luftbildfreigabe: Reg. Präs. Düsseldorf F. Nr. OG 642 vom 14. Oktober 1976.

[5] HARGER, R. O.: Synthetic Aperture Radar Systems. New York–London: Academic Press 1970.

[6] KEITH RANEY, R.: Synthetic Aperture Imaging Radar and Moving Targets. IE³ Transactions on Aerospace and Electronic Systems **AES-7** (1971).

[7] Nach ERIM: Environmental Research Institute of Michigan, Ann Arbor, Mich., USA.

6.4. Bildinformationssysteme

Die Automatisierung der Bilddatenerfassung und Bildinterpretation erfordert eine maschinelle Verarbeitung sehr großer Datenmengen. Ein einziges farbiges Luftbild der Größe 23 cm × 23 cm ergibt nach optisch-elektrischer Wandlung und Analog-Digital-Umsetzung in 3 Spektralbereichen mit einer Auflösung von je 20 µm und einer Quantisierung in 256 Intensitätsstufen je Bildpunkt einen Datenblock von etwa $3 \cdot 10^9$ bit (zum Vergleich: ein übliches Magnetband hat eine Speicherkapazität von etwa 10^8 bit). Selbst wenn durch die verschiedenen Verfahren der Bildverarbeitung bis hin zur Objektklassifizierung eine drastische Reduktion der Datenmenge erreicht werden kann, ist es zweckmäßig, EDV-gestützte Informationssysteme zum Sortieren, Speichern, Verknüpfen und zum

Bereitstellen von Bilddaten einzurichten. Wegen der unterschiedlichen Anwendungen, wie z. B. Kartographie, Luftaufklärung, Medizin oder Regionalplanung, werden sich meist anwendungsbezogene, nicht ineinander überführbare Informationssysteme ergeben.

Man kann zwei Arten von Informationssystemen unterscheiden. Bei bestimmten Anwendungen, wie z. B. für die Röntgenbildspeicherung in der Medizin, wird die unverarbeitete oder höchstens im Sinne einer Bildverbesserung vorverarbeitete, vollständige Bildinformation gespeichert (z. B. elektro-magnetisch bzw. optisch in Form von Blasenspeicheraufzeichnungen bzw. Mikrofilm oder optischen Speichern). Im Vergleich zur anschließend dargestellten Alternative sind Speicherplatzbedarf und Zugriffszeit groß. Bei jedem Zugriff zu einem Bild ist eine erneute, in vielen Fällen zeitraubende Interpretation nötig. Andererseits ist es dadurch aber möglich, ein Bild zu beliebigen Zeitpunkten aus unterschiedlichen Gesichtspunkten und für verschiedene Aufgabenstellungen auszuwerten oder zu interpretieren. Dieses Vorgehen ist in solchen Fällen empfehlenswert, in denen von sehr unterschiedlichen Fachrichtungen (z. B. Geologie, Hydrologie, Kartographie, Archäologie) das Bildmaterial ausgewertet wird [1, 2, 3] oder wenn z. B. aus juristischen Gründen die Speicherung der Originalbilder erforderlich ist (Röntgenbilder) [4].

Bei der zweiten Art der Informationssysteme werden statt der platzraubenden Speicherung der Originaldaten nur die Interpretationsergebnisse abgelegt. Die meisten Forschungs- und Entwicklungsprojekte zielen in diese Richtung [5—11]. Die Vorteile eines EDV-gestützten Informationssystems, nämlich das Sortieren, Ändern und Verknüpfen von Daten, können hier vollständig genutzt werden. Der Wiederzugriff zu den Bilddaten (genauer Objektdaten aus Bildern) erfordert keine erneute Interpretation, sondern liefert sofort Objektdaten, wie z. B. Lage, Form, Eigenschaften, Beschreibungen von Objekten oder auch Beziehungen zwischen Objekten. Diese Vorgehensweise der einmaligen Interpretation der Bilder mit nachfolgender Speicherung der Ergebnisse ist in allen Fällen vorteilhaft, in denen die Aufgabenstellung klar und definierbar ist, wie z. B. eine Flächennutzungsstatistik in der Regionalplanung [11] oder eine gezielte Luftaufklärung [13].

Im folgenden werden in Übereinstimmung mit der historischen Entwicklung drei Informationssysteme aus verschiedenen Anwendungsgebieten dargestellt. Die beiden ersten Systeme sind operationell, weisen jedoch nur einen verhältnismäßig geringen Anteil an EDV-Unterstützung auf. Im anschließenden Abschnitt wird gezeigt, wie die erforderlichen Daten strukturiert sein sollen, um die Grundlage für ein höheres Maß an EDV-Unterstützung in Bildinformationssystemen zu schaffen. Das dritte Systembeispiel aus der Kartografie verwendet derartige auch in der grafischen Datenverarbeitung gebräuchliche Datenstrukturen.

6.4.1. Operationelle Luftbildinformationssysteme

Von M. Sties

Unter den vielen Anwendungsgebieten ist die Luftaufklärung am härtesten mit dem Problem konfrontiert, große Datenmengen in sehr kurzer Zeit bearbeiten, auswerten und organisieren zu müssen. Der wesentliche, zeitbestimmende Faktor ist dabei die eigentliche Luftbildinterpretation und der Vergleich mit früher gewonnenen Informationen. Die Bildinterpretation selbst ist beim gegenwärtigen Stand der Technik praktisch nicht automatisierbar und bleibt wegen der Komplexität der dabei zu treffenden Entscheidungen dem Menschen vorbehalten. Für sehr viele Hilfs- und Routinefunktionen ist jedoch eine EDV-Unterstützung im Sinne einer Entlastung des Interpreten und einer Beschleunigung der Vorgänge zweckmäßig. Die ersten operationellen Bildinformationssysteme mit EDV-Unterstützung, aber ohne Vollautomatisierung, sind für die Luftaufklärung realisiert worden. In den folgenden Abschnitten werden zwei verschiedene Aufklärungssysteme erläutert.

Die Aufgabenstellung für die Luftaufklärung ist klar definiert: Gegeben sind ein nicht sehr großer Objektkatalog (z. B. Brücken, Hafenanlagen, Flugplätze u. ä.) und ein bekanntes, meist sehr gut kartiertes Gebiet. Verfügbar sind außerdem Bilder und Interpretationsergebnisse früherer Befliegungen sowie gegebenenfalls Informationen aus anderen Quellen über die interessierenden Objekte. Mit Bezug auf solches Referenzmaterial sind neu eintreffende Luftbilder der sehr unterschiedlichen Aufnahmegeräte zu interpretieren. Die Aufnahmebedingungen der Luftbilder (z. B. Flughöhe, Aufnahmeposition) sind bekannt.

Filmspeicherndes System

Abb. 6.4-1 zeigt ein Blockdiagramm eines filmspeichernden Aufklärungssystems [12]. Die Arbeit der Bildauswertung ist zur Beschleunigung und Spezialisierung hier auf 2 Interpreten aufgeteilt. Der erste Interpret hat die Aufgabe der Vorselektion und der Referenzmaterialbeschaffung (Konsole *A* in Abb. 6.4-1). Er legt den vollständigen Missionsfilm auf seinen Leuchttisch in die rechnergesteuerte Filmtransporteinrichtung ein. Inzwischen wurden die Flugweg- und Aufnahmeparameter in den Rechner eingegeben. Ein rechnergesteuerter Landkartenprojektor erzeugt automatisch eine Projektion eines Kartenausschnitts auf einem Projektionsschirm, so daß Aufnahmeposition und Flugrichtung des momentan am Leuchttisch sichtbaren Luftbildes mit dem Schirmmittelpunkt und der vertikalen Schirmmittellinie übereinstimmen. Damit kann der erste Interpret die Aufgabe der Vorselektion lösen. Durch visuellen Vergleich des Missionsbilds mit dem ausgerichteten Kartenausschnitt kann er schnell entscheiden, ob inter-

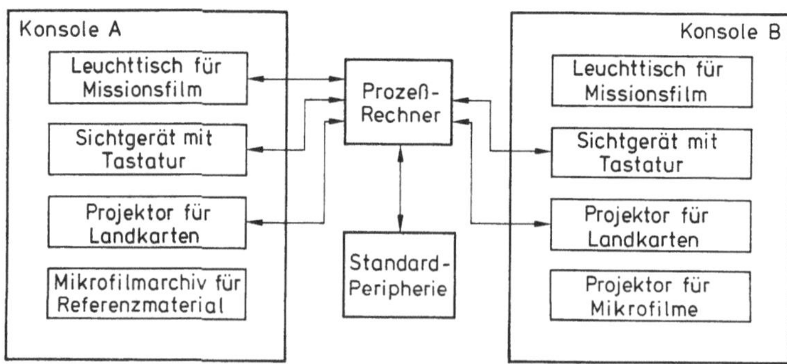

Abb. 6.4-1. Blockschaltbild eines filmspeichernden Aufklärungssystems (Konsole A für Referenzmaterial- und Objektauswahl, Konsole B für Missionsfilminterpretation)

essierende Objekte im Bild sichtbar sind und ob die Interpretation sich lohnt (z. B. ausreichende Beleuchtung, keine Störungen im Bild).

Danach fragt der Interpret eine Objektdatenbank ab, ob die sichtbaren Objekte zu früheren Zeitpunkten bereits erfaßt wurden. Die Datenbank enthält ein Kurzprotokoll zu jedem erfaßten Objekt. Die Protokolle sind nach Objektname, Objekttyp, geographischer Objektposition und Aufnahmezeitpunkt sortiert abgelegt. Aus den Kurzprotokollen, die am Displayterminal erscheinen, erhält der Interpret Hinweise, wo das Referenzmaterial im Mikrofilmarchiv zu finden ist. Dieses Material wird manuell von dort beschafft. Inzwischen hat der Interpret die betreffenden Kurzprotokolle auf den neuesten Stand gebracht bzw. neu angelegt und wieder in der Datenbank abgelegt. Die ausgesuchten Missionsbilder und das Referenzmaterial, das sowohl Bildausschnitte als auch ausführliche Interpretationsprotokolle auf Mikrofilm enthält, werden dem zweiten Interpreten übergeben.

Die Aufgabe des zweiten Interpreten besteht in der detaillierten Interpretation der vorselektierten Objekte (Konsole *B* in Abb. 6.4-1). Durch visuellen Vergleich der auf den drei verschiedenen Sichtgeräten dargestellten Bild- bzw. Karteninformation muß der zweite Interpret die interessierenden Objekte identifizieren, Veränderungen gegenüber dem früheren Zustand erkennen, Position und Form, Größenverhältnisse, Beschaffenheit usw. der Objekte ermitteln und einen Interpretationsbericht erstellen.

Für die numerischen Probleme, wie Größen- oder Entfernungsberechnungen, stehen Rechnerprogramme zur Verfügung, die auch projektive Verzerrungen berücksichtigen. Die Dateneingabe für diese Rechnerprogramme erfolgt dabei manuell nach der Bestimmung der Koordinaten auf dem Film. Für den Bericht gibt es ein Formular, das auf Wunsch auf dem Schirm des Displays erscheint und dort ausgefüllt wird. Missionsbildausschnitt und Interpretationsbericht werden zusammen wiederum mikroverfilmt und dem Archiv zugeführt.

Die EDV-Unterstützung in diesem Aufklärungssystem besteht also aus folgenden Arbeitsschritten:

Aus den Flug- und Aufnahmeparametern wird die Steuerung des Landkartenprojektors abgeleitet.

Kurzprotokolle aller erfaßten Objekte sind in einer Datenbank sortiert abgelegt. Der Zugriff zu dieser Information ist über 4 Suchkriterien möglich und dient in erster Linie der Beschaffung von Referenzmaterial für die ausführliche Interpretation.

Rechnerprogramme für numerische Probleme stehen zur Verfügung.

Ein programmiertes Standardformular für den Ergebnisbericht jeder Objektinterpretation ist vorbereitet.

Berichtspeicherndes System

Abb. 6.4-2 zeigt ein Blockbild eines berichtspeichernden Aufklärungssystems [13]. Dargestellt ist eine Zusammenfassung von 4 Fotointerpretationskonsolen. Die Ausstattung einer solchen Konsole zeigt Abb. 6.4-3. Es gibt auch hier eine Arbeitsteilung bei der Luftbildauswertung. Der erste Interpret hat hauptsächlich vorbereitende und überwachende Aufgaben, die drei anderen führen die Detailinterpretation durch. Bevor das Missionsbildmaterial vorliegt, beschafft der erste Interpret das Referenzmaterial mit Hilfe der Daten der Flugwegplanung. Er legt die betreffenden Landkarten und Filme früherer Missionen bereit und überträgt den betreffenden Bereich der auf Magnetband gespeicherten Datenbank zum System eines der Detailinterpreten. Die Datenbank enthält neben allgemeinen Daten über die verfügbaren Aufnahmegeräte alle bisher erstellten Objektinterpretationsprotokolle und Objektdaten aus anderen Informationsquellen. Die Daten sind regional gegliedert, um eine bereichsweise Übertragung zu ermöglichen.

Der Detailinterpret legt den Originalmissionsfilm in die rechnergesteuerte Filmtransporteinrichtung seines Leuchttisches ein. Aktuelle Flugwegparameter werden über einen optischen Zeichenleser auf dem Missionsfilm gelesen. Wenn der

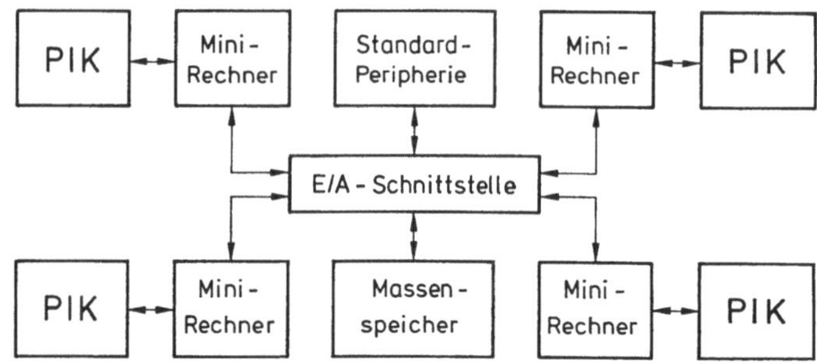

Ab. 6.4-2. Blockschaltbild eines berichtspeichernden Aufklärungssystems mit 4 Photointerpretationskonsolen (PIK)

Interpret die geographische Position eines Objekts eingibt, steuert der Rechner den Filmtransport derart, daß das Missionsbild mit dem betreffenden Gebiet auf dem Leuchttisch erscheint. Gibt der Interpret den Objektnamen an, so wird in der Datenbank die entsprechende geographische Position gesucht, sofern das Objekt schon erfaßt wurde.

Ein wesentliches Hilfsmittel zur Erfassung von geographischen Positionen, Entfernungen und Objektausdehnungen sind die beiden gekoppelten Lichtmarken (Cursor), die am Leuchttisch bzw. Kartenprojektor eingebaut sind. Die Cursor sind rechnergesteuert einsetzbar, z. B. zur Anzeige einer Objektposition, die früher in die Datenbank eingegeben wurde, oder manuell gesteuert einsetzbar zur Eingabe von Koordinaten in den Rechner. Der Objektinterpretationsbericht wird am Displayterminal mit Hilfe eines programmierten Formulars erstellt und auch in der Datenbank abgelegt.

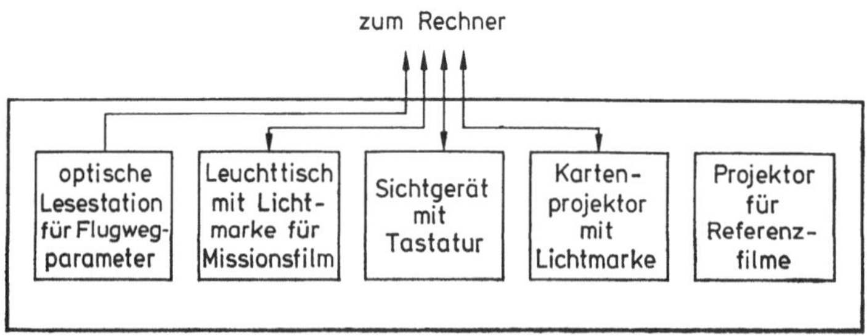

Abb. 6.4-3. Ausrüstung einer Photointerpretationskonsole

Die EDV-Unterstützung bei diesem Aufklärungssystem besteht aus folgenden Arbeitsschritten:

Luftbildinterpretationen und Informationen aus anderen Quellen über alle bereits erfaßten Objekte sind in einer globalen Datenbank abgelegt. Die Daten sind nach Objektnamen und Objektpositionen sortiert. Die Datenbank dient der Bereitstellung verbalen Referenzmaterials.

Flug- und Aufnahmeparameter zusammen mit gespeicherten Positionsangaben werden zur Steuerung des Filmtransportes auf dem Leuchttisch und der beiden Cursor verwendet.

Die Cursor dienen der Eingabe von Koordinaten in den Rechner.

Rechnerprogramme zur Berechnung von Koordinatentransformationen, Entfernungen und Größen stehen zur Verfügung.

Ein Formular für den Interpretationsbericht ist abrufbar.

Problematisch scheint bei beiden Aufklärungssystemen die visuelle Korrelation der mit verschiedenen Maßstäben und Abbildungsverfahren auf 3 räumlich getrennten Sichtgeräten dargestellten Bild- bzw. Karteninformationen zu sein. Vorschläge zur automatischen Anpassung und Überlagerung von Referenz- und Missionsbildmaterial sind untersucht worden (s. 2.3.2.).

6.4.2. Strukturierung interpretierter Luftbilddaten

Von W. Kestner

Die Interpretationsprotokolle der in 6.4.1. skizzierten Aufklärungssysteme bestehen hauptsächlich aus verbalen Beschreibungen der in einem Luftbild enthaltenen interessierenden Objekte. Eine wesentliche Erweiterung kann durch Einbeziehung grafischer Objektinformation in die Protokolle erzielt werden. Um dies effektiv durchführen zu können, ist eine Informationsreduktion auf einige charakteristische Objektmerkmale erforderlich. Deren Speicherung liefert die Repräsentation zweidimensionaler Bildobjektinformation in einem eindimensionalen Speichermedium.

Da in dieser Repräsentation ein Teil der relevanten grafischen Information nur noch implizit enthalten ist (z. B. topologische Beziehungen zwischen Objekten), sollte redundante Information hinzugefügt werden, welche häufig vorkommende Fragestellungen schneller zu beantworten ermöglicht (ein Objekt liegt in einer bestimmten Gegend, ein Objekt berührt ein anderes oder liegt innerhalb eines anderen, usw.). Für Anwendungen, in denen die Entwicklung von Objekten bzw. Objektbeziehungen interessiert (historische Analyse), muß der

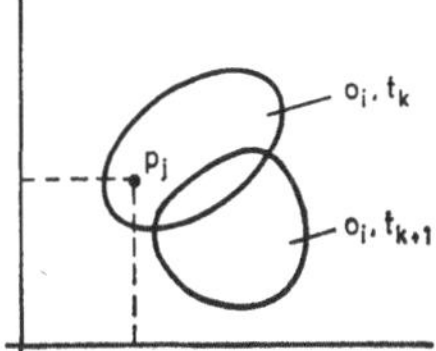

Abb. 6.4-4. Zeitliche Entwicklung eines Objekts o_i

Begriff „Zeit“ mit berücksichtigt werden. Im folgenden wird angegeben, wie eine derartige Objekt-Ort-Zeit-Beziehung behandelt werden kann.

Objekte und ihre zeitlichen Veränderungen werden als dreistellige Beziehung zwischen den Begriffen Objekt, Ort und Zeit behandelt. Abb. 6.4-4 zeigt ein Objekt o_i, das zu den Zeitpunkten t_k und t_{k+1} unterschiedliche Lage und Form besitzt. Der Zusammenhang zwischen Objekt, Ort und Zeit läßt sich durch eine Menge von Tripeln $\langle o, p, t \rangle$ ausdrücken. Ist $\langle o_i, p_j, t_k \rangle$ Element der Menge, so besagt dies, daß sich an der Stelle p_j zur Zeit t_k das Objekt o_i befindet.

Objekt-Ort-Beziehung

Im folgenden soll diskutiert werden, wie eine derartige Beziehung behandelt werden kann, damit in der Praxis auftretende Fragestellungen beantwortet werden können. Der Begriff „Zeit“ soll hierbei vorerst unberücksichtigt bleiben und

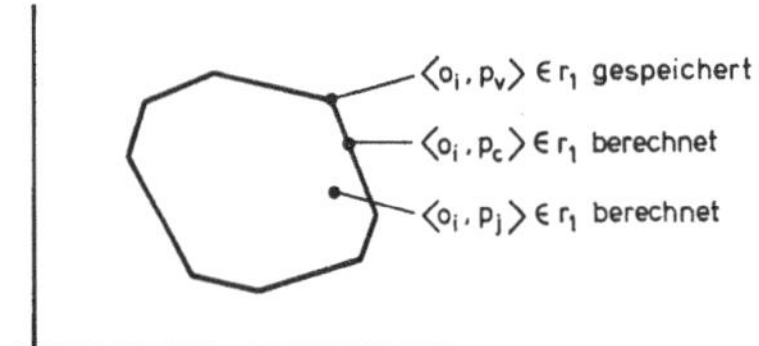

Ab. 6.4-5. Ermittlung der Ortskoordinaten eines Objekts o_i

wird später wieder eingeführt. Statt der dreistelligen Relation $r \subseteqq O \times P \times T$ ($o_i \in O$, $p_j \in P$, $t_k \in T$) wird zunächst die Projektion $r' \subseteqq O \times P$ betrachtet.

Es sind zwei Typen von Fragestellungen möglich und auch sinnvoll:

Typ 1: An welchem Ort befindet sich ein bestimmtes Objekt?

Typ 2: Welche Objekte befinden sich an einem bestimmten Ort?

Die Frage nach dem Ort taucht beispielsweise auf, wenn ein Objekt auf dem Bildschirm dargestellt werden soll. Die Frage nach den Objekten an einem bestimmten Ort stellt sich, wenn Nachbarschaftsbeziehungen zwischen verschiedenen Objekten ermittelt werden sollen. Im folgenden soll erörtert werden, welche Wege beschritten werden können, um beide Fragetypen gleich gut beantworten zu können, ohne alle Paare sowohl nach Objekten ($\langle o_i, p_j \rangle \in r_1$) als auch dem Ort ($\langle p_j, o_i \rangle \in r_2$) sortiert abzuspeichern.

Objektorientierte Fragestellungen. Es kann davon ausgegangen werden, daß die Anzahl der Elemente in P sehr groß gegenüber der Anzahl der Elemente in O ist. Eine Aufwandreduzierung bei der Speicherung der Paare $\langle o_i, p_j \rangle$ wird sich daher vor allem dann ergeben, wenn die Anzahl der zu speichernden Punkte verkleinert wird. Aus diesem Grund werden nur Paare $\langle o_i, p_v \rangle$ gespeichert, wobei die Punkte p_v Stützstellen der Objektkontur von o_i sind. Die Punkte p_c auf der Kontur und p_j im Inneren des Objektes lassen sich durch 2 Rechenvorschriften (z. B. lineare Interpolation und „Liegt-innerhalb“-Algorithmus) ermitteln (Abb. 6.4-5).

Werden die Paare $\langle o_i, p_v \rangle$ nach Objekten sortiert abgelegt, so läßt sich eine Frage des Typs 1 (z. B. Rekonstruktion der Kontur von o_i oder Entscheidung, ob ein bestimmter Punkt p_j innerhalb von o_i liegt) mit Hilfe der gespeicherten Paare $\langle o_i, p_v \rangle$ und den entsprechenden Berechnungsvorschriften sehr einfach beantworten.

Ortsorientierte Fragestellungen. Leider genügt es nicht, die Paare $\langle p_v, o_i \rangle$ mit p als Suchkriterium abzuspeichern, um auch Fragen des Typs 2 einfach beantworten zu können. Da die Paare $\langle p_j, o_i \rangle$ und $\langle p_c, o_i \rangle$ (Abb. 6.4-5) nicht gespeichert sind, sondern nur errechnet werden können, bliebe auch eine Suche nach p_j oder p_c erfolglos.

Eine ortsabhängige Speicherung aller Punkt-Objekt-Paare kann durch Zusammenfassung benachbarter Punkte in einem repräsentativen Punkt vermieden werden. Diese Zusammenfassung kann objektorientiert (Abb. 6.4-6a) oder systematisch ortsorientiert (Abb. 6.4-6b) erfolgen.

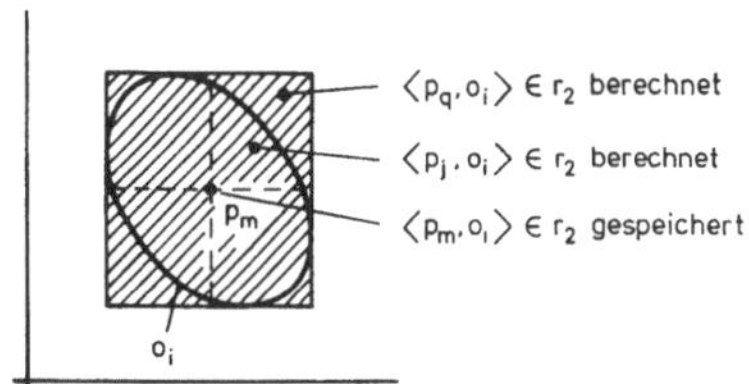

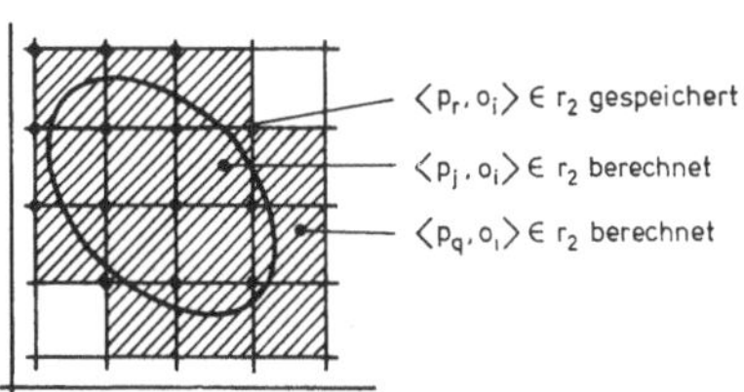

Abb. 6.4-6. Zusammenfassung benachbarter Punkte. *a* Objektorientiert; *b* ortsorientiert

Die hierdurch bedingte Vergröberung bewirkt, daß auch Punkte p_q, die o_i nicht angehören, so behandelt werden, als lägen sie innerhalb des Objektes. Trotzdem kann die Typ-2-Frage „Welchen Objekten gehört ein gegebener Punkt p_j an?" auch exakt sehr schnell beantwortet werden: Zuerst werden über r_2 alle Objekte gesucht, zu denen p_j sehr wahrscheinlich gehört; danach wird mit Hilfe von r_1 geprüft, welchen dieser Objekte p_j tatsächlich angehört.

Segmentierung von Objekten. Die Anwendung der Relationen r_1 und r_2 ist in der Praxis noch nicht voll befriedigend:

Ist die Ausdehnung des Objekts groß gegenüber dem Teil, der grafisch dargestellt werden soll (z. B. Seeufer, Autobahn), so muß ein großer Teil der in r_1 unter dem Suchbegriff o_i gefundenen Paare als für die Darstellung unerwünscht ausgesondert werden.

In einem Informationssystem für Objekte aus Luftbildern interessieren neben der genannten Objekt-Ort-Beziehung auch ortsabhängige Beziehungen zwischen verschiedenen Objekten. Abb. 6.4-7 zeigt hierfür zwei Beispiele. Derartige Zusammenhänge können zum Zeitpunkt der entsprechenden Fragestellung aus den Objekten und ihren Koordinaten (über r_2 und r_1) ermittelt werden. Sie können in besonderen Fällen aber auch explizit in Relationen festgehalten werden (z. B. $\langle o_1, o_2 \rangle \in r_3$.) Fragen, zu deren Beantwortung r_3 mit herangezogen wird, werden hier als Typ-3-Fragen bezeichnet (Beispiel: „Welche Objekte schneiden ein Objekt o_i?“). Für ausgedehnte Objekte ist eine solche Aussage allerdings immer noch sehr ungenau.

Gemeinsame Konturverläufe bei der Berührung zweier Objekte müssen doppelt abgespeichert werden ($(\langle o_1, p_j\rangle \cdots \langle o_2, p_j\rangle \cdots \in r_1)$. Dies kann aus Gründen des Speicherplatzbedarfs und der Übersichtlichkeit von Nachteil sein.

Eine Verbesserung wird durch Unterteilung der Objekte in kleinere Einheiten do_i (Objektteile) erzielt. Diese Objektsegmentierung kann ebenfalls entweder

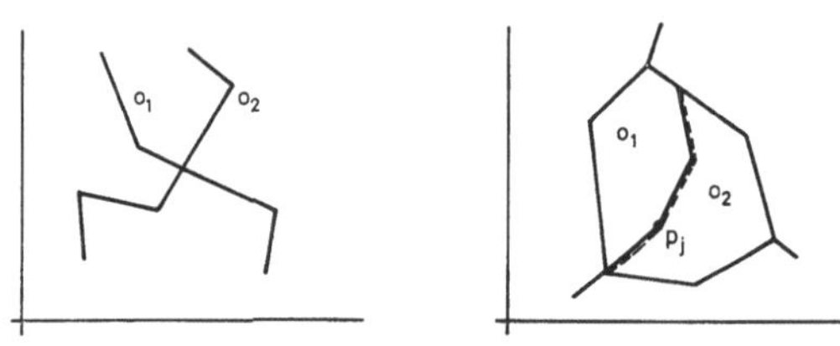

a b

Abb. 6.4-7. Ortsabhängige Beziehungen zwischen 2 Objekten. *a* Schnitt; *b* Berührung

objektorientiert oder ortsorientiert erfolgen. In Abb. 6.4-8a sind die die Kontur approximierenden Geradensegmente Objektteile. Ihre Anzahl wird von der Darstellungsgenauigkeit des Objekts bestimmt. In dem gewählten Beispiel sind die Objektteile $do_1 \cdots do_9$ den Objekten o_1 und o_2 gemeinsam.

Abb. 6.4-8b zeigt eine ortsabhängige Objektsegmentierung. Die Begrenzung der Objektteile do_i erfolgt hier nicht durch die Konturstützpunkte p_v, sondern durch das untergelegte systematische Raster. Die Anzahl der Objektteile ist von der Darstellungsgenauigkeit nahezu unabhängig. Die Objektteile do_1 bis do_4 sind den Objekten o_1 und o_2 gemeinsam. Die zugehörigen Objektteilkoordinaten

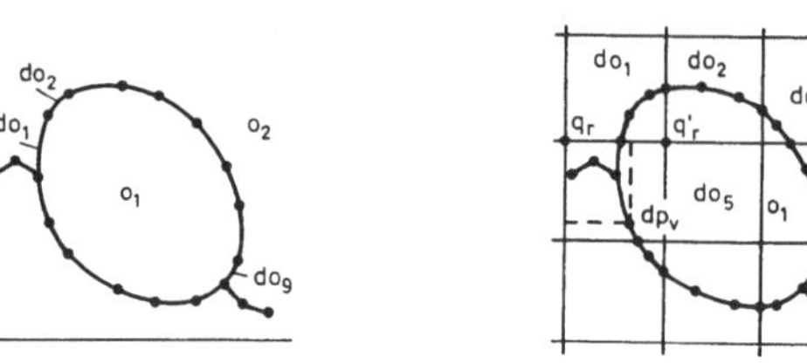

a b

Abb. 6.4-8. Objektsegmentierung. *a* Objektorientiert; *b* ortsorientiert

werden nur einmalig gespeichert. Ein Objektteil do_i ist hier durch die Koordinaten q_r eines Rasters (absolut) und die Koordinaten dp_v des Objekts o_i in diesem Raster (relativ) definiert. Das Raster q_r kann, muß aber nicht mit dem Raster p_r, das zur ortsabhängigen Speicherung eingeführt wurde (Abb. 6.4-6b), übereinstimmen.

Die Relationen r_1 und r_2 können nun zu dreistelligen Relationen mit $\langle o_i, do_i, p_v\rangle \in r_1$ und $\langle p_r, o_i, do_i\rangle \in r_2$ erweitert werden, von denen die folgenden Projektionen betrachtet werden sollen:

$$\begin{aligned} &\langle o_i, do_i\rangle \in r_{11}, \\ &\langle do_i, p_v\rangle \in r_{12} \quad \text{mit} \quad p_v = q_r + dp_v \quad \text{und} \quad \langle p_r, do_i\rangle \in r_{21}, \\ &\qquad\qquad\qquad\qquad\qquad\qquad\qquad\qquad\quad \langle do_i, o_i\rangle \in r_{22}. \end{aligned} \tag{6.4-1}$$

Abb. 6.4-9 veranschaulicht an Hand eines Beispiels, welche Elemente die Relationen $r_{11} \cdots r_{22}$ im Fall eines linienhaften Objekts enthalten. Beachte, daß im selben Beispiel r_{21} weitere Paare (z. B. $\langle p_{12}, do_i'\rangle$) enthält, falls o_1 eine Fläche

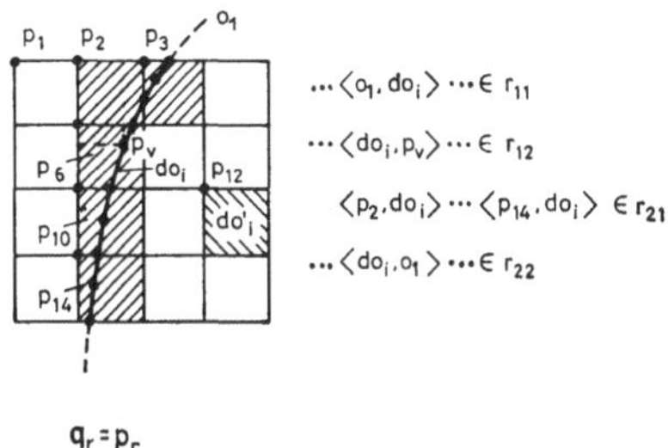

Abb. 6.4-9. Speicherung einer Objekt-Orts-Beziehung

ist. Das Raster p_{12} befindet sich voll innerhalb der Fläche, enthält jedoch nur ein „leeres" Objektteil do_i', d. h. ein Objektteil ohne Koordinatenpaare. Die Relation r_{12} enthält in beiden Fällen die gleichen Elemente, während r_{11} und r_{22} im Fall der Fläche zusätzlich Paare $\langle o_1, do_i'\rangle$ bzw. $\langle do_i', o_1\rangle$ enthalten.

In Abb. 6.4-10 ist dargestellt, auf welche Relationen zurückgegriffen werden muß, um die verschiedenen Fragestellungen beantworten zu können. Die erzielte Antwort besteht aus einer Liste von Objekten (o_i), Koordinaten (p_v) oder Orten (p_r). Die Objektteile do_i treten für den Anwender nicht in Erscheinung.

Zeit-Beziehung und nichtgrafische Begriffe

Die zeitliche Abhängigkeit kann durch Erweiterung der Relationen um eine Zeitkomponente eingeführt werden. Da sich nicht zu jedem Beobachtungszeitpunkt alle Objekt-Orts-Beziehungen ändern, ist es zweckmäßig, statt einzelner Zeitpunkte die Zeitintervalle zu registrieren, während derer die Beziehung gilt.

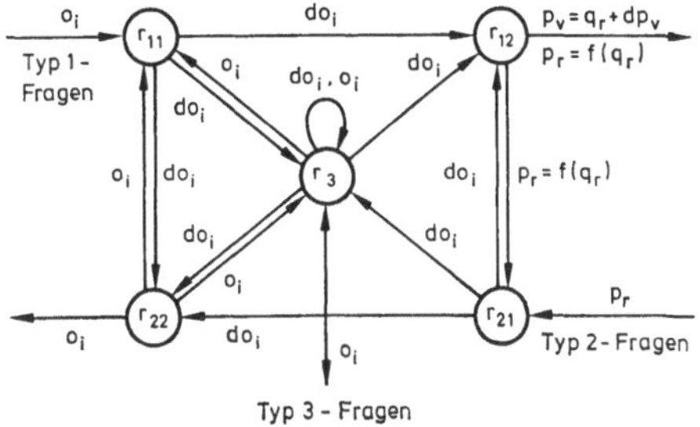

Abb. 6.4-10. Informationsgewinnung aus der Objekt-Orts-Beziehung

Bei einer ortsabhängigen Segmentierung des Objekts sind die Objektteile zeitlich unabhängig durch ein Raster p_r und ihre Koordinaten p_v definiert. Aus diesem Grund brauchen nur die Relationen r_{11} und r_{22} um eine dritte, zeitliche Komponente erweitert zu werden. Diese Erweiterung muß auch für jene Relationen r_3 durchgeführt werden, denen Objekt(teil)-Objekt(teil)-Paare nur zu bestimmten Zeiten angehören.

Beispiel: Im Gebiet G befindet sich ein Siedlungsgebiet S, das zur Zeit t eine kleinere Ausdehnung hat als zur Zeit t' (Abb. 6.4-11).

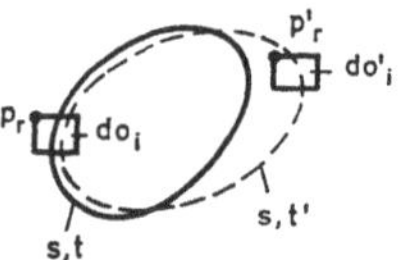

Abb. 6.4.11. Zeitliche Veränderung eines flächenhaften Objekts

Es existieren folgende Beziehungen:

$$\begin{aligned}
&\langle G, S\rangle \in r_3,\\
&\langle S, G\rangle \in r_3',\\
&\langle S, do_i, t\rangle \cdots \langle S, do_i, t'\rangle \cdots \langle S, do_i', t'\rangle \in r_{11},\\
&\langle do_i, p_v\rangle \cdots \langle do_i', p_v'\rangle \in r_{12},\\
&\langle p_r, do_i\rangle \cdots \langle p_r', do_i'\rangle \in r_{21},\\
&\langle do_i, S, t\rangle \cdots \langle do_i, S, t'\rangle \cdots \langle do_i', S, t'\rangle \in r_{22}.
\end{aligned} \qquad (6.4\text{-}2)$$

Gesucht werden:

Die Konturen der Siedlungsgebiete in G: Die Relation r_3 liefert die Siedlungsgebiete. Aus r_{11} erhält man die Objektteile dieser Siedlungsgebiete. Die zugehörigen Koordinaten können r_{12} entnommen werden. Über r_{11} kann die gleiche Frage auch zeitlich eingeschränkt werden.

Der ehemalige Verlauf einer auf dem Bildschirm dargestellten Kontur: Mit Hilfe eines peripheren Gerätes (z. B. Lichtstift) wird z. B. eine Position innerhalb $p_{r'}$ eingegeben. Durch Vergröberung wird das Raster $p_{r'}$ gewonnen, das diese Position enthält. Aus r_{21} wird das Objektteil do_i' gewonnen. Mit Hilfe von r_{22} kann jetzt das mit dem Lichtstift bezeichnete Siedlungsgebiet S ermittelt werden. Die Auswertung von r_{11} und r_{12} führt mit der Einschränkung auf das Zeitintervall t auf die gesuchte Kontur von S.

Obwohl bisher nur von Objekten und Objektteilen die Rede war, können in gleicher Weise auch nichtgrafische Begriffe und deren Beziehungen zueinander behandelt werden. Beispiele für nichtgrafische Sachverhalte, die dann als Elemente der Relation r_3 auftreten, sind:

Die Zusammenfassung der Begriffe „Straße", „Schiene", „Fluß" zu einem Oberbegriff „Verkehrswege".

Die Zuordnung eines Attributwertes „grün" zum Attribut „Farbe" eines Objekts.

Die Zuordnung des Wertes „Asphalt" zum Attribut „Straßenbelag" einer bestimmten Straße.

6.4.3. Kartografische Informationssysteme

Von W. Henning

Im folgenden wird unter besonderer Berücksichtigung der in der Kartografie auftretenden Problemstellungen die Behandlung grafischer und nichtgrafischer Daten in einem Informationssystem erläutert. Die in Abschnitt 6.4.2. dargestellten Überlegungen gelten auch für topografische Daten, da diese mit Luftbilddaten prinzipiell vergleichbar sind. Die Landkarte selbst kann als Informationssystem zur Darstellung erdraumbezogener Sachverhalte und Ereignisse aufgefaßt

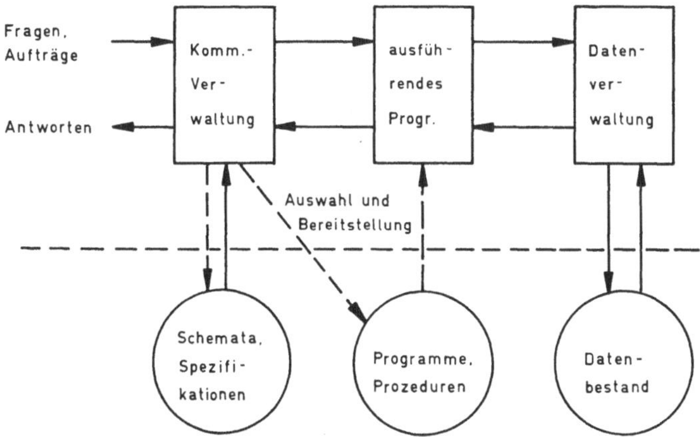

Abb. 6.4-12. Grundstruktur eines Informationssystems

werden. Die herkömmlichen Methoden ihrer Herstellung und Verwendung haben sich jedoch als nicht ausreichend erwiesen. Es besteht daher die Notwendigkeit, integrierte Gesamtlösungen im Rahmen von interaktiven Informationssystemen zu erzielen (Abb. 6.4-12).

Datenbanken mit topografischen Daten

Bei der Konzipierung und Implementierung von Datenbanksystemen müssen unabhängig von der Art ihrer Benutzung die Eigenschaften und Beziehungen des interessierenden Realitätsausschnitts adäquat im System nachgebildet werden. Um die Problemstruktur von der technischen Realisierung zu entkoppeln, verwendet man zur Erfassung der logischen Struktur Datenmodelle [14]. Gegenwärtig lassen sich hauptsächlich zwei Modelle unterscheiden:

Das hierarchische oder Netzwerkmodell [15] definiert aus dem Grundbegriff (item) mit festen Regeln baum- oder netzwerkartige Strukturen (group, file usw.) und stützt sich bereits in der Modellierungsphase auf die physikalische Datenorganisation.

Das Relationenmodell [16] formuliert die Eigenschaften und Beziehungen der Objekte als (mathematische) Relationen ohne Durchgriff auf die Implementierung.

Die abstrakten Objekte unserer Betrachtung, Geo-Daten genannt, sind Informationen, die Sachverhalte und Vorgänge mit inhaltlicher Beziehung zur Erde beschreiben. Sie können unter verschiedenen Aspekten eingeordnet werden, z. B. nach Herkunft, Art, Verwendungszweck, Betrachtungsniveau. Gemeinsam enthalten sie zwei Merkmale, die hier interessieren:

Geo-Daten enthalten eine thematische Komponente, die mitteilt, was gemessen wurde (z. B. Verlauf einer Straße, Einwohnerzahl einer Stadt, Verhältnis der landwirtschaftlich genutzten Fläche zur Gesamtfläche eines Staates).

Geo-Daten enthalten eine räumliche Komponente, die den Bezug zum Ort des Geschehens herstellt (z. B. Lage eines Punktes in geographischen Koordinaten, Nummer eines Planquadrates, in dem ein See liegt).

Hierarchisch organisierte Systeme sind auf dem kommerziellen Sektor verbreitet, finden aber nach Hinzufügung spezieller Hilfsmittel auch in Informationssystemen mit Geo-Daten Verwendung [17]. Die relationale Organisation eignet sich wegen ihrer Flexibilität für Geo-Daten [18], hat aber erst in jüngerer Zeit einen befriedigenden Implementierungsstand erreicht.

Die hier diskutierten Datenbanksysteme müssen mehr als andere die Fähigkeit haben, zweidimensionale Strukturen mit unregelmäßigen geometrischen Formen und vielseitigen inhaltlichen Nachbarschaften zu handhaben [19, 10]. Die interaktive Nutzung, verbunden mit der visuellen Darstellung und Korrektur auf grafischen Sichtgeräten, ergibt, daß bei der Implementierung einer Datenorganisation der Ausgewogenheit von Speicherbedarf und Rechenzeit besondere Bedeutung zukommt.

Datenorganisation. Die Abbildung der logischen Datenstruktur auf eine Datenorganisation läßt sich theoretisch vollständig lösen durch die ausschließliche Verwendung total invertierter Dateien, wobei zu jedem Suchkriterium eine nach diesem Schlüssel geordnete Datei angelegt wird. Entsprechend dem in 6.4.2. Gesagten liegt es nahe, objektgeordnete Dateien für die Eigenschaften und Beziehungen, die den Objekten global zugeordnet sind, und lokalgeordnete Dateien für ortsbezogene Werte der Objekte (z. B. Lage, Verlauf und Erscheinungsbild in mehreren Maßstäben) zu verwenden.

Für die Speicherung der verlaufbeschreibenden Daten sind mehrere Vorgehensweisen bekannt und für verschiedene Aufgaben zweckmäßig:

Angabe von Folgen von Koordinatenpaaren. Dies führt zu relativ großem Speicherbedarf, erspart jedoch in einigen Anwendungen Umrechnungen.

Inkrementelle Speicherung (chain encoding). Dies gestattet Speicherminimierung, führt aber zu größerem Rechenaufwand, wenn absolute Koordinaten ermittelt werden müssen.

Approximative Darstellungen durch Angabe der Parameter von Interpolationsausdrücken. Bei geringem Speicherplatzbedarf hat diese Methode den Nachteil größerer Ungenauigkeit und höheren Rechenaufwandes.

Innerhalb der objektgeordneten Dateien kann zu jeder Objektklasse eine eigene Interpretationsvorschrift geführt werden, welche die Bedeutung der Komponenten des Informationsvektors beschreibt, wodurch Leerstellen vermieden und so die Forderungen nach redundanzfreier Speicherung in Datenbanksystemen erfüllt werden. Beispiele für Interpretationsvorschriften:

Objekte aus der Klasse der Bundesstraßen: (Straßennummer, ist Element von, kommt von, geht nach, ...).

Objekte aus der Klasse der Siedlungen mit 5000 bis 10000 Einwohnern: (Name, Einwohnerzahl, ist Element von, gehört zum Kreis, ...).

Bezeichnet man die Objekte der Datenbank als Elemente und deren Eigenschaften und Beziehungen als Attribute, dann läßt sich ein Attribut darstellen durch einen Namen und eine Abbildung aus der Menge der Elemente in einen Wertebereich, der aus Zahlen, Zahlenfolgen, Texten, Teilmengen der Potenzmenge der Elemente usw. besteht. Die Eigenschaften des jeweiligen Wertebereichs bestimmen den Charakter des Attributs, so daß sich jetzt die topografisch relevanten Eigenschaften der Objekte, nämlich Lage und Verlauf, als ein spezielles Attribut auffassen lassen. Auch die Erscheinungsbilder der Objekte in den verschiedenen Maßstäben lassen sich durch den Attributbegriff natürlich einordnen. Sie enthalten durch die Generalisierung vereinfachte oder symbolisierte Bilder der „wahren" Informationen und Vorschriften über die Art der Zeichnung (z. B. Farbe, Strichdicke usw.).

In der Geo-Daten-Verarbeitung gibt es vielfältige Fragestellungen, die mit Rechnerunterstützung effizient bearbeitet werden können. Der Einsatz von Rechnern ist immer dann besonders wirksam, wenn die Aktualität der Daten oder unvorhersehbarer Kontext eine wesentliche Rolle spielen. Als Beispiele seien genannt:

Kürzeste Straßenverbindung zwischen zwei Punkten unter Berücksichtigung der aktuellen Verkehrslage,

Flughäfen mit weniger als 10 km entferntem Autobahnanschluß.

Generalisierungsprobleme. Ein weiteres Problem, das beim Aufbau einer Datenbank mit topografischen Daten auftritt, sind die verschiedenen Maßstäbe, in denen Karten vorliegen und zur Benutzung geeignet sind. Detailanteil und geometrische Treue nehmen mit Vergrößerung des Maßstabes zu, die Fläche des Ausschnitts nimmt ab und umgekehrt. Zur Bearbeitung von Aufgaben, die unterschiedliche Maßstäbe erforderlich machen, müssen daher auch in kartografischen Informationssystemen Karten in verschiedenen Maßstäben zur Verfügung stehen. Topografische Objekte haben in den einzelnen Maßstäben unterschiedliche Qualitäten, die in der Kartografie durch Generalisierung aus der Darstellung in einem Grundmaßstab für die (kleineren) Folgemaßstäbe abgeleitet werden. Für diese Folgemaßstäbe (1:25000, 1:50000 usw.) muß die in 1:1000 oder 1:5000 geometrisch ohne Zwänge darstellbare Situation durch folgende Maßnahmen vereinfacht werden [20]:

Eine Vereinfachung wird insbesondere durch Auslassen nicht mehr deutlich darstellbarer Gebäudeecken notwendig.

Eine Vergrößerung von Objekten ist insbesondere für darzustellende Straßenbreiten erforderlich.

Dadurch müssen an der Straße liegende Objekte seitlich verdrängt werden.

Bestimmte Objektgruppen können zusammengefaßt werden, z. B. Hausgruppen.

Unter der Vielzahl von z. B. Feldwegen ist eine Auswahl auf die wesentlichsten notwendig.

Bestimmte Objektgruppen (z. B. Bäume) können durch Signaturen klassifiziert oder typisiert werden.

Wichtige Objekte können durch eine vergrößerte Darstellung betont werden.

Diese Maßnahmen müssen wenigstens teilautomatisiert für Informationssysteme durchgeführt werden, da sonst die Datenaufnahme quantitativ stark zunimmt und ein Referenzproblem für die Identifizierung der Objekte in verschiedenen Maßstäben hinzukommt. Die Aufgaben der Generalisierung können nicht in Echtzeit beim Bildaufbau gelöst werden, da z. B. die Verdrängung eines Objektes (von seinem „richtigen" Ort) i. allg. die Verdrängung weiterer Objekte notwendig macht [21].

Datenmanipulation

Die dem Benutzer zugänglichen Hilfsmittel zum Wiederauffinden und Ändern von Daten werden als Datenmanipulationssprachen (DML) bezeichnet. Die hier betrachteten Systeme enthalten einen textorientierten Teil für die kartenunabhängigen Attribute und einen grafisch orientierten Teil für die geometrischen Attribute.

Alphanumerischer Teil der DML. Für den zunächst betrachteten alphanumerischen Teil können die üblichen Einteilungen in prozedurale und deskriptive DML vorgenommen werden. Prozedurale DML stützen sich mehr oder weniger auf die physikalische Struktur der Datenspeicherung und ihre Zugriffsmechanismen und werden häufig in hierarchischen Systemen verwendet. Die sprachlichen Ausdrücke folgen der Satzstruktur (z. B. GET NEXT RECORD) und verlangen vom Benutzer diesbezügliche Kenntnisse. Wegen ihrer Nähe zur physikalischen Struktur sind sie meist relativ einfach zu implementieren. Nachteile ergeben sich aus der Verletzung der Forderung nach Entkopplung von Daten und Programmen (Datenunabhängigkeit) und aus der Tatsache, daß sie eine Vertrautheit mit Programmiersprachen verlangen, die den Benutzerkreis von Geo-Informationssystemen einschränkt.

Deskriptive DML orientieren sich mehr an mathematischen Ausdrucksweisen und nehmen keinen Bezug auf die physikalische Speicherstruktur. Sie formulieren Ausdrücke aus dem Gebiet der Mengen, Relationen usw. (z. B. UNION M1, M2) [22]. Die Datenunabhängigkeit läßt sich gewöhnlich sicherstellen. Wegen der größeren Flexibilität erfordern deskriptive DML einen höheren Übersetzungs- oder Interpretieraufwand. Ihre Verwendung ist nicht auf Systeme mit relationalem Datenmodell beschränkt.

Die Implementierung der DML kann durch Einbettung in eine Trägersprache oder als selbständige Sprache, dann Query-Language genannt, durchgeführt werden. Es gibt auch bei Geo-Informationssystemen Versuche, eine natürliche Sprache als DML zu benutzen [23].

Zwei weitere Fähigkeiten sollten in einer DML enthalten sein:

Möglichkeiten zum Einfügen von Benutzerprogrammen in einer höheren Programmiersprache, die nicht durch Standardoperationen realisierbar sind, durch klare Schnittstellendefinitionen der Datenbank und dynamische Aufnahme der zugehörigen neuen Kommandos in die DML,

Zusammenfassung von parametrisierten Kommandofolgen zu neuen (Makro-) Kommandos.

Vom Zeitpunkt der Definition an sollten die neuen Programme und Kommandos dauernd zur Verfügung stehen. Das erreicht man, indem man die Programme und Kommandos ihrerseits als Daten auffaßt, die mit den Hilfsmitteln des Datenbanksystems verwaltet werden.

Es ist anzumerken, daß bei kartografisch orientierten Systemen die Eingabewerte für Operationen der DML vom Sichtgerät her anwählbar sein sollten. Auch Berechnungsergebnisse sollten visuell dargestellt werden können, falls sie sichtbare Objekte betreffen (z. B. Menge der Orte in einem Landkreis mit Betrieben mit mehr als 100 Beschäftigten).

Grafischer Teil der DML. Im folgenden wird der grafisch orientierte Teil der DML betrachtet. Das kartenähnliche Bild der topografischen Objekte wird nach Wahl von Maßstab (Kartenmaßstab und z. B. Zoom-Faktor), Ausschnitt (welcher Teil der Karte, wohin auf dem Bildschirm) und Inhalt (welche Objektklassen und z. B. aktuelle Farbwahl) auf dem Sichtgerät dargestellt. Neben der Bestimmung des Kartenausschnitts durch absolute Positionsangaben muß die DML auch die Anwahl durch den Namen eines Objekts, dessen Umgebung gezeigt werden soll, ermöglichen. Die Voraussetzung hierfür ist in der Datenbank für die lokal- und objektgeordneten Dateien geschaffen.

Für die Verschiebung eines Kartenausschnittes wird häufig die Kantenlänge der Elementarmasche des Rasters (Abschn. 6.4.2.) als Schrittweite für die Minimalverschiebung benutzt. Die in diesem Sinne freie Wahl des Kartenausschnittes durch den Benutzer zieht nach sich, daß das Problem der Beschriftung besonders behandelt wird. In Papierkarten werden die Objektbezeichnungen (Namen, Höhenangaben usw.) in unterschiedlichen Schriften, Lagen, Größen dargestellt und an den Objektverlauf angepaßt, wobei zur besseren Lesbarkeit die überdeckte Information gelöscht wird (Namensfreistellung). Das läßt sich bei freier Ausschnittsverschiebung nicht in Echtzeit nachbilden. In vielen Fällen genügt es aber, eine stumme Karte, d. h. ohne Beschriftung, zu zeigen und dem Benutzer ein Kommando zu geben (query by pointing), das Namen (und Koordinaten) von markierten Objekten einblendet. In einigen Systemen [24] werden die Namen- und Strukturdaten der dargestellten Objekte auf dem Bildschirm separat angezeigt.

Die bis jetzt beschriebenen Lesefunktionen der DML müssen durch Editier-Kommandos für Korrektur und Laufendhaltung [25, 26] ergänzt werden. Der Benutzer muß Objekte, Objektteile löschen, verändern, erzeugen und eventuell auch verschieben können. Für die Generalisierung ist es zweckmäßig, zum grafischen Editieren eine spezielle Repräsentantendarstellung (z. B. nur Mittellinien von Straßen, nicht Straßenränder) der Karte im Grundmaßstab zu wählen und daraus Kartendarstellungen der Folgemaßstäbe iterativ zu entwickeln [21]. Dadurch wird der Editieraufwand verringert, und die örtlichen Beziehungen zwischen den Objekten bleiben erhalten. Auch wenn in der Datenbank die verlaufsbeschreibenden Daten nicht nur als Stützstellen, sondern als lückenlose Koordinatenpaare oder durch Kettenkodierung gespeichert sind, empfiehlt es sich, um die Anzahl der einzugebenden Werte gering zu halten, nur die Stützstellen einzugeben. Die Zwischenwerte werden durch anschließende Interpolation erzeugt.

Abschließend noch einige Anmerkungen zur visuellen Darstellung. Die Realisierung hängt stark vom Einsatzgebiet, von der Technologie der verfügbaren Geräte und von finanziellen Gesichtspunkten ab. Im allgemeinen erreicht man bisher auf Sichtgeräten noch nicht den Informationsgehalt der farbigen Papierkarten, jedoch kann die starke Rechnerunterstützung bezüglich Aktualitätsgrad und Rechenleistung diesen Nachteil im Rahmen von Informationssystemen oft mehr als ausgleichen. Die Programmierung von Sichtgeräten bringt meist zur Effizienzsteigerung eine maschinennahe Komponente mit sich, die die Portabilität solcher Systeme in Frage stellt.

Informationssystem EPIK

Das System EPIK (Erlanger Projekt Interaktive Kartographie) [27, 25, 21] besitzt die folgenden Eigenschaften: Effizienz des Benutzer-System-Dialogs mit kurzen Antwortzeiten, Erweiterbarkeit bezüglich neuer Daten und Aufgaben und Laufendhaltung im on-line-Betrieb mit sofortiger Verwendung geänderter Werte. Die in EPIK behandelten Informationen lassen sich grob in topografische (kartenabhängige) und strukturelle (kartenunabhängige) Daten einteilen. Die topografischen Objekte (Straßen, Gewässer, Höhenlinien usw.) werden bei der Primäraufnahme aus Scanner-Grauwertmatrizen von Karten gewonnen. Die Kartenwerke liegen meist als Farbauszüge vor, die einzeln digitalisiert und im Rechner überlagert werden. Dadurch kann die thematische Gliederung in den einzelnen Farbauszügen (z. B. Gewässerkarte blau) vorteilhaft genutzt werden. Automatische Verfahren erzeugen aus den Objektkonturen inkrementale Ketten, die interaktiv nachbearbeitet werden. Zur Kartendarstellung werden durch Generalisierungsalgorithmen verschiedene Folgemaßstäbe abgeleitet. Die strukturellen

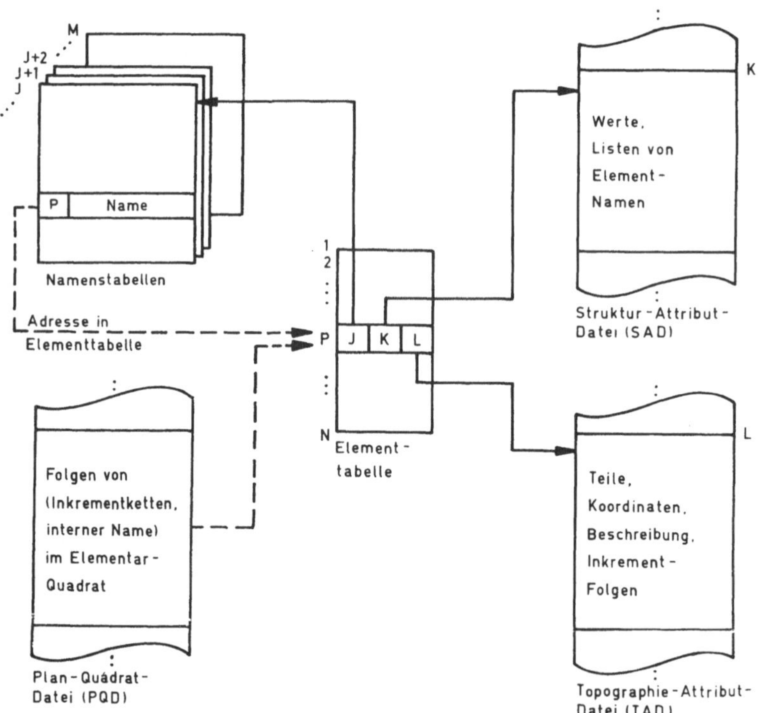

Abb. 6.4-13. Datenorganisation in EPIK

Daten beschreiben Eigenschaften und Beziehungen der Objekte und werden als Textketten eingegeben.

Es wird ein relationales Datenmodell mit einer n-stelligen Relation, der Datenbank-Relation, verwendet, deren Stellen Attribute heißen. Jedes Objekt hat Werte auf einer Teilmenge der Attribute. Diese Werte sind Zahlen, Zahlenfolgen, Texte oder Mengen von Objekten. In der Datenorganisation werden Objekte und Attribute über ihre Namen identifiziert. Abb. 6.4-13 zeigt die verwendeten Dateien. Die segmentierten, lexikografisch geordneten Namenstabellen als Benutzerreferenzdatei enthalten zu jedem externen Namen den internen Namen als universelle Referenz. Mit diesem wird die Elementtabelle als zentrale Verweisdatei adressiert. Sie enthält Zeiger auf die entsprechende Namenstabelle und zur Struktur-Attribut-Datei (SAD) sowie zur Topographie-Attribut-Datei (TAD). In der SAD sind objektgeordnet jeweils die Werte der zutreffenden Attribute gespeichert. Die objektgeordnete TAD enthält die topografischen Repräsentanten der Geo-Daten in darstellungsunabhängiger Form, d. h. Mittelachsen von Straßen usw. Zur Darstellung der Karten auf einem interaktiven Sichtgerät wird eine lokalgeordnete Plan-Quadrat-Datei (PQD) benutzt. Sie enthält zu jedem Elementarquadrat alle darin verlaufenden Objektteile in maßstabs- und gerätespezifischer Form. Als Referenz werden die internen Objektnamen mitgeführt.

Abb. 6.4-14. EPIK-Kartenausschnitt (Plotterausgabe) verkleinert

Der Bildschirm wird als Fenster betrachtet, das über die Karte geführt wird und jeweils die zugehörige Menge von PQD-Einträgen sichtbar macht. Die Karte wird „stumm", d. h. ohne Beschriftung, gezeigt, jedoch kann durch Anwahl mit Lichtgriffel der Name jedes Objekts schnell sichtbar gemacht werden. Abb. 6.4-14 zeigt einen verkleinerten Kartenausschnitt als Plotterausgabe.

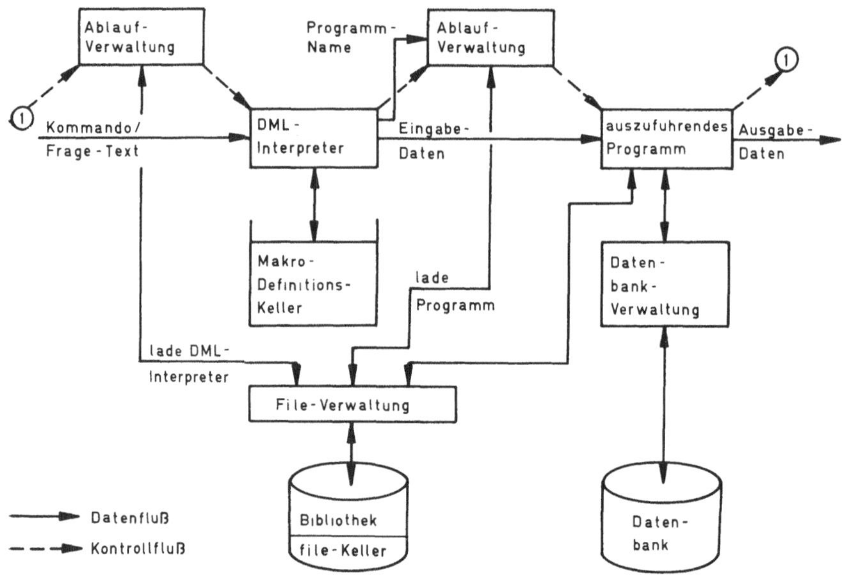

Abb. 6.4-15. Struktur von EPIK

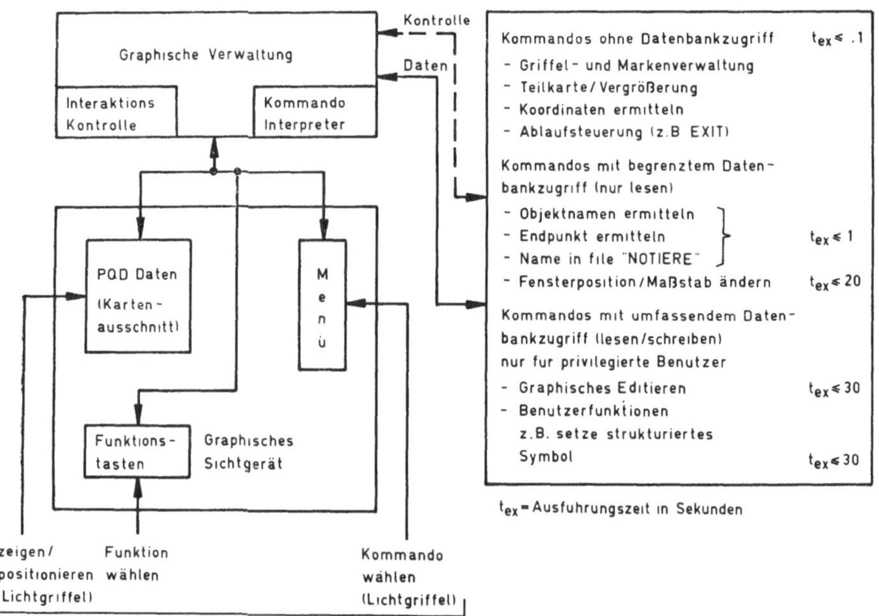

Abb. 6.4-16. Graphisches Teilsystem von EPIK

Der Benutzer-System-Dialog geschieht in einer eigenen DML, die Makro-Eigenschaften besitzt und Mengen von Elementen in einem Keller verwaltet und verknüpft. Zum Anschluß von Benutzerprogrammen kann die DML erweitert werden. Der DML-Interpreter erledigt die Aufbereitung der Textketten. Bei ausführbaren Aufträgen wird das Laden des entsprechenden Programms aus einer Bibliothek veranlaßt, und die Eingabe-Daten werden übergeben. Die Grobstruktur des System-Ablaufs wird in Abb. 6.4-15 gezeigt. Über ein besonderes Kommando wird das grafische Teilsystem aktiviert. Abb. 6.4-16 zeigt dessen Struktur und die nach Klassen eingeteilten Benutzer-Aktionen. Die Antwortzeiten des Systems sind abhängig von der Komplexität des Auftrags, i. allg. jedoch relativ gering, da durch die Kombination von objekt- und lokal-geordneten Dateien der jeweils günstigste Zugriff gewählt werden kann. Dem Aktualitätsgrad der Daten wird Rechnung getragen durch on-line Editierfunktionen und Änderungsdienste der Strukturdaten. Drei Benutzeralgorithmen wurden implementiert:

Kürzester Weg auf definierter Teilmenge der Objekte zwischen zwei durch Lichtmarken bezeichneten Punkten,

Höhenprofil längs einer Strecke, die durch zwei Lichtmarken bezeichnet wird,

Positionierung strukturierter Symbole, deren aktuelle Parameterwerte aus den Strukturdaten ermittelt werden (z. B. Einsatzgruppen mit Mannschaftsstärke und Ausrüstung).

Weitere Systeme sind in [19, 22, 24, 26, 28, 29, 30] beschrieben.

6.4.4. Literatur

[1] Gaucher, D. W.: RADC Imagery Data Base. RADC-TR-72-100, Griffiss AFB, New York, 1972.

[2] Szuwalski, A.: Coastal Imagery Data Bank. Technical Report, Coastal Engineering Research Centre, Washington, U.S.A., 1972.

[3] Stevenson, W. H., Vanselous, T. A.: Remote Sensing Data Management from a User's Viewpoint. Technical Report, Goddard Space Flight Centre, Greenbelt, U.S.A., 1973.

[4] Mitteilung des Deutschen Krebsforschungszentrums, Heidelberg, 1976.

[5] Paul, Ch. K.: LUMIS — A Land Use Management Information System for Urban Planning. Technical Report, Jet Propulsion Lab. Pasadena, U.S.A., 1976.

[6] Laperriere, A.: Alaskan Resources and the Role of Landsat Data in Land Use Management Planning, Technical Report, University of Alaska, Fairbanks, Alaska, 1976.

[7] Anderson, J. R., Witmer, R. E.: The National Land Use Data Program of the U. S. Geological Survey. Technical Report, U. S. Geological Survey, Reston, Virginia, U.S.A., 1976.

[8] Hessling, A. H., Mara, T. G.: The Development of a Land Use Inventory for Regional Planning Using Satellite Imagery. Technical Report, Ohio-Kentucky-Indiana, Regional Council of Governments, Cincinnati, U.S.A., 1976.

[9] McLaurin, J. D.: Information System for Aerial Photographs. Proceedings of the American Society of Photogrammetry's Fall Convention, Phoenix, U.S.A., 1975, S. 154—161.

[10] Sties, M., Sanyal, B., Leist, K.: Organization of Object Data for an Image Information System. Proceedings of the 3. Int. J. Conf. on Pattern Recognition, Coronado, U.S.A., 1976, S. 863—869.

[11] Tost, R.: Mitteilung über das Projekt REGMAP des Institutes für graphische Datenverarbeitung und Strukturerkennung in der GMD, St. Augustin, 1976.
[12] Prospekt über ein filmspeicherndes Informationssystem der Firma SINTRA-EF. Asnieres, Frankreich, 1974.
[13] Prospekt über das Imagery Interpretation Subsystem der Firma Texas Instruments. Austin, Texas, U.S.A., 1974.
[14] Wedekind, H.: Datenbanksysteme I. Mannheim: B. I. 1974.
[15] —: CODASYL Programming Language Committee Data Base Task Report 1971.
[16] Codd, E.: A Relational Model of Data for Large Shared Data Banks. CACM **13**, 377—387 (1970).
[17] Phillips, R. L.: A Query Language for a Network Data Base with Graphical Entities. Computer Graphics **11**, 179—185 (1977).
[18] Held, G., Stonebraker, M., Wong, G.: INGRES — A Relational Data Base System. Proceedings NCC **1975**, 409—416.
[19] Peucker, T. K., Chrisman, N.: Cartographic Data Structures. American Cartographer **2** (1975).
[20] Hake, G.: Kartographie, Band I und II (Sammlung Göschen, No. 9030 und No. 2166). Berlin: De Gruyter 1975, 1976.
[21] Volkert, J.: Algorithmen zur Generalisierung. Nachrichten Kt. und Vermessungswesen, R. I. (Frankfurt a. M.), H. 75, 111—132 (1978).
[22] Berman, R. R., Stonebraker, M.: GEO-QUEL A System for the Manipulation and Display of Geographic Data. Computer Graphics **11**, 186—191 (1977).
[23] Astrahan, M. M., Chamberlin, D. D.: Implementation of a Structured English Query Language. CACM **18**, 580—588 (1975).
[24] Carlson, E. D., Bennett, J. L., Giddings, G. M., Mantey, P. E.: The Design and Evaluation of an Interactive Geo-Data Analysis and Display System. IFIP 74, Amsterdam, S. 1057—1061.
[25] Kleinöder, W.: Ein interaktiver Editor für kartographische Daten. Nachrichten Kt. und Vermessungswesen, R. I. (Frankfurt a. M.), H. 75, 63—76 (1978).
[26] Shepherd, W. H.: Editing of Digital Data in the Automated Cartography System at the USAETL. Computer Graphics **10**, 35—36 (1976).
[27] Henning. W., Volkert, J.: Ein interaktives kartographisches Auskunftssystem. Nachrichten Kt. und Vermessungswesen, R. I. (Frankfurt a. M.), H. 68, 31—46 (1975).
[28] Johannsen, Th.: Software-Konzeption für eine kartographische Automationsanlage. Nachrichten Kt. und Vermessungswesen, R. I. (Frankfurt a. M.), H. 65, 89—101 (1974).
[29] Dutton, G.: An Extensible Approach to Imagery of Gridded Data. Computer Graphics **11**, 159—169 (1977).
[30] Edson, D. T., Lee, G. Y. G.: Ways of Structuring Data Within a Digital Cartographic Data Base. Computer Graphics **11**, 148—157 (1977).

Sachverzeichnis